ARMORIAL

DE LA

NOBLESSE DE LANGUEDOC

GÉNÉRALITÉ DE MONTPELLIER

PAR M. LOUIS DE LA ROQUE

AVOCAT A LA COUR IMPÉRIALE DE PARIS.

Nec munera, nec preces.

TOME SECOND

MONTPELLIER

FÉLIX SEGUIN, LIBRAIRE-ÉDITEUR

PARIS

FIRMIN DIDOT, FRÈRES,
Libraires, 56, rue Jacob.

E. DENTU, LIBRAIRE,
13, Galerie vitrée, Palais-Royal.

1860

ARMORIAL

DE LA

NOBLESSE DE LANGUEDOC

Paris. — Typographie de Firmin Didot frères, fils et Cie, rue Jacob, 56.

Charles de Baschi, marquis d'Aubais

A NOS SOUSCRIPTEURS.

En offrant au public ce second volume qui complète la première série de l'Armorial des anciennes provinces, nous éprouvons le besoin de témoigner à nos souscripteurs notre profonde reconnaissance pour le concours à la fois actif et bienveillant dont ils nous ont honoré dans le cours de nos modestes travaux.

L'empressement de nos compatriotes à répondre à l'appel que nous leur adressions au mois de décembre 1858, nous a donné la mesure de ce que l'on pouvait attendre de leur spontanéité pour assurer l'accomplissement d'une œuvre sérieuse, impartiale et désintéressée. Sans leur appui et leurs encouragements, l'*Armorial de Languedoc* n'aurait été ni achevé, ni même entrepris. Qu'ils reçoivent par cet aveu l'expression de nos meilleurs remercîments.

Nous donnerons une suite et un complément à notre publication, dans l'*Annuaire historique et généalogique de la province de Languedoc* qui paraîtra en 1861.

Cet annuaire est destiné à tenir l'*Armorial* au courant des additions, et à réparer les erreurs ou omissions qui sont inévitables en de pareils travaux.

Comme nous le disions dans notre premier volume, nous accepterons la lumière et la vérité de quelque part qu'elles nous arrivent. Un armorial est une œuvre collective qui ne peut se compléter que par le concours et les critiques de tous les intéressés : nous croirons avoir fait un travail suffisamment utile aux familles de notre pays si nous provoquons dans quelques années une seconde édition complète et définitive.

Paris, 30 juin 1860.

LA NOBLESSE

DEVANT LE CONSEIL DU SCEAU DES TITRES (1).

I

L'application sérieuse et impartiale de la loi du 28 mai 1858 sur les titres de noblesse doit attirer vers une juridiction unique la solution des questions complexes que cette loi soulève. D'une part, les mœurs et les habitudes aristocratiques, plus fortes que les lois; d'une autre, les exigences fort variables et souvent contradictoires de nos lois en ces matières, surtout depuis 1791, ont jeté, dans la transmission des titres et des noms de famille, un désordre qui égare la justice des tribunaux et n'aboutit qu'à une jurisprudence incertaine.

Vouloir parquer les familles dans la lettre de leurs actes de l'état civil, ce serait consacrer l'habileté d'une usurpation ou l'injustice d'une dépossession.

Les actes de l'état civil ne peuvent servir qu'à la constatation

---

(1) La Notice biographique sur M. le marquis d'Aubaïs sera publiée dans l'*Annuaire historique et généalogique* de 1861.

de l'identité et de la filiation des individus appartenant à une même famille, mais rarement à établir la légitime transmission d'un nom ou d'un titre de noblesse. « Un titre nobiliaire·, disait avec raison le tribunal de la Réole, n'est pas plus acquis par sa simple insertion dans un acte de l'état civil qu'il n'est perdu par sa simple omission dans le même acte (1). »

En effet, les actes de naissance n'ont jamais suffi pour prouver la noblesse. Il est certain qu'autrefois ils étaient sans valeur. devant les commissaires départis et les cours des aides chargés de vérifier les titres. La noblesse se prouvait par les hommages ou les actes de famille tels que partages, contrats de mariage, testaments, actes de vente ou de tutelle ; et on le comprend facilement, puisque les droits variaient selon qu'il y avait noblesse ou roture.

On ne peut bien apprécier l'état d'une famille qu'en remontant aux actes primitifs ou en embrassant dans son ensemble les situations respectives de chacun de ses membres. C'est pour donner une solution uniforme et plus éclairée en ces matières que sont institués en Angleterre, en Prusse, en Bavière, en Hollande, en Belgique, en Espagne, en Portugal, en Italie, les tribunaux ou cours héraldiques, juridictions spéciales mi-parties de magistrats et d'historiens paléographes, parce que chaque question d'état se trouve compliquée d'une question d'histoire ou de tradition féodale.

Dans l'intérêt de la loi comme dans l'intérêt des familles qui peuvent avoir à revendiquer un nom ou un titre, nous pensons qu'il serait sage de renvoyer au conseil du sceau, composé sur les bases que nous venons d'indiquer, la solution des questions fort délicates, de titres ou de particules, que l'application de la loi de 1858 vient de faire naître.

(1) *Jugement du tribunal civil de la Réole, du 27 mai* 1858,

II

Les particules et les titres sont les deux questions qui préoccupent davantage les personnalités nobiliaires.

La particule dite nobiliaire n'a servi d'abord qu'à donner la traduction française de l'ablatif ou du génitif employé par les latins pour indiquer l'origine ou le lieu d'extraction de l'individu: ainsi *Petrus de Elzeria*, Pierre de Lauzières ; *Gregorius Uticensis*, Grégoire d'Uzès ; *Joannes de Tremoleto*, Jean de Trémolet ; *Guillelmus Montispessulani*, Guillaume de Montpellier.

Aucune de ces traductions n'impliquait virtuellement la noblesse de Pierre, de Grégoire, de Jean ou de Guillaume, qui résultait de la possession et de la transmission du fief de Lauzières, d'Uzès, de Trémolet ou de Montpellier.

On disait encore *Johannes Probi hominis*, Jean de Prudhomme ; *Petrus Boni paris*, Pierre de Bompar ; *Andreas Pilosi*, André du Peloux, etc.

Quand les noms devinrent héréditaires, la plupart des familles nobles gardèrent le nom de leur fief, qui devint patronymique : elles s'appelèrent Lauzières, Montlaur, Trémolet, Vogué, Tournon, comme celles qui avaient voulu conserver leur prénom, Adhémar, Albert, Bermond, Girard, Auderic, Grimoard, ou leur surnom, Prudhomme, Peloux, Bompar, et sans particule (1). « Les véritables gentilshommes ne cherchaient pas ces vains ornements, souvent même ils s'en offensaient. Ç'a été sans doute pour cette raison que Jacques Thézard, seigneur des Essarts., baron de Tournebu, se tint autrefois fort offensé qu'on eut ajouté la particule *de* à son ancien et illustre nom, dont il était le dernier des légitimes (2). »

---

(1) Cette particule ne doit s'employer encore aujourd'hui que pour relier un titre, une qualification ou un prénom, au nom patronymique. Ainsi on dira : *M. de Lauzières, Louis de Montlaur, le marquis de Vogué* ; ce serait une faute contre le bon sens de dire ou de signer : *de Trémolet, de Tournon, de Girard*.

(2) LA ROQUE, *Traité de l'origine des noms et des surnoms*, 1734.

Plus tard, le nom du fief est devenu, surtout à la cour, comme un des signes plus apparents de la noblesse ; il a été recherché des gentilshommes, parce qu'il indiquait ou laissait présumer la possession ancienne et, actuelle de la terre seigneuriale : de là cette coutume si répandue dès le xvi° siècle de changer ou de modifier son nom, et les efforts inutiles des ordonnances pour réprimer ces abus qui jetaient une si grande confusion dans les familles.

L'habitude même de nos rois d'employer la formule *Mons de...* ou *Monsieur de...* (c'était toujours un nom de terre, ou de dignité) en s'adressant aux personnes de naissance et de qualité était d'un fâcheux exemple.

L'esprit d'usurpation qui poussait tant de gentilshommes à se qualifier barons, comtes ou marquis, pour se donner plus d'importance, ne tarda pas à persuader aux bourgeois devenus riches qu'ils pouvaient aisément donner le change sur leur origine par l'addition d'un article gentilhommesque.

« On attache à ces articles, disait Baillet en 1687, une idée de qualité et de distinction dans le monde ; de sorte que nous connaissons encore aujourd'hui des personnes qui, dans la pensée de rehausser le rang qu'elles y tiennent, ont entrepris d'ajouter un article du génitif à leur nom... Ce qui est certain, c'est que les articles le, la, de, du, des, qui sont inséparables des noms de qualité, menacent de faire soulever toute la noblesse. Chacun fait la cour à ces articles, et dès qu'on a fait quelque fortune dans le négoce ou la maltote, on ne manque pas de rechercher avec soin et empressement l'honneur de leur alliance (1). »

« Notre nouvelle noblesse, dit Loyseau, qui écrivait au commencement du xvii° siècle, ne pense pas que ceux-là soient gentilshommes dont les noms ne sont anoblis par ces articles où particules, bien que les chroniques témoignent que jadis les plus notables familles de ce royaume ne les avaient pas. Mais cela

---

(1) *Jugements des ouvrages savants*, nov. 1687.

est venu de degré en degré, comme l'ambition croît toujours (1). »

Les magistrats de cour souveraine qui acquéraient dans l'exercice de leurs fonctions la noblesse graduelle ne manquaient jamais en prenant les qualités de *Messire*, *Écuyer* ou *Chevalier*, d'annexer à leur nom patronymique cette petite propriété syllabique qui en était comme la révélation extérieure. Nous pourrions en fournir cent exemples, arrêtons-nous au nom le plus illustre, celui de *d'Aguesseau*.

« Le nom patronymique était Aguesseau, que portait encore l'aïeul du chancelier, président du parlement de Bordeaux. Ce fut le fils de celui-ci, Henri d'Aguesseau, qui, longtemps conseiller au parlement de Metz avant d'être intendant, prit, après vingt ans d'exercice de cette charge et suivant l'usage établi, la particule nobiliaire (2). »

« Henri d'Aguesseau ne mit pas l'apostrophe, parce que c'était lui qui, le premier, modifiait ainsi la signature de sa famille, et parce que beaucoup de nobles, surtout dans la noblesse de robe, supprimaient, quand c'était eux-mêmes qui tenaient la plume, le mot ou le signe qui rappelait leur qualité. Son fils le chancelier imita sa modestie ; mais si toutes ses lettres sont signées *Daguesseau,* celles qu'on lui adressait portaient l'apostrophe nobiliaire (3). »

Les noms qui commençaient par une voyelle se sont longtemps contentés de la simple addition de la lettre D, sans apostrophe. Ainsi nous lisons sur les listes des bans et arrière-bans de Languedoc des xiv° et xv° siècles, Dentraigas pour d'Entraigues ; Darbalestier pour d'Arbalestier ; Darpaïoun pour d'Arpajon ; Descolobre pour d'Escouloubre ; Dagulhac pour d'Agulac ; et même Deschalabre pour de Chalabre ; Dussaulier pour du Solier, etc. Quand la langue française n'était pas encore formée il eût été puéril d'exiger une meilleure orthographe, qui

(1) *Traité des Ordres*, p. 171.

(2) *De la noblesse graduelle*, par M. de Neyremand. — 1860.

(3) *Le chancelier d'Aguesseau,* par M. Francis Monnier, 449-450. — 1860.

avait d'ailleurs sa raison d'être; l'apostrophe n'a fait que signaler une élision que nos anciens observaient très-bien. On a longtemps écrit Desdiguières, des Diguières, d'Esdiguières pour s'arrêter enfin à *de Lesdiguières*.

L'abus des noms à particules était si répandu au siècle de Louis XIV qu'il excitait la raillerie des auteurs dramatiques de l'époque. Racine et Molière ne dédaignaient pas de montrer le ridicule de ce travers qui ne corrigea personne. Bientôt les plus grands noms sacrifièrent à la mode, et l'on vit les Chabot, les Porcelet, les Bayard, les Bec-de-Lièvre, les Bérenger, les Gontaut, les Albert, les Brancas, les Adhémar, les Colbert prendre ou subir la particule où l'apostrophe, comme M. de Voiture, M. de Saumaise, M. de Corneille, M. d'Alembert, M. de Santeuil ou M. de Champfort (1). Les familles Saumaise, Corneille et Santeuil avaient été anoblies par les fonctions ou par lettres patentes, et leur exemple prouve mieux encore en faveur de notre démonstration.

Ce qui est hors de doute, c'est que jusqu'à l'époque des recherches et des maintenues de noblesse la particule ne précédait que les noms de terre devenus patronymiques : son addition à tout autre nom eut ressemblé à un contre-sens ou à un anoblissement. Mais en 1789, dans les assemblées de la noblesse, il n'y avait pas si bon gentilhomme qui n'eût regardé comme une injure l'omission de la fameuse particule à l'appel de son nom; en revanche, on laissa prendre aux membres du tiers état des noms ou des surnoms à particules sans que cela tirât à conséquence.

« La faculté de prendre pour nom ou pour surnom le nom d'une terre a toujours existé en France, d'après les principes de l'ancien droit, nonobstant les anciens édits, et notamment celui de 1555, contre lesquels avaient prévalu constamment l'usage et la jurisprudence. Le nom d'une terre pouvait être ainsi adopté

(1) V. *La Noblesse en France avant et depuis* 1789, par M. Édouard de Barthélemy, auditeur au conseil d'État, secrétaire du conseil du sceau. — Paris, 1858.

par celui qui en avait la propriété, et même par celui qui épousait la femme propriétaire de cette terre qui constituait sa dot. Cet usage, passé en force de loi, n'a pu être aboli par les lois de 1789 et 1790 qui ont supprimé la féodalité, *attendu qu'il existait au profit des roturiers aussi bien que des nobles*, et ne constituait pas un privilége féodal, etc. (1). »

La particule est ainsi devenue, par l'usage, un signe extérieur de noblesse qui n'a jamais été contesté aux anoblis par lettres patentes ou par les fonctions. Elle était si bien une qualification nobiliaire de *convention*, sinon *caractéristique,* sous l'ancien régime, qu'elle fut comprise dans l'abolition des titres de noblesse prononcée par les lois révolutionnaires, et ne figura dans aucun acte de l'état civil jusqu'en 1814. Son usurpation serait poursuivie aujourd'hui comme un délit aux termes de l'article 259 du Code pénal. « Comme le titre, disait le rapporteur de la loi de 1858, la particule s'ajoute au nom, en fait partie, se communique et se transmet; elle le décore dans nos mœurs presque à un égal degré, et fait croire quelquefois davantage à l'ancienneté de l'origine. » La particule fait évidemment partie des *distinctions honorifiques* dont l'usurpation tombe sous l'application de la loi du 28 mai.

Toute famille noble avait jadis le droit incontesté de la porter ou pouvait en revendiquer la propriété; ce serait une légère indemnité de la restituer ou de la laisser prendre à tous les membres d'une famille reconnue noble avant ou depuis 1789. Nous avons suivi cette règle dans la rédaction des généalogies de l'*Armorial de Languedoc* qui sont antérieures à 1789, parce que nous n'avons pas eu de raison pour refuser aux Chaptal, aux Durand, aux Martin, etc., ce que personne ne conteste aux Colbert, aux Aguesseau, aux Montgolfier, etc.

Sous la Restauration quelques lettres patentes ont été données

---

(1) Arrêt de la cour de cassation du 18 avril 1860, cité dans les *Lettres d'un paysan gentilhomme* sur la loi de 1858 relative aux noms et titres nobiliaires, par M. Ch. de Chergé. Paris, Dentu, 1860. C'est un des meilleurs écrits que nous ayons lu sur ces matières.

avec la particule, et sous l'Empire nous avons eu le baron de
Monfort, le baron de Frégose, le comte de Chanteloup, le comte
de Montfortón, à côté du baron Aymard, du baron Berthezène,
du comte Gaudin, du comte Régnier, etc. On objecterait vai-
nement que les premiers étaient des noms de terre susceptibles
de particule : la distinction n'avait pas arrêté Louis XIV lorsqu'il créa le marquis de Chamillard, ou le marquis de Dan-
geau, et l'usage a donné raison au grand roi. C'est bien le cas
de dire ici comme par antiphrase : *Quid leges sine moribus ?*

Il serait même juste de considérer comme nobles et de traiter comme tels les descendants des magistrats des cours souveraines, des capitouls, des secrétaires du roi, que la révolution a
surpris dans leurs charges et qui sont, pour ainsi dire, morts
dans l'exercice de leurs fonctions. Les fils aînés de ces magistrats qui sont nés avant 1789, sont aujourd'hui en possession
d'une particule, de par leur acte de naissance, et leurs frères
cadets, nés pendant ou depuis la révolution, la réclament inuti-
lement. Les anoblissements ont créé une situation inverse aux
aînés : les enfants nés avant l'anoblissement de leur père n'ont
pas la particule, tandis que les actes de l'état civil l'attribuent
aux cadets et même aux enfants des aînés. C'est une position
regrettable, et la mesure que nous sollicitons donnerait une
égale satisfaction à tous les intérêts légitimes.

Cette satisfaction nous semblerait plus compatible avec le
tempérament démocratique de notre société moderne que la
reprise, demandée par certaines personnes, des qualifications de
Noble, *Écuyer* ou *Chevalier*, quoiqu'elles n'aient pas un caractère plus féodal que les qualifications de comte, de marquis
ou de baron.

III

Les titres et les qualifications nobiliaires ont acquis plus d'importance à mesure que celle de la noblesse diminuait. A l'ex-

ception de quelques maisons souveraines ou féodales, on peut dire sans paradoxe que les familles les mieux titrées sont les plus récentes, et que l'extraction vraiment noble du plus grand nombre est encore fort contestable.

Les lettres patentes enregistrées qui conféraient et assuraient la transmission des titres sont fort rares. On ébranlerait les positions séculaires les mieux acceptées en demandant une justification impossible à la plupart des familles titrées. Les comtes et les marquis de l'ancien régime iraient grossir dans la fosse commune le nombre des comtes et des barons de l'Empire ou de la Restauration qui attendent leur majorat. Les premiers auraient pu se faire reconnaître légalement sans le fatal entraînement de la nuit du 4 août 1789 ; les seconds ont été frappés de la même manière par la loi du 12 mai 1835.

Cependant les titres des uns et des autres ne sont pas entièrement perdus. Les registres de la chancellerie ont gardé la trace de toutes les concessions régulières depuis 1808. Les listes des assemblées de la noblesse en 1789, pour la nomination des députés aux états généraux du royaume, contiennent à peu près les titres des familles anciennes consacrés par l'usage public, et qui ont subi comme une vérification faite par leurs pairs dans ces assemblées de gentilshommes. La courtoisie les maintenait avant 1789, la charte de 1814 en a autorisé la reprise : ils devraient être conservés.

Les titres régulièrement concédés sous l'Empire et sous la Restauration auraient pu devenir transmissibles sans la loi de 1835. Si l'immobilisation des biens et leur substitution ne sont plus dans nos mœurs, si les sociétés modernes appartiennent à d'autres principes, ne privons pas les familles de l'héritage d'honneur et de gloire que leur assurent les services, le courage, le désintéressement, l'illustration de leur chef ou de l'un de ses membres.

« Tous ces noms, aussi vieux que la monarchie, disait devant le sénat M. le président Delangle, aujourd'hui garde des sceaux et ministre de la justice, tous ces noms, dont les titres sont mêlés aux souvenirs les plus glorieux de nos annales, n'ont pas moins droit au respect et à la protection que les noms nouveaux illustrés par la victoire, par la science, par la reconnaissance du pays.

« Si les titres sont perdus, ce que peuvent expliquer tant de causes ignorées ou connues, la possession appuyée sur les actes de famille y suppléera. C'était la règle adoptée sous l'ancien régime; on la suivra de nouveau. Il est naturel, il est juste qu'en autorisant la noblesse à reprendre ses titres, on lui rende la prérogative que lui conférait la loi du temps, de prouver par la possession la légitimité de ses prétentions; et on peut être assuré qu'aujourd'hui comme alors la preuve n'embarrasserait que les usurpateurs. »

Nous avons obéi à ce sentiment, et cru répondre aux légitimes préoccupations de l'opinion publique en respectant les situations acquises à la noblesse ancienne, comme à la noblesse nouvelle. C'était l'esprit de la charte de 1814; les discussions législatives, les circulaires ministérielles nous donnent l'assurance que tel sera l'esprit de la constitution de 1852.

ARMORIAL

DE LA

NOBLESSE DE LANGUEDOC

GÉNÉRALITÉ DE MONTPELLIER

BAS LANGUEDOC, GÉVAUDAN, VELAY, VIVARAIS

MAINTENUES DIVERSES ET ANOBLISSEMENTS.

1670 — 1830.

1° **Nobles par arrêts du conseil du roi.**

557. BARGETON DE CABRIÈRES.

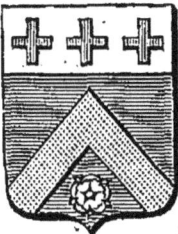

D'azur à un chevron d'or accompagné d'une rose d'argent posée à la pointe de l'écu, au chef d'argent chargé de trois croisettes de gueule.

La maison de Bargeton, originaire du diocèse d'Uzès, fut anoblie par lettres patentes de François Ier du mois de nov. 1533, en la personne de Matthieu de Bargeton, Sgr de Lédenon, demeurant à Uzès. Pierre, son arrière-petit-fils, fut condamné comme usurpateur de noblesse, faute d'avoir produit devant M. de Bezons l'original desdites lettres d'anoblissement; il se pourvut en conseil du roi, et obtint un arrêt le 31 mars 1672 qui, en le maintenant dans sa noblesse, nonobstant qu'il ne rapportât pas l'original des lettres d'anoblissement, dont Sa Majesté le dispensait, en considération de ses services et de ceux de ses prédécesseurs, ordonna qu'il jouirait des privilèges attribués aux autres gentilshommes du royaume. Cet arrêt fut confirmé par des lettres patentes du roi données à Saint-Germain en Laye le 18 avril 1672. (D'HOZIER, *Armor. gén.*, II, R.)

I. Matthieu de Bargeton, Sgr de Valabrix, de Sagriers de la Baume, de Cabrières, co-Sgr de Lédenon, d'Arpaillargues, de Montaren et de Laugnac, au D. d'Uzès, ép. Marguerite de Beaux ou de

Beux, dont il eut : 1. Nicolas qui suit; 2. Pierre qui a fait une branche rapportée sous le n° 570 ; 3. Firmine, mariée à Guillaume d'Entraigues, bourgeois d'Uzès ; 4. Simonne, mariée à Guillaume du Solier ; 5. Catherine, mariée à Jacques Tachon, d'Uzès.

II. Nicolas de Bargeton, Sgr de Cabrières, gentilhomme ordinaire de la chambre du duc d'Anjou 1580, viguier royal de la ville d'Uzès 1581, avait ép. le 18 fév. 1566 Jeanne de Joannis de la Roche Saint-Angel, dont il eut: 1. Louis qui suit; 2. Denis, qui a fait la Br. B. ; 3. Suzanne, mariée à Jean de Toulouse-Foissac ; 4. Catherine, mariée à Jean de Fabre, sieur de Rocheval, docteur ès droits; 5. Judith, mariée à Jacques de Sibert, lieut. du juge royal de Bagnols.

III. Louis de Bargeton, Sgr de Cabrières, Montaren, Cruviers, commandant une compagnie de cent hommes 1585, ép. le 26 avril 1608 Marguerite de Massanne, dont il eut : 1. Pierre qui suit; 2. Isabeau, mariée le 8 août 1641 à Henri de Narbonne-Caylus ; 3. Suzanne.

IV. Pierre de Bargeton, Sgr de Cabrières et de Montaren, lieut. de chevau-légers, ép. le 5 fév. 1656 Jeanne de Pierre des Ports, dont il n'eut pas d'enfants; il laissa pour héritier un de ses neveux, Pierre de Narbonne-Caylus, baron de Faugères.

Br. B. III. Denis de Bargeton de Cabrières, docteur ès droits, ép. le 5 janv. 1632 Marguerite Puget, dont il eut: 1. Pierre qui suit; 2. Louis ; 3. Marguerite.

IV. Pierre de Bargeton, Sgr de Cruviers, servit dans l'arrière-ban du Languedoc 1691 ; il avait ép. le 2 déc. 1674 Marguerite Bocarut, dont il eut: 1. Jacques qui suit; 2. Pierre, mort au service du roi; 3. Denis-Matthieu, qui a fait la Br. C ; 4. Henri, lieut. dans le régt de Santerre; 5. François-Annibal, garde du corps du roi; 6. Marguerite.

V. Jacques de Bargeton, maintenu dans sa noblesse par jugement de M. de Lamoignon du 16 oct. 1697, ép. 1° le 14 fév. 1694 Magdeleine de Vergèses d'Aubussargues ; 2° N... Fabre ; il eut du premier mariage : 1. Pierre, capit. au régt de Santerre, tué au siége de Kerservert; 2 Jacques, capit. au même régt; et du second : 3. François ; 4. Louis; 5. Jacques ; 6. André.

Br. C. V. Denis-Matthieu de Bargeton, capit. au régt de Santer 1712, major de la ville de Maubeuge 1738, chev. de Saint-Loi 1738, ép. à Belfort en Alsace le 7 oct. 1731 Claudine-Antoinette Faux, dont il eut : 1. Jacques-Denis; 2. Daniel; 3. Marie-Margu rite; reçue à Saint-Cyr 1741 ; 4. Louise-Antoinette, reçue à Saint-Cyr; 5. Marguerite-Magdeleine.

558. CARLOT.

La maison de Carlot est originaire de la ville de Vérone et issue de race patricienne. François de Carlot, écuyer, était homme d'armes de la compagnie de M. de Lautrec, lieutenant du roi François Ier en Italie; il quitta sa patrie, le suivit en France, et s'établit dans la province du Berry, et plus tard dans le bas Languedoc, au D. de Nîmes. Un de ses descendants, Édouard, obtint du roi des lettres patentes du 31 mars 1671 qui le réhabilitaient d'un acte de dérogeance de ses père et aïeul. (Marquis d'Aubaïs, II, 558.)

I. André de Carlot, écuyer, ép. Julie Pélegrin, dont il eut :

II. François de Carlot, écuyer, homme d'armes de la compagnie de M. de Lautrec, en Italie, vint s'établir en France; il ép. le 2 nov. 1524 Jeanne d'Acour, dont il eut :

III. Pierre de Carlot, écuyer, habitant la ville d'Aubigny en Berry, ép. le 7 janv. 1548 Pierrette Hoüet, dont il eut : 1. Martin qui suit ; 2. Isaïe ; 3. Daniel ; 4. Bernard.

IV. Martin de Carlot, fut père de

V. Jérôme de Carlot, ép. Gabrielle Vernet, dont il eut : 1. Pierre qui suit ; 2. Édouard, Sgr de Saint-Jean de Gardonenque, obtint les lettres patentes de réhabilitation du 31 mars 1671.

VI. Pierre de Carlot, baron de Cestairols, *alias* Costairoles, Sgr du Caïlar, conseiller au parlement et chambre de l'édit de Castres, ép. Marie de Toulouse-Lautrec, dont il eut : 1. Lucrèce, mariée le 23 fév. 1676 à Gabriel de Rossel d'Aubarne, baron de Fontarèches; 2. Isabeau; mariée à Antoine de Vignolles.

559. CASSAN.

D'argent à un chien rampant de sinople, au chef d'azur chargé de trois étoiles d'or ; *alias*, d'argent à un épervier les ailes étendues de sable mis en chef, neuf croissants de gueule entrelacés séparément 3, 3, 3, rangés en fasce, les trois du milieu plus élevés, et un tertre de sinople en pointe. (*Armor.*, 1696.)

Cette maison est ancienne et originaire du diocèse de Béziers. Elle a donné des magistrats au sénéchal et présidial de cette ville, et a été maintenue dans sa noblesse par arrêt du conseil du 17 mars 1670. (Marquis d'Aubaïs, II, 559. — Lach. Desb., III, 534.) Henri de Cassan d'Auriac vivait vers la fin du XVe siècle; il fut père de

I. Jacques de Cassan, écuyer, ép. Marguerite de Thézan, dont il eut : 1. Henri; 2. Barthélemy; 3. Arnaud; 4. Pierre qui suit; 5. Catherine, mariée à Pierre de Valat.

II. Pierre de Cassan, docteur ès droits, ép. le 5 oct. 1533 Françoise Lauresse, dont il eut :

III. Jean de Cassan, écuyer, conseiller au présidial de Béziers 1586, ép. en secondes noces le 1er juin 1573 Claude Gesse; il eut pour enfants : 1. Arnaud; 2. Jacques qui suit; 3. Pierre; 4. Isabeau.

IV. Jacques de Cassan, conseiller au sénéchal de Béziers, ép. le 20 mars 1638 Jacquette de Brunet, dont il eut : 1. René qui suit; 2. Pierre, Sgr d'Auriac, demeurant à Béziers, ép. le 8 mars 1666 Rachel d'Huc : maintenus dans leur noblesse par arrêt du conseil du 17 mars 1670; 3. Henriette, mariée à Jean de Veirac.

V. René de Cassan, Sgr d'Auriac, demeurant à Béziers, ép. 1° le 28 oct. 1664 Jacquette de Montagne, dont il eut : 1. Jacquette, mariée à Étienne de Montagne; 2° Anne d'Olivier, dont il eut : 2. Marie-Angélique, mariée à Étienne de Villerase; 3. Anne-Catherine, mariée à Joseph de Casemajou, Sgr du Carla.

Guillaume de Cassan, conseiller du roi, commissaire des troupes à Béziers; Jean-Paul de Cassan, conseiller du roi, maire perpétuel de Poilhes; Pierre de Cassan, Sgr de Clairac, firent enregistrer leurs armes dans l'*Armorial* de 1696.

N... de Cassan prit part à l'assemblée de la noblesse de la sénéchaussée de Béziers en 1789.

On trouve, sur les registres de la cour des comptes, aides et finances de Montpellier de 1768, un conseiller-auditeur qui appartenait peut-être à cette même famille :

Messire Jean de Cassan, Sgr de Floyrac, fut reçu conseiller-auditeur en la chambre des comptes, aides et finances de Montpellier, conformément aux conclusions du procureur général du 3 août 1768. (*Archiv. de la cour imp. de Montpellier.*)

Le 17 fév. 1772 Jean de Cassan, Sgr de Floyrac, conseiller-auditeur en la cour des comptes de Montpellier, fils légitime de Jean de Cassan, avocat au parlement, et de dame Louise Dufau, ép. Catherine-Élisabeth-Dorothée Pélissier-Duclaux, et il en eut : 1. Jean-Joseph, marié en 1800 à Jeanne-Élisabeth Villaret, dont : a. Jean-Joseph; b. Jeanne-Françoise-Odolie, mariée à Philippe de Bancarel; c. Louis-Alphonse, prêtre, docteur en Sorbonne; d. Émile; 2. Dorothée-Élisabeth, mariée à Jean-Claude de Clausel, Sgr de Coussergues; 3. Rosalie, mariée à N... Desclaix; 4. Élisabeth-Charlotte, mariée à N... Descorailles; 5. Jean-Louis; 6. Jean-Antoine-Maurice.

560. DUCROS.

I. Raimond Ducros, Sgr du Prat, eut pour fils :

II. Antoine Ducros, t. le 11 août 1549, fut père de

III. Guillaume-Teissier Ducros, co-Sgr de Saint-Germain, viguier de Portes, ép. Anne de Comitis, ou Contesse, dont il eut :

IV. André Ducros, co-Sgr de Saint-Germain, ép. le 5 nov. 1629 Jeanne Gignous, dont il eut :

V. Jean-Jacques Ducros, Sgr de Saint-Germain de Calberte, D. de Mende, capit. d'infant. au régt de Languedoc 1640, ép. le 11 fév. 1656 Anne Gailatin, et fut maintenu dans sa noblesse par arrêt du conseil du 28 sept. 1672.

561. FROMENT DE CASTILLE.

D'azur à trois épis d'or posés 2 et 1.

La maison de Froment, originaire du diocèse d'Uzès, reconnaît pour auteur noble Vincent de Froment, co-Sgr de Montaren, qui reçut une reconnaissance féodale le 11 mars 1535. Elle était dès 1722 en possession du titre de *baron*. Un de ses représentants prit part en cette qualité aux assemblées de la noblesse d'Uzès en 1788. Ce titre fut confirmé par lettres patentes du 9 déc. 1809. (Marquis D'AUBAÏS, II, 561. — LACH. DESB., *Cat. des princes*, 1761. — RONDONNEAU, *Instit. des majorats*, 303.)

I. Jean de Froment, écuyer, fut père de

II. Gabriel de Froment, docteur ès droits, commandant dans Saint-Siffred, reçut une lettre de M. de Ventadour pour augmenter la garnison dudit lieu de 20 hommes ; il ép. le 20 avril 1600 Louise de Rossel, dont il eut :

III. Pierre de Froment, docteur ès droits, ép. le 17 août 1634 Diane Reboul, dont il eut :

IV. Gabriel de Froment, Sgr d'Argeliers, viguier et juge de la prévôté d'Uzès, fut maintenu dans sa noblesse par lettres du 4 juin 1673, nonobstant la dérogeance par lui faite pour avoir tenu quelques fermes ; lesdites lettres adressantes à la cour des aides, lors du registrement desquelles il fit voir qu'il était issu de noble race, et établit sa filiation comme ci-dessus.

Gabriel de Froment, Sgr d'Argeliers, baron de Castille, ép. en nov. 1722 Marie-Anne Chalmeton ; Joseph de Froment, Sgr de Vaquières, son frère, ép. en 1746 Marie de la Vergne de Tressan, dont il eut : 1. Gabriel, né en 1747 ; 2. N..., né en 1748 ; 3. Antoinette, née en 1750; 4. Antoine, prévôt de l'église d'Uzès; 5. Charles, prieur de Peiremale; 6. François, chevalier de Boisset, lieut. de caval. au régt de la Vieuville.

Hélène de Froment, ép. Simon de Rossel, écuyer, Sgr de Saint-Mamet et Saint-Quentin.

Le baron de Castille prit part à l'assemblée des gentilshommes d'Uzès en 1788.

Gabriel-Joseph de Froment-Castille, membre du collége électoral du dépt du Gard, obtint par lett. pat. du 9 déc. 1809, établissement d'un majorat au titre de *baron*, dont la dotation consistait dans le domaine de Castille et celui d'Argeliers, situés dans l'arrondissement d'Uzès.

562. MOLEN DE LA VERNÈDE.

D'azur à trois sautoirs d'or posés 2 et 1.

La maison de Molen, *alias* Moleine et Moulin, est originaire d'Auvergne et a fait plusieurs branches dites de la Vernède, de Saint-Poncy, maintenues dans leur noblesse par arrêt du conseil du roi du 6 déc. 1672, la branche des Sgrs de Rochebrune et Raimbaut, qui descendent d'Isaac de Molen de la Vernède et de Jeanne de Montvalat, mariés en 1591, fut maintenue dans sa noblesse par M. de Barentin, intendant de Poitiers, le 22 mars 1666 ; elle était encore représentée vers la fin du dix-huitième siècle. (LACH. DESB., X, 169.) Robert de Molen, Sgr de la Vernède, d'Auriac et de Serre, celui depuis lequel la filiation est établie, fut père d'Antoine et de Laurent. Antoine fut gentilhomme de Philippe-Emmanuel de Lorraine, duc de Mercœur, en 1575; Laurent continua la descendance. (BOUILLET, *Nobil. d'Auvergne*, IV, 137-158.)

I. **Laurent de Molen de la Vernède**, Sgr de Serre, d'Auriac et de Chaselle, ép. 1° le 10 avril 1556 Valentine de Chavagnac; 2° le 2 juin 1571 Catherine de Gironde; il eut de son premier mariage : 1. François qui suit; 2. Joseph, Sgr de Bégoul, marié à Lucrèce de Bouillé, dont il eut : Philippe, marié le 12 sept. 1643 à Anne de Chambaud; 3. David qui a fait la Br. C.; 4. Isaac, marié le 25 avril 1592 à Jeanne de Montvalat; 5. Magdeleine, mariée à N... de la Terrisse; 6. Gabrielle, mariée à N... de Bouillé; 7. Jean, chanoine; et du second mariage cinq filles : maintenus dans leur noblesse par arrêt du conseil du 6 déc. 1672.

II. **François de Molen de la Vernède**, Sgr de Laire et d'Auriac, ép. le 5 mars 1601 Charlotte de Brezons, dont il eut : 1. François, Sgr de Fraissinet, ép. Marie Carbonnet; 2. Jacques; 3. Charles; 4. Henri; 5. Louis qui suit; 6. Louise; 7. Joséphine.

III. **Louis de Molen**, Sgr de Serre, ép. 1° le 1er janv. 1641 Antoinette des Corolles, *alias* Françoise d'Escorailles; 2° le 30 juin 1659 Françoise de Terolles, dont il eut :

IV. Jean de Molen, Sgr de Luzer, Bonnac, Saint-Poncy, ép. le 18 avril 1703 N... Arnauld de Lespinasse, dont il eut :

V. Étienne de Molen, Sgr de Saint-Poncy, d'Alleret, Bonnac et Saint-Mary, ép. le 12 avril 1728 Magdeleine Dubos, dont il eut : 1. Amable qui suit; 2. Louise-Claudine, abbesse de Blesle.

VI. Amable de Molen, Sgr de Saint-Poncy, Bonnac, Luzer et Alleret, ép. le 7 juill. 1751 Agnès de Saint-Hérant, dont il eut :

VII. Pierre de Molen, qualifié marquis de Saint-Poncy, Sgr de Saint-Poncy, Alleret, Signerolles, etc., capit. de dragons, chev. de Saint-Louis, nommé secrétaire de l'assemblée de la noblesse d'Auvergne convoquée à Riom en 1789, député suppléant aux états généraux; fit partie de l'armée des princes; il avait ép. le 5 fév. 1782 Catherine de la Rochelambert-la-Valette, dont il eut : 1. Charles-Alexandre-Marie qui suit; 2. Thomas-Joseph qui a fait la Br. B.; 3. Agnès-Virginie, mariée à Louis de Gay, baron de Planhol.

VIII. Charles-Alexandre-Marie de Molen de Saint-Poncy, ép. en 1812 Constance de la Faige de Cheylane, dont il eut : 1. Pierre-Roger; 2. Catherine-Marie.

Br. B. VIII. Thomas-Joseph de Molen de Saint-Poncy, off. dans la garde impériale sous le premier empire, ép. en 1822 Lucy Pouvergue, dont il eut : 1. François-Léo, ancien sous-préfet de Bressuire, Marvéjols, Saint-Affrique, secrét. général de la préf. de la Haute-Vienne; 2. Charles-Numance, juge de paix à Blesle et membre du conseil général de la Haute-Loire.

Br. C. II. David de Molen de la Vernède, chevalier, Sgr de Malpeire, Cistrières, Babeaury, ép. le 20 juin 1586 Antoinette de Mars, dont il eut : 1. Laurent qui suit; 2. Pierre, Sgr du Chambon, auteur de la branche de Molen, de Saint-Flour, éteinte.

III. Laurent de Molen de la Vernède, chevalier, Sgr de Malpeire, Cistrières, ép. le 18 avril 1619 Françoise de la Salle, dont il eut : 1. Pierre qui suit; 2. Jean, Sgr du Mont, ép. le 11 mai 1666 Gabrielle de Bastide d'Arfeuillette, et mourut sans enfants.

IV. Pierre de Molen de la Vernède, chevalier, Sgr de Malpeire, Cistrières et Arfeuillette, ép. 1° en 1660 Gasparde de Boissieu de Vertami; 2° le 5 nov. 1663 Marguerite de Luzui, dont il eut : 1. Jean qui suit; 2. Michel.

V. Jean de Molen de la Vernède, chevalier, Sgr du Mas, sous-lieut. au régt d'infanterie de Saintonge 1690, ép. le 12 fév. 1709 Clauda de Faugières, dont il eut :

VI. Henri de Molen de la Vernède, chevalier, Sgr du Mas, ép. le 8 fév. 1745 Marguerite de Dienne, dont il eut :

VII. Raimond de Molen de la Vernède, chevalier, Sgr du Mas, ép. le 25 mars 1772 Marguerite de Roquelaure dont il eut : 1. Jean-Louis qui suit; 2. Victoire-Marguerite, mariée au comte de Dienne; 3. Magdeleine-Eulalie, mariée au comte de Noyant.

VIII. Jean-Louis de Molen de la Vernède, chevalier, épousa le 14 septembre 1814 Marie-Antoinette de Romé de Fresquienne, dont il eut : 1. Raimond, décédé, marié à N... Bénouville, dont le fils unique, Anatole, est mort à Paris le 19 avril 1858; 2. Valentine Zaïde, mariée à N... Brenet; 3. Joseph-Roger qui suit; 4. Hippolyte-André, capitaine de spahis, marié le 8 janv. 1856 à Noémi Desaix; 5. Amicie-Blanche, mariée le 19 mars 1846 à N... de Gaucourt.

IX. Joseph-Roger de Molen, ép. le 4 fév. 1850. Thérèse de Teissières, dont : 1. Geneviève, décédée en 1851; 2. Roger-Bernard, né le 3 mars 1852. — Résidence : Turcey (Côte-d'Or).

563. PERROTA.

D'azur à trois griffons d'or, 2 et 1.

I. Nicolas Perrota, fut père de

II. David Perrota, Sgr de Saint-Victor et Saint-Quentin, capit. au régt de Montpezat, ayant été renvoyé au roi par M. de Bezons le 19 sept. 1668, obtint des lettres d'anoblissement en considération de ses services pendant quatorze années audit régt; de ceux de ses quatre frères tués dans le service, dont trois étaient capitaines audit régt, et le quatrième lieut. en celui d'Auvergne; et de ceux encore de Nicolas son père, tué pour le service du roi après plusieurs campagnes faites en qualité de capit. au régt de Saint-André-Cérac; lesdites lettres du 25 mai 1670.

564. PICON.

D'azur au bras d'argent armé d'une demi-pique au fer d'argent, au chef cousu de gueule chargé de trois couronnes fleurdelisées d'or.

I. Nicolas de Picon, gouverneur et conseiller de la ville de Savone en Italie, vivant en 1259, eut pour fils

II. Octavien de Picon, podestat de Vérone, fut père de

III. Firmin de Picon, capit., fut exempt de la contribution levée en Vivarais pour partie de la dot d'Isabelle de France, mariée avec le roi d'Angleterre, à cause de sa grande noblesse et de ses services; il ép. le 29 nov. 1395 Jeanne d'Enna, et il en eut :

IV. Jean de Picon, écuyer, Sgr de l'Hemme, ép. le 20 juin 1459 Jeanne Mazerai, dont il eut : .

V. Antoine de Picon, damoiseau, ép. le 10 août 1490 Marguerite de Balme, dont il eut :

VI. Pierre de Picon, damoiseau, ép. le 2 fév. 1520 Delphine d'Hérail de Brisis, dont il eut :

VII. Pierre de Picon, capit. de cent arquebusiers à cheval, ép. le 5 mai 1552 Agnès de Montjeu, dont il eut :

VIII. Pierre de Picon, Sgr de la Balme, ép. le 14 mars 1593 Jeanne d'Almeras, et il en eut : 1. Antoine; 2. George qui suit; 3. Henri; 4. Jean.

IX. Georges de Picon, écuyer, Sgr de la Balme, conseiller du roi et son maître d'hôtel ordinaire, commissaire général de ses troupes, maître des requêtes de la reine, Sgr de Pousilhac, ép. le 23 avril 1623 Alix de la Coste, et fut déclaré noble par arrêt du cônseil du 3 juin 1668 avec ses enfants qui furent : 1. Antoine-Hercule qui suit; 2. Gabriel qui a fait la Br. B.

X. Antoine-Hercule de Picon, Sgr de Pousilhac, conseiller du roi en ses conseils d'État et privé 1663, secrétaire au conseil de la reine, ép. le 30 déc. 1662 Marguerite-Aimée de Villedo.

Br. B. X. Gabriel de Picon, écuyer, Sgr de Chasseneuil, la Boudre, conseiller et trésorier général du duc de Mazarin, pair de France, grand maître et capitaine général de l'artillerie, gentilhomme servant chez le roi 1662, avait ép. le 17 mars 1658 Anne de Faucon.

565. ROUHART.

I. Elzéar de Rouhart, eut pour enfants : 1. Louis qui suit; 2. Pierre.

II. Louis de Rouhart, ép. le 9 mars 1517 Perrine Damnevic, dont il eut :

III. Claude de Rouhart, avocat, fit une procuration contre Jean et Louis de Rouhart, oncle et neveu ; il eut pour enfants : 1. Barthélemy; 2. et

IV. Louis de Rouhart, bourgeois de Narbonne, ép. le 23 janv. 1605 Françoise Poisson, et il en eut : 1. Pierre qui suit; 2. François; 3. Charles.

V. Pierre de Rouhart, Sgr de Fontarèches, fut renvoyé au sujet de sa noblesse, à cause de la dérogeance de son père, pour n'avoir pris que la qualité de bourgeois dans son contrat de mariage, et son aïeul celle d'avocat. Il fut relevé, en cas de besoin, desdites dérogeances par arrêt du conseil du 30 mars 1671, et renvoyé à la cour des aides de Montpellier pour le maintenir dans sa noblesse.

566. VALAT DE L'ESPIGNAN.

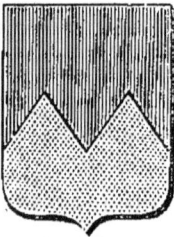

Emmanché de gueule sur or d'une pièce et deux demi.

La maison de Valat possédait la Sgrie de l'Espignan, au diocèse de Montpellier. Condamné comme usurpateur de noblesse par un jugement de forclusion, Pierre de Valat se pourvut devant le conseil du roi et obtint un arrêt de maintenue du 28 avril 1671 qui établissait sa filiation depuis Fulcrand, marié en 1504 à Marquise de Montredon. (Marquis D'AUBAÏS, II, 566. — D'HOZIER, I. R., 592.)

I. Fulcrand de Valat, Sgr de l'Espignan, docteur ès droits, ép. le 10 déc. 1504 Marquise de Montredon, et il en eut :

II. François de Valat, Sgr de l'Espignan, ép. le 3 avril 1542 Hélène de Narbonne, et il en eut : 1. Jacques; 2. Jeanne, ép. Antoine de Brettes; 3. et

III. Bertrand de Valat, ép. le 17 déc. 1586 Claude de la Combe, dont il eut :

IV. Jacques de Valat, écuyer, gouverneur de Montferrand, capit. de 100 hommes de pied 1621, commandant 300 hommes de pied 1637, avait ép. le 28 avril 1624 Perrine Fenouilhet, dont il eut : 1. Pierre qui suit; 2. François, sieur de Montalet, colonel de dragons, chev. de Saint-Lazare; 3. Étienne, abbé de Cherbourg en Normandie; 4. Constance, mariée le 20 janv. 1645 à Blaise de Roquefeuil; 5. Dorothée, mariée le 2 janv. 1666 à Louis de la Croix, Sgr de Sucilles, trésorier de France à Montpellier.

V. Pierre de Valat, Sgr de Saint-Roman, capit. d'infanterie au régt-Royal 1656, ép. le 18 sept. 1665 Catherine Haudessens, et fut maintenu dans sa noblesse par arrêt du conseil du 28 avril 1671; il eut pour fils

VI. Jean-Joseph de Valat, Sgr de Saint-Roman, de Montalet et du Sauzet, capit. de chevau-légers, ép. le 21 mars 1697 Christine de la Gorce, dont il eut : François-Noël, écuyer, Sgr de Saint-Roman, né à Montpellier le 29 déc. 1701.

2° Nobles par jugement des commissaires des francs-fiefs.

567. ALBY.

D'azur à trois roses d'argent, écartelé de gueule au lion d'or.

I. Jean d'Alby, fut député par les états de Languedoc vers le roi avec le sieur d'Ambres en 1490, pour porter les règlements pour l'exercice de la justice du parlement de Toulouse ; il ép. Juliette de Cuquignan, dont il eut :

II. Benoît d'Alby, ép. le 5 nov. 1540 Peironne Rosières, dont il eut :

III. Antoine d'Alby, écuyer, ép. le 10 nov. 1577 Anne Vidal, et il en eut :

IV. Antoine d'Alby, Sgr de Pratnau, ép. le 20 sept. 1596 Paule de Loupes, et il en eut :

V. Louis-Antoine d'Alby, Sgr de Pratnau et de Forodours, ép. Marthe de Lavedan, et il en eut :

VI. Jean d'Alby, Sgr de Pratnau, ép. le 13 mars 1661 Louise de Casteras, et fut maintenu dans sa noblesse par les commissaires de francs-fiefs de la province de Languedoc.

568. ANDOYER, *alias* AUDOYER.

I. Jean d'Audoyer, fut père de

II. Alexandre d'Audoyer, conseiller au parlement et chambre de l'édit de Dauphiné, eut pour enfants : 1. Antoine qui suit ; 2. Jean, chevalier, conseiller du roi, père de Jean, chevalier et conseiller du roi en ses conseils et à la cour des aides et finances de Dauphiné.

III. Antoine d'Audoyer, baron de Bousas, Sgr de Montbel et Lescars, conseiller au parlement et chambre de l'édit de Dauphiné, obtint des patentes du roi Henri II le 7 oct. 1553, qui lui permettaient de prendre les bail et ferme des droits, revenus et émoluments appartenant à Diane de Poitiers, duchesse de Valentinois, sans déroger à sa noblesse; il eut pour enfants : 1. Pierre, Sgr de Cros; 2. Jean, Sgr de Montbel; 3. Jacques qui suit; 4. Guillaume, Sgr de Moulens; 5. Louis, Sgr de la Varenne; 6. Antoine, Sgr de Vernet.

IV. Jacques d'Audoyer, Sgr du Fau, eut pour fils

V. Pierre d'Audoyer, justifia sa noblesse devant les commissaires de francs-fiefs en Vivarais.

569. BARBON.

Lozangé d'or et d'azur.

I. Jean de Barbon, Sgr de Chabertes, ép. le 29 janv. 1530 Jeanne des Arcis, dont il eut : 1. Jean qui suit; 2. Sébastien qui a fait la Br. C.; 3. Louis ; 4. Jean; 5. Antoine.

II. Jean de Barbon, Sgr de Chabertes, ép. le 27 août 1581 Gabrielle de Custavol, dont il eut : 1. Jean qui suit; 2. Jacques qui a fait la Br. B.

III. Jean de Barbon, Sgr de Chabertes, ép. le 30 mai 1624 Françoise Pibères, dont il eut :

IV. Antoine de Barbon, Sgr de Chabertes, D. de Viviers, ép. le 25 fév. 1664 Marie Bessière.

Br. B. III. Jacques de Barbon, Sgr de Trepasson, de la compagnie de chevau-légers de la Fretté, ép. le 22 mai 1614 Antoinette Raffier, dont il eut :

IV. Claude de Barbon, Sgr. de Trepasson, càpit. de la forteresse de Berg, ép. le 2 mai 1641 Catherine Lyotard, dont il eut :

V. Jacques de Barbon, docteur et avocat, ép. le 14 fév. 1675 Marianne Arnaud, dont il eut :

VI. Jacques de Barbon, avocat, ép. Marie du Vernet d'Avenac, dont il eut :

VII. Claude de Barbon d'Avenac, ép. Marie-Catherine Exbrayat de Pralaz, dont il eut :

VIII. Louis de Barbon du Cluzel, garde du corps, chev. de Saint-Louis, ép. N. Richion d'Adiac, dont il eut :

IX. Barbon du Cluzel, ép. Constance de Morgues de Saint-Germain, dont plusieurs enfants.

Br. C. II. Sébastien de Barbon, capitaine, ép. le 31 oct. 1574 Catherine de Jacomin, dont il eut : 1. Antoine qui suit; 2. Jean.

III. Antoine de Barbon, ép. le 26 juill. 1628 Claude le Jolivet, dont il eut : 1. Louis qui suit; 2. Jean-Henri.

IV. Louis de Barbon, Sgr des Arcis, D. de Viviers, ép. le 13 mai 1649 Marie Alirand, dont il eut : 1. Louis, avocat; 2. Antoine qui suit; 3. Jacques : maintenus dans leur noblésse, par M. de Lamoignon et les commissaires des francs-fiefs..

V. Antoine de Barbon ép. Claude Barbaston, dont il eut : 1 Jean, marié à Jeanne de Pouzols, dont : *a*. Théofrède; *b*. Antoine; *c*. et François; 2. François qui suit; 3. Jacques.

VI. François de Barbon , ép. Marie de Gerenton, dont il eut :

VII. Jean-Antoine de Barbon du Bouchet, ép. Marie-Magdeleine-André, dont :

VIII. Louis-Antoine de Barbon du Bouchet.

570. BARGETON.

Voir le n° 557, p. 2, au Ier degré.

II. Pierre de Bargeton , Sgr de Valabrix, ép. en 1551 Mondette Auson, dont il eut :

III. Jean de Bargeton, Sgr de Sagriers et Valabrix, ép. le 12 oct. 1620 Marie Devaux, et il en eut : 1. Jacques; 2. Israël; 3. Pierre, Sgr de Valabrix et Saint-Quentin, capit. d'infant. au régt de Saint-Aunez 1637 : qui justifièrent leur noblesse devant les commissaires de francs-fiefs au D. d'Uzès.

571. BAUDAN.

Palé d'argent et de sable, écartelé d'azur à un cerf rampant d'argent sommé d'or de six cornichons, au chef cousu de gueule à un croissant d'argent.

I. Maurice de Baudan, ép. Catherine Lombard, dont il eut :

II. Pierre de Baudan, Sgr de Saint-Denis, ép. 1° le 4 nov. 1545 Barthélemie Riveirolles; 2° le 19 sept. 1574 Louise Corcone. Il eut de sa première femme :

III. Maurice de Baudan, Sgr de Saint-Denis, ép. le 19 sept. 1574 Étienne Tutele, dont il eut : 1. Jean qui suit; 2. Daniel, marié le 17 juill. 1625 à Rose Tornier, *alias* Tournier, dont : *a*. Pierre, docteur et avocat, marié le 12 oct. 1651 à Marie Rosselet; *b*. Jacques, Sgr de Cabanes, marié le 19 oct. 1662 à Gabrielle de Bosanquet.

IV. Jean de Baudan, conseiller du roi au bureau du domaine en la sénéchaussée de Beaucaire et de Nîmes, doyen du présidial et

du sénéchal de cette ville, ép. le 30 avril 1610 Marthe de Montcalm-Gozon, dont il eut : 1. Jacques, chevalier, conseiller du roi,
président, trésorier, grand voyer de France en la généralité de
Montpellier, et intendant des gabelles en Languedoc ; 2. Maurice,
Sgr de Trescol ; 3. François ; 4. Louis ; 5. Jeanne : qui justifièrent
leur noblesse devant les commissaires de francs-fiefs au D. de Nîmes

Guillaume de Baudan Sgr de Montaud, major d'un régt de dragons, fit enregistrer ses armes dans l'*Armorial* de 1696.

572. BEAULAC.

Écartelé au 1 et 4 d'azur, au lion d'or armé et lampassé de gueule à trois branches de cognas-
sier d'argent en pointe ; au 2 et 3 d'azur au croissant d'argent surmonté d'une croix de Lorraine
d'or accosté de deux hermines d'argent au lévrier courant en pointe aussi d'argent. (*Armor.*
1696, 3.)

Famille noble de Languedoc d'où sont sortis plusieurs conseillers et présidents de la chambre
des comptes et cour des aides de Montpellier, laquelle s'est éteinte dans François de Beaulac,
président de la cour des comptes, aides et finances de Montpellier (LACH. DESB., II, 155), qui
fit enregistrer ses armes dans l'*Armorial* de 1696.

I. Guillaume de Beaulac, dénombra le 21 janv. 1503 ; il ép. Huguette de Bertin, et il en eut :

II. Guillaume de Beaulac, ép. Jeanne Dupont, et il en eut : 1. Michel qui suit ; 2. Blaise qui a fait la Br. B.

III. Michel de Beaulac, écuyer, fut père de

IV. Fulcrand de Beaulac, eut pour fils

V. Henri de Beaulac, Sgr de la Mate, vivant en 1642.

Br. B. III. Blaise de Baulac, eut pour fils

IV. Claude de Beaulac, de Poussan, ép. le 11 mars 1603 N...
Vedrinel, dont il eut : 1. Raimond ; 2. Charles.

Les deux branches de cette maison justifièrent leur noblesse devant les commissaires de francs-fiefs du D. de Montpellier.

573. BERGER.

D'azur au chevron d'or accompagné d'un agneau d'argent en pointe, au chef cousu de
gueule, chargé d'un croissant d'argent accosté de deux étoiles d'or.

I. Étienne de Berger, maître des comptes à Montpellier, résigna
cet office en 1604 à son fils

II. Étienne de Berger, Sgr de la Valette, maître des comptes à
Montpellier le 20 sept. 1604, ép. Marie de Ratte, dont il eut :
1. Étienne ; 2. Philippe qui suit ; 3. Pierre ; 4. Gaspard.

III. Philippe de Berger, correcteur en la cour des comptes de Montpellier 1631, ép. Jeanne Pagès, dont il eut : Philippe, habitant la ville du Vigan, qui justifia sa noblesse devant les commissaires de francs-fiefs du D. de Nîmes.

574. BERNARD.

Écartelé au 1 et 4 d'or à une bande d'azur chargée d'un croissant accosté de deux étoiles d'or ; au 2 et 3 de sable à une tour d'argent crénelée et maçonnée de sable. (*Armor.* de 1696, 1248.)

I. Jean de Bernard, écuyer de l'écurie du roi et garde du petit scel de Montpellier 1463, fut père de

II. Victor de Bernard, juge criminel en la sénéchaussée de Beaucaire et de Nîmes 1468, eut pour enfants : 1. Jean qui suit ; 2. Antoine ; 3. Paul ; 4. Robert, chanoine de l'église de Nîmes.

III. Jean de Bernard, fut père de

IV. Barthélemy de Bernard, juge du Saint-Esprit, eut pour fils

V. Jacques de Bernard, ép. le 13 nov. 1605 Françoise de Bernard, dame de Versas et de Montbrison, dont il eut :

VI. Jacques de Bernard, Sgr de Montbrison, Versas et la Bastide, capit. d'infanterie 1632, avait ép. le 28 déc. 1625 Magdeleine Isard, et il en eut : 1. Jacques qui suit ; 2. Henri, Sgr de la Bastide.

VII. Jacques de Bernard de Montredon, Sgr de Montbrison et Versas, capit. d'infant. au régt de la Tour 1641, ép. le 28 janv. 1648 Jeanne de la Tour, et justifia sa noblesse devant les commissaires des francs-fiefs en Languedoc.

575. CHANTRE.

D'azur à un chevron d'argent accompagné en pointe d'un lion passant et un chef de même chargé de trois trèfles de sable.

I. Honoré le Chantre, Sgr de Saint-Pons, eut pour fils : 1. Guillaume qui suit ; 2. Marie.

II. Guillaume le Chantre, Sgr de Saint-Pons, ép. Esther d'Audibert de Lussan, dont il eut :

III. Gabriel le Chantre, Sgr de Saint-Pons, capit. d'infanterie au régt de Vauclose 1621, au régt de Blacons 1624, ép. le 8 juin 1630

Suzanne Bouet, dont il eut : 1. N... le Chantre ; 2. Gabriel, Sgr de Saint-Pons-Pougnadoresse, qui justifièrent leur noblesse devant les commissaires des francs-fiefs au D. de Viviers.

576. CLÉMENT.

La maison de Clément est originaire de Provence, où elle est connue depuis le XIVe siècle. Léonard de Clément, qui fut père d'Honoré, écuyer de Louis II, roi de Sicile et comte de Provence, en obtint des lettres patentes l'an 1400, portant plusieurs priviléges en faveur de l'ancienne noblesse et services de la famille de Clément ; il y est fait mention du magnifique et puissant Raimond de Clément, père de François. (Marquis d'Aubaïs, II, 576.)

Antoine de Clément, Sgr de Ventabren et du Castellet, qui avait ép. le 19 juill. 1627 Maguerite Vincent de Causans, descendait de Raimond au VIIe degré. Il eut de son mariage : 1. François, Sgr de Ventabren et du Castellet, demeurant à Tarascon, en Provence, lequel fut assigné par devant les commissaires des francs-fiefs de Languedoc pour la terre du Castellet, et ayant produit le jugement obtenu en faveur de son père et de lui, des commissaires de Provence le 2 mars 1668, fut déchargé de ladite assignation ; il ép. le 7 oct. 1664 Marie Gras ; 2. André, chev. de Malte 1656.

577. COLOMB.

D'azur à trois colombes d'argent, 2 et 1, becquées et membrées de gueule, au chef cousu de gueule chargé de trois étoiles d'or.

Jean Colomb, damoiseau, rendit hommage du lieu de Brousse, au diocèse du Puy, le 13 des calendes de mars 1308.

Cette famille posséda successivement au même diocèse les Sgries de Fourneaux, Pailliers, Trèches, Montregard et Marnas. Elle prouva sa noblesse depuis

I. Claude de Colomb, eut pour enfants : 1. Jean qui suit ; 2. Aimar, écuyer, archer de la garde du roi 1554.

II. Jean de Colomb, écuyer, Sgr de Fourneaux et de Pailliers, ép. le 30 janv. 1557 Françoise de Faure, dont il eut :

III. Denis de Colomb, co-Sgr de Montregard et Marnas, ép. 1° le 28 déc. 1599 Antoinette Duport ; 2° Charlotte de Burine. Il eut de son premier mariage : 1. Jean qui suit ; et du second : 2. Jean-Jacques ; 3. Jean-Claude ; 4. Christophe ; 5. Anne.

IV. Jean de Colomb, Sgr de Trèches, co-Sgr de Montregard, ép. le 28 mai 1628 Catherine de la Faye, dont il eut :

V. Hector-Henri de Colomb, Sgr de Trèches, co-Sgr de Montre-gard, diocèse du Puy, représenta devant les commissaires des francs-fiefs qu'il avait déjà produit devant M. de Bezons, mais que la fin de la commission avait empêché qu'il n'eût arrêt, et produisit de nouveau ce que dessus.

578. COURTIAL.

I. Antoine de Courtial, écuyer, Sgr de Villelongue, ép. Jeanne de Lardeyrol, et il en eut :

II. Pierre de Courtial, Sgr de Villelongue, ép. le 25 juin 1548 Agnès Ruel, dont il eut :

III. Jean de Courtial, Sgr de Villelongue, ép. le 25 mai 1580 Françoise du Pont, et il en eut :

IV. Florimond de Courtial, Sgr de Villelongue, D. de Viviers, ép. le 11 juill. 1627 Françoise de Souverain, et justifia sa noblesse devant les commissaires des francs-fiefs.

579. CUQUIGNAN.

I. Philippe de Cuquignan, Sgr de Camplong, fut père de

II. François de Cuquignan, Sgr de Camplong, ép. Catherine Ferrier, dont il eut :

III. Antoine de Cuquignan, Sgr de Camplong, ép. le 27 juin 1571 Claire de Hautpoul, dont il eut :

IV. Charles de Cuquignan, Sgr de Camplong, ép. le 18 janv. 1598 Louise Dacier, dont il eut :

V. Arnaud de Cuquignan, écuyer, Sgr de Camplong et Saint-Estève, ép. le 13 mars 1639 Louise d'Outre, et il en eut : 1. Édouard ; 2. Louis ; 3. Charles, Sgr de Saint-Estève : qui justifièrent leur noblesse devant les commissaires des francs-fiefs.

580. DU LAC.

Jacques du Lac, Sgr de Gratuze, consul du Puy, fut nommé par les ligueurs pour négocier la paix avec les royalistes. Plus tard, ayant embrassé le parti des royalistes, il fut mis à mort par les ligueurs. Sa veuve, Claude Rosier, obtint un arrêt du conseil qui déclarait sa mémoire honorable à la postérité, 14 juin 1596. (ARNAUD, *Hist. du Velay*, I, 455 ; II, 26, 30.)

I. François du Lac, Sgr. de Remigères, fut père de

II. Jacques du Lac, écuyer, Sgr de Gratuze, Remigères et Feugères, ép. Claude Rosier, dont il eut :.1. Vidal qui suit; 2. Louis.

III. Vidal du Lac, Sgr de Gratuze, avocat au parlement de Paris, ép. Catherine de la Roque, dont il eut : 1. Louis, Sgr de Gratuze, docteur et avocat, demeurant au Puy, qui justifia sa noblesse devant les commissaires des francs-fiefs du D. du Puy; 2. François; 3. Christophe; 4. Anne; 5. Marie; 6. Jeanne ; 7. Louise.

581. DU RANC DE JOUX.

I. Jean du Ranc, fut père de

II. Louis du Ranc, ép. Marguerite de Lapia, dont il eut :

III. Jean du Ranc, ép. le 1er juin 1550 Catherine Pibère, et il en eut : 1. François qui suit; 2. Jean.

IV. François du Ranc, écuyer, châtelain de Boffre, ép. le 30 oct. 1584 Gaspare Jeissaud, dont il eut :

V. Daniel du Ranc, Sgr de Joux, ép. le 16 nov. 1624 Lucrèce de la Planche, et il en eut :

VI. Jean du Ranc, Sgr de Joux, ép. le 26 fév. 1656 Catherine de Polaillon, et justifia sa noblesse devant les commissaires des francs-fiefs au D. du Puy.

Cette maison s'est éteinte en 1748 par le mariage de Marianne du Ranc avec Jean-Baptiste de la Fayolle de Mars.

On trouvera plus loin, n°. 685, la généalogie de la maison de la Fayolle de Mars, dont la noblesse fut reconnue par M. du Gué le 5 sept. 1668, et par arrêt de la cour des aides de Montpellier du 26 nov. 1751.

582. ESCOFFIER.

De gueule à l'épervier d'argent armé et becqué de sinople, accosté à gauche d'une hache d'argent, au chef cousu d'azur chargé de trois étoiles d'argent, parti d'azur à l'ancre d'argent dans une mer de sinople.

I. Jean d'Escoffier, fut père de

II. Claude d'Escoffier, ép. avant 1541 Jeanne de Lapia, dont il eut : 1. Ponthus qui suit; 2. Charles; 3. Antoine.

III. Ponthus d'Escoffier, Sgr de la Crote, ép. Sébastienne de Largier, et il en eut : 1. Isaac qui suit; 2. Pons.

IV. Isaac d'Escoffier, Sgr de la Crote, ép. le 30 déc. 1584 Marie Armand, et il en eut :

V. André d'Escoffier d'Armand, Sgr de Marcoux, ép. le 3 mars

1631 Isabeau Molinot, et justifia sa noblesse devant les commissaires des francs-fiefs au D. du Puy; de ce mariage :

VI. Antoine-Isaac d'Escoffier d'Armand, n'eut que des filles, dont l'aînée, Thérèse, ép. 1° N. du Pont de Munas; 2° N. [de Prädier d'Agrain de Monts, ancien officier demeurant au Puy; Cécile ép. Denis de Montrond.

583. FAGES.

I. Georges de Fages, Sgr de Chusclan, ép. Alisette de Coitivi, dont il eut : 1. Jacques qui suit : 2. Anne qui ép. le 16 oct. 1520 Grégoire de Solas.

II. Jacques de Fages, baron de Gicon, Sgr de Chusclan, Saint-Mederi et Marteau, eut pour fils : 1. Guichard qui suit; 2. Antoine; 3. Hercule; 4. Tristan.

III. Guichard de Fages fut père de

IV. Daniel de Fages eut pour fils

V. François de Fages, Sgr de Gicon et Chusclan, justifia sa noblesse devant les commissaires des francs-fiefs au D. d'Uzès.

584. FAUCON.

D'azur à deux tours d'argent maçonnées de sable, surmontées d'un croissant d'or au-dessus duquel est un faucon volant de même.

La maison de Faucon, originaire de Florence, vint s'établir au diocèse de Montpellier, comme le remarque Gabriel-Michel Angevin, avocat au parlement de Paris, dans les Éloges qu'il a faits des hommes illustres venus en France depuis 1500. Il fait mention, au cinquante-quatrième article de son tableau de François Falcon, natif de Montpellier, fils de Falco Falconis et de Charlotte de Bucelli, qui fut évêque d'Orléans et puis de Carcassonne; il fait encore mention de Claude, neveu et héritier de François, conseiller au parlement de Paris, ensuite président aux enquêtes, et enfin premier président au parlement de Bretagne. Cette origine fut reconnue devant les commissaires des francs-fiefs. (Marquis D'AUBAÏS, II, 584.) Il existait en Languedoc, aux diocèses de Nîmes et d'Uzès, une autre maison de Faucon, maintenue par M. de Bezons (V. t. I, page 221, n° 200), qui pouvait avoir la même origine.

I. Philippe de Faucon, écuyer, ép. Agnès, *alias* Agnetes Campagnes, dont il eut : 1. Arnaud qui suit; 2. Antoine, marié à Gabrielle de Bernis, et père de Laurent.

II. Arnaud de Faucon, porté sur le rôle des feudataires nobles du D. de Nîmes 1547, ép. 1° Gilette de Joanas; 2° le 24 janv, 1534 Françoise du Ranc de Vibrac ; 3° Catherine de Valette. Il eut de son premier mariage : 1. Jacques qui suit; 2. Robert; 3. Françoise ; 4. Claude; 5. Gervaise.

III. Jacques de Faucon, écuyer, ép. le 25 déc. 1553 Delphine Fermas, et il en eut : 1. Abel; 2. Charles qui suit; 3. Jean; 4. Gilette; 5. Rose.

IV. Charles de Faucon, docteur ès droits, ép. le 7 nov. 1590 Jeanne Estorosit, et il en eut : 1. Jacques; 2. Pierre, marié le 31 août 1642 à Isabeau de Montolieu; 3. Rose. Pierre justifia sa noblesse devant les commissaires des francs-fiefs du D. de Nimes.

585. FIGON.

D'argent à un lion de gueule surmonté de trois molettes de sable rangées en chef.

I. Charles de Figon, conseiller du roi, maître des comptes à Montpellier, secrétaire ordinaire de Madame, sœur du roi, ép. le 19 sept. 1559 Flaurie Faur, dite de Marnas, dont il eut : 1. Melchior qui suit; 2. Françoise; 3. Catherine; 4. Claude.

II. Melchior de Figon, co-Sgr de Montregard et de Marnas, ép. le 31 janv. 1644 Hélène de Lermusières, et il en eut : 1. Gaspard, co-Sgr de Montregard; 2. Jacques; 3. Marie; 4. Françoise; 5. Suzanne; 6. Hélène : qui justifièrent leur noblesse devant les commissaires des francs-fiefs du D. du Puy.

586. GALEPIN.

D'azur à un palmier d'argent, au chef cousu de gueule chargé de trois étoiles d'argent.

I. Jean de Galepin, écuyer, ép. Jeanne de Faucon, et il en eut : 1. Jean qui suit; 2. Marie; 3. Isabeau.

II. Jean de Galepin, écuyer, avocat du roi au présidial de Nîmes, ép. Claude de Joannis, et il en eut :

III. Raimond de Galepin, conseiller au présidial de Nîmes, ép. le 3 mai 1624 Gabrielle de Calvière, dont il eut :

IV. Charles de Galepin, Sgr de Varangles, conseiller du roi au présidial de Nîmes, ép. le 22 août 1654 Tiphaine le Blanc de la Rouvière, et il en eut : 1. Raimond; 2. Jean-Louis; 3. Antoine; 4. Charles; 5. Pierre; 6. Jean-Félix : qui justifièrent leur noblesse devant les commissaires des francs-fiefs du D. de Nîmes.

587. GIGORD.

De gueule à la rose d'argent, au chef cousu d'azur à trois faucons d'argent.

Gigord, *alias* Gigort et Gigors, était le nom d'un fief situé en Dauphiné. Anthelme Gigord, auquel Philippe-Auguste donna la Sgrie de Domène, vivait en 1191. (DUBOUCHET, *Cartulaires*, 1679.) Pierre de Gigord, abbé et prieur de l'abbaye de Saillans, au D. de Die, vivait en 1244. (COLOMBY, *De rebus gestis episc.*) Matthieu de Gigord, cadet du baron de Montclar, vint s'établir en Vivarais vers 1400, où il ép. l'héritière des Sgrs du Vignal. Dans son testament du 6 nov. 1426, il est qualifié « chevalier et noble homme. » Il eut pour fils Michel, Jacques et Hermessende. Jehan, petit-fils de Matthieu, eut trois enfants : 1. Michel, écuyer, qui ép. le 4 fév. 1488 Agnès de Rieux; il en eut Jacques, qui transigea le 2 janv. 1545 avec Michel de Gigord du Vignal, son parier; Michel commence la filiation prouvée devant les commissaires des francs-fiefs; 2. Jacques-Matthieu; 3. Pierre. Jacques-Matthieu, écuyer, Sgr du Vignal et du Vignalet, ép. Marguerite Argenson, et fut père de Michel qui suit. Les énonciations qui précèdent sont extraites d'actes de mariages et de testaments reçus par Romère, Brahic et Vounières, notaires au duché de Joyeuse. Raimond de Gigord, qui justifia sa noblesse devant les commissaires des francs-fiefs, avait été déjà maintenu par jugement souverain de M. de Bezons, du 16 janvier 1669; déposé aux *Archives de la préfecture de Privas.*

I. Michel de Gigord du Vignal, Sgr du Vignal et du Vignalet, personne de naissance et de qualité, à qui Louis de Joyeuse, évêque et Sgr de Saint-Flour, fit procuration pour vaquer·aux affaires de magnifique et puissant Sgr Jacques de Joyeuse, pupille et neveu dudit évêque, le 28 mars 1534, capit. dans les gardes du roi, ép. le 8 janv. 1516 Jeanne de Barthélemy, dont il eut : 1. Michel, écuyer, capit. sous les ordres de Joyeuse 1568, dont la postérité s'éteignit en 1650; 2. Louise, mariée à Baptiste de Folchières; 3. Anne; 4. et

II. Raimond de Gigord, écuyer, Sgr de Belvèze, la Boise, le Coussac, Charaix, docteur ès droits, conseiller du roi, capit. sous les ordres des ducs de Ventadour et de Bouillon, régent et lieutenant de bailli au duché de Joyeuse, reçut en don le 3 mars 1595 du roi Henri IV les Sgries de Belvèze et de la Boise, en récompense de ses bons services. Il ép. le 22 juill. 1579 Anne de la Tourcille, dont il eut : 1. Raimond qui suit; 2. Guillaume, conseiller du roi, juge-mage du duché de Joyeuse; 3. Jacques-Pierre, Sgr du Coussac, capit. au régt de Castries.

III. Raimond de Gigord, Sgr de la Rochette, la Boise, Belvèze, Charaix, docteur ès droits, conseiller du roi, régent, juge-mage, lieut. gén. de bailli, commandant au duché de Joyeuse, fut maintenu dans sa noblesse par jugement souverain de M. de Bezons du

16 janv. 1669, et par les commissaires des francs-fiefs; il av. ép.
1° le 7 déc. 1642 Anne de Bertrand de Valoubière, dont il eut entre
autres enfants : 1. Étienne, Sgr de Charaix, conseiller du roi et
juge-mage au duché de Joyeuse ; 2. Joseph, garde du corps du
roi, comp. de Noailles; 3. Michel, cadet gentilhomme au régt de,
Bombardier ; 4. Pierre, auteur d'une branche éteinte en 1731 ; 2° le
28 oct. 1669 Jeanne du Serre de la Rochette, dont il eut plusieurs
enfants, entre autres : 5. Jacques-Joseph qui suit; 6. Pierre-Rai-
mond, auteur des Sgrs de Charaix éteints en 1751; 7. André, capit.
au régt d'Arville; 8. Françoise, mariée à Guillaume de Saint-
Étienne de Borne Saint-Sernin, Sgr de Ligonniers et Beaumefort,
capit. au régt de Barville; 9. Jeanne-Marie, alliée en 1697 à Jean-
Baptiste des Aiffres de Pellegrin; 10. Jeanne-Marie-Françoise, mariée le 9 nov. 1707 à Louis de Granet, capit. d'infanterie.

IV. Jacques-Joseph de Gigord, Sgr de Nojaret, capit. au régt de
Chatillon-Souilhac, ép. le 7 fév. 1692 Isabelle de Bellet, dont il eut
dix enfants, entre autres : 1. Joseph qui suit; 2. Jeanne-Élisabeth,
mariée au baron d'Advisard; 3. Marie-Magdeleine, mariée à François Charrière, Sgr de Pugnères, avocat au parlement, juge-régent
au sénéchal-ducal de Joyeuse.

V. Joseph de Gigord, Sgr de Nojaret, commandant de la ville de
Joyeuse, ép. le 2 déc. 1722 Gabriel de Conte d'Aubusson de Tauriers, fille de Louis-Joseph, gouverneur de la ville de Joyeuse, et
de Catherine de la Baume, dont il eut :

VI. Étienne de Gigord, Sgr de Nojaret, chev. de Saint-Louis,
gouv. de Gua, major-colonel du régt de Neustrie, commandant la
ville de Cambrai, ép. en 1763 Marie-Marguerite-Louise de Marcha
de Saint-Pierreville; il eut de son mariage neuf enfants, entre autres : 1. Henri qui suit; 2. Henri-François-Joseph, qui a fait la Br. C.;
3. René-Charles-Denis, qui a fait la Br. D.

VII. Henri de Gigord, chev. de Saint-Louis, Sgr de Nojaret, d'O-
riples, Saint-Nazaire, de la baronie de Joanas, capit. au régt de
Neustrie, officier de l'armée de Condé, chef d'état-major et colonel
des gardes nat. de l'Ardèche, comm. de volont. royalistes, ép. le
6 nov. 1790 Marie-Magdeleine-Charlotte Schweinhuber d'Oulembourg, fille d'Henri-Joseph-Stanislas, baron d'Oulembourg, mestre
de camp, chev. de Saint-Louis, dont il eut : 1. Marie-Joseph-Adolphe-Henri qui suit; 2. Marie-Charlotte, mariée à N... Lahondès de
la Figère; 3. Marie-Henriette-Rosalie, mariée à Auguste de Fayet
de Montjoie-Gabriac; 4. Marie-Jeanne-Gabrielle.

VIII. Marie-Joseph-Adolphe-Henri de Gigord, ép. en 1826 Marie-

Antoinette-Pauline Mamert de Jussieu de Montluel de Saint-Julien, fille de Charles-Aimé, comte de Jussieu de Montluel de Saint-Julien, chev. de Saint-Louis, major d'artillerie de marine, et d'Adélaïde de Berbis des Maillys, chanoinesse, comtesse de Neuville, et il en eut : 1. Marie-Joseph-Henri qui suit; 2. Marie-Joseph-Léopold, lieut. au 5ᵉ lanciers, marié le 16 fév. 1857 à Marie-Antoinette-Valentine Loppin de Gemeaux, fille de Charles-Catherine Loppin de Gemeaux, chev. de Saint-Louis et de la Lég. d'honn., chef d'escadron de cavalerie; 3. Marie-Joseph-Xavier-Théodore-Charles qui fait la Br. B.; 4. Marie-Joseph-Jules-Raymond.

IX. Marie-Joseph-Henri de Gigord, a ép. le 16 juill. 1855 Gabrielle de Magnin de Gaste, fille de Louis de Magnin de Gaste, chev. de Malte, et de Catherine-Joséphine de la Croix de Chevrières de Pisançon, dont : Marie-Joseph-Henri-Louis.

Br. B. IX. Marie-Joseph-Xavier-Théodore-Charles de Gigord, a ép. le 18 avril 1857 Marie-Andrée-Antoinette-Caroline de Coynart, fille de Charles-Raimond de Coynart, lieut.-col. d'état-major, officier de la Lég. d'honn., command. de Philippe le Magnanime, chev. de Dannebrog, et de Marie-Éléonore de Jacquot Rouhier d'Andelarre, dont : Marie-Pauline-Caroline-Marguerite.

Br. C. VII. Henri-François-Joseph de Gigord, chev. de Saint-Louis, capit. au régt de Neustrie, officier aux chasseurs-nobles de l'armée de Condé, ép. le 10 juill. 1804 Marie-Antoinette de Vincenti de Montséveny, dont il eut : 1. Étienne-Amédée qui suit; 2. Joséphine.

VIII. Étienne-Amédée de Gigord, garde du corps du roi Charles X, comp. de Noailles, démissionnaire en 1830, ép. le 12 fév. 1833 Marie-Thérèse-Louise-Mathilde d'Allamel de Bournet, dont il eut : 1. Édouard-Marie-Joseph, reçu à l'école de Saint-Cyr, démissionnaire en 1856, et entré au noviciat des jésuites; 2. Jules-Antoine; 3. Marie-Thérèse-Olympe-Élisabeth.

Br. D. VII. Réné-Charles-Denis de Gigord, chev. de la Lég. d'honn., anc. lieut. au régt d'Angoulême, ancien sous-préfet démissionnaire en 1830, ép. le 2 mars 1812 Charlotte-Adélaïde de Thomassin de Balignecourt, dont il eut : 1. Étienne-Charles qui suit; 2. Pauline, mariée le 28 mars 1855 à Amédée-Charles Sagot, sous-commissaire de marine.

VIII. Étienne-Charles de Gigord, ancien sous-préfet, ép. le 23 mai 1844 Claire-Magdeleine-Adélaïde Caminade, dont : 1. Claire-Marie-Caroline; 2. Marcelle-Auguste-Adélaïde-Irénée.

588. GONDIN.

D'argent à un chevron de sable accompagné de trois gantelets de même, deux en chef, un en pointe.

I. Antoine de Gondin, ép. le 20 janv. 1527 Jeanne de Bagnols de Saint-Michel des Ubaz, et il en eut : 1. Jean qui suit; 2. Matthieu, qui a fait la Br. B.; 3. Antoine.

II. Jean de Gondin, Sgr de Carsan, ép. Claude de Buis, et il en eut :

III. Honoré de Gondin, Sgr et baron de Boisseron, prévôt général de la province de Languedoc 1626, avait ép. le 8 fév. 1611 Françoise de Roquefeuil-la-Roquette, dont il eut : 1. Bernard, Sgr de Montagut, prévôt général de Languedoc 1647; 2. Hercule, Sgr et baron de Boisseron, Carsan, Montagut, Nagueres, prévôt général de la province de Languedoc 1648, ép. le 8 juill. 1660 Marie Anoul.

Br. B. II. Matthieu de Gondin, écuyer, capit. de la Tour-Carbonnière, viguier d'Uzès, gouv. d'Aigues-Mortes, ép. le 30 janv. 1582 Marie de Beauvoir du Roure, et il en eut : 1. Louis; 2. Jean; 3. André; 4. Honoré; 5. et

III. Henri de Gondin, Sgr d'Arci et de Saint-Quentin, ép. Éléonore Renaud de la Barthe, dont il eut :

IV. François de Gondin, Sgr d'Arci et de Saint-Quentin, ép. le 16 juin 1658 Charlotte de Brueis.

Les deux branches de la maison de Gondin établies au D. de Nîmes justifièrent leur noblesse devant les commissaires des francs-fiefs.

589. HÉRAIL.

D'azur au navire d'or fretté, voilé et équipé d'argent voguant sur les ondes de même. DEVISE : *Neque Carybs, neque Scylla.*

I. Jean d'Hérail, fut père de

II. Jean d'Hérail, écuyer, ép. le 20 nov. 1536 Agnès de Castanède, dont il eut :

III. Claude d'Hérail, écuyer, ép. le 8 mars 1567 Jacqueline de Chambon d'Albespierres, dont il eut :

IV. Jean d'Hérail, Sgr du Buisson et de Combele, ép. le 27 déc. 1598 Jeanne d'Hérail de Brisis, dont il eut :

V. Jean d'Hérail, Sgr de Couders, puis du Buisson, ép. le 21 mai 1631 Anne de Portanier, dont il eut : ·

VI. Pierre d'Hérail, Sgr. du Buisson et du Vilar, D. d'Uzès, qui justifia sa noblesse devant les commissaires des francs-fiefs.

590. HÉRAIL.

I. Antoine d'Hérail, dit du Mas-Hugon, eut pour enfants : 1. Vidal qui suit ; 2. Jacques.

II. Vidal d'Hérail, Sgr du Mas-Hugon, ép. le 14 fév. 1582 Claude de Malet, dont il eut : 1. Antoine qui suit ; 2. Jacques ; 3. Louis ; 4. Jean ; 5. Marie, alliée le 13 janv. 1608 à Charles de Molhe.

.III. Antoine d'Hérail, Sgr de Malet, ép. le 21 fév. 1610 Gasparde de Gout, et il en eut :

IV. Jean d'Hérail, Sgr de Malet, ép. le 26 juill. 1643 Jeanne de Brugairous, qui, étant veuve, justifia devant les commissaires des francs-fiefs du D. de Viviers la noblesse de ses enfants : 1. Antoine ; 2. Jacques ; 3. Gaspard ; 4. Isabeau ; 5. Louise.

591. JULIEN DE LA VARENNE.

I. Jean de Julien, fut père de ·

II. Jean de Julien, ép. le 21 mai 1559 Isabeau de Chambaud, dont il eut :

III. Jacques de Julien, Sgr de Fraisse, ép. le 3 mai 1609 Suzanne du Trémolet, dont il eut :

IV. Joachim de Julien, Sgr de la Varenne et Châteauneuf, puis de Fraisse, D. de Viviers, ép. le 3 sept. 1651 Alix de Soubeiran, dont il eut : Joachim-René, Sgr de Fraisse, dont la mère justifia la noblesse devant les commissaires des francs-fiefs.

Cette famille est aujourd'hui représentée par M. l'abbé de la Varenne, chanoine et vicaire général du D. de Valence.

592. MALTRAIT. ·

I. Pierre de Maltrait, conseiller, maître des requêtes de Henri IV, roi de Navarre, 1585, ép. 1° Dauphine de Rosel ; 2° Jeanne de Montolieu; il eut pour enfants : 1. Denis qui suit; 2. Claude; 3. Pierre; 4. Dauphine; 5. Mondette.

II. Denis de Maltrait, avocat en la chambre de l'édit de Castres, ép. Magdeleine d'Albenas dont il eut : Claude, avocat au parlement, demeurant à Nîmes, qui justifia sa noblesse devant les commissaires des francs-fiefs.

593. MIALHET DE LA BORIE.

I. Antoine de Mialhet, Sgr de Donaze, *alias* Donasse, ép. le 10 janv. Jeanne de la Roue, dont il eut :

II. Louis de Mialhet, Sgr de Donaze, ép. le 13 juin 1560 Catherine Leques, dont il eut :

III. Jean de Mialhet, Sgr de Donaze, ép. le 13 oct. 1602 Anne Chrétien, dont il eut :

IV. Louis de Mialhet, Sgr de la Borie et de Donaze, D. du Puy, ép. le 24 juin 1651 Charlotte d'Esbrayat, et justifia sa noblesse devant les commissaires des francs-fiefs.

Jeanne de Mialhet de la Borie, ép. le 13 fév. 1724 Balthazar de la Roque.

594. MOSTUÉJOULS, *alias* MONSTUÉJOULS.

De gueule à la croix fleurdelisée d'or, cantonnée de quatre billettes do même.

Mostuéjouls est un bourg considérable situé en Rouergue, dans cette partie qui confine au Gévaudan, sur la rive droite du Tarn. Il a donné son nom à une maison ancienne et illustre connue dès le XIIe siècle, qui tenait à cette époque un rang distingué parmi les premières maisons de cette province. Guillaume de Mostuéjouls, damoiseau, puis chevalier, était sénéchal du comté de Rodez; il fit hommage à l'évêque de Mende en 1292 pour le château de Mostuéjouls. Raimond de Mostuéjouls, évêque de Saint-Flour en 1317, puis de Saint-Papoul en 1319, fut fait cardinal du titre de Saint-Eusèbe en 1327. Garcinde de Mostuéjouls, leur sœur, ép. Arnaud III, Sgr de Lauzières, chevalier, auteur des diverses branches de la maison de Lauzières-Thémines. Englès de Mostuéjouls, père de Guillaume, de Raimond et do Garcinde, possédait le château de Mostuéjouls indivis avec Richard de Mostuéjouls, damoiseau. Quelques débats s'étant élevés au sujet de leurs prétentions respectives, elles furent réglées par un accord fait en 1285 par la médiation de Raimond de la Roque, chevalier, et de Guillaume de Grimoard, damoiseau. Les plus anciens titres que l'on connaisse sur la maison de Mostuéjouls remontent à 1075, et permettent d'établir une filiation depuis Aymeric, chevalier, Sgr de Mostuéjouls et de Liaucous, né vers 1160. Aymeric eut deux fils : 1. Guillaume, auteur de la branche aînée, éteinte vers 1378; 2. Pierre, auteur de la branche encore représentée de nos jours, qui fut héritière de la branche aînée. Guion, qui commença la filiation prouvée devant les commissaires des francs-fiefs, descendait de Pierre au

VIII° degré. (BARRAU, II, 723-750. — ROY, *Hist. des cardinaux français*, IX. — *Histoire de Lang.* II, *Preuves*, passim. — P. ANSELME, VIII, 413. — GAUJAL, 1, 517.)

Clément Marot, dans son *Voyage en son pays de Rouergue*, donne à la maison de Mostuéjouls le rang qu'elle a continué d'occuper encore de nos jours :

> Levezoulx, d'Estaing, Vesins
> Haults barons et mauvoysins,
> Mostuéjouls et d'Arpajon,
> Forts chateaux et beau renom.

I. Guion de Mostuéjouls, écuyer, Sgr de Mostuéjouls, Liaucous et du Pinet, ép. Antonie, *alias* Falvie de Rabastens, dont il eut entre autres enfants : 1. François qui suit; 2. Gabrielle, mariée en 1523 à Antoine de Ricard; 3. Hélix, mariée en 1500 à Antoine de Montvallat.

II. François de Mostuéjouls, Sgr de Montbrun, ép. 1° le 27 nov. 1512 Magdeleine de Lévis; 2° en 1521 Magdeleine de Lauzières-Thémines, dont il eut : 1. Guion qui suit; 2. Jean, chev. de Malte 1554.

III. Guion de Mostuéjouls, Sgr de Mostuéjouls, Liaucous, Franquiran, Montbrun, Castelbouc, Bombès, Vors, Vébron, ép. le 13 fév. 1556 Jacquette de Caissac, dont il eut : 1. Marie-François; 2. et

IV. David de Mostuéjouls, Sgr de Mostuéjouls, Liaucous, Saint-Georges, Franquiran, Combes, co-Sgr de Capluc, ép. le 19 avril 1583 Brunette de Lautrec, dont il eut :

V. Jean de Mostuéjouls, Sgr de Mostuéjouls, de Liaucous, de Saint-Marcellin, de Saint-Georges de Lévejac, etc., ép. le 15 août 1610 Jeanne de Montvallat, dont il eut : 1. François qui suit; 2. Dominique, marié le 12 fév. 1648 à Dorothée de Grailhe; 3. Jeanne, mariée à Jean de Paschal de Saint-Juéry.

VI. François de Mostuéjouls, Sgr de Mostuéjouls, baron de Roquevieille et de Saint-Marcellin, ép. le 14 avril 1654 Marie-Magdeleine de Levezou de Vesins, justifia sa noblesse devant les commissaires des francs-fiefs en Languedoc; il eut de son mariage : 1. Jean qui suit; 2. Marie-Anne, alliée 1° à Jacques de Bonald; 2° le 22 déc. 1698 à François-Paul de Solages.

VII. Jean de Mostuéjouls, Sgr et baron de Mostuéjouls, Roquevieille, Liaucous, Franquiran, etc., ép. en 1694 N... d'Isarn de Frayssinet, dont il eut : 1. Joseph-Honoré qui suit; 2. Jean-Charles, chev. de Malte 1717; 3. Marie-Anne-Charlotte; 4. Marie-Jeanne.

VIII. Joseph-Honoré de Mostuéjouls, baron de Mostuéjouls, Sgr de Liaucous, ép. le 28 janv. 1719 Jacquette de Buisson de Bournazel, dont il eut : 1. Jean-Pierre qui suit; 2. Claude-Charles, prieur, Sgr de Cattus en Quercy, sous-précepteur des enfants de France 1760, premier aumônier de Madame, chanoine-comte de Brioude

1775, chanoine de Saint-Jean de Lyon; 3. Jean-Godefroy, chanoine-comte de Brioude; 4. Marie, alliée le 16 août 1742 à Jean-Baptiste de Maillan.

IX. Jean-Pierre de Mostuéjouls, Sgr et baron de Mostuéjouls, Saint-Marcellin et Liaucous, lieut. au régt du Roi infanterie 1744, aide de camp du prince de Clermont, se distingua à la bataille de Fontenoy; il ép. le 14 fév. 1765 Marie-Françoise-Adélaïde le Filleul de la Chapelle, dont il eut : 1. Charles-François-Alexandre qui suit; 2. Jean-Raymond-Auguste, page de Monsieur, officier au régt de la Fère 1787, servit dans l'armée des princes, mourut à Vienne 1811; 3. Louis-François-Guion-René, garde du corps du roi; 4. Antoine-Hippolyte-André qui a fait la Br. B.; 5. Joséphine, mariée en 1786 à Antoine–Alexis de Lévezou de Vesins, et quatre autres filles.

X. Charles-François-Alexandre de Mostuéjouls, pair de France en 1826, au titre de vicomte, servit dans l'armée des princes, chev. de Saint-Louis et de la Légion d'honneur, membre de la chambre des députés, ép. 1° le 31 août 1808 Virginie de Montcalm-Gozon; 2° le 30 juill. 1816 Edme-Louise de Nanteuil, dont le contrat de mariage fut signé par le roi Louis XVIII. Il n'eut pas d'enfants de ces deux mariages, et mourut le 10 avril 1849.

Br. B. X. Antoine-Hippolyte-Amédée de Mostuéjouls, membre de la chambre des députés 1827-1830, chev. de la Lég. d'honn., ép. en 1802 Henriette de Grandsaigne d'Hauterive, dont il eut : 1. Armand qui suit; 2. Dieudonné; 3. Raimond; 4. Aimé; 5. Alazacie; 6. Émilie.

XI. Armand de Mostuéjouls, ép. le 9 août 1834 Mélanie-Stéphanie de Levezou de Vesins, dont : 1. Louis-Charles-Ferdinand, né le 23 juin 1840; 2. Cécile; 3. Aigline, née en 1836.

595. MONTOLIEU.

De pourpre à une montagne d'argent en chef et un olivier de même fruité de sinople en pointe; écartelé de gueule à une lance d'or mise en pal.

I. Sanche de Montolieu, ép. Lucie Foucard, dont il eut : 1. Arnaud qui suit; 2. Bertrand.

II. Arnaud de Montolieu, ép. le 4 nov. 1515 Jeanne d'Assas, dont il eut : 1. Jacques qui suit; 2. Raimond.

III. Jean de Montolieu, écuyer, ép. le 29 janv. 1552 Françoise de Vergèses, dont il eut : 1. Antoine qui suit; 2. Barthélemy; 3. Daniel.

IV. Antoine de Montolieu, Sgr de Caveirac, ép. le 21 oct. 1589 Isabeau Carles, dont il eut :

V. Henri de Montolieu, Sgr de Caveirac, D. de Nîmes, ép. le 25 avril 1645 Claire de Genas, et justifia sa noblesse devant les commissaires des francs-fiefs.

596. MOLHE.

I. Michel de Molhe, écuyer, Sgr de Brin, eut pour fils :

II. Antoine de Molhe, Sgr de Brin, ép. 1° le 22 mars 1563 Jeanne de Cubières ; 2° le 16 mars 1572 Jeanne d'Altier ; il eut pour fils :

III. Charles de Molhe, Sgr de Brin , ép. le 13 janv. 1608 Marie d'Hérail, dont il eut :

IV. Antoine de Molhe, Sgr de Brin, D. d'Uzès, ép. le 8 juin 1631 Anne de Teissier, et justifia sa noblesse devant les commissaires des francs-fiefs.

597. ODDE DU BOUCHET ET DU VILLAR.

I. Claude d'Odde, eut pour fils :

II. Ennemond d'Odde, ép. le 21 mars 1568 Catherine de Poinssac, et il en eut : 1. Antoine qui suit ; 2. Guiot, ép. le 15 nov. 1616 Marie Fabourelle, dont Charles, Sgr du Villar, y demeurant, D. de Viviers, marié en 1650 à Jeanne de la Garde Chambonas.

III. Antoine d'Odde, Sgr de la Bastide , ép. en 1605 Anne d'Audoyer, dont il eut :

IV. Ennemond d'Odde, Sgr du Bouchet ép. le 10 mars 1639 Antoinette Avocat, et il en eut : 1. Charles ; 2. Gabriel, Sgr du Bois, ép. Isabeau de la Roche, et justifia sa noblesse avec son père, son frère et Charles, son cousin, devant les commissaires des francs-fiefs.

Plusieurs membres de cette famille ont pris part aux assemblées de la noblesse du Velay en 1788.

598. OLIVIER.

D'azur à la colombe d'argent tenant en son bec un rameau d'olivier de sinople, qui est d'O-
livier; écartelé de gueule au sautoir alésé d'or, qui est d'Escouperie de la Gardie.

I. Philibert d'Olivier, testa le 2 oct. 1546; il eut pour enfants :
1. Pierre qui suit; 2. Antoine.

II. Pierre d'Olivier, ép. Isabeau de Sapte, dont il eut :

III. Pierre d'Olivier, conseiller et magistrat au présidial de Carcassonne, ép. le 25 avril 1607, Marie de Beauxhostes, dont il eut :

IV. Antoine d'Olivier, Sgr de Pouzols et de Serièges, ép. le 23 fév.
1648 Hyacinthe d'Escouperie, et justifia sa noblesse devant les
commissaires des francs-fiefs au D. de Narbonne.

599. PARADÈS.

Coupé au 1 d'azur à une demi-fleur de lis d'or à l'aigle de sable; au 2 d'or à trois tourteaux
de gueule, 2 et 1.

I. Antoine de Paradès, ép. Marguerite Valet avant 1520, dont il
eut :

II. Pierre de Paradès, écuyer, Sgr de Gajan et Sauset, ép. le 5
juin 1565 Marguerite de la Baume, dont il eut :

III. Édouard de Paradès, Sgr de Gajan et Sauset, ép. le 16 janv.
1593 Jeanne de Gabriac, dont il eut :

IV. Jean de Paradès, Sgr de Gajan et Sauset, ép. 1° le 25 fév.
1643 Louise Sarran; 2° Espérance du Ranc de Vibrac; il eut pour
enfants : 1. Pierre qui suit; 2. Charles.

V. Pierre de Paradès, Sgr de Sauset et Gajan, ép. le 4 janv. 1663
Jeanne Boschier, et justifia sa noblesse devant les commissaires des
francs-fiefs du D. de Nîmes.

600. PONSONNAILLES.

D'azur à trois cloches d'argent bataillées de sable.

Maison originaire d'Auvergne, qui possédait les Sgries de Grizols, d'Angles, de Champiols, du Chassand, de Magnac et de Faverolles, dans l'élection de Saint-Flour et au diocèse de Mende. Durand de Ponsonnailles vivait en 1334, Bonnet en 1470, et autre Bonnet en 1540. (BOUILLET, V, 158.)

I. Bernard de Ponsonnailles, ép. le 30 janv. 1517, Gabrielle de Miremont, et il en eut : 1. Guy qui suit ; 2. Pierre.

II. Guy de Ponsonnailles, Sgr de Vareilles, ép. Isabeau d'Auriac, et il en eut : 1. Matthieu qui suit ; 2. Marie, alliée le 11 fév. 1609 à Nicolas de Gibertès.

III. Matthieu de Ponsonnailles de Grizols, Sgr de Vareilles, ép. le 11 juill. 1602 Gasparde de Beauvoir du Roure, dont il eut :

IV. Claude de Ponsonnailles-Chapelu, Sgr de Grizols, Montbrun et la Vigne, comte de Vignoles, ép. le 13 nov. 1633 Marguerite d'Apchier, dont il eut : Charlotte-Elisabeth, mariée à Jean de Pommeirols, qui justifia sa noblesse devant les commissaires des francs-fiefs.

Matthieu de Ponsonnailles rendit hommage en 1723 pour les fiefs de Faverolles, du Chassang, d'Angles et de Champiols.

Cette famille compte deux admissions au chapitre noble de Brioude, en 1649 et 1667, et elle a fourni de nouvelles preuves aux pages et à l'École militaire en 1734 et 1771.

601. QUINARD.

D'azur au sautoir d'or cantonné de quatre croissants d'argent.

I. René de Quinard, écuyer d'écurie du roi 1485, fut père de

II. Balthazar de Quinard, Sgr du Fau, eut pour fils

III. Antoine de Quinard, Sgr du Fau et de Cubèles, ép. Anne Chapellier, dont il eut : 1. Jacques qui suit ; 2. Arnaud ; 3. Balthazar.

IV. Jacques de Quinard du Fau, Sgr de Champagnac, ép. Anne de Rochefort, dont il eut : 1. Jean qui suit ; 2. Antoine ; 3. Balthazar ; 4. Jacques.

V. Jean de Quinard du Fau, Sgr de Champagnac, ép. Françoise Joncherié, dont il eut : 1. Jacques; 2. Antoine, Sgr de Baume et Champagnac, qui représenta aux commissaires des francs-fiefs du D. de Mende, que ses prédécesseurs avaient pris le surnom de Quinard et de du Fau indifféremment, et quelquefois les deux ensemble; 3. Médard; 4. Anne.

602. SALVE.

D'argent à deux loups passants l'un sur l'autre de sable armés et lampassés de gueule à la bordure de même.

Famille originaire de Provence, maintenue dans sa noblesse par jugement des commissaires de Provence le 27 nov. 1668. Les armes de cette famille sont celles des deux cardinaux, Martin de Salva, mort l'an 1403, et Michel de Salva, son neveu, mort l'an 1406, et enterrés dans l'église des chartreux de Bonpas, au diocèse d'Avignon. (ROBERT DE BRIANÇON, III, 44. — MAYNIER, IIᵉ part., 110.— ARTEFEUIL, II, 377.)

I. Laurent de Salve, fut père de : 1. Isnard qui suit; 2. Baudet, prêtre.

II. Isnard de Salve, ép. le 7 fév. 1536 Marguerite Aubanel, dont il eut :

III. Michel de Salve, fut père de

IV. Jean de Salve, commandant une compagnie de cavalerie 1595, ép. le 15 oct. 1597 Catherine de Giraud, dont il eut : 1. Marc-Antoine, Sgr de Bruneton, demeurant à Vergèses, D. de Nîmes; 2. André, qui servit dans la cavalerie, ép. le 5 mai 1641 Catherine de Baille; 3. Hercule, lieut. dans le régt des vaisseaux, ép. en 1664 Claire de Gilles, des Sgrs de Fontvive de Lambesc : maintenus dans leur noblesse en Provence, le 27 nov. 1668.

La postérité d'Hercule était représentée en 1742 par Louis-Hercule de Salve-Villedieu, marié à Thérèse-Françoise-Marie de Candolle.

603. SAUSET.

I. Jacques de Sauset, Sgr de Meilet, fut père de

II. Guillaume de Sauset, Sgr de Meilet, ép. le 5 avril 1606 Marguerite de Masclet, dont il eut :

III. Charles de Sauset, Sgr de Meilet, ép. le 23 mars 1637 Gabrielle du Claus, et justifia sa noblesse devant les commissaires des francs-fiefs du D. de Nîmes.

604. SERRES DU PRADEL.

D'argent au chevron d'azur chargé de trois étoiles d'or, accompagné de trois trèfles de sinople. (*Armor.* de 1696.) DEVISES: *Cuncta in tempore,* qui est d'Olivier de Serres. —*Etiam veni, Domine Jesu,* qui est de Jean de Serres.

Les familles de Serres étaient nombreuses en Vivarais ; la plus illustre est celle des Sgrs de Pradel ou du Pradel, qui a produit Olivier de Serres, considéré comme le *père de l'agriculture en France.* Une statue lui a été élevée, en octobre 1858, à Villeneuve de Berg (Ardèche), sa ville natale. Jean de Serres, son frère, était un ardent calviniste ; il fut ministre protestant à Nîmes ; il a publié de nombreux ouvrages de controverse religieuse. Henri IV l'employa à des affaires très-graves et lui donna le titre d'historiographe de France. (DE THOU, *Hist. de France ;* — MORÉRI, IX, 368 ; — *Biogr. Michaud*, 42, 90-102.) Pierre-Marie-Auguste Broussonnet, célèbre médecin-botaniste de l'école de Montpellier, qui a rendu tant de services à notre agriculture, et introduit le premier en France un troupeau de mérinos d'Espagne et de chèvres d'Angora du Levant, fonda un prix à l'Académie de Montpellier pour le meilleur éloge d'Olivier de Serres. (*Biogr. Michaud*, id., et 6, 45.)

I. Jean de Serres, Sgr du Pradel, ép. Louise de Leyris, dont il eut : 1. Olivier qui suit; 2. Jean, historiographe du roi 1596.

II. Olivier de Serres, écuyer, Sgr du Pradel, ép. le 11 juill. 1559 Marguerite d'Harcons, dont il eut :

III. Daniel de Serres, Sgr du Pradel, ép. le 3 mai 1599 Anne de Frise, dont il eut :

IV. François de Serres, Sgr du Pradel, ép. le 5 déc. 1624 Louise d'Arlamde de Mirabel, dont il eut :

V. Constantin de Serres, Sgr du Pradel, ép. le 12 nov. 1662 Françoise de Rochemore d'Aigremont, et justifia sa noblesse devant les commissaires des francs-fiefs.

605. SOUVERAIN.

I. Antoine de Souverain, ép. Perpétue Lansselmet, dont il eut :

II. Jacques de Souverain, ép. le 15 janv. 1553 Marguerite de Fraissinet, et il en eut :

III. Matthieu de Souverain, conseiller-notaire, et secrétaire du roi, maison et couronne de France 1590, av. ép. le 28 déc. 1584 Françoise du Peloux, et il en eut :

IV. Pierre de Souverain, ép. le 1er juin 1610 Anne de Chazolles, dont il eut :

V. Louis de Souverain, Sgr du Sablon et de Trislemon, D. du Puy, ép. le 12 juill. 1638 Jeanne de Sigaud, et justifia sa noblesse devant les commissaires des francs-fiefs.

606. TINELLI.

De gueule à un lion d'or écartelé d'azur à trois besants d'argent posés **2 et 1**. (*Armor.* de 1696, 540.)

I. Jean de Tinelli, co-Sgr de Gajan, fut père de

II. Robert de Tinelli, ép. le 15 mars 1562 N... Guiraude, et il en eut :

III. Jean de Tinelli, bourgeois de Nîmes, puis écuyer, Sgr de Castellet, obtint des lettres de relief pour avoir exercé marchandise, le 29 août 1619, registrées en la chambre des comptes de Montpellier en 1620; il fut père de : 1. Maurice qui suit; 2. Jean.

IV. Maurice de Tinelli, Sgr de Castellet, fut père de :

V. Guillaume de Tinelli, Sgr de Castellet, D. de Nîmes, justifia sa noblesse devant les commissaires des francs-fiefs.

607. TRÉMOLET DE LACHEYSSERIE.

D'azur à trois trèfles d'or, au chef de gueule à trois étoiles d'argent.

Cette maison, originaire du diocèse de Viviers, a pour auteurs présumés Pons du Trémolet et Regnaude de Jaunac, sa femme, qui vivaient en 1386 au Trémolet, paroisse de Saint-Étienne de Serres; Étienne du Trémolet était marié en 1390 à Huguette de Masléon. Nous avons encore eu sous les yeux une reconnaissance faite à Agnès du Trémolet le 19 nov. 1429. Elle s'était divisée en deux branches depuis le commencement du XVIe siècle; l'une fut maintenue dans sa noblesse par jugement souverain de M. de Bezons du 24 déc. 1668, et s'éteignit vers les premières années du XVIIIe siècle; à l'autre appartenait

Antoine du Trémolet de Lacheysserie, écuyer, Sgr de Craux et Montagut, qui fut maintenu dans sa noblesse par les commissaires des francs-fiefs, par M. de Lamoignon, par M. de Bernage; sa filiation complète a été rapportée au t. I, p. 506 et 508, n° 535, en voici les derniers degrés :

X. Antoine du Trémolet de Lacheysserie, Sgr de Craux et de Montagut, fut élève du roi à l'école militaire, suivit ensuite un cours de médecine et fut reçu docteur; il ép. le 30 janv. 1800 Marie-Mélanie Mésangère, dont il eut : 1. Marie-Louis-Charles qui suit; 2. Marie-Jean-Baptiste-Eugène qui a fait la Br. C.

XI. Marie-Louis-Charles du Trémolet de Lacheysserie, procureur du roi à Largentière en 1825, démissionnaire en 1830, membre du conseil général de la Drôme, député de la Drôme au Corps législatif 1859, ép. le 11 avril 1825 Marie-Eugénie de Ressouches, dont : 1. Marie-Annet-Maurice, né le 20 juill. 1826 ; 2. Marie-Eugène, né le 3 sept. 1838.

Br. C. XI. Marie-Jean-Baptiste-Eugène du Trémolet de Lacheysserie, élève de l'école militaire de Saint-Cyr en 1816, officier démissionnaire en 1821, magistrat démissionnaire en 1830, ép. le 31 mai 1831 Marguerite-Valentine de Dienne, fille de Jean-François, comte de Dienne, capit. de vaisseau, chev. de Saint-Louis, dont : 1. Henri-Ferdinand, né le 5 mars 1832 ; 2. Marie, née le 30 mars 1838.

608. VANEL DE L'ISLE-ROI.

D'argent à un chêne de sinople mouvant d'une terrasse de même, qui est de Vanel. Plus tard, ces armes ont été posées sur un écartelé au 1 et 4 d'azur à trois rocs d'échiquier d'or posés 2 et 1, qui est de Roque ; au 2 et 3 d'azur à une colombe d'argent becquée de gueule, prenant son essor et tenant dans son bec un rameau d'olivier de sinople, qui est de Joyes.

La maison de Vanel, qui possédait la Sgrie de l'Isle-Roi au D. d'Uzès, et la baronie de Barenques dans le Comtat Venaissin, avait pour premier auteur connu noble Laurent de Vanel, Sgr de Recoulles, qui testa le 19 juin 1499 au profit de son petit-fils Étienne de Vanel, auteur de la filiation prouvée devant les commissaires des francs-fiefs en Languedoc le 3 déc. 1695, et devant M. de Lamoignon le 8 juin 1699. (D'HOZIER, Armor. gén., II, R.)

I. Étienne de Vanel, Sgr de Recoulles, héritier institué de son aïeul paternel suivant son testament du 19 juin 1499, fut père de : 1. Jacques qui suit ; 2. Étienne, Sgr de Celleneuve.

II. Jacques de Vanel, conseiller du roi, juge de Gignac, ép. le 28 oct. 1542 Isabeau de Rouzier, dont il eut :

III. Guillaume de Vanel, grenetier alternatif du grenier à sel du Saint-Esprit, ép. le 18 mars 1582 Élisabeth de Joyes, dont il eut :

IV. Louis de Vanel, capit. d'une compagnie de 100 hommes de pied dans le régt de Mazargues, ép. le 1er déc. 1616 Marguerite de la Coste, dont il eut :

V. Jean-Baptiste de Vanel, Sgr de l'Isle-Roi, viguier de la ville du Saint-Esprit, ép. le 8 fév. 1644 Gabrielle de Ripert, dont il eut :

VI. Marcel de Vanel, Sgr de l'Isle-Roi, baron de Barenques, lieut. des maréchaux de France, ép. 1° le 4 juin 1675 Marthe de Noyel ; 2° le 13 mars 1697 Magdeleine de Sauvan d'Aramon, et fut maintenu dans sa noblesse par jugement des commissaires des francs-fiefs du 3 déc. 1695, et par une ordonnance de M. de Lamoignon de Basville, du 8 juin 1699 ; il eut de son mariage : 1. Jean-François qui suit ; 2. Marthe, mariée le 10 juin 1718 à Guillaume de Blisson, Sgr de Bagnols, et quatre autres filles dont deux religieuses à Bolène.

VII. Jean-François de Vanel, Sgr de l'Isle-Roi, co-Sgr de la Motte, baron de Barenquès, terre située dans le Comtat Venaissin, et dont il fit hommage au pape le 8 mars 1713, lieut. des maréchaux de France, ép. le 25 juin 1719 Jeanne-Marie de Ville, dont il eut : 1. Charles-Joseph-François, né en 1723; 2. Vincent-Félix-Joseph, né en 1726; 3. Joseph-Prosper, né en 1728.

609. VIGNOLLES.

D'or à une souche au naturel feuillée de sinople à deux raisins pendants au naturel, écartelé d'azur à une tour crénelée de créneaux d'argent.

Il y avait en Languedoc deux familles de Vignolle ou des Vignolles, maintenues l'une et l'autre dans leur noblesse par jugement souverain de M. de Bezons (V. le t. I, n° 551, p. 521) et par les commissaires des francs-fiefs. Elles étaient toutes les deux originaires des Cévennes, établies dans le diocèse de Nîmes, et devaient appartenir à une souche commune, quoique la jonction n'ait pas été faite dans les maintenues. Les armes ne différaient que par les brisures qui servent à distinguer les branches d'une même maison.

I. Claude des Vignolles, Sgr de Saint-Bonnet et Salendrenques, ép. Catherine Valadier, et il en eut : 1. Claude qui suit; 2. François-Fulcrand, conseiller au présidial de Montpellier.

II. Claude des Vignolles, Sgr de Saint-Bonnet et Salendrenques, ép. Jeanne Calvet, dont il eut : 1. Jean qui suit; 2. Marguerite; 3. Anne; 4. Jacquette; 5. Marie; 6. Jeanne.

III. Jean des Vignolles, écuyer, Sgr de Salendrenques, rendit hommage tant pour lui que pour Jacques des Vignolles, Sgr de Thous et Cournonterrail, président au parlement de Toulouse et chambre de l'édit de Castres le 28 mai 1618, pour la terre de Saint-Bonnet, par eux tenue par indivis et acquise par Claude et autre Claude, père et aïeul dudit Jean; il avait ép. le 17 juin 1583 Suzanne Saurin, et il en eut : 1. Jean qui suit; 2. Isaac; 3. David.

Isabeau des Vignolles, fille de Jacques, président à la chambre de l'édit de Castres, ép. av. 1671 Henri de Narbonne-Caylus.

IV. Jean des Vignolles, Sgr de Colognac, ép. Laure de la Nogarède, et il en eut : 1. Jean-Jacques qui suit; 2. François qui a fait la Br. B.; 3. Antoine qui a fait la Br. C.

V. Jean-Jacques des Vignolles, Sgr de Saint-Bonnet, ép. le 2 juill. 1660 Catin de Reinaud.

Br. B. V. François des Vignolles, Sgr de Saint-Brès, capit. au régt de Calvière 1645, ép. le 25 déc. 1651 Marie Saurin.

Br. C. V. Antoine des Vignolles, Sgr de la Bastide, capit. d'inf.

au régt de Montpezat 1651, ép. le 4 oct. 1651 Louise de la Pierre.

Ces trois branches de la maison des Vignolles justifièrent leur noblesse devant les commissaires des francs-fiefs.

Anne-Marguerite des Vignolles, fille unique et héritière de Henri des Vignolles, baron de Lassalle, conseiller en la cour des comptes, aides et finances de Montpellier, et de dame de Pasturel des Barrières, ép. le 11 sept. 1762 Jean-David de Tourtoulon.

A cette même maison pouvait appartenir le lieutenant général comte de Vignolle, mort à Paris le 13 nov. 1824.

Le comte Martin de Vignolle, lieut. gén., ancien ministre de la guerre de la république Cisalpine, préfet de la Corse, conseiller d'État, commandeur de Saint-Louis, grand-croix de la Lég. d'honn. et membre de la chambre des députés, naquit à Massillargues (Hérault) le 18 mars 1763. Sa famille était vouée depuis plusieurs générations au service militaire; il entra comme cadet gentilhomme au régt de Barrois en 1780. (*Moniteur* du 18 nov. 1824. RIVOIRE, I, 616.) Il eut de son mariage : 1. N..., mort pendant la campagne de Russie; 2. Horace-Numa, colonel du 8ᵉ régt de chasseurs à cheval, commandeur de la Légion d'honneur.

610. VINCENS.

D'or à un lion de sable couronné, lampassé et armé de gueule, et une bordure d'azur chargée de six étoiles d'or, trois en chef, trois en pointe, et deux croissants d'argent posés aux flancs. (*Armor; de 1696, 447.*)

I. Léonard de Vincens, écuyer, ép. Anne de la Roque, et il en eut : 1. Olivier qui suit; 2. Léonard; 3. Marguerite.

II. Olivier de Vincens, Sgr de Bidon, co-Sgr de Saint-Marcel d'Ardèche, vendit à Léonard son frère une portion de la juridiction dudit Saint-Marcel le 2 fév. 1523; il ép. Agnès de Montagut, dont il eut : 1. Étienne qui suit; 2. Jean.

III. Étienne de Vincens, co-Sgr de Saint-Marcel d'Ardèche, ép. le 12 fév. 1572 Isabeau de Borrel, dont il eut :

IV. Antoine de Vincens, Sgr de Masade et Saint-Marcel d'Ardèche, capit. dans le régt de Rambures, ép. le 8 fév. 1626 Marguerite d'Urre, dont il eut : 1. Pierre; 2. Fabien, qui justifièrent leur noblesse devant les commissaires des francs-fiefs au D. de Viviers.

611. BARRÈME.

D'azur au double triangle d'argent et une rose d'or au comble (en chef).

François et Jean de Barrème, Sgrs de Mondragon, furent maintenus par arrêt des commissaires de Provence du 4 sept. 1667. Leur maison a donné à l'église métropolitaine de Saint-Sauveur d'Aix Pierre et René de Barrème, oncle et neveu, successivement chanoines et conseillers au parlement; René, d'un mérite de distinction, grand vicaire de Mgr l'archevêque d'Aix. Jean de Barrème, leur cousin, a été pourvu de l'office de juge royal de la ville et généralité de Tarascon, l'une des clefs de la Provence. (MAYNIER, IIe part., 49, 50.)

I. Guillaume de Barrème, ép. av. 1523 Catherine de Provence, dont il eut:

II. René de Barrème, eut des lettres de comte palatin portant pouvoir de légitimer des bâtards, faire des comtes, nobles, etc.; et une attestation de l'Université d'Avignon, comme ceux qui sont honorés du titre de comte palatin par S. S. peuvent porter en leurs armes la couronne de comte; il fut juge d'Avignon 1565, procureur du roi au siége d'Arles 1602; il eut pour enfants: 1. Jean qui suit; 2. Pons; 3. René.

III. Jean de Barrème, juge royal, capit. et viguier de Tarascon 1596 et 1606, maître des requêtes de l'hôtel de la reine, ép. le 23 oct. 1596 Honoradé Laurent, dont il eut: 1. François qui suit; 2. Richard; 3. René, père d'Antoine.

IV. François de Barrème, conseiller du roi, juge et viguier de Tarascon, ép. le 11 janv. 1638 Alexandre des Rollands, dont il eut:

V. Jean de Barrème, ép. Magdeleine de Grégoire de Saint-André, et justifia sa noblesse devant les commissaires des francs-fiefs en Languedoc.

612. CAZE.

D'azur au chevron d'or accompagné de deux étoiles en chef et d'un lion de même en pointe.

La maison de Caze, *alias* de Case, originaire du Lyonnais, répandue en Languedoc, en Provence et à Paris, a été maintenue dans sa noblesse par ordonnance de M. du Gué, intendant de Lyon, le 18 août 1668, et en Provence par arrêt des commissaires généraux, du 5 déc. 1668. (D'HOZIER, V. R. — LACH. DESB, IV, 63.) Elle établit sa filiation depuis

I. Jean de Caze, écuyer, vivant en 1530, ép. Jeanne de Michel, dont il eut: 1. Milan qui suit; 2. Jean; 3. François, qui a fait la branche de Provence; 4. Martin, receveur des tailles au pays de Forez, marié à Gilberte Gresolon.

II. Milan de Caze, conseiller du roi, trésorier et receveur général de ses emprunts à Lyon, receveur des aides en Forez, trésorier des mortes payes en Savoie, ép. le 13 oct. 1555 Jeanne David, et il en eut : 1. Jacques qui suit; 2. David; 3. Marie ; 4. Anne.

III. Jacques de Caze, conseiller auditeur en la chambre des comptes de Montpellier 1597, ép. 1° Magdeleine de Rostang ; 2° Magdeleine de Massanes; il eut de son premier mariage : 1. Jean-François, auteur d'une branche établie en Provence, puis à Paris, encore représentée au milieu du xviiie siècle ; et du second : 2.

IV. Antoine de Caze, conseiller et auditeur en la chambre des comptes de Montpellier 1623, ép. Marguerite de Massanes, dont il eut :

: V. Jean de Caze, écuyer, maître d'hôtel du roi 1648, avait ép. le 5 mars 1640 à Lyon Marie Huguetau, et fut maintenu noble par M. du Gué le 18 avril 1668.

613 — 614. CHAVAGNAC.

D'argent à l'aigle de sable ; *alias*, de sable à trois fasces d'argent et trois roses d'or en chef, pour la branche de Blesle et de Lugarde. (D'HOZIER, II, R.)

La terre de Chavagnac, en Auvergne, était un fief considérable du duché de Mercœur. Elle a donné son nom à plusieurs familles répandues en Auvergne, en Languedoc et en Champagne, qui pouvaient avoir une origine commune, mais la jonction n'a pas été faite. M. d'Hozier avait promis une place dans son Armorial à la branche de Champagne, et aux branches de Languedoc, qui se distinguaient entre elles par les noms de Monthioulous et de Meyronne, «dès qu'elles auraient fait la production nécessaire pour l'obtenir.» Si la production a jamais été faite, la place n'a pas été donnée. (D'HOZIER, *Armor. gén.*, II, R. 14.) La branche de Monthioulous a été rapportée au t. I, p. 148, n° 157; la branche de Meyronne prouva sa noblesse depuis

I. Jean de Chavagnac, fut père de

II. Jean de Chavagnac, Sgr de Chavagnac, Charais, les Terrisses, ép. le 11 sept. 1542 Jeanne de Jonsal, et il en eut : 1. Jean; 2. Claude qui suit; 3. Louis qui a fait la Br. B. ; 4. Antoine; 5. François.

III. Claude de Chavagnac, Sgr de Chavagnac, Charais, les Terrisses, gentilhomme ordinaire de la chambre du roi, premier mestre de camp sous M. de Joyeuse, ép. Polixène de Toulon, dont il eut :

IV. Balthazar de Chavagnac, Sgr de Chavagnac et des Terrisses, ép. le 8 janv. 1605 Françoise de la Rochefoucauld, et il en eut :

V. François-Roch de Chavagnac, Sgr de Chavagnac, ép. le 20 nov. 1651 Marie Roueran.

: Br. B. III. Louis de Chavagnac, Sgr de Meyronne, ép. le 4 mai 1585 Claude de Chaslus, et il en eut : 1. Antoine qui suit ; 2. Pierre.

IV. Antoine de Chavagnac, Sgr de Meyronne et Labrousse, ép. le 15 juin 1622 Jeanne de Loubeirac, et il en eut : 1. Louis, comte chanoine et doyen de Saint-Julien de Brioude ; 2. Jean, Sgr de Meyronne : maintenus dans leur noblesse par jugement souverain de M. de Fortia, intendant d'Auvergne.

615. COURTIAL.

I. Pierre de Courtial, fut père de

II. Antoine de Courtial, eut pour fils

III. Guiot de Courtial, ép. en 1527 Catherine la Barge, dont il eut :

IV. François de Courtial, Sgr de Courtial, ép. Blanche Riverolles, et il en eut : 1. Jean ; 2. Charles qui suit ; 3. Robert ; 4. Pierre.

V. Charles de Courtial, fut père de

VI. Guiot de Courtial, Sgr de Courtial, ép. 1° le 24 août 1595 Isabelle Devèse ; 2° le 8 sept. 1601 Catherine de Saint-Paul, et il en eut :

VII. Joseph de Courtial, écuyer, Sgr de Courtial, ép. 1° le 24 sept. 1624 Peironne Vernet ; 2° le 26 mars 1639 Louise du Bourg ; il eut pour fils

VIII. Jean de Courtial, Sgr de Courtial, ép. le 3 août 1667 Marie Grandon, et fut maintenu dans sa noblesse par jugement souverain de M. de Fortia du 9 avril 1669.

616. DIENNE.

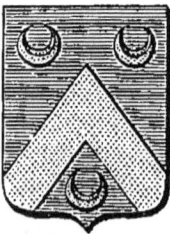

D'azur au chevron d'or accompagné de trois croissants de même deux en chef et un en pointe.

La maison de Dienne est une des plus anciennes et des plus considérables d'Auvergne. Elle a fait plusieurs branches, la plupart éteintes, qui ont donné un grand prieur d'Auvergne, plusieurs chevaliers de Malte, des chanoines-comtes de Brioude et des officiers distingués. Sa filiation suivie remonte à 1224. La branche aînée s'est éteinte par mariage en 1592 dans la maison de Beaufort-Canillac, Sgrs de Montboissier. Les armes de Dienne sont à la salle des Croisades.

La branche des Sgrs de Chavagnac s'éteignit au commencement du XVIIIe siècle. Il existait encore vers la fin du XVIIIe siècle une branche dite des Sgrs de Chayladet, et de du Puy de Dienne en Auvergne. (LACH. DESB., XV, 248.) Nous ignorons à laquelle de ces différentes branches pouvait se rattacher celle qui fut maintenue dans sa noblesse en Languedoc par les commissaires des francs-fiefs, et qui remonta sa filiation à

I. Antoine de Dienne, damoiseau, demeurant à Saint-Eustache, eut pour enfants : 1. Ithier qui suit ; 2. Antoine qui a fait la Br. B.

II. Ithier de Dienne, ép. le 2 fév. 1519 Hélix de Chazelles, dont il eut :

III. Ithier de Dienne, Sgr de Saint-Eustache, ép. le 16 sept. 1550 Marguerite Chaussard, et il en eut :

IV. Claude de Dienne, ép. le 23 fév. 1590 Françoise d'Aurelle, et il en eut : 1. Gabriel qui suit; 2. François, Sgr de la Rochette, ép. le 6 nov. 1640 Louise Monier; 3. Jean, Sgr de Chansac, ép. le 19 fév. 1640 Françoise Bruncat; 4. Louis, Sgr de la Viale, ép. le 11 juin 1649 Charlotte Chariol, dont Jean et Gabriel maintenus nobles avec leurs oncles.

V. Gabriel de Dienne, Sgr de Saint-Eustache, ép. le 27 janv. 1623 Françoise de Chavagnac, et il en eut : 1. Antoine, Sgr de Chansac; 2. Gabriel, Sgr de Montmourant, marié le 1er déc. 1654 à Catherine Chailaguet; 3. Louis; 4. et Philippe : maintenus dans leur noblesse par jugement souverain de M. de Fortia, le 26 janv. 1667.

Br. B. II. Antoine de Dienne, écuyer, demeurant à Valadour, fut père de

III. Jean de Dienne, écuyer, Sgr de Valadour, ép. le 28 janv. 1554 Gabrielle de la Vissure, dont il eut :

IV. Antoine de Dienne, Sgr de Valadour, ép. le 14 fév. 1589 Marguerite Bort, dont il eut :

V. Jean de Dienne, Sgr de Valadour, ép. le 20 août 1621 Anne de Chazelles, dont il eut : 1. Guillaume; 2. autre Guillaume; 3. Jacques : maintenus dans leur noblesse par jugement souverain.

N... de Dienne du Puy, prit part aux assemblées de la noblesse du Vivarais, convoquées en 1788 et 1789 à Annonay et à Villeneuve de Berg.

617. DU PORT.

Palé d'argent et d'azur de six pièces, à la trangle de sable brochant sur le tout. DEVISE: *Cingit et obstat.*

Jean Guillaume du Port, originaire de Savoie, vint s'établir à Beaucaire où il épousa en 1542 Claude Duplan. Guillaume du Port fit faire une enquête, le 9 décembre 1581, devant le juge et bailli de Bugey, séant à Belley, concernant la noblesse de sa famille tant pour lui que pour François qui suit et Pierre, ses cousins. Il appert de ladite enquête que lui et sesdits cousins descendent du susdit Guillaume. Pierre du Port rendit hommage le 22 février 1563 et le 27 octobre 1576. (Marquis D'AUBAIS, II, 617. — CHORIER, III, 457.)

I. François du Port, ép. le 5 fév. 1586 Jacqueline Piquet, dont il eut : 1. Richard qui suit; 2. François; 3. Guillaume; 4. Louis.

II. Richard du Port, ép. le 24 juill. 1621 Marie Dunet, dont il eut :

III. François du Port, ép. le 8 fév. 1652 Pierre d'Aiguières de Méjanes, et justifia sa noblesse devant les commissaires des francs-fiefs.

618. FAUCON.

D'azur à trois tours d'argent accompagnées en chef d'un faucon d'or et d'un croissant d'or en pointe.

Pierre de Faucon, demeurant au D. d'Uzès, maintenu dans sa noblesse par jugement souverain de M. de Bezons du 29 janv. 1669 (V. t. I, n° 221, p. 200), justifia encore sa noblesse devant les commissaires des francs-fiefs.

619. FERRE.

D'azur à trois besants d'argent à la bordure componée d'argent et d'azur échiquetée.

Charles de Ferre, Sgr de la Verrière, maintenu dans sa noblesse par jugement souverain de M. de Bezons du 13 fév. 1669 (V. t. I, n° 228, p. 207), produisit encore ses titres de noblesse pour la Sgrie de la Calmette, devant les commissaires des francs-fiefs, en Languedoc.

620. GAILLARD.

D'or semé de trèfles de sinople à deux perroquets de même surmontés chacun de la lettre T de gueule.

La maison de Gaillard, d'Aix, est originaire de Blois des barons de Lonjumeau. Jean de Gaillard la transporta en Provence avec Pierre, son neveu, Sgr de Ventabren et de la Bourdonnière, et s'établit à Marseille. Sa postérité se divisa en deux branches dites de Lonjumeau et de Moissac. (ROBERT DE BRIANÇON, III, 108; — MAYNIER, II, p. 31.) Michel de Gaillard, fils de Jean, ép. le 10 fév. 1512 Souveraine d'Angoulème de Valois, fille naturelle du duc d'Orléans, père de François Ier; elle fut légitimée à Dijon, par son père et par son frère, en 1521. (ARTEFEUIL, I, 430.) Michel fut père de

I. Denis de Gaillard, Sgr de Fayet et de Puteaux, eut pour fils :

II. Gilles de Gaillard, Sgr de Puteaux, ép. le 23 nov. 1539 Catherine le Coigneux, dont il eut :

III. Jean de Gaillard, conseiller du roi, contrôleur ordinaire des guerres, receveur général des décimes et finances de Provence, ép. le 28 janv. 1578 Louise d'Arbaud, et il en eut :

IV. Joseph de Gaillard, Sgr de Moissac, conseiller du roi au parlement de Provence, puis président à mortier 1638, av. ép. le 9 déc. 1624 Anne de Grimaldi, dont il eut : 1. Sauveur qui suit; 2. Pierre, capit. des galères du roi, marié à N... de Raffelis et qui a fait une branche en Provence; 3. Marquise, alliée à François de Foresta, Sgr de Colongue, conseiller au parlement : maintenus dans leur noblesse par les commissaires de Provence, le 12 janv. 1668, produisirent ce que dessus aux commissaires des francs-fiefs, en Languedoc.

V. Sauveur de Gaillard, conseiller du roi en tous ses conseils, receveur général des décimes en Provence, ép. en 1648 Blanche de Boyer, dont il eut : 1. Gaspard qui suit; 2. Joseph; 3. Sauveur; 4. Jean-Augustin, tous les trois reçus chev. de Malte.

VI. Gaspard de Gaillard, président à la cour des comptes de Provence, ép. Thérèse d'Agoult-d'Olières, dont il eut : 1. Sauveur; 2. Auguste, conseiller à la cour des comptes 1713, ép. N... d'Astouaud de Murs, dont : a. Louis-Auguste, conseiller à la cour des comptes 1757; b. Dominique-Gaspard, c. Chrysostome, l'un et l'autre commandeurs de Malte.

621. LA ROQUE.

D'azur à deux lévriers affrontés d'argent, colletés et bouclés de gueule; au chef d'argent chargé de deux rocs d'échiquier de sable.

La maison de la Roque d'Auvergne est originaire du Carladez et connue depuis Hugues de la Roque marié vers 1280 à Hélène de Dienne. Il eut pour successeurs : Vezian de la Roque-Cos-Cornut, chevalier, lequel assista avec plusieurs principaux nobles de la haute Auvergne à l'accord conclu entre Guillaume de Murat et Pierre de Brezons en 1304, et qui fut l'un des exécuteurs testamentaires d'Amblard II, Sgr de Dienne en 1307; Henri de la Roque, témoin d'une transaction intervenue entre les héritiers de Bernard d'Allanche et ceux de Pierre de Brezons en 1328; Jacques de la Roque, époux de Mirabelle de Vic qui fit foi et hommage au vicomte de Carlat en 1355; Guillaume de la Roque qui vivait en 1406; Jean de la Roque, marié avant l'an 1500 à Louise de Flageac et auteur commun de toutes les branches de sa maison qui subsistaient dans les élections de Brioude et de Saint-Flour, où elles furent maintenues nobles le 17 mai 1668 après avoir justifié de leur filiation et de nombreuses attestations militaires. (BOUILLET, Nobil. d'Auvergne. V, 432.)

I. Pierre de la Roque, co-Sgr dudit lieu et d'Azenières, fut père de

II. Guillaume de la Roque, écuyer, Sgr de la Tourette, ép. le 11 fév. 1529 Jeanne de Cheyrolles, dont il eut : 1 Charles; 2. et

III. Pierre de la Roque, Sgr de la Tourette, ép. le 11 fév. 1588 Anne d'Oradour, et il en eut :

IV. Pierre de la Roque, Sgr de la Tourette, ép. le 11 fév. 1639 Louise de la Tour Saint-Vidal, et fut maintenu dans sa noblesse par M. de Fortia, en Auvergne, élection de Brioude, le 17 mai 1668, et par les commissaires des francs-fiefs en Languedoc.

N... de la Roque de Sévérac, né à la Chaise-Dieu en 1770, entra à l'école militaire en 1780, et son parent N... de la Roque de la Faye fut convoqué à l'assemblée de Saint-Flour en 1789.

622. LEIRIS.

D'argent à la branche de laurier de sinople posée en bande accompagnée de deux annelets de gueule, au chef d'azur.

I. Antoine de Leiris, Sgr de Chaunac, originaire d'Épernay, ép. Catherine de Vein, et il en eut :

II. Vincent de Leiris, écuyer, ép. le 20 sept. 1532 Marguerite Vidal, et il en eut :

III. Raimond de Leiris, Sgr de Luserche, ép. le 12 fév. 1577 Anne de Lanteirès, et il en eut :

IV. Jean de Leiris, ép. le 8 oct. 1612 Anne Gassandon, et il en eut :

V. Jean-Pierre de Leiris, Sgr de Saint-Martin, ép. le 27 janv. 1654 Isabelle Marchand, et fut maintenu dans sa noblesse par arrêt du conseil du 27 mai 1671 sur l'appel par lui relevé du jugement de M. Caumartin du 28 sept. 1667.

623. MANTIN.

Écartelé au 1 et 4 d'argent au lion de gueule ; au 2 et 3 de gueule au bras d'argent tenant une massue de sable. DEVISE : *Fortior Alcide.*

Étienne de Mantin, d'Arles, exposa que les titres par lesquels il prouvait sa noblesse avaient été brûlés dans l'incendie de sa maison au faubourg de la ville de Grenoble, d'où il était originaire. Les Mantin n'avaient pas besoin de titres brûlés pour être nobles, ajoute le président Maynier ; l'ordre royal de chevalerie qu'Étienne Mantin reçut de la main du comte de Tende, gouverneur de Provence, par ordre de Charles IX, censé pour ses faits d'armes dans les guerres, en est un suffisant et suppléant à tous. Il avait servi avec gloire sous Henri II, François II, Charles IX et Henri IV. Théodoric, son fils, se signala comme son père au service du roi Louis XIII, dans la marine, et fut vice-amiral des mers du Levant. (MAYNIER, II, p. 93.)

I. Étienne de Mantin, Sgr de Montbonnaud, chev. de l'ordre du Roi, obtint des lettres de grâce d'Henri IV en 1590, était gouverneur de Casal en 1555, gouverneur de Grenoble et de Graisivaudan 1575, fut nommé pour assister aux états de Blois en qualité de chef de la noblesse dudit Graisivaudan ; il ép. le 5 oct. 1557 1° Claire de Glandevez; 2° le 12 janv. 1570 Magdeleine de Brancas-Céreste, et il en eut :

II. Gaspard de Mantin, ép. le 7 juill. 1614 Catherine de Nicolaï, dont il eut :

III. Étienne de Mantin, Sgr d'Olier et Montbrun, co-Sgr de Montdragon, en Provence, y demeurant, ép. le 9 mars 1653 Marie Faure, à laquelle la terre de la Roche fut constituée en dot; il produisit devant les commissaires des francs-fiefs, en Languedoc, le jugement donné en sa faveur par ceux de Provence le 19 janv. 1669.

624. MONTVALAT.

D'azur au chevron d'or accompagné de trois couronnes de laurier de sinople au naturel.

La terre de Montvalat, située près de Chaudesaigues dans la Haute-Auvergne, a donné son nom à cette maison, l'une des plus considérables de la province, tant par son ancienneté que par ses alliances et ses services militaires. On voit par les titres anciens que les Sgrs de Montvalat prenaient autrefois le titre de *princes des hautes montagnes d'Auvergne.*

De cette maison sont sortis les comtes d'Entraigues, en Rouergue; les Sgrs de Bonnechaise, de Cheylaret et de Coufour, et les Sgrs de Teyssières en Auvergne. (LACH. DESB., X, 648. — BOSC, III, 221. — BOUILLET, IV, 313; V, 57. — BARRAU, III, 679.)

I. Louis de Montvalat, Sgr dudit lieu, bailli des montagnes d'Auvergne, vivant en 1426, fut peut-être père de

II. Guillaume de Montvalat, Sgr dudit lieu et de Luganhac, eut pour fils

III. Antoine de Montvalat, Sgr dudit lieu, de Mornac et de Miremont, ép. le 20 avril 1508 Hélix de Mostuéjouls, et il en eut : 1. François qui suit; 2. Guillaume, qui a fait la Br. C.; 3. Gaspard, chanoine et comte de Brioude 1572.

IV. François de Montvalat, Sgr dudit lieu, de Miremont et de Mornac, chevalier de l'ordre du Roi 1573, avait ép. le 7 fév. 1550 Jeanne de la Croix de Castries, dont il eut, entre autres enfants : 1. Guillaume qui suit; 2. François, qui a fait la Br. B.; 3. Henri, qui a fait la branche des comtes d'Entraigues, éteinte en 1771.

V. Guillaume de Montvalat, Sgr dudit lieu, de Miremont, Mornac et Colanges, ép. le 2 sept. 1586 Jeanne de Bourbon Lavedan, et il en eut : 1. François qui suit; 2. Jeanne, mariée le 5 août 1610 à Jean de Mostuéjouls.

VI. François de Montvalat, baron de Montvalat, ép. le 29 sept. 1614 Marguerite de Beauverger, dont il eut :

VII. Charles de Montvalat, Sgr et baron de Montvalat et de Miremont, ép. le 9 juin 1645 Gabrielle d'Apchon, et fut maintenu dans sa noblesse par jugement souverain du 14 mai 1668 ; il eut de son mariage : 1. François, marié le 9 juin 1677 à Marie de la Rochefou-cauld-Langheac, mort sans enfants ; 2. Henri, Sgr, puis comte, de Montvalat, marié le 15 juill. 1700 à Jacquette d'Isarn de Frays-sinet.

Br. B. V. François de Montvalat, Sgr de Saint-Juéry et Bonne-chaise, ép. le 20 oct. 1599 Françoise de Janssanet, dont il eut : 1. Pierre qui suit ; 2. François, président en l'élection de Saint-Flour ; 3. Jean, Sgr de Cheylaret, marié le 6 déc. 1641 à Gabrielle de Pelamourgue, dont une fille, mariée à Jacques du Puel, Sgr de Maret ; 4. Paul ; 5. Henri ; 6. Jacques ; 7. Raimond ; 8. Nicole ; 9. Marguerite.

VI. Pierre de Montvalat, Sgr de Bonnechaise, ép. Marguerite de Beaufort-Canillac, dont il eut :

VII. François de Montvalat, maintenu dans sa noblesse par ju-gement de M. de Fortia, intendant d'Auvergne, le 14 mai 1668 ; il avait ép. le 20 juin 1665 Gabrielle de Raynald de Marsa, dont il eut :

VIII. Claude de Montvalat, baron d'Ussel, ép. le 6 nov. 1694 Marie de Malhac, dont il eut :

IX. Jean-Joseph-Alexandre de Montvalat, baron d'Ussel, ép. le 14 sept. 1739 Marie d'Isarn-Frayssinet de Valady, dont il eut : 1. Jean-Joseph-Casimir qui suit ; 2. Véronique, dame de Remire-mont, comtesse du Saint-Empire, mariée le 19 sept. 1773 au mar-quis d'Épinay-Saint-Luc, en Normandie.

X. Jean-Joseph-Casimir de Montvalat, baron d'Ussel, comte d'Entraigues par substitution faite à son profit des biens et titres de Nicolas-Hyacinthe de Montvalat, comte d'Entraigues, maréchal de camp, mort sans enfants en 1771, ép. le 24 juill. 1777 Marie-Paule-Gabrielle de Corneillan, dont il eut : 1. Casimir qui suit ; 2. Joséphine, mariée à Pierre-Marie-Louis de Nattes, de Rodez.

XI. Casimir de Montvalat, dit le comte de Montvalat, ép. Marie-Maurice-Balsamine de la Prune-Montbrun, morts l'un et l'autre sans enfants.

Br. C. IV. Guillaume de Montvalat, Sgr de la Fage, ép. 1° Mar-guerite Caissac ; 2° Anne de Pelamourgue, dont il eut : 1. Pierre-Antoine qui suit : 2. Guillaume ; 3. Antoinette.

V. Pierre-Antoine de Montvalat, Sgr de la Fage et de la Vergne, ép. le 25 avril 1599 Claude de la Roque, dont il eut :

VI. Guillaume de Montvalat, Sgr de Beous, ép. le 13 oct. 1630 Anne Salvage, et il en eut :

VII. Pierre-Antoine de Montvalat, Sgr de Laissières, ép. le 1ᵉʳ juin 1655 Catherine de Lestaing, et fut maintenu dans sa noblesse par jugement souverain du 14 mai 1668.

625. PELOUX.

D'argent au sautoir dentelé d'azur.

La maison du Peloux est ancienne et originaire du Dauphiné ; elle a fait plusieurs branches : 1° celle de Gourdan, éteinte au commencement du XVIIᵉ siècle dans la maison de Vogué, par le mariage de Marguerite du Peloux, dame de Gourdan, avec Louis de Vogué ; 2° celle d'Alevard, qui resta en Dauphiné (CHORIER, III, 426) ; 3° celle de Saint-Romain ; 4° celle de Praron, qui subsistent.

La branche du Peloux de Gourdan a donné un chevalier de Malte reçu en 1602, tué par les infidèles en 1618. Elle reconnaissait pour auteur Jean du Peloux, fils de Simon, qui ép. en 1360 Ainarde de Curmieu, du pays de Forez. Jean eut pour fils André, Sgr de Gourdan en Vivarais, marié en 1390 à Catherine de Grolée, dont François, marié en 1460 à Bellette de Montrigaud, qui eut pour fils Bernardin, marié en 1479 à Gabrielle de Bouvier, de la maison de Larnage et Marsane. François du Peloux, qui naquit de cette union, fut ambassadeur de l'empereur Charles V vers le roi François Iᵉʳ pour obtenir passage en France ; il ép. Claude de Bothéon la Baume, dame de Caulaux en Vivarais, dont il eut : François, marié en 1542 à Claude de Lucinge. Charles, fils de François, Sgr de Bayard, de Caulaux et Brezenaud, ép. Louise de Claveson, et fut père de 1. Méraud, chev. de Malte 1602 ; 2. Nicolas, marié à Catherine du Puy, dont : a. Marie, alliée à N... de Beaufort, sénéchal d'Auvergne ; b. Marguerite, dame de Gourdan, mariée à Louis de Vogué ; c. Christine ; d. Françoise ; e. Louise, religieuse ; et deux autres fils, Charles et Henri, morts au service du roi. (MATTH. GOUSSANCOURT, Martyrol. des chev. de Malte, 2ᵉ p., 85.)]

Parmi les titres qui honorent cette dernière branche, on cite le testament d'André du Peloux, du 15 juin 1405, par lequel il affranchit tous les hommes tenanciers et emphytéotes de tout arrérage de rentes, droits de servage et autres dont ils pourraient lui être redevables à sa mort. (PONCER, Mém. sur le haut Vivarais, I, 263.)

I. André du Peloux, damoiseau, ép. Catherine d'Allier ; il vivait en 1454, et eut pour fils

II. Gabriel du Peloux, damoiseau, ép. en 1492 Antoinette de Trémols, et fut père de

III. Aymard du Peloux, ép. en 1526 Anne de Saint-Quentin, et il en eut :

IV. Jean du Peloux, écuyer, ép. en 1553 Françoise de Fay de la Tour-Maubourg, dont il eut :

V. Nicolas du Peloux, ép. 1° Philiberte de Saint-Priest ; 2° en 1579 Magdeleine de Lépine, qui le rendit père de

VI. Antoine du Peloux, écuyer, ép. en 1634 Catherine de la Chassagne ; il eut de ce mariage : 1. Antoine, alias Annet qui suit ; 2. Jacques qui a fait la Br. B., dite de Praron ; 3. Christophe, Sgr de Saint-Romain : maintenus dans leur noblesse par jugement de M. du Gué, intendant de Lyonnais.

VII. Antoine du Peloux, Sgr de Saint-Romain, ép. en 1657 Colombe de Clavières, dont il eut :

VIII. Gabriel du Peloux, major au régt de Damas, chev. de Saint-Louis, ép. en 1711 N... de Fillère du Charrouil, dont il eut entre autres enfants : 1. Joseph-Gabriel qui suit; 2. Magdeleine, mariée en 1730 à Jean-Armand de Saignard de la Fressange.

IX. Joseph-Gabriel du Peloux, officier au régt de Bigorre, ép. en 1736 N... de Boucherolles, et il en eut :

X. Louis du Peloux, capit. au régt de Beauce, chev. de Saint-Louis, ép. en 1772 N... de Julien du Vivier, et il en eut : 1. Louis, marié, habite l'Ile-de-France; 2. Jacques, officier de marine, chev. de Saint-Louis, ép. en 1820 Michelle de Montgaillard; 3. et

XI. Joseph du Peloux, ép. Marie Milanais, dont il eut : 1. Jean; 2. Francisque.

Br. B. VII. Jacques du Peloux, ép. en 1668 Suzanne de Praron, dont il eut :

VIII. Annet du Peloux, ép. en 1694 N... Crottier de Chambonas, dont il eut :

IX. Jacques-Louis du Peloux, officier au régt de Boisset, ép. Suzanne de la Roque du Pont de Munas, et il en eut : 1. Louis-Joseph qui suit; 2. Alexandre qui a fait la Br. C.

X. Louis-Joseph du Peloux, chevau-léger de la maison du roi, ép. en 1777 N... Fleurand de Rancé, dont il eut : 1. Alexandre; 2. Louis, marié à Victoire Dareste, sans enfants; 3. Auguste qui suit; et deux filles.

XI. Auguste du Peloux, conseiller à la cour imp. de Lyon, ép. en 1828 Antoinette du Bretail, dont : 1. Ludovic, marié le 3 août 1859 à Valentine de Longchamp; 2. Suzanne; 3. Alexandrine; 4. et Olympe.

Br. C. X. Alexandre du Peloux, chev. de Saint-Louis, officier au régt de Forez, marié à Lucile Madinier, eut pour fils

XI. Alphonse du Peloux, chev. de la Lég. d'honn., anc. préfet du dépt des Basses-Alpes, ép. en 1820 Emma de Monteil, et il en eut : 1. Alphonse, marié en 1850 à Édith de la Baume Pluvinel; 2. Louis, ép. en 1855 Sophronie d'Albertas.

626. PRAT.

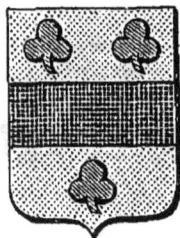

D'or à la fasce de sable accompagnée de trois trèfles de sinople, 2 en chef 1 en pointe. Devise : *Spes mea Deus.*

Cette maison, originaire d'Issoire en Auvergne, où elle est connue depuis 1286, a été illustrée par plusieurs personnages justement célèbres parmi lesquels on compte un chancelier de France devenu cardinal, cinq évêques, plusieurs chevaliers de l'ordre du roi, des gentilshommes de la chambre, des capit. de chevau-légers, des chevaliers de Malte et cinq chanoines-comtes de Brioude. Elle a fait plusieurs branches la plupart éteintes. (BOUILLET, V, 185.) Antoine du Prat, qui fut d'abord premier président au parlement de Paris 1507, puis chancelier de France en 1515, cardinal-légat 1527, et principal ministre du roi François Ier, était né à Issoire, en Auvergne, en 1463. Il était fils d'Antoine du Prat, sieur de Verrières, et de Jacqueline Boyer, dont le frère, successivement secrétaire des rois Charles VII, Louis XI et Charles VIII, laissa plusieurs fils; l'un d'eux fut archevêque de Bourges et cardinal. Guillaume du Prat, fils d'Antoine et de Françoise d'Arbouze, devint évêque de Clermont, et fonda à Paris le collége de ce nom, connu depuis sous le nom de Louis-le-Grand.

La branche des Sgrs de Gondole, de Bousdes, de Peyrusse, des Cornets et d'Auzat prouva sa noblesse devant les commissaires des francs-fiefs en Languedoc, depuis

I. Anne du Prat, écuyer, Sgr de Gondole, Bousdes, Chaslus et Verrières, bailli d'Annonay, capit. et châtelain d'Argental, ép. Gabrielle de Chaslus, dame de Bousdes et de Gondole, dont il eut : 1. Thomas, 2. Guillaume; 3. et

II. Antoine-Paul du Prat, écuyer, Sgr de Bousdes et de Chavagnac, ép. le 9 fév. 1564 Peironnette de Saillans, et il en eut : 1. François, ép. Louise de Montaynard, dont une fille mariée à Pierre de Douhet; 2. et

III. Claude-François du Prat, écuyer, Sgr de Nazat, puis des Cornets, ép. le 25 nov. 1596 Marguerite de Ribes, dont il eut : 1. Jean-François qui suit; 2. Dominique, Sgr de Ribes, marié le 15 janv. 1647 à Marie-Catherine des Bravards-d'Eyssat : maintenus dans leur noblesse par jugement de M. de Fortia, intendant d'Auvergne le 2 déc. 1666.

IV. Jean-François du Prat, Sgr des Cornets, ép. le 14 déc. 1638 Claude de Faidides de Chalandras, dont il eut : 1. Jean-Joseph qui suit; 2. Claude-Dominique, chanoine et comte de Brioude 1662.

V. Jean-Joseph du Prat, Sgr des Cornets, ép. Françoise de Bournat de la Faye, dont il eut : 1. Catherine; 2. Françoise, dame des Cornets, mariée au mois de fév. 1710 à Louis-Joseph d'Aurelle, Sgr de la Frédière.

627. RAOULX, *alias* RAOUSSET.

D'or à la croix pâtée de sable.

L'ancienne maison de Raoulx ou Raousset est sortie, suivant l'opinion du président Maynier, de celle des Radulphe de l'État de Florence. Elle a fait cinq ou six branches maintenues dans leur noblesse par arrêt du conseil d'État du roi du 16 fév. 1669.

Raimond Radulphi était commandeur de Saint-Christol le 27 mars 1346; Guillaume Radulphi ép. Marthe de Sommatre et lui reconnut sa dot le 26 sept. 1448; Jacques Radulphi, co-Sgr de la maison consulaire de Tarascon, au rang des nobles, assista aux conseils tenus les 15 et 22 fév. 1449. (MAYNIER, II, p. 105. — ROBERT DE BRIANÇON, III, 549. — Marquis d'AUBAÏS, II, 627.)

I. Guigues Radulphi, *alias* Raoulx, t. le 4 juill. 1473, et fut père de

II. Jacques de Raoulx, ép. Jeanne de Saint-Michel, dont il eut :

III. Jean de Raoulx, ép. le 24 nov. 1489 Catherine de Clément, dont il eut :

IV. Jean de Raoulx, acheta le 17 juill. 1530 le droit de gabelle de Tarascon ; il eut pour fils

V. Thomas de Raoulx, juge d'Arles 1525, juge ordinaire de Tarascon 1548, av. ép. le 28 mai 1528 Magdeleine de Pons, et il en eut : 1. Simon qui suit; 2. Charles, qui a fait la Br. D.

VI. Simon de Raoulx, juge royal de Tarascon, lieut. au siége d'Arles, ép. le 5 juill. 1554 Françoise de Léotaud, et il en eut : 1. Charles qui suit; 2. Bertrand, qui a fait la Br. C.

VII. Charles de Raoulx, juge royal de Tarascon, ép. le 23 mars 1580 Marguerite Aimar, dont il eut : 1. Simon qui suit; 2. Charles, qui a fait la Br. B.; 3. Alphonse, écuyer de M. de Tournon, marié le 20 oct. 1624 à Claude-Françoise de Châteauneuf, dont Louis, qui ép. le 9 sept. 1656 Isabeau de Joannis.

VIII. Simon de Raoulx, avocat au parlement de Provence, ép. le 14 avril 1619 Honorade de Barrême, dont il eut :

IX. René de Raoulx, Sgr de Saint-André, ép. le 15 oct. 1645 Julie de Forbin, dont il eut : 1. Charles qui suit; 2. N... de Raousset, gouv. de Bonn en Allemagne 1689.

X. Charles de Raousset, Sgr de Saint-André, marquis de Courbons et comte de Boulbon.

Br. B. VIII. Charles de Raoulx, ép. 1° le 1er oct. 1612 Suzanne de Laudun; 2° le 29 mars 1623 Cassandre Favier; il eut de son premier mariage : 1. Simon qui suit, et du second : 2. Pierre, marié le 1er juin 1644 à N... de Vilages de la Chassagne.

IX. Simon de Raoulx de Laudun, ép. le 10 déc. 1644 Marguerite d'Astier, et il en eut : 1. Charles ; 2. Jean; 3. Joseph.

Br. C. VII. Bertrand de Raoulx, écuyer, ép. le 4 juin 1586 Françoise de Meyre, *alias* Meiras, dont il eut:

VIII. Conrad de Raoulx, ép. le 12 déc. 1613 Pierre de Chalot, dont il eut :

IX. François de Raoulx, ép. le 3 mai 1665 Dorothée de Porcelet.

Br. D. VI. Charles de Raoulx, ép. le 18 juin 1556 Magdeleine d'Espiard, et il en eut : 1. Claude qui suit; 2. Antoine, qui ép. le 23 sept. 1606 Marthe de Raoulx, dont il eut : Conrad, marié le 30 août 1645 à Louise de Porcelet.|

VII. Claude de Raoulx, écuyer, ép. le 8 août 1593. Marguerite de Raimond de Modène, dont il eut : 1. Charles qui suit; 2. Joachim, marié en 1633 à Marguerite dè Raoulx, dont il eut Simon.

VIII. Charles de Raoulx, écuyer, ép. le 8 fév. 1625 Louise de Raoulx, dont il eut :

IX. Antoine de Raoulx, ép. le 27 avril 1652 Marguerite de Robin.

A cette maison appartenait l'héroïque aventurier de la Sonore, Gaston de Raousset-Boulbon, fusillé au Mexique en 1854, fils du marquis de Raoulx-Raousset-Boulbon, et de Constance de Sariac.

628. RECOLIN.

I. Louis de Recolin, conseiller au parlement d'Orange 1588, fut père de

II. François de Recolin, eut pour enfants : 1. Denis; 2. François, Sgr de la Calmette: renvoyés au roi et déclarés être compris en l'ordonnance donnée le 19 mai 1668, à la requête des officiers du parlement d'Orange, produisirent devant les commissaires ladite ordonnance et les provisions de conseiller au parlement d'Orange en faveur dudit Louis, leur aïeul.

Denis de Recolin, Sgr de Massillan, ép. le 20 sept. 1668 Cathereine Terieude ; François de Recolin, Sgr de la Calmette, ép. le 22 avril 1668 Catherine de Salhens.

629. RENAUD.

I. Michel de Renaud, écuyer, t. le 4 sept. 1499; il ép. Marquise de Ribeirols, dont il eut :

II. André de Renaud, écuyer, t. le 26 déc. 1510; il ép. Simonne de Clapiers, et il en eut : 1. Antoine qui suit; 2. Jean; 3. Alescassius; 4. Simon.

III. Antoine de Renaud, fut père de

IV. Jean de Renaud, ép. le 2 nov. 1524 Françoise Ranc, et il en eut :

V. Bertrand de Renaud, fut père de

VI. Jean de Renaud, ép. Magdeleine de la Coste, dont il eut :

VII. Antoine de Renaud, Sgr de Burguerolles, capit. des carabiniers du prince d'Orange, ép. le 20 sept. 1649 Suzanne Thibaud, et justifia sa noblesse devant les commissaires des francs-fiefs, en Languedoc.

630. RENAUD DE LA BASTIE.

I. Jean de Renaud, ép. le 4 déc. 1551 Marguerite Chapponnai, dont il eut :

II. Joachim de Renaud, ép. le 28 oct. 1595 Marguerite de Lermusières, dont il eut :

III. Claude de Renaud, ép. le 2 nov. 1631 Marguerite de Lermusières, dont il eut :

IV. Claude-Just de Renaud de la Bastie, Sgr d'Estables, D. de Viviers, ép. le 23 nov. 1666 Marguerite-Henriette Chomel, et fut maintenu dans sa noblesse par jugement souverain du 3 déc. 1668.

631. ROBIN DE BARBENTANE.

Fascé d'or et de gueule de quatre pièces ; l'or chargé de trois merlettes de sable posées 2 et 1. DEVISE : *Più forte nell' aversita.*

La famille du nom de Robin, des Sgrs de Graveson et de Barbentane, a sa noblesse de Pierre Robin, premier médecin du roi René, qui lui fit don de la terre de Graveson pour les bons services qu'il lui avait rendus. L'inféodation de cette terre par le roi René fut un anoblissement formel pour Pierre Robin. Sa noblesse fut confirmée par le testament du roi René, qui le qualifie noble, et par celui de Charles d'Anjou, son successeur, dernier comte de Provence, de qui il fut aussi premier médecin et son légataire de 6,000 livres. Les descendants de ce Pierre Robin ont illustré leur noblesse par l'acquisition de fiefs, par leurs alliances ainsi que par leurs services et leurs emplois. Pierre Robin fut la tige des quatre branches du nom de Robin : 1° Sgrs de Graveson à Avignon; 2° Barbentane au même pays et dont la généalogie va suivre; 3° Sgrs de Beaulieu à Lunel, éteints; 4° Sgr de Magalas, éteints. (MORÉRI, IX, 244. — BARCILON, *Critique mss. du Nobil. de Provence.* — MAYNIER, IIe part., 107.)

I. Pierre de Robin, Sgr de Graveson, maître ès arts et en médecine, t. le 24 juin 1483, et fut père de

II. Étienne de Robin, Sgr de Graveson, ép. Marie de Posquières, dont il eut : 1. Étienne qui suit; 2. Claude, dont la filiation a été rapportée au t. I, n° 464; et trois filles.

III. Étienne de Robin, Sgr de Graveson et Barbentane, ép. 1° le 21 sept. 1525 Louise d'Aiguières; 2° Marie de Péruzzi; il eut du premier mariage : 1. Antoine qui suit; 2. Marguerite, mariée à Pierre Bon; et du second : 3. Paul-Antoine.

IV. Antoine de Robin, Sgr en partie de Graveson, ép. Anne Paget, dont il eut : 1. Gui qui suit; 2. Paul qui a fait la Br. B.

V. Gui de Robin, Sgr de Graveson, demeurant à Uzès, fut père de

VI. Jacques de Robin, Sgr de Graveson, fut maintenu dans sa noblesse avec son père par jugement souverain du 27 sept. 1669.

Br. B. V. Paul-François de Robin, Sgr de Graveson et de Barbentane, ép. en 1612 Anne de Chasteuil, dont il eut : 1. Antoine qui suit; 2. Paul, écuyer, marié à Marguerite de Guibert de la Rostide; 3. Étienne, écuyer : maintenus dans leur noblesse par jugement souverain des commissaires de Provence, le 4 mars 1668, lequel jugement fut produit devant ceux de Languedoc.

VI. Antoine de Robin, Sgr de Graveson, de Barbentane et de Beauregard, ép. Matheline de Clémens-Ventabren, dont il eut : 1. Paul-François qui suit; 2. Antoine-Paul, chev. de Malte 1674; 3. Marguerite, mariée à Antoine de Raousset.

VII. Paul-François de Robin, Sgr de Barbentane et co-Sgr de Beauregard, ép. Jeanne de Mottes, dont il eut plusieurs enfants, entre autres :

VIII. Henri-Joseph de Robin, Sgr de Beauregard et de Barbentane, ép. en 1750 N... de Faucon, et il en eut : 1. Étienne, mort sans postérité; 2. et

IX. Étienne-Claude de Robin, Sgr de Beauregard et Barbentane, capit. des vaisseaux du roi, chev. de Saint-Louis, servit dans l'armée de Condé avec son frère; il ép. en 1807 Antoinette de Giraud, dont il eut : 1. Étienne-Léon qui suit; 2. Louis-Antoine qui a fait la Br. C.; 3. Maria, ép. Louis des Isnards.

X. Étienne-Léon de Robin de Barbentane, membre du conseil général des Bouches-du-Rhône et maire de Barbentane, chev. de la Légion d'honneur, ép. en 1835 Valentine de Galiffet, dont : Noémi.

Br. C. X. Louis-Antoine de Robin de Barbentane, député au Corps législatif, maire de Saint-Jean et membre du conseil général de Saône-et-Loire, ép. en 1839 Charlotte de Bongars, dont : 1. Henri-Marie; 2. Roger-Antoine-Honoré; 3. Marie-Thérèse.

632. ROMIEU.

D'or à la gibecière de pèlerin d'azur, chargée d'une coquille d'argent.

Pierre baron de Romieu vint d'Espagne s'établir à Arles vers 1191; il fut député en 1226 par cette ville, alors république, avec un autre gentilhomme vers Louis VIII, roi de France, qui était venu à Avignon. Il fut premier ministre d'État, chef du conseil et surintendant des finances de Raimond Berenger, dernier comte de Provence de la maison de Pierre d'Aragon, qui lui laissa là tutelle de ses États et de Béatrix sa fille, par son testament fait à Sisteron en 1238; (Marquis D'AUBAÏS, II, 632.)

I. Bernard de Romieu, chevalier, Sgr direct conjointement avec l'archevêque d'Arles de partie du terroir de la Crau, reçut des reconnaissances en 1282 et 1296; il eut pour enfants : 1. Bernard qui suit; 2. autre Bernard, chevalier de Rhodes 1280.

II. Bernard de Romieu, damoiseau, fut père de

III. Bernard de Romieu, *dit* Bernadet, qui testa en 1407, fut père de : 1. Jean; 2. Jacques qui suit; 3. Jean, chevalier, grand commandeur du couvent de Rhodes, et commandeur de Soliers.

IV. Jacques de Romieu, damoiseau, fut père de

V. Bernard de Romieu, ép. 1º Jeannette de Faudraux de Lambesc; 2º en 1462 Honorade de Baux; il eut pour fils

VI. Honoré de Romieu, fut père de

VII. Jacques de Romieu, ép. en 1521 Françoise Garron, et il en eut : 1. Jean qui suit; 2. Lantelme qui a fait la Br. B.; 3. Joachim, chev. de Malte 1559.

VIII. Jean de Romieu, fut père de : Charles de Romieu.

Br. B. VIII. Lantelme de Romieu, ép. en 1567 Douce de Rispe, et il en eut : 1. Antoine qui suit; 2. Aimé, chev. de Malte 1593.

IX. Antoine de Romieu, ép. en 1595 Magdeleine de Meiron d'Ubaye, dont il eut : 1. Charles qui suit; 2. Gaspard, chev. de Malte 1614.

X. Charles de Romieu, Sgr de Lirac, ép. en 1625 Pierre de Grille, et il en eut : 1. N...; 2. Gilles, chev. de Malte 1644; 3. Gaspard, chev. de Malte 1659.

Paul-Antoine de Romieu, vivant à Arles de nos jours, a été marié avec N... de Guillen de Sala des Sgrs de Montjustin, de laquelle il a plusieurs fils dans le service du roi. Le chevalier de Romieu, l'un d'eux, excelle dans la poésie française par un génie naturel des plus brillants. (MAYNIER, 1719, 237.)

633. SAUNIER.

Ecartelé au 1 et 4 de sable à la bande d'or, qui est du Saunier ; au 2 et 3 d'argent à la tour de gueule maçonnée de sable, qui est de la Tour de Bains.

Ancienne famille d'Auvergne divisée en plusieurs branches dites de Mercœur, de la Chaumette et de Chambaret. La branche de Mercœur, maintenue dans sa noblesse en Auvergne le 26 juillet 1667, le fut encore dans le diocèse de Mende le 17 sept. 1668 (BOUILLET, VI, 173), et prouva sa filiation depuis

I. Guillaume du Saunier, écuyer, Sgr de Mercœur, fut père de

II. Pierre du Saunier, Sgr de Mercœur, ép. le 31 déc. 1450 Isabeau de Vergezat, dont il eut :

III. Guiot du Saunier, Sgr de Mercœur, ép. le 16 janv. 1507 Marguerite de Gavarret, dont il eut : 1. Antoine ; 2. Pierre qui suit ; 3. Louis ; 4. Guillaume ; 5. François.

IV. Pierre du Saunier, Sgr de Mercœur, ép. le 16 janv. 1554 Françoise de Grouvand, dont il eut :

V. Gilbert du Saunier, écuyer, Sgr de Mercœur, ép. le 5 fév. 1595 Blanche de la Tour dite de Bains, et il en eut :

VI. Antoine du Saunier, écuyer, Sgr de Bains et de Mercœur, ép. le 30 janv. 1625 Anne de Vergezat, et il en eut :

VII. Gabriel du Saunier, Sgr de Bains et de Mercœur, fut déclaré noble, sa mère étant veuve et faisant pour lui, par jugement des commissaires d'Auvergne, le 26 juill. 1667, et leur jugement fut confirmé par M. de Bezons, le 17 sept. 1668.

4° **Nobles par jugements de M. de Bezons. (Suppl.)**

634. AIROLES.

De gueule au lion d'argent ; au chef cousu d'azur chargé de deux étoiles d'or.

Pierre d'Airoles, demeurant au diocèse d'Alais, major d'un régt de dragons, fut maintenu dans sa noblesse par jugement de M. de Lamoignon, du 18 juillet 1697, sur la présentation d'un jugement souverain rendu en faveur de son père par M. de Bezons, le 26 juin 1669. (*Bibl. imp. Mss. Nobil. d'Alais*, 732.)

Les registres de la ville du Vigan mentionnent le baptême de Pierre de Liron d'Airoles le 10 mars 1633, qui fut le trisaïeul de Marie-Louis-Achille de Liron d'Airoles, lieut.-col. d'état-major, off. de la Lég. d'honn., domicilié à Montpellier, né au Vigan le 28 floréal an IV. (18 mai 1796.)

Un jugement du tribunal civil du Vigan, rendu le 31 janv. 1855, sur production de titres remontant à l'année 1633, et constatant que les membres de cette famille étaient qualifiés *nobles* et seigneurs d'Airoles, autorisa leurs descendants à reprendre leur nom patronymique, qui est *de Liron d'Airoles. (Jug. du trib. civ. du Vigan*, du 31 *janv.* 1855, *enreg. le* 9 *fév.* 1855, f° 188, c. 2. — TOURTOULON, *Suppl.* 9.) Cette famille possédait dans les Cévennes les Sgries d'Airoles et de la Rouvière, et plusieurs de ses représentants étaient connus, dans l'armée, sous ces deux noms avant 1789.

Quoique l'identité de Pierre de Liron d'Airoles, né au Vigan en 1633, et de Pierre d'Airoles, maintenu dans sa noblesse en 1669 et 1697, ne soit pas établie, nous allons, sous cette réserve, donner ici la filiation visée dans le jugement précité.

I. Pierre de Liron d'Airoles, né au Vigan le 10 mars 1633, fut l'aïeul de

II....

III. N... qui fut père de : 1. Pierre-François de Liron d'Airoles, entra au service dans le régt de Dauphiné, en qualité d'enseigne, le 25 juin 1756 ; il fut blessé à Rosbach ; lieut.-col. au même régt 1768, chev. de Saint-Louis 1782, avait ép. le 29 avril 1780 Jeanne Dumas ; 2. Daniel-Xavier, vic. gén. à Nîmes ; 3. Jeanne, mariée à N... de Faventines de Montredon ; 4. et

IV. Clément-Louis-Philippe de Liron, dit le chevalier d'Airoles, lieut. en second au régt de Dauphiné 1772, capit. command. 1789, chev. de Saint-Louis 1815, payeur de la couronne, maire du Vigan sous la Restauration, ép. en 1791 Olympe-Louise-Émilie de Nattes, dont il eut : 1. Céleste ; 2. Marie-Louis-Achille qui suit ; 3. Jeanne ; 4. Xavier-Louis-Philippe ; 5. Jules ; 6. Aglaé.

V. Marie-Louis-Achille de Liron d'Airoles, colonel d'état major, off. de la Lég. d'honn., mort en Crimée le 16 mai 1855, av. ép. le 27 mars 1828 Louise-Élisabeth de Maupeou, petite-nièce du chancelier, dont : 1. Louis-Marie-Olivier qui suit ; 2. Cécile, mariée le 11 oct. 1847 à Marie-Barthélemy-Achille Kühnoltz-Lordat, dont : Thérèse.

VI. Louis-Marie-Olivier de Liron d'Airoles, ép. le 27 déc. 1855 Jacqueline-Agathe-Fanny Bonnaric, décédée en 1858, dont il a : 1. Louis-Marie-Alexandre-Daniel ; 2. Clémentine-Marie-Magdeleine.

635. ALBIS DE GISSAC.

D'azur au cygne passant d'argent, surmonté d'un croissant aussi d'argent accosté de deux étoiles de même. DEVISE : *Albus in albis.*

Cette maison, originaire du Rouergue, où elle est encore représentée, a contracté de nombreuses alliances en Languedoc. Elle a été maintenue dans sa noblesse par jugement souverain de M. de Bezons, le 20 décemb. 1668, par M. le Gendre, intendant de la sénéchaussée de Montauban, le 11 sept. 1700, et par M. Laugeois, intendant de Montauban, le 14 mars 1715. (*Bibl. imp. Mss., Nobil. de Montauban*, II, 470.) Elle était en possession de la Sgrie de Gissac depuis la fin du XVIe siècle. N... d'Albis fut père de Pierre, marié en 1580 à Marthe de Pomarède, dame de Gissac, et mourut sans enfants. Pierre institua héritier son frère qui fut

I. **Laurent d'Albis**, Sgr de Gissac, Boussac, Pont de Camarès, co-Sgr de Saint-Affrique, docteur ès droits, ép. Guyenne de Pomarède, sœur de Marthe. Il fit hommage au roi de ses terres le 1er juin 1658, et eut pour fils

II. **Antoine d'Albis**, Sgr de Gissac, Boussac, etc., ép. le 3 nov. 1637 Anne de Passemar, dont il eut :

III. **Guillaume d'Albis**, Sgr de Gissac, Boussac, etc., servit en qualité de cornette au régt de la Sablière, et fut compris au ban de 1699. Il fut maintenu dans sa noblesse par M. de Bezons, intendant de Languedoc, le 20 déc. 1668; et par M. le Gendre, intendant de Montauban, le 11 sept. 1700. Il avait ép. 1° le 14 fév. 1661 Jeanne de Courtines; 2° le 11 oct. 1683 Marie de Gralhe. Il eut de sa première femme : 1. Louis qui suit; 2. Guillaume, capit. au régt de Mortemart-infant., tué à Venloo 1705 en défendant l'entrée du fort Saint-Michel; 3. Antoine, chev. de Saint-Louis, major d'infant. au régt de Tiraqueau, réformé à la suite de celui de Picardie en 1714; 4. Françoise, religieuse en l'abbaye royale de Nonenque au D. de Vabres; et de sa seconde femme : 5. Jean-François, Sgr du Salze, capit. au régt de la Reine, marié le 19 nov. 1721 à Magdeleine de Vernhes, chef de la branche du Salze, qui donna plusieurs officiers distingués, entre autres : Gabriel d'Albis, Sgr de Monnargues, chev. de Saint-Louis, lieutenant des maréchaux de France à Vabres, et Antoine d'Albis, capit. de cavalerie au régt du Roi, chev. de Saint-Louis. Cette branche est aujourd'hui représentée par Hippolyte d'Albis du Salze, ancien procureur du roi à Millau, anc. représentant du peuple, pour le département de l'Aveyron, aux assemblées constituante et législative de 1848, 1849.

IV. **Louis d'Albis**, chevalier, Sgr de Gissac, Boussac, etc., lieut.-

col. du régt de Sebbeville-infant., chev. de Saint-Louis en 1714, fut nommé commandant d'un bataillon de milice de son nom, et obtint en cette qualité des lettres d'état le 15 mars 1715. Il fut maintenu dans sa noblesse avec ses frères le 14 mars 1715 par M. Laugeois, intendant de Montauban. Il av. ép. à Vannes, en Bretagne, le 10 mai 1707, Marie-Anne le Boudoul du Baudory, dame de Kérizec et de Krandrun, dont il eut : 1. Bertrand-Anne qui suit; 2. Louis-François, lieut.-col. du régt de Berry, mort à Thionville en 1743; 3. Marguerite-Laurence, mariée à Pierre de Malvin de Montazet, dont un fils, coadjuteur de son oncle l'archevêque de Lyon.

V. Bertrand-Anne d'Albis, chevalier, Sgr de Gissac, etc., en Rouergue, de Kerizec et de Krandrun, en Bretagne, d'abord lieut. au bataillon des milices de son nom, que commandait son père, puis aide-major le 24 déc. 1735; il ép. le 2 juin 1748 Marie-Charlotte d'Assier, dont il eut :

VI. Jacques-Pierre-Alexandre d'Albis de Gissac, ép. le 7 oct. 1788 Gabrielle-Magdeleine de Montcalm-Gozon, émigra en 1792, et servit en Espagne comme lieutenant dans une compagnie franche; il eut de son mariage : 1. Henri qui suit; 2. Olympe, mariée à Étienne Picapère de Cantobre, capit. du génie, dont une fille unique, N..., mariée à Jules de Barbeyrac de Saint-Maurice.

VII. Henri-Marie-Alexandre d'Albis de Gissac, entra en 1814 aux gardes du corps, compagnie de Wagram, chev. de la Lég. d'honn., en 1815, puis capit. au 2ᵉ régt de dragons, ép. en juill. 1826 Alix-Gabrielle Amilhau, dont il eut : 1. François qui suit; 2. Joseph; docteur en droit, marié le 2 juin 1858 à Zoé de Gualy Saint-Rome; 3. Marie-Laurence, mariée le 22 janv. 1855 à Anatole d'Isarn de Villefort; 4. Camille, religieuse du Sacré-Cœur; 5. Charles; 6. Cécile.

VIII. François-Marie-Louis d'Albis de Gissac, né le 26 sept. 1828.

636. BIMARD.

D'azur à deux lions affrontés d'or armés et lampassés de gueule, au croissant d'argent mis en pointe, au chef cousu de gueule, chargé de trois étoiles d'or (*Armor.* de 1696, 240) ; — *alias*, d'azur au lion d'or armé et lampassé de gueule, au chef cousu de gueule chargé de 3 molettes d'éperon d'argent. (Pithon Curt.)

La famille de Bimard est originaire du bas Languedoc au D. de Nîmes et possédait autrefois dans cette province les terres seigneuriales de Sioules et de Dombre. Les guerres civiles dont elle fut le théâtre dans les derniers siècles nous ont ravi la plupart des titres et ceux de la famille de Bimard n'ont pas été plus épargnés que les autres. Après avoir résidé quelque temps dans la principauté d'Orange, la famille de Bimard fixa enfin son séjour dans la ville de Carpentras. Quoique les biens paternels soient passés dans des familles étrangères par l'extinction de la branche aînée, elle possédait néanmoins des terres considérables en Dauphiné et en Provence. Elle a été maintenue dans sa noblesse par jugement souverain de M. de Bèzons du 29 janvier 1669, et par jugement de M. de Lamoignon du 18 juillet 1697. (PITHON CURT, *Hist: de la noblesse du Comtat-Venaissin*, I, 152. — DE THOU, liv. CXX. — D'AUBIGNÉ, *Hist. univ.* — PÉRUSSIS, *Guerres civ. du Comtat-Venaissin.* — *Reg. de l'ét. civ. des catholiques et des protestants de la ville de Nîmes.*)

I. Pierre de Bimard, capit. de cent chevau-légers, et gouverneur des ville et château de Châtillon-sur-Loing, en Gâtinais, par brevet du 22 juillet 1580, naquit à Anduze en 1533. Il avait déjà commandé à Nîmes une troupe de gens de guerre contre le grand prieur d'Angoulême, gouv. de Provence. Il eut pour fils : 1. Jean qui suit ; 2. Pierre, qui a fait la Br. B.

II. Jean de Bimard, mestre de camp d'un régt de mille hommes de pied, ép. le 9 oct. 1604 Marthe de Favier de Vestric. C'est à lui que le duc de Rohan fit trancher la tête, sous prétexte de correspondances qu'il avait eues avec le président Faure pour faire rentrer la ville de Nîmes sous l'obéissance du roi Louis XIII. Par jugement de la cour de Montpellier du 9 mai 1625, tous ceux qui avaient eu part à la mort de ce gentilhomme furent condamnés à être pendus. Il eut de son mariage, entre autres enfants :

III. Henri de Bimard, capit. au régt de Montpezat, puis colonel d'un régt de milice levé en Languedoc, ép. à Nîmes le 14 fév. 1651 Louise, *alias* Françoise de Cournaret, et fut maintenu dans sa noblesse par jugement souverain de M. de Bezons du 29 janv. 1669 ; il eut de son mariage : 1. François qui suit ; 2. Diane, mariée le 30 oct. 1700 à Jacques de Chabaud des Isles, lieut.-col. du régt de Limousin.

IV. François de Bimard, capitaine d'infanterie au régt Royal, maintenu dans sa noblesse par jugement de M. de Lamoignon, intendant de Languedoc le 18 juill. 1697, av. ép. le 20 mai 1697 Magdeleine Beau. Il fit enregistrer ses armoiries au bureau de la maîtrise particulière de Montpellier le 12 avril 1697. (*Armor. de Montpellier. mss. bibl. de la ville de Montp.*)

Br. B. II. Pierre de Bimard, mestre de camp d'un régt d'infant., servit en Dauphiné sous M. de Lesdiguières, se retira ensuite à Nîmes, puis commanda un régt d'infanterie, et porta secours au duc de Savoie, allié de la France contre les Espagnols (1614-1618), mourut de la peste à Milhau, près Nîmes, en 1629 ; il avait ép. le 20 août 1616 Marie de Favier de Vestric, dont il eut cinq enfants : 1. Jean, capit. au régt d'Auvergne ; 2. Annibal qui suit ; 3. Marie, alliée 1° à Pierre de Bimard, son cousin; 2° à Jean de Chambon, Sgr de Saint-Jean, lieut.-col. au régt d'Anduze; 4. Marthe; 5. Catherine, religieuse.

III. Annibal de Bimard, Sgr de Cuirol et de Frigolet en la principauté d'Orange, naquit à Nîmes le 15 août 1525, assista à douze ans à la défense de Leucate 1637, où il accompagnait son oncle, le Sgr de Vestric, mestre de camp, du régt de Languedoc; capit. au régt d'Anduze 1644, de Montpezat 1654, aide de camp du roi, brevet du 19 avril 1654; quitta le Languedoc après une affaire d'honneur, et se retira à Orange, où il abjura le calvinisme, eut une pension du roi de 2,000 liv., ép. 1° le 16 oct. 1665 Olympe Drevon; 2° le 19 août 1677 Gilette-Laure de Væsc. Il eut de son premier mariage : 1. Pierre qui suit; 2. Éléonore, mariée en 1697 à Pierre Siffrein de Gautier, trésorier général du pape au comtat Venaissin; de son second mariage : 3. Jean-Baptiste, mort jeune; 4. Frédéric-Henri, lieut. au régt du Roi infanterie, tué à la bataille d'Oudenarde; 5. Alexandre, chev. de Saint-Louis, anc. capit. de grenad. du régt d'Orléans; 6. Louise, religieuse à Avignon; 7. Marie-Anne, religieuse à Villeneuve-les-Avignon.

IV. Pierre de Bimard, baron de la Bastie-Montsaléon, Sgr de Montclus et de Terrus, en Dauphiné, et co-Sgr de Montdragon, en Provence, capit. au régt Royal infanterie 1689, s'établit à Carpentras, ép. le 1er juill. 1702 Marie-Anne de Flotte, héritière d'une branche de cette maison, établie en Dauphiné, fille de Jean, baron de la Bastie-Montsaléon. Il eut de son mariage : 1. Joseph qui suit; 2. Pierre-Annibal, sieur de Montdragon, capit. d'infanterie au régt d'Aunis; 3. Louis-Alexandre, sieur de Montclus, capit. d'infant. au régt d'Orléans; 4. Jean-Gabriel, sieur de Terrus; 5. Joseph-Guillaume, lieut. au régt d'Orléans infanterie.

V. Joseph de Bimard, dit le baron de la Bastie, né en 1703, connu dans le monde littéraire par sa science dans l'antiquité grecque et latine, fut académicien correspondant honoraire de l'Académie royale des Inscriptions et belles-lettres.

Margot, *alias* Marguerite de Bimard ép. le 25 nov. 1626 Pierre de Valette, au D. de Nîmes.

Gaspard de Jacquet ép. Louise de Bimard, dont il eut : François de Jacquet de Bimard, écuyer, major du régt de la Fère, ép. le 29 nov. 1781 Marguerite de Jacquet, fille d'Alexandre et de Magdeleine de Barras de la Penne. (*Reg. de l'état civil de la ville de Nîmes, parr. de Saint-Castor.*)

637. DEYDIER.

D'azur au roc d'argent de trois copeaux chargé d'une tour de même accostée de deux arbres d'or (*Armor.* de 1696); *alias*, parti au 1 d'azur, etc.; au 2 d'azur à la bande d'or chargée d'une couleuvre de sable, accompagnée de deux molettes d'argent une en chef, l'autre en pointe.

Le nom de cette famille a souvent varié, on le trouve écrit de Dyé, de Dies, d'Aydié, d'Eydier et Deydier. Une série d'actes et de titres historiques font mention de plusieurs sujets de ce nom établis dans la sénéchaussée de Beaucaire dès le commencement du XIIIe siècle. (*Hist. de Lang.*, 1845, V, 261, 272. — P. ANSELME, VIII, 858. — *Chron. patoise*, bibl. *de Toulouse*, mss., n° 2242; — D'HOZIER, IV, V, art. *Rastel*.) Connue par filiation authentique dans le bas Languedoc depuis le XVIe siècle, la famille Deydier a fait plusieurs branches maintenues 1° en 1668 par jugement souverain de M. de Bezons (*Archiv. de Privas*); 2° en 1702 par jugement de M. de Lamoignon-Basville. (MÉNARD, *Hist. de la ville de Nismes*, VII, 711.) La branche dite de Laval en Vivarais, a introduit dans ce pays les premières manufactures royales de moulinage de soie en 1670.

I. Étienne Deydier, écuyer, qui testa le 16 août 1548, av. ép. Catherine de Belvèse, dont il eut : 1. Antoine qui suit; 2. Louis, qui a fait la Br. C., dite de Laval; 3. Simon; 4. Pierrette; 5. Claudine.

II. Antoine Deydier, écuyer, Sgr de Puechméjan, *alias* Puiméjan, ép. 1° Catherine de Payen; 2° Émerie des Isnards; il eut de son premier mariage : 1. Claude qui suit; 2. Guillaume, qui a fait la Br. B.; 3. Catherine, mariée à son cousin Thomas Deydier, dit de Laval; 4. Marie, alliée à Roustang de Toussaints.

III. Claude Deydier, conseiller du roi, garde des sceaux au présidial de Nîmes, ép. le 24 mai 1585 Marie-Marguerite de Roquefeuil, dont il eut : 1. Catherine, mariée à Pierre de Pelet, baron de Combas, de la maison de Narbonne-Pelet; 2. Anne, mariée à François de Brignac, baron de Montarnaud.

Br. B. III. Guillaume Deydier, garde pour le roi aux salines de Peccais, ép. en fév. 1580 Gilette Girardet, dont il eut : 1. Bernard qui suit; 2. Pierre, mort en 1609 sans postérité; 3. Françoise, mariée à Jean Faucher, ministre protestant à Nîmes.

IV. Bernard Deydier, écuyer, ép. le 15 janv. 1607 Jeanne de Conseil de Saint-Roman, dont il eut : 1. François qui suit; 2. Pierre, marié le 19 oct. 1631 à Suzanne de la Rivoire, auteur d'une branche éteinte de nos jours en la personne de François-Louis-Adrien Deydier de Puiméjan, capit. d'état-major, off. de la Lég. d'honn., anc. aide de camp du maréchal duc de Tarente, dont la veuve, Marie-Estelle Eyroux habite Nîmes; 3. Anne-Louise, alliée à François de Rosel; 4. Françoise, religieuse de Sainte-Claire à Tarascon; 5. Claude, auteur d'une branche éteinte en 1822 en la personne de Magdeleine-

Henriette Deydier, veuve de Louis Randon de Grolier, maréchal de camp. Cette branche a produit un médecin fameux de l'école de Montpellier, Louis Deydier, envoyé par le roi à Marseille en 1720 avec Chicoyneau et Verny; ils rendirent de tels services pendant la peste, que leurs noms furent inscrits sur une colonne commémorative élevée par les Marseillais.

V. François Deydier, ép. le 15 mars 1633 Françoise Thomas, dont il eut : 1. Jean, consul des nobles de Nîmes en 1700, suivant le désir et la recommandation de Mgr le Dauphin, qui connaissait Jean Deydier comme « étant issu d'une ancienne maison noble de ce pays-là ; » nous donnons cette lettre dans les *Pièces justificatives ;* 2. et

VI. François Deydier, bailli de Florensac, subrogé tuteur de Louis de Crussol, duc d'Uzès, admis aux états de Languedoc de 1689 comme porteur de la procuration de la baronie de Florensac, av. ép. le 9 avril 1658 Françoise de Vic, dont il eut : 1. Louis qui suit ; 2. Françoise ; 3. Anne ; 4. Antoine, enseigne de vaisseau ; 5. François, lieut. de vaisseau, tué dans un combat contre Jean Cavalier, avait ép. le 5 mars 1699 Magdeleine Pescher, dont : Jean-François, marié à N... de Novy. Magdeleine-Gabrielle, qui naquit de cette union, ép. Jean de Caderousse de Montval, lieut. au présidial de Nîmes.

VII. Louis Deydier, maintenu dans sa noblesse par jugement de M. de Lamoignon du 18 janv. 1702, avait ép. le 6 août 1691 Lisette Droulhe, dont il eut : 1. Jean-François, lieut. au régt de Limousin, mort sans alliance ; 2. Jacques, curé de Lunel-Vieil, prieur de Saint-Just ; 3. François-Xavier qui suit ; 4. Antoine ; 5. Jeanne.

VIII. François-Xavier Deydier, ép. le 27 janv. 1750 Marie Magdeleine Estéve, dont il eut : 1. Jacques-Gabriel qui suit ; 2. Marie-Magdeleine, mariée en 1784 à Louis-Toussaint de Balestrier.

IX. Jacques-Gabriel Deydier, anc. écuyer du roi Louis XVI, servit dans l'armée de Condé ; il mourut le 18 nov. 1845, et avait ép. Marguerite Bouchet, dont il eut : 1. Jean-Jacques-Eugène, né le 1er février 1785 ; 2. Louis-Victor-Maurice, né le 22 sept. 1790 ; 3. Frédéric-Xavier, né le 23 janv. 1797 ; 4. Joséphine, née le 22 juill. 1801. — Résid. Lansargues (Hérault).

Br. C. II. Louis Deydier, écuyer, Sgr de Laval, conseiller du roi, gardien du grenier à sel de Nîmes, ép. Marie de Madières, dame de Laval, près Largentière en Vivarais, dont il eut : 1. Bernard-Thomas qui suit ; 2. Catherine, alliée à Jean de Beauxhostes, premier président à la cour des comptes de Montpellier ; 3. Claude, auteur d'une branche en Vivarais, éteinte en 1736 ; 4. Marguerite, alliée le

12 mai 1597 à François de Bompard, Sgr de la Bastide; 5. Marie-Catherine, alliée à David Suchet, de Largentière.

III. Bernard-Thomas Deydier, Sgr de Laval, viguier pour le roi des salines de Peccais, ép. en 1575 Catherine Deydier, sa cousine, dont il eut : 1. Louis-Antoine-Honorat qui suit ; 2. François, marié en 1597 à Françoise Dallamel; 3. Jacques; 4. Marguerite.

IV. Louis-Antoine-Honorat Deydier, Sgr de Laval, lieut. au régt de Montréal, compagnie de Vogué; en 1656, il fut subdélégué à la recherche des droits des francs-fiefs en Vivarais, mission que son grand âge l'empêcha de remplir. Il avait ép. Jacqueline de Chalendar de Cornillon, dont il eut : 1. Jean qui suit; 2. François, syndic du collége des jésuites d'Aubenas; 3. Étienne, prêtre; 4. Jacques, bailli de Lanas.

V. Jean Deydier, avocat, lieut. de juge à Chomérac, y établit la première manufacture royale de moulinage des soies qui ait été construite en Vivarais, vers 1670, sous le patronage de Colbert; il fut maintenu dans sa noblesse par jugement souverain de M. de Bezons du 21 oct. 1668; il avait ép. Isabeau de Rieux, dont il eut : 1. Jacques qui suit; 2. Étienne; 3. Henri ; 4. Jean, auteur d'un rameau fondu dans la maison de Justet de Sardiges, éteinte elle-même dans celle de Vincenti de Montséveny, dont la généalogie suivra dans les maintenues de la cour des aides.

VI. Jacques Deydier, avocat, juge de Chomérac et de Rochesauve 1673, conseiller du roi 1693, avait ép. le 1er déc. 1676 Isabeau de la Tour de Fons, dont il eut plusieurs enfants, entre autres :

VII. Jacques Deydier, avocat, président des états de Vivarais en 1717 et 1729, avait droit d'entrée aux états de Languedoc à titre de bailli de Boulogne 1710, ép. le 18 sept. 1712 Marie Mége, dont il eut : 1. Henri qui suit; 2. Jean, chanoine, prévôt et vic. gén. du D. de Viviers, syndic général du clergé, admis aux états de Languedoc 1766-1771-1776-1777.

VIII. Henri Deydier, Sgr du Lac, fief acquis par son aïeul le 11 avril 1701, de Saint-Thomé et de Saint-Laurent, acquis le 12 sept. 1766, fut le fondateur de la manufacture royale des soies établie au Pont d'Aubenas par lett. pat. du 5 sept. 1752, avec droit d'exemption du logement des gens de guerre, et droit d'avoir un portier à la livrée du roi; il ép. à Lyon le 29 janv. 1755 Jeanne-Marion de la Tour-Laval, dont il eut : 1. Henri-Benoît qui suit; 2. Jean-Marie-Étienne, qui a fait la Br. D.

IX. Henri-Benoît Deydier, ép. le 9 nov. 1794 Magdeleine-Henriette Verny, petite-nièce de Jean-François Verny, médecin de l'école de Montpellier, que l'on croit avoir été anobli en 1720 pour services rendus pendant la peste de Marseille. Il eut de son mariage :

X. Étienne-Eugène-Henri Deydier, président de la Société d'agriculture de l'Ardèche, ép. le 22 sept. 1823 sa cousine Octavie de Ruelle, dont : 1. Henriette-Annette, mariée en 1843 à Frédéric Verny; 2. Jeanne-Augustine, mariée en 1851 à Frédéric Combier; 3. Jeanne-Louise, mariée en 1854 à son cousin Victorin Deydier; 4. Henri-Frédéric-Octave, né le 6 mai 1846.

Br. D. IX. Jean-Marie-Étienne Deydier, du Lac, ép. en 1796 Eugénie Espic, fille du député à l'assemblée constituante en 1789, dont il eut : 1. Joséphine, mariée en 1822 à Henri Verny, veuf d'Olympe Espic, cousine du maréchal Suchet, duc d'Albuféra; 2. Fanny, alliée à N... de Chaillans, membre du conseil général de l'Ardèche; 3. Paul-Charles qui suit; 4. Élisa, mariée en 1826 à Eugène Durand, juge de paix d'Aubenas.

X. Paul-Charles Deydier, maire d'Ucel, chev. de la Lég. d'honn., membre du conseil d'arrondissement de l'Ardèche, ép. le 2 janv. 1828 Victorine Lissignol, dont : 1. Marie-Victorin qui suit; 2. Pauline, mariée en 1851 à Ernest Verny, fils d'Urbain, chef d'escadron, chev. de la Lég. d'honn., anc. aide de camp du maréchal Suchet; 3. Marie-Valéry, né le 8 nov. 1834.

XI. Marie-Henri-Victorin Deydier, ép. le 26 sept. 1854 Louise Deydier, sa cousine, dont : 1. Marie-Henri-Paul, né le 7 sept. 1857; 2. Marie-Édouard-Louis, né le 19 sept. 1858.

638. GIGORD.

De gueule à la rose d'argent, au chef cousu d'azur à trois faucons d'argent.

Raimond de Gigord, Sgr de la Rochette, la Boise et Belvèse, Charaix, en Vivarais, docteur en droit, conseiller du roi, régent, juge-mage, lieut.-gén. de bailli, commandant au duché de Joyeuse, fut maintenu dans sa noblesse par jugement souverain de M. de Bezons du 16 janv. 1669. (*Archiv. de Privas.*)

La généalogie de cette maison a été donnée par M. le marquis d'Aubaïs parmi les maintenues des commissaires des francs-fiefs. (Voy. plus haut, n° 588, p. 21.)

639. AUBERJON.

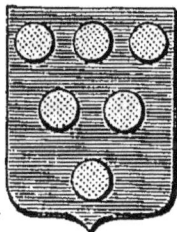

D'azur à six besants d'or posés 3, 2 et 1.

La famille d'Auberjon établie au diocèse de Narbonne est connue en Languedoc depuis le XVIe siècle. On croit qu'elle est venue à cette époque de l'Isle de France. Elle fut maintenue dans sa noblesse en Languedoc par jugement de M. de Lamoignon du 3 novembre 1697. (LACH. DESB., XV, 9.) On trouve en Dauphiné une famille d'Auberjon de Murinais, qui avait pour armes : D'or à la bande d'azur chargée de trois hauberts ou cottes d'armes d'argent. DEVISE : *Maille à maille se fait l'auberjon.* (CHORIER, III, 65.)

I. Louis d'Auberjon, Sgr de la Chevalinière, ép. en 1549 Lisette Sabbatier, dont il eut plusieurs enfants, entre autres : 1. Jean qui suit; 2. Éléonore, mariée à Pierre de Falgous de Saissac.

II. Jean d'Auberjon, Sgr de la Chevalinière, ép. le 20 déc. 1582 Isabeau Marion, dont il eut :

III. Jean-François d'Auberjon, Sgr de la Chevalinière, ép. le 14 janv. 1629 Françoise Marion, dont il eut : 1. Pierre qui suit; 2. Raimond qui a fait la Br. B.

IV. Pierre d'Auberjon, Sgr de la Chevalinière, ép. le 12 sept. 1670 Louise de Nobles, dont il eut : Marie, alliée à Léon d'Orbessan de Saint-Aulaire, capit. de cavalerie au régt d'Aumont.

Br. B. IV. Raimond d'Auberjon, maintenu dans sa noblesse par jugement de M. de Lamoignon du 3 nov. 1697, avait ép. le 12 fév. 1670 Suzanne Dumas, et il en eut : 1. Jean, garde du corps du roi, comp. de Noailles, mort sans postérité; 2. et

V. François d'Auberjon, ép. le 24 janv. 1706 Suzanne de Lasset, dont il eut :

VI. Jean d'Auberjon, ép. 1° le 10 avril 1731 Marguerite d'Andrieux; 2° le 25 avril 1747 Anne de Fonds; il eut du premier mariage : 1. Martin, off. au régt de Béarn 1746, command. l'artillerie aux îles Sainte-Marguerite, mort sans postérité; 2. Antoine qui suit; 3.-5. et trois filles.

VII. Antoine d'Auberjon, Sgr de la Chevalinière, héritier de François d'Orbessan de Saint-Aulaire, son cousin, par testament du 7 avril 1771, capit. au régt de Monaco, chev. de Saint-Louis, ép. le 6 janv. 1772 Jeanne-Marie d'Uston, dont il eut : 1. Jean-Antoine-Paul-Serge; 2. Jean-Pierre; 3. Antoine-François-Marie; 4. Élisabeth-Marquette-Jacquette.

N... d'Auberjon de la Chevalinière, a pris part, en 1788, à l'assemblée des gentilshommes du diocèse de Narbonne.

640. BARBEYRAC DE SAINT-MAURICE.

D'argent au cheval barbe courant de sable, au chef d'azur chargé d'un croissant d'argent accosté de deux étoiles d'or.

Maison originaire de Provence, connue depuis le XVIᵉ siècle, dont la noblesse a été reconnue par jugement de M. de Lamoignon-Basville du 20 août 1716, et devant les états généraux de Languedoc le 9 décembre 1786, depuis Guillaume de Barbeyrac vivant en 1560. Les terres de Saint-Maurice, la Prunarède et le Castellet furent érigées en marquisat par lett. pat. de 1753, enreg. le 17 août 1753, en faveur de messire Antoine de Barbeyrac, Sgr de Saint-Aunès. (*Proc. verb. des ét. de Languedoc*, 9 décembre 1786. — ARTEFEUIL, I, 91. — LACH. DESB., I, 715.) Charles-Marie de Barbeyrac, marquis de Saint-Maurice, fut député de la noblesse de Montpellier aux états généraux de 1789.

I. Jean de Barbeyrac, gouverneur de Viens, en Provence 1590, tué au service du roi, avait ép. le 12 sept. 1573 Julie de Blain, dont il eut :

II. Henri de Barbeyrac, écuyer, ép. le 2 juin 1624 Julie de Baille, dont il eut : 1. Jean qui a fait une branche établie en Provence, encore représentée en 1776 ; 2. Antoine ; 3. et

III. Charles de Barbeyrac, docteur en médecine à Montpellier, ép. le 2 mai 1656 Catherine de Brueys, dont il eut :

IV. Henri de Barbeyrac, chevalier, président trésorier de France en la généralité de Montpellier, ép. le 30 nov. 1694 Charlotte de Paul ; rendit hommage le 1ᵉʳ juin 1711 à l'évêque de Montpellier, pour les biens qu'il possédait dans le comté de Mauguio, et fut maintenu dans sa noblesse par jugement de M. de Lamoignon de Basville le 20 août 1716. Il eut de son mariage : 1. Antoine qui suit ; 2. Charles, sieur de Maureillan.

V. Antoine de Barbeyrac, Sgr de Saint-Maurice, président trésorier de France en la généralité de Montpellier, ép. le 10 fév. 1719 Gabrielle de Benoît de la Prunarède, dont il eut :

VI. Antoine de Barbeyrac, marquis de Saint-Maurice par lett. pat. de 1753 produites devant les états de Languedoc, Sgr de Saint-Aunès et autres lieux, ép. le 15 nov. 1751 Marie-Anne-Antoinette de Saintauran, dont il eut : 1. Charles-Marie qui suit ; 2. Jean-Joseph-Martin qui a fait la Br. B. ; 3. Joseph-Henri, chevalier de Saint-Aunès, off. au régt de Vivarais, émigré en 1791, capit. dans la lég. de Montalembert à l'armée de Condé, chev. de Saint-Louis et de la Lég. d'honneur, mort sans alliance ; 4. Élisabeth, mariée à Auguste de

Sambucy; 5. Marie-Gabrielle, mariée à François de Peyrot de Vail-hausy, conseiller au parlement de Toulouse; 6. Pauline, mariée à Louis Durand, Sgr de Lunel-Vieil et de Saint-Just, président à la cour des comptes de Montpellier.

VII. Charles-Marie de Barbeyrac, marquis de Saint-Maurice, dé-puté de la noblesse de Montpellier aux états généraux de 1789, ép. en 1790 Louise-Marie-Bonne Colheux de Longpré, dont il eut : 1. Adolphe-Louis-Joseph-Charles qui suit ; 2. Frédéric-Marie-Étienne, maréchal de camp, commandeur de la Légion d'honneur, chev. de Saint-Louis, marié à Pauline Delauro, dont Marie-Pauline; 3. Léon, marié à Ernestine Colheux de Longpré, dont : a. Ulrich ; b. Adèle; 4. Ernestine, mariée à Frédéric, vicomte de Bornier.

VIII. Adolphe-Louis-Joseph-Charles de Barbeyrac, marquis de Saint-Maurice, ép. le 4 janv. 1820 Clémentine Jullien, dont : 1. Pierre-Henri-Frédéric-Edmond, marié le 1er août 1853 à Berthe de Sarret de Coussergues, dont : Nathalie-Cécile-Louise-Jeanne; 2. Amélie, mariée à Victor de Bonald. — Résid. Montpellier.

Br. B. VII. Jean-Joseph-Martin de Barbeyrac, chevalier de Saint-Maurice, Sgr de Journac, écuyer de Madame la comtesse d'Artois, off. au régt de Vivarais, porteur de la procuration du baron de Tor-nac aux états de Languedoc de 1786, ép. en 1792 Alix de Bosc, dont il eut : 1. Casimir, marié en 1833 à N... de Rascas, dont : Paul; 2. Antoine-Casimir-Jules, marié le 1er juin 1835 à N... Picapère de Cantobre, dont : a. Gabrielle; b. Marie-Joseph; c. Henri-Xabert; 3. Alix, mariée en 1824 à Gustave de Lansade, baron de Jonquières.

641. BÉCHERAND.

D'argent à un olivier et un laurier arrachés posés en sautoir de sinople.

Pierre Bescherant, *alias* Bécheran, conseiller en la cour des comp-tes, aides et finances de Montpellier; François, conseiller en ladite cour; Louis-François, chanoine en la cathédrale d'Alais, firent en-registrer leurs armes dans l'*Armorial* de 1696, p. 6, 659, 866.

François de Bécherand, conseiller en la cour des comptes, aides et finances de Montpellier, fut maintenu dans sa noblesse, tant comme issu de noble race que comme conseiller en ladite cour de-puis quarante ans, par jugement de M. de Lamoignon du 22 mars 1699. (*Bibl. imp., Mss., Nobil. de Montpellier*, 732.)

642. BOURGES.

De gueule à un lion d'argent, au chef d'azur chargé de trois étoiles d'argent. (*Armor.*, 1696, 852.)

Joseph de Bourges, du bourg Saint-Andéol, fut maintenu dans sa noblesse comme fils de Pierre Bourges, secrétaire du roi 1694, par jugement de M. de Lamoignon du 28 mars 1697. (*Bibl. imp., Mss., Nobil. de Montpellier*, 732.)

643. BRUNEL DE LA BRUYÈRE.

D'or au lion couronné de sable à la fasce de gueule chargée de trois coquilles d'argent brochantes sur le tout.

Cette famille est originaire du Vivarais et de la ville de Saint-Agrève. Elle joua un rôle actif dans les guerres de religion et perdit ses titres dans le sac de la ville de Saint-Agrève, ainsi qu'il résulte d'un procès-verbal fait devant N... Bollon, écuyer, juge de Saint-Agrève, le 21 juin 1607. Elle fut maintenue dans sa noblesse par M. de Lamoignon en 1698. (LACH. DESB., XI, 718.)

I. Pons-Joseph de Brunel, écuyer, ép. le 15 janv. 1490 Élisabeth de Saint-Jeure, dont il eut :

II. Jacques de Brunel, écuyer, ép. le 14 mai 1540 Isabeau de la Toureille, dont il eut :

III. Laurent de Brunel, sieur de Laulanier, écuyer, ép. le 5 janv. 1575 Agnès de Jonac, dont il eut : 1. Pierre qui suit ; 2. Antoine qui a fait la branche de Brunel de Moze, encore représentée à la fin du xviiie siècle.

IV. Pierre de Brunel, écuyer, gendarme d'ordonnance du comte de Tournon 1637, av. ép. le 5 avril 1615 Jeanne de Reboulet, dont il eut plusieurs enfants, entre autres :

V. Claude de Brunel, sieur de Laulanier, docteur ès droits, capit. châtelain de Saint-Agrève, ép. le 24 fév. 1650 Catherine Lacourt, et fut maintenu dans sa noblesse par jugement souverain de M. de Bezons du 16 sept. 1668, et par un autre jugement de M. de Lamoignon du 16 mai 1698 ; il eut de son mariage, entre autres enfants :

VI. François de Brunel, écuyer, capit. châtelain de Saint-Agrève, capit. d'infant. au régt de Clavières 1703, av. ép. le 22 nov. 1689 Antoinette Bollon, fille de Jean, écuyer, et de Catherine Pinot, dont il eut : 1. Claude qui suit ; 2. Jean-Joseph, sieur de Montgandy, avocat au Puy, ép. N... de Chabannes, dont une fille mariée à Gaillard de Ferreyrolles.

VII. Claude de Brunel, écuyer, Sgr de la Bruyère, capit. châtelain de Saint-Agrève, ép. Catherine de Reymondon, et il en eut : 1. François qui suit ; 2. Joseph-Laurent, ép. Geneviève de Chambonnal.

VIII. François de Brunel, écuyer, Sgr de la Bruyère, avocat au parlement, ép. le 18 fév. 1749 Marie-Anne Percie du Sert, dont il eut : 1. Claude-François-Fleury qui suit ; 2. Claude-Antoine ; 3. Christophe-Marie ; 4. Julie-Antoinette, mariée à N... de Chambonnal ; 5. Anne-Françoise.

IX. Claude-François-Fleury de Brunel de la Bruyère, écuyer, procureur du roi au présidial de Nîmes, ép. en 1776 Marie-Françoise de Rangueil.

644. CARRION DE NISAS.

D'azur à une tour d'argent donjonnée de trois tourelles de même crénelées et maçonnées de sable ; *alias* écartelé d'azur à une comète d'or à seize rais, qui est de Gaillac.

La maison de Carrion de Nisas tient par tradition qu'elle est originaire d'Espagne et même issue par alliances du sang de plusieurs rois, et directement par les femmes du fameux don Rodrigue Diaz, si connu par le nom de *Cid*. Forcés de quitter l'Espagne vers 1094, les auteurs de cette maison seraient venus s'établir dans les environs de Béziers et y auraient vécu paisiblement jusques vers l'an 1366. A cette époque Hugues Carrion suivit en Espagne le connétable du Guesclin et fut, à cause de sa valeur, honoré du titre de Comte. (Extr. fait par d'Hozier, des auteurs qui ont écrit sur l'*Histoire d'Espagne* : *Armorial général de France*, IIe R. ; — LACH. DESB., III, 530 ; — *Procès-verbal des ét. de Languedoc*, 1779.) La généalogie de cette famille n'est connue et prouvée que depuis

I. Raimond de Carrion, Sgr de Nisas et de la Coste, demeurant à Pézenas, D. d'Agde en 1545, ép. Douce de Fayet, dont il eut cinq enfants, entre autres : 1. Jean-Raimond qui suit ; 2. Gabrielle ; 3. François ; 4 Jeanne, ép. François de Montagut.

II. Jean-Raimond de Carrion, Sgr de Nisas, écuyer, ép. 1° le 4 janv. 1590 Judith de Contour ; 2° le 16 nov. 1622 Marguerite d'Agde ; il eut de sa première femme : 1. Henri, marié le 9 août 1616 à Esclarmonde de Mariotte, mort sans postérité ; 2. François qui suit ; 3. Marguerite, alliée le 24 nov. 1618 à Paul de Lauzières ; et de la seconde : 4. Henri, marié le 8 août 1656 à Jeanne de Billas, dont : Gabriel qui ép. le 12 fév. 1697 Françoise du Gua, maintenu dans sa noblesse par jugement de M. de Lamoignon du 1er juill. 1700.

III. François de Carrion, Sgr de Lastorrès, puis de Nisas, ép. le 4 mai 1625 Antoinette de Romieu, dont il eut : 1. Henri qui suit ; 2. Jean, capit. au régt de la marine, puis lieut.-colonel au même régt 1675, fut reconnu noble par arrêt du conseil du 29 août 1682 ; il n'eut de son mariage qu'un fils, d'abord capitaine, puis religieux de la Merci ; 3. Anne, mariée à Pons de la Treilhe, Sgr de Fozières et du Cros.

IV. Henri de Carrion, Sgr de Nisas, capit. dans le régt de Montpeyroux 1641 et de la marine 1647, prit part au combat de la porte Saint-Antoine, à Paris, 1652, «où il eut une jambe emportée d'une volée de canon ;» il ép. le 8 janv. 1661 Cécile de Gaillac, qui apporta dans cette maison la terre de Caussiniojouls ; il eut de son mariage : 1. François qui suit ; 2. Henri qui a fait la Br. B. ; 3. Anne ; 4. Marie-Thérèse.

V. François de Carrion de Nisas, Sgr de Nisas et de Sallelles, reconnu noble par arrêt du conseil de 1682, lieut. au régt de la marine 1676, aide de camp du duc de Noailles, colonel d'un régt de milice en Languedoc, ép. le 26 sept. 1682 Isabeau de Pujol, dont il eut : 1. Jean-François qui suit ; 2. Louis-Joseph, capit. au régt de Navarre ; 3. Henri-Guillaume, capit. au régt de la marine ; 4. Anne, mariée à François Rousseau, écuyer, Sgr de Brétigny.

VI. Jean-François de Carrion de Nisas, baron de Nisas, Sgr de Sallelles, lieut. d'infant. 1697 dans le régt de Nisas, capit. au régt de Thiérache, ép. le 29 juin 1729 Marie-Thérèse de Carrion de Nisas, sa cousine germaine, dont il eut : 1. François-Emmanuel ; 2. Marie-Gabrielle-Françoise ; 3. Henriette ; 4. Louise.

Br. B. V. Henri de Carrion, marquis de Nisas, assista aux principaux combats, prises de villes et de forts depuis 1677 jusqu'en 1715 ; maréchal de camp 1718, lieutenant général 1734, maintenu dans sa noblesse par arrêt du conseil du roi du 29 août 1682, baron de Murviel et des états de Languedoc en 1732, député des mêmes états conjointement avec l'archevêque de Toulouse pour présenter au roi en 1744 le cahier de la province. Il avait ép. le 20 avril 1712 Anne-Gabrielle de Murviel, héritière de sa maison, dont il eut : 1. Henri-François, capit. au régt d'Ancenis ; 2. Henri-Guillaume, capitaine au même régt ; 3. Marie-Thérèse, mariée le 29 juin 1729 à Jean-François de Carrion de Nisas, son cousin ; 4. Marie-Marguerite-Françoise, mariée : 1° à Louis-Joseph de Boyer, baron de Sorgues ; 2° le 3 juill. 1740 à Ferdinand Spinola, marquis d'Arquata.

Henri-Guillaume de Carrion de Nisas, vicomte de Paulin, ép. N... de la Croix de Castries, dont il eut : Marie-François-Élisabeth de Carrion de Nisas d'Espagne, vicomte de Paulin.

Plusieurs membres de cette famille ont pris part à l'élection des députés de la noblesse de Béziers, aux états généraux de 1789.

. Henri de Carrion de Nisas était membre du tribunat; il fut un des rédacteurs du Code Napoléon; adjudant commandant, officier et chancelier de la 9e cohorte de la Légion d'honneur, et baron de l'empire.

645. COMBET.

Écartelé au 1 et 4 d'azur au château d'or sommé de trois donjons de même; au 2 et 3 de gueule au croissant d'argent et une rivière de même en pointe; au chef cousu d'azur chargé de deux étoiles d'or. (*Armor.*, 1696, 10.)

Étienne de Combet, conseiller à la cour des aides de Montpellier, fut maintenu dans sa noblesse par jugement de M. de Lamoignon du 21 janv. 1699 en vertu des lettres de noblesse accordées à Antoine de Combet son père, au mois de décembre 1651, enreg. en la chambre des comptes de Provence le 27 janv. 1652. (*Bibl. imp.*, *Mss.*, *Nobil. de Montpellier*, 732.)

646. DEYDÉ.

D'azur à l'arc-en-ciel au naturel en bande d'or, d'azur, de gueule et de sable, au soleil naissant au côté senestre. (*Armor.*, 1696, 9.)

Jean Deydé, conseiller en la cour des comptes, aides et finances de Montpellier, fit enregistrer ses armes dans l'*Armorial* de 1696.

Joseph Deydé fut maintenu dans sa noblesse comme fils et petit-fils de conseiller en la cour des comptes, aides et finances de Montpellier, par jugement de M. de Lamoignon du 13 déc. 1697. (*Bibl. imp.*, *Mss.*, *Nobil. de Montpellier*, 732.)

Le marquis Deydé prit part à l'assemblée de la noblesse de Montpellier pour l'élection des députés aux états généraux de 1789.

647. DUCROS DE LA COMBE.

Écartelé au 1 de sinople à une levrette courante d'argent surmontée d'un croissant de même; au 2 d'azur à une couronne à l'antique d'or; au 3 d'azur à un croissant d'argent surmonté d'un cœur de même au chef d'argent; au 4 d'azur à un sautoir d'or; sur le tout d'argent à une rose de gueule tigée et feuillée de sinople. (*Armor.*, 1696, 60.)

François du Cros, *alias* Ducros, sieur de la Combe, capit. au régt Royal infanterie, fit enregistrer ses armes dans l'*Armorial* de 1696.

François Ducros, Sgr de la Combe, fils de François Ducros, maintenu dans sa noblesse par arrêt du conseil d'État de 1672, fut maintenu par jugement de M. de Lamoignon du 7 mai 1697. (*Bibl. imp.*, *Mss.*, *Nobil. de Montpellier*, 732.)

648. DUMAS DE CULTURES.

D'azur au chevron d'argent accompagné de deux étoiles en chef et d'un croissant de même en pointe.

La maison Dumas, qui possédait en Gévaudan les Sgries du Bouchet, de la Vernède et de Cultures, fut maintenue dans sa noblesse par jugement de M. de Lamoignon du 12 février 1701 (G. DE BURDIN, II, 290), qui établit sa filiation depuis François Dumas, marié en 1544. N... Dumas de Cultures prit part à l'assemblée de la noblesse de Gévaudan, en 1789.

I. François Dumas, ép. le 5 oct. 1544 Jeanne de Guine, dont il eut :

II. Jean Dumas, lieut. au bailliage, premier consul de Mende, député vers le roi par les états particuliers de Gévaudan de 1598, av. ép. le 14 fév. 1577 Marguerite de Rets, dont il eut :

III. Urbain Dumas, Sgr du Bouchet et de Cultures, conseiller du roi, juge au bailliage, etc., ép. le 17 mai 1619 Marie d'Anduze, dont il eut :

IV. François Dumas, Sgr de la Vernède, ép. le 10 janv. 1638 Jeanne Chevalier des Rousses, dont il eut : 1. Urbain qui suit; 2. Jean-Jacques, chanoine.

V. Urbain Dumas, Sgr de Cultures, consul de Mende, fut maintenu dans sa noblesse par jugement de M. de Lamoignon du 12 fév. 1701, ép. 1° le 31 janv. 1655 Claudine de Brun; 2° Marie de Merle de la Gorce, dont il eut :

VI. Jean-François Dumas de Cultures, page du roi en la grande écurie, capit. de la milice bourgeoise au régt de Corsac, ép. le 14 mai 1713 Suzanne Daudé, dont il eut :

VII. Jean-Jacques Dumas de Cultures, député par les états de Gévaudan, cornette au régt de dragons de Monseigneur le Dauphin, eut pour fils : 1. Charles qui suit; 2. Théodore.

VIII. Charles-Urbain Dumas de Cultures, offic. au régt de Savoie-Carignan, chev. de Saint-Louis, ép. en Allemagne Albertine de Moncheweschi, dont il eut : 1. Henri qui suit; 2. Albertine, mariée à Victor Mourgues, membre du conseil général de la Lozère, maire à Rimeize.

IX. Henri-Dumas de Cultures, ép. Coraly de Tissandier.

649. ENTRAIGUES DU PIN.

Écartelé au 1 et 4 de gueule à une tour maçonnée d'argent, qui est d'Entraigues ; au 2 d'or à un lion de gueule, qui est de Brueis ; au 3 d'azur à trois chiens d'argent à demi-corps posés 2 et 1, accompagnés d'un croissant et d'une étoile de même, qui est des Micheaux.

Maison originaire du Vivarais dont la noblesse fut reconnue par jugement de M. de Lamoignon-Basville le 1er février 1699, et devant les états généraux de Languedoc le 23 décembre 1786. (*Proc.-verb. des ét. de Languedoc*, 1786. — D'HOZIER, *Armor. gén.*, I, R.) Nous avons donné au t. I, n° 346, p. 319, la généalogie de la maison de Launai, comte d'Entraigues, qui n'avait aucun rapport de parenté avec celle qui suit.

I. Jean d'Entraigues, eut pour fils

II. Pierre d'Entraigues, écuyer, vivant le 2 sept. 1529, av. ép. Firmine de Jaufresenque, dont il eut :

III. Claude d'Entraigues, écuyer, ép. le 22 nov. 1586 Domergue des Micheaux, dame du Pin, dont il eut :

IV. Jean d'Entraigues, Sgr du Pin, ép. le 14 avril 1644 Louise de Guérin, dont il eut : 1. Louis, page du prince de Condé, mort sans enfants; 2. Jean, mort jeune; 3. et

V. Gabriel d'Entraigues, Sgr du Pin, ép. le 24 fév. 1674 Bernardine de Brueis et fut maintenu dans sa noblesse par jugement de M. de Lamoignon-Basville du 1er fév. 1699 ; il eut pour fils : 1. François qui suit; 2. Jean, capitaine dans le régt d'Angoumois.

VI. François d'Entraigues, écuyer, Sgr du Pin, ép. le 31 juill. 1708 Marie-Anne de Baudan, et il en eut :

VII. Jean-François d'Entraigues du Pin, Sgr du Pin, ép. le 17 déc. 1735 Marie-Charlotte d'Hozier, dont il eut : 1. Pierre-Louis qui suit; 2. Marthe, née le 12 juin 1741; 3. et Marie-Louis, Sgr de Cabanes, envoyé de tour du Vivarais pour la baronie de Montlor aux états de Languedoc de 1786.

VIII. Pierre-Louis d'Entraigues, Sgr de Cabanes, ép. le 2 mars 1767 Françoise-Charlotte Trinquelague, dont il eut :

IX. Jean-Charles d'Entraigues, Sgr de Cabanes et du Pin, offic. de l'armée de Condé, chev. de Saint-Louis, chef de bat. d'artillerie, ép. en 1795 Jeanne-Judith Choderlos de Laclos, dont il eut : 1. Louis-Philippe Prosper qui suit; 2. Jean-Aimé-Jules, lieut. de vaisseau, chev. de la Lég. d'honn. et de l'ordre du Christ, de Portugal, ép.

Marie Duport, dont : *a.* Albéric, né en 1843 ; *b.* Marc, né en 1846 ; 3. Cécile, mariée à Maiffredi de Robernier, lieut.-col., commandant l'école militaire de la Flèche.

X. Louis-Philippe-Prosper d'Entraigues, conservateur des eaux et forêts à Moulins, chev. de la Lég. d'honn., ép. Jeanne-Eulalie Pajot, dont : 1. Henri-Gaston, né en 1831 ; 2. Françoise-Clotilde-Thérèse, mariée à N... de Larminat, offic. de marine.

650. FAYET,

DE GABRIAC, DE MONTJOYE, DE CHABANNES.

D'azur à une fasce de sable bordée d'or chargée d'une coquille d'argent accostée de deux étoiles d'or, accompagnée en chef d'une levrette d'argent courante, ayant un collier de gueule bordé et bouclé d'or, et en pointe de trois lozanges aussi d'or rangés en fasce.

Par arrêt du 12 mars 1699 le sieur Jacques de Fayet, faute d'avoir justifié ses titres, fut déclaré usurpateur du titre de noblesse et condamné à deux milles livres d'amende. Jacques Félix et Louis de Fayet, frères, habitant au château du Mazel, paroisse de Saint-Julien du Tournel, ayant produit leurs pièces par-devant M. de Lamoignon, un arrêt du 29 juillet 1717 les reconnut *nobles et issus de noble race et lignée.* La première pièce produite est le contrat de mariage de noble Jacques de Fayet, Sgr du Mazel, fils de noble Antoine de Fayet, Sgr de Laubaret, avec Jeanne de Sabran, fille du Sgr des Alpies et de dame Lucrèce d'Altier, reçu le 13 mai 1597. (BURDIN, *Doc. hist. sur le Gévaudan*, II, 456.)

Cette famille produisit plus tard devant d'Hozier une vente en emphytéose de plusieurs héritages que fit, le 2 juillet 1364, au nommé Martin Giroard, demeurant au lieu de Chitbran, noble Marguerite Chardonal veuve de noble homme Guillaume de Fayet, au nom et en qualité de tutrice de Françoise de Fayet, sa fille, héritière universelle dudit Guillaume son père (D'HOZIER, V, R.), mais ses filiations ne sont prouvées que depuis

I. Antoine de Fayet, du lieu de Laubaret, est qualifié noble dans le contrat de son fils qui fut

II. Jacques de Fayet, Sgr du Mazel, ép. le 13 mai 1597 Jeanne de Sabran, dont il eut : 1. Étienne qui suit ; 2. André ; 3. Anne, mariée à André Folgeyrolles ; 4. Marie ; 5. Lucrèce ; 6. Magdeleine.

III. Étienne de Fayet, Sgr du Mazel, ép. le 11 fév. 1643 Jeanne de Bouton, et il en eut : 1. Jean-Jacques qui suit ; 2. Charles, qui a fait la Br. B. ; 3. Jeanne, mariée à Charles de Périer, docteur en droit ; 4.-8. et cinq filles.

IV. Jean-Jacques de Fayet, Sgr du Mazel, ép. le 27 mai 1677 Alix de Gabriac, dont il eut : 1. Jacques, maintenu dans sa noblesse avec ses frères par jugement de M. de Lamoignon du 29 juill. 1717 ; 2. Félix qui suit ; 3. Louis, abbé et prieur de Saint-André de Valborgne ; 4. Catherine, religieuse ; 5. Magdeleine, mariée à Pierre le Blanc de Genouillac, Sgr de Montlebour.

V. Félix de Fayet, Sgr. du Mazel, de Tignad, etc., ép. 1° le 24 mai 1722 Anne-Marie de la Croix; 2° Gabrielle de Laurens; il eut de son premier mariage : 1. Emmanuel-Pierre-Xavier, mort jeune ; 2. Jean-Félix-Roch qui suit; 3. Louise-Catherine, religieuse; 4. Louise-Françoise-Félicité; et du second : 5. Félix, chev. de Malte; et quatre filles.

VI. Jean-Félix-Roch de Fayet de Gabriac, écuyer, lieut. dans le régt de Flandres, Sgr de Montjoye, chev. de Saint-Louis, ép. le 23 fév. 1767 Marie-Magdeleine de Leyris, dont il eut :

VII. André-Louis-Félix-Jean de Fayet de Montjoye, anc. maire de la commune de Chamborigaud, ép. le 2 nivôse an IV (23 déc. 1795) Henriette Suzanne de Leuze, et il en eut :

VIII. Jean-Félix-Auguste de Fayet de Montjoye, ép. le 23 avril 1826 Marie-Magdeleine de Gigord, dont : 1. Louis-Joseph-Henri-Catherine-Gaston, lieut. au régt des grenadiers de la garde imp., puis capitaine pendant la guerre d'Italie, 1859; 2. Joseph-Adolphe-Albert, lieut. au 13e bat. de chasseurs à pied; 3. Charlotte-Adèle-Noémi ; 4. Marie-Joséphine-Anaïs.

Br. B. IV. Charles de Fayet de Chabannes, Sgr de Chabannes, capitaine, ép. le 20 sept. 1680 Magdeleine de Trémuéjouls, dont il eut : 1. Pierre qui suit; 2. Marc-Antoine, officier dans le régt de Bigorre; 3. Jean-Privat, off. dans le régt de cavalerie d'Hurumain; 4. Étienne, écuyer, marié le 22 juin 1724 à Jeanne Forestier, dont: a. Claude; b. Jean-Claude ; c. François; d. Anne ; e. Thècle ; 5. Marion ; 6. François; 7. Anne.

V. Pierre de Fayet de Chabannes, ép. 1° le 16 sept. 1700 Benoîte de Raynal ; 2° le 26 nov. 1732 Catherine Broquin ; il eut de son premier mariage : 1. Charles, prêtre ; 2. Pierre, off. dans le régt de Gâtinais; 3. Jean-Claude qui suit; 4. Noé, off. au régt d'Asfeld ; 5. Jeanne, mariée à Jean Charles ; 6. Geneviève, mariée à Pierre Roche; 7. Magdeleine, mariée à Louis Roussel, sieur de la Valette.

VI. Jean-Claude de Fayet de Chabannes, écuyer, Sgr de Chabannes et du Villaret, ép. le 30 oct. 1742 Françoise Broquin, dont il eut : 1. Jean-Pierre-Paul, 2. Jean-Romain; 3. Catherine; 4. Marie-Charlotte; 5. Jeanne-Benoîte; 6. Michelle-Geneviève; 7. Françoise-Magdeleine ; 8. Antoinette-Pierrette.

Cette branche est aujourd'hui représentée par M. le général de Fayet de Chabannes, commandeur de la Légion d'honneur.

651. HILAIRE DE JOVYAC,

Alias HILAIRE DE TOULON DE SAINTE-JAILLE DE JOVYAC.

Écartelé au 1 et 4 d'azur au lévrier courant d'argent, surmonté d'une tour de même, qui est de Jovyac; au 2 et 3 de sinople au cygne d'argent membré d'or, qui est de Toulon. DEVISE : *Fayt bien et laisses dire.*

La maison d'Hilaire est ancienne en Vivarais et distinguée par ses alliances et ses services militaires. Elle a été maintenue dans sa noblesse par jugement de M. de Lamoignon, du 2 janvier 1698, et a fait plusieurs branches dites de Jovyac, de Chanvert et du Teil. (*Bibl. imp., Mss., Nobil. de Vivarais,* 906.) Jean d'Hilaire signa comme témoin en 1353 le testament d'Humbert II, prince de Dauphiné. (VALBONNAIS, 377.) Jean d'Hilaire, damoiseau, fut blessé en 1356 à la bataille de Poitiers; il épousa le 2 juillet 1359 Randonne de Rivière. Un de ses descendants, Charles d'Hilaire, fut tué sous François Ier au siége d'Ivoy, en 1540. (*Bibl. imp., Mss., Lang.,* 105; — LACH. DESB., XIII, 436.) Christophe d'Hilaire, frère de Charles, vicaire général de l'archevêque de Toulouse, présida les états de Languedoc tenus à Carcassonne en 1555. Charles d'Hilaire épousa Jeanne de Castillon Saint-Victor, dont il eut :

I. Jacques d'Hilaire, Sgr. de Baigneux, co-Sgr de Casteljau, capit. de cent hommes d'armes, gouverneur de la ville des Vans, ép. le 15 juill. 1559 Catherine de Nicolaï, dont il eut : 1. Gédéon, Sgr de Chanvert, marié le 20 déc. 1594 à Louise du Roure, qui a fait la branche d'Hilaire de Chanvert; 2. et

II. Jacques d'Hilaire de Jovyac, Sgr de Jovyac, Saint-Martin le Soubeyrand, Esplans, gentilhomme ordinaire de la chambre du roi, capitaine de cent hommes d'armes, gouverneur des villes et château de Rochemaure qu'il enleva aux ligueurs, servit avec distinction sous les règnes de Henri III, Henri IV et Louis XIII; il avait abjuré le calvinisme en 1606, et composa plusieurs ouvrages de controverse, entre autres l'*Heureuse conversion des huguenots à la foi catholique,* imprimé à Lyon en 1608, et dédié à Henri IV. Ce prince l'honora de ses lettres; dans une, le roi lui dit qu'il sait, suivant les temps, *mettre aussi bien la main à la plume qu'à l'épée.*

Jacques d'Hilaire ép. le 25 sept. 1591 Gabrielle de Froment, dont il eut : 1. Jacques qui suit; 2. Gabriel, sieur de Saint-Martin, capit. d'une compagnie de cent hommes d'armes, qui prit part avec son père au siége de Montpellier 1622; 3. Maurice, prieur de Rochemaure ; 4. Blanche.

III. Jacques d'Hilaire de Jovyac, Sgr de Jovyac, Saint-Martin, Esplans, gentilhomme ordinaire de la chambre du roi, capit. de cent hommes d'armes, fut déchargé, le 30 avril 1639, du droit de franc-fief par Robert de Miron, intendant en Languedoc, «attendu sa qualité de noble et celle de ses prédécesseurs.» Il assista avec

son père au siége de Montpellier et au siége de Leucate 1637. Il
av. ép. 1° le 4 sept. 1620 Jacquette de Castillon Saint-Victor, dont
il n'eut que deux filles mortes religieuses ; 2° Marguerite de Toulon,
fille d'Hercule de Toulon, Sgr de la Laupie, et de Louise de Moreton
de Chabrillan, dont il eut plusieurs enfants, entre autres : 1. François qui suit; 2. Louis, marié à Anne de Randon.

IV. François d'Hilaire de Jovyac, Sgr de Jovyac Saint-Martin le
Soubeyran, Esplans, Peyrolles, maintenu dans sa noblesse par jugement de M. de Lamoignon du 2 janv. 1698, av. ép. le 7 sept. 1652
Louise de Sauzea, dont il eut : 1 Jacques qui suit; 2. Louis, major
au régt. de Jovyac en 1696; 3. Jacques-François, tué au siége de
Courtray 1683; 4. Alexandre, lieut. dans le régt. de Margon, tué au
siége de Roze en 1693; 5. Marie-Anne, mariée à René du Solier,
lieut. de la Colonelle ; 6. Anne-Thérèse, religieuse.

V. Jacques d'Hilaire, qualifié de marquis de Jovyac, Sgr d'Esplans, Saint-Martin le Soubeyran, Peyrolles, le Teil, servit d'abord
sous le marquis de Pracomtal son allié ; il fut ensuite colonel du régiment de son nom ; commandant pour le roi en Vivarais, député
de la noblesse aux états de Languedoc, où ses preuves furent faites
conformément aux règlements de cette assemblée. En 1702, il présida les états particuliers du pays du Vivarais. Il se distingua dans
les guerres de son temps, particulièrement en Catalogne et en
Savoie ; il av. ép. le 5 fév. 1687 Françoise de Lagniel, dont il eut :
1. Jacques qui suit; 2. Françoise, mariée en 1708 à Jean de Fages
de Rochemure ; 3. Jeanne-Magdeleine, mariée en 1712 à Louis de
Chazaud ; 4. Suzanne, mariée en 1722 à Claude de Fayon, baron de
Montbrun ; 5. Louise, religieuse.

VI. Jacques d'Hilaire, marquis de Jovyac, Sgr de Jovyac, Esplans,
Mélas, le Teil, lieut. au régt. de dragons de Rochepierre, inspecteur du bas Vivarais, ép. le 25 janv. 1725 Anne-Françoise-Josèphe
de Moreton de Chabrillan, dont il eut : 1. Jean-Antoine qui suit ;
2. Alexandre-François, capit. au régt. de Flandre, chev. de Saint-
Louis en 1778 ; 3. Jacques, capit. au même régt., chev. de Saint-
Louis 1781, et quatre filles.

Jacques, marquis de Jovyac, héritier en 1757 de Jacques de Toulon, son parent, prit le nom et les armes de Toulon de Sainte-Jaille,
dont il y a eu un grand-maître de Malte en 1525.

VII. Jean-Antoine d'Hilaire de Jovyac de Toulon de Sainte-Jaille,
marquis de Jovyac, chev. de Saint-Louis, colonel des grenadiers de
France, brigadier des armées du roi en 1780 et maréchal de camp
en novembre 1781, commissaire pour la vérification des titres de

noblesse, premier suppléant de la noblesse de Vivarais aux états généraux, commanda en émigration la brigade de gentilshommes d'Auxerrois, fut employé diplomatiquement auprès des souverains du Nord, et nommé chevalier de l'ordre de Jérusalem par Paul Ier, empereur de Russie, avec l'agrément du roi Louis XVIII; il avait ép. le 14 mars 1769 Pierre Marguerite de Raugrave, fille du comte de Raugrave Salme, lieut. gén. des armées du roi, allié à la maison palatine et à plusieurs autres maisons souveraines d'Allemagne, dont on trouve la généalogie dans Moreri. De ce mariage sont nés : 1. Hyacinthe qui suit; 2. et Barbe-Gabrielle.

VIII. Hyacinthe-Théodore-Jacques-Alexandre d'Hilaire de Toulon de Sainte-Jaille, marquis de Jovyac, aide de camp de son père, a servi dans la cavalerie noble du prince de Condé; plus tard il passa à l'armée royale de Vendée. Nommé en 1811 commandant de la garde nationale de Montélimart, il fit les campagnes de 1813 et 1814 comme lieutenant-colonel, chef de la 1re cohorte active des gardes nationales de la Drôme; chevalier de Saint-Louis 1816, a fait partie du conseil général de la Drôme jusqu'en 1830; il av. ép. en 1812 Pauline-Antoinette du Hautoy, dont il eut : 1. Alfred qui suit; 2. Louise-Joséphine-Delphine, mariée le 27 juin 1834 à René, marquis de la Tour-du-Pin Montauban, pair de France.

IX. Alfred-Marie-Thérèse-Charles-Joseph d'Hilaire de Toulon de Sainte-Jaille, marquis de Jovyac, membre du conseil général de l'Ardèche, maire de Saint-Lager-Bressac, a ép. le 25 juin 1838 Laure-Bathilde-Gabrielle-Joséphine de Verdonnet, fille du comte de Verdonnet et de Marie-Jeanne-Laure Salignac de la Mothe-Fénelon, dont il a : 1. Marie-Marthe-Désirée-Joséphine, née le 20 janvier 1841; 2. et Marie-Henriette-Élisabeth, née le 13 mars 1843.

652. JACQUET DE BREY.

Coupé d'or à trois cyprès de sinople terrassés de sable; au 2 de gueule au bélier passant d'argent.

Bernard de Jacquet, écuyer, est le premier de cette maison qui s'établit en Languedoc vers le milieu du XVIe siècle. Il fut nommé en 1552 capitaine chatelain de Touroulles et viguier de la baronie de Florensac. On croit qu'il était originaire de l'Ile de France et qu'il fut amené en Languedoc par Charles de Crussol, vicomte d'Uzès, gentilhomme de la chambre du roi, sénéchal de Beaucaire et lieutenant du roi en Languedoc. Gaspard, Pierre et Regnaut de Jacquet étaient secrétaires du roi en la chancellerie de France à Paris en 1614, 1620 et 1640; Pierre de Jacquet était conseiller du roi et grand audiencier de France à Paris en 1624; Claude était conseiller du roi et référendaire en ladite chancellerie en 1645. (TESSEREAU, *Hist. des chanceliers de France*, I, 317, 330, 348, 425, 450.)

Cette famille fut maintenue dans sa noblesse par M. de Lamoignon, le 15 juin 1697, sur preuves filiatives remontant à Bernard de Jacquet, écuyer. (*Bibl. imp., Mss., Nobil. de Montpellier*, 732.) On trouve le nom de cette maison écrit dans plusieurs actes de l'état civil, brevets ou commissions militaires depuis 1720, Jacquet de Brey et Brey de Jacquet, par suite de l'alliance de Jean Bernard de Jacquet avec sa cousine Anne Brey, fille de messire Jean-Baptiste-Joseph Brey, professeur agrégé de droit français en l'Université de Montpellier. Hercule de Jacquet de Brey, Sgr du fief noble d'Auriol, paroisse de Florensac, prit part à l'assemblée de la noblesse de la sénéchaussée de Béziers en 1789. (*Proc.-verb., imp. à Béziers*, 1789.)

I. **Bernard de Jacquet**, écuyer, capitaine et viguier de la baronie de Florensac, ép. 1° le 30 nov. 1546 Jeanne de Gaufrèze; 2° le 22 mai 1563 Jeanne de Reynard, dont il eut : 1. Jacques qui suit; 2. Daniel, qui a fait la Br. B.

II. **Jacques de Jacquet**, écuyer, ép. le 18 mars 1599 Marthe de Malbois, dont il eut :

III. **Jacques de Jacquet**, avocat en parlement, ép. le 4 nov. 1658 Marthe de Doulmet, dont il eut : 1. Jacques qui suit; 2. Marie, alliée à messire de Brey, juge du roi et professeur de l'école de droit de Montpellier.

IV. **Jacques de Jacquet**, Sgr de Fresquelin, garde du corps du roi, ép. Bernardine de Jossaud et mourut sans postérité.

Br. B. II. **Daniel de Jacquet**, écuyer, émancipé par son père le 10 mars 1597, ép. le 24 avril 1597 Marie Martin, dont il eut :

III. **Jacques de Jacquet**, docteur et avocat, ép. le 4 nov. 1654 Calvine de Gasquinolles, et fut maintenu dans sa noblesse par jugement de M. de Lamoignon du 15 juin 1697; il eut pour fils

IV. **Jean de Jacquet**, garde du corps du roi, comp. de Noailles, en 1689, ép. le 24 oct. 1691 Esther de Malordy, dont il eut :

V. **Jean-Bernard de Jacquet**, ép. en 1729 sa cousine Anne de Brey, de laquelle il eut : 1. Jean-Joseph-Saint-Hilaire, chev. de Saint-Louis, retraité comme capitaine aux grenadiers de France après trente-cinq ans de service, mort sans postérité; 2. et

VI. **Jacques-Hercule de Jacquet de Brey**, capit. commandant au régt de Savoie-Carignan, chev. de Saint-Louis, ép. le 20 mars 1780 Marie-Rose Forville, dont il eut : 1. Philippe-Bernard-Casimir, marié en juin 1813 à Émilie Ledenac, dont il eut : Rose-Irma, mariée à Hercule de Pradines d'Aureilhan, ancien officier de hussards, son cousin germain; 2. Jean-Joseph-Aristide qui suit; 3. Antoine-Joseph-Hilaire, né le 23 mai 1797, capit. commandant de hussards en retraite, chev. de la Lég. d'honn., et de la Croix d'or de Saint-Ferdinand d'Espagne, marié le 12 juin 1827 à Joséphine-Gabrielle-Mathilde Malibran, petite-fille du comte de Montalet, n'a eu qu'une fille, Marie-Louise-Henriette, morte à dix-huit ans; 4. Alix, mariée

à Raimond-Régis de Pradines d'Aureilhan, chef de bataillon en retraite, chev. de Saint-Louis ; 5. Marie-Rose-Bernardine, mariée au
général baron de Simonneau, commandant de la Lég. d'honn., chev.
de Saint-Louis et de la Croix d'or de Saint-Ferdinand d'Espagne, et
commandeur de l'ordre du Lion de Belgique.

VII. Jean-Joseph-Aristide de Jacquet, ancien off. d'infanterie,
ép. en 1817 Marie-Louise-Clotilde de la Serre d'Aroux, dont il eut :

VIII. Marie-Joseph-Gabriel de Jacquet de Brey, vérificateur des
domaines, marié le 15 déc. 1856 à Joséphine Denizot.

653. JOUBERT.

D'azur à trois chevrons d'or, 2 et 1 ; au chef d'argent chargé d'une
croix potencée d'or, cantonnée de quatre croisettes de même. (*Armor.*,
1696, p. 29, 280.)

Cette famille, originaire de Crest en Dauphiné, fut maintenue dans sa
noblesse par jugement de M. de Lamoignon du 3 mai 1697. Il fut produit
devant cet intendant des actes de vente, d'hommages, et des reconnaissances des années 1513, 1537 et 1542 (*Bibl. imp., Mss., Nobil. de Montpellier*, 732), qui établissaient une filiation authentique depuis Jean de
Joubert qui testa en 1545. Cette famille a donné pendant plusieurs générations des syndics généraux à la province de Languedoc. (1642-1780.)

I. Jean de Joubert, écuyer, chev. du Saint-Sépulcre de Jérusalem,
citoyen de Valence, testa le 9 mai 1545, et fut père de

II. Laurent de Joubert, professeur et chancelier de l'École de
médecine à Montpellier, fut père de : 1. Isaac qui suit ; 2. N...,
Sgr de Mostalegie, major, tué au siége de la Rochelle 1627.

III. Isaac de Joubert, conseiller au présidial de Montpellier, ép.
le 23 avril 1600 Jeanne de Guilleminet, dont il eut :

IV. Pierre-Baptiste de Joubert, syndic général de la province
de Languedoc, ép. le 15 fév. 1649 Marguerite de Trinquaire, dont :

V. André de Joubert, syndic général de la province de Languedoc, ép. le 9 oct. 1688 Louise de Bécherand, et fut maintenu
dans sa noblesse par jugement de M. de Lamoignon du 3 mai 1697 ;
il eut quatre fils, dont trois furent syndics de la province après lui,
et une fille religieuse carmélite à Paris. René-Gaspard, syndic de
la province après ses deux frères 1732, ép. Marthe-Magdeleine de
Cambon, dont il eut deux filles ; l'une mariée à M. d'Holmière ;
l'autre au marquis de Souliac.

N... de Joubert assista par procuration à l'assemblée de la noblesse de Montpellier en 1789 pour l'élection des députés aux états
généraux.

654. LA ROQUE.

D'azur à deux rochers d'argent posés en fasce. DEVISE : *Adversis duro.*
La famille de la Roque a fait plusieurs branches en Languedoc dites de
Couloubrines, du Pont de Munas, et de Montels, maintenues dans leur noblesse par jugements souverains de M. de Bezons, rapportés dans notre
premier volume sous les nᵒˢ 327, 328, 329, 330 et 331. Jean, Isaac et Pierre
de la Roque furent maintenus dans leur noblesse par jugement de M. de
Lamoignon, du 4 juillet 1697, sur la production du jugement de M. de
Bezons qui prouvait leur communauté d'origine avec Pierre de la Roque,
maintenu le 8 juillet 1669. (*Bibl. imp., Mss., Nobil. de Montpellier*, 732,
p. 285.)

Jean, Isaac et Pierre de la Roque, résidants à Baumes, à Ferrières
et au Villaret, dans les Cévennes, D. de Montpellier, et cousins germains de Pierre, appartiennent à la branche de la Roque de Couloubrines, dont la filiation a été rapportée t. I, nᵒ 327, p. 298.

Jean, Guillaume et Isaac de la Roque firent enregistrer leurs armes
dans l'*Armorial* de 1696, p. 894, 895.

Nous donnerons parmi les *Pièces justificatives* un jugement de
M. de Bezons, celui de M. de Lamoignon, et une série d'autres documents concernant les différentes branches de cette famille.

655. LA SERRE D'AROUX.

Écartelé au 1 et 4 d'azur au besant d'or posé en abîme, au 2 et 3 d'or à
l'aigle éployée de sable.
La maison de la Serre d'Aros et d'Aroux, originaire du Bordelais, établie en Quercy et en Languedoc, est connue par filiation suivie depuis
1411. Si les degrés de filiation qui précèdent cette date ne sont pas connus,
c'est qu'inviolablement attachés à la foi de leurs pères ainsi qu'au service
de leurs rois légitimes, et s'étant attiré par cette raison la haine des religionnaires, les chefs de cette maison ont vu périr un grand nombre de
leurs titres avec la plus grande partie de leurs biens pendant les troubles
du calvinisme. On justifie ce fait par une enquête de soixante témoins, faite sur les lieux le
21 août 1564 ; par des lettres patentes de Charles IX du 4 avril 1568, par une lettre d'Henri III,
alors duc d'Anjou, adressée à Blaise de Montluc, depuis maréchal de France, datée du 2 mai
1569, et par celles du même maréchal du 8 du même mois. La généalogie de cette maison a été
dressée par d'Hozier et ne contient pas moins de trente-huit pages in-fᵒ de l'*Armorial général*,
IV, R. Héliot de la Serre, légataire de son père en 1496, s'établit à Pézénas et vivait en 1501 ;
Philippe, marié en 1530 à Jacquette de Christol, et que l'on croit fils d'Héliot, eut pour fils Fulcrand de la Serre qui commence la filiation authentique de cette branche, maintenue dans sa
noblesse par jugement de M. de Lamoignon du 2 novembre 1715.

Le comte de la Serre d'Aroux prit part aux assemblées de la noblesse de la sénéchaussée de
Béziers en 1789.

I. Fulcrand de la Serre, écuyer, ép. le 21 août 1574 Jeanne de la Palme, dont il eut : 1. Pierre qui suit; 2. François, ép. le 12 juin 1608 Françoise de Grave; 3. Henri, ép. le 22 janv. 1617 Jacquette de Montagut, dont la fille, Marguerite, ép. le 26 avril 1652 Jean de Fabre de Pégayrolles.

II. Pierre de la Serre, écuyer, ép. le 29 janv. 1636 Jeanne d'Arthaud, dont il eut : 1. Henri qui suit; 2. César.

III. Henri de la Serre, cons. du roi, capit. et châtelain de la baronie de Cabrières, Sgr de Péret et Licurant, ép. le 26 janv. 1661 Catherine de Fabre, dont il eut : 1. Pierre, chanoine, doyen de l'Église de Pézénas; 2. et

IV. Étienne de la Serre, Sgr de la Palme, mousquetaire du roi; ép. le 18 nov. 1711 Claire de Fabre de la Tude, dont il eut : 1. César qui suit; 2. Étienne, doyen de l'église de Pézénas; 3. Claire, élevée à Saint-Cyr, et mariée à N... de Clausel. Étienne fut maintenu dans sa noblesse par jugement de M. de Lamoignon du 2 nov. 1715.

V. César de la Serre, capit. dans le régt. des Landes 1747, chev. de Saint-Louis 1750, Sgr de la Palme, la Coste et Fondouce, a fait toutes les campagnes d'Italie et d'Allemagne de 1730 à 1749, ép. le 4 fév. 1749 Jeanne de Saint-André, dont il eut : 1. Henri qui suit; 2. Pierre, élevé à la Flèche; 3. Julie, élevée à Saint-Cyr.

VI. Henri-Jean-Louis-Joseph de la Serre d'Aroux, élevé à l'École royale et militaire, capit. au régt d'Aunis 1780, chev. de Saint-Louis 1816, et de Saint-Lazare 1767, Sgr de la Vernière, ép. le 12 juill. 1784 Geneviève de Villerase, dont il eut : 1. Jules; 2. Césarine; 3. Louise-Clotilde, mariée en 1817 à Jean-Joseph-Aristide de Jacquet, anc. off. d'infant.; 4. et

VII. Pierre-Gabriel-Victor de la Serre d'Aroux, ép. le 25 janvier 1831 Coraly du Puy de Pauligne, dont : Louis-Alexandre-Henri de la Serre d'Aroux, né à Marseillan le 1er déc. 1831.

656. MASCLARY.

D'azur à un chevron d'or surmonté d'un soleil de même et d'un héliotrope en pointe, tigé et feuillé d'or. (*Armor.* 1696.)

Pierre de Masclary, conseiller à la cour des comptes, aides et finances de Montpellier, fut déchargé du droit de franc-fief par jugement de M. de Lamoignon du 12 mai 1699, comme fils et petit-fils de conseiller à la cour des comptes. (*Bibl. imp., Mss., Nobil. de Montpellier,* 732, 103.) Pierre de Masclary et Jean-Paul de Masclary, trésorier de France à Montpellier, firent enregistrer leurs armes dans l'*Armorial* de 1696. Pierre établit sa filiation depuis

I. Claude de Masclary, conseiller au parlement d'Orange, fut père de

II. Pierre de Masclary, conseiller à la cour des comptes, aides et finances de Montpellier pendant trente-trois ans, eut pour fils

III. Pierre de Masclary, conseiller à la cour des comptes, aides et finances de Montpellier, le 27 mars 1684.

Jean-Paul de Masclary, de Montpellier, fit enregistrer ses titres de noblesse au conseil souverain de la Martinique le 7 mars 1732. (*Archiv. des colonies, Annal. du C. souverain.*)

Plusieurs membres de cette famille ont pris part à l'assemblée de la noblesse de Montpellier pour l'élection des députés aux états généraux de 1789.

Thomas-Marie-Catherine de Masclary, membre du collége électoral, né à Montpellier le 22 mai 1755, fut fait baron de l'empire par lett. pat. du 22 mai 1843.

657. MERLE DE LA GORCE.

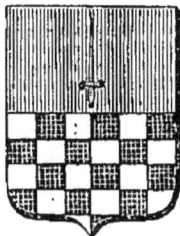

De gueule à l'épée d'argent posée en pal, la pointe en haut, ayant la garde et la poignée d'or, coupé d'un échiqueté d'argent et de sable.

La maison de Merle est ancienne en Languedoc et originaire du diocèse d'Uzès. Elle a fait plusieurs branches dont une seule subsiste. Les deux premières branches se sont éteintes vers le commencement du XVIe siècle, l'une dans la maison de Molette de Morangiès, l'autre dans celle de la Baume de Casteljau.

La branche établie en Vivarais sous le nom de la Gorce, a été maintenue dans sa noblesse par jugement de M. de Lamoignon, du 10 janvier 1698. Elle était en possession depuis 1581 de la baronie de la Gorce qui donnait entrée aux états du Vivarais. Cette maison tire son illustration du célèbre capitaine Merle, gouverneur de Gévaudan pendant les guerres de religion de 1580 à 1590. Sa bravoure et ses exploits lui attirèrent la jalousie de ceux de son parti qui firent agir contre sa famille M. le procureur général de la cour des comptes de Montpellier, pour lui faire rendre compte de l'ordre qu'il avait tenu dans son gouvernement. Henri IV en ayant été informé, imposa silence et déclara qu'il se souvenait du pouvoir donné au sieur de Merle et des services qu'il lui avait rendus, en se conduisant en toutes choses comme un bon et sage gouverneur suivant les droits et les devoirs de la guerre. Matthieu Gondin a laissé une relation détaillée des exploits de Merle, publiée par M. le marquis d'Aubaïs. (Marquis D'AUBAÏS, *Pièces fugitives*, II, 1. — LACH. DESB., X, 64. — BURDIN, II, 13.)

I. Antoine de Merle, ép. Marguerite de Virgile, dont il eut :

II. Matthieu de Merle, dit le capitaine Merle, commissionné gentilhomme du roi de Navarre en 1578, et gouverneur de Gévaudan en 1580, av. ép. le 20 oct. 1576 Françoise d'Auzolle, dont il eut :

III. Hérail de Merle, Sgr de la Gorce et de Salavas, ép. le 11 mars 1609 Anne de Balazuc de Montréal, dont il eut : 1. Henri qui suit ; 2. Marie, alliée le 9 mars 1631 à Aimé de Chalendar de la Motte.

IV. Henri de Merle, baron de la Gorce et de Salavas, ép. le 31 oct. 1645 Lucrèce Pape de Saint-Alban, dont il eut : 1. Henri qui suit ;

2. Gaspard, dit le chevalier de la Gorce, capit. au régt de Castries, tué au siége de Girone 1684; 3. Hérail, chanoine de la cathédrale de Viviers; 4. Lucrèce, mariée à Jean de Chapelain; 5. Marie, alliée à Urbain Dumas de Cultures; 6. Olympe, mariée à Guy Durand.

V. Henri de Merle, baron de la Gorce et des états de Vivarais, cap. au régt de Castries, Sgr de Salavas, maintenu dans sa noblesse par jugement de M. de Lamoignon du 10 janv. 1698, av. ép. le 28 janv. 1691 Anne de Novi, dont il eut : 1. Matthieu, qui continua la branche aînée, éteinte en la personne de Victor-Emmanuel, qualifié marquis de la Gorce, marié à Mlle de Rochambaud, petite-fille du maréchal de ce nom, mort sans postérité; 2. et

VI. Guy-Joseph de Merle, baron de la Gorce, Sgr de Sizailles et de Méjanes, premier capit. de grenadiers au régt Dauphin, honoré d'une lettre particulière du roi pour sa belle conduite à la bataille de Fontenoy, chev. de Saint-Louis, ép. le 27 oct. 1725 Maguerite de Grimoard de Beauvoir du Roure, héritière de sa branche, dont il eut : 1. Joseph-François qui suit; 2. Louis-René, chevalier de la Gorce, lieut. d'infant., chev. de Saint-Louis.

VII. Joseph-François de Merle, baron de la Gorce, Sgr de Sizailles, co-Sgr de la baronie de Barjac, capit. au régt Dauphin, chev. de Saint-Louis, admis aux états de Languedoc en 1762 comme député des états du Vivarais, ép. le 19 mars 1771 Magdeleine de Pinha de la Tour, qui lui apporta en dot la seigneurie de Larnas; il eut de ce mariage : 1. Louis-Charles, baron de la Gorce, page de la petite écurie, officier de l'armée de Condé, chevalier de Saint-Louis, marié le 3 oct. 1811 à Olympe de Ferraighe, dont il n'eut pas d'enfants; 2. Charles-Auguste qui suit; 3. Marie-Adélaïde; 4. Magdeleine-Sophie.

VIII. Charles-Auguste de Merle, baron de la Gorce-Larnas, élève de l'École de marine en 1790, ép. le 20 avril 1801 Adélaïde-Germaine de Drivet de Ladernade, dont il eut : 1. Joachim qui suit; 2. Marie-Mathilde, mariée en 1837 à Louis-Hyacinthe de Vanel de Lisleroi.

IX. Joachim-Édouard de Merle, baron de la Gorce, ép. le 14 mai 1838 Sifreine de Billiotti, petite-nièce et filleule du cardinal Maury, dont il a : 1. Adèle, née le 24 fév. 1839; 2. Marie Edwige, née le 16 juill. 1844. — Résid. Bourg Saint-Andéol.

658. MICHEL DU ROC DE BRION.

D'azur au roc d'argent surmonté de deux étoiles d'or.

Lorsque le grand-maréchal du Roc fut créé duc de Frioul, ses armes furent réglées comme suit : Écartelé au 1 et 4 d'or au château à trois tours donjonnées de gueule, fermées, ajourées, girouettées de sable; au 2 et 3 d'azur au cavalier armé de toutes pièces tenant de la main dextre un sabre nu, le tout d'argent; sur le tout de sinople au rocher d'or mouvant de la pointe et surmonté en chef d'une étoile d'argent; au chef de gueule semé d'étoiles d'argent. (*Armor. de l'Empire*, par Simon, I, 10, 12.)

Ancienne famille de robe dont le nom se trouve inscrit à toutes les pages des fastes consulaires de la ville de Marvéjols, et ensuite répandue en Auvergne et en Lorraine, a donné plusieurs militaires distingués pendant le dernier siècle et un grand maréchal du palais duc de Frioul, sous l'empire. Les membres de cette famille ont été connus sous le nom de marquis de Brion, barons de Lastic et de Lodières, Sgr du Roc, d'Aldy, de Viala, vicomtes de Fontverline.

Par arrêt du 25 janvier 1699, M. Nicolas de Lamoignon, intendant de justice, police et finances de la province de Languedoc, déclara Géraud de Michel, seigneur du Roc et Honoré de Miche du Roc, capit. au régt de Lafère, «nobles et issus de noble race et lignée, etc., à l'effet de quoi ils seront inscrits par nom, surnoms, armes et lieux de leurs demeures dans le catalogue des véritables nobles de la province de Languedoc. » (*Archiv. départem. de la Lozère, Jugts sur la Nobl.* — G. DE BURDIN, *Doc. sur le Gév.*, II, 287. — BOUILLET, IV, 136.)

I. Géraud-Pierre de Michel du Roc, Sgr du Roc, Aldy, le Mas, le Viala, Aubars au mandement de Brion, ép. 1° av. 1699 Claude de Cabiron de Curières; 2° Tulle de Vachery; il eut du premier mariage : 1. Géraud-Pierre, qualifié marquis de Brion, dont la postérité subsiste en Auvergne en la personne de Charles de Michel du Roc, marquis de Brion; 2. Christophe qui suit; 3. Charles-Amalric, Sgr du Viala, capit. d'infant., chev. de Saint-Louis; 4. N..., dit l'abbé du Roc, vic. gén. de l'évêque du Puy; et du second; 5. Hélène, mariée le 7 oct. 1737 à Jean-François de Fabre de la Tude.

II. Christophe de Michel du Roc, dit le chevalier du Roc, capit., chef d'escadron au régt de Custine-dragons, chev. de Saint-Louis, fut père de

III. Géraud-Christophe de Michel du Roc, duc de Frioul, sénateur, maréchal du palais, grand cordon de la Lég. d'honn., commandeur de la Couronne de fer et de presque tous les ordres de l'Europe, tué à Wurtchen le 23 mai 1813, sur la fin de la bataille de Bautzen. Il avait ép. N... Hervas d'Almeynaras, d'une famille espagnole, dont il eut une fille, héritière par ordre de Napoléon du titre et de la dotation de duchesse de Frioul. Cette jeune fille mourut à l'âge de dix-sept ans, et sa mère ép. en secondes noces le général Fabvier.

Marie-Anne de Michel du Roc ép. le 24 sept. 1714 Simon de Cabiron.

Marie de Michel du Roc, *alias* du Roch, ép. en 1723 Claude de Pelet de Salgas.

659. PERDRIX.

D'azur à trois glands d'or 2 et 1 surmontés de trois étoiles d'or de même. (*Armor.* 1696, 3.)

Charles de Perdrix, président en la cour des comptes, aides et finances de Montpellier, fit enregistrer ses armes dans l'*Armorial* de 1696.

Philippe de Perdrix fut maintenu dans sa noblesse en vertu des priviléges accordés aux professeurs et recteurs de l'université de droit de Montpellier, par jugement de M. de Lamoignon du 20 juill. 1697. (*Bibl. imp., Mss. Nobil. de Montpellier*, 732.)

N... de Perdrix, conseiller à la cour des aides de Montpellier, prit part à l'assemblée de la noblesse de cette sénéchaussée en 1789 pour l'élection des députés aux états généraux.

660. REY.

François Rey, docteur et avocat, fils de Jean Rey et de Jeanne de Serres, petit-fils de Salomon Rey, fut maintenu dans sa noblesse comme fils et petit-fils de conseiller à la cour des comptes, aides et finances de Montpellier, par jugement de M. de Lamoignon du 13 juill. 1697. (*Bibl. imp., Mss., Nobil. de Montpellier*, 732.)

661. RICARD.

De pourpre à une rose d'or, au chef cousu d'azur à une croix d'or et un croissant d'argent; *alias* de sable à une rose d'argent au chef cousu d'azur chargé d'une croix d'or accostée d'une étoile d'argent et d'un croissant contourné de même. V, t. 1, n° 458, p. 422.

Jean-Antoine de Ricard et Marc-Antoine, frères, fils d'Antoine de Ricard et d'Élisabeth, *alias* Isabeau de Capon, maintenu dans sa noblesse par jugement souverain de M. de Bezons du 10 déc. 1668, furent maintenus par M. de Lamoignon le 30 mars 1697 sur la production dudit jugement. (*Bibl. imp., Mss., Nobil. de Montpellier*, 732.)

662. RIGNAC.

D'azur au lion d'or armé et lampassé de gueule à cinq colombes d'argent en orle.

Étienne de Rignac, conseiller en la cour des comptes, aides et finances, fit enregistrer ses armes dans l'*Armorial* de 1696.

Étienne de Rignac, sous-doyen de la cour des comptes, aides et finances de Montpellier, ép. av. 1696 Marguerite de Portalès.

Jean de Rignac, lieutenant au sénéchal de Montpellier, fut maintenu dans sa noblesse comme fils et petit-fils de conseiller en la cour des comptes, aides et finances, par jugement de M. de Lamoignon du 15 mai 1698. (*Bibl. imp., Mss., Nobil. de Montpellier*, 732.)

663. SIBERT DE CORNILLON.

Écartelé au 1 et 4 de gueule au lion d'argent; au 2 et 3 d'or au bélier de sable rampant : sur le tout d'azur à deux bandes d'or et une rose d'argent tigée et feuillée de même, posée entre les deux bandes. DEVISE : *Semper floreo, nunquam flaccesco.*

La maison de Sibert, originaire de Bagnols, au D. d'Uzès, a été maintenue dans sa noblesse par jugement de M. de Lamoignon du 17 octobre 1705. Elle était en possession, depuis le commencement du XVIIe siècle, de la baronie de Cornillon, située dans le même diocèse. (D'Hozier, *Armor. gén.*, V, R.) Plusieurs membres de cette famille prirent part aux assemblées de la noblesse de la sénéchaussée de Nîmes en 1788 et 1789.

I. Jean de Sibert, ép. Catherine de Portal, dont il eut : 1. Jean qui suit; 2. Simonne.

II. Jean de Sibert, écuyer, ép. le 30 sept. 1559 Louise de Nicolaï, dont il eut : 1. André qui suit; 2. Jacques, marié à Claude de Menouville; 3. Josué; 4. Simon; 5. François; 6. Anne.

III. André de Sibert, Sgr de Montières, conseiller, avocat et procureur général au parlement d'Orange 1599, ép. le 27 mars 1601 Olympe de Langes, dont il eut : 1. Hector qui suit; 2. Louise, mariée à Jean de Portal; 3. Françoise; 4. Laure.

IV. Hector de Sibert, Sgr de Montières, baron de Cornillon, ép. le 30 oct. 1633 Olympe de Drevon, dont il eut : 1. Charles qui suit; 2. Françoise; 3. Olympe; 4. Léonore; 5. Louise; 6. Chrétienne.

V. Charles de Sibert, qualifié chevalier, baron de Cornillon, Sgr de Montières, de Ceynes, de Saint-Geniez de Claisse et de Vallerar-

gues, conseiller-viguier pour le roi, bailli et maire perpétuel de la
ville de Bagnols, ép. le 8 juill. 1673 Magdeleine de Barjac de Rochegude, fut maintenu dans sa noblesse par jugement de M. de Lamoignon du 17 oct. 1705; il fut père de : 1. Hector, capit. au régt de
Picardie 1707, ép. Marthe de Bouscaille, dont une fille Agathe-
Charlotte, mariée le 13 mai 1729 à Charles de Sibert, son oncle,
capit. au régt de Saillans; 2. Charles qui suit; 3. Olympe, mariée à
Pierre de Charron, capit. de cavalerie; 4. Marie-Françoise-Magde-
leine, mariée à Jean-Laurent du Pilhon, cons. au parlem. de Grenoble; 5. Rose-Jeanne, mariée à Henri-François de Fabry, chev.
de Saint-Louis, lieut.-col. au régt de l'Isle de France, lieut. et commandant pour le roi au gouv. de Bouchain; 6. Blanche, ép. Jean-
Baptiste de Pinières; 7. Marguerite, ép. Henri-Joseph de Barruel.

VI. Charles de Sibert, qualifié chevalier, baron de Cornillon, Sgr
de Montières, de Ceynes, de Saint-Géniez de Claisse, de Vallerar-
gues, commandant pour le roi à Bagnols, capit. au régt de Montboissier 1702, puis au régt de Noailles, ép. 1° le 18 juin 1705 Marguerite de Laval; 2° le 13 mai 1729 Agathe-Charlotte de Sibert, sa
nièce; il eut du premier mariage: 1. Charles-Toussaint qui suit;
2. Alexis, religieux cordelier à Bagnols 1724; et du second : 3. Char-
les-Hector-Joseph-François, écuyer, né en 1747, page de la Dauphine 1761, off. aux gardes françaises.

VII. Charles-Toussaint de Sibert de Cornillon, capit. au régt de
Forest, chev. de Saint-Louis, pensionnaire du roi, ép. le 21 fév.
1736 Catherine de Volle, dont il eut : 1. N..., chev. de Saint-Louis,
père d'une fille mariée à N... de Rivarol; 2. Charles-Joseph qui
suit; 3. N..., vicaire général d'Alby, lecteur du comte d'Artois,
prédicateur de la reine; 4, 5. et deux filles mariées à MM. de
Fabry.

VIII. Charles-Joseph de Sibert, baron de Cornillon, officier au
régt de la Sarre, inspecteur au rang de colonel dans l'armée royale
de Saint-Domingue, chev. de Saint-Louis et de Saint-Lazare, ép. le
26 sept. 1796 Louise-Marie-Félicité de Dion, chanoinesse du chapitre noble de la reine à Bourbourg, dont il eut :

IX. Charles-Louis-Adolphe de Sibert, baron de Cornillon, conseiller d'État, ancien secrétaire général au ministère de la justice,
commandeur de la Lég. d'honn., ép. en 1825 Éléonore de Gautier
de Saint-Paulet, dont : 1. Charles, sous-lieut. de hussards, officier
d'ordonn. du général Walsin d'Esthérazy, mort glorieusement au
combat de Kangill à Eupatoria, chev. de la Lég. d'honn.; 2. Antoinette, ép. 1° Joachim Courcelle; 2° Charles Ardant, conseiller à

la cour imp. de Limoges; 3. Anna, ép. Casimir Bounevialle, consul de Belgique à Alger, chev. de la Lég. d'honn.; 4. Charlotte-Louise, ép. Sévérien Dumas, substitut du trib. civil de la Seine.

664. SOLAS.

Vairé d'or et de gueule avec bande d'azur brochant sur le tout chargée de quatre fleurs de lis d'or. (*Armor.* 1696, p. 1527.)

Gilette de Solas, femme de N... de Massanne, conseiller en la cour des comptes, aides et finances de Montpellier, fit enregistrer ses armes dans l'*Armorial* de 1696.

Catherine de Solas, fille de Jean de Solas, conseiller en la cour des comptes, aides et finances de Montpellier, et de Louise de Trimond, ép. le 7 avril 1695 Laurent de Bosc, Sgr de Saint-Clément, conseiller en ladite cour. (WAROQUIER, *Tabl. gén.*, V, 163.)

Louis-Hercule de Solas, Sgr de Montlaur, fut maintenu dans sa noblesse comme issu d'un père conseiller à la cour des aides, d'un aïeul avocat général et d'un bisaïeul président à la même cour, par jugement de M. de Lamoignon du 10 juill. 1697. (*Bibl. imp., Mss., Nobil. de Montpellier*, 732.)

N... de Solas, conseiller à la cour des aides de Montpellier, assista à l'assemblée de la noblesse de Montpellier pour l'élection des députés aux états généraux de 1789.

Par lettres patentes du mois de déc. 1675, enreg. au parlement de Toulouse le 30 mai 1676; à la cour des comptes, aides et finances de Montpellier le 9 nov. 1677, et à la cour de M. le sénéchal de Montpellier le 7 juin 1678, les terres, Sgrie et baronie de Solas, de Lattes et la part antique de la rectorerie de Montpellier, furent érigées en marquisat en faveur de François de Solas, président en la cour des comptes, aides et finances de Montpellier, qui fit faire à ses frais un canal navigable comme celui de Briare, depuis l'étang de Pérols et de Lattes jusqu'à une maison qu'il avait dans la rectorerie, près de la ville de Montpellier.

Ces lettres patentes furent confirmées au mois d'octobre 1718 par de nouvelles lettres en faveur de Henri-François de Grave, marquis de Solas, enseigne des gendarmes du roi dans la compagnie de Flandres, fils et héritier de dame Diane de Solas, veuve de feu Louis-Philippe de Grave, marquis de Villefargeaux et de Solas, ses père et mère. Ladite Diane de Solas était fille de feu François de Solas, conseiller et président en la cour des comptes, aides et finances de Montpellier, commandeur et grand prieur de l'ordre de N.-D. de Mont-Carmel et de Saint-Lazare de Jérusalem. (*Lett. pat.* de 1718, *reg. à Toulouse le* 10 *mars* 1719, *et à Montpellier le* 19 *juill.* 1719.)

665. TRIMOND.

D'azur à une cloche d'argent surmontée d'une croix d'or fleurdelisée.

La maison de Trimond est originaire de Provence, où elle est connue depuis le commencement du XIVe siècle. Elle a donné des magistrats au parlement de Provence, au sénéchal de Nîmes et à la cour des comptes de Montpellier. (ROBERT DE BRIANÇON. — BARCILON, *Crit. Mss. du Nobil. de Provence.* — D'HOZIER, I, R.) La branche établie en Languedoc prouva sa noblesse devant M. de Lamoignon depuis

I. Thomas de Trimond, ép. le 3 janv. 1552 Françoise de Rochas, dont il eut : 1. Antoine qui suit ; 2. Léon, conseiller en la sénéchaussée de Nîmes, chanoine de la cathédrale de la même ville.

II. Antoine de Trimond, écuyer, demeurant dans la ville de Mées, en Provence, ép. Marguerite Buez, dont il eut : 1. Honoré ; 2. Louis qui suit ; 3. Germain, jésuite.

III. Louis de Trimond, avocat à Nîmes, ép. Dauphine Fabre, dont il eut :

IV. Léon de Trimond, premier consul de la ville de Nîmes 1655, avocat général en la cour des comptes, aides et finances de Montpellier 1658, av. ép. le 17 avril 1653 Jeanne de Baudan, dont il eut : 1. Jean-Louis qui suit ; 2. Jacques, curé de N.-D. des Tables, à Montpellier ; 3. Louise, mariée le 27 janv. 1678 à Jean de Solas, conseiller en la cour des comptes, aides et finances de Montpellier.

V. Jean-Louis de Trimond, chev. d'honn. en la cour des comptes, aides et finances de Montpellier 1703, maintenu dans sa noblesse par jugement de M. de Lamoignon du 12 oct. 1697, ép. le 20 nov. 1701 Magdeleine Vaissière, dont il eut, entre autres enfants : Marguerite, reçue à Saint-Cyr le 3 mai 1728.

N... de Trimond prit part à l'assemblée de la noblesse de Nîmes pour l'élection des députés aux états généraux de 1789.

6° .Nobles par lettres patentes, arrêts des intendants, des cours souveraines, et décisions des états.

666. BAILLARD DES COMBAUX.

D'or à trois palmes de sinople réunies en pointe par le bas des tiges, qui est de Baillard ; écartelé d'azur à un croissant d'argent accompagné de trois molettes d'or posées 2 et 1, qui est de Charbonnel du Betz.

Jean Marcelin Baillard des Combaux, écuyer, Sgr de Chervil, de la Motte-Mourgon et de Beaurevoir, demeurant en son château de Chervil, paroisse de Gluyras au D. de Viviers, a représenté pour sa preuve de noblesse deux jugements d'intendants de Languedoc, rendus contradictoirement et confirmés par un arrêt du conseil d'État du roi sur lequel il y a eu des lettres patentes. (D'HOZIER, *Armor. gén.*, III, R.) Les titres y énoncés y établissent les filiations suivantes :

I. Jean Baillard, écuyer, capit. châtelain de Sainte-Ségolène, dans le D. du Puy 1540, homme d'armes de la compagnie de Gilbert de Lévis, comte de Ventadour 1571 ; il av. ép. Marguerite de la Torreille, *alias* de la Toureille, dont il eut :

II. Jacques Baillard, ép. le 18 oct. 1600 Claude de Grandchamp, dont il eut :

III. Jean Baillard, écuyer, sieur des Combaux, ép. le 26 janv. 1644 noble Florence Pinot, dont il eut :

IV. Marcelin Baillard, écuyer, sieur des Combaux, ép. le 9 sept. 1667 Marie Ferrier, dont il eut : 1. Jean qui suit ; 2. Jean-Jacques, docteur en Sorbonne, instituteur du Dauphin et des enfants de France ; 3. Pierre, Sgr de la Grange ; 4. Claudine, mariée le 15 janv. 1692 à Jean de Luzy de Pélissac, Sgr de Salettes et de Beaujeu ; 5. 6. Claudine et Marguerite, religieuses.

V. Jean Baillard des Combaux, écuyer, Sgr de Lapte et de Champseauve du Riviet, lieut. gén. et juge-mage en la sénéchaussée et siége présidial du Puy, ép. le 8 janv. 1696 Anne de Charbonnel du Betz, dont il eut : 1. Jean-Marcelin qui suit ; 2. Jean-François, capit. au régt de Provence, chev. de Saint-Louis ; 3. Marie, ép. Ange de Fugy, Sgr de la Planche et de Verchères ; 4. Anne, mariée à N... Besson, sieur d'Ouliac ; 5. Hélène-Claudine, ép. Armand Galhien de Montpinoux ; 6. Claudine-Hélène, ép. Jean de Chambarlhac, Sgr de Fontmourette, capit. au régt d'Aunis, chev. de Saint-Louis ; 7. et trois filles religieuses.

VI. Jean-Marcelin Baillard des Combaux, écuyer, Sgr de Chervil, de la Motte-Mourgon, de Beaurevoir, ép. le 6 juin 1736 Louise-Magdeleine de Troussebois, de l'ancienne maison de Troussebois en

Berry, dont il eut : 1. Jean-Jacques ; 2. Jean-César-Martial ; 3. Louis-Ferdinand ; 4. Louise-Magdeleine ; 5. Marie-Anne ; 6. Françoise-Hélène ; 7. Thérèse-Élisabeth.

667. BLANQUET-AMANZÉ DE ROUVILLE.

D'argent à la bande de gueule chargée de trois roses d'argent accompagnée de deux croissants de gueule, celui du chef renversé et l'autre montant.

Cette famille, originaire du Gévaudan, remontait sa filiation avant l'année 1400, suivant une sentence du sénéchal de Nîmes de 1642, confirmée par un arrêt du parlement de Toulouse. La perte de ses titres pendant la peste de 1720, qui désola le Gévaudan, n'a permis d'établir une filiation suivie devant M. de Bernage qu'à partir du XVIIe siècle. Elle avait été déchargée du droit de franc-fief par ordonnance de M. de Basville le 1er décembre 1715. (LACH. DESB., II, 555.)

I. Étienne de Blanquet-Amanzé de Rouville, chevalier, ép. Delphine de Bresson, dont il eut :

II. François de Blanquet-Amanzé de Rouville, chevalier, ép. le 25 nov. 1637 Jeanne de Rochemure, dont il eut :

III. Jean de Blanquet-Amanzé de Rouville, Sgr d'Altès, maintenu dans sa noblesse par M. de Bernage, avait ép. le 11 mai 1682 Anne de Guyot, dont il eut plusieurs enfants, entre autres : 1. Pierre qui suit ; 2. Samuel, marié à Antoinette de Teste, qui obtint une ordonnance de M. de Saint-Priest sur la production des titres qui justifiaient sa noblesse et celle de son mari avant 1400.

IV. Pierre de Blanquet-Amanzé de Rouville, chevalier, Sgr et baron d'Altès, ép. le 14 août 1714 Jeanne d'Eimar, dont il eut : 1. Jean, docteur en Sorbonne, chanoine et vicaire général de Lavaur ; 2. François qui suit ; 3. Pierre-Aimard, chanoine à Mende ; 4. Dominique, mousquetaire du roi, marié le 31 janv. 1758 à Marie du Chayla, dont : Armand-Simon-Marie.

V. François de Blanquet-Amanzé de Rouville, chevalier, baron d'Altès, Sgr des villes de Montgaillarde et de Ville-Nouvelle, de Trebons, Esquilles, Mauremont, Peyrens, etc., conseiller au parlement de Toulouse, ép. le 11 oct. 1753 Marie-Marguerite d'Espéchiers, dont il eut : Charles de Blanquet-Amanzé de Rouville, né le 15 déc. 1756.

N... Blanquet de Rouville prit part à l'assemblée de la noblesse de Gévaudan pour l'élection des députés aux états généraux de 1789.

668. BONAVENT DE BEAUMEVIEILLE.

Écartelé au 1 et 4 de sable au lion rampant d'argent ; au 2 et 3 de sinople à la tierce feuille d'or.

La maison de Bonavent est originaire de Languedoc. Obligée d'abandonner cette province à la suite des guerres de religion, elle se fixa en Auvergne jusqu'au milieu du XVIIe siècle. Elle y fut maintenue dans sa noblesse par arrêt du conseil du roi du 10 mai 1667 et inscrite sur la liste des gentilshommes de la sénéchaussée de Riom.

Cette maison a donné deux grands prévôts de la province d'Auvergne ; plusieurs de ses représentants firent foi et hommage au roi en 1669, 1684, 1693, 1700, 1722, 1731. (BOUILLET, II, *Nobil. d'Auv.*, 255.)

I. Pierre de Bonavent, écuyer, Sgr de Beaumevieille, gouverneur du château de Billy, par lettres du roi du 28 avril 1597, était originaire de Languedoc. Capitaine de partisans lors des guerres de la Ligue, il servit utilement Henri IV qui l'en récompensa par l'emploi de grand prévôt de la province d'Auvergne. Il ép. à Issoire, le 24 déc. 1596 Claude de Cheverlanges, dont il eut : 1. Jean, Sgr d'Ambur, de Chapdes, etc. , grand prévôt d'Auvergne après son père, se trouva au siége de la Rochelle en 1627, et fut pourvu en 1651 d'une charge de maître d'hôtel de la maison du roi après vingt-six ans de services militaires ; 2. Gilbert, lieut. au régt de Normandie, tué au siége d'Alexandrie en 1657 ; 3. et

II. Pierre de Bonavent de Beaumevieille, écuyer, Sgr d'Ambur, de Barutet, de Granges, de Villemouze, de la Rochebriant, etc., fut maintenu avec ses frères en qualité d'écuyer par arrêt du conseil d'État du roi du 10 mai 1667, où il est dit « qu'ils seraient inscrits sur l'état des gentilshommes de la sénéchaussée et élection de Riom ; » il ép. Jeanne de Monicat, dont il eut :

III. Gaspard de Bonavent de Beaumevieille, premier avocat général au bureau des finances de Montpellier, ép. le 17 août 1686 dame Marguerite de Solignac, alors veuve, dont il eut : 1. Christophe, connu en Espagne sous le nom de comte de Bonavent, colonel de dragons et brigadier des armées de S. M. Catholique ; 2. Henriette, mariée à François de Nattes ; 3. et

IV. Alexandre de Bonavent de Beaumevieille, Sgr de Gourgas, de la Bellarie, lieut. de caval. au régt de la Reine, ép. le 17 avril 1736 Catherine d'Assié, dame de Gourgas, dont il eut :

V. Pierre-François de Bonavent de Beaumevieille, écuyer, Sgr de Gourgas, de la Bellarie, officier au régt royal Roussillon infanterie, ép. en 1772 Antoinette de Feneyroux, dont il eut : 1. Alexandre qui suit ; 2. et François, chevalier de Gourgas.

VI. Alexandre de Bonavent de Beaumevieille, Sgr de Gourgas, de la Bellarie, etc., ép. en 1796 Aimée de Tauriac, dont il eut : 1. Edmond, capit. de cavalerie ; 2. Édouard ; 3. Octavie ; 4. Sophie ; 5. et

VII. Ferdinand de Bonavent de Beaumevieille, garde du corps du roi en 1815, ép. en 1826 Pulchérie Lemoine de Margon, dont il eut : 1. Gaston qui suit ; 2. Marie-Pauline-Alexandrine, mariée le 25 sept. 1855 à Adolphe Rouquet ; 3. Pulchérie-Camille-Octavie-Alexandrine.

VIII. Gaston de Bonavent de Beaumevieille, ép. le 21 sept. 1857 à Orléans, Marie-Gabrielle Groult de la Planche. — Résid. Gourgas. (Hérault.)

669. BRUGES.

D'argent à la croix de sable chargée d'une tête de tigre d'or en abîme. La maison de Bruges des ducs de Chandos est une des plus considérables d'Angleterre. Grey Bruges, lord Chandos, fut appelé le *roi de Castwold* à cause de ses grands biens dans le comté de Glocester et de sa nombreuse suite quand il vint à la cour de Jacques et de Charles Ier. (MORÉRI, II, 518.) Une branche de cette maison s'établit en France sous le règne de Henri VIII et y fut maintenue dans sa noblesse par arrêt de la cour des comptes, aides et finances de Montpellier, du 12 décembre 1770. (*Expéd. délivrée le 1er juin 1859 par Me Trépagne, notaire à Paris.*)

I. Henri Bridges, *alias* de Bruges, de la province de Glocester, fils de Thomas et de Florence Darrell, s'établit en Dauphiné vers 1510 ; il av. ép. Nathalie Newbury, dont il eut :

II. Jean de Bruges, ép. à Valence en Dauphiné le 10 déc. 1553 Pentras Micane, dont il eut :

III. Antoine de Bruges, se fixa à Vallabrègues en Languedoc, ép. Catherine Perrière, dont il eut :

IV. Antoine de Bruges, écuyer, ép. le 12 oct. 1621 Marguerite d'Espiard, dont il eut : 1. Antoine ; 2. Alphonse qui suit ; 3. Catherine, mariée à Charles de Cassolle.

V. Alphonse de Bruges, ép. Richarde Teissier, dont il eut : 1. Jean-Baptiste qui suit ; 2. Jean, mousquetaire dans la maison du roi ; 3. Joseph, prêtre ; 4. Pierre, mousquetaire du roi.

VI. Jean-Baptiste de Bruges, exempt dans les gardes du corps, chev. de Saint-Louis, ép. Gabrielle-Gasparde de Castellane, sœur de l'ambassadeur du même nom à Constantinople, dont il eut :

1. Marie-Jean-Louis qui suit ; 2. Michel-Ange, grand vicaire du D. de Mende sous son oncle Mgr de Castellane, massacré avec lui en 1793 ; 3. Jeanne-Marie, alliée à Bernard de Roussel.

VII. Marie-Jean-Louis de Bruges, comte de Bruges, Sgr de Novézan, Châteauratier et autres places, maintenu dans sa noblesse par arrêts de la cour des comptes, aides et finances de Montpellier des 14 juill. 1767 et 12 déc. 1770, ép. Catherine de Braschet d'Arènes, dont il eut : 1. Louis-André-Hyacinthe, lieutenant général, aide de camp du roi Charles X., chev. de Saint-Louis, grand-croix de la Lég. d'honn., grand chancelier de la Lég. d'honn. en 1814, mort à Paris en 1841 ; 2. Marie-Joseph-Célestin, colonel de cavalerie, mort à Marseille en 1798 ; 3. Henri-Alphonse qui suit ; 4. Michel-Ange, off. de marine ; 5. Gabrielle-Gasparde, mariée à N... d'Inguimbert ; 6. Magdeleine-Emmanuelle-Joséphine, mariée en 1781 au marquis de Cabot de la Fare.

VIII. Henri-Alphonse de Bruges, lieut. gén., commandeur de Saint-Louis, de la Lég. d'honn., et de l'Aigle de Prusse, mort à Bâle en 1821, av. ép. à Berlin Henriette Golowkin, fille du comte Golowkin, grand chambellan de la cour de Russie sous Alexandre Ier ; il eut de ce mariage : 1. Joseph qui suit ; 2. Apollonie, mariée au marquis de la Rochelambert, anc. commandant des cuirassiers de la garde royale, sénateur.

IX. Joseph de Bruges, comte de Bruges, né à Berlin en 1811, mort à Peterwitz en Silésie en 1845, av. ép. Émilie de Zenner, dont il eut : 1. Alphonse, officier de cavalerie au service de Prusse ; 2. Henri, officier d'infanterie au service de Prusse ; 3. Roger, cadet gentilhomme dans un régt prussien.

670. CARMES DE LABRUGUIÈRE.

D'azur à la tour d'argent, sommée d'une colombe de même, tenant en son bec un rameau d'olivier de sinople.

La maison de Carmes de Labruguière est originaire du diocèse d'Uzès, où elle est encore représentée. Elle a été maintenue dans sa noblesse par arrêt de la cour des comptes, aides et finances de Montpellier du 25 février 1769 (*Copie certifiée par Me Moustardier, notaire à Uzès*) qui établit sa filiation authentique depuis

I. Pierre de Carmes, fut père de

II. Raymond de Carmes, ép. le 25 mars 1510 noble Louise de Bosk, dont il eut :

III. Pierre de Carmes, ép. N... Roman, dont il eut :

IV. Claude de Carmes, ép. le 13 janv. 1567 Jeanne de Salvet, dont il eut :

V. Jean de Carmes, ép. le 19 juill. 1607 Marguerite Gentes, dont il eut :

VI. Christophe de Carmes, écuyer, ép. le 4 déc. 1657 Suzanne de Clauzel, dont il eut : 1. Antoine qui suit; 2. Joseph, capitaine le 10 fév. 1705, chev. de Saint-Louis le 31 octobre 1723 ; il fut réformé après avoir eu la jambe emportée à la bataille d'Hoschtedt ; 3. Christophe, ép. 1° le 22 nov. 1692 Angélique de Cornilier de la Roirie; 2° Marguerite de Guigue, sœur de Joseph de Guigue, brigadier des armées du roi le 3 avril 1722, et nièce de N... d'Arènes, lieut. gén. des armées du roi. Par testament du 11 juin 1728, N... d'Arènes avait institué héritiers de ses biens son neveu et sa nièce.

VII. Antoine de Carmes, capit. le 12 déc. 1690, ép. le 30 août 1709 Anne Gilles, dont il eut : 1. Christophe qui suit; 2. Antoine, capit. réformé du régt de Soissonnais ; autorisé par M. de Basville, gouverneur du Languedoc, il servait encore utilement contre les protestants, qui lui brûlèrent son habitation, ses titres et effets, comme le constate un certificat de M. de Basville le 22 sept. 1706.

VIII. Christophe de Carmes, Sgr de Labruguière, capit. commandant le 25 mai 1762, chev. de Saint-Louis le 9 fév. 1759, ép. le 8 oct. 1737 Marguerite Souchon, dont il eut :

IX. Jean-Baptiste de Carmes de Labruguière, capit. en 1771, chev. de Saint-Louis le 18 oct. 1776, av. ép. 1° le 24 juill. 1769 Marie-Anne-Désirée de Thuret de Montdésir; 2° le 2 mars 1783 Marie-Françoise-Delphine de Tournon-Simiane ; de ce mariage il eut : 1. Alphonse ; 2. Célestin ; 3. Maurice, capit. au 17e régt de ligne, tué à la bataille de la Moskowa; 4. Camille, dont l'article suit; 5. Philippine, mariée le 31 décembre 1817 à Philibert-Auguste de Gallier.

Jean-Baptiste de Carmes de Labruguière, prisonnier de guerre à Minden, mis en liberté le 25 avril 1760, fut maintenu dans sa noblesse par arrêt de la cour des comptes, aides et finances de Montpellier du 25 fév. 1769.

X. Camille-François-Hyacinthe de Carmes de Labruguière, chef de bat. le 5 juill. 1815 des miquelets royaux du dép. du Gard, avait été fait prisonnier de guerre au passage de la Bérésina le 9 nov. 1812; il rentra en France le 16 nov. 1814; en 1816 il est nommé colonel des gardes nationales d'Uzès; en 1848 il est encore nommé colonel de la garde nationale d'Uzès, représentant du peuple à l'as-

semblée constituante, et en 1849 à l'assemblée législative ; il av. ép.
le 10 sept. 1817 Catherine-Louise-Amélie de Boisset, dont il eut :

XI. Ivan-Marie-Adolphe de Carmes de Labruguière, ép. 1° le
5 janv. 1845 Virginie de Grolée-Virville; 2° le 14 fév. 1849 Hilda de
Montalet-Alais, dont : 1. Marie; 2. Alix; 3. et Valentine.

671. CLARIS DE FLORIAN.

D'or à l'aigle éployée de sable et au chef d'azur chargé d'un soleil d'or.
Villaret, en son *Histoire de France* imprimée à Paris en 1763, t. XI,
p. 36, fait mention d'un combat singulier entre le sire de Clary, gentilhomme de Languedoc, et Pierre de Courtenay, seigneur anglais, sur ce
que ce dernier s'était vanté qu'il n'avait trouvé personne en France qui
eût osé combattre contre lui. Le sire de Clary, dit cet auteur, ne put en-
tendre cette bravade insultante pour la noblesse française sans la relever;
il offrit de soutenir l'honneur de sa nation ; la proposition fut acceptée.
Ces deux champions de la gloire patriotique combattirent devant la comtesse de Saint-Paul. Courtenay blessé, désarmé, s'avoua vaincu et repassa en Angleterre. Le
sire de Clary ne recueillit pour prix de son courage que la haine du duc de Bourgogne. On
voulut le traiter en coupable pour avoir combattu sans le congé du roi ; il fut obligé de se tenir
caché pendant quelque temps jusqu'à ce qu'il eût obtenu son pardon de la cour.

Le plus ancien titre produit par cette famille à la cour des comptes, aides et finances de
Montpellier, est le contrat de mariage d'Antoine de Claris, du 4 janvier 1505 (d'Hozier, V, R.),
où il se dit fils de François qui suit. De cette famille était le chevalier de Florian, ancien page
de Mgr le duc de Penthièvre, fabuliste célèbre et membre de l'Académie française.

I. François de Claris, habitant la ville de Cordes, au D. d'Alby,
fut père de

II. Antoine de Claris, ép. le 4 janv. 1505 Marie de Lorme, dont
il eut :

III. André de Claris, ép. le 11 fév. 1524 Françoise d'Arlande de
Mirabel, dont il eut : 1. Gilles qui suit; 2. Marie, alliée à Philippe
de Massiot.

IV. Gilles de Claris, écuyer, Sgr de Nogaret et de Castaudet, ép.
le 23 nov. 1562 Jeanne d'Amalric, dont il eut : 1. Jean, mort sans
postérité; 2. Pierre qui suit; 3. Jacques qui a fait la Br. B. ; 4. Isabeau, mariée à Pierre de Villas.

V. Pierre de Claris, ép. av. le 29 déc. 1623 Suzanne Privade, et
il en eut :

VI. Jean de Claris, demeurant en la ville de Sauve, au D. de Nimes, ép. Marie de Pize, dont il eut : 1. Jacques qui suit; 2. Marc-
Antoine, lieut. au régt de Rouergue.

VII. Jacques de Claris, Sgr de Florian, aide de camp du maréchal
de Tessé, ép. 1° le 29 déc. 1671 Marguerite Fizes; 2° le 8 déc. 1685
Marie Arnaud; il eut de son premier mariage : 1. Jean qui suit;

2. Marc-Antoine, lieut. dans le régt de Royal-Vaisseaux; 3. Pierre, ecclésiastique.

VIII. Jean de Claris, Sgr de Florian, de Logrian, de Courniac, de Lauret, de Pierredon, de la Rouvière, assista au ban et à l'arrière-ban de 1692, capit. dans le régt de cavalerie de Girardin, conseiller honoraire en la sénéchaussée et siége présidial de Montpellier, conseiller du roi, et maître ordinaire en la cour des comptes, aides et finances de Montpellier, ép. 1° le 8 juill. 1697 Françoise Molles du Merlet; 2° le 28 juill. 1707 Magdeleine de Perdrix, et fut maintenu dans sa noblesse par arrêt de la cour des comptes, aides et finances de Montpellier le 27 mars 1723, conjointement avec Claude de Claris, juge royal en chef de la ville de Sommières; il eut de son premier mariage : 1. François-Antoine, volontaire dans le régt de Blésois; et du second : 2. Philippe-Antoine, dit le marquis de Florian, capit. de cavalerie au régt de Rohan, chev. de Saint-Louis, ép. le 7 mai 1762 Marie-Élisabeth Mignot, nièce de Voltaire; 3. Pierre, mort en Italie, lieut. au régt de Champagne; 4. François qui suit, et plusieurs filles non mariées ou religieuses.

IX. François de Claris de Florian, écuyer, dit le chevalier de Florian, lieut. au régt de Lusignan-Cavalerie 1745, ép. le 3 juin 1752 Gilette de Salgues, dont il eut : 1. Jean-Pierre qui suit; 2. Philippe; 3. François-Philippe.

X. Jean-Pierre de Claris de Florian, d'abord page, puis gentilhomme du duc de Penthièvre, le second des fabulistes français, membre de l'Académie française, mort à Sceaux le 13 sept. 1794.

N... de Claris, président à la cour des comptes, aides et finances de Montpellier, prit part à l'assemblée de la noblesse de Montpellier pour l'élection des députés aux états généraux de 1789.

Br. B. V. Jacques de Claris, Sgr de Saint-Martin, ép. 1° le 19 mars 1616 Catherine Gabourde; 2° Louise de Molles; il eut de son premier mariage : 1. Suzanne, mariée le 1er déc. 1635 à Étienne Molles, et du second : 2. Jacques qui suit; 3. Marie, alliée à Louis Aldebert; 4. Louise, mariée à Pierre Aldebert; 5. Suzanne, mariée à Claude Dolhadeau des Hours.

VI. Jacques de Claris, Sgr de Saint-Martin, volontaire dans le régt de mestre de camp général de cavalerie, ép. 1° le 4 nov. 1673 Dauphine Ginhoux; 2° le 20 oct. 1678 Germaine d'Arvieu; il eût du premier mariage : 1. Jacques, mort en Italie, lieut. au régt de Bretagne; et du second : 2. Claude, juge royal de la ville de Sommières, ép. en 1713 Élisabeth Rivière; 3. David qui suit; 4. Jean-Jacques, Sgr de la Tour, chev. de Saint-Louis, mort ingénieur en chef de la ville et cit delle d'Alais.

VII. David de Claris, Sgr de Saint-Martin et Perdiguier, chev. de Saint-Louis 1717, directeur général des fortifications d'Alsace, ingénieur en chef des armées du roi, brigadier de ses armées 1740, assista à vingt siéges ou batailles, et fut tué au siége de Prague en 1742; il avait ép. en 1721 Élisabeth de Portal.

672. DALAMEL DE BOURNET.

Coupé d'azur et de gueule, à la fasce d'argent accompagnée en pointe d'un coq d'argent chantant sur un mont de même, et au franc canton de trois étoiles 1 et 2 accosté d'un croissant à senestre, le tout d'argent.

Famille originaire du Bas-Vivarais, qui prouve sa filiation par titres authentiques depuis noble Claude Dalamel, de Largentière en 1529, suivant un procès-verbal du 2 avril 1789, dressé par les commissaires des états de Languedoc. (*Expéd. délivrée le 1er juin 1859 par Claude Bruno Vaschalde, notaire à Joyeuse.*)

I. Claude Dalamel, co-Sgr de Trébuels-Dufès, fit un achat le 15 mars 1529; de son mariage il eut :

II. Claude Dalamel, co-Sgr de Trébuels-Dufès, ép. Gabrielle de Julien, dont il eut :

III. Guillaume Dalamel, co-Sgr de Trébuels-Dufès, etc., ép. le 1er mai 1611 Anne de Gévaudan, dont il eut : 1. Louis qui suit; 2. François; 3. Claude.

IV. Louis Dalamel, co-Sgr de Planzoles, Saint-André, Lachamp, ép. le 6 juin 1667 Jeanne de Moynier, dont il eut : 1. Jean qui suit; 2. Marie; 3. Louise.

V. Jean Dalamel de Bournet, Sgr de Laval, ép. le 16 janv. 1690 Catherine de Chabaud de Bournet, héritière de sa maison, dont il eut : 1. Louis qui suit; 2. Marianne; 3. Jean-Louis; 4. Joseph.

VI. Louis Dalamel de Bournet, Sgr de Laval, ép. le 3 nov. 1729 Thérèse Barthélemy de Laforest, dont il eut : 1. Jean-Louis qui suit; 2. François, 3. Joseph, lieut.-colonel de cavalerie; chev. de Saint-Louis; 4. Catherine; 5. Marie-Thérèse; 6. Louis, prieur de Saint-Alban; 7. Thérèse; 8. Rose.

VII. Jean-Louis Dalamel de Bournet, Sgr de Valoubières, Sauvages, etc., ép. le 12 nov. 1763 Marie-Clotilde Barthélemy de Laforest. Il assista à l'assemblée de la noblesse tenue à Villeneuve-de-Berg au mois d'avril 1789, et fut condamné à mort par le tribunal révolutionnaire de Lyon et exécuté le 26 ventôse an II. De son mariage avec Clotilde de Laforest sont nés : 1. Thérèse-Clotilde-Françoise; 2. Marie-Angélique, religieuse; 3. Joseph-Guillaume qui suit; 4. Jean-André, né le 28 fév. 1769, officier, condamné à mort par le tribunal révolutionnaire de Paris, an II, exécuté; 5. Justine-Thérèse; 6. Joseph-Louis-François; 7. Marie-Émilie.

VIII. Joseph-Guillaume-Louis Dalamel de Bournet, ép. le 10 messidor an IX Anne-Marie-Olympe de Barruel, dont il eut : 1. Marie-Joseph-Zoé; 2. Marie-Thérèse-Louise-Mathilde, mariée le 12 fév. 1833 à Étienne-Amédée de Gigord, ancien garde du corps du roi; 3. Joseph-Édouard, jésuite, mort au Maduré (Inde); 4. Louis-Camille, marié le 28 janv. 1855 à Henricie-Gabrielle-Marie de Corbel de Corbeau de Vaulserre, dont : a. Aimée-Marie; b. Marie-Émilie-Françoise; 5. et

IX. Louis-Adolphe Dalamel de Bournet, élève de l'école militaire de Saint-Cyr, capit. d'état-major du 27 mai 1836, démissionnaire du 7 mars 1841, ép. 1° le 9 juill. 1838 Marie-Dorothée-Camille Duport de Rivoire; 2° le 10 fév. 1841 Sidonie Veyrenc de Lavalette, dont : 1. Louis-Joseph; 2. Marie-Arsène.

673. DELPUECH DE COMEIRAS.

De gueule à un château d'argent donjonné de trois tours de même, maçonné de sable.

La maison Delpuech, en latin de Podio, est originaire de Languedoc et paraît avoir pris son nom du château del Puech au diocèse d'Alais, dans les Cévennes. On trouve dans les chartes rapportées par les auteurs de l'*Histoire de Languedoc*, un grand nombre de chevaliers de ce nom dans les XIe, XIIe et XIIIe siècles, établis dans la sénéchaussée de Beaucaire et de Nîmes. Cette famille fut maintenue dans sa noblesse par jugement souverain du 2 juillet 1717, enregistré en la chambre des comptes, aides et finances de Montpellier le 10 décembre 1721, et au bureau des finances de la même ville le 18 mai 1725. (LACH. DESB., V, 549.) La filiation de cette maison rapportée par Lachesnaye Desbois commence à

I. Guillaume Delpuech, damoiseau, Sgr du château Delpuech, vivant en 1289, qui fut père de

II. Pierre Delpuech fit hommage au roi le 22 mars 1321, et fut père de

III. Seguin Delpuech, ép. le 11 janv. 1353 Dulcie de Saint-Maximin, dont il eut :

IV. Bernard Delpuech, damoiseau, fut père de

V. Armand Delpuech, écuyer, Sgr du château Delpuech, de Montmoirac, de Saint-Martin de Valgalgue, ép. Philis de Moreire, dont il eut :

VI. André Delpuech, écuyer, Sgr du château Delpuech, de Saint-

Martin, de Blaunaves, co-Sgr de Montmoirac et du château d'Alègre, ép. Almoise de Budos, dont il eut plusieurs enfants.

Jean Delpuech, Sgr de Comeiras, Louis, Isaac, Jean-Rodier, et autre Jean, frères, et descendants au huitième degré d'André et d'Almoise de Budos, furent maintenus dans leur noblesse par jugement souverain du 2 juill. 1717, enregistré en la chambre des comptes, aides et finances de Montpellier le 10 déc. 1721, et au bureau des finances de la même ville le 18 mai 1725.

674. DUFESQ DE SUMÈNE.

La noblesse de cette maison a été vérifiée et reconnue devant les états généraux de Languedoc, le 27 novembre 1784. Entre autres choses honorables énoncées dans les lettres patentes en érection de la terre de Sumène en marquisat, qui furent mises sous les yeux des commissaires, il y est rapporté que Jean-François Dufesq, baron de Sumène, neveu du cardinal de Fleury, avait reçu huit blessures au service du roi; qu'il fut nommé chevalier de Saint-Louis en 1705; que Jacques Dufesq, vulgairement appelé la Main-d'Argent, avait perdu en 1639 une main au siége de Salses où il s'était rendu sur une lettre dont l'avait honoré le prince Henri de Bourbon, qui lui recommande de venir, accompagné du plus grand nombre de ses amis qu'il trouvera disposés à le suivre. (*Proc.-verb. des états de Languedoc*, 1784.)

I. Noble Jean Dufesq, Sgr de Rougiès et Soulanon, mentionné dans un contrat de vente du 27 mars 1548, fut père de

II. Jean Dufesq, écuyer, ép. Étienne d'Albenas, dont il eut :

III. Jean Dufesq, baron de Sumène, Sgr de Rougiès, Soulanon, ép. le 12 juillet 1579 Isabeau de Bousigues, fille de Geoffroy, Sgr de Bousigues et de Sumène, dont il eut :

IV. Jacques Dufesq, baron de Sumène, Sgr de Rougiès, Soulanon, Pavez, Roquelongue, ép. le 14 sept. 1623 Louise de Peirottes, dont il eut :

V. Jean-François Dufesq, chevalier, baron de Sumène, ép. le 29 janvier 1651 Françoise de Girard, dont il eut :

VI. Jean-François Dufesq, chev., baron de Sumène, capit. de caval., chev. de Saint-Louis 1705, ép. le 15 fév. 1718 Anne de Saint-Julien, dont il eut :

VII. Jean-Henri Dufesq, chev., marquis de Sumène, mousquetaire de la maison du roi, ép. le 30 août 1746 Anne-Marie-Josèphe de Calvière, et il en eut :

VIII. Joseph-Henri Dufesq, chev., marquis de Sumène, mousquetaire de la maison du roi, porteur de la procuration de M. le baron d'Avéjan aux états de Languedoc 1784, avait ép. le 16 sept. 1777 Marie-Louise-Victoire de Carrière.

Le marquis de Sumène prit part à l'assemblée de la noblesse de la sénéchaussée de Nîmes, convoquée pour l'élection des députés aux états généraux de 1789.

675. DUMAS DE MARVEILLE.

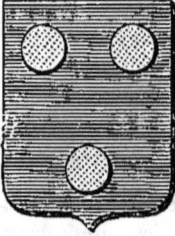

D'azur à trois besants d'or; *alias* d'azur à la fasce d'or accompagnée de trois besants de même.

La famille Dumas qui a fait plusieurs branches répandues en Provence et dans le pays de Foix, est originaire de Berry et connue depuis Jean Dumas, Sgr de l'Isle, de Bannegon et d'Ivoy en Berry, qui occupa des charges importantes à la cour de Louis XI et de Charles VIII. Elle a été maintenue dans sa noblesse par lettres patentes de Louis XVI, données à Versailles en janvier 1784, enregistrées à Pau le 4 avril 1788. (P. ANSELME, VIII. — ROBERT DE BRIANÇON, II, 335. —LACH. DESB., IX, 584. — BOREL D'HAUTERIVE, *Ann. de la noblesse*, 1852, 215.) Les lettres patentes de 1784 établissent une filiation suivie depuis

I. Jean Dumas, Sgr de l'Isle, de Bannegon et d'Ivoy, chev., bailli de Cotentin, écuyer du roi Louis XI, conseiller et chambellan de Charles VIII, grand maître des eaux et forêts de France, ép. Jacqueline Carbonnel, dont il eut : 1. Robert, capit. châtelain d'Aisnay, chambellan du roi après son père, ép. le 29 mars 1505 Jeanne de Fontenoy, auteur d'une branche établie en Provence; 2. et

II. Jacques Dumas, Sgr de l'Isle et Bannegon, fut père de

III. Pierre Dumas, écuyer, Sgr de l'Isle et Bannegon, capit. de cent hommes d'armes, commandant au pays de Foix, ép. le 4 déc. 1528 Jeanne-Marie Dupuy, dont il eut : 1. Armand qui suit; 2. Jacqueline.

IV. Arnaud Dumas, chev. Sgr de Bourriane, de Marveille et Casteras, ép. le 7 août 1550 Françoise de Baron, dont il eut :

V. Isaac Dumas, chev., Sgr de Marveille, de Bourriane et de Casteras, commandant pour le roi au pays des Bordes, ép. le 11 août 1620 Jeanne de Baron, dont il eut : 1. Abraham qui suit; 2. Jacob, Sgr de Casteras, auteur d'une branche éteinte à la troisième génération.

VI. Abraham Dumas, Sgr des Bordes, de Bourriane et de Marveille, ép. le 9 juin 1671 Marie de Rivals, dont il eut :

VII. Jacques Dumas, Sgr de Marveille, des Bordes et de Bourriane, ép. le 16 avril 1719 Jeanne de Marty, dont il eut :

VIII. Jean-Baptiste Dumas de Marveille, Sgr des Bordes et de Bourriane, co-Sgr de Palliès, Saverdun, Gaujac, etc., major de cavalerie, chev. de Saint-Louis, fut maintenu dans sa noblesse par lett. pat. de Louis XVI de janv. 1784, ép. le 11 juin 1767 Françoise d'Aunoux, dont il eut : 1. Louis, capit. dans le régt Royal-Marine, chev. de Saint-Louis, tué à Saint-Domingue ; 2. N..., capit., tué au siége de Mayence ; 3. Jacques-Anne qui suit ; 4. Julie, mariée le 18 sept. 1799 à son cousin Henri d'Aunoux, chev. de la Lég. d'honn., député de l'Ariége de 1818 à 1831.

IX. Jacques-Anne-Maurice Dumas de Marveille, Sgr des Bordes, servit dans les dragons du Tarn en 1794 ; aide de camp du général Roger, commandant un corps de volontaires royaux en 1815, chev. de la Lég. d'honn. 1821, maire des Bordes, membre du conseil général de l'Ariége de 1815 à 1830, av. ép. le 10 janv. 1806 Adèle-Azélie de Calmels, dont il eut : 1. Henri-Maurice qui suit ; 2. Henriette-Zélie, mariée le 23 nov. 1826 à N... Larlenque, off. supér., chev. de la Lég. d'honn.

X. Henri-Maurice Dumas de Marveille, ép. le 7 mai 1834 Louise des Hours, dont : 1. Maurice-Paul-Roger, né le 12 juillet 1841 ; 2. Jules-Casimir, 13 août 1843 ; 3. Eugène-Léo, 13 août 1843 ; 4. Berthe-Lucie, 13 juill. 1835 ; 5. Zélie-Juliette, 23 fév. 1837 ; 6. Lucie-Henriette-Antoinette, 13 fév. 1839.

676. FABRE, DE MONTVAILLANT, DE LA VALETTE.

Écartelé au 1 et 4 d'azur à un dextrochère d'or sortant d'une nuée d'argent, tenant une épée du même dont la pointe supporte une couronne fleurdelisée d'or, accompagnée à dextre d'un lion contourné, couronné d'or, lampassé et armé de gueule, supportant d'une de ses pattes une fleur de lis d'or et en pointe d'un casque aussi d'or, posé de profil et ombragé de plumes d'argent, qui est de Fabre ; au 2 et 3 d'or, à deux palmes de sinople en sautoir à la fasce de gueule brochant sur le tout, qui est de Saunier.

Cette famille, aujourd'hui établie en Languedoc, est originaire de Provence ; elle descend de Gaspard Fabre, mestre de camp des bandes provinciales, capitaine de vaisseau, surintendant de l'artillerie de France en Corse ; il fut armé chevalier par Henri II, en 1555, en présence de toute la cour, et créé chevalier de l'ordre du roi par Charles IX en 1571. Gaspard Fabre obtint des lettres-patentes du roi Henri II en juillet 1555, dans lesquelles les armes que lui et sa postérité doivent porter sont désignées par S. M., enregistrées au parlement d'Aix ; autres lettres patentes du 4 avril 1556, enregistrées comme les premières au parlement d'Aix. Ces lettres-patentes se trouvent dans les archives de la cour impériale d'Aix. (ROBERT DE BRIANÇON, II, 38. — NOSTRADAMUS, 739. — MAYNIER, II, 72. — TOURTOULON, 108, 109.)

Cette famille a été maintenue dans sa noblesse par arrêt de la cour des comptes, aides et finances de Montpellier du 20 mai 1738, visé dans un arrêt du conseil d'État du 15 avril 1774 (*Expéd. délivrée le 29 décembre 1814, par Me Alicot, notaire à Montpellier*), qui établit sa filiation authentique depuis

I. Gaspard de Fabre, ép. Angéline de Villefort, dont il eut : 1. Raimond, auteur d'une branche éteinte vers le milieu du XVIIIᵉ siècle, alliée aux maisons de Gombert, de Sabran, de Castellanne, etc.; 2., et . . . :

II. Gaspard de Fabre, commandant une comp. d'infant. sous le baron des Adrets, ép. le 25 mars 1580 Anne de Saunier et s'engagea à écarteler des armes de cette maison; il eut de son mariage :

III. Jean de Fabre, ép. le 30 oct. 1611 Antoinette du Crémat, dont il eut :

IV. Jean de Fabre, ép. le 27 oct. 1631 Anne Reynold, dont il eut, entre autres enfants :

V. Salomon de Fabre, ép. le 8 juill. 1658 Dorothée d'Ostalis, dont il eut: 1. Jean qui suit; 2. Salomon, sieur de Granville, major, command. la place de Toulon, chev. de Saint-Louis, auteur d'une branche éteinte, qui a donné un autre chevalier de Saint-Louis, capit. au régt de Rosen.

VI. Jean de Fabre, Sgr de Baumes, Montvaillant, la Valette, etc., conseiller et garde des sceaux du présidial de Nîmes, dont les titres de noblesse furent visés dans un arrêt de la cour des aides de Montpellier du 20 mai 1738; il fut exempté des droits de francs-fiefs, comme noble, par ordonnance de M. de Bernage du 5 mars 1732; il avait ép. le 8 mai 1708 Anne de Lahondès, dont il eut: 1. Jean-Louis qui suit; 2. Charles, sieur de Malhautier, cap. au régt de Dauphiné, chev. de Saint-Louis; 3. Salomon, sieur de Roqueval, maréchal de camp, chev. de Saint-Louis; 4. Antoine, qui a fait la Br. B.; 5. Marie, alliée à N... Pagézy du Caylou; 6. Marie-Élisabeth, alliée au baron de Pages-Pourcairès; 7. Marie-Anne, alliée à N... Manoel de Nogaret; 8. Henriette, alliée à N... Bastide des Graves.

VII. Jean-Louis de Fabre, Sgr de Montvaillant, mousquetaire dans la 1ʳᵉ compagnie, puis conseiller à la cour des aides de Montpellier, ép. le 15 sept. 1752 Agathe de Faventine, dont il eut : 1. Pierre-Louis, conseiller à la cour des aides de Montpellier, mort sans alliance, fut exempté comme noble du droit de marc d'or, par arrêt du conseil d'État du 15 avril 1774; 2. Charles qui suit; 3. Marie-Anne, alliée au baron Desprès; 4. Agathe-Dorothée, alliée au comte de la Rochelambert; 5. Henriette, alliée à N... de Forton.

VIII. Charles de Fabre de Montvaillant, qualifié *baron* dans son brevet de chevalier de Saint-Louis du 10 avril 1816, capit. de cavalerie, chevalier de Saint-Louis, avait ép. le 23 juin 1787 Julie de Tourtoulon, dont il eut : 1. Hippolyte qui suit; 2. Louise; 3. Caritte.

IX. Hippolyte de Fabre de Montvaillant, ancien officier d'infanterie, ép. le 20 mars 1822 Catherine Selby, dont : 1. Charles ; 2. Alfred, capit au 3ᵉ régt de tirailleurs algériens 6 juill. 1859, chev. de la Lég. d'honn. ; 3. Christine, alliée à Frédéric Loinsworth, officier au service d'Angleterre.

Br. B. VII. Antoine de Fabre de la Valette, maréchal de camp, chev. de Saint-Louis, ép. le 4 fév. 1764 Adélaïde Renou de Labrune, dont il eut :

VIII. Charles de Fabre de la Valette, officier au régt de Saintonge, chasseur noble de l'armée de Condé, chef d'escadron commandant la gendarmerie du département du Tarn, chevalier de Saint-Louis et de la Lég. d'honn., ép. le 20 juill. 1802 Virginie de Pages-Pourcairès, sa cousine, dont il eut :

IX. Félix de Fabre de la Valette, ép. le 7 juill. 1839 Jeanne-Marie-Fançoise-Anaïs Nayral, dont : 1. Marie-Charlotte-Augustine ; 2. Marie-Sophie.

677. FARCONNET.

D'argent, au faucon au naturel poursuivant une colombe du même, l'un et l'autre essorant en bande ; au chef d'azur chargé de trois besants d'or.

La famille de Farconnet, originaire de Saint-Laurent du Pont et des Échelles, obtint du roi Louis XVIII, le 16 août 1822, des lettres patentes de recognition et de maintenue de noblesse qui suppléent à la perte de ses titres. N... de Farconnet, était capitaine d'infant. au régt Royal-Vaisseaux par commission du 12 août 1677. M. de Farconnet avait un frère au régiment d'Argenson en 1689.

I. Jean-Baptiste de Farconnet, écuyer, commissaire principal des guerres le 29 janv. 1742, chev. de Saint-Louis, fut commissaire général des guerres aux expéditions de Minorque et de Gênes, ép. Marie-Magdeleine Coste, dont il eut : 1. Jean-Pierre, ordonnateur en chef de l'armée des Pyrénées-Orientales, mort à Perpignan le 22 pluviôse an XI ; 2. Maximin, lieut. de la comp. d'infant. de Comeiras, légion de Condé, 19 juill. 1772, massacré à Dunkerque pendant la Terreur ; 3. Florentin, capit. du génie, mort à trente-deux ans à Arras le 6 déc. 1793 ; 4. Laurent-Rodolphe qui suit ; 5. Casimir, lieut. d'artillerie, passa au service de Prusse, où il rendit des services assez importants pour recevoir du grand Frédéric son portrait avec ces mots écrits de la main du roi : « Donné par moi à monsieur Casimir de Farconnet, pour ses services. FRÉDÉRIC. » Ce portrait est conservé dans la famille ; 6. et 7. Adrien et Ferdinand de Farconnet, prêtres, l'un et l'autre chanoines honoraires de Vi-

viers; 8. Marie-Camille, ép. le 30·fructidor an VII (16 sept. 1799);
François-Antoine de Rossi, lieutenant général des armées du roi,
chev. de Saint-Louis, fils de François-Xavier et de Blanche Colonne.
La famille de Rossi, originaire de Corse, était alliée aux Bonaparte, ce qui résulte de plusieurs lettres autographes conservées
dans la famille de Farconnet, du général Bonaparte au citoyen
Rossi, qui y est appelé *monsieur et cher parent*. Deux de ces lettres
entièrement autographes du futur empereur, ont été reproduites
en *fac simile* dans la *Biographie des premières années de Napoléon
Bonaparte*, par le baron de Coston. Valence 1840, t. II, nᵒˢ LXIX et
LXXVII. On voit dans le même ouvrage que le général de Rossi nomma Bonaparte, en 1792, adjudant-major des volontaires corses;
9. Célie de Farconnet, ép. Michel Botu de Verchères, procureur du
roi à Tournon; 10. Adélaïde, ép. Nicolas-Antoine de Mornas, ancien officier d'infanterie et chevalier de Saint-Louis 10 avril 1784.

II. Laurent-Rodolphe de Farconnet, écuyer, lieut. au 1ᵉʳ régt des
Cévennes 24 sept. 1784, fit les campagnes de l'armée de Condé, se
distingua et fut blessé le 8 déc. 1793 à Bersthein, et reçut à ce sujet une lettre du maréchal duc de Broglie, chargé de le complimen-
ter de la part du comte d'Artois, et de lui annoncer sa nomination
de chev. de Saint-Louis, dont le brevet ne put lui être expédié que
le 27 janv. 1816, chef de bataillon 5 juin 1816, mort le 22 fév. 1845.
Les malheurs des temps et les déplacements de la famille de Farconnet, originaire de Saint-Laurent du Pont et des Échelles, ayant
occasionné la perte de ses papiers, M. Rodolphe de Farconnet se
pourvut auprès de S. M. Louis XVIII, et obtint le 16 août 1822 des
lettres de recognition et de maintenue de sa noblesse, par lesquelles sont reconnues les armes que sa famille a toujours portées,
et qui sont en tête de cet article. Il av. ép. le 12 avril 1803 Jeanne-
Marie-Louise de Nolhac, de laquelle il eut : 1. Marie-Amédée qui
suit; 2. Louis-Marie-Fernand, qui a fait la Br. B.

III. Marie-Amédée de Farconnet, magistrat démissionnaire en
1830, mort le 17 oct. 1847, av. ép. le 9 juin 1840 Clarisse-Léonie
de Billioti, de laquelle il a eu : 1. Louis; 2. Jeanne.

Br. B. III. Louis-Marie-Fernand de Farconnet, ép. le 14 mai
1857 Louise-Andrée de Clavières, dont : 1. Henri; 2. Marie-Rodolphe. — Résid. Tournon (Ardèche).

678. O'FARRELL.

De sinople, au lion d'or, armé, lampassé et vilainé de gueule, l'écu sommé d'un casque de profil orné de ses lambrequins aux mêmes émaux et d'une couronne ducale, pour cimier un lévrier courant d'argent, ainsi qu'il résulte d'un acte notarié en date du 24 avril 1752, délivré par les prêtres irlandais du collége des Lombards à Paris, dépositaires du *nobiliaire d'Irlande*.

Ancienne maison originaire d'Irlande, qui descend des Magennies O'Farrell du comté de Longfort, connue depuis Donald O'Farrell, prince d'Annaly, tué en 1172 dans une escarmouche contre les Anglo-Saxons. Le nom de cette maison se trouve mêlé depuis cette époque à tous les mouvements politiques et religieux de l'histoire de l'Irlande, et particulièrement à la période des luttes héroïques contre les Anglais. V. *Histoire générale d'Irlande*, par l'abbé MAC GEOGHEGAN, I, II et III. Corneille et Guillaume O'Farrell étaient évêques d'Ardagh, le premier en 1400 et le deuxième en 1489; Richard O'Farrell servait en qualité de colonel sous le général O'Neill contre l'armée parlementaire d'Angleterre qui détrôna Charles Ier.

I. Kéadagh O'Farrell, colonel au service du roi d'Angleterre Jacques II, fut tué à la tête de son régiment à la bataille de la Boyne (1690), il eut pour fils :

II. Jean-Eyrel O'Farrell, colonel, succéda à son père, assista à la bataille de la Boyne et soutint le siége de Limerick (1691); il se réfugia en France avec le roi Jacques II, et obtint de Louis XIV un brevet de lieut. au régt de Dillon le 10 mars 1696, puis commanda pour le roi la place d'Aubenas, en Vivarais, où il est mort. Il av. ép. Marie O'Connor, dont il eut : Alexandre qui suit, et trois autres enfants, dont deux furent reçus au régt de Dillon, infanterie irlandaise au service de France, en qualité de cadets gentilshommes.

III. Alexandre O'Farrell, cadet gentilhomme au régt de Dillon, ép. le 10 nov. 1741 Marie de Roubaud, dont il eut : 1. François-Alexandre, ingénieur en chef du Vivarais, mort sans postérité; 2. Pierre-Étienne, prêtre; 3. Jeanne-Marie; 4. Pierre qui suit; 5. Françoise-Marie. — Alexandre O'Farrell fut maintenu dans sa noblesse par arrêt souverain de M. Delaporte, intendant de Dauphiné, le 4 oct. 1757, et député de la noblesse du bailliage de Grésivaudan aux états de Dauphiné, réunis à Vizille le 21 juill. 1788.

IV. Pierre O'Farrell, ingénieur en chef du Velay, maire du Puy, chev. de la Lég. d'honn., prit part, avec l'Ordre de la noblesse, à l'élection de députés aux états généraux de 1789; il ép. le 24 juill. 1782 Marie-Anne-Gabrielle de Bérard de Moulineuf, dont il eut : 1. Lucile; 2. Fanny; 3. Alexandre-Augustin qui suit; 4. Annaly; 5. Arthur; 6. Maurice, ancien garde du corps du roi, comp. de

Luxembourg, officier sup. de cavalerie, chev. de la Lég. d'honn.,
ép. Caroline Chomel, d'Olivet, habitant à Annonay.

V. Alexandre-Augustin O'Farrell, chef d'escadron d'artillerie,
chev. de Saint-Louis et de la Lég. d'honn., ép. le 1er fév. 1818
Louise Monneron, dont il eut : 1. Gaspard, capit. d'artill., chev. de
la Lég. d'honn. et de l'ordre de Sardaigne pour la valeur militaire;
2. Pierre-Alexandre, son frère jumeau, qui suit; 3. Marie, mariée à
Justin Kleckner, lieut. au 5e régt d'artill., chev. de la Lég. d'honn.

VI. Pierre-Alexandre, O'Farrel avocat à Tournon, ancien bâton-
nier, ép. le 31 mars 1845 Léonie Chabanes, dont : 1. Louisa-Au-
gustine-Maley, née le 12 avril 1847; 2. Marie-Louise-Augustine,
née le 14 fév. 1849; 3. Jeanne-Victoire-Élisabeth, née le 26 janv.
1852; 4. Jacques-François-Maurice-Arthur, né le 21 déc. 1853.

679. FLEURY DE BLANCHEFORT.

D'azur à la fasce d'or accompagnée en chef d'une hermine accostée
de trois croissants d'argent mal ordonnés, et d'un château d'argent ajouré
et maçonné de sable en pointe.

La maison de Fleury est originaire de Savoie. Elle vint s'établir en
France vers le milieu du XVIIe siècle et fut maintenue dans sa noblesse, « déclarée noble et issue de noble race et lignée, » par arrêt de la
cour des aides de Montpellier, le 24 novembre 1751. (*Archiv. de la cour
imp. de Montpellier.*) Sa filiation authentique a été établie par l'arrêt
précité depuis

I. Jean-Baptiste de Fleury, capitaine aux gardes du duc de Savoie, ép. N... d'Alphonse, dont il eut :

II. Jean de Fleury, colonel dans les troupes du duc de Savoie,
chevalier du grand ordre de Savoie, ép. le 6 mai 1593 Marguerite
de Guicheneau, dont il eut :

III. Luc de Fleury, capitaine dans les troupes de S. A. le prince
de Piémont, passa en la même qualité au service de la France, ép.
le 13 sept. 1644 à Saint-Donat, en Dauphiné, Philippine de Belle,
dont il eut : 1. Françoise; 2. Henriette; 3. et

IV. Jean-Baptiste de Fleury, capitaine au régt de la Reine 1689,
ép. le 8 janv. 1697 Marguerite de Rosset, dont il eut :

V. Paul-François de Fleury, co-Sgr de Caux, D. de Béziers, maintenu en cette qualité par la cour des aides de Montpellier du 24 novembre 1751, avait ép. le 26 juin 1731 Christine de Bedos de Celles,
dont il eut : 1. Marie-Christine; 2. Marie; 3. Jeanne-Gabrielle;

4. Paule-Henriette; 5. Paul-Francois-Vincent qui suit; 6. Charles-Joseph.

VI. Paul-François-Vincent de Fleury, co-Sgr de Caux, Sgr de Rennes-les-Bains, Montferrand, Bézis, marquis de Blanchefort au diocèse d'Aleth, lieut. au régt de la Couronne, assista au siége de Maestricht, ép. le 13 sept. 1767 Marie-Anne-Gabrielle-Élisabeth d'Hautpoul, fille de François d'Hautpoul, baron de Rennes-les-Bains, Sgr de Montferrand, Bézis, marquis de Blanchefort, décédé sans postérité mâle. Il eut de son mariage : 1. Christine-Fortunée-Victoire-Élisabeth; 2. Paul-Luc-Melchior qui suit; 3. Jean-Baptiste-Vincent-Éléonor, mort en Espagne; 4. Henri-Prosper-Guillaume, garde du corps du roi d'Espagne, chev. de Saint-Louis; 5. Justine-Victoire; 6. Paul-Urbain, qui a fait la Br. B.

VII. Paul-Luc-Melchior de Fleury, marquis de Blanchefort, chev. de Saint-Louis 1815, chef de bataillon, ép. à la Martinique en 1809 Suzanne-Claire-Rose d'Astorg, dont il eut :

VIII. Paul-François-Élie-Amans-Prosper de Fleury, marquis de Fleury Blanchefort, officier de cavalerie, membre du comité consultatif des colonies, préfet de la Lozère, chev. de la Lég. d'honn., commandeur de Saint-Grégoire le Grand, ép. le 1er avril 1845 Claire-Hélène d'Hautpoul-Félines, dont : 1. Marie-Alexandrine-Sophie-Rose, née le 11 janv. 1846; 2. Marguerite-Claire, née le 10 octobre 1847; 3. Prospérie-Gabrielle, née le 25 juin 1849; 4. Marie-Dominique-Olivier, né le 15 mars 1851.

Br. B. VII. Paul-Urbain de Fleury, ép. le 21 avril 1818 Henriette de Girous des Ondes, dont il eut : 1. Henri-Paul-Élie qui suit; 2. Alexandrine-Guilhelmine; 3. Juliette; 4. Élie-Félix-Casimir; 5. Zoé-Gabrielle-Prospérie.

VIII. Henri-Paul-Élie de Fleury, ép. le 1er déc. 1857 Anne-Henriette de Castillon de Saint-Victor.

680. FLEURY.

D'azur à trois roses d'or posées 2 et 1, qui est de Fleury; écartelé d'un coupé, le chef de gueule, à un lion d'or, à demi-corps, et la pointe d'azur, qui est de la Treilhe.

Cette maison, dont il y a eu un cardinal-ministre sous Louis XV, s'est éteinte dans la maison de Rosset, qui en avait pris le nom et les armes; sa généalogie a été donnée par d'Hozier, 1er reg., 240, depuis

I. Pierre de Fleury, Sgr de Dio, au diocèse de Béziers, vivant en 1620, ép. Lucrèce de Rosset, dont il eut : 1. Jean qui suit; 2. Pierre, chev, baron de Pérignan.

II. Jean de Fleury, écuyer, Sgr de Dio, Valquières, Vernazobres, conseiller d'État 1661, ép. Diane de la Treilhe, dont il eut : 1. André-Hercule, chanoine de Montpellier, évêque de Fréjus 1699, aumônier de Louis XIV et précepteur de Louis XV 1715, archevêque de Paris, ministre d'État 1726, cardinal 1726, membre de l'Académie française 1717 ; 2. Gabriel, baron de Pérignan ; 3. Henri, Sgr de Dio, Valquières, Vernazobres, Prades, qui testa le 5 mai 1713 et mourut sans enfants ; 4. Diane-Marie, supérieure des Ursulines de Lodève, morte au mois de janv. 1732 ; 5. Marie, alliée le 24 janv. 1680 avec Bernardin de Rosset, Sgr de Rocozel et de Ceilhes. Jean-Hercule de Rosset, marquis de Rocozel, qui naquit de cette union, fut élevé par lett. pat. de Louis XV en forme d'édit, mars 1736, à la dignité de duc et pair de France, sous la dénomination de duc de Fleury.

681. FRÉVOL.

De gueule à deux lions d'or affrontés, tenant une roue de même sur un mont aussi d'or.

Cette famille, originaire du haut Vivarais, où elle possédait les Sgries d'Aubignac, de Chanalettes, de Ribeins et du Masigon, fut maintenue dans sa noblesse par arrêt de la cour des comptes, aides et finances de Montpellier du 17 février 1753. (D'Hozier, VI, R.) Elle établit sa filiation depuis

I. Jean de Frévo., Sgr de la Coste, fils d'autre Jean, fut marié deux fois : il ép. en secondes noces le 3 sept. 1605 Jeanne de Colin ; il eut de son premier mariage : 1. Pierre, Sgr de Chadrac, ép. le 28 nov. 1615 Anne de Goys ; et du second : 2. Jacques, prêtre ; 3. Gabriel, religieux ; 4. Michel qui suit ; 5. François, qui a fait la Br. B. ; et deux filles.

II. Michel de Frévol, Sgr de la Coste et de Chanalettes ; ép. le 12 déc. 1638 Marie de Belvézer de Jonchères, dont il eut : 1. Jean qui suit ; 2. Marie, alliée à Jacques de Brunel de Saint-Christophe.

III. Jean de Frévol, Sgr de la Coste et Chanalettes, convoqué à l'arrière-ban de 1690 et 1692, av. ép. le 24 fév. 1683 Marie-Anne Bouscharenc de Fabréges, dont il eut : 1. Michel qui suit ; 2. Jean ; 3. François ; 4. Marie ; 5. Thérèse.

IV. Michel de Frévol, Sgr de la Coste, de Chanalettes et la Chapelle, ép. le 24 fév. 1727 Marie de Garidel de Malpas, dont il eut : 1. Jean-Bruno qui suit ; 2. Jean-Charles, religieux bernardin ; 3. Marie, alliée à N... de Curtil, écuyer.

V. Jean-Bruno de Frévol de la Coste, écuyer, Sgr de la Coste, de la Chapelle, de Chanalettes et des Souls, co-Sgr de la baronie d'Arlempde, off. au régt de Condé 1746, gouverneur pour le roi en la ville de Pradelles et Langogne 1759, av. ép. le 17 nov. 1750 François Barrial; il fut déchargé du droit de franc-fief par ordonnance de M. de Saint-Priest le 10 mai 1752, et maintenu dans sa noblesse par arrêt de la cour des comptes, aides et finances de Montpellier du 28 nov. 1752; il eut pour enfants : 1. François-Bruno ; 2. Charles-Siméon; 3. Joseph-Scipion ; 4. Louis-Étienne ; 5. Marie-Françoise ; 6. Marie-Thérèse ; 7. Magdeleine-Agathe.

Br. B. II. François de Frévol, Sgr d'Aubignac, ép. le 20 fév. 1640 Isabeau Réal, dont il eut : 1. Jean qui suit ; 2. Antoinette; 3. Jeanne, mariée à Christophe de Belvezer, Sgr de Trémoulet; 4. Marie.

III. Jean de Frévol, Sgr d'Aubignac, de Fontfreide, garde du corps dans la compagnie de Duras, lieut.-colonel de dragons, ép. le 18 juill. 1672 Antoinette Faure, dont il eut : 1. Joseph-François qui suit; 2. Jean-François, qui a fait la Br. C.; 3. Jacques, lieut. dans le régt d'Aunis; 4. Isabeau, mariée à François de Béchon, sieur du Boissin.

IV. Joseph-François de Frévol, bailli de Pradelles, Sgr d'Aubignac, de Roûret, ép. 1° Anne-Marie de Landes de Bellidentis; 2° le 30 juin 1703 Anne-Marie du Champ, dont il eut : 1. Jean-Louis qui suit; 2. Michel, jésuite ; 3. Jacques-François, Sgr de Saint-Paul, chev. de Saint-Louis, capit. de cavalerie; 4. Jacques-Ignace, prêtre ; 5. François-Bruno, religieux; 6. Jean-Dominique, prêtre ; 7. Antoinette, mariée à Charles le Forestier, Sgr de Villeneuve ; 8. Rose, religieuse; 9. Marie, alliée à N... de Colin, Sgr de la Bastide ; 10. Henriette, religieuse; 11. Marie-Paule, mariée à Hyacinthe de Vielfaure.

V. Jean-Louis de Frévol, écuyer, Sgr d'Aubignac, garde du corps du roi, ép. le 12 fév. 1733 Marie-Anne-Jeanne du Puy, et fut maintenu dans sa noblesse avec Jacques-François et Jean-Joseph, ses frères, et Jean-Baptiste, son cousin, par arrêt de la cour des comptes, aides et finances de Montpellier, du 17 fév. 1753.

Br. C. IV. Jean-François de Frévol d'Aubignac, écuyer, Sgr de Villaret, haut justicier de Ribeins, lieut. dans le régt Royal-infanterie des vaisseaux, ép. le 3 oct. 1705 Marie Forestier, dont il eut: 1. Joseph-Jacques-Alexandre, prieur; 2. Jean-Baptiste qui suit; 3. Isabeau, mariée à N... de Lachamp de Rochemure; 4. Jeanneton, mariée à Onestre de la Boissonnade; et deux filles religieuses..

V. Jean-Baptiste de Frévol d'Aubignac, écuyer, Sgr de Ribeins, du Masigon, garde du corps du roi 1737, ép. le 14 juill. 1737 Fran-

çoise de Romieu, dame du Masigon, maintenu dans sa noblesse par
arrêt de la cour des comptes, aides et finances de Montpellier, du
17 fév. 1753; il eut de son mariage : 1. Louis-Antoine ; 2. Louis-
Joseph ; 3. Jean-Baptiste; 4. Charles-François-Auguste-Xavier ;
5. Henriette.

682. JACOMEL.

D'argent à trois feuilles de vigne de sinople 2 et 1; au chef d'azur
chargé de trois étoiles d'or. La branche piémontaise porte : d'azur à la
bande d'or semée d'abeilles, accompagnée de deux étoiles d'or.

La maison de Jacomel, originaire de Piémont, est connue par filiation
suivie depuis 1500. Elle a fait plusieurs branches en France répandues en
Normandie et en Languedoc. La branche de Normandie fut maintenue
dans sa noblesse par arrêt de la cour des aides de Paris du 8 mai 1664, et
par jugement de M. Colbert, intendant de Picardie, du 19 janvier 1667.
(LACH. DESB., VIII, 190. — Archiv. de l'emp., sect. judic.) La branche
de Languedoc dite de Cauvigny, fut déchargée des droits de francs-fiefs du 8 juillet 1744 sur la
présentation de l'arrêt de la cour de Paris. Sa noblesse fut en outre constatée le 16 juillet 1785
par un certificat de M. Berthier, généalogiste des ordres du roi. Le chevalier de Jacomel prit part
à l'assemblée de la noblesse de Béziers en 1789.

I. François de Jacomel, *alias* Giacomelli ; selon l'orthographe
piémontaise, chevalier, Sgr de Villars-Fouchart, d'Armel et d'autres terres en Piémont, ép. Élisabeth de Birague, dont il eut : 1. Em-
manuel-Philibert, Sgr de Villars-Fouchart, acquit de son frère
puîné la moitié de la terre de Villars-Fouchart par acte du 18 mars
1556. Il commandait une compagnie de 200 hommes de pied au
service d'Henri II, roi de France; on ignore sa destinée ultérieure ;
2. et

II. Antoine de Jacomel, écuyer, Sgr d'Armel et en partie de
Villars-Fouchart, maître des requêtes ordinaires de l'hôtel du roi, et
président juge général de S. M. à Calais. Lors du siége et de la prise
de Calais par les Espagnols en 1595, Antoine de Jacomel donna
l'exemple du courage et du patriotisme, en défendant la brèche où
périrent 960 habitants. (V. l'*Histoire de Calais*, par le P. Lefèvre;
Histoire des villes de France, art. *Calais*). Fait prisonnier et imposé
à une rançon de 2,000 écus, il paya cette somme pour sortir de
captivité; en récompense de ces services, Henri IV ordonna, par
lett. pat. du 26 oct. 1596, que les appointements de sa place seraient conservés à ses enfants mineurs; il eut de son mariage avec
Lucrèce de Bernes : 1. Émile; 2. Réné, sieur de Bienassise : maintenu dans sa noblesse par arrêt de la cour des aides de Paris, du

8 mai 1664, avec son fils Antoine; 3. Antoine qui suit; 4. François, avocat au parlement de Paris.

III. Antoine de Jacomel, écuyer, Sgr de Froyelles, de Lamotte, de Grandcour et de Cauvigny, ép. le 24 nov. 1611 Jeanne de Verduzan, dont il eut : 1. Jacques; 2. Nicolas, écuyer, Sgr de Froyelles, qui fut maintenu dans sa noblesse, 1° par un arrêt de la cour des aides de Paris, du 8 mai 1664; 2° par jugement de M. Colbert, intendant de Picardie, du 19 janv. 1667; 3. Antoine; 4. François; 5. Louis qui suit; 6. Anne, mariée à Louis de Hubarlin, major de la ville d'Ardres; 7. Marie, ép. Jérôme de Courlaud.

IV. Louis de Jacomel, écuyer, Sgr de Cauvigny, de Lamotte, de Grandcour, commanda pour le roi la ville de Menin 1679; il ép. le 18 sept. 1677 Françoise des Mares de Bellefosse, dont il eut : 1. Guy-Louis qui suit; 2. Guy-François, capit. au régt de Lyonnais-infanterie, tué au siége de Turin; 3. Marie-Henriette-Augustine.

V. Guy-Louis de Jacomel, chevalier, Sgr de Cauvigny, de Tréfont, de Lamotte, de Saint-Marcel, capit. de cavalerie dans le régt de Vaudrey, ép. le 23 mai 1711, à Bessan, diocèse d'Agde, dame Élisabeth de Bérard de Vestric. Par acte du 20 oct. 1714 passé à Péronne, il vendit la terre de Cauvigny ayant haute, moyenne et basse justice, et mourut à Paris le 10 mars 1737; il avait acquis la terre de Félines en Languedoc, le 22 juillet 1717. Ses enfants furent : 1. Henri-Louis qui suit; 2. Louise-Françoise-Élisabeth.

VI. Henri-Louis de Jacomel de Cauvigny, écuyer, Sgr de Saint-Marcel, de Félines et de la ville de Mèze, capit. d'infant., ép. le 17 août 1743 Marguerite-Paule d'Alphonse; ayant présenté requête à l'intendant de Languedoc, il fut déchargé du droit de francs-fiefs, par ordonn. du 8 juill. 1744, dans laquelle furent visés ses titres de noblesse, et notamment un arrêt de la cour des aides de Paris, du 8 mai 1664, rendu en faveur de Nicolas de Jacomel, frère de Louis son aïeul. Il eut de son mariage : 1. Joseph-François-Louis, capit. au régt de Beaujolais-infant., chev. de Saint-Louis, a fait toutes les campagnes d'Amérique et deux campagnes en Belgique à l'armée du Nord; il av. ép. le 5 avril 1797 Marie-Thérèse de Villerase, dont il n'eut pas d'enfants; 2. Louis-Raimond; 3. Henri-Louis-François qui suit; 4. François, capit. au régt de Beaujolais, devenu le 74e régiment d'infant.; il fut tué à la retraite du camp de Famars le 23 mai 1793.

VII. Henri-Louis-François de Jacomel-Cauvigny, fit ses preuves pour être admis comme officier dans les troupes du roi, et en obtint le certificat de M. Berthier, généalogiste des ordres de S. M. le

16 juillet 1785 ; parvenu au grade de capitaine dans le régt de Beaujolais, il avait fait en cette qualité deux campagnes en Belgique, lorsqu'il fut, comme son frère aîné, destitué de ses fonctions par arrêté du 6 septembre 1793 ; il ép. Hedwige Bayle, d'Astier, dont il eut :

VIII. Raymond-Ernest de Jacomel, ép. le 4 juin 1821 Marie-Thérèse Baille, dont il eut : 1. Lucien-Joseph-Adolphe qui suit ; 2. Marguerite-Henriette-Flavie, mariée le 12 mai 1845 à Gaston Granier.

IX. Lucien-Joseph-Adelphe de Jacomel, ép. le 12 mai 1850 Joséphine-Augusta-Victoire-Claudine de Lon, fille de Ferdinand de Lon, ancien secrétaire général de la préfecture des Pyrénées-Orientales, chev. de la Lég. d'honn., et de dame Espérance Buget ; il a de ce mariage cinq enfants.

683. JULIEN DE PÉGUEIROLLES.

Écartelé au 1 et 4 d'azur à trois molettes d'éperon d'argent, au chef d'or ; au 2 et 3 émanché d'or et d'azur ; sur le tout d'azur à la gerbe d'or surmontée de deux étoiles de même.

Cette famille, originaire de Languedoc, a obtenu des lettres patentes de marquisat au mois de novembre 1759, enregistrées au parlement de Toulouse le 6 décembre suivant, et à la chambre des comptes de Paris le 2 juillet 1760. (BOUILLET, Nobil. d'Auvergne, V, 51.) Elle s'est particulièrement distinguée dans la magistrature, et a donné un secrétaire du roi en la chancellerie de Montpellier 1677, plusieurs conseillers, et un président à mortier au parlement de Toulouse 1753. (TESSEREAU, Hist. des chanceliers de France, II, 12.) Sa filiation, constatée par titres authentiques, dont l'inventaire a été dressé par Me Bort, notaire à Montpellier, le 10 mai 1859, remonte à

I. François de Julien, habitant du lieu de Pégueirolles, alias Pégayrolles, en Languedoc, vivait en 1500 ; il est qualifié noble dans le codicille de Guillaume son fils, qui suit.

II. Guillaume de Julien, qualifié noble et écuyer dans son codicille du 27 avril 1568, fut père de : 1. François, qui suit ; 2. Anne, héritière de son père.

III. François de Julien, docteur en droit, juge royal de la vicomté de Creissel, se fixa en Rouergue au D. de Rodez, ép. le 11 juin 1581 Marguerite de Jurquet de Montjésieu, dont il eut :

IV. Pierre de Julien, sieur de Pégueirolles, co-Sgr de Luzençon, juge royal de la vicomté de Creissel, ép. le 14 janv. 1618 Louise d'Urre, dont il eut : 1. François qui suit ; 2. Charles, Sgr de Creissaguel, qui a fait la branche de Roquetaillade ; 3. Marie, alliée en 1645 à Pierre de Caladon, Sgr de Lanuéjols.

V. François de Julien, sieur de Pégueirolles, co-Sgr de Luzençon, juge royal de la vicomté de Creissel, ép. le 25 avril 1639 Jeanne de Bonald, dont il eut : 1. Étienne qui suit; 2. Élisabeth, mariée à Jean de Brun de Montesquieu.

VI. Étienne de Julien de Pégueirolles, écuyer, Sgr du Cros et de Saint-Aignan, co-Sgr de Luzençon et de Ségur, juge royal de la vicomté de Creissel, secrétaire du roi à la cour des comptes, aides et finances de Montpellier 1677, av. ép. le 23 mai 1673 Antoinette de Tubières-Grimoard, dont il eut : 1. Jacques qui suit; 2. Ignace; 3. Philippe-Antoine, lieut. gén. au bailliage de Gévaudan; 4. Jeanne, mariée le 26 oct. 1694 à Gilles de Grandsaigne, Sgr de Loupiac; 5. Thérèse, mariée le 6 juin 1708 à Pierre de Brandoin, Sgr du Puget en Albigeois; 6. Marie-Magdeleine, mariée le 21 juill. 1712 à Jean de Nattes, Sgr de Villecomtal.

VII. Jacques de Julien de Pégueirolles, baron de Saint-Bauzély, Sgr de Saint-Aignan, co-Sgr de Luzençon, conseiller au parlement de Toulouse, ép. le 26 nov. 1705 Marguerite-Anne de Chastang, dont il eut : Étienne-Hippolyte qui suit; et plusieurs enfants morts jeunes.

VIII. Étienne-Hippolyte de Julien de Pégueirolles de Tubières-Grimoard, héritier d'Antoinette de Tubières-Grimoard son aïeule, par testament du 28 août 1728, à la charge de porter le nom et les armes, marquis de Pégueirolles par lett. pat. de 1759 enregistrées, avocat général, puis président à mortier au parlement de Toulouse, ép. 1º le 15 juin 1738 Françoise de Prévinquières; 2º le 3 mai 1756 Marie-Françoise-Honorée de Benault de Lubières, dont il eut : 1. Louis-Hippolyte qui suit; 2. Henri-Hyacinthe, qui a fait la Br. B.

IX. Louis-Hippolyte de Julien, marquis de Pégueirolles de Tubières de Grimoard, conseiller au parlement de Toulouse, ép. 1º le 16 déc. 1789 Geneviève de Claris; 2º le 16 sept. 1791 Marie-Gabrielle-Charlotte de Paulo, dont il eut : 1. Jules-Antoine-Honoré qui suit; 2. Hombeline, mariée le 15 avril 1816 à Honoré-César de la Roche-Fontenille, anc. aide de camp de Mgr le duc d'Angoulême.

X. Jules-Antoine de Julien, marquis de Péguerolles de Tubières de Grimoard, mort le 14 août 1845, avait ép. Marie de Raineville, dont il eut : Louise, mariée à Robert de Canolle.

Br. B. IX. Henri-Hyacinthe de Julien de Pégueirolles-Tubières-Grimoard, comte de Pégueirolles, ép. le 21 mai 1787 Marie-Josèphe-

Eulalie de Paulo, dont il eut : 1. Louis-Antoine-Léopold qui suit' 2. Jean-Hippolyte, qui a fait la Br. C.

X. Louis-Antoine-Léopold de Julien de Pégueirolles, comte de Pégueirolles, reçu chev. de Malte de minorité 1790, chev. de la Lég. d'honn., marquis de Pégueirolles à la mort de son cousin, ép. le 15 juin 1825 Fœdora Terrasson de Sénevas, dont : Marie-Hippolyte, marié en avril 1857 à Marie Vouland, dont une fille, Berthe.

Br. C. X. Marie-Jean-Hippolyte de Julien de Pégueirolles, comte de Pégueirolles, ép. le 3 nov. 1830 Clémentine Quesnel, dont: 1. Marie-Louise, mariée à Edmond baron Rolland de Blomac ; 2. Marie-Antoinette-Caroline ; 3. Ludovic-Marie-Gabriel, né le 23 avril 1836.

684. LA COUR DE MONTCAMP.

De gueule à un aigle d'or couronné d'azur langué, becqué, membré et onglé d'argent.

Cette famille, originaire du lieu de Saint-Martin d'Aulas, dans les Cévennes , a été maintenue dans sa noblesse par lettres patentes du 16 août 1733, confirmées par deux arrêts de la cour des comptes, aides et finances de Montpellier de 1733 et 1744, qui établissent sa filiation depuis 1460. (D'HOZIER, VI, R.) N... la Cour de Montcamp prit part à l'assemblée de la noblesse de Nîmes en 1789, pour l'élection des députés aux états généraux.

I. Bernard de la Cour, damoiseau, ép. N... Sauxie, dont il eut plusieurs enfants, entre autres:

II. Guillaume de la Cour, ép. le 23 janv. 1466 Flore Réal, dont il eut, entre autres enfants :

III. Jean de la Cour, fut père de

IV. André de la Cour, ép. Jeanne de Mandajors, et il en eut :

V. Fulcrand de la Cour, Sgr de la Bellière, ép. le 17 juin 1582 Liette de Tarrou, dont il eut : 1 André, marié à Jeanne de Villangea, et père de : a. Pierre; b. François; 2. Pierre qui suit; 3. Catherine, mariée à François de Caladon; 4. Isabelle, mariée à Jean Nissoles; 5. Jeanne, mariée à François Vaquier.

VI. Pierre de la Cour, écuyer, Sgr de Montcamp, ép. le 9 avril 1613 Jeanne de Laune, et il en eut, entre autres enfants : 1. Antoine, qui suit; 2. Abraham, qui a fait la Br. B.

VII. Antoine de la Cour de Montcamp, ép. le 26 avril 1674 Suzanne de Villaret ; il fut maintenu dans sa noblesse par lettres patentes du roi du 16 août 1733, dûment enregistrées en la chambre des comptes de Montpellier; il eut de son mariage :

VIII. François de la Cour de Montcamp, écuyer, ép. le 28 fév. 1718 Marie de Laune, dont il eut : 1. Antoine-François de la Cour de Montcamp ; 2. Jean-Scipion de la Cour de la Bessède.

Br. B. VII. Abraham de la Cour, écuyer, ép. le 18 nov. 1664
Jeanne de Seguin, et il en eut : 1. Jacques qui suit ; 2. Paul, écuyer,
capit. d'infant. au régt de la Fare 1739 ; 3. Suzanne, mariée en 1711
à Guillaume Finiels.

VIII. Jacques de la Cour, écuyer, ép. le 29 août 1714 Marie
Daudé de la Valette, et fut maintenu dans sa noblesse par arrêt de la
cour des comptes, aides, et finances de Montpellier du 8 juill. 1744 ;
il eut de son mariage :

IX. Jean-Jacques de la Cour, écuyer, Sgr de Viala, commandant
à Valleraugue, en Languedoc, ép. le 6 fév. 1743 Jeanne-Marie Law,
nièce du contrôleur général des finances, fille du baron de Lauris-
ton, dont il eut : 1. Jean-Alexandre ; 2. Alberte-Marguerite-Eugé-
nie-Gabrielle.

685. LA FAYOLLE DE MARS.

D'argent au lion rampant de gueule, au chef d'azur chargé de deux
palmes d'or passées en sautoir liées de gueule. DEVISE : *Tendit ad glo-
riam.*

Une branche de cette maison, originaire de Dauphiné, où elle fut maintenue dans sa noblesse par jugement souverain de M. du Gué, du 5 sept.
1668, vint plus tard s'établir en Velay, et obtint encore le 29 novembre
1751 un arrêt de maintenue de la cour des comptes, aides et finances de
Montpellier. (*Archiv. de la cour des comptes.*) Jean de la Fayolle, qui
vivait en 1298, ép. Marie de Ribes ; André son fils ép. en 1326 Artaude
Guironnet ; Jean testa en 1372 ; Guillaume fit une reconnaissance le 4 novembre 1414 en faveur
de Guillaume, Sgr de Tournon ; Jean était châtelain de Beaudiné en 1456, et eut pour fils Pierre,
père d'Étienne qui commence la filiation authentique reconnue par M. du Gué. Les degrés antérieurs, que nous empruntons à un ancien document de famille, ne purent être prouvés authen-
tiquement devant l'intendant, par suite de l'incendie du château de l'Arthaudière en 1562, ainsi
que le constate un certificat trouvé dans les papiers de Mᵉ Prémont, notaire, et visé dans le
jugement de M. du Gué. (V. encore CHORIER, III, 252, pour la branche de La Fayolle de la
Tourne.)

I. Étienne de la Fayolle, ép. le 6 oct. 1527 N... de Rochas, dont
il eut :

II. Gilles de la Fayolle, sieur de la Tourne, ép. le 9 fév. 1563 Gabrielle de Colonneau, *alias* de Colonne, dont il eut :

III. François de la Fayolle, ép. le 31 janv. 1606 Isabeau d'Heurre,
alias d'Urre, dont il eut :

IV. Jean de la Fayolle, châtelain de Beaudiné et gouverneur pour
le roi du château de Rochepaule, ép. le 6 janv. 1626 Marie des
Oches, dont il eut : 1. Antoine ; 2. et

V. Joachim de la Fayolle, maintenu dans sa noblesse avec son frère par jugement souverain de M. du Gué, intendant du Dauphiné, le 8 sept. 1668, ép. le 11 fév. 1664 Marie de Bourchenu, dont il eut :

VI. Jean-Baptiste de la Fayolle, avocat au parlement, bailli de Montredon, commissaire pour le roi touchant les religionnaires, ép. le 12 oct. 1698 Marie Pichon, dont il eut :

VII. Jean-Joseph de la Fayolle, ép. le 28 avril 1722 Éléonore Vigne, dont il eut :

VIII. Jean-Baptiste de la Fayolle, sieur de Mars, maintenu dans sa noblesse par arrêt du 26 nov. 1751 de la cour des comptes, aides et finances de Montpellier, av. ép. le 9 fév. 1748 Marianne Duranc de Joux, héritière de sa maison, dont il eut :

IX. Jean-Joseph-Ignace de la Fayolle de Mars, brigadier au régt de Conty, ép. le 22 août 1774 Marie-Hélène de Moreton de Chabrillan, dont il eut :

X. Jean-Joseph de la Fayolle de Mars, ép. le 15 mai 1811 Sophie le More de la Faye, fille du président du tribunal criminel du Puy, membre du corps législatif en 1814, dont il eut : 1. Louis-Auguste qui suit; 2. Clémentine, mariée le 9 sept. 1830 à Charles-Gabriel de la Roque, baron de la Roque, anc. sous-préfet de Tournon.

XI. Louis-Auguste de la Fayolle de Mars, membre du conseil général de la Haute-Loire de 1848 à 1852, ép. 1° le 26 oct. 1834 Louise de Romanet de Lestrange, dont : 1. René, avocat, attaché au parquet du procureur impérial de Lyon; 2. Léonie; 2° le 3 juill. 1846 Herminie de Sigaud de Lestang, dont : 3. Marie; 4. Édouard, né le 31 mai 1853.

686. LAULANHIER.

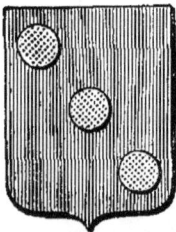

De gueule à trois besants d'or posés en bande.

Les titres de noblesse de cette maison disparurent dans l'incendie de l'hôtel du prince de Salms, rue d'Enfer, à Paris, en 1759.

François de Laulanhier, chevalier de Saint-Louis et gendarme de la garde du roi qui en était possesseur, obtint le 27 septembre 1776 un arrêt du conseil, et au mois de février 1781 des lettres patentes du roi Louis XVI données à Versailles, scellées du grand scel de cire verte en lacets de soie rouge et verte, qui, sur la production de nouvelles pièces, reconstituaient sa généalogie.

Ces lettres patentes, que nous avons eues sous les yeux, furent enregistrées au parlement de Paris le 3 avril, à la cour des comptes le 4 mai, à la cour des aides le 8 mai, et insinuées à Versailles, domicile de l'impétrant, le 17 mai 1781.

La maintenue de noblesse fut visée par Hue de Miromesnil en faveur de François de Laulanhier qui, après recherches produites, justifiait d'une filiation authentique remontant à

I. Pons-Balthazar de Laulanhier, damoiseau, vivant en 1300, eut pour fils : 1. Guillaume, marié en 1307; 2. et

II. André de Laulanhier, ép. le 20 août 1316 N... Philippe; il en eut :

III. Guy ou Guinot de Laulanhier, ép. N... de Chatelard, dont il eut plusieurs enfants, placés sous la tutelle de noble et religieux homme Guichard Aulanhier, prieur de Saint-Privat le 3 oct. 1377, et, entre autres :

IV. Pons de Laulanhier, ép. Marguerite de la Pra ou de Prata, union constatée par divers actes de tutelle de 1389, 1398, 1409, 1413 et 1430. Il eut de son mariage : 1. Guy qui suit; 2. Agnès; 3. et Louis.

V. Guigon de Laulanhier, ép. le 23 mai 1456 Jeanne de Champlar, *alias* de Flossac, dont il eut plusieurs enfants, entre autres :

VI. Guillaume de Laulanhier, écuyer, ép. Catherine de Pons, dont il eut huit enfants : 1. Jean, bailli de Romières, bailliage d'épée qui donnait entrée aux états de Languedoc; 2 Jean; 3. et

VII. Guillaume de Laulanhier, écuyer, qui succéda à son frère dans la charge de bailli de Romières, ép. en 1566 Marguerite des Herments, dont il eut : 1. Louis, qui ép. en 1597 Anne de Fay de Gerlande de la Tour Maubourg, dont il eut deux filles; 2. Jean qui suit; 3. et Isabeau.

VIII. Jean de Laulanhier, ép. le 26 mai 1598 Marguerite le Blanc, dont il eut :

IX. Claude de Laulanhier, ép. le 8 août 1636 Marie de Veron de la Borie, dont il eut :

X. Jacques de Laulanhier, écuyer, ép. le 22 mai 1691 Anne de Reboulet de Longueville, dont il eut :|

XI. Juste-Gabriel de Laulanhier, écuyer, ép. le 2 juill. 1715 Marguerite Benoist, dont il eut : 1. Michel-Joseph, docteur en Sorbonne, vic. gén. du dioc. d'Embrun, évêque d'Égée *in partibus;* 2. François qui suit; 3. Antoine-Amet, chev. de Saint-Louis, major au régt de l'Isle-de-France (colonies). Il passa trente années dans les Indes auprès d'Hyder-Ali-Kan, dont il était devenu le confident et l'ami (1739-1769); 4. et Joseph-Louis, chev. de Saint-Louis, capit. au régt de Champagne, tué à Philinkausen, en Bavière, le 16 août 1760.

XII. François de Laulanhier, chev. de Saint-Louis, gendarme de la garde du roi, aide de camp du maréchal de Soubise, obtint les lettres de 1781 mentionnées en tête de cet article; il ép. en 1763, à son retour de la guerre de Sept ans, Françoise-Rosalie-Julienne Doucet de Jolimont, dont il eut : 1. François, chev. de Saint-Louis, et nommé par la reine Marie-Antoinette premier écuyer porte-manteau de S. A. R. Madame Royale, mort en 1791 ; 2. Alexandre qui suit ; 3. Marcel, qui a fait la Br. B.

XIII. Alexandre-François-Saint-Ange de Laulanhier, chev. de Saint-Louis, ancien officier de chasseurs au régt d'Angoulême, succéda en 1791 à son frère auprès de Madame Royale, et reprit ses fonctions sous la Restauration ; il av. ép. le 25 fév. 1797 Henriette de Viard des Francs, dont il eut : 1. Charles-Auguste-Armand de Laulanhier, ancien gendarme de la garde, surnuméraire des Douze, ancien capitaine de cavalerie ; 2. Ernest, ancien officier d'infanterie ; 3. et Clémentine.

Br. B. XIII. Marie-Charles-Marcel de Laulanhier, chev. de Saint-Louis, ancien officier de chasseurs au régt d'Angoulême, ép. le 3 mars 1804 Gabrielle-Jeanne Nègre de Boisboutron, dont il eut : 1. François qui suit ; 2. Françoise-Gervaise-Stéphanie ; 3. Marie-Adrienne.

XIV. François-Auguste-Hippolyte de Laulanhier, garde du corps du roi, écuyer porte-manteau de S. A. R. Madame la Dauphine.

687. LAUTREC,

Alias, TOULOUSE-LAUTREC DE TOULOUSE.

De Toulouse, écartelé de gueule au lion d'or, qui est de Lautrec ; *alias* écartelé au 1 et 4 d'azur à la balance d'argent ; au 2 et 3 d'argent à l'épée de gueule en pal, sur le tout de Toulouse.

Raimond VI, dit le vieux, comte de Toulouse, avait ép. en quatrièmes noces Jeanne d'Angleterre, veuve de Guillaume, roi de Sicile, et fille d'Henri II, roi d'Angleterre, morte en 1199. Il eut de ce mariage deux fils : 1. Raimond VII, qui lui succéda dans le comté de Toulouse, père de Jeanne, fille unique, mariée à Alphonse de Poitiers, frère de saint Louis ; étant morts l'un et l'autre sans enfants au mois d'août 1271, Philippe III recueillit la succession du comte de Toulouse ; 2. Bernard, qui fut accordé en 1224 à Contorosse, fille de Mainfroi, Sgr de Rabastens, qui laissa postérité. (MORÉRI, X, 271.) Il est fait mention de ce second fils de Raimond, inconnu à D. Vaissette, dans une charte de Raimond VII, du mois de septembre 1231 en cette manière : « Bertrandus frater domini comitis Tolosani » (*Mss. du roi*, n° 6009, fol. 87. — *Art de vérifier les dates*, II, 300, 1784), et dans le testament de Raimond son père en 1218, trouvé dans les archives de Saint-Jean de Toulouse. Son fils Baudoin ép. Alix, fille et héritière du vicomte de Lautrec, qui fut la tige des seconds vicomtes de Lautrec, Sgrs de Montfa et de Saint-Germier, dont la postérité s'est continuée jusqu'à nos jours. (LOUVET, *Hist. de Guienne.* — BOREL, *Antiq. de Castres.* — LA FAILLE, *Annal. de la ville de Toulouse*, I, 149, 1687.)

La maison de Toulouse-Lautrec, Sgrs de Montfa et de Saint-Germier, établie au D. de Castres, fit plusieurs branches. La branche aînée fut maintenue dans sa noblesse par jugement souverain de M. de Bezons du 20 septembre 1669 ; sa filiation sera rapportée à la *Généralité de Toulouse* (Marquis D'AUBAÏS, III, 1035) ; la branche cadette, établie au D. de Béziers, fut maintenue dans sa noblesse, 1° par ordonnance de M. de Bernage du 4 novembre 1719 ; 2° par arrêt de la cour des comptes, aides et finances de Montpellier du 7 mars 1743, visés dans une ordonnance de M. le Nain du 1er septembre 1745, qui sera rapportée dans nos *Pièces justificatives.*

Lautrec était une petite ville située en Albigeois, au D. de Castres, qui avait titre de vicomté. Ses vicomtes ont tenu un rang considérable parmi les grands seigneurs de Languedoc. Les derniers comtes de Foix ont eu le vicomté de Lautrec par donation du roi Philippe de Valois; et par mariage ou par alliances, les Sgrs de Ventadour, de Bioule, d'Arpajon, d'Ambres, de Bernois, de Montredon, de Montfa, ont porté la même qualité de vicomtes de Lautrec. (MORÉRI, VI, 208.) Indie, deuxième fille de Raimond VI, comte de Toulouse, et de Béatrix de Béziers, sa troisième femme, ép. Guillebert de Lautrec.

I. Corbeiran de Toulouse-Lautrec, Sgr de Saint-Germier et Montfa, ép. en 1483 Isabeau de Combes, dont il eut:

II. Antoine de Toulouse de Lautrec, chevalier, Sgr de Saint-Germier et de Montfa, ép. Claire-Valence de Longue-Épée, dont il eut: 1. Jacques, qui a fait la branche de Toulouse-Lautrec de Toulouse, au diocèse de Castres, maintenue dans sa noblesse par jugement souverain de M. de Bezons du 20 sept. 1669; 2. et

III. Jean de Lautrec, Sgr de Saint-Germier, ép. le 8 fév. 1539 Brune de Lavit, dont il eut:

IV. Pierre de Lautrec, Sgr de Vieussan, la Treille, ép. le 9 juin 1576 Marguerite de Cortès, dont il eut:

V. Jean de Lautrec, Sgr de Vieussan, ép. le 30 déc. 1615 Valence de Villebrun, dont il eut:

VI. Pierre de Lautrec, bailli royal et Sgr de Vieussan, Tarassac, la Treille, ép. le 25 avril 1663 Jeanne de Guibert, dont il eut:

VII. Jean-Pierre de Lautrec, avocat du roi au sénéchal et présidial de Béziers, ép. le 10 nov. 1692 Françoise de Foulquier, dont il eut:

VIII. Jean-Pierre de Lautrec, avocat du roi au sénéchal et présidial de Béziers, ép. en 1718 Marie de Mazel, dont il eut:

IX. Jean-Pierre-Bruno de Lautrec, chev. de Saint-Louis, capit. au régt de Bourbon, infanterie, ép. le 14 sept. 1773 Élisabeth de Moyria, dont il eut:

X. Jean-Pierre-Bruno-Xavier de Lautrec, ancien magistrat, ép. le 18 juin 1799 Marie-Jeanne-Henriette-Reine de Carrion, dont il eut:

XI. Jean-Pierre-Marie-Henri-François de Lautrec, avocat en 1824, ép. le 2 fév. 1831 Marie de Barrelli, dont: François.

688. LEMORE DE PIGNIEU.

Maison originaire du Velay, qui a prouvé deux fois sa noblesse devant les états généraux de Languedoc en 1744 et 1782 (V. les *Procès-verbaux* à ces deux dates), depuis

I. Noble Jean Lemore, qui t. le 31 déc. 1555, ép. Jeanne de Montrond, dont il eut :

II. Jean Lemore, ép. le 13 janv. 1589 Esther de Chambonnet, dont il eut :

III. Jacques Lemore, sieur de Lotoire et de Pignieu, ép. le 4 janv. 1635 Marguerite de Boyronis, dame de Pignieu, dont il eut :

IV. Jean Lemore, sieur de Lotoire et de Pignieu, ép. le 3 oct. 1662 Marguerite de Combladour de Montréal, dont il eut : 1. Charles-Joseph-Dominique, sieur de Lotoire; 2. et

V. Just-Alexandre Lemore, sieur de Pignieu, ép. le 15 avril 1704 Magdeleine Four, dont il eut :

VI. Barthélemy Lemore, sieur de Pignieu, bailli de la ville et marquisat d'Annonay, envoyé de la baronie d'Annonay aux états généraux de Languedoc de 1744, ép. le 24 fév. 1732 Magdeleine-Françoise Dubois, dont il eut :

VII. Jean-Jacques-Barthélemy Lemore de Pignieu, Sgr de la Clotte, chevalier, bailli d'épée d'Annonay, porteur de la procuration du maréchal prince de Soubise, admis aux états généraux de Languedoc de 1782.

689. LESCURE DE SAINT-DENIS.

De gueule au lion d'argent, entouré de huit besants de même en orle.

Le chef de cette maison, Denis Escurette, avait acquis vers 1620 partie de la terre de Saint-Denis en Gévaudan. Son fils Philibert, devenu possesseur en 1649 des deux derniers tiers de cette terre, au titre de seigneurie, et premier qualifié noble Philibert de Lescure, transmit à ses descendants le nom qu'ils portent aujourd'hui, ainsi que le constatent une enquête de 1648 et une reconnaissance féodale du 16 septembre 1689 conservées dans les archives départementales de la Lozère. (BURDIN, *Doc. hist. sur la province de Gévaudan*, II, 328.)

I. Philibert de Lescure, Sgr de Saint-Denis, ép. Marguerite du Buisson, dont il eut :

II. Raymond de Lescure, Sgr de Bélamy et de Saint-Denis, mousquetaire de la garde du roi, écuyer de main de S. A. R. Madame la duchesse d'Orléans, ép. 1° le 10 mars 1677 Isabeau de Montbrun d'Apchier; 2° le 17 fév. 1692 Anne de Retz de Bressolles, dont il eut : 1. Louis qui suit; 2. Catherine, mariée à Cheminades de Lormet, Sgr de la Chassaine.

III. Louis-Philibert de Lescure, Sgr de Saint-Denis, écuyer de S. A. R. Madame la duchesse d'Orléans après la démission de son père, ép. le 7 mars 1737 Suzanne-Angélique Richard de Vendargues, dont il eut : 1. Louis qui suit; 2. Henri, capit. d'infanterie au régt d'Orléans : maintenus nobles par arrêt du parlement de Toulouse du 28 juill. 1739.

IV. Louis-Camille de Lescure, Sgr de Saint-Denis, admis dans l'assemblée générale de la noblesse de Gévaudan, tenue à Mende en 1789, av. ép. le 30 mai 1764 Catherine-Émilie du Roure, dont il eut : 1. Jacques-Scipion-Camille, aspirant-garde de la marine en 1778; 2. Henri-Célestin qui suit; 3. Charles-Auguste, chef de la Br. B.

V. Henri-Célestin de Lescure-Saint-Denis, émigré en 1792, fit partie de l'armée de Condé dans l'infanterie noble, garde du corps du roi, compagnie de Luxembourg, qualifié *comte* dans son brevet de chevalier de Saint-Louis du 26 nov. 1814, ép. le 1er mars 1807 Aglaé-Thérèse Deheère, chanoinesse au chapitre de Saint-Antoine de Viennois, dont il eut : 1. Charles qui suit; 2. Clémence-Augustine-Geneviève, mariée à Urbain de Corsac.

VI. Charles-Marie-Edmond de Lescure, ép. le 30 janv. 1843 Virginie-Constance-Camille de Thilorier, fille du général de Thilorier et de Marie-Clémentine de Laulanhier-Saint-Ange; il a de son mariage : 1. Alix-Marie-Henriette; 2. Clémentine-Marie-Augustine; 3. René-Philibert; 4. Marthe-Marie.

Br. B. V. Charles-Auguste de Lescure, chev. de Saint-Louis, chef d'état-major à l'armée royale de la Lozère en 1815, chef de bataillon dans la légion de la Lozère et du Jura en 1816 et 1817, officier de la Légion d'honneur, qualifié *vicomte* dans ses différents brevets, ép. le 4 fructidor an XI Charlotte de la Rochenégly, dont il eut : 1. Marie-Camille, ép. en 1839 Antonie-Clara de Roche de Jagonas; 2. Jean-Gabriel-Ernest, ép. en 1842 Anne-Françoise-Noémi de Jessé; 3. Marie-Louise-Henriette; 4. Louise-Joséphine-Constantine, religieuse au Sacré-Cœur de Lyon.

690. MASSILIAN.

De gueule à l'aigle essorante d'argent, au chef cousu d'azur chargé de deux molettes d'éperon d'or; *alias* de gueule à la colombe essorante d'argent, au chef cousu d'azur chargé de deux étoiles d'or.

La famille de Massilian, qui a donné des magistrats distingués aux cours souveraines de Languedoc, et des consuls à la ville de Montpellier, est originaire du Comtat-Venaissin. Elle a été maintenue dans sa noblesse par jugement de M. de Bernage du 25 juin 1718, confirmé par une ordonnance de M. de Saint-Priest. Au jugement de M. de Bernage sont joints deux certificats des 17 et 19 novembre 1714, donnés par le vice-légat d'Avignon et par les consuls de ladite ville, attestant l'ancienne noblesse de la famille de Massilian, qui avait passé par les charges et emplois remplis par les gentilshommes les plus qualifiés. (*Archiv. de Lang. à Montpellier.* — Marquis D'AUBAÏS, I, 6 ; III, 206. —*Hist. des guerres du Comtat-Venaissin*, par PÉRUSSIS. — PITHON-CURT, III, *passim.*)

I. Antoine de Massilian, élu en 1549 et 1554 consul dans la classe des citramontains de la ville d'Avignon, décédé avant 1568, avait eu de Jacquinette Polini, sa femme, plusieurs enfants, entre autres : 1. Jean; 2. Pierrette, mariée en 1565 à Pierre de Bermond; 3. Melchior; 4. Henri, qui a fait branche; 5. et

II. Paul-Antoine de Massilian, conseiller au présidial de Montpellier 1577, premier consul de la ville 1591, av. ép. le 15 déc. 1578 Dauphine de Guichard, dont il eut :

III. François de Massilian, Sgr de Massureau, ép. le 21 oct. 1607 Claudine de Mettereau, dont il eut :

IV. François de Massilian, ép. 1° le 3 nov. 1654 Tiphaine de Salgues; 2° le 3 mai 1663 Catherine de Pélissier de Boirargues, dont il eut :

V. Étienne de Massilian, chevalier, Sgr de Massureau, conseiller du roi, trésorier de France en la généralité de Montpellier en 1691, ép. le 7 oct. 1697 Louise de Plomet; il fut maintenu dans sa noblesse par M. de Bernage le 25 juin 1718; il eut de son mariage : 1. Gilbert, président, juge-mage en la sénéchaussée de Montpellier, maire de cette ville, décédé en 1758, av. ép. le 3 mars 1734 Louise-Charlotte de Montcalm; 2. et

VI. Jean de Massilian, Sgr de Sanilhac et de Massureau, président-trésorier de France à Montpellier, ép. le 13 juill. 1746 Françoise Vidal, et il en eut : 1. Gilbert-Jean qui suit; 2. Étienne-Antoine qui a fait la Br. B.

VII. Gilbert-Jean de Massilian, Sgr de Sanilhac, premier consul, puis maire de Montpellier en 1788, appelé la même année à l'assemblée des notables, ép. le 27 avril 1783 Marie de Gros de Besplas, dont il eut : 1. Rodolphe-Étienne-Pierre, colonel de cavalerie, chevalier de Saint-Louis, de la Lég. d'honn. et d'Isabelle d'Espagne, décédé sans postérité à Auteuil le 23 juill. 1834; 2. Françoise-Eugénie, née le 21 fév. 1786.

Br. B. VII. Étienne-Antoine de Massilian, major des vaisseaux du roi, chev. de Saint-Louis, ép. le 24 fév. 1795 Marie-Jeanne-Suzanne Castan, dont il eut : 1. Gilbert-Jean-Baptiste, conseiller à la cour impériale de Montpellier, chev. de la Lég. d'honn., ép. le 6 juin 1833 Cléonice Coulet, décédé sans enfants en 1854; 2. Amédée-Marie-Joseph-Paulin, prêtre, chanoine de la basilique de Montpellier; 3. Eugène-Michel-Marie, docteur-médecin, ép. le 6 fév. 1838 Élisabeth Bédarride, et mourut sans enfants en 1848; 4. et

VIII. Jean-Baptiste-Marie-Louis de Gonzague de Massilian, ép. en 1839 Marie-Victorine-Constance Duffours, dont il a : 1. Louise-Marie-Ammie, née le 17 juill. 1840; 2. Isabelle-Marie-Stéphanie, née le 2 mai 1842; 3. Gabrielle-Jeanne-Marie-Thérèse, née le 5 mai 1844; 4. Gilbert-Jean-Marie-Auguste, né le 25 mars 1846; 5. Marie-Auguste, né le 30 mars 1848; 6. Jeanne-Marie-Gabrielle, née le 30 août 1851; 7. Jeanne-Marie-Ammie, née le 28 janv. 1856; 8. Suzanne-Marie-Berthe, née le 27 oct. 1858.

691. MATHEI DE VALFONS.

De gueule à trois merlettes d'argent posées 2 et 1; *alias* écartelé au 1 et 4 parti d'azur à une moitié de fleur de lis d'or, et une moitié d'aigle de sable; au 2 et 3 de sinople à trois colonnes d'argent, qui est de Cray; sur le tout de gueule à trois merlettes d'argent qui est de Mathei.

La famille de Mathei de Valfons de la Calmette a réuni le double avantage de se rendre aussi célèbre dans la robe, que recommandable dans la profession des armes. Elle a fourni des magistrats pleins d'honneur, d'intégrité; des colonels et des maréchaux de camp qui se sont distingués par leur valeur et leur fidélité. Le roi Louis XV érigea en marquisat les terres de la Calmette et Massilian en faveur de Louis de Mathei de Valfons, président à mortier au parlement de Metz, et en faveur de Charles, de Marc-Antoine et de Charles-Marie, ses trois frères, par lettres patentes du mois de septembre 1764, enregistrées au parlement de Toulouse le 6 décembre 1764; à la cour des comptes, aides et finances de Montpellier le 6 mars 1765, et au bureau des trésoriers de France le 8 mars 1765 à Montpellier; elles seront reproduites dans nos *Pièces justificatives*.

Les nobiliaires de Provence mentionnent une famille de Mathieu, en latin Mathei, originaire de Bourgogne, qui aurait pour chef, noble Jean Mathei ou Mathieu, né à Salins en Franche-Comté, au diocèse de Besançon, père de Pierre et de Jean qui s'établirent en Provence et y épousèrent vers le milieu du XVe siècle deux sœurs, Dauphine et Honorade de Vachères, dames du Revest dans la viguerie de Forcalquier. Elle avait pour armes : *De gueule à trois colombes d'argent*, 2 et 1. (ROBERT DE BRIANÇON, *Nobil. de Provence.* — D'ARTEFEUIL, II, 120.)

La famille de Mathei de Valfons établit sa filiation authentique depuis

I. Jean de Mathei, ép. Catherine Nouvelle, dont il eut : 1. Étienne qui suit; 2. Marc-Antoine, major dans le régt de Vaudrey-cavale-rie, et chev. de Saint-Louis en 1714.

II. Étienne de Mathei, conseiller du roi en ses conseils, lieut. par-ticulier en la sénéchaussée de Nîmes, ép. le 18 juin 1675 Magde-leine de Cray, dont il eut : 1. Jean-Louis qui suit; 2. Magdeleine qui ép. Louis d'Icard, conseiller du roi, commissaire des inventaires de la sénéchaussée de Nîmes; 3. Anne; 4. Anne-Julie. Étienne ép. en secondes noces Suzanne d'Albenas, dont il eut : 5. Catherine, née en 1693, mariée à N...: de Cambis, chev. de Saint-Louis, capit. de cavalerie dans le régt de la Sarre ; 6. Jeanne.

III. Jean-Louis de Mathei, Sgr de la Calmette, Massilian et au-tres lieux, conseiller du roi, premier consul de la ville de Nîmes, lieut. particulier en la sénéchaussée, député des états du Langue-doc et président de chambre des grands jours en Gévaudan; mort en 1734, avait ép. le 5 mai 1703 Louise-Antoinette de Fabre, dont il eut sept enfants : 1. Louis de Mathei qui suit; 2. Charles, marquis de Valfons, vicomte de Sebourg, comte de Blandèques, lieut. géné-ral des armées du roi 1761, commandeur de Saint-Louis, gouver-neur pour Sa Majesté du fort de l'Écluse, né en 1710, ép. le 10 sept. 1753 Thérèse-Charlotte Desclaibes, vicomtesse de Sebourg, com-tesse de Blandèques; 3. Marc-Antoine, marquis de Massilian, com-missaire général de la marine; 4. Charles-Marie, marquis de Fon-tanille, capit. de cavalerie dans le régt de Royal-Pologne, gouv. des villes d'Harfleur et de Monthivilliers, aide de camp du maréchal de Belle-Isle et chev. de Saint-Louis; 5. Castor, vic. gén. et chanoine de l'archevêché de Cambrai ; 6. Charles-César, prêtre et Sgr d'Igny-le-Jarc, prieur d'Entrame et Sgr de Florac; 7. Louise.

IV. Louis de Mathei de Valfons, chevalier, marquis de la Cal-mette, marquis de Massilian par lett. pat. du mois de sept. 1764, Sgr de Gajan, Sauzet et autres lieux, président à mortier au parle-ment de Metz, ép. en 1734 Charlotte du Pezat, dont il eut : 1. Fran-çois-Marie qui suit; 2. N... dit l'abbé de Massilian, grand vicaire du diocèse d'Angoulème, prieur commendataire de l'île d'Avert; 3. Charles-Régis, comte de Valfons, capit. de cav. dans le régt de Royal-Champagne, massacré aux Carmes le 2 sept. 1792; 4. Louise, ép. le 6 avril 1784, à Nîmes, Jean-Baptiste-Joseph, marquis de Bro-glie, Sgr de Montbeau, chev. de Saint-Louis; 5. Marie-Magdeleine, ép. Claude, comte de Rotalier, capit. de grenadiers au régt de Sois-sonnais; 6. Joséphine, ép. le 27 déc. 1790 Jean-Louis de Pages, ba-ron de Pourcairès; 7. Charlotte-Émilie, ép. Damase, comte de Narbonne-Lara, chevalier, capit. commandant en premier au régt de Beaujolais.

V. François-Marie de Mathei de Valfons, marquis de la Calmette, marquis de Massilian, maréchal des camps et armées du roi, chev. de Saint-Louis, ép. le 25 sept. 1783 Alexandrine-Victoire de Chárézieux de la Valtière, fille de Henri-Joseph de Charézieux, chevalier, baron de la Valtière, maréchal des camps et armées du roi et chevalier de Saint-Louis; il eut de son mariage : 1. Auguste qui suit; 2. Adélaïde-Thérèse; 3. Aurore-Élisabeth-Henriette, ép. le comte de Gourssac, ancien page du roi, écuyer du manége du roi, chev. de Saint-Louis; 4. Blanche-Marie-Louise, ép. Rodolphe-Ernest de Rossel, baron de Fontarèches, ancien gendarme de la garde du roi et lieut. de cavalerie.

VI. Auguste de Mathei de Valfons, marquis de la Calmette, marquis de Massilian, chevau-léger de la garde du roi et lieut. de cavalerie, ép. le 26 juill. 1836 Gabrielle-Éléonore de Boileau de Castelnau, dont il eut : 1. Camille-Régis qui suit; 2. Blanche-Gabrielle; 3. Valérie; 4. Isabelle-Isaure.

VII. Camille-Régis de Mathei de Valfons, marquis de Valfons, né le 11 juin 1837. — Résid. chât. de la Calmette (Gard).

692. MOYRIA.

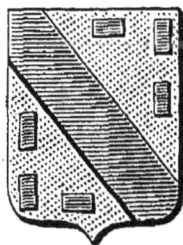

D'or à la bande d'azur accompagnée de six billettes en orle.

La maison de Moyria est une des plus anciennes du Bugey. Par les preuves qui furent faites en 1666 devant M. Boucher, intendant de cette province, on établit que la noblesse était héréditaire dans cette famille depuis Evrard de Moyria, vivant l'an 1040. Le château de Moyria à Cerdon fut bâti en 1095 par Ennemond, duc d'Aquitaine. Hugues I de Moyria fut chanoine et comte de Lyon en 1261; Hugues II fut aussi chanoine et comte de Lyon en 1318. (Marquis D'AUBAIS, III, p. 161.) Cette maison occupa des charges importantes à la cour de Savoie. En 1580 François de Moyria fut grand veneur de Savoie et gouverneur de Nantua. (LACH. DESN., X, 562.) La branche de Mailla a produit un missionnaire en Chine en 1727, auteur d'ouvrages estimés sur la Chine.

I. Louis de Moyria, capitaine d'une compagnie, assista au siége de Turin 1642, où il eut un cheval tué sous lui, fut député en 1651 de la noblesse du Bugey aux états tenus à Orléans. Il avait ép. 1° en 1649 Marie-Justine du Faure, fille du premier président à mortier, du parlement de Grenoble, intendant des armées d'Italie, dont il eut Joseph-Marie, qui forma la branche aînée de Mailla, établie à Nantua; 2° le 27 oct. 1662 Marie Mignot de Bussy, dont il eut :

II. François-Marie de Moyria, capit. au régt de Champagne,

dont un, de ses oncles était colonel, ép. vers 1695 à Béziers Jeanne de Baboulet, fille de François, capit. au régt de Sérignan, dont il eut :

III. Joseph-François de Moyria, off. major au régt royal Roussillon, infanterie, 1734, blessé aux batailles de Parme et Guastalla, major général du bataillon d'Abbeville 1748, blessé au siége de Maestricht, chev. de Saint-Louis, ép. à Béziers Anne de Sizillac, dont il eut : 1. Joseph-Claude, comte de Moyria, off. au régt de l'Isle-de-France, chev. de Saint-Louis et de Saint-Lazare, mort sans enfants; 2. Anne-Élisabeth, mariée le 14 sept. 1773 à Jean-Pierre-Bruno de Lautrec; 3. Gabrielle, morte en 1782, supérieure de Notre-Dame à Béziers; 4. et

IV. Jean-François-Joseph, baron de Moyria, ép. Guiraude de la Pucelle, dont il eut : 1. Aimé, baron de Moyria, mort sans enfants; 2. Marie-Joséphine-Élisabeth, mariée le 11 avril 1809 à Joseph-Thomas-Casimir d'Estève de Pradel.

693. PENNAUTIER,

Alias, BEYNAGUET DE PENNAUTIÈR.

D'argent à une canette de sable becquée et membrée de gueule, nageant sur une rivière de sinople; au chef cousu d'or à trois lozanges de gueule. DEVISE : *Cara patria, carior libertas.*

Le nom de cette famille est Baynaguet, Beynaguet, Benaguet. Elle est répandue en Languedoc et en Auvergne, et connue depuis le commencement du XIV siècle. Bernard de Benaguet, damoiseau, Sgr de la Burquière, petit-fils de Raymond, est rappelé, ainsi que son épouse Marie de la Barthe, dans une quittance donnée par Guillaume leur fils le 3 février 1388. Guillaume de Baynaguet, chevalier, est qualifié de noble et puissant seigneur dans une reconnaissance de trois cents écus d'or provenant de la dot de sa femme Navarre d'Orbessan du 30 mai 1408. Georges son fils, chevalier, fut chargé de procuration, le 28 février 1443, par le comte Gaston de Foix qui le qualifie de *cousin,* à l'effet de terminer des différends qu'il avait avec le sénéchal de Toulouse. (BOUILLET, *Nobil. d'Auvergne,* V, 67.) Cette maison a été admise aux honneurs de la cour en 1780. Elle avait été maintenue dans sa noblesse en Guienne le 7 février 1667, par M. Pellot, intendant, sur preuves remontant à 1552.

Jean-Baptiste de Beynaguet, Sgr et comte de Pennautier, Saint-Pardoux et du château de Mezel, page du duc d'Orléans, grand-croix de Saint-Lazare et de N. D. du Mont-Carmel 1728, capit. au régt d'Orléans, chev. de Saint-Louis, ép. le 6 fév. 1741 Amable Soubrany de Bénistan, dont il eut : 1. Jacques-Amable qui suit; 2. Jacques, qui a fait la Br. B.; 3. Marie-Magdeleine, mariée à Jean-Baptiste, marquis de Voisins; 4. Rose-Françoise, mariée à Joseph de Malaret.

Jacques-Amable-Gilbert de Beynaguet, chevalier, appelé le marquis de Pennautier, Sgr du château de Mezel, de Maleret et Saint-Pardoux en Auvergne, chev. de Saint-Louis, mousquetaire et capit. dans le régt de Brie, mourut sans postérité.

Br. B. Jacques de Beynaguet, chevalier de Saint-Pardoux, marquis de Pennautier après la mort de son frère aîné, élève d'artillerie 1767, capit. au régt de Besançon 1783, chev. de Saint-Louis 1790, fit la guerre de l'Inde et les campagnes de France de 1792 et 1793, comme officier supérieur d'artillerie. Il ép. en 1796 Magdeleine-Louise d'Aurelle de Champetière, veuve de son frère aîné et son héritière, dont il eut :

1. Rodolphe-Amable de Beynaguet de Pennautier, mousquetaire noir 1815. — Résid. Carcassonne, et chât. de Pennautier (Aude).

2. Amédée-Guesclin de Beynaguet de Pennautier, capitaine d'état-major 1830, aide de camp du maréchal comte de Molitor, retiré du service en 1833, après l'expédition d'Anvers; membre du conseil général et maire de Domaize en Auvergne 1844; ancien député au Corps législatif 1857; ép. Léonore-Athénaïs de Junquières, dont postérité.

694. RAYNAUD.

D'or à l'aigle éployée de sable au chef d'azur chargé de trois molettes d'argent. DEVISE : *Domine, probasti me.*

Cette maison est originaire de la généralité de Montpellier, D. de Saint-Pons. Elle a été maintenue dans sa noblesse par arrêt de la cour des comptes, aides et finances de Montpellier du 24 mars 1744, M. Rolland rapporteur, qui établit une filiation authentique depuis

I. Charles de Raynaud, Sgr de Lagarrigue, capitaine de trente lances, qui testa le 9 juill. 1555, et eut pour fils :

II. Jean de Raynaud, capitaine de cent hommes de guerre, ép. 1° le 10 janv. 1568 Hélix de Cabrol, dont il eut : 1. Étienne qui suit; 2. Charles, qui a fait la Br. B.; 3. et Henri, qui a fait la Br. C; 2° le 8 avril 1574 Marguerite Busancèle, dont il n'eut pas d'enfants.

III. Étienne de Raynaud, « noble viguier et seul magistrat exécu-« tant la justice pour le roi en la juridiction de Fraisses, » ép. la

8 avril 1625 Hélix de Landes, dont il eut plusieurs enfants, entre autres :

IV. Jean de Raynaud, sieur des Pradels, ép. le 24 janvier 1657 Marquise de Clerc, dont il eut plusieurs enfants, entre autres :

V. Étienne de Raynaud, sieur des Pradels, ép. le 23 fév. 1700 Isabeau d'Audoules, dont il eut : 1. Jean qui suit; 2. Joseph, mestre de camp en 1733, tué à la bataille de Guastalla.

VI. Jean-Anicet de Raynaud, sieur des Pradels, Sgr de Montlebrons, ép. le 18 janv. 1734 Élisabeth de Raynaud, dont il eut :

VII. Étienne de Raynaud, qui, ainsi que Bernard de Raynaud, baron de Carnon, capit. au régt de Bresse, chev. de Saint-Louis, est mort sans postérité mâle.

·Br. B. III. Charles de Raynaud, ép. le 23 janv. 1626 Marie d'Huc, dont il eut :

IV. Guillaume de Raynaud, sieur de Pesseplane, ép. le 10 avril 1670 Anne de Flottes, dont il eut :

V. Charles de Raynaud, sieur de Linières, ép. le 16 fév. 1703 Félice de Garrigues de la Devèze, dont il eut : 1. Jean-Joseph, qui ép. Suzanne de Grenier, dont il eut : a. Charles-Alexandre, colonel et chev. de Saint-Louis ; b. Stanislas, colonel au service du roi de Sardaigne; c. Roquefeuil, capit. dans le régt d'Armagnac, mort pendant la guerre d'Amérique : aucun de ces trois enfants n'a laissé de postérité ; 2. et

VI. Joseph-Augustin de Raynaud, vicomte de la Salle, lieut. dans le régt de Champagne, ép. le 17 août 1743 Françoise de Raynaud, dont il eut :

VII. Marie-Joseph-Augustin, vicomte de Raynaud, colonel, off. dans les gardes du corps du roi, chev. de Saint-Louis, ép. le 15 mars 1790 Philiberte de Saint-Martin, dont il eut :

VIII. Philibert-Auguste, vicomte de Raynaud, officier d'état-major, chev. de la Lég. d'honn., ancien membre du conseil général de l'Hérault, mainteneur de l'Académie des jeux floraux, ép. le 17 janvier 1827 Clémentine de Rey de Saint-Géry. Le contrat de mariage de M. le vicomte de Raynaud fut signé par le roi Charles X et les princes de la famille royale. — Résidence : la Salvetat (Hérault).

Br. C. III. Henri de Raynaud, ép. le 11 mai 1612 Marie de Barthés, dont il eut :

IV. Jean de Raynaud, ép. le 24 fév. 1666 Anne de Gleizes, dont il eut : 1. Jacques qui suit; 2. Louis, sieur de Saint-Christol, exempt des gardes du roi.

V. Jean de Raynaud, sieur de Martinet, capit. au régt de Blésois, chev. de Saint-Louis, ép. le 22 janv. 1711 Félicie de Goure. Il eut de son mariage :

VI. Félix de Raynaud-Martinet, chev. de Saint-Louis, ép. en 1747 Gabrielle de Passemar, dont il eut, entre autres enfants : 1. Honoré, colonel et chev. de Saint-Louis ; 2. Barthélemy, capitaine, mort au siége de Strasbourg ; 3. et

VII. Auguste de Raynaud, cadet-gentilhomme dans le régt. de Touraine pendant la guerre d'Amérique, ép. le 5 pluviôse an v Pauline de Raynaud, dont il eut : 1. Paul qui suit ; 2. Élisa, mariée le 19 août 1828 à Roch de Chefdebien, vicomté d'Armissan.

VIII. Paul de Raynaud, ép. le 10 juin 1828 Clémence de Saint-Martin, dont il eut :

IX. Henri de Raynaud. — Résidence : Cuq (Albigeois).

695. RÉHÉS DE SAMPIGNY.

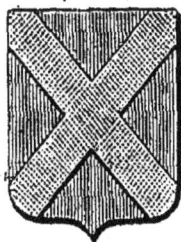

De gueule au sautoir d'or.

Cette famille est originaire de Lorraine, d'où elle s'est répandue en Auvergne et en Vivarais. Suivant des lettres patentes de Charles IV, duc de Lorraine, en date du 27 octobre 1661, elle remonte sa filiation à Nicolas de Réhés, lieut.-colonel de cavalerie en 1559. Plus tard, l'un de ses descendants obtint l'érection en *comté* de la terre de Sampigny sur Meuse en Barrois, le 13 juin 1712, par lettres de Léopold, et l'autorisation de changer son nom de Réhés en celui de Sampigny. Cette famille passa en France à la mort de Léopold, duc de Lorraine, et obtint sa naturalisation par lettres patentes de Louis XV du 2 mai 1723 et confirmation de sa noblesse par autres lettres du mois d'août 1724. Le 16 mars 1728 la famille de Sampigny acquit du duc d'Orléans le marquisat d'Effiat et lui en fit foi-hommage au mois de mai 1729, ensemble les Sgries de Denône, de Chanteloup et de Bussière. (WAROQUIER, *Tabl. généalog.*, V, 362-368. — BOUILLET, *Nobil. d'Auvergne*, V, 247, 248.)

I. Nicolas de Réhés, lieut.-col. en 1559, fut père de

II. Antoine de Réhés, écuyer, capit. de cavalerie, eut pour fils :

III. Jean de Réhés, écuyer, fut père de ....

IV. Jean de Réhés, assesseur au bailliage de Saint-Michel, ép. en 1650 Marie Hallot, et obtint de Charles IV, duc de Lorraine, les lettres patentes recognitives de noblesse du 27 oct. 1661, qui établissaient sa filiation depuis Nicolas, son bisaïeul, enregistrées en France le 2 janv. 1682. Il eut pour fils :

V. Louis-Ignace de Réhés, comte de Sampigny par lett. pat. de Léopold du 13 juin 1712, secrétaire d'État et garde des sceaux du duc Léopold, puis s'établit en France, obtint des lettres de naturalisation et de confirmation de noblesse, mentionnées plus haut, fut conseiller au parlement de Metz, gouverneur de la ville de Commercy ; ép. en 1693 Claire-Henriette Oriol de Jubainville ; dont il

eut, entre autres enfants : 1. Gabriel-François qui suit; 2. François-Charles, qui a fait la Br. B.

VI. Gabriel-François de Sampigny, comte de Sampigny de Bus-
sières, capit. de cavalerie, ép. à Riom en 1732 Antoinette de Ver-
naison, dont il eut, entre autres enfants : 1. François-Charles, qui a
fait une branche en Auvergne ; 2. et

VII. Ignace-Hyacinthe de Sampigny, comte de Sampigny, capit.
au régt royal-marine, lieut. des maréchaux de France à Riom, ép.
1° Jacqueline Reillart de Saulnat; 2° en 1800 Catherine-Cora de
Chapte; il eut de sa première femme : 1. Marie-Amable, alliée en
1784 à Claude, baron de Forget; et de la seconde : 2. Marie-Adélaïde, mariée au baron d'Ideville, anc. député de l'Allier; 3. et

VIII. Michel-Henri de Sampigny, comte de Sampigny, ép. le 12 février 1827 Marie Meilheurat, dont il eut : 1. Anne-Gabrielle ; 2. Ma-
rie-Adélaïde-Bathilde ; 3. Marie-Louise ; 4. Anne-Thérèse; 5. Marguerite; 6. Ignace-Hyacinthe.

Br. B. VI. François-Charles de Sampigny, comte de Sampigny
d'Issoncourt, capit. de cavalerie au régt d'Asfeldt, ép. en 1733 Marie-Louise d'Assigny, dont il eut : 1. Louis-Charles ; 2. et

VII. Henri-Jean de Sampigny, capit. au régt d'Austrasie, chev.
de Saint-Louis, ép. à Aubenas le 24 nov. 1772 Marie-Anne-Fran-
çoise Barthélemy, dont il eut six enfants, entre autres : 1. Gabriel-François, marié en 1827 à Pauline-Charlotte-Chrétienne de
Fagan; 2. Marie-Louise-Rosalie, mariée en 1805 à Alexandre-Bar-
thélemy Borel; 3. et

VIII. Louis-Achille de Sampigny, comte de Sampigny, capit.
d'état-major, chev. de la Lég. d'honn., ép. Arthémise-Pauline de
Cambis, dont : 1. Gustave; 2. Gabrielle; 3. Ernestine, religieuse;
4. Marie.

696. RESTAURAND DE LIRAC.

D'argent à un phénix sur un bûcher qui se brûle à l'ardeur du soleil. DEVISE : *Virtus vetat
mori.*

Cette famille est originaire d'Italie ; elle s'établit très-anciennement au D. d'Uzès. Le premier
du nom dont on ait connaissance est Noël de Restaurand, qui vint s'y établir au XIIIe siècle,
comme il est prouvé par l'ancien cadastre du Pont-Saint-Esprit, et par les archives du chapitre
de Saint-Pierre, ordre de Cluny. Elle fut maintenue dans sa noblesse par arrêt de la cour des
comptes, aides et finances de Montpellier du 13 octobre 1745. (LACH. DESB., XII, 69.)

I. Jean de Restaurand, écuyer, de la ville du Pont-Saint-Esprit,
ép. av. 1568 Jeanne de Sibert, dont il eut :

II. Jean de Restaurand, écuyer, ép. le 11 août 1591 Isabeau de Philippon, dont il eut :

III. Étienne de Restaurand, écuyer, ép. le 3 nov. 1625 Marie de Termes, dont il eut :

IV. Pierre de Restaurand, écuyer, capit. au régt de Fabert, ép. le 27 fév. 1661 Claude de Maréchal, dont il eut :

V. Jean-Baptiste de Restaurand, écuyer, capit. au régt. de Lorraine, infanterie, ép. le 23 oct. 1703 Marguerite d'Armand de Châteauvieux, dont il eut : 1. Alexandre, capit. au régt d'Orléans, tué à la bataille de Guastalla 1734 ; 2. et

VI. Pierre-Nicolas de Restaurand, écuyer, prieur et co-Sgr de la baronie de Montmort, au D. de Gap, co-Sgr de la Garde-Pariol, héritier des biens, nom et armes de Joseph d'Armand de Châteauvieux, son oncle, ép. le 6 oct. 1738 Louise-Bibiane de Séguin de Piégon, et fut maintenu dans sa noblesse par arrêt de la cour des comptes, aides et finances de Montpellier du 13 oct. 1745.

D'une autre branche était Louis de Restaurand de Fontbonne, commandant au régt de Guienne, dans le Canada, où il fut tué brigadier des armées du roi avec son neveu, Bonaventure de Restaurand, aide-major audit régt.

N... de Restaurand, Sgr de Lirac, Montaigu et la Prade, capit. dans le régt Dauphin, obtint, après la mort de son oncle Louis et de son frère Bonaventure, une pension de 200 livres. Il ép. à Montpellier N... d'Aresne, *alias* d'Arènes, et se fixa au Pont-Saint-Esprit. Il avait un frère, Louis, chanoine à Alais.

N... de Restaurand de Lirac prit part à l'assemblée de la noblesse de Nîmes pour l'élection des députés aux états généraux de 1789.

697. SARTRE.

D'azur à la fasce d'argent chargée de trois étoiles de gueule et accompagnée en chef d'une aiglette, et en pointe d'un croissant, le tout d'argent.

Cette famille est originaire de Montpellier, où elle a occupé fort anciennement un rang distingué dans la magistrature. Elle était divisée en plusieurs branches dont l'aînée s'éteignit vers le milieu du XVIII° siècle. La branche des Sgrs de Saint-Nazaire et Caveirac s'établit en Saintonge et obtint de Louis XVI des lettres confirmatives de noblesse données à Versailles au mois de décembre 1774, à Jacques-Honoré-François de Sartre, capit. de cavalerie, « en récompense justement méritée par les longs et signalés services rendus par son père, et comme issu de parents qui depuis plus de deux cents ans ont été dans une profession publique non interrompue et non contestée de se qualifier nobles. » (Lett. patentes signées Louis, contre-signées par Hue de Miromesnil et Phelippeaux.)

I. N... de Sartre, fut père de : 1. Aymar qui suit ; 2. Jacquette, ép. le 28 janv. 1627 Jean de Lort-Sérignan, maréchal de camp 1650 ; 3. Isabeau, ép. le 7 fév. 1644 Jacques de Bonnet de Maureilhan de Polhes, baron de Polhes et des Feuillants.

II. Aymar de Sartre, écuyer, Sgr de Saint-Nazaire, conseiller du roi au siége présidial de Béziers, ép. av. 1625 Françoise-Marguerite d'Espagne, dont il eut : 1. Pierre qui suit ; 2. Jean-François, conseiller à la cour des comptes, aides et finances de Montpellier, président en 1651 ; 3. Jean, second président à la cour des comptes, aides et finances de Montpellier, exilé à Nantes après les troubles de Montpellier en 1662 ; 4. Marguerite, ép. le 16 avril 1660 Pierre de Gep, Sgr de Ginestet.

III. Pierre de Sartre, écuyer, Sgr de Saint-Nazaire, conseiller du roi, premier président au siége présidial de Béziers, ép. 1° le 18 sept. 1661 Marie de Rives, dont il n'eut pas d'enfants ; 2° N..., dont il eut : 1. Antoine-Aphrodise qui suit ; 2. Cyrille, mariée à N... de Pouzolles.

IV. Antoine-Aphrodise de Sartre, chevalier, baron de Neffiès, vicomte de Vaillant, Sgr de Saint-Nazaire, conseiller à la cour des comptes, aides et finances de Montpellier 1698, héritier de Jean de Sartre, son oncle, président en la cour des comptes de Montpellier 1749.

Pierre de Sartre d'Espagnac ou d'Espagne, ép. le 28 sept. 1706 Gabrielle de Bermond du Caylar.

Br. B. I. François-Pierre de Sartre, ép. av. 1534 Marguerite de Focard, dont il eut :

II. Guillaume de Sartre, maître des comptes à Montpellier, eut pour fils : 1. Jacques qui suit; 2. Jean-François, père de Magdeleine qui ép. Étienne de Ratte, et de Gabriel, conseiller à la cour des comptes, qui eut une fille, Catherine-Marie, alliée à Philibert de Bon, Sgr de Saint-Martin du Tertre, conseiller à la cour des comptes, puis premier président à la même cour et conseiller d'Etat.

III. Jacques de Sartre, conseiller du roi, receveur des tailles dans le D. de Lavaur, ép. Marguerite de Bosc, et il en eut : 1. Pierre qui suit; 2. Jean, conseiller secrétaire du roi, maison et couronne de France, ép. Antoinette de Bécherand; 3. Claire, mariée à David Plauchut; 4. Antoinette.

IV. Pierre de Sartre, conseiller et secrétaire du roi, maison et couronne de France 1691, Sgr de Caveirac, Clarensac, Vaquerolles, Saint-Cosme et Saint-Cesaire, receveur des gabelles et finances en la généralité de Montpellier, ép. le 1er janv. 1688 Bernardine de Scorbiac, dont il eut : 1. Laurent-Louis qui suit; 2. Laurent, écuyer Sgr de Caveirac, capit. au régt de Sayne, ép. le 6 nov. 1728 Charlotte Reynault de Charancé, dont un fils, mort prêtre, et deux filles religieuses; 3. Pierre, Sgr de Vaquerolles, commissaire de la marine aux colonies, puis au port de Rochefort, ép. Jeanne-Gatienne Liger, dont deux filles : a. Magdeleine-Gatienne, mariée à Paul de Rambures, mort chef d'escadre; b. Marthe-Louise, mariée à Joseph-Louis Mondot de la Marthonie, chev. de Saint-Louis, capit. des vaisseaux du roi, puis brigadier des armées navales; 4. Antoinette, mariée le 20 déc. 1704 à Henri de Bosc son cousin germain, conseiller à la cour des comptes, aides et finances de Montpellier.

V. Laurent-Louis de Sartre, écuyer, capit. des vaisseaux du roi au port de Rochefort, après avoir fait l'expédition du Canada et de Saint-Domingue, chev. de Saint-Louis, ép. le 9 mai 1745 Élisabeth Lambert, dont il eut :

VI. Jacques-Honoré-François de Sartre, Sgr de Vénérand, du Pavillon, de la Syvais, capit. de cavalerie 1774, se retira en Saintonge; il obtint en 1774 des lettres patentes de Louis XVI confirmatives de sa noblesse; il ép. le 18 juill. 1775 Marie-Elisabeth Carré de Sainte-Gemme, dont il eut : 1. Marie-Louis-Maurice, mort sans alliance 1832; 2. Marie-Paul-François de Sales qui suit; 3. Marie-Pierre-Charles-Léon, servit dans la garde d'honneur de l'empire, sous-lieut. en 1813, maire de Vénérand en 1816, non marié; 4. Marie-Bénédictine-Paule, mariée à Pierre-Louis-René, marquis de Saint-Légier de la Saussaye, dont postérité; 5. Marie-Eutrope-Mélanie, ép. 1° le 22 août 1810 Louis-Joseph de Gaigneron de Mo-

rin, dont Louis, marié le 2 juillet 1841 à Thérèse de Sainte-Marie ;
2° le 28 fév. 1815 Jules-Alexis de Brémond d'Ars, dont postérité.

VII. Marie-Paul-François de Sales de Sartre, mort en 1848, av.
ép. Élisabeth Priqué de Guippeville, dont il eut : 1. Adolphe-Honoré qui suit; 2. Élisabeth ; 3. Marie-Joseph-Victor, marié en 1835
à Henriette Aymer de la Chevalerie, dont : *a.* Louise; *b.* Joseph ,
sert au 2ᵉ régt des chasseurs d'Afrique ; *c.* Marie; *d.* Léon; *e.* Gabrielle; *f.* Gaston.

VIII. Adolphe-Honoré de Sartre, né en 1803, a ép. en 1836 Éléonore Pallet de Blanzay, dont : 1. Henri ; 2. Frédéric, sert au 8ᵉ régt
de dragons.

698. TARDY DE MONTRAVEL.

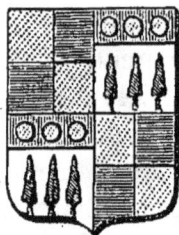

Écartelé au 1 et 4 contre-écartelé d'or et d'azur, qui est de Montravel ;
au 2 et 3 d'argent à trois cyprès arrachés et rangés en pal de sinople, au
chef de gueule chargé de trois besants d'or, qui est de Tardy. DEVISES :
In eo aut cum eo. — Sanguine nobilis, virtute nobilior.

La maison de Montravel, originaire d'Auvergne, où on la trouve alliée
dès le XIVᵉ siècle aux maisons les plus considérables de ce pays, a formé
plusieurs branches qui se sont successivement établies en Forez, Velay,
Vivarais, Dauphiné, Suisse et Amérique. Elle tire son nom de la seigneurie et château de Montravel, situés près Arlenc dans la haute Loire,
et possédés par les aînés de cette maison jusqu'au XVIᵉ siècle.

Elle a prouvé sa noblesse devant M. de Saint-Priest le 18 fév. 1786, et justifié sa filiation authentique devant le Conseil du Sceau en 1814, pour l'obtention du titre de *comte*, depuis 1316,
sur le rapport du comte de Méry, référendaire.

I. Aymar de Montravel , qualifié chevalier dans une transaction
de 1316 passée avec son frère aîné, dans laquelle il est dit fils de
Robert de Montravel, chev.; et de Malvine de Trie, vint s'établir
vers cette époque sur la frontière du Velay, à Martinas-les-Faux,
où il ép. Agnès de Tardy, héritière de sa maison, à condition d'en
prendre le nom et les armes; ils eurent pour fils :

II. Pierre de Tardy de Montravel, chevalier, Sgr de Trivellerie,
Chamarèche, Martinas, servit dans les troupes du duc de Bourgogne, ép. en 1368 Marie de Sicard, dont il eut :

III. Aymard de Tardy de Montravel, chevalier, tué au siége de
Liége en 1408, av. ép. en 1400 Sybille de Villeneuve, dont il eut :

IV. Pierre de Tardy de Montravel, chevalier, ép. en 1439 Christine
de Paulin, dont il eut : 1. Philippe qui suit; 2. Henri; 3. Robert.

V. Philippe de Tardy de Montravel, chevalier, capit. de cent
hommes d'armes sous Louis XII, ép. Michèle de Beauzac, dont il
eut :

VI. Hector de Tardy de Montravel, chev., ép. en 1509 Henriette de Montravel, dont il eut : 1. Jean, tué dans les guerres d'Italie ; 2. Henri qui suit ; 3. Pierre, tué dans les troubles du Velay ; il servait avec la noblesse du pays sous les ordres de Jean de Luzi, Sgr de Pélissac.

VII. Henri de Tardy de Montravel, chevalier, ép. en 1535 Appollonie d'Authier de Sisgau, dont il eut : 1. Jean qui suit ; 2. Hector, prêtre ; 3. Henri, qui servit sous les ordres de Montluc, et prit part au siége de la Rochelle en 1573.

VIII. Jean de Tardy de Montravel, chevalier, Sgr du Bois, capit. de cinquante hommes d'armes, ép. en 1590 Isabeau de Grangeon, dont il eut dix enfants, entre autres : 1. Maurice, commissaire d'artillerie dans l'armée du Vivarais commandée par le duc de Montmorency ; 2. Jean, dont la postérité s'est éteinte en la personne de Colombe de Tardy de Montravel, dame du Bois, mariée à Joseph Pichon de la Rivoire, baron de Vocance ; 3. François qui suit ; 4. Durand, commissaire d'artillerie, qui a fait la Br. des Sgrs de Montbel, éteinte après 1693 ; 5. Louis, qui a fait la Br. des Sgrs de Rueires établie en Suisse, éteinte en 1815.

IX. François de Tardy de Montravel, écuyer, Sgr de Grandpré, commissaire d'artillerie, ép. le 23 déc. 1631 Antoinette Bouche, dont il eut, entre autres : 1. Marc-Antoine, dont la postérité éteinte en 1743, a donné en 1721 un chevalier de Saint-Lazare, Jean-Louis de Montravel ; 2. et

X. Jean de Tardy de Montravel, écuyer, Sgr de Plenay, off. d'artillerie, ép. le 15 sept. 1670 Catherine Gottard, dont il eut :

XI. Damien de Tardy de Montravel, écuyer, Sgr de Plenay, directeur général des gabelles du Lyonnais, Provence, Dauphiné, Languedoc, Roussillon, ép. le 14 juill. 1705 Marie-Louise du Plessis-Grénedan, dont il eut : 1. Jacques qui suit ; 2. Jean-Fleury, qui a fait la Br. C.

XII. Jacques-Louis-Damien de Tardy de Montravel, écuyer, Sgr de Plenay, qui fut maintenu dans sa noblesse par jugement souverain de Pierre de la Coste, marquis de Presles, intendant du Dauphiné le 26 septembre 1756, épousa Marie-Pélagie du Plessis, sa cousine germaine, dont il eut : 1. Jean-Baptiste, chev. de Saint-Louis, adjudant général du génie, chef de bataillon, qui ép. Fidèle-Cunégonde de Chalendar, dont il eut Pélagie-Marie-Jeanne-Gabrielle, mariée le 7 avril 1815 à Jean-Marie-Balthazar-Antoine du Rouchet des Romaneaux ; 2. et

XIII. Jean-François-Damien de Tardy de Montravel, chev. de Saint-Louis, capit. au régt de Metz en 1770, lieut.-col. en 1791 ;

commandant l'école militaire d'artillerie de Chalons-sur-Marne, servit pendant l'émigration dans les chasseurs nobles de l'armée de Condé; il av. ép. le 22 oct. 1769 Claude-Jeanne-Éléonore d'Haute--ville, dont il eut : 1. Marie-Philippe qui suit; 2. Marie-Alexandre--Auguste, qui a fait la Br. B.

XIV. Marie-Philippe-Just-Gabriel de Tardy de Montravel, chev. de Saint-Louis, de la Lég. d'honn., du Lis et du Phénix de Hohen-lohe, suivit son père dans les chasseurs nobles de l'armée de Condé pendant l'émigration, commandant la légion de gendarmerie de la Moselle en 1816, chef d'escadron en 1821 ; il av. ép. le 10 prairial an VIII, à Nancy, Marguerite de Bellerose, dont il eut : 1. Marie-Hi-laire qui suit; 2. Marie-Françoise-Laure, mariée le 30 janv. 1828 à François-Hippolyte de Costard, marquis de Saint-Léger.

XV. Marie-Hilaire-Félix de Tardy de Montravel, élève de Saint-Cyr et de Saumur, sous-lieut. démissionnaire en 1830, nommé en 1852 vice-consul de France à Porto-Allègre (Brésil); il av. ép. le 20 avril 1833 à Fribourg Marie-Élisabeth de Diesbach, dont il eut : 1. Paul-Marie-Joseph, né le 8 mai 1834; 2. Gabrielle-Marie, née le 15 nov. 1839.

Br. B. XIV. Marie-Alexandre-Auguste de Tardy de Montravel, chev. de Saint-Louis, off. de la Lég. d'honn., baron de l'empire, avec dotation impériale, suivit son père et son frère pendant l'émigration, s'éleva successivement dans l'armée des princes aux grades de chef de bataillon commandant l'artillerie, puis lieut.-col. d'artillerie et sous-directeur de l'arsenal de Strasbourg, ép. en Po-logne Albertine de Bohun, dont il eut : 1. Mathilde, mariée à Vic-tor Cochet Dubel; 2. Alexandrine, mariée à Louis Pinot, capit. de grenadiers au 15e de ligne; 3. Jean-Marie-Albert, chev. de la Lég. d'honn., capit. au 1er régt de la légion étrangère, blessé à Sébasto-pol le 8 sept. 1855; 4. Louis qui suit; 5. Augusta, mariée à Émile-Joseph le Borne, major d'artillerie, chev. de la Lég. d'honn.; 6. Clé-mence, mariée à Edmond-Milon d'Ainval, chef de bataillon au 61e régt de ligne, chev. de la Lég. d'honn.

XV. François-Marie-Louis de Tardy de Montravel, officier de la Lég. d'honn., capit. de vaisseau, ancien gouverneur de la Nouvelle-Calédonie 1852, a fait le voyage autour du monde sur les corvettes l'Astrolabe et la Zélée sous les ordres des amiraux Dumont-d'Urville et Ducamp de Rosamel; il ép. à la Guyane française, le 6 sept. 1843, Marie-Louise-Adèle-Herminie Albert, dont il eut : 1. Auguste-Ma-rie, né le 11 janv. 1845; 2. Louise-Blanche-Marie-Thérèse, née le 13 avril 1848; 3. Raoul-Marie-Auguste, né le 6 sept. 1852.

Br. C. XII. Jean-Fleury de Tardy de Montravel de Labrossy, Sgr de Bressac, Fontblachère, les Mottets, Saint-Lager, etc., directeur des petites gabelles, ép. le 18 sept. 1749 Marie-Hélène de Chantereau, dont il eut : 1. Jean-Louis qui suit ; 2. Jean-Philippe de Tardy de Labrossy-Montravel, chev. de Saint-Louis, maréchal de camp 1817, fit partie du corps des officiers d'artill. de l'armée de Condé, et commanda les volontaires royaux de l'Ardèche en 1815 ; 3. Joseph-Marie, chev. de Montravel, colonel d'artill., chev. de Saint-Louis ; 4. Marie-Anne-Josèphe, mariée le 3 avril 1778 à François-Scipion-Laurent du Molard, vicomte de Barrès, maréchal de camp, chev. de Saint-Louis ; 5. Marie-Hélène-Nicole-Pélagie, mariée à Jean-Jacques de Beaux de Plovier, conseiller du roi, lieut. particulier au siège présidial de Valence.

XIII. Jean-Louis-Damien de Tardy de Montravel, comte de Montravel le 2 déc. 1814, fut maintenu dans sa noblesse avec ses frères par jugement souverain de M. de Saint-Priest le 18 fév. 1786, et prit part aux dernières assemblées de la noblesse tenues à Villeneuve-de-Berg en 1789, il avait ép. le 6 nov. 1780 Marie-Rosalie-Dorothée Pellier, dont il eut : 1. Louis-Antoine-Fleury qui suit ; 2. Antoine-Maurice qui a fait la Br. D. ; 3. Louis-Victor-Eugène qui a fait la Br. E. ; 4. Marie-Thérèse-Madeleine-Élisabeth, mariée le 5 juin 1821 à Charles-Fortuné, comte de Fay-Solignac.

XIV. Louis-Antoine-Fleury de Tardy, comte de Montravel, brigadier aux chevau-légers de la garde du roi, ancien maire de Joyeuse, ép. le 13 mai 1817 Marie-Christophe-Antoinette de la Rochette, dont il eut : 1. Cécile-Marie-Hélène-Victorine, mariée le 16 déc. 1843 à Armand Ferrat, comte de Pontmartin ; 2. Jeanne-Marie-Antonine, née le 31 mars 1822 ; 3. René-Maurice-Joseph, né le 4 déc. 1825 ; 4. Léonce-Marie-Philippe, lieut. instructeur à Saumur, né le 13 sept. 1827 ; 5. Gordienne-Marie-Clémentine-Léopoldine, née le 10 mai 1829 ; 6. Octavie-Marie-Victorine, née le 11 nov. 1833.

Br. D. XIV. Antoine-Maurice de Tardy, vicomte de Montravel, décoré du lis en 1816, sous-lieut. dans la 1re compagnie des gardes royaux, ancien membre du conseil général de l'Ardèche, etc., mort à Lyon le 19 oct. 1856, avait ép. le 25 avril 1822 Marie-Suzanne-Françoise du Rouchet de Chazotte, dont il eut : 1. Antoine-Jean-Louis, vicomte de Montravel, né le 7 mars 1823 ; 2. Louise-Marie-Hélène, née le 25 oct. 1824 ; 3. Joseph-Philippe, né le 6 avril 1826 ; 4. Jeanne-Philippine-Amélie, née le 8 fév. 1828 ; 5. Joseph-Maurice, né le 30 nov. 1829, engagé volontaire dans le 2e régt. des chasseurs d'Afrique en 1855, a été élevé aux premiers grades sous les murs de Sébastopol; 6. Félix-Gabriel-Fleury, né le 23 oct. 1831; 7. Marie-Rosalie-Eugénie, née le 18 nov. 1832; 8. Louis-François-Théodore, né le 9 mars 1837.

Br. E. XIV. Louis-Victor-Eugène de Tardy de Montravel, chevau-léger de la garde du roi, mort le 23 oct. 1856, ép. le 2 mars 1840 Anna-Jacqueline-Laurence de Chaléon de Chambrier, dont il eut : 1. Élisabeth-Marie-Léonie-Jacqueline, née le 4 nov. 1840; 2. Louis-André-Humbert-Eugène, né le 19 mai 1842; 3. Louis-Henri-César-André, né le 14 janv. 1845.

699. VILLARDI DE QUINSON DE MONTLAUR.

D'azur au dextrochère armé d'argent, mouvant de senestre et tenant une palme d'or.

La maison de Villardi est originaire d'Italie. Sa noblesse a été reconnue en France par d'Hozier, le 7 juin 1768, et devant les états de Languedoc le 17 novembre 1784 (*Proc.-verb. des états de Languedoc*, 27 nov. 1784), depuis Joseph de Villardi qui va suivre. Elle a possédé, en Dauphiné et en Provence, les Sgries de Quinson et Chailane, et en Languedoc le marquisat de Montlaur. (ARTEFEUIL, II, 499. — TOURTOULON, 180.)

I. Joseph de Villardi, ép. Christine Visconti, de la ville de Milan, dont il eut :

II. François-Raimond de Villardi, chevalier romain, chef des armées du duc de Milan, Sforce II, ép. le 24 nov. 1524 Isabelle Conti, dont il eut : 1. Philippe, mort à Milan; 2. et

III. François de Villardi, ép. le 15 août 1551 Magdeleine de Thomassin, dont il eut : 1. Jacques qui suit; 2. Raimond, protonotaire apostolique, archidiacre de Carpentras.

IV. Jacques de Villardi, ép. le 17 juill. 1598 Marguerite de Blachet, dame de Quinson et de la Tour-les-Buvons, dont il eut : 1. Jean-Raimond qui suit; 2. Henri, protonotaire apostolique, archidiacre et grand vicaire de l'évêque de Carpentras; 3. Jacques, marié à Isabelle de Labeau, dont Louise, mariée au marquis de Blanvac.

V. Jean-Raimond de Villardi, Sgr de Quinson, ép. le 14 fév. 1635 Françoise de Baroncelly de Javon, dont il eut : 1. Henri qui suit; 2. Diane, mariée à Balthazar de Merles, marquis de Beauchamps; 3. Élisabeth, mariée à Joseph d'Aimar, Sgr de Montsallier.

VI. Henri de Villardi, comte de Quinson, ép. le 27 fév. 1666 Marie-Sibille de Porcellet, dont il eut : 1. Jean-Raimond qui suit; 2. Christophe, capit. de dragons; 3. Henri, mort au service, chev. de Saint-Louis; 4. François, capit. de cuirassiers au service de Clément XI.

VII. Jean-Raimond de Villardi, comte de Quinson, capit. de dragons, ép. 1° le 30 mai 1704 Françoise de Monetay-Chazeron; 2° le 6 janv. 1712 Thérèse-Delphine de Grille d'Estoublon, dont il eut : 1. Joseph-Henri qui suit; 2. Virginie, mariée à Pierre de Rouvière de Dions, premier président et juge-mage du présidial de Nîmes.

VIII. Joseph-Henri-Eugène de Villardi, comte de Quinson, Sgr de Pondres-le-Villa, ép. le 28 déc. 1740 Anne-Jeanne de Crouzet, dont il eut : 1. Gabriel-Joseph qui suit; 2. Jean-Baptiste-Achille; 3. Pierre; 4. Hyacinthe-Eugène; 5. Thérèse-Flavie; 6. Eugénie-Virginie; 7. Françoise, mariée le 14 fév. 1762 à François-Armand de Ginestous; 8. Louise-Pauline; 9. Marie-Thérèse-Delphine-Eugénie, mariée le 8 nov. 1772 à Pierre-Jacques-Fulcrand de la Roque.

IX. Gabriel-Joseph-Raimond de Villardi de Quinson-Dufaur, chevalier, marquis de Montlaur, chevalier d'honn. en la cour des aides de Montpellier, ép. le 5 mars 1776 Marie-Marguerite de Louet de Murat de Nogaret de Calvisson, et fut porteur de la procuration de la baronie de Calvisson aux états généraux de Languedoc de 1784.

Il eut de son mariage : 1. Eugène-Paulin-Raimond, qui suit; 2. Joseph-Isidore, qui a fait la Br. B.; 3. Sophronie, mariée à Esprit-Louis de Teyssier, baron de Margueríttes, décédée en 1842 à Paris.

X. Eugène-Paulin-Raimond de Villardi, marquis de Montlaur, chef d'escadron, chev. de Saint-Louis et de Saint-Jean de Jérusalem, mort en 1856, avait ép. en 1814 Bénigne-Charlotte Cadier de Veauce, d'une famille du Bourbonnais, veuve de François Leblanc de Chateauvillars, conseiller au parlement de Paris. Il eut de ce mariage : 1. Joseph-Eugène qui suit; 2. Anatole-Léopold-Auguste, capit. de cavalerie, marié le 7 mars 1850 à Léonie-Lydie de Saint-Martin; 3. Marie, alliée en 1841 à Charles de Salvert-Bellenaves.

XI. Joseph-Eugène de Villardi, marquis de Montlaur, chev. de la Lég. d'honn., ép. le 23 janv. 1844 Léopoldine-Xavérine-Victorine de Reclesne, héritière d'une très-ancienne maison originaire de Bourgogne, et répandue en Auvergne et en Dauphiné. Il a de ce mariage : 1. Humbert-Eugène-Léopold, né le 23 fév. 1850; 2. Marie-Pauline-Gilberte, née le 10 mai 1847; 3. Charles-Joseph-Gontran, né le 31 août 1852. — Résid. Paris, et château de Lyonne (Allier).

Br. B. X. Joseph-Isidore de Villardi, comte de Montlaur, ép. le 22 déc. 1814 Antoinette-Élie-Anne de Montglat, dont il eut : 1. Marie-Aimée, mariée le 16 août 1834 à Charles-Adolphe de Tourtoulon, baron de Lasalle; 2. Marguerite-Antoinette-Isaure, mariée le 16 sept. 1839 à Frédéric-Médard-Alfred de Chapel; 3. et

XI. Archambaud-Raimond de Villardi, comte de Montlaur, ép. le 12 oct. 1857 Marie-Louise-Gislaine-Lucy Girard Dudemaine, fille de Justin-Esprit-Gustave Girard, chevalier Dudemaine, et de Savina-Gasparine-Gislaine de Draeck, dont : 1. Élie-Esprit-Gislain-Amaury, né le 28 juill. 1858; 2. Savina-Charlotte-Marie-Diane, née le 27 nov. 1859. — Résid. Montpellier (Hérault).

700. VINCENTI DE MONTSEVENY.

D'azur à la bande d'argent, chargée d'un lézard de sinople, accompagnée de trois étoiles d'or, deux en chef, une en pointe.

La maison de Vincenti est ancienne et originaire de Toscane, où elle est encore représentée de nos jours. Sa filiation prouvée devant la cour des aides de Montpellier le 14 avril 1742, ne remonte qu'à Gilbert vivant au milieu du XVIe siècle. (*Exp. de l'arrêt de la cour des aides, délivré le 6 juin 1859, par Moulin, not. à Meyras (Ardèche).*) Gilbert était fils de Jean-Alphonse et d'Anne de Chalendar de Cornillon, et petit-fils d'André, marié à Louise d'Harcons, demeurant à Villeneuve de Berg.

I. Gilbert de Vincenti de Montseveny, écuyer, commandant une compagnie d'hommes d'armes au siége d'Anvers 1583, gouverneur de la ville d'Ussel en Limousin, suivit en Vivarais le duc de Ventadour 1595, commandant le château de Meyras et Jaujac, s'établit à Montseveny, paroisse de Prades, ép. le 27 juill. 1597 Françoise des Gois, dont il eut:

II. Anne de Vincenti de Montseveny, prit part avec le ban et l'arrière-ban de la noblesse de Languedoc au siége de Salces 1639; suivit en 1640 le prince Henri de Lorraine en Italie; il av. ép. le 14 mai 1624 Magdeleine de Teyssier, dont il eut :

III. Jacques de Vincenti de Montseveny, Sgr de la Valette, servit dans les chevau-légers; il ép. le 19 nov. 1664 Gabrielle de Murat, dont il eut :

IV. Henri de Vincenti de Montseveny, Sgr de la Valette, Marsal, lieut. au régt de Saintonge, puis capit. dans le régt de Vogué 1689, av. ép. le 5 sept. 1687 Marianne de Veyrac, dont il eut :

V. Gabriel de Vincenti de Montseveny, lieut. au régt d'Aunis 1707, ép. Marie-Anne de Brun de Lantenas, et fut maintenu dans sa noblesse par arrêt de la cour des comptes, aides et finances de Montpellier le 14 avril 1742; il eut de son mariage : 1. Gabriel qui suit; 2. Marie-Charlotte, mariée le 27 nov. 1754 à Antoine-Auguste de Rocles; 3. Jacques-Charles, chanoine de Saint-Julien de Tournon.

VI. Gabriel de Vincenti de Montseveny, Sgr de Sardiges, baron de Scentres en Coiron, terre acquise du marquis de Choisinet, qui la tenait de la maison de Soubise; lieut. au régt des Landes 1746, servit dans l'armée du maréchal de Belle-Isle en Piémont; il av. ép. 1° N... de Justet de Sardiges; 2° Marianne Boisson; il eut de son premier mariage : 1. Marie-Anne, mariée à N... de Seguin, marquis de Cabassolle; 2. une autre fille, mariée à N... de Rivière; et du second : 3. Jules-Henri-Hyacinthe qui suit; 4. Antoinette, mariée le 10 juill. 1804 à Henri-Joseph-François de Gigord.

VII. Jules-Henri-Hyacinthe de Vincenti de Montseveny, ép. Nathalie Loubat, dont il eut : 1. Joseph-Gabriel qui suit; 2. Charles, marié à Camille Bachelier, dont : Marguerite, née en 1847; 3. Mathilde, ép. N... Donneaud.

VIII. Joseph-Gabriel de Vincenti de Montseveny, ép. le 22 oct. 1838 Marie-Rose-Coraly de Seguin de Cabassolle, dont : 1. Henri-Clément-Paul-Ange, né le 30 oct. 1840; 2. Marie-Charlotte-Nathalie, née en fév. 1844.

7° Familles anoblies avant 1789.

701. CHAPTAL.

De gueule à la tour d'or maçonnée de sable, accompagnée de quatre étoiles d'or posées en pal deux à dextre, deux à senestre.

Sous l'empire, la tour fut surmontée en chef à senestre d'une vigne de sinople fruitée d'or, et à dextre du franc quartier de comte-sénateur. (SIMON, *Armor. de l'empire*, 1810, t. I, 9.)

Jean-Antoine Chaptal, anobli par Louis XVI, fut fait *comte* de Chanteloup sous l'empire, et pair de France sous la Restauration.

I. Jean-Antoine-Claude Chaptal, comte de Chanteloup, né à Nojaret dans la Lozère le 5 juin 1756, fut docteur en médecine de l'école de Montpellier. Les états de Languedoc créèrent pour lui une chaire de chimie, et n'administrèrent l'agriculture et le commerce que d'après ses conseils; ils demandèrent plus tard le cordon de Saint-Michel et des lettres de noblesse qui furent accordées à Chaptal en 1787. (*Archiv. de la cour imp. de Montpellier.*)

Il devint successivement professeur de chimie à l'École polytechnique, administrateur du département de l'Hérault, professeur de chimie à l'école de médecine de Montpellier, membre de l'Institut, conseiller d'État, ministre de l'intérieur, grand officier de la Lég. d'honn., trésorier du sénat, comte de l'empire; pair de France 1819, grand-croix de la Lég. d'honn. 1825; il ép. N... Lajard; dont

il eut : 1. N... qui suit; 2. Victoire, mariée en 1803 à Just de la Rivoire, marquis de la Tourette, dont la filiation a été rapportée au
t. I, n° 324, p. 294; 3. Virginie, ép. Joseph de Laage de Bellefaye,
dont : *a.* Léon; *b.* Marie; *c.* Henri; *d.* Léonie.

II. N... de Chaptal, comte de Chaptal, membre du conseil général des fabriques et manufactures, fut fait chev. de la Lég. d'honn.
par ordonn. du 18 août 1819; il ép. Amica Hostein, dont il eut :
1. Anatole, mort non marié; 2. Amélie; 3. Victor qui suit; 4. Marie, alliée à Stéphen Auxcousteaux; 5. Amica, mariée à Isidore
Coubé; 6. Caroline, mariée à Jérôme La Bonardière.

III. Victor de Chaptal, comte de Chaptal, chev. de la Lég. d'honn.,
marié le 4 avril 1857 à Nadine Rafalovitz.

702. CLAPIÈS.

D'azur à un chevron d'or chargé sur la pointe d'une étoile de gueule, accompagné de trois
rochers d'argent ombrés de sable. (*Armor.* 1696. 1277.)

Pierre de Clapiès; Clément, prieur de Vendres; Jean; François, Sgr de Montagnac, au
D. d'Agde, furent anoblis par lettres patentes du roi, données à Saint-Germain-en-Laye le
19 janvier 1674, enregistrées à Montpellier le 12 janvier 1675. (*Catal Mss. des gentilshommes
de Languedoc, D. de Béziers.*)

Jean de Clapiès, lieut. au régt de Santerre, assista à la bataille
de Nerwinde 1693; directeur général des travaux publics de Languedoc, chev. de l'ordre de Saint-Michel 1726, naquit à Montpellier
le 28 août 1670 de Pierre de Clapiès, correcteur à la cour des
comptes, et de Suzanne de Loys. Sa famille était noble et originaire
de Béziers, où elle avait accoutumé de faire sa principale résidence.
(*Éloges des académiciens de Montpellier*, recueillis par le baron des
Genettes, 1811.)

Il fut un des membres les plus distingués de la Société royale
des sciences de Montpellier, et chargé en 1728, avec MM. de Plantade et Danysi, de faire la description géographique de la province
de Languedoc.

M. de Clapiès laissa deux filles, dont l'une fut mariée à N... de
Carney, associé à l'Académie des sciences de Montpellier; et
l'autre à N... Castanier, de Béziers.

Antoine-François Castanier, et Guillaume Castanier, furent secrétaires du roi à Montpellier en 1705 et 1710.

N... de Castanier de Clapiès a pris part en 1788 à l'assemblée des
gentilshommes du diocèse de Béziers.

703. DURAND.

De sinople au navire équipé et habillé d'argent surmonté de deux étoiles d'or. DEVISE : *Fert patriæ facilem annonam.*

La famille Durand, originaire de Montpellier, a été anoblie par lettres patentes du roi Louis XVI, données à Versailles au mois de mars 1789, enregistrées au parlement de Toulouse le 30 avril 1789, pour services importants rendus au pays sous le règne de Louis XV. Pendant l'hiver de 1773-1774, Raymond Durand, négociant, sauva la province du Languedoc de la famine en faisant distribuer les provisions considérables que renfermaient ses magasins. Pendant tout le temps que dura la disette, il se refusa à l'augmentation qu'on lui proposait. Une grande partie de ces provisions fut distribuée à crédit aux habitants des campagnes, et le sieur Raymond Durand ne chercha jamais à en poursuivre le recouvrement. Le roi, instruit d'une conduite et d'un désintéressement aussi rares, chargea l'abbé Terray, alors contrôleur général, de témoigner au sieur Durand toute sa satisfaction de l'acte de patriotisme dont il avait donné l'exemple, et plus tard Louis XVI l'éleva aux honneurs de la noblesse. (Extr. des lett. pat. qui seront données dans nos *Pièces justificatives.*)

I. Raymond de Durand, écuyer, fils de François Durand, ancien consul de la ville de Montpellier, et de Louise Grenier, ép. le 13 nov. 1753 Jeanne-Marie Plagnol, dont il eut :

II. Jean-Jacques-Louis de Durand, chevalier, conseiller du roi en ses conseils, président en la cour des comptes, aides et finances de Montpellier, Sgr d'Aleyrac, Lunel-Vieil et Saint-Just, maire de la ville de Montpellier, périt sur l'échafaud révolutionnaire à Paris le 12 janv. 1794 à l'âge de trente-trois ans; il av. ép. le 30 juin 1785 Marie-Pauline de Barbeyrac de Saint-Maurice, dont il eut : 1. Louis-Marie-Raymond qui suit; 2. Marie-Eugène, mort sans postérité; 3. Anne-Joseph-Hippolyte, marié à Eugénie Martin-Portalès, mort sans postérité; 4. Jean-Aimé-Marie-Paulin, chevalier-commandeur de l'ordre de Charles III d'Espagne.

III. Louis-Marie-Raymond de Durand, consul de France à Varsovie, chev. de la Lég. d'honn., commandeur des ordres impériaux de Saint-Vladimir de 3e classe et de Sainte-Anne de 2e classe, ép. Joséphine Cutita, dont il eut : 1. Marcellin-Raymond-Jean-Joseph-Oriol qui suit; 2. Paulin-Marie-Eugène-Alphonse, qui a fait la Br. B.

IV. Marcellin-Raymond-Jean-Joseph-Oriol de Durand, ép. Félicie Recouly, fille de Saint-Paul Recouly, capit. d'infant., chev. de la Lég. d'honn.; de ce mariage : Marie.

Br. B. IV. Paulin-Marie-Eugène-Alphonse de Durand, ép. Valérie Espéronnier, fille d'Ambroise Espéronnier, président de chambre à la cour impériale de Montpellier, chev. de la Lég. d'honn. ; de ce mariage : 1. Marie-Joséphine-Marthe ; 2. Marie-Joseph-François-Hippolyte.

704. GILLI.

D'azur à un phénix d'or enflammé de gueule sur un autel d'argent, et un soleil d'or naissant mouvant de l'angle droit du chef.

Simon Gilli, député par les états de la province de Languedoc près Sa Majesté pour les affaires de commerce, fut anobli par lett. pat. en forme de charte données à Versailles au mois de mai 1733, en considération des services essentiels qu'il rendait depuis vingt années tant en ladite qualité de député que dans les autres emplois qui lui avaient été confiés, sa famille faisant depuis longtemps sur mer un commerce considérable qui avait procuré de très-grands avantages au public et à l'État. (D'HOZIER, *Armor. gén.*, I. R. p. 267.)

Le sieur Gilli fut en même temps créé chevalier de Saint-Michel avec dispense de deux degrés de noblesse.

705. GUY VILLENEUVE.

D'or au chevron d'azur accompagné de trois merlettes de sable.

La famille de Guy-Villeneuve a été anoblie par le capitoulat, en vertu de lettres patentes du roi Louis XV, du mois de septembre 1717, et de l'arrêt du conseil du 25 mars 1727, suivant un certificat délivré le 24 avril 1769, par les capitouls de Toulouse, gouverneurs de la ville, chefs des nobles et juges ès-armes. (*Archiv. de Toulouse.* — *Jug. du trib. civil de Narbonne du* 20 sept. 1858. — G. DE LA TOUR, *Armor.* de 1767, p. 21.)

I. Jean de Guy, écuyer, capitoul de Toulouse en 1717, ép. Toinette de Charrue, dont il eut plusieurs enfants, entre autres : 1. Jean Gabriel qui suit ; 2. Jean-Pierre, qui a fait la Br. B.

II. Jean-Gabriel de Guy, Sgr de Pompertuzat, ép. Magdeleine Dutaut, et il en eut : 1. Michel, grand voyer, président-trésorier de France en la généralité de Toulouse ; 2. et

III. Étienne-Dominique de Guy, lieut.-colon. d'infant., chev. de Saint-Louis, comm. pour le roi à Prat de Mouillon, en Roussillon.

Br. B. II. Jean-Pierre de Guy-Villeneuve, président trésorier de France, général des finances, grand voyer en la généralité de Toulouse 1730, conseiller du roi 1734, commissaire aux états généraux de Languedoc 1766, av. ép. à Narbonne le 17 juin 1726 Marguerite d'Augier, dont il eut plusieurs enfants, entre autres : 1. Jean-François-Raymond, consul général en Morée 1779 ; 2. Antoine, lieut.-colon. du régt de Bretagne 1770, chev. de Saint-Louis ; 3. Jean-Pierre-Gabriel-Denis, capit. commandant dans le régt de Dauphiné 1779 ; 4. Jean-Louis-Alexandre, capit. dans le régt de Dauphiné, puis major comm. à Béfort 1782, chev. de Saint-Louis ; 5. et

III. Jean-Pierre-Roch de Guy-Villeneuve, ép. à Narbonne Marie-Anne-Gabrielle Boutes, dont il eut :

IV. Jean-François-Mathias-Guillaume-Marie de Guy-Villeneuve, maire de Narbonne de 1824 à 1830, ép. 1º le 14 brumaire an XIII Élisabeth de Fournas-Labrosse ; 2º le 23 nov. 1819 Joséphine de Montaigu, dont : Jean-Charles-Marie-Roch.

706. MONTGOLFIER.

D'argent à une montagne de sinople mouvante du côté droit, au pied de laquelle est une mer d'azur, aussi mouvante de la pointe de l'écu, et en chef un globe aérostatique de gueule ailé de même.

N... de Montgolfier prit part aux assemblées de la noblesse du Vivarais en 1788 et 1789.

Joseph-Michel et Jacques-Étienne Montgolfier, inventeurs des aérostats, naquirent à Vidalon-les-Annonay en Vivarais, vers le milieu du XVIIIe siècle, d'une famille manufacturière, connue depuis longtemps par son habileté dans l'art de la fabrication du papier. Étienne, présenté à la cour en 1783, fut décoré du cordon de Saint-Michel, et cette faveur ne pouvant se partager, il obtint pour Joseph une pension de mille livres, et accepta pour son vieux père des lettres de noblesse qu'il avait refusées pour lui-même. (BOISSY-D'ANGLAS, *Dict. de la Convers.*, 38, 455. — FOISSET, *Biogr. Michaud*, 29, 570.)

Joseph-Michel de Montgolfier, chev. de la Lég. d'honn., fut administrateur du Conservatoire des arts et métiers, membre de l'Institut en 1807 ; il mourut le 26 juin 1810, laissant postérité.

Jacques-Étienne de Montgolfier, élève de Sainte-Barbe, chev. de Saint-Michel, correspondant de l'Académie royale des sciences, mourut en 1799, laissant postérité.

707. PEGAT.

D'or à la fasce de gueule chargée de trois molettes d'éperon de sable, accompagnée de trois aigles éployées de sable, 2 en chef, 1 en pointe.

Jacques Pegat, écuyer, conseiller, maître d'hôtel du roi, commissaire ordinaire des guerres, fut anobli par lett. pat. données à Paris en 1655. (*Reg. des enregistrements faits au bureau des comptes à Montpellier* 1655. — *Archiv. de la cour imp. de Montpellier.*)

708. RUELLE.

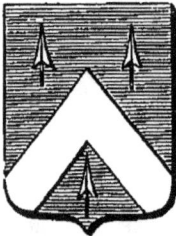

D'azur au chevron d'argent accompagné de trois fers de flèche de même posés en pal, 2 en chef, 1 en pointe.

Des lettres patentes données par Louis XVI, à Fontainebleau, en novembre 1785, enregistrées au parlement de Toulouse le 22 avril 1786, et à la cour des comptes de Montpellier en mai 1786, anoblissent François Ruelle, originaire du Dauphiné, et sa postérité née et à naître, en récompense des services rendus par lui comme propriétaire et directeur des manufactures royales pour la filature du coton, établies à Aubenas (Ardèche). (*Archiv. de la cour imp. de Montpellier.*) Ces lettres rappellent celles accordées en 1767 à François de Goudard, son beau-père.

I. **François de Ruelle**, avocat, ép. le 25 nov. 1753 Agathe de Goudard, anobli en 1785 et chev. de Saint-Michel; il eut de son mariage : 1. Jean-Baptiste-François, mort sans alliance; 2. Félicité, mariée en 1774 à Matthieu Verny; 3. Marguerite-Agathe, mariée en 1777 à Henri Camus; 4. François-Ferdinand, mort en 1787; 5. Marie-Rosalie, mariée en 1781 à Louis-Joseph Duclaux; 6. François-Adrien qui suit; 7. Magdeleine, mariée en 1786 à Joseph-César Blachier; 8. François-Auguste, mort sans enfants 1854.

II. **François-Adrien de Ruelle**, ép. en 1788 Anne-Marie-Louise Faure, dont il eut : 1. Magdeleine-Coralie, mariée en 1806 à Matthieu Giraud; 2. Marie-Zoé, morte en 1808; 3. Jean-Félix qui suit; 4. Louis-Alphonse, qui a fait la Br. B.; 5. Magdeleine-Bathilde, mariée en 1813 à Marie-Félicien de Maubec; 6. Clara-Pauline, morte en 1828; 7. Octavie, mariée en 1823 à Étienne-Henri-Eugène Deydier, à Aubenas.

III. **Jean-Félix de Ruelle**, avocat, ép. en 1819 Joséphine Faure, dont il eut : 1. Louis-Bruno qui suit; 2. Félix-Adrien, né en 1821; 3. Françoise-Coralie, ép. en 1844 Camille Marze.

IV. **Louis-Bruno de Ruelle**, ép. en 1841 Clotilde Chaumier, dont :

1. Jeanne-Victorine, née en 1842 ; 2. Marthe, née en 1847.—Résid., Dijon (Côte-d'Or).

Br. B. III. Louis-Alphonse de Ruelle, ép. en 1832 Victoire Pagès, dont : 1. Jeanne-Marie-Valérie, mariée en 1855 à Adolphe-James Verny ; 2. François-Paul, né en 1835 ; 3. Marie-Alix, née en 1837.

709. SERRE.

D'argent à un chevron d'azur chargé de trois étoiles d'or et accompagné de trois trèfles de sinople posés 2 en chef et 1 en pointe.

Aimar de Serre, ci-devant capitaine dans le régt de Toulouse-infanterie, et Fortunat de Serre de Rochecolombe, son frère, lieut.-col. du même régt et chevalier de Saint-Louis, furent anoblis par lett. pat. en forme de charte données à Paris au mois de sept. 1720. Ils étaient l'un et l'autre fils de Jean de Serre, l'un des plus qualifiés de la ville de Saint-Andéol, co-Sgr des lieux de Saint-Montan et de Saint-Marcel, juge général de l'évêché de Viviers, lequel, dès l'an 1660, avait commencé à signaler son zèle pour la religion et sa fidélité pour le service du roi. Ces lett. pat. furent enregistrées au parlement de Toulouse, à la cour des comptes, aides et finances de Montpellier, et au bureau des finances de ladite ville. (D'HOZIER, *Armor. gén.*, I. R. 513.)

Joseph de Serre, fils aîné d'Aimar de Serre, était capit. en second dans une compagnie du régt de son père.

710. SOULLIÉ.

D'argent à deux branches, l'une de laurier, l'autre de palmier de sinople, passées en sautoir et liées de gueule ; au chef d'azur chargé d'un soleil d'or cotoyé de deux étoiles de même.

Jean Soullié, maître chirurgien et anatomiste royal en l'université de Montpellier, fut anobli par lettres en forme de charte données à Versailles au mois d'oct. 1721, en récompense des soins infatigables qu'il se donna pendant la peste de Marseille et d'Aix. Ces lett. pat. furent enregistrées à Toulouse et à Montpellier. (D'HOZIER, I. R. 523.)

711. ALEYRAC.

Écartelé au 1 et 4 d'azur à un demi-vol dextre éployé d'or; au 2 et 3 de gueule à la tour d'argent donjonnée de trois pièces, maçonnée de sable.

Aleyrac était un château situé dans la vallée de Saint-Vincent de Barrès, en Vivarais. Il a donné son nom à une maison ancienne divisée en plusieurs branches, connue depuis le XIII° siècle. (LACH. DESB., XIII, 64.)

La branche aînée titrée baron d'Aigremont s'est éteinte le 15 avril 1581 par le mariage de Marguerite d'Aleyrac avec Thomas de Rochemore, qui prit le titre de baron d'Aigremont; la branche de Faugères, cadette de celle qui va suivre, s'est éteinte vers la fin du XVIII° siècle. (LACH. DESB., V, 456.)

I. Claude d'Aleyrac du Colombier, bailli du Vivarais, ép. Jeanne de Mercoyrol, dont il eut : 1. Guillaume qui suit; 2. Guinot, ép. en 1598 Magdeleine du Cheylard, dame de Faugères, et fit branche.

II. Guillaume d'Aleyrac du Colombier, Sgr de Chambezon, capitaine de cent hommes, ép. le 15 janv. 1575 Anne de Sibleyras, dont il eut :

III. David d'Aleyrac, Sgr de Chambezon, ép. le 30 déc. 1604 Suzanne de Julien, et il en eut :

IV. Étienne d'Aleyrac, capit. au régt de Languedoc, ép. le 22 oct. 1634 Isabeau de Chambaud, dont il eut : 1. Louis; 2. Noé, sieur de la Condamine, marié le 25 mars 1686 à Marie Moton de Saint-Montant; 3. autre Noé qui suit; 4. Étienne, sous-lieut. au régt de Piémont.

V. Noé d'Aleyrac, Sgr du Colombier, off. au régt Dauphin-dragons, ép. 1° en 1676 Jeanne Garnier; 2° Suzanne du Solier; il eut du premier mariage : 1. Joseph qui suit; et du second : 2. Noé, marié en 1734 à Jeanne-Marie Vernhes, dont : a. Jean-Baptiste, capit. d'infant. 1769; b. Étienne; c. Jacques; d. Augustin, off. d'artillerie à l'Ile de France.

VI. Joseph d'Aleyrac, Sgr de la Condamine, lieut. d'infant., ép. Catherine de Guion de Geis de Pampelonne, dont il eut : 1. Paul-David qui suit; 2. Joseph; 3. Paul-Jean, marié à la Guadeloupe avec Anne de Bautheac de Granval.

VII. Paul-David d'Aleyrac, capit. d'artill., chev. de Saint-Louis, ép. le 15 fév. 1768 Marie-Thérèse de Barruel, dont il eut : 1. Paul-

Louis-Noé, capit. d'infant., chev. de Saint-Louis; 2. et Hippolyte, servit avec son frère pendant l'émigration dans l'armée de Condé.

Thérèse de Barruel, fille d'Antoine, veuve de Paul-David d'Aleyrac, Sgr de Saint-Vincent de Barrès, envoya sa procuration à l'assemblée de la noblesse de Vivarais en 1789.

Jean-Baptiste d'Aleyrac, capit. comm. au régt de Languedoc, chev. de Saint-Louis, prit part à l'élection des députés de la noblesse de Vivarais aux états généraux de 1789.

712. ALICHOUX, baron DE SENEGRA.

La généalogie qui va suivre est empruntée au procès-verbal de l'assemblée de l'Assiette du diocèse de Béziers du 12 mai 1783, imprimé à Béziers chez Fuzier, libraire et imprimeur du roi.

I. Amans d'Alichoux, ép. Claire de Cebenq, dont il eut :

II. Amans d'Alichoux, du lieu de la Coste, D. de Lodève, ép. le 1er juill. 1582 Claudine de Seguin, dame de Senegra, dont il eut : 1. Jean qui suit; 2. Michel, écuyer.

III. Jean d'Alichoux, sieur de Senegra, ép. le 28 nov. 1610 Jeanne de Pascal, et il en eut :

IV. Amans d'Alichoux de Senegra, ép. le 24 juin 1653 Lucrèce de Saint-Jullien, dont il eut :

V. Antoine d'Alichoux, Sgr de Senegra, ép. le 8 déc. 1695 Marie Duclaux, et il en eut :

VI. Louis d'Alichoux, Sgr de Senegra, ép. le 9 nov. 1740 Catherine-Antoinette de Manse, dont il eut :

VII. Louis-Antoine d'Alichoux, baron de Senegra, Sgr de Fos, héritier de N... de Manse de Franquières sa tante, qui avait acheté la terre de Fos le 10 fév. 1753 de Joseph-François des Rives; envoyé de M. le marquis de Villeneuve à l'assemblée de l'assiette du diocèse de Béziers, où il fournit ses preuves de noblesse le 12 mai 1783, avait ép. le 1er juin 1773 Marie-Jeanne-Françoise-Félicité-Joséphine-Juliette de Savelli de Caseneuve.

Le baron de Senegra prit part à l'assemblée de la noblesse de Béziers pour l'élection des députés aux états généraux de 1789.

713. AMOREUX.

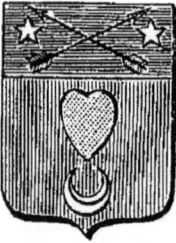

De gueule au cœur d'or et au croissant d'argent en pointe, au chef cousu d'azur à deux flèches posées en sautoir, accostées de deux étoiles d'argent.

Ancienne maison originaire de la haute Provence, qui vint se fixer en Languedoc vers la fin du XVIIᵉ siècle, et dont la filiation authentique est constatée par un certificat de Chérin, généalogiste des ordres du roi, depuis

I. Gaspard d'Amoreux, vint s'établir en Languedoc où il ép. Catherine Euseby, dont il eut :

II. Pierre-Joseph d'Amoreux, demeurant à Uzès, ép. le 14 juill. 1726 Louise de Blanc, dont il eut : 1. Gaspard-Antoine qui suit ; 2. Albin, mort sans postérité.

III. Gaspard-Antoine d'Amoreux, conseiller maître en la cour des comptes, aides et finances de Montpellier en 1755, assista à l'assemblée de la noblesse d'Uzès pour l'élection des députés aux états généraux de 1789 ; il av. ép. en 1766 Marie-Anne Palisse de Lahondès, dont il eut : 1. Jean-Joseph-Marie qui suit ; 2. Ange-Étienne-Bonaventure, qui a fait la Br. B. ; 3. Félix-Antoine-Marie, qui a fait la Br. C. ; 4. Sophie, mariée en 1796 à N... Palisse de Mérignargues ; 5. Mélanie.

IV. Jean-Joseph-Marie d'Amoreux, reçu conseiller en la cour des comptes, aides et finances de Montpellier à la mort de son père 1789 ; conseiller à la cour royale de Nîmes, démissionnaire en 1830 par refus de serment, av. ép. en mai 1798 Marie-Anne de Larnac, veuve de N... Boutonnet, dont il eut : 1. Coralie, mariée à Adrien de Robernier, chev. de Saint-Louis et de la Lég. d'honn., lieut. dans la garde royale ; 2. Amélie ; 3. et

V. Marie-Joseph-Eugène d'Amoreux, ép. le 19 sept. 1837 Pulchérie Chalmeton, dont : 1. Jean-Marie-Louis, né le 25 juill. 1838 ; 2. et Mathilde.

Br. B. IV. Ange-Étienne-Bonaventure d'Amoreux Saint-Ange, obtint le 7 avril 1785, de Bernard Chérin, généalogiste du roi, le certificat de quatre degrés de noblesse pour être reçu en qualité de sous-lieutenant ; il fut nommé en 1787 sous-lieut. dans le régt de Bourgogne-infanterie, maire d'Uzès en 1815 ; démissionnaire en 1830 par refus de serment ; il av. ép. le 12 sept. 1796 Anne

Trinquelague, dont il eut : 1. Charles qui suit ; 2. Félicie, mariée à N... Londés.

V. Jean-Charles d'Amoreux, garde du corps en 1814, lieut. aux lanciers de la garde royale, démissionnaire en 1830 par refus de serment, ép. le 22 nov. 1831 Pauline de Fornier, dont il eut : 1. Louis-Gaspard-Augustin, lieut. au 16ᵉ régt d'artillerie, tué pendant la dernière guerre d'Italie 1859 ; 2. Marie, mariée à Edme Rode, capit. au 20ᵉ régt. de ligne, chev. de la Lég. d'honn. et de Saint-Ferdinand d'Espagne ; 3. Lucie.

Br. C. IV. Félix-Antoine-Marie d'Amoreux Saint-Félix, obtint, comme son frère, un certificat de Chérin, et fut admis à l'école royale de marine, alors à Alais, fut nommé secrétaire général de la préfecture à Florence en 1809, chev. de la Lég. d'honn., puis sous-préfet à Murat, à Marvéjols, à Lodève, démissionnaire en 1830 par refus de serment ; il av. ép. en 1801 Mélanie de Lefebvre, dont il eut : 1. Jules qui suit ; 2. Albin, qui a fait la Br. D. ; 3. Marie-Charles, prêtre, curé de Saint-Victor.

V. Jules d'Amoreux-Saint-Félix, ép. en août 1840 Malvina d'Arnoux, dont : René, né en 1841.

Br. D. V. Albin d'Amoreux, élève du roi à Saint-Cyr en 1818, sous-intendant militaire, off. de la Lég. d'honn., ép. en 1834 Honorine d'Albiousse, dont : Louise, mariée en 1857 à Paul de Surdun.

714. ASTRUC.

D'or au chevron de gueule accompagné de trois-trèfles de sable, 2 et 1. (*Armor.* de 1696, 11.)

On trouve parmi les magistrats des cours souveraines de Languedoc plusieurs sujets du nom ; un médecin du roi et un capitoul de Toulouse, professeur de droit français dans cette dernière ville, étaient originaires de Sauve, D. d'Alais, et pouvaient appartenir à la même famille. N... Astruc prit part à l'assemblée de la noblesse de la sénéchaussée de Montpellier en 1789. (*Armor.* 1696. — *Reg. de la cour des comptes de Montpellier,* 1719, 1724, 1749. — D'AIGREFEUILLE, *Hist. de Montpellier*, *Liste des conseillers et des secrét. du roi. — Mém. pour servir à l'hist. de l'Éc. de Méd. de Montpellier,* 1767.)

Jean Astruc, conseiller-correcteur à la cour des comptes, aides et finances de Montpellier, fit enregistrer ses armes dans l'*Armorial* de 1696. Il obtint en 1719 des lettres de retenue avec dispense d'âge pour Jean-Pierre-Leynadier Astruc son fils, et pour lui des lettres d'honneur en 1724.

Pierre Astruc était secrétaire du roi près la chancellerie de la cour des comptes, aides et finances de Montpellier en 1689.

Pierre-Jacques Astruc fut reçu conseiller à la cour des comptes, aides et finances de Montpellier en 1749, comme successeur de Fulcrand Boussairolles.

Jean-Jacques Astruc de Vissec était conseiller au sénéchal et présidial de Montpellier en 1759.

Jean Astruc, né à Sauve le 19 mars 1684, célèbre médecin de l'école de Montpellier 1710-1717, premier médecin du roi de Pologne 1729, médecin consultant du roi 1730, auteur des *Mémoires pour servir à l'histoire de l'École de médecine de Montpellier, publiés en 1767*, ép. Jeanne Chaunel, dont il eut : 1. N..., mariée à N... de Silhouette, ministre d'État sous Louis XV; 2. Pierre-François, président honoraire à la cour des aides de Paris et maître des requêtes ordinaires de l'hôtel du roi, ép. Marie-Élisabeth Guérin de Corbeilles. Jean Astruc mourut à Paris le 5 mai 1766.

Anne-Louis Astruc, frère puîné de Jean médecin du roi, suivit le barreau à Toulouse, devint professeur de droit français et « l'oracle du parlement, » suivant l'expression d'un panégyriste. Il fut capitoul de Toulouse, député aux états de la province de Languedoc, et chargé par les états de porter le cahier à la cour; il mourut à Paris le 4 janv. 1744.

A l'une de ces familles devait appartenir N... Astruc, qui prit part à l'assemblée de la noblesse de Montpellier, pour l'élection des députés aux états généraux en 1789.

715. BALESTRIER.

D'azur à l'arbalète d'or armée d'une flèche de même, accostée de deux têtes de dragons cousues de gueule. DEVISE : *Vis virtute victa.*

La maison de Balestrier, dont plusieurs représentants ont pris part à l'assemblée de la noblesse de la sénéchaussée de Montpellier pour l'élection des députés aux états généraux de 1789, était fixée en Languedoc depuis le commencement du XVIe siècle. Jean de Balestrier, Sgr de Beaufort, major de la ville d'Arras, avait prouvé sa noblesse devant les élus d'Artois le 10 octobre 1665, et justifié sa filiation depuis

I. Jacques de Balestrier, écuyer. ép. Arnaude de Barthélemy, et il en eut :

II. Antoine de Balestrier, écuyer, Sgr de Monnières, capit. de chevau-légers, ép. le 24 janv. 1580 Philippe de Bareyron, dont il eut : 1. Antoine qui suit ; 2. Augustin, conseiller du roi, juge au siége royal de Gallargues, dont une fille, Louise, qui ép. Louis de Buade ; 3. Pierre, capit. de cavalerie.

III. Antoine de Balestrier, Sgr de Beaufort, ép. le 19 oct. 1614 Antoinette de Marazel, dont il eut : 1. Jean, écuyer, Sgr de Beau-fort, capit. de chevau-légers et major de la ville d'Arras, ép. le 3 mai 1662 Marie-Marguerite de Saint-Vaast : il fut tué au service du roi à l'armée de Hollande en 1676, et laissa pour fille unique Charlotte-Anne-Marie, mariée le 2 mai 1679 à Alexandre-Pierre de Zouches, écuyer ; 2. Françoise, mariée à Antoine de Leuctre, écuyer, Sgr de Canilhac ; 3. André ; 4. et

IV. Olivier de Balestrier, écuyer, ép. Honorade de Garsin, et fut père de

V. Esprit de Balestrier, écuyer, off. au régt Royal-Picardie, ép. 1° Gracie Reboul ; 2° le 12 nov. 1697 Suzanne de Buade, sa cou-sine ; il laissa du premier lit :

VI. Louis-Noël de Balestrier, écuyer, capit. au régt Royal-artille-rie, ép. le 8 mars 1709 Marguerite Caussade, dont il eut : 1. Louis qui suit ; 2. Gabriel, qui a fait la Br. B. ; 3. Jean-Louis, capit.-major d'infant., chev. de Saint-Louis, mort sans enfants ; 4. Pierre, capit. d'artill., chev. de Saint-Louis, qui fut père de : a. Augustin, maire de Lansargues sous la Restauration ; b. Gabriel, lieut.-col. du régt Royal-Guyenne, mort en 1793 ; c. Louis-Sauveur, d'abord prêtre, puis juge au tribunal de Nogent-sur-Seine.

VII. Louis-Sauveur de Balestrier, écuyer, ép. en 1752 à Lansar-gues, Élisabeth Chauchon, dont il eut : 1. Gabriel qui suit ; 2. Louis-Toussaint, marié en 1784 à Marguerite Deydier, mort sans posté-rité ; 3. Louis, prêtre.

VIII. Gabriel de Balestrier, ép. le 1er nov. 1788 Catherine Cou-londre, dont il eut :

IX. Sauveur-Louis de Balestrier, receveur des contributions di-rectes à Lansargues, ép. Marie Rivière, dont il eut :

X. Jean de Balestrier, né le 20 juin 1817, ép. le 3 fév. 1840 Ma-rie-Amélie Bézard, de Lunel, dont : 1. Anne-Marie-Joséphine-Louis, né le 4 janv. 1843 ; 2. Jean-Louis-Marie-Charles, né le 26 août 1844 ; 3. Gabrielle-Marie-Octavie, née le 24 oct. 1850 ; 4. Amélie-Marie-Eugénie-Joséphine-Henriette, née le 26 mars 1858.

Br. B. VII. Gabriel de Balestrier, écuyer, off. au régt Royal-Pi-cardie, ép. le 11. oct. 1735 Marie Allemand, dont il eut :

VIII. André de Balestrier, écuyer, ép. le 3 fév. 1771 Jeanne de Guy-Villeneuve, dont il eut : 1. Pierre; 2. Jean-Louis qui suit; 3. Jean-Baptiste-Arnaud.

IX. Jean-Louis de Balestrier, écuyer, ép. Marie-Magdeleine Bosc, dont il eut : 1. Antoine, employé supérieur des finances à Orléans, né le 24 sept. 1809, marié le 31 janv. 1837 à Jeanne-Caroline de Porcellet; 2. Henri, né le 20 juillet 1812, docteur en médecine, marié le 3 juin 1845 à Françoise-Élisabeth Sautel, dont il a : *a.* Louis-Marie, né le 20 mai 1846; *b.* Charles-Antoine-Philippe-Olivier, né le 22 juill. 1847; *c.* Frédéric-André-Léo, né le 1er avril 1850; *d.* et Marie-Joséphine-Élisabeth, née le 15 avril 1855; 3. Clarice, mariée en 1825 à N... Delzeuze, et morte en 1845.

716. BELLEVAL.

De gueule à la bande d'or accompagnée de sept croisettes de même potencées dites de Jérusalem, quatre en chef, trois en pointe.

La famille de Belleval est originaire de Picardie, où elle a été maintenue dans sa noblesse par arrêt du conseil du roi du 25 octobre 1668, sur preuves filiatives remontant à Edmond de Belleval, écuyer anobli par le roi Louis XII. (HAUDICQUER DE BLANCOURT, *Nobil. de Picardie*, Paris, 1693, p. 36.)

Au commencement du XVIe siècle, elle était divisée en plusieurs branches, dites d'Angerville, de Fresne, de Floriville et d'Aigneville. C'est à l'une d'elles qu'appartenait Pierre Richer, *alias* Richier et Riquier de Belleval, qui vint se fixer à Montpellier vers 1580, attiré par la réputation des écoles de cette ville, et dont les soins contribuèrent à la fondation du jardin de botanique en 1589. Il mourut sans postérité; mais il avait appelé près de lui son neveu, Martin Richer de Belleval, auteur de la branche établie en Languedoc jusqu'à la révolution française, et aujourd'hui fixée à Paris. (*Recherches sur la vie et ouvrages de Pierre Richer de Belleval*, Avignon, 1786.) Cette famille a donné trois présidents à la cour des comptes, aides et finances de Montpellier, un prévôt à l'église cathédrale, et plusieurs maires ou premiers consuls à la même ville. (D'AIGREFEUILLE, *Hist. de Montpellier*, passim. — E. THOMAS, *Tableau historique de Montpellier*, 309.)

I. Martin-Richer de Belleval, docteur en droit, professeur 1623, conseiller, chancelier et juge en l'université de médecine de Montpellier 1641, ép. N... de Valette des Plans, dont il eut :

II. Georges-Richer de Belleval, conseiller 1686, puis président à la cour des comptes, aides et finances de Montpellier 1688, maire perpétuel et viguier de ladite ville 1693, avait ép. en 1676 Anne de Bouilhaco, dont il eut : 1. Gaspard qui suit; 2. François-Ignace, prévôt du chapitre de Saint-Pierre à Montpellier le 21 sept. 1726.

III. Gaspard de Belleval, conseiller du roi en ses conseils 1700, président en la cour des comptes, aides et finances de Montpellier

1715, maire de la ville de Montpellier 1694, ép. en 1709 N... de Fressieu, dont il eut :

IV. Joseph-Philibert de Belleval, conseiller du roi en ses conseils, président en la cour des comptes, aides et finances de Montpellier, prit part aux assemblées de la noblesse de Montpellier en 1789 ; il avait ép. Marie-Élisabeth de Pavée de Villevieille, dont il eut : 1. Jean-Jacques-François-Gaspard qui suit ; 2. Charles-Philippe-Gabriel, chev. de Malte, mort en 1836 non marié ; 3. Marie-Thérèse-Françoise-Gabrielle-Gratienne, mariée le 19 fructidor an v à Clément-Henri-Casimir de Bosc.

V. Jean-Jacques-François-Gaspard de Belleval, ép. Marie-Joséphine-Sophie-Xavier du Vivier de Lansac, fille de François-Hippolyte, marquis du Vivier de Lansac, et de Marie-Xavier de Guignard de Saint-Priest, dont il eut : 1. François-Hippolyte, chef d'escadron au 2e régiment de grenadiers à cheval de la garde royale, off. de la Lég. d'honn, mort sans alliance en 1849 ; 2. Charles-Joseph, capit. d'inf., chev. de la Lég. d'honn., mort sans alliance en 1824 ; 3. Gabriel-Philibert, secrét. d'ambassade, off. de la Lég. d'honn, mort sans enfants en 1840 ; 4. Antoine-Gabriel-Riquier qui suit ; 5. Marie-Joséphine ; 6. Marie-Charlotte-Emma.

VI. Antoine-Gabriel-Riquier de Belleval, avocat à la cour imp. de Paris.

717. BOSC.

D'or au corail de gueule sur une terrasse de sinople. La branche établie en Languedoc porte : Écartelé au 1 et 4 d'or au corail de gueule sur une terrasse de sinople, qui est de Bosc ; au 2 et 3 d'argent au chevron d'azur accompagné en pointe d'un lionceau de gueule armé et lampassé, au chef d'azur chargé de trois étoiles d'or à cinq rais, qui est de Scorbiac. (*Armor.* 1696, Toulouse, 99.)

La maison de Bosc est originaire du bas Languedoc et a fait plusieurs branches. En 1216, Pierre de Bosc signe comme témoin parmi les notables de Montpellier le procès-verbal de l'érection en paroisse de l'église N.-D. des Tables, en vertu du bref du pape Innocent III. (*Thalamus de Montpellier, Livre noir*, 26. *Archiv. de l'hôtel de ville.* — *Hist. de l'église N.-D. des Tables*, c. 13, par M. l'abbé Vinas, vicaire général, curé de la paroisse, 1859.) François Bosc fut créé avocat général en la cour des aides de Montpellier par l'édit du rétablissement de cette cour du 13 mars 1477. (*Hist. de Languedoc*, 1749, V, aux *Preuves.* — D'AIGREFEUILLE, *Hist. de Montpellier*, I. — WAROQUIER, *Tabl. généal.*, V, 158.) François Bosc eut entre autres enfants Abrias, qui paraît être l'aïeul de

I. Laurent de Bosc, Sgr de Servières et de la Calmette, secrétaire du roi le 19 oct. 1673, conseiller au parlement de Toulouse le 23 janv. 1678, avait ép. 1° le 9 juin 1667 Françoise de Marc de la Calmette ; 2° le 1er juin 1679 Jacquette de Scorbiac.

Il eut de son premier mariage : 1. Marc-Antoine, marquis du Bouchet, procureur général des requêtes de l'hôtel, maître des requêtes 1696, surintendant des finances, domaines et affaires de madame la duchesse de Bourgogne, mère de Louis XV, 1698 ; intendant de la province de Limoges 1711, avait ép. le 30 mai 1702, par contrat signé de Louis XIV, de madame de Maintenon et du cardinal de Noailles, archevêque de Paris, Angélique-Françoise-Arazola d'Ognate, veuve d'Armand Nonpar de Caumont la Force, marquis de Montpouillan, dont il eut trois enfants : un fils, mort officier d'artillerie, sans alliance ; une fille morte sans alliance, et Gracie, morte sans postérité à Paris le 3 déc. 1774, paroisse de Saint-Sulpice. Elle avait ép. le comte Ferréol d'Argental, conseiller au parlement de Paris, ministre secrétaire d'État, fils d'un président au parlement de Metz, et de N. de Guérin de Tencin, sœur du cardinal archevêque de Lyon ; 2. Laurent, Sgr de Saint-Clément, conseiller en la cour des comptes, aides et finances de Montpellier 1692, ép. le 7 avril 1695 Catherine de Solas, dont il eut une fille unique, Louise-Antoinette, mariée 1° le 26 avril 1719 à Jean-Louis, marquis de Montault-Navailles ; 2° le 14 janv. 1728 à Bernard de Foucauld d'Alzon, baron de Brens, président aux enquêtes du parlement de Toulouse ; 3. Jean-Louis, capit. d'infant. au service de Guillaume, prince d'Orange et roi d'Angleterre, auteur d'une branche qui s'établit en Hollande, et a produit un ambassadeur des Pays-Bas, en Danemark, en Suisse et en Portugal, mort en 1786 ; 4. Françoise, mariée le 1er avril 1683 au marquis Henri du Quesne, capit. des vaisseaux du roi, fils aîné du grand amiral de ce nom, et de Gabrielle de Bernières ;

Et du second mariage : 5. Henri qui suit ; 6. Louis, capit. de caval., tué à la tête de son régt en 1703 ; 7. Antoinette, mariée le 21 janv. 1734 à François-Auguste, marquis de Chalvet de Rochemonteix, Sgr de Merville, sénéchal d'épée, gouverneur de Toulouse et pays d'Albigeois, dont la famille a produit cinq sénéchaux dans la généralité de Toulouse.

II. Henri de Bosc, conseiller en la cour des comptes, aides et finances de Montpellier 1705, avait ép. le 20 déc. 1705 Antoinette de Sartre, dont il eut : 1. Henri-François-Étienne qui suit ; 2. François, capit. d'infant., mort sans alliance ; 3. Marie-Jacquette, mariée le 13 mars 1734 à François de Claris de Florian, conseiller en la cour des comptes, aides et finances de Montpellier, frère aîné de Mauris de Claris, premier président en la même cour ; 4. Louise, mariée le **24** sept. 1753 à noble Jean-Joseph Léonard, conseiller du roi.

III. Henri-François-Étienne de Bosc, écuyer, conseiller en la cour des comptes, aides et finances de Montpellier 1763, conseiller honoraire en 1786, av. ép. le **21** mai 1764 Marie-Jeanne de Seguins-Vassieux, dont il eut : 1. Henri-Claude-Louis, sous-lieut. de caval., mort sans alliance; 2. Clément-Henri-Casimir qui suit; 3. Henriette-Jeanne-Alix, mariée le 9 janv. 1792 à Joseph-Jean-Martin de Barbeyrac-Saint-Maurice, anc. écuyer de Madame, comtesse d'Artois, anc. capit. au régt. de Vivarais, chev. de Saint-Louis.

IV. Clément-Henri-Casimir de Bosc, écuyer, ép. 1° le 12 messidor an III (1er juillet 1795) Marie-Anne-Françoise-Eugénie de Melon; 2° le 19 fructidor an V (6 sept. 1797) Marie-Thérèse-Françoise-Gabrielle-Gratienne de Belleval; il eut du premier mariage : 1. Eugène-Henri-Joseph-Isidore qui suit; et du second : 2. Marie-Charlotte-Henriette-Clémence, mariée le 21 sept. 1824 à Charles-Joachim-François de Joubert; 3. Louise-Henriette-Célestine, mariée le 13 oct. 1828 à Jean-Jacques-Amédée de Cavaignac, ancien officier de la garde royale, receveur particulier des finances à Montmorillon.

V. Eugène-Henri-Joseph-Isidore de Bosc, ép. le 22 août 1831 Cornélie-Jeanne-Gabrielle Pandin de Saint-Hippolyte, fille du contre-amiral de ce nom, et de Jeanne-Frédérique-Antoinette de Vignolles de la Farelle, dont : 1. Jeanne-Claire; 2. Philippe-Pierre-Clément, mort jeune; 3. Marie-Henriette-Eugénie; 4. Henri-Gabriel, né le 3 juill. 1831; 5. Marie-Henriette.

718. BOUSSAIROLLES.

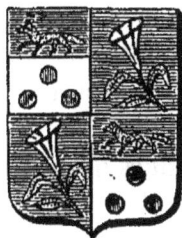

Écartelé au 1 et 4 d'argent à trois tourteaux de gueule posés 1 et 2, au chef d'azur chargé d'un renard passant d'or; au 2 et 3 d'azur à la campanule d'argent tigée et feuillée d'or; au franc quartier des barons-présidents des cours impériales qui est : de gueule à la toque de sable retroussée d'hermine. (*Reg. de la cour imp. de Montpellier,* 1808-1845. — TOURTOULON, 88.)

Fulcrand Boussairolles fut reçu conseiller à la cour des comptes, aides et finances de Montpellier en 1737, en remplacement de Dominique Cambacérès. Il ép., après avoir obtenu des lettres de dispense, la fille de Claude Campan, conseiller en la même cour. (*Reg. de la cour des comptes de Montpellier*, 1737, p. 340.)

Jacques-Joseph de Boussairolles, conseiller à la cour des comptes, aides et finances de Montpellier, Sgr de la Mougeire, la Moure et du Bourg; et

Jacques-Joseph, fils du précédent, ont pris part à l'assemblée de la noblesse de la sénéchaussée de Montpellier en 1789. Jacques-Joseph de Boussairolles, président à la cour imp. de Montpellier, né à Montpellier le 20 janv. 1741, fut nommé baron de l'empire le 19 juin 1813 par lett. pat. signées MARIE-LOUISE, en vertu des pouvoirs conférés par l'empereur, enregistrées à la cour de Montpellier le 20 août 1813.

719. BRUNET

PANAT CASTELPERS VILLENEUVE.

D'or au lévrier rampant de gueule, à la bordure componnée d'argent et de sable de seize compons. (G. DE LA TOUR, *Armor.* 1767.)

La maison de Brunet originaire du Rouergue possédait des fiefs dans la baronie de Sévérac dès le milieu du XIIᵉ siècle. Son nom se voit fréquemment dans les chartes de cette province avec ceux des plus nobles familles. (D. VAISSETTE, t. II et III, *Preuves.* — TH. DE BARRAU, I, 709.) Vers le milieu du XIVᵉ siècle elle quitta le Rouergue pour s'établir dans la sénéchaussée d'Agen; plus tard, une branche se fixa au diocèse de Béziers, où elle est connue sous le nom de Villeneuve.

I. Philibert-Louis, *alias* Gui de Brunet, Sgr de l'Estelle, vicomte de Montbaus, ép. en 1544 Marguerite de Stuer, dame de Galapian, dont il eut : 1. Louis qui suit; 2. Arnaud, gentilhomme de la chambre du roi de Navarre.

II. Louis de Brunet, chevalier, Sgr de l'Estelle, de Castelpers, de Caseneuve, vicomte d'Ambialet et de Montbaus, conseiller, chambellan, gentilhomme ordinaire de la chambre du roi de Navarre, maréchal de camp, gouverneur de Clérac et de Tournon, ép. en 1579 Magdeleine de Lordat, dont il eut : 1. Jean-Jacques qui suit; 2. Paule, mariée à Jean-Jacques de Lordat, maréchal de camp.

III. Jean-Jacques de Brunet, chevalier, baron de Pujols, vicomte d'Ambialet et de Montbaus, gentilhomme ordinaire de la chambre du roi, gouverneur de Clérac, ambassadeur en Espagne, ép. le 8 juill. 1605 Marguerite-Françoise du Faur de Pibrac, dame de Pujols, héritière de la branche aînée de sa maison, dont il eut :

1. Louis qui suit; 2. Timoléon, Sgr de l'Estelle; 3. Marie-Anne, mariée à Raymond de Larac, sieur de la Gaubertie, Sgr de la Borie; 4. Olympe.

IV. Louis de Brunet, chevalier, baron de Pujols, Castelpers et Panat, vicomte d'Ambialet et de Montbaus, tué au siége de Libourne 1649; avait ép. le 27 oct. 1631 Anne de Castelpers, vicomtesse de Panat et de Cadars, héritière de la branche aînée de sa maison, dont il eut : 1. Jean-Samuel qui suit; 2. Gaspard-Hyacinthe; 3. Marthe, mariée au comte de Murat; 4. Louis-Joseph, qui a fait la Br. B.

V. Jean-Samuel de Brunet de Castelpers, baron de Pujols, vicomte de Panat, ép. le 25 fév. 1660 Jacqueline d'Espinchal, dont il eut : 1. Joseph qui suit; 2. Marie-Isabeau, mariée à Jacques de Volonzac, Sgr de Vareilles.

VI. Joseph de Brunet, baron de Pujols, comte de Panat, ép. le 27 janv. 1700 Marie de Toulouse-Lautrec, vicomtesse de Montfa, dont il eut : 1. Joseph qui suit; 2. Jean-Élisabeth, sacré évêque en 1739; 3. Joseph-Samuel, marié à Françoise de Roquefeuil-Londres, mort sans enfants.

VII. Joseph de Brunet, vicomte de Panat et de Cadars, capit. des vaisseaux du roi, puis chef d'escadre et cordon rouge, ép. en 1750 Françoise-Marie de la Rochefoucauld-Langeac, nièce du cardinal de la Rochefoucauld, archevêque de Rouen, dont il eut : 1. Dominique-François qui suit; 2. Armand, capit. de vaisseau, secrétaire de l'amirauté; 3. Frédéric-Joseph, grand vicaire de Pontoise et député du clergé à l'assemblée des états généraux par la ville de Chaumont en Vexin; 4. Marie-Eugénie, mariée au comte d'Espic.

VIII. Dominique-François de Brunet, marquis de Panat, député de la noblesse de Toulouse aux états généraux, ép. en 1786 Victoire de Rudelle d'Alzon, dont il eut : 1. Dominique-Samuel-Joseph-Philippe qui suit; 2. Marie-Eugénie-Élisabeth-Irène, mariée à Philippe d'Omezon.

IX. Dominique-Samuel-Joseph-Philippe de Brunet, vicomte de Panat, ancien premier secrétaire d'ambassade à Naples, préfet du Cantal 1828, député du Gers, questeur de l'assemblée nationale 1848-1851, ép. le 10 nov. 1819 Françoise-Joséphine-Éléonore Hocquart, fille du prem. président à la cour de Toulouse, dont : 1. Henri qui suit; 2. Joseph-Léopold, enseigne de vaisseau, mort au Brésil 1846; 3. Antoinette, mariée au baron de Fournas.

X. Henri-Hyacinthe-Philippe de Brunet, marquis de Panat, ép. N... de Narbonne-Lara, dont : Samuel.

Le vicomte de Panat, secrétaire perpétuel de l'acad. des jeux floraux, habite Toulouse.

Br. B. V. Louis-Joseph de Brunet-Pujols-Castelpers et Levis, marquis de Villeneuve la Cremade, vicomte de Lautrec, baron de Montredon et des états de Languedoc, sénéchal de Castres, lieut. du roi en cette province et colon. de cavalerie, ép. le 8 juill. 1674 Élisabeth de la Croix de Castries (fille de René-Gaspard, marquis de Castries, chev. des ordres du Roi, gentilhomme de sa chambre, lieut. gén. des armées, et d'Élisabeth de Bonzi, sœur de Pierre, cardinal de Bonzi, archev. de Narbonne), dont il eut : 1. Louis-Joseph qui suit ; 2. Élisabeth, mariée à Pierre-Joseph-Hyacinthe, marquis de Caylus ; 3. N..., mariée à N... de Savelli.

VI. Louis-Joseph de Brunet-Pujols-Castelpers et Levis, marquis de Villeneuve, vicomte de Lautrec, baron de Montredon et des états de Languedoc, capit. des vaisseaux du roi, ép. le 3 nov. 1712 Marie-Anne de Danty de Villeglÿ (fille de Jacques, maire de Carcassonne, et de Françoise de Mirman), dont il eut : 1. Marc-Antoine qui suit ; 2. Armand, dit le comte de Villeneuve ; 3. N... de Brunet, dite mademoiselle de Lautrec, abbesse de Gaillac ; 4. N..., mariée à Jean-Baptiste de Donis, marquis de Beauchamp ; 5. N..., mariée à N... d'Alliès de Mondonville.

VII. Marc-Antoine de Brunet-Pujols-Castelpers et Levis, marquis de Villeneuve, baron des états de Languedoc, ép. le 1er août 1745 Marie-Anne-Ursule de Fargeon, dont il eut : 1. Lambert qui suit ; 2. N..., religieuse ; 3. N..., dit le comte de Montredon, dans les gardes françaises ; 4. Marie-Charlotte, mariée le 11 août 1772 à Joseph-Accurse-Louis-Rigal d'Ouvrier, vicomte de Bruniquel ; 5. Marie-Élisabeth, mariée le 2 déc. 1782 à Jean de Bastard, comte d'Estang, chev. d'honn. de la cour souveraine de Montauban.

VIII. Lambert de Brunet-Pujols-Castelpers, marquis de Villeneuve, baron des états de Languedoc, ép. Marguerite-Mathurine-Joséphine de Perrin de Cabrille, dont il eut : 1. Armand-Jean-Lambert, marquis de Villeneuve, anc. député de l'Hérault, ép. Amable-Agathe de Bastard d'Estang, sa cousine germaine, et mourut le 31 oct. 1857 sans enfants ; 2. Amédée qui suit ; 3. Julie, mariée à Paul de la Blanque ; 4. Joséphine, mariée au vicomte d'Auderic, anc. préfet ; 5. Pauline ; 6. Aglaé.

IX. Amédée de Brunet, vicomte, et depuis la mort de son frère, marquis de Villeneuve, ép. 1° N... de Brassac ; 2° N... de Maureilhan, dont Lambert, mort jeune.

720. CABOT

DE LA FARE ET DE DAMPMARTIN.

D'azur à trois chabots d'or. DEVISE : *Semper cor caput Cabot.*

La branche de Dampmartin porte : D'azur à trois bandes d'argent accompagnées de deux étoiles d'or en chef, à la bordure dentelée de même.

Cette maison tire son nom et son origine de Jean Cabot, noble vénitien, établi à Bristol sous le règne de Henri VII, qui fut un des plus célèbres navigateurs du XVIe siècle. Il découvrit Terre-Neuve en 1497 et passa au service de l'Espagne. Son fils Sébastien, resté au service de l'Angleterre, découvrit la Floride et ouvrit le chemin du Canada aux Français, qui y abordèrent vers 1530. Jean avait eu trois fils : Jean, Louis et Sébastien. Pierre, fils de Louis, qui avait embrassé la religion réformée, habita comme son père à Saint-Paul-la-Coste, dans les Cévennes, et y mourut, après avoir fait son testament, le 27 déc. 1552, reçu par Guillaume Petit, notaire à Alais. C'est dans cet acte que se trouve établie sa descendance de Louis, « fils de Jean Cabot, le célèbre navigateur vénitien. » (V. le *Mémoire judiciaire*, imprimé à Nîmes en juill. 1829, et produit devant la cour impériale. Veuve Gaude, impr. de la cour.)

Cette famille se divisa en deux branches dites de la Fare et de Dampmartin.

N... de Cabot de la Fare prit part aux assemblées de la noblesse du Gévaudan en 1788; N... de Cabot de Dampmartin à celles du diocèse d'Uzès. Plus anciennement, une autre branche s'était établie à New-Jersey et en Géorgie, aux États-Unis, et y était encore représentée au commencement de ce siècle.

On conserve au département des cartes marines de la Bibliothèque impériale une grande carte générale du globe, par Sébastien Cabot, dédiée à Charles-Quint en 1544, et accompagnée de nombreuses légendes latines.

I. Jean de Cabot, célèbre navigateur vénitien, fut père de : 1. Jean, mort à Venise ; 2. Louis qui suit; 3. Sébastien, établi d'abord en Angleterre, mourut en France sans postérité.

II. Louis de Cabot, retiré en France, demeurant à Saint-Paul la Coste, dans les Cévennes, fut père de

III. Pierre de Cabot; t. le 25 déc. 1552; il eut pour fils

IV. Louis de Cabot, ép. en 1586 Antonye de Vierne, dont il eut :

V. Jean de Cabot, qualifié sire de Cabot, ép. 1o le 5 sept. 1576 Marguerite de Leuze; 2o en 1598 Anne Rauzières; il eut pour fils : 1. Pierre qui suit; 2. Jean, auteur de la Br. C. des Cabot de Dampmartin.

VI. Pierre de Cabot, surnommé le capitaine noble Pierre Cabot, chef des protestants dans les hautes Cévennes, ép. le 13 nov. 1630 Jeanne Roux, fille du Sgr de Malbos, dont il eut :

VII. Jean-Pierre de Cabot, ép. le 5 déc. 1679 Suzanne Chaptal, dont il eut :

VIII. Jean de Cabot, Sgr de Ruas, Finialettes, Peirigny, se fit ca-

tholique, acheta le 9 mai 1749 la terre noble de la Fare en Gévaudan, paroisse des Bondons; il avait ép. le 25 avril 1705 Jeanne Richard, dont il eut : 1. Jean-Pierre qui suit; 2. Catherine, mariée à
Bruno de Pepin de la Cham.

IX. Jean-Pierre de Cabot de la Fare, avocat au parlement, ép. le
4 avril 1764 Catherine de Montfaucon, dont il eut :

X. Charles-Jean-Pierre de Cabot de la Fare, qualifié marquis de
la Fare dans ses brevets du 24 août 1814, entra aux chevau-légers
en 1779; se retira du service en 1817, officier supérieur de la maison militaire du roi, chev. de Saint-Louis 1814; il av. ép. le 22 mars
1781 Emmanuelle-Joséphine de Bruges, dont il eut : 1. Esprit-Ange-
Camille qui suit; 2. Hyacinthe-Isidore qui a fait la Br. B.; 3. Jules-
Alphonse-Alcibiade, colonel du 47e de ligne, chevalier de la Légion
d'honn., mort en 1852; 4. Julie, mariée au lieut. gén. baron Brun
de Villeret, anc. pair de France, grand off. de la Lég. d'honn.,
chev. de Saint-Louis; 5. Ninette-Scholastique, mariée à N... du Cayla
de Montblanc, anc. député de la Lozère.

XI. Esprit-Ange-Camille de Cabot de la Fare, décédé en 1859
off. sup. d'état major en retraite, off. de la Lég. d'honn. 1814, ép.
le 4 août 1819 Monique-Adélaïde Soleyrol, nièce du général Sor-
bier, dont il eut :

XII. Charles-Joseph-René de Cabot de la Fare, membre du conseil général de la Lozère, ép. le 15 fév. 1855 Marie-Antoinette-Caroline des Isnards, décédée le 28 nov. 1858, dont : Camille-Marie-Ga-
brielle-Marthe, née à Avignon le 7 nov. 1856.

Br. B. XI. Hyacinthe-Isidore de Cabot de la Fare, anc. capit.
d'infant., chev. de la Lég. d'honn. et de Saint-Ferdinand d'Espagne,
ép. le 28 nov. 1831 Emma d'Isoard-Vauvenargues, fille de Gonzague
et de Désirée de Rostolan, sœur du général de ce nom; elle était
nièce du cardinal d'Isoard, archevêque de Lyon; de ce mariage :
Marie-Apollonie, mariée le 6 oct. 1855 à Charles de Régis de Ga-
timel, lieutenant démissionnaire.

Br. C. VI. Jean de Cabot, se fit catholique le 20 avril 1635; il
avait ép. Jeanne de Robert, dont il eut :

VII. Lambert de Cabot, conseiller du roi, receveur des tailles
au diocèse d'Uzès, ép. en 1653 Marie Conil, dont il eut : 1. Jean
qui suit; 2. Henri; 3. Rose; 4. Jeanne; 5. Lambert, chanoine à
Uzès.

VIII. Jean de Cabot, major de Bellegarde, conseiller du roi, receveur des tailles au diocèse d'Uzès, président-trésorier de France
1690, en la généralité de Montpellier, grand voyer, général des finan-

ces, intendant des gabelles, ép. le 22 juin 1691 Anne de la Croix de
Candillargues, dont il eut : 1. Marie-Anne, religieuse ; 2. Isabeau,
mariée le 22 fév. 1714 à Jean de la Croix de Meirargues ; 3. Jeanne,
mariée à Jean-Joseph d'André de Saint-Victor ; 4. Gabrielle, mariée
à Henri Descombiès ; 5. Francois, 6. et

IX. Jean-Roch de Cabot, Sgr de Collorgues, président-trésorier
de France, grand voyer, général des finances à Montpellier, ép. le
31 déc. 1726 Marguerite d'Autrivay ; 2° le 7 fév. 1750 Jeanne-Ga-
brielle-Julie Seonin de Saint-Maximin, dont il eut :

X. Jean-Antoine de Cabot de Dampmartin, capit. d'infant. au
régt de Limousin, commandant de la ville d'Uzès, fut substitué aux
biens, nom et armes de Jean de Dampmartin, conséiller à la cour
des aides de Montpellier (V. T. I, 165) ; il ép. en 1752 Jeanne de
Venant d'Ivergny, dont il eut :

XI. Anne-Henri de Cabot, fait vicomte de Dampmartin sous la
Restauration, maréchal de camp, ép. en 1786 Geneviève Bignan,
dont il eut : 1. Tancrède qui suit ; 2. Fanny.

XII. Jean-Antoine-Roch-Tancrède de Cabot, vicomte de Dampmartin, anc. maire d'Uzès, ép. N... de Mérignargues, dont il eut :
1. Anatole qui suit ; 2. Herminie ; 3. Gabrielle.

XIII. Anatole de Cabot, vicomte de Dampmartin, ép. le 24 avril
831 Marie de Be senval.

721. CAMBACÉRÈS.

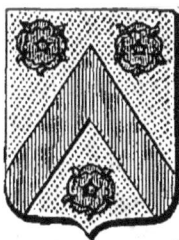

D'or au chevron de gueule accompagné de trois roses de même.

Dominique et Jacques Cambacérès, conseillers en la cour des comptes,
aides et finances de Montpellier, firent enregistrer leurs armes dans l'*Armorial* de 1696.

L'archichancelier de l'empire portait : D'or au dextrochère au naturel
paré de gueule, rebrassé d'hermines, mouvant de senestre, tenant les
tables de la loi de sable et accompagné de trois losanges de même ; au
chef de grand dignitaire : D'azur semé d'abeilles d'or. (*Armor. de l'empire*, 1810. — V. plus loin, p. 201, n° 755.)

Jean-Antoine Cambacérès, fils de Jacques, obtint des lettres de retenue en 1736 pour succéder à la charge de son père. Dominique vendit la sienne en 1737 à Fulcrand Boussairolles. (*Archiv. de la cour des comptes de Montpellier*.) Jean-Antoine Cambacérès fut consul de Montpellier en 1753 et 1763. Son portrait en pied et ses armes sont peints sur vélin dans le recueil
n-folio des anciens maires et consuls de la cité. (*Archiv. de la ville de Montpellier*. V. encore
D'AIGREFEUILLE, *Hist. de Montpellier*, I. Cour des comptes, aides et finances. — THOMAS,
Tableau histor. de Montp., 313.) Jean-Jacques-Régis de Cambacérès, conseiller à la cour des
aides, prit part à l'assemblée de la noblesse de Montpellier en 1789.

I. Jacques Cambacérès, conseiller à la cour des comptes, aides et
finances de Montpellier, ép. Marie Barbé, dont il eut : 1. Jean-An-

toine qui suit; 2. N..., archidiacre de l'église de Montpellier, prédicateur du roi, mort en 1802.

II. Jean-Antoine de Cambacérès, conseiller à la cour des comptes, aides et finances de Montpellier, maire de la ville de Montpellier 1753, 1763, eut pour fils : 1. Jean-Jacques-Régis qui suit; 2. Étienne-Hubert, cardinal, archevêque de Rouen et sénateur, mort en 1821; 3. N..., qui a fait la Br. B.

III. Jean-Jacques-Régis de Cambacérès, conseiller à la cour des comptes, aides et finances de Montpellier 1774, prit part à l'assemblée de la noblesse de Montpellier en 1789, député en 1791, président de la Convention après le 9 thermidor, l'un des rédacteurs du Code Napoléon, second consul, archichancelier de l'empire en 1805, prince-duc de Parme en 1808, ministre de la justice, président de la chambre des pairs en 1815; mourut sans postérité le 8 mars 1824.

Br. B. III. N... de Cambacérès, baron de l'empire, maréchal de camp, fut père de : 1. Marie-Jean-Pierre-Hubert qui suit; 2. Étienne-Armand-Napoléon, qui a fait la Br. C.

IV. Marie-Jean-Pierre-Hubert de Cambacérès, duc de Cambacérès par décret impérial du 27 mai 1857, pair de France 1835, sénateur 1852, grand officier de la Lég. d'honneur 1855, grand maître des cérémonies de la maison de l'Empereur, av. ép. le 5 nov. 1818 Louise-Anne-Alexandrine Thibon, fille d'un sous-gouverneur de la Banque de France.

Br. C. IV. Étienne-Armand-Napoléon de Cambacérès, ancien député de Saint-Quentin 1842, ancien représentant du peuple à l'assemblée législative 1849, membre du corps législatif pour le départ. de l'Aisne, ép. le 14 mars 1827 Adèle-Napoléonie Davoust, fille du maréchal, prince d'Eckmülh; de ce mariage : Louis-Napoléon, né le 22 août 1832, député au corps législatif, marié le 14 oct. 1856 à la princesse Bathilde Bonaparte, fille du prince Charles et de Zénaïde, fille unique du roi Joseph, dont : Zénaïde, née le 4 août 1857.

722. CHICOYNEAU.

D'or à la bande d'azur chargée d'une étoile d'or en cœur et de deux croissants d'argent. (*Armor.* 1696, 5.)

Michel Chicoyneau, natif de Blois et neveu de Martin Richer de Belleval, fut appelé à Montpellier par son oncle et reçu docteur en 1652.

Cette famille, aujourd'hui éteinte, mais dont un des membres prit part à l'élection des députés de la noblesse de Montpellier en 1789, a conservé la chancellerie de l'école de médecine et l'intendance du jardin des plantes de la même ville depuis 1664 jusqu'en 1758. (Baron DES GENETTES, *Éloge des Académiciens*, 1811, 70. — *Recherches sur la vie et les ouvrages de Belleval*, 1786, 28, 64. — ASTRUC, *Mém. sur l'École de méd. de Montpellier.*)

I. Michel Chicoyneau, chancelier de l'École de médecine, succéda à Martin-Richer de Belleval, son oncle, 1664, dans les fonctions d'intendant du jardin des Plantes. « L'aîné et le troisième de ses fils, Michel-Aimé-Gaspard, furent des prodiges de savoir, et méritèrent successivement la survivance de la place de leur père; le second, François qui suit, se vit chef de l'université aussitôt que docteur. Il était gendre de Chirac. »

II. François Chicoyneau, chancelier de l'Université de médecine de Montpellier, ép. N... Chirac, dont il eut :

III. François Chicoyneau, conseiller à la cour des comptes, aides et finances de Montpellier, chancelier et juge de l'Université de médecine, intendant du jardin des Plantes, célèbre par son dévouement pendant la peste de Marseille 1722, conseiller d'État, premier médecin du roi 1743, membre de l'Académie des sciences de Montpellier, ép. Catherine Fournier, dont il eut :

IV. François Chicoyneau, chancelier de l'Université de médecine, intendant du jardin des Plantes, conseiller à la cour des comptes, aides et finances, membre de l'Académie des sciences de Montpellier.

Il s'était marié en 1737 avec N... Rouzier de Souvignargues, dont il eut deux enfants, une fille et un fils, Jean-François, qui reçut au berceau un brevet de S. M. pour être le successeur de ses pères.

V. Jean-François Chicoyneau, professeur de botanique et chancelier de l'Université de médecine 1758, mourut cette même année à Montpellier, à l'âge de vingt-deux ans, sans enfants.

Yolande de Chicoyneau envoya sa procuration à l'assemblée de la noblesse de Montpellier, convoquée pour l'élection des députés aux états généraux de 1789.

723. DARU.

D'azur au rocher d'argent et au chef cousu de gueule, chargé de trois étoiles d'or. Plus tard, ces armes ont été posées sur un écartelé au 1 et 4 d'azur à une tête de lion arrachée d'argent; au 2 échiqueté d'or et d'azur à six tires; au 3 d'azur au chevron d'or accompagné en chef de deux étoiles d'argent, et en pointe d'une ancre de même.

I. N... Daru, secrétaire de l'intendance de Languedoc à Montpellier, prit part avec l'assemblée de la noblesse de cette sénéchaussée en 1789 à l'élection des députés aux états généraux; il fut père de

II. Pierre-Antoine-Noël-Bruno Daru, né à Montpellier en 1767, membre du tribunat, sénateur, intendant général de la liste civile, intendant général en Prusse, ministre plénipotentiaire à Berlin, ministre secrétaire d'État en 1811, grand-croix de la Lég. d'honneur, comte de l'empire en 1810, pair de France en 1819, membre de l'Académie française, fut père de : 1. Napoléon qui suit; 2. Paul, qui a fait la Br. B.; 3.-5. et trois filles mariées.

III. Napoléon Daru, comte Daru, pair de France, ancien représentant de la Manche à l'assemblée constituante 1848 et à l'assemblée législative, officier de la Légion d'honneur.

Br. B. III. Paul Daru, vicomte Daru, élève de Saint-Cyr en 1830, capit. de cavalerie, démissionnaire, attaché à la mission de M. le comte de Sercey, en Perse, 1841, membre de la chambre des députés en 1842.

724. DAUDÉ D'ALZON ET DE LAVALETTE.

De gueule au lion d'argent couronné d'or, soutenant dans sa patte dextre une fleur de lis de même.

On trouve dans l'*Histoire du fanatisme,* par Brueys, N... Daudé, juge au Vigan et subdélégué de l'intendant de la province, qui fut assassiné par les camisards en 1704.

Jacques de la Cour de Montcamp épª le 29 août 1714 Marie Daudé de Lavalette. (D'HOZIER, *Armor. gén.*, VI, R.)

N... Daudé, maire du Vigan, fut député du tiers-état à la cour en 1737 par les états généraux de Languedoc.

Le vicomte d'Alzon prit part à l'assemblée de la noblesse de Montpellier, convoquée pour l'élection des députés aux états généraux de 1789.

Le vicomte d'Audé d'Alzon prit part à l'assemblée de la noblesse de Nîmes, convoquée pour l'élection des députés aux états généraux de 1789.

Cette famille est aujourd'hui représentée par trois branches, dites d'Alzon, de Lavalette, et du Poussey. (TOURTOULON, 96-98.)

725. DU VIDAL DE MONTFERRIER.

La famille du Vidal était distinguée parmi les familles de robe de la cour des comptes de Montpellier. Elle a donné plusieurs syndics à la province de 1704 à 1789. (Baron DES GENETTES, *Éloge des Académ. de Montpellier*, 280. — *Proc. Verb. mss. des députations des états de Languedoc à la cour de Versailles.*)

I. Jean-Antoine du Vidal de Montferrier, consul de la ville de Montpellier 1687, conseiller à cour des comptes, aides et finances de Montpellier, fut père de

II. Jean-Antoine du Vidal de Montferrier, Sgr de Montferrier et de Baillarguet, dont il fit hommage au roi le 15 avril 1733, conseiller à la cour des comptes, aides et finances de Montpellier, après son père, conseiller honoraire 1712, syndic général de la province, ép. Marie-Anne de Fournas de la Brosse, dont il eut :

III. Jean-Antoine du Vidal, marquis de Montferrier, Sgr de Montferrier et de Baillarguet, prêta serment comme avocat devant la cour des aides à Montpellier, et fut reçu syndic de la province par les états de 1721, et membre de la Société royale des sciences de Montpellier. Louis XV lui accorda une pension en faveur de ses services 1754, et, plus tard, ses terres furent érigées en marquisat pour lui et ses descendants. Il mourut à Montpellier le 9 mars 1786, à l'âge de quatre-vingt-cinq ans. Il avait ép. en 1749 Marie-Rose de Vassal, dont il eut : 1. N..., marquis de Montferrier, son successeur dans le syndicat de la province; 2. Marie-Rose, alliée à Jean-Louis de Chanaleilles, comte de la Saumès, capit. au régt. d'Auvergne, admis aux honneurs de la cour en 1786, mort sans enfants.

M. le marquis de Montferrier a pris part à l'assemblée de la noblesse, tenue à Montpellier pour l'élection des députés aux états généraux de 1789.

726. FALCON DE LONGEVIALLE.

Antoine-Guérin Falcon, receveur des tailles, rendit hommage au roi en 1717, à cause du domaine noble de Longevialle, paroisse de Chaliers, élection de Saint-Flour. Cette famille fut convoquée aux assemblées de la noblesse de Saint-Flour et de Mende en 1789; deux de ses membres signèrent l'acte de coalition de 1791, et elle est aujourd'hui représentée par M. Falcon de Longevialle, chev. de Saint-Louis et de la Lég. d'honn., maire de la ville de Saint-Flour, et membre du conseil d'arrondissement, 1848. Il est père de plusieurs enfants, dont l'aîné a épousé mademoiselle de Caissac de la Roquevieille. (BOUILLET, *Nobil. d'Auvergne*, III, 8.)

727. FORTON.

D'azur à deux colonnes d'argent. DEVISE : *Fidelitas et justitia.*

Noble Jean Louis de Forton, juge-mage en la sénéchaussée de Beaucaire et de Nîmes, a fait enregistrer ses armes dans l'*Armorial Mss.* de 1697, déposé à la bibliothèque de la ville de Montpellier, art. 124. N... de Forton a pris part à l'assemblée de la noblesse convoquée à Nîmes pour l'élection des députés aux états généraux de 1789.

Jean-Antoine de Forton, nommé *marquis* par lettres patentes du 8 mars 1827, fut président à la chambre des comptes, et, plus tard, premier président à la cour royale de Montpellier. (TOURTOULON, 112.)

728. GAYON.

Écartelé au 1 et 4 d'azur à une croix d'or brétessée et alaisée; au 2 et 3 d'or à un arbre de sinople, qui est de Gayon; sur le tout d'azur à un chevron d'or accompagné de trois roses de même posées 2 et 1, qui est de Saint-Gilles.

Cette famille a donné des officiers à nos rois dans leurs armées, qui se sont rendus recommandables par leurs services et par leur valeur, et dont plusieurs ont été tués; elle a donné aussi quatre conseillers à la cour des comptes, aides et finances de Montpellier, qui ont exercé la même charge pendant plus d'un siècle. Armand Gayon fut capitaine d'une compagnie de cent hommes de guerre à pied par commission du 2 juin 1585. (D'HOZIER, *Armor. gén.*, VI, R.) Les filiations nobles de cette famille ne s'établissent guère que depuis

I. Pierre de Gayon, Sgr du Bousquet, av. ép. en 1596 Catherine de Nicolaï, dont il eut : 1. Jean qui suit; 2. Pierre, conseiller en la cour des comptes à Montpellier, ép. N... de Rouch, dont : Jean, conseiller en la même cour, ép. Anne de Baudan, et mourut sans enfants; 3. Guillaume; 4. Henri; 5. Jeanne, mariée à Louis de Tor-

chcs, conseiller du roi, magistrat au siège présidial de Béziers ;
6. Catherine, mariée à Pierre de Thomas, Sgr de Gourgas; 7. Antoinette, mariée le 2 fév. 1631 à Pierre de Bonnet de Maureillan, baron de Maureillan et de Polhes, chevalier de l'ordre du roi, gentilhomme ordinaire de la chambre.

II. Jean de Gayon, Sgr du Bousquet, ép. le 1er juill. 1632 Françoise d'Érignac, fille de Jean et d'Isabeau de Plantade; dont il eut :
1. Jean qui suit ; 2. Henri, dit le chevalier du Bousquet, capit. au
régt de Crussol, chev. de justice de l'ordre de N.-D. de Mont-Carmel
et de Saint-Lazare de Jérusalem 1684, capit. de grenadiers au régt
de Crussol, tué à la bataille de Nerwinde.

III. Jean de Gayon, Sgr du Bousquet, ép. le 28 août 1664 Françoise de Saint-Gilles, héritière de sa maison, dont il eut : 1. Jean-
Antoine, lieut. au régt de Crussol, tué à la bataille de Nerwinde ;
2. Marc-Antoine qui suit; 3. François-Raymond, sieur de Saléson,
capit. au régt de Crussol, blessé à la bataille de Nerwinde, pensionnaire du roi.

IV. Marc-Antoine de Gayon du Bousquet, écuyer, Sgr de Libouriac,
conseiller à la cour des comptes, aides et finances de Montpellier,
ép. le 25 avril 1705 Catherine de Cellier, dont il eut : 1. Jean-François-
Henri-Antoine qui suit ; 2. Joseph, lieut. au régt du roi, infanterie,
1725, chev. de Saint-Louis, aide-major de l'armée pendant la guerre
de 1741, colonel réformé 1742, brigadier des armées du roi, maréchal de camp 1759, gouverneur de la tour de Pillemil, en Bretagne,
lieutenant général des armées du roi 1762 : 3. Antoinette, mariée
en 1728 à Henri de Raousset, Sgr de Soumabre, de Provence.

V. Jean-François Henri-Antoine de Gayon, écuyer, conseiller du
roi en la cour des comptes, aides et finances de Montpellier, ép. le
7 juin 1726 Marie-Antoinette-Rose de Causser de Cabrerolles, dame
de Poussan, fille de Jean et de dame Marthe de Nicolin, dont il eut :
1. Henri-Antoine qui suit ; 2. Catherine-Gabrielle, mariée le 2 sept.
1756 à Jean de Calmès de Lercare, écuyer, Sgr de Lercare ; 3. Gabrielle, mariée le 18 déc. 1759 à Louis-Henri de Nattes, chev. de
Saint-Louis, anc. capit. d'infant. au régt de Flandres.

VI. Henri-Antoine de Gayon, écuyer, capit. de cavalerie au régt
de Royal-Piémont, mousquetaire de la garde du roi 1757, aide de
camp du comte de Clermont, du maréchal de Contades et du général de Gayon, son oncle, 1757, capit. de cavalerie 1762.

N... de Gayon a pris part à l'assemblée de la noblesse de Béziers
en 1789.

729. HOURS (DES)

DE CALVIAC ET DE MANDAJORS.

Bandé d'argent et de gueule de six pièces, à une fasce d'or chargée d'une couleuvre rampante de sable, au chef d'argent à une rose de gueule.

Les armes de Jean-Baptiste des Ursins, grand maître de Rhodes en 1467, sont à la salle des Croisades, au musée de Versailles.

La maison des Hours, ou des Ours, en italien Ursi, ou des Ursins, est originaire d'Italie et très-ancienne. Une branche s'établit en Languedoc, dans les Cévennes, à la fin du XVe siècle. (LACH. DESB., XII, 712.)

Plusieurs membres de cette famille ont pris part aux assemblées de la noblesse de la sénéchaussée de Nîmes en 1788 et 1789.

I. Jean, *alias* Jeannet Ursi, obtint une pension du roi René en janvier 1474, et se retira dans les Cévennes. Il eut pour fils :

II. Bernard Ursi ou des Hours, mort en 1519, enterré à Lassalle, laissa plusieurs enfants et neveux, entre autres : 1. Antoine, qui acquit avec Jacques la terre de Calviac le 15 déc. 1524, mort sans postérité; 2. Audebert qui suit; 3. Michel, qui a fait la Br. B.; 4. Claude.

III. Audibert des Hours, Sgr de Calviac, ép. le 10 sept. 1555 Gabrielle de la Nogarède, dont il eut :

IV. Louis des Hours, Sgr de Calviac, ép. Magdeleine de Vignoles, dont il eut :

V. Jean des Hours, Sgr de Calviac, fut père de

VI. Charles des Hours, Sgr de Calviac, ép. le 4 oct. 1656 Diane de Sarret, dont il eut :

VII. Louis des Hours, Sgr de Calviac, ép. le 20 janv. 1705 Élisabeth de la Brie, dont il eut : 1. Louis qui suit; 2. Pierre, anc. capit. au régt de Hainaut, chev. de Saint-Louis, lieut. de roi au fort de Peccais.

VIII. Louis des Hours, Sgr de Calviac, anc. capit. au régt de Hainaut, ép. le 1er fév. 1757 Anne Pagezy, dont il eut : 1. François, sous-lieut. au régt de mestre de camp-dragons, puis capit. et chev. de Saint-Louis, mort sans postérité; 2. et

IX. Charles-Louis des Hours, ép. Julie Farel, d'une ancienne famille du Dauphiné, qui comptait parmi ses rejetons Guillaume Farel, un des grands réformateurs de la Suisse. Il eut de son mariage : 1. Louis-Jules-Joseph, chev. de la Lég. d'honn., maire de Lassalle, membre du conseil général du Gard, ép. le 12 juill. 1812 Lucie Brousson, dont : Henriette-Louise, mariée le 7 mai 1834 à Maurice

Dumas de Marveille; 2. Paul-François qui suit; 3. et 4. Alphonse et Félix, frères jumeaux; 5. Pierre-Émile, ancien chef d'escadron de dragons, chev de .la Lég. d'honn. et de Saint - Ferdinand d'Espagne.

X. Paul-François des Hours, chev. de la Lég. d'honn., ép. le 20 mai 1821 Suzanne-Juliette de Martin de Campredon, fille du lieutenant général de ce nom, grand officier de la Lég. d'honn. et pair de France, dont la généalogie suivra, n° 734, p. 181; il a de son mariage : 1. François-Gabriel-Eugène, marié le 31 octobre 1846 à Adrienne-Constance-Élisa Violan, dont : *a.* Pauline-Claudine-Thérèse, née le 6 sept. 1847; *b.* Thérèse-Andrée-Juliette, née le 12 janv. 1850; *c.* Louise-Julie-Camille, née le 26 oct. 1851; 2. Louis-Paulin, né le 4 fév. 1830; 3. Charlotte, mariée en 1847 à Alexis Auriol, chev. de la Lég. d'honn., ingénieur des ponts et chaussées; 4. Gabrielle; 5. Amélie.

Br. B. III. Michel des Hours, ép. Pierrette de Canaules, dont il eut : 1. Pierre de Villeneuve.; 2. et

IV. Abraham des Hours, Sgr de la Gineste, ép. en 1600 Jeanne d'Airagues, dont il eut : 1. Pierre qui suit; 2. Jacques, lieut. de cavalerie au régt de Cornusson; 3. Marie, alliée en 1633 à Charles de Banne, Sgr de Revergueis.

V. Pierre des Hours, Sgr de la Gineste, blessé au siége de Leucate 1633, major au régt de Provence, ép. le 28 juin 1645 Marie de Vierne, dame de Mandajors et de Cauvas, dont il eut : 1. Louis qui suit; 2. Henriette, mariée à N... de Bertrand, Sgr de la Bruyère.

VI. Louis des Hours, Sgr de Mandajors et de Cauvas, bailli général du comté d'Alais, ép. le 3 juin 1678 Marie Daberlene de Sevrac, dont il eut : 1. Jean-Pierre, de l'Académie des inscriptions et belles-lettres, auteur d'une *Histoire de la Gaule Narbonnaise*, 1733, de plusieurs dissertations sur notre histoire méridionale publiées dans les Mémoires de l'Académie, et de l'inscription gravée sur la statue équestre de Louis XIV à Montpellier en 1718 : « *Ludovico magno comitia Occitaniæ incolumi vovere ex oculis sublato posuere, anno* CIↃ IↃCCC XVIII » (D'AIGREFEUILLE, *Hist. de Montpellier*, I, 549); 2. Antoine, capit. au régt de Hainaut, tué en Espagne en défendant le pont de la Noguerra 1709; 3. Pierre-Joseph, chanoine d'Alais, prieur de la Canourgue; 4. Paul-Philippe, capit. d'infant., chev. de Saint-Louis; 5, et

VII. Louis-Esprit des Hours, Sgr de Mandajors et de Cauvas, ancien capit. au régt de Hainaut, chev. de Saint-Louis, bailli général du comté d'Alais, ép. le 18 nov. 1730 Marie-Charlotte le Vacher de

Longvilliers, dont il eut : 1. Paul-Philippe qui suit; 2. Nicolas-Alexandre, page de madame la Dauphine, cornette dans le régt de Chabrillan-cavalerie, mort en 1757 à Hanovre; 3. Marie, alliée au marquis de Cambis-Fons; 4. Charlotte-Louise, mariée en 1758 à Alexandre-Henri-Pierre, marquis de Rochemore-Saint-Cosme.

VIII. Paul-Philippe des Hours, Sgr de Mandajors, marquis de Ribaute, colonel d'infant., lieut.-col. du régt de Barrois, bailli général du comté d'Alais, ép. 1° le 17 mai 1766 Françoise-Henriette Barbier d'Increville; 2° le 19 déc. 1771 Magdeleine-Françoise-Camille de Calvière, dont il eut :

IX. Charles-Marie des Hours, Sgr de Mandajors, marquis de Ribaute, ép. le 14 juin 1802 Caroline de Brunel de la Bruyère, dont il eut : 1. Charlotte-Félicie, mariée en 1824 à Paul-Marguerite de Firmas, garde du corps du roi, compagnie écossaise, puis lieut. dans la légion des Landes, chevalier de l'ordre équestre du Phénix de Hohenlohe; 2. Edmond, mort jeune; 3. Marie-Alexis-Camille-Antoine; 4. Charles-Marie-Paulin, né en 1808, capit. d'état-major, aide de camp du général Dejean, mort sans être marié le 17 juill. 1839 à Patras (Morée). En lui s'éteignit la branche de Mandajors.

730. JUVENEL.

D'azur au chevron d'or accompagné de trois trèfles d'argent 2 et 1, au chef aussi d'azur chargé d'une demi-fasce d'or, surmontée de trois étoiles d'or.

La maison de Juvenel, *alias* Jouvenel, est originaire de Champagne, et paraît être issue, suivant l'opinion de Lachenaye-Desbois, de l'ancienne et illustre famille de Juvenel, surnommée des Ursins, qui a donné un chancelier de France et deux archevêques de Reims, dont un, Jacques, sacra le roi Louis XI en 1461. Elle reconnaît pour auteur Jean Jouvenel, prévôt des marchands sous Charles VI, à qui la ville de Paris donna en 1388 l'hôtel des Ursins. Une branche de cette famille, dont le P. Anselme (VI, 403) ne fait pas mention, serait venue s'établir en Languedoc à la fin du XVIe siècle (LACH. DESB., VIII, 311), attirée par le connétable de Montmorency, et prouve sa filiation depuis

I. André de Juvenel, ép. en 1613 Isabeau de la Roque, dont il eut : 1. Félix qui suit; 2. Annibal, lieutenant de chevau-légers.

II. Félix de Juvenel, filleul de la princesse des Ursins et du duc de Montmorency, son mari, capit. au régt de Saint-Aunès, ép. le 22 déc. 1646 Jeanne de Vaissière, fille d'Antoine, Sgr de Carlencas, et d'Isabeau de Guilleminet, dont il eut : 1. Henri qui suit; 2. François, capit. de dragons, tué au siége de Namur.

III. Henri de Juvenel, Sgr de Carlencas, mousquetaire, capit. au régt de la marine, ép. le 16 nov. 1678 Marie de Grave, dont il eut :

IV. Félix de Juvenel, Sgr de Carlencas, ép. le 9 oct. 1704 Anne de Michel, surnommée Martelly, dont il eut :

V. Antoine-Henri de Juvenel, Sgr de Carlencas, de Saint-Martin, de Montcarrier, de Lavaigne, de Clausels, ép. le 27 avril 1740 Marie-Anne Grenier, dont il eut : 1. Félix-Antoine qui suit ; 2. Henri, chanoine ; 3. Matthieu, lieutenant au régt de Lyonnais ; 4. Anne ; 5. Marie.

VI. Félix-Antoine de Juvenel, Sgr de Carlencas, de Saint-Martin, de Montcarrier, de Lavaigne, de Clausels, prit part à l'assemblée de la noblesse de la sénéchaussée de Béziers en 1789 ; il avait ép. le 10 avril 1769 Antoinette-Catherine Magnol, dont il eut : 1. Pierre-Antoine qui suit ; 2. Jeanne-Françoise-Catherine-Antoinette, mariée à N... de la Sablière, capit. au régt de Cambrésis ; 3. Catherine, mariée à N... de Boudoul, capit. de frégate ; 4. Jeanne-Marie, alliée à N... d'Alichoux de Sénegra.

VII. Pierre-Antoine de Juvenel, Sgr de Carlencas, etc., off. au régt de chasseurs de Guienne, fit partie de l'armée des princes pendant l'émigration ; il ép. en 1806 Marie-Élisabeth Broussonnet, fille de Pierre-Marie-Auguste, membre de l'Institut, et de Gabrielle Mitteau, dont il eut : 1. Antoine-Henri qui suit ; 2. Victor-Théodore, marié le 26 oct. 1852 à Marie-Clotilde de Joubert, dont : a. Marie-Jeanne-Henriette ; b. Pierre-Marie-Eugénie.

VIII. Antoine-Henri-Raymond de Juvenel, ép. le 8 sept. 1840 Marie-Philippine-Félicité Reboul, dont : 1. Marie-Antoine-Cyprien-Vincent-Xavier ; 2. Marie-Louis-Théodore-Pierre ; 3. Marie-Félicité-Magdeleine.

731. LANSADE.

D'azur à deux lances croisées d'or, avec une étoile de même en chef.

La maison de Lansade est originaire de Périgord. (Armorial de Périgord, publié en 1857 par Amédée Matagrin et Alfred de Froidefond, n° 270.)

Elle ne s'établit en Languedoc qu'à la fin du XVIIIe siècle, et prit part aux élections de la noblesse de la sénéchaussée de Montpellier et de Béziers pour l'élection des députés aux états généraux de 1789.

I. Pierre de Lansade, Sgr de Plagne, Lanouaillé, Chaux, le Montet, etc., en Périgord, anc. gendarme de la garde, chev. de Saint-Louis, ép. Marguerite de Château de Lanouaille, dont il eut :

II. Yriex-Pierre de Lansade, comte de Lansade, Sgr de Jonquièrès, capit. au régt de Vermandois, chev. de Saint-Louis, avait fait ses preuves de noblesse pour l'école militaire en 1764 ; il prit part à l'assemblée de la noblesse de Montpellier en 1789, et fut fait commandant supérieur des troupes royales de l'arrondissement de Lodève en 1815; il av. ép. en 1787 N... de Jonquières, héritière d'une branche de la maison de Vissec la Tude, Sgr de Jonquières, dont il eut : 1. Gustave qui suit ; 2. N..., mariée à Paul de Peyrelade en Rouergue; 3. N..., religieuse à la Visitation à Montpellier.

III. Gustave de Lansade, ép. le 3 fév. 1824 Alix de Barbeyrac de Saint-Maurice, dont il eut : 1. Yriex-Marie-Alfred, comte de Lansade; marié le 1er mai 1849 à Constance d'Albignac; 2. Joseph-Alexis, marié le 6 avril 1856 à Emma d'Olivier du Merlet. —Résid. Montpellier et Jonquières (Hérault).

732. LA VALETTE-CHABRIOL.

Parti au 1 de gueule au gerfaut d'argent ayant la patte dextre levée, qui est de Valette ; au 2 de gueule au lion d'or, lampassé et armé d'argent, qui est de Morlhon. DEVISE : *Plus quam valor Valetta valet.* CRI DE GUERRE : *Non æs, sed fides.*

La maison de Valette, *de Valetta,* suivant les titres latins ; en français, de Valette et de la Valette, est ancienne et illustre. Elle tire son origine du Rouergue et des vicomtes souverains de Saint-Antonin, issus des comtes de Rouergue, et ceux-ci des premiers comtes héréditaires de Toulouse. (LACH. DESB., XII, 309.) Elle a fait plusieurs branches dont la plus illustre, celle de la Valette-Parisot, a donné des sénéchaux au Rouergue et au Quercy, un grand maître à l'ordre de Malte 1557, plusieurs grands-croix de l'ordre, et des chevaliers à chaque génération.

La branche dont était issu le grand maître de l'ordre de Malte (Jean de la Valette-Parisot, 1557) avait fait autrefois sa demeure à Toulouse, et avait donné plusieurs capitouls à cette ville. Guillot de la Valette-Parisot, chevalier, Sgr de Cornusson, frère de ce grand maître, avait ép. en 1535 Antoinette de Nogaret, dame de Graniagues, veuve de Jean Barail de Belcastel, laquelle était issue de la branche de Nogaret, Sgrs de Roqueserrière. Le Sgr de Cornusson eut quatre fils, l'un Sgr de Parisot, l'autre Sgr de Cornusson. (MORÉRI, X, 423.)

I. Guillot de la Valette, chevalier, gentilhomme ordinaire de la chambre du roi, descendant au onzième degré d'Archambaud, vicomte de Saint-Antonin en Rouergue, ép. en 1486 Jeanne de Castres, dont il eut entre autres enfants : 1. Guillot qui suit; 2. Jean, grand maître de Malte en 1557-1568; 3. François, évêque de Vabres 1561.

II. Guillot de la Valette, baron de Cornusson, Sgr de Parisot, chev. de l'ordre du Roi, gouverneur du pays de Rouergue, ép. en

1535 Antoinette de la Valette-Nogaret, dont il eut entre autres enfants :

III. François de la Valette, marquis de la Valette, baron de Cornusson, capit. de cent hommes d'armes, lieut. du roi en Guienne, gouverneur et sénéchal de Toulouse et du pays Albigeois 1576, gentilhomme ordinaire de la chambre 1581, conseiller d'État 1582, chev. des ordres du roi, av. ép. le 21 juin 1563 Gabrielle de Murat de Lestang, dont il eut : 1. Jean qui a continué la branche des marquis de Cornusson éteinte au commencement du XVIIIᵉ siècle ; 2. François, évêque de Vabres, 1600 ; 3. Jean qui suit ; 4. Jeanne, mariée à Raimond de Pins ; 5. autre Jean, qui fut reçu chevalier de Malte, et obtint en 1603 une bulle du grand maître Adolphe de Vignacourt, contenant exemption du droit de passage en faveur de tous ceux portant le nom et les armes de la maison du grand maître Jean de la Valette, et des descendants d'icelle, en ligne directe et masculine.

IV. Jean de la Valette, marquis de la Valette, fut d'abord chevalier de Malte, puis il ép. le 24 oct. 1592 Philippe de Burine de Chabriol, héritière de sa maison, dont il eut :

. V. Antoine de la Valette, Sgr de la Valette et Chabriol, ép. le 10 oct. 1614 Françoise d'Albon la Rosière, dont il eut : 1. François qui suit ; 2. Louise, mariée à André de la Traverse.

VI. François de la Valette, comte de la Valette-Chabriol, ép. le 21 mai 1638 Marie de la Blache, dont il eut : 1. Antoine qui suit ; 2. Jean, et 3. François, morts sans alliance.

VII. Antoine de la Valette, baron de la Valette-Chabriol, ép. le 12 juin 1659 Louise de Raymond de Modène, dont il eut : 1. Jean qui suit ; 2. Jacques, vicomte de la Valette ; 3. et 4. Antoinette et Philippe, sans alliance.

VIII. Jean de la Valette, marquis de la Valette-Chabriol, ép. le 6 oct. 1681 Anne de Cluzet de Pommerat, dont il eut :

IX. Jacques de la Valette, comte de la Valette-Chabriol, ép. le 1ᵉʳ mars 1708 Claudine de Rioussol, dont il eut : 1. Joseph-François qui suit ; 2. Jean-Jacques ; 3. Louis ; 4. Anne-Louise ; 5. Marie ; 6. Jeanne, sans alliance.

X. Joseph-François de la Valette, marquis de la Valette-Chabriol, ép. le 3 avril 1741 Jeanne-Élisabeth de Sibleyras, dont il eut : 1. Jacques-François qui suit ; 2. Claude-Laurent, vicomte de la Valette, garde du corps du roi, chev. de Saint-Louis ; 3. Jean-Claude, marié 1° le 18 avril 1779 à Marie-Catherine-Théodore, baronne de Kittenis, à Tirlemont en Brabant ; 2° à Louise-Cornélie-Élisabeth de

Clunder; chambellan de l'empereur Joseph ; 4. Jeanne-Marie-Anne;
5. Louis-Marie-François; 6. Marie-Françoise-Élisabeth.

XI. Jacques-François de la Valette, comte de la Valette-Chabriol,
garde du corps du roi et gendarme de sa garde ordinaire, assista en
1789 à l'assemblée de la noblesse du Vivarais convoquée pour l'é-
lection des députés aux états généraux; il av. ép. le 5 fév. 1774
Anne-Françoise-Sylvie de Borel d'Hauterive, dont il eut : 1. Syl-
vain-Pierre-Marie-François, marquis de la Valette-Chabriol, né le
24 oct. 1774; 2. Joseph-Bruno-Charles, baron de la Valette; 3. Ber-
nardin-Claude-François-Marie, vicomte de la Valette, tous les trois
morts jeunes; 4. Marie-Catherine-Théodore; 5. Jean-Isaac-François-Marie qui suit; 6. Anne-François-Adolphe, chev. de Malte;
7. Marie-Octavie, mariée à N... d'Allard.

XII. Jean-Isaac-François-Marie de la Valette, marquis de la Valette-Chabriol, chev. honoraire de Malte, ép. le 15 fév. 1816 Claire-
Henriette-Félicité de Meyssonnier de Châteauvieux, dont plusieurs
enfants, entre autres : 1. Marie-Françoise-Augustine-Anaïs ; 2. Fran-
çois-Henri-Bernardin ; 3. François-Adolphe-Frédéric-Eugène.

733. LESCURE.

Écartelé au 1 et 4 d'azur au lion d'or armé et lampassé de gueule dex-
tré au premier canton d'une croix pâtée d'argent; au 2 et 3 du même
fonds à deux fasces d'or accompagnées de trois roses d'argent posées en
pal. (*Armor.* de 1696, p. 26, 770, 873.)

La maison de Lescure, *alias* l'Escure, tire son nom d'une baronie importante en Albigeois, qui avait entrée aux états particuliers de ce pays.
Elle relevait du pape, comme il conste de divers hommages rendus aux
souverains pontifes. Sa filiation est établie depuis Raymond, Sgr de Lescure, mentionné dans différents actes de 1201, 1226 et 1254. Pierre de
Salgues, fils de Durand de Salgues, damoiseau, et petit-fils de Pierre de Salgues, chevalier,
épousa en 1309 l'héritière de Lescure et en prit le nom. (*Bibl. imp.*, *Mss.*, *Lang.*, 106.) Cette
branche, dite des marquis de Lescure, barons de Sainte-Flève, maintenue dans sa noblesse au
D. de Castres par jugement de M. de Bezons du 18 sept. 1669, s'est éteinte en 1793 en la personne de l'héroïque chef vendéen Marie-Louis de Lescure, blessé mortellement au combat de la
Tremblaye. Sa veuve, Marie-Louise-Victoire de Donissan de Citran, ép. le marquis de la Rochejaquelein. La maison de Lescure de l'Albigeois avait été admise aux honneurs de la cour en
1765.

Jean-Joseph-François de Lescure, des Sgrs de Puisserguier en Languedoc, dont la postérité
subsiste, en deux branches, prouva sa filiation authentique en 1773, pour entrer dans les mousquetaires gris, depuis Antoine de Lescure, conseiller du roi, procureur général au parlement
de Bordeaux, marié le 22 déc. 1543 à Marguerite d'Audrand. Ses titres de noblesse furent visés
le 6 avril 1773 par M. le Barbier, président de la sénéchaussée et siége présidial de Béziers, sans
établir la jonction avec la maison de Lescure d'Albigeois. Les armes de Lescure de Puisserguier,
données en tête de cette notice, ont été enregistrées dans l'*Armorial* de 1696, sur la présentation qui en a été faite par trois membres de cette famille. La généalogie qui suit résulte des actes authentiques dont la production a été faite le 14 déc. 1859 à Me Griffon, notaire à Montbri-

son, pour la branche aînée, et des actes de l'état civil de la commune de Puisserguier, qui nous ont été communiqués, pour la branche cadette.

N... de Lescure, de Puisserguier, a pris part à l'assemblée de la noblesse de la sénéchaussée de Béziers, en 1789.

I. Antoine de Lescure, conseiller du roi, procureur général au parlement de Bordeaux par provisions de 1544, charge qu'il exerça pendant vingt ans, comme il résulte des lettres de provisions accordées à Jean de Lahel, son successeur; il fut aussi chargé de missions importantes sous François Ier. Dupleix et de Thou témoignent, en leurs histoires, des services qu'il rendit durant ses fonctions; il av. ép. le 22 déc. 1543 Marguerite d'Audrand, fille de noble d'Audrand, contrôleur général des deniers du roi à Bordeaux. Il eut de ce mariage : 1. Jacques qui suit; 2. Louis.

II. Jacques de Lescure, écuyer, conseiller au parlement de Bordeaux par provisions de 1581, exerça cette charge pendant trente-six ans, comme le prouvent les lettres données à son successeur en 1617. Il eut entre autres enfants : 1. Henri qui suit; 2. Jacques, pourvu en 1605 d'un office de conseiller au parlement de Bordeaux, avec dispense d'âge en considération des services rendus tant par son père que par son aïeul.

III. Henri de Lescure, docteur en droit en la souveraine cour des comptes, aides et finances de Montpellier, suivant transaction du 15 sept. 1668. Il eut d'un premier mariage : 1. Jean qui suit; d'un second mariage contracté avec Marguerite de Benoist, veuve de Nicolas de Malbois, le 21 mars 1628, il eut : 2. François-Joseph ; 3. Henri, co-Sgr de Puisserguier, major des milices bourgeoises de la ville et diocèse de Narbonne.

IV. Jean de Lescure, écuyer, Sgr de Puisserguier, contracta alliance le même jour que son père, le 21 mars 1628, avec N... de Malbois. Il testa le 17 janv. 1664 en faveur de ses enfants qui furent : 1. Jean qui suit; 2. François-Joseph ; 3. Henri, conseiller du roi et magistrat en la sénéchaussée et siége présidial de Montpellier, qui fit enregistrer ses armes dans l'*Armorial* général de Montpellier; ce sont celles qui figurent en tête de cette notice; 4. Anne, qui testa le 26 avril 1691 en faveur de son frère Henri.

V. Jean de Lescure, écuyer, Sgr de Puisserguier, émancipé par son père, par acte du 20 juin 1666, ép. le même jour Jeanne de Rouvière. Il contracta une seconde alliance le 17 avril 1673 avec Françoise de Bélissent; il testa le 30 mars 1678 en faveur de ses enfants. De son premier mariage étaient nés : 1. François-Joseph qui suit; 2. Jean, écuyer; et du second : 3. Henri, écuyer, co-Sgr de Puisserguier, major des milices bourgeoises de la ville et diocèse de Narbonne, fut maintenu dans sa noblesse par jugement de M. de Basville, intendant du Languedoc, rendu en 1698; il entra la même année aux états de cette province avec la procuration du baron de la Gardiole. Il av. ép. 1° Anne de Toulle, laquelle testa en sa faveur le 26 janvier 1729; et 2° le 17 avril 1738 Marie-Claire-Élisabeth d'Arribal de la Coussade. Il n'eut point d'enfants de ces deux mariages, et testa le 9 janvier 1748 en faveur de son frère François-Joseph; 4. Joseph-Louis, écuyer.

VI. François-Joseph de Lescure, écuyer, Sgr de Puisserguier, ép. le 20 oct. 1684 Marie de Castera, *alias* Cassela, dont il eut:

VII. Jean-Joseph de Lescure, écuyer, Sgr de Puisserguier, capit. au régt de Santerre-infanterie, suivant sa commission du 12 sept. 1706, nommé chev. de Saint-Louis le 5 sept. 1708, pensionné du roi à cause de ses blessures 1715; il av. ép. le 6 sept. 1713 Marie-Magdeleine de Maurel, de Calais, dont il eut: 1. Jean-Joseph qui suit; 2. François, qui a fait la Br. B.

VIII. Jean-Joseph de Lescure, Sgr de Puisserguier, pensionnaire du roi, servit d'abord dans la compagnie des cadets-gentils-hommes dans le régiment de Clermont-Picardie, puis dans les gardes du corps du roi, et obtint une pension pour les services qu'il avait rendus. Il ép. le 27 août 1753 Louise-Élisabeth-Charlotte Dauphin d'Halenghen, fille de Charles-François d'Halenghen, Sgr d'Halenghen, etc., président lieutenant en la sénéchaussée de Boulogne, dont il eut:

IX. Jean-Joseph-François de Lescure, mousquetaire du roi, chev. de Saint-Louis, nommé en 1790 commandant de la garde nationale de Puisserguier, emprisonné comme noble en 1793, fut relâché sur le certificat des administrateurs de la commune de Puisserguier. Il avait ép. 1° N... de Terrasson; 2° Claudine-Hélène de Noyel de Berings; de ce second mariage naquit:

X. Jean-Charles-François de Lescure, ép. le 1er oct. 1806 Catherine-Claudine Girard de Veaugirard, dernière fille de Jean-Baptiste, baron de Veaugirard, Sgr de Veaugirard, Châteauneuf, Collombettes, etc., en Velay, chev. de Saint-Louis, lieut. gén., fit toutes les campagnes de l'Inde, et commanda la cavalerie au siége de Lyon en 1793. De ce mariage sont issus: 1. Jean-Baptiste-Valdek qui suit; 2. Jean-Baptiste, décédé sans postérité.

XI. Jean-Baptiste-Valdek de Lescure, licencié en droit, conseiller municipal de la commune de Champdieu, a ép. Jeanne-Louise Meylane, bourgeoise du canton de Vaud (république suisse). De cette union sont issus : 1. Jules-Benoît ; 2. Joséphine ; 3. Jeanne-Agathe.

Br. B. VIII. François de Lescure, ép. à Puisserguier le 4 sept. 1754 Anne Laget de Rentière, dont il eut :

IX. Joseph-François de Lescure, ép. à Lyon le 25 mars 1789 Eulalie Malichard de Saint-Michel, dont il eut :

X. François-Thomas de Lescure, né à Puisserguier le 5 mars 1794, ép. Émilie Jaloux, dont il eut : 1. Justin-Henri qui suit ; 2. Émilien, marié le 29 sept. 1850 à Élisabeth de Ricard.

XI. Justin-Henri de Lescure, ép. le 24 sept. 1839 Marie-Françoise-Pauline de Ricard, dont : 1. Joseph ; 2. Paul ; 3. Louise.

734. MARTIN

CHOISY, CAMPREDON, LACOSTE.

D'argent au cavalier de gueule, chevauchant sur une terrasse de i-nople.

Cette famille, originaire de Clermont-Lodève, anoblie vers le milieu du XVIIIe siècle par deux charges de secrétaire du roi près la chancellerie de la cour des comptes, aides et finances de Montpellier, se divisa en trois branches, dites de Choisy, de Campredon et de Lacoste, qui ont pris part aux assemblées de la noblesse de Montpellier et de Béziers en 1789. La branche de Campredon a donné un lieutenant général, illustré par la prise de Gaëte en 1806, ministre de la guerre à Naples 1809, pair de France 1835. La ville de Montpellier a témoigné sa considération pour la mémoire de MM. Martin-Choisy et Martin-Campredon, en donnant récemment leur nom à deux nouvelles rues de la cité. Antoine Martin, vivant en 1680, fut père de

I. Pierre de Martin, conseiller-secrétaire du roi, maison et couronne de France, mort à Clermont-Lodève le 18 janv. 1755, avait ép. Marthe Crousil, dont il eut : 1. Antoine qui suit ; 2. Pierre, qui a fait la Br. B. ; 3. Jean, auteur de la Br. D.

II. Antoine de Martin de la Laurèze, ép. Marie-Élisabeth de Salasc, dont il eut : Marie-Anne-Jeanne, mariée le 3 nov. 1785 à Antoine-François-Jacques de Boissier, conseiller en la cour des comptes, aides et finances de Montpellier.

Br. B. II. Pierre de Martin, secrétaire du roi le 12 août 1755 ; il ép. 1° en 1755 Catherine de Poitevin, dont il eut : 1. Pierre-Eustache qui suit ; 2° Marie Vialars, dont il eut : 2. Jacques-David, qui a fait la Br. C. ; 3. Victor, commandant du génie au siége de Gaëte en 1806, sous les ordres de son frère, puis général de brigade, périt à Wilna en 1812 sans laisser de postérité ; 4. Pauline, mariée au général baron de Puymisson, dont une fille, Coralie, mariée à N... de Pelet, morte sans postérité.

III. Pierre-Eustache de Martin de Choisy, conseiller à la cour imp. de Montpellier, prit part à l'assemblée de la noblesse de Montpellier pour l'élection des députés aux états généraux de 1789; il avait ép. Anne Pommier, dont il eut : 1. Léon, conseiller à la cour royale de Montpellier, mort en 1827 sans postérité; 2. Honorine, mariée le 29 sept. 1817 au comte Alexis d'Adhémar.

Br. C. III. Jacques-David de Martin de Campredon, lieutenant général du génie, s'illustra par le siége de Gaëte en 1806, ministre de la guerre à Naples en 1809, baron de Campredon par ordonnance du roi Louis XVIII le 24 sept. 1814; pair de France le 11 sept. 1835, grand officier de la Lég. d'honneur et grand-croix de l'ordre du Mérite militaire; il avait ép. Gabrielle de Poitevin de Maureillan, dont il eut : 1. Charles, baron de Campredon, conseiller à la cour royale de Montpellier, marié à Louise de Paul et mort sans postérité; 2. Suzanne-Juliette, mariée le 20 mai 1821 à Paul-François des Hours.

Br. D. II. Jean de Martin, sieur de Lacoste, écuyer, gouverneur de Clermont-Lodève, ép. 1° Marguerite Jalvy; 2° Marie-Louise-Adélaïde Agogué; il eut de sa première femme : 1. Jean-Michel qui suit; et de sa seconde : 2. Stanislas-Philippe qui a fait la Br. E.

III. Jean-Michel de Martin, écuyer, ép. le 30 oct. 1786 Jeanne-Françoise Bouissin, fille de Jean et de Jeanne-Françoise de Salasc, dont il eut :

IV. Jean-François-Antoine-Paul de Martin, ép. le 7 juill. 1823 Gabrielle-Zoé-Olympe Delpon, dont il eut : 1. Jean-Paul-Michel qui suit; 2. Jean-Joseph-Ernest, enseigne de vaisseau, né le 21 mars 1833; 3. Justine-Eugénie-Sophie, née le 25 février 1832, religieuse à Avignon.

V. Jean-Paul-Michel de Martin, ép. le 27 avril 1846, à Lodève, Marie-Anne-Octavie Ganibenq, dont : Marie-Marguerite-Olympe-Berthe, née le 3 mars 1848.

Br. E. III. Stanislas-Philippe de Martin, sieur de Lacoste, né à Versailles en 1768, filleul du comte de Provence (Louis XVIII) et de Madame Sophie de France, tante de Louis XVI, ép. le 14 avril 1812 Marie-Charlotte de Lachesnaye, dont il eut : 1. Hippolyte-Charles-Stanislas, capit. au 26e régt de ligne, chev. de la Lég. d'honneur, mort à Varna pendant la guerre de Crimée en 1854, avait ép. Louise-Félicité-Béatrix-Thérèse Chocqueel, dont : a. Ferdinand-Charles-Louis, né à Metz le 1er mars 1851; b. Charles-Ernest-Anatole, né à Dijon le 10 fév. 1853; 2. Auguste, chef d'escadron d'état-major, chev. de la Lég. d'honn., attaché à la place de Besançon, mort dans cette ville le 26 déc. 1857; 3. Jules-Amable, receveur des domaines au Vigan, dépt du Gard, marié à Clara Vincent, dont : Léonie; 4. Marie-Eugène, vicaire de la paroisse Notre-Dame, à Versailles.

735. MELON.

Écartelé au 1 et 4 d'azur à trois melons d'or posés 2 et 1; au 2 et 3 de gueule à deux croisettes d'or, au chef cousu d'azur chargé de deux étoiles d'argent.

N... Melon fut père de : 1. Guillaume qui suit; 2. Antoine, lieutenant de carabiniers, marié le 22 juill. 1697 à N... de Leuzières; 3. N..., mariée à N... Bonnier d'Alco, dont elle eut, N... Bonnier, Sgr de la Mosson, colonel, et madame de Chaulnes.

I. Guillaume de Melon, conseiller-secrétaire du roi, maison et couronne de France, près la cour des comptes, aides et finances de Montpellier en 1724, fut père de : 1. François qui suit; 2. Guillaume, viguier de Gignac.

II. François de Melon, capit. de dragons, ép. Élisabeth d'Adhémar de la Baume, dont il eut : 1. Guillaume qui suit; 2. Joseph, capit. et chev. de Saint-Louis.

III. Guillaume de Melon, né en 1722, conseiller et secrétaire du roi, maire de Mende en 1760, ép. Marianne de Renard, dont il eut :

IV. Joseph-Élisabeth de Melon, Sgr de Capiou et la Motte, prit part à l'assemblée de la noblesse de la sénéchaussée de Montpellier en 1789; il ép. Théodore-Claire-Philippine de Roquefeuil, dont il eut : 1. Guillaume qui suit; 2. Isidore, colonel adjudant-major de l'armée lyonnaise en 1793, connu sous le nom de général Arnaud; 3. Philippe, chef de bataillon, chev. de la Leg. d'honneur; 4. Marie-Catherine-Philippine, mariée le 23 juill. 1795 à Jean-André-Joseph de Serres; 5. Eugénie, mariée le 12 messidor an III à Clément de Bosc; 6. Henriette, mariée à Daniel de Malordy.

V. Guillaume de Melon, off. de l'armée de Condé, chev. de Saint-Louis et de la Lég. d'honn., ép. N... Brunoi, dont il eut :

VI. Jules de Melon, anc. chef d'escadron, off. de la Lég. d'honn., ép. Pauline, fille du général baron Pouget, dont : 1. Albert; 2. Paul; 3. Cécile; 4. Marie; 5. Jeanne; et deux autres filles religieuses.

736. MIREMONT.

D'azur à un lion d'or couronné de même et lampassé de gueule, écartelé de sable à trois besants d'or, au chef cousu de gueule. (*Armorial* de 1696, p. 329.)

La maison de Miremont est originaire d'Auvergne, où elle a été maintenue dans sa noblesse par jugement souverain de M. de Fortia le 7 août 1667. Elle a fait plusieurs branches, dites d'Anval ; de Bédrines ou Védrines, et de Montchausson. Cette dernière, qui était l'aînée, passa en Gévaudan vers la fin du XVIIIe siècle, fut déchargée des droits de francs-fiefs par ordonnance de M. de Lamoignon du 23 décembre 1699, et prit part aux assemblées de la noblesse de Mende en 1789. (BOUILLET, *Nobil. d'Auvergne.*) Sa filiation authentique et suivie, certifiée conforme aux actes originaux et aux jugements ci-dessus mentionnés, par N... Grégoire, adjoint du maire de Saint-Laurent d'Olt, commence à

I. **Jean-Pierre de Miremont**, écuyer, Sgr de Catuzières, eut pour fils

II. **Étienne de Miremont**, Sgr de Miremont et Masboissier, rendit hommage le 11 avril 1410 au comte d'Auvergne, Jean, fils du roi de France. Il eut pour fils :

III. **Héracle de Miremont**, Sgr de Miremont, ép. Marguerite de Montchausson, dame et héritière de la terre de Montchausson, paroisse de Faveroles, D. de Saint-Flour en Auvergne, dont il eut : 1. Claude qui suit; 2. Robert; 3. Guillaume, qui partagèrent les biens de leur père le 28 mars 1466, par acte reçu Pradines, notaire. Robert a fait les branches d'Anval et de Vedrines en Auvergne.

IV. **Claude de Miremont**, Sgr de Miremont et de Montchausson, fut père de

V. **Arthaud de Miremont**, testa le 4 déc. 1510, et fut père de

VI. **Pierre de Miremont**, ép. Françoise de Murat; il testa en 1548 en faveur de son fils qui fut : 1. François qui suit; 2. et Françoise, mariée le 30 sept. 1558 à Jean de la Salesse.

VII. **François de Miremont**, Sgr de Miremont et Montchausson, ép. le 22 oct. 1580 Marguerite de la Fayette, dont il eut :

VIII. **Tristan de Miremont**, vendit le 29 avril 1617 la terre de Montchausson à Bernardin de Roquelaure; il ép. le 31 janv. 1618 Claire de la Rochette, dont il eut :

IX. **Jean de Miremont**, écuyer, Sgr de Rochefrège, ép. le 10 fév. 1664 Jacqueline de la Vernède, dont il eut : 1. Gabriel qui suit; 2. Marie.

X. **Gabriel de Miremont**, sieur de Saladon, capit. dans le régt de la Reine, infant., ép. à la Canourgue, en Gévaudan, le 27 janv. 1693, Catherine de Martin, dont il eut :

XI. Pierre-Antoine de Miremont, ép. le 13 janv. 1723 Rose de Perrin, dont il eut : 1. Jean-Pierre qui suit; 2. Clément; 3. Victor; 4. Catherine; 5. Louise.

XII. Jean-Pierre de Miremont, off. d'infant. dans le régt de Bouzols, ép. le 17 janv. 1758 Jeanne-Monique de Brondel, dont il eut : 1. Héracle, mort sans enfants, en émigration; 2. Étienne-Victor, chanoine à Mende; 3. et Sophie.

XIII. Sophie de Miremont, ép. le 6 mai 1791 Jean-Joseph Galonié, de Saint-Laurent d'Olt, dépt de l'Aveyron, dont il eut :

XIV. Jean-François-Eugène Galonié de Miremont, héritier d'Étienne-Victor de Miremont, son oncle, prêtre et chanoine honoraire de l'église cathédrale de Mende, par testament du 11 janv. 1838, avec la condition expresse d'ajouter à son nom celui de Miremont. Cette addition de nom fut autorisée par ordonnance royale du 22 fév. 1838, inscrite au *Bulletin des Lois* sous le n° 7325, et portée sur les registres de l'état civil de Saint-Laurent d'Olt, la Canourgue et Marvéjols, en vertu d'un jugement du tribunal civil de première instance de Milhau (Aveyron) du 13 sept. 1838. Jean-François-Eugène eut trois enfants : 1. Jean-François-Eugène qui suit; 2. Solange; 3. Benjamin, tous les deux morts sans postérité.

XV. Jean-François-Eugène Galonié de Miremont, ép. le 6 juill. 1836 N... Nogaret, dont : 1. Félix; 2. Flavie; 3. Mathilde; 4. Valéry.

737. ORTOMAN.

Écartelé au 1 et 4 d'azur à une étoile d'or formée de deux triangles vidés et entrelacés; au 2 et 3 de gueule à une chèvre d'argent rampant contre un arbre d'or.

Nicolas d'Ortoman, premier médecin du roi Henri IV, ép. le 12 juin 1559 Jacquette de Flottes.

Jean-Jacques d'Ortoman, chevalier de Saint-Louis, capit. au régt de Bourgogne infanterie, fournit sa procuration à M. Poitevin de Mezouls pour le représenter à l'assemblée de la noblesse de la sénéchaussée de Montpellier en 1789.

738. PAUL.

D'azur au chevron d'or accompagné en chef de deux coqs affrontés d'argent, et en pointe d'une rose de même; au chef cousu de gueule chargé de trois molettes d'éperon d'or.

Louis Paul, conseiller en la cour des comptes, aides et finances de Montpellier en 1688, obtint des lettres d'honneur en 1709, et eut pour successeur son fils qui fut

Louis Paul, qui avait obtenu des lettres de retenue en 1707.

Louis Paul fut reçu conseiller en la même cour après son père en 1732..

Jacques Paul fut reçu conseiller en la même cour après François Bastide en 1740; il ép. en 1747 Henriette de Grasset, fille d'un conseiller du même nom en ladite cour. (*Archives de la cour des comptes de Montpellier.* — TOURTOULON, 153.)

Louise de Paul, ép. Charles de Martin, baron de Campredon, conseiller à la cour royale de Montpellier, fils du lieutenant général de ce nom, et n'en a pas eu d'enfants.

Plusieurs membres de cette famille ont pris part à l'assemblée de la noblesse de Montpellier en 1788 et 1789.

M. Louis-Frédéric-Gabriel de Paul, ancien officier de cavalerie, et M. Charles-Étienne Despous, son gendre, tous deux propriétaires, nés et demeurant à Montpellier (Hérault), ont l'intention de se pourvoir auprès de Son Exc. le garde des sceaux à l'effet d'obtenir pour ledit sieur Despous, et pour son fils mineur Charles-Henri-Gabriel, né en la même ville, l'autorisation d'ajouter à leur nom celui du sieur *de Paul*, leur beau-père et aïeul, et de s'appeler à l'avenir *Despous de Paul*. (V. le *Moniteur* du mois de janvier 1860.)

739. PAVIN DE LA FARGE.

D'azur à trois étoiles d'or, deux en chef et une en pointe, celle-ci soutenue d'un croissant d'argent.

La famille de Pavin, originaire de Poitou, a fait plusieurs branches, dont une passa en Dauphiné, puis en Vivarais, vers le milieu du XVII° siècle. Elle donna deux conseillers au parlement de Grenoble, et prit part aux assemblées de la noblesse du Vivarais en 1789. Elle prouve sa filiation authentique par actes de l'état civil depuis

I. Jacques de Pavin, né en 1673, conseiller au parlement de Grenoble, ép. Catherine Mure, et eut pour fils :

II. Claude-François de Pavin, conseiller au parlement de Grenoble, ép. Marie de Courteville, dont il eut ; 1, Jacques-François, qui prit part à l'assemblée de la noblesse du Vivarais en 1789; 2. et

III. Claude-François de Pavin de la Farge, Sgr de la Farge, lieutenant-colonel au régt Colonel-général infanterie, chev. de Saint-

Louis, ép. le 19 février, 1776 Marie-Mélanie de Gallier, dont il eut :

IV. Claude-Joseph-Auguste de Pavin de la Farge, off. au régt de Neustrie, ép. en 1805 Louise-Olympe de Bernon de Montélégier, dont il eut : 1. Léon qui suit; 2. Louise, religieuse; 3. Adolphe qui a fait la Br. B. ; 4. Édouard qui a fait la Br. C. ; 5. Tony, enseigne de vaisseau, mort le 28 nov. 1839 à bord du brick *la Zélée*, dans le dernier voyage de circumnavigation du capitaine Dumont d'Urville.

V. Léon de Pavin de la Farge, ancien off. d'artillerie, ép. 1° en 1836 Louise de Verna; 2° Hélène de Rivoles; il a du premier mariage : 1. Raphaël; 2. Thérèse; et du second, 3. Auguste; 4. Marie; 5. Albert.

Br. B. V. Adolphe de Pavin de la Farge, héritier du nom et du titre du comte de Montélégier, par testament de son grand-père maternel, ancien off. de cavalerie, ép. 1° Céleste du Roure ; 2° Marie de la Boissière; du premier mariage : 1. Marie; 2. Gaston; et du second : 3. Henri.

Br. C. V. Édouard de Pavin de la Farge, ép. en avril 1845 Louise de Rivoles, dont : 1. Laure ; 2. Cécile ; 3. Joseph.

740. PLANTADE.

D'or à une plante de plantin arrachée de sinople, au chef de gueule chargé d'un croissant montant d'argent accosté de deux pélicans d'or ensanglantés de gueule. DEVISE : *Charitas nescia vinci.*

La famille de Plantade était une des familles les plus distinguées parmi la noblesse de la cour des comptes, aides et finances de Montpellier. Elle a donné cinq conseillers avant la Révolution qui furent tous des magistrats investis, par la confiance de nos rois, de missions importantes, et périlleuses durant les guerres de religion. (LACH. DESB., XI, 344.)

Étienne de Plantade, conseiller en 1681, fut chargé par l'intendant d'Aguesseau de préparer un code sur les tailles, avec les présidents Bocaud et Moulceau, et le conseiller de Lauriol-Vissec, pour les quatre provinces de Guienne, Languedoc, Provence et Dauphiné. La mort de Colbert et les guerres malheureuses de la fin du règne de Louis XIV, firent oublier ce projet presque à la veille de son exécution. (Voy. D'AIGREFEUILLE, *Hist. de Montpellier*, I, 447, 448.)

François de Plantade, conseiller à la cour des comptes, puis avocat général et conseiller honoraire, était secrétaire perpétuel de la Société royale des Sciences de Montpellier. Ses travaux scientifiques, ses découvertes, particulièrement en astronomie, sont consignées en partie dans les Mémoires de cette Société et dans ceux de l'Académie royale des sciences. (Baron DES GENETTES, *Éloges des Académiciens*, 81-92. — E. THOMAS, *Tableau histor. de Montpellier*, 327.) Il mourut victime de son dévouement à la science dans une exploration astronomique sur le pic du Midi, au D. de Tarbes, le 25 août 1741.

I. Vital de Plantade, Sgr de Clérac, *alias* Clairac, gouverneur de Pézénas, mort en 1552, eut pour fils :

II. Étienne de Plantade, ép. Jeanne de Fabre, dont il eut :

III. Jean-Jacques de Plantade, juge royal à Montpellier, puis conseiller en la cour des aides de la même ville 1622, député plusieurs fois par la même cour vers Sa Majesté, ép. 1° en 1609 Marthe d'Albenas; 2° le 29 déc. 1632 Tiphaine de Rozel : il eut du premier mariage : Catherine, mariée en 1635 à Philippe de Monnier, baron de Fourques, maréchal de camp; et du second :

IV. Étienne de Plantade, conseiller en la cour des comptes, aides et finances de Montpellier 1659, pendant cinquante-cinq ans; fut employé par Louis XIV dans un grand nombre de commissions des plus importantes, av. ép. le 24 juin 1666 Françoise de Valette d'Esplans, *alias* des Plans, dont il eut : 1. François, conseiller à la cour des comptes, aides et finances pendant douze ans, puis avocat général en la même cour 1711-1731, s'en démit et fut reçu conseiller honoraire par ordre du chancelier d'Aguesseau. Il fut membre de l'Académie des sciences de Montpellier; il av. ép. Catherine Tessier; et il en eut deux filles, dont une mariée à Joseph de Lavergne-Montbasin; 2. et

V. Gaspard-René de Plantade, conseiller à la cour des comptes, aides et finances de Montpellier 1715, doyen 1762, av. ép. Marie de Salze, dont il eut quinze enfants, entre autres : 1. Étienne-Gaspard qui suit; 2. Eugène-René, chanoine de l'église cathédrale de Montpellier 1760; 3. Henri-Camille, chev. de Saint-Louis, colonel du régt d'Auvergne 1786, maréchal de camp 1788, mort à Abbeville en 1817; 4. Charles-Hyacinthe, off. dans le régt d'Aquitaine ; 5. Henri-Tancrède, off. au régt de Flandres, mort à Montpellier en 1776; et parmi les filles, une qui a été supérieure du couvent de la Visitation de Montpellier.

VI. Étienne-Gaspard de Plantade, conseiller en la cour des comptes, aides et finances de Montpellier, ép. le 9 mai 1770 Jeanne-Marie-Louise Castaing, dont il eut :

VII. Guillaume-Louis-Marie de Plantade, conseiller à la cour royale de Montpellier, off. de la Légion d'honneur, ép. N . . . Carrière, dont il eut :

VIII. Léon de Plantade, ép. le 4 août 1835 Clémentine de Girard, dont il eut :

IX. Louis de Plantade, ép. le 10 mai 1858 Edma Anglade, petite-fille de messire Louis Anglade, conseiller-correcteur en la cour des comptes, aides et finances de Montpellier en 1757, dont : Pierre-Léon, né le 7 mars 1859.

741. POITEVIN DE MAUREILLAN.

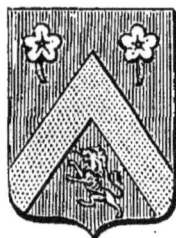

De gueule au chevron d'or accompagné en chef de deux quintefeuilles d'argent tigées de sinople, et en pointe d'un lion d'argent; et depuis l'empire : au chef parti de trois traits, au 1er de sinople à la cuirasse d'argent frangée de gueule; au 2e d'argent à la tour de sable ouverte du champ; au 3e des barons militaires, qui est : de gueule à l'épée haute en pal d'argent.

La famille de Poitevin, Sgrs de Mezouls et de Maureillan, qui a pris part aux assemblées de la noblesse de Montpellier en 1789, a donné plusieurs conseillers en la cour des comptes, aides et finances, et des officiers distingués à l'armée française jusqu'en ces derniers temps. Elle avait obtenu des lettres patentes de baron sous l'empire, et de vicomte sous la restauration. (D'AIGREFEUILLE, *Hist. de Montpellier*, I, 608-615. — *Archiv. de la cour des comptes de Montpellier.* — TOURTOU- LON, 158.)

I. Isaac de Poitevin, sieur de Maureillan, fut reçu en 1606 conseiller du roi, receveur des tailles du diocèse de Montpellier, testa en 1626; il av. ép. Jeanne de Solignac, dont il eut dix enfants, entre autres : 1. Antoine qui suit; 2. Jacques, qui a fait la Br. C.; 3. Daniel, Sgr de Montpeyroux, auteur d'une branche encore représentée en 1767.

II. Antoine de Poitevin, Sgr de Maureillan, receveur des tailles au diocèse de Montpellier, se maria deux fois et eut pour fils : 1. Jacques qui suit; 2. Antoine, off. au régt. Dauphin-infanterie 1667, lieut.-col. 1695, chev. de Saint-Louis; 3. Aimeric, major du régt. d'Auvergne, chev. de Saint-Louis; 4. Daniel, capit. de dragons au régt de la Reine, chev. de Saint-Louis; 5. Antoine, qui a fait la Br. B.

III. Jacques de Poitevin, Sgr de Maureillan, conseiller-auditeur à la cour des comptes de Montpellier eut pour fils : Antoine, conseiller-auditeur à la cour des comptes en 1698, dont la postérité s'éteignit à la troisième génération en 1782.

Br. B. III. Antoine de Poitevin, Sgr du Bousquet, off. au régt de Picardie, lieut.-col. en 1719, chev. de Saint-Louis, eut pour fils :

IV. Antoine de Poitevin du Bousquet, off. dans le régt de Lorraine en 1718, major de l'école royale militaire, ép. N... Ménard, dont il eut :

V. Jean-Antoine de Poitevin du Bousquet, né en 1747, capit. du génie.

César de Poitevin du Bousquet, chef de bataillon du génie, ép. vers

1814 Mélanie de Paschal de Saint-Juéry, dont il eut une fille, Adélaïde, mariée à Gabriel de Nattes.

Br. C. II. Jacques de Poitevin, docteur ès droits et avocat général en la cour des aides, ép. le 27 déc. 1645 Gaillarde del Puech, dont il eut : 1. Gervaise; 2. Joséphine; 3. et ·

III. Isaac de Poitevin, Sgr de Mezouls et de Carignan, garde du corps du roi 1691, ép. le 28 mai 1695 Marie Eustache, dont il eut : 1. Marguerite-Gabrielle, mariée le 31 mai 1731 à Louis de Paul, conseiller à la cour des comptes, aides et finances; 2. Gervaise, mariée à Jean de Barancy, chevalier, conseiller du roi, président-trésorier de France, grand voyer de la généralité de Montpellier, intendant des gabelles en Languedoc; 3. et

IV. Eustache-Durand de Poitevin, Sgr de Mezouls, de Fabre et de Carignan, puis de Maureillan, conseiller du roi à la cour des comptes, aides et finances de Montpellier 1723, ép. le 17 mars 1730 Marie-Anne Falgueyrettes, de Rebourguil, dont il eut : 1. Marguerite-Gabrielle-Jeanne-Catherine, mariée à Pierre de Martin, conseiller-secrétaire du roi, maison et couronne de France, près la cour des comptes, aides et finances de Montpellier; 2. Élisabeth-Jeanne; 3. Suzanne; 4. et

V. Jacques-Alexandre de Poitevin, Sgr de Mezouls, Maureillan, Fabre et Carignan, receveur des tailles après son père, receveur du district de Montpellier pendant la révolution, puis conseiller de préfecture, directeur de l'ancienne Académie royale des sciences de Montpellier, avait ép. en 1766 Suzanne des Pradels, dont il eut : 1. Durand-Marie-Eustache, mort sans postérité; 2. Victor, capit. du génie, tué en Hollande; 3. Casimir qui suit; 4. Théodore, chev. de la Lég. d'honn. ; 5. Marguerite-Jeanne-Gabrielle, mariée le 20 nov. 1790 à Jacques-David de Martin, baron de Campredon, lieut. gén., pair de France, grand off. de la Lég. d'honn., etc.

VI. Jean-Étienne-Casimir de Poitevin de Maureillan, lieut. gén. du génie, inspecteur des fortifications, grand off. de la Lég. d'honn., chev. de Saint-Louis et de la couronne de fer d'Italie, commandeur de l'ordre du Mérite militaire de Guillaume des Pays-Bas et de Maximilien de Bavière, baron de l'empire en 1808, vicomte de Maureillan en 1822, mort à Metz en 1829. Il avait ép. le 11 avril 1822 Eugénie Picyre, dont il eut : 1. Emma, mariée à Auguste Véret; 2. Juliette, mariée à Frédéric Cazalis; 3. Aline, mariée à Alexandre Rolland.

La terre de Mezouls est aujourd'hui possédée par Suzanne-Gabrielle-Juliette des Hours, fille du lieut. gén. de Martin, baron de

Campredon, petite-fille de Jacques-Alexandre de Poitevin, Sgr de Mezouls, Fabre, Maureillan et Carignan.

742. ROQUEVAIRE (BRONDEL DE).

Écartelé au 1 et 4 de gueule à la tour d'argent maçonnée de sable; au 2 et 3 fascé de gueule et d'or au chef d'argent chargé de trois chênes de sinople; sur le tout : d'or au chêne de sinople mouvant d'une terrasse de même.

Le nom patronymique de cette famille est Brondel. N... de Brondel était possesseur en Gévaudan de la métairie de Montignac, ainsi qu'il résulte du recensement officiel des biens nobles ou exempts de tailles fait en 1711 par ordre de l'intendant général de la province. (BURDIN, *Doc. histor. sur le Gévaudan*, II, 76.) Monique de Brondel, fille de Jean-Pierre de Brondel et de Marie-Marthe de Mailhan, ép. le 17 juin 1758 Jean-Pierre de Miremont. (*Contrat de mariage reçu par M° Roudon, notaire à Saint-Laurent de Rive d'Olt, le 17 juin 1758.*) Noble Alexandre Brondel de Roquevaire, baron de Fabrègues, Sgr de Mujolan, prit part à l'assemblée de la noblesse de Montpellier en 1789. (TOURTOULON, Suppl. 3.)

I. Alexandre Brondel de Roquevaire, baron de Fabrègues, Sgr de Mujolan, Boyne, Peyrelade, etc., prit part à l'assemblée de la noblesse de Montpellier, convoquée pour l'élection des députés aux états généraux de 1789; il avait ép. N... de Malbois de Caussonnel, dont il eut : 1. Alexandre, chev. de Saint-Louis, servit dans l'armée des princes pendant l'émigration, mort sans enfants; 2. Sylvain qui suit; 3. Victor, chef de bataillon d'infant., off. de la Lég. d'honn., mort sans postérité; 4. N..., mariée à Frédéric de Girard.

II. Sylvain-Louis-François Brondel, baron de Roquevaire, conseiller honoraire à la cour impér. de Montpellier, chev. de la Lég. d'honn., né à Rozier (Lozère), décédé à Montpellier au mois de déc. 1858, avait ép. le 15 fév. 1813 Eugénie Fabre, fille du baron Fabre, chev. de la Lég. d'honn., ancien procureur général à la cour imp. de Montpellier, dont : 1. Charles, décédé à Montpellier le 24 juill. 1856; il avait ép. Gabrielle de Lon, et il en eut, Sylvie; 2. Louis, avocat, docteur en droit à Montpellier.

743. SAUZET DE FABRIAS.

D'azur au saule arraché au tronc noué d'argent, au chef d'argent chargé de trois sautoirs alesés de gueule.

Cette famille, originaire de Thueyts en Vivarais, a donné plusieurs conseillers en la cour des comptes, aides et finances de Montpellier. Elle était en possession de la terre de Fabrias, acquise par mariage depuis 1664, et a pris part aux assemblées de la noblesse du Vivarais en 1789. Sa filiation authentique et suivie est établie depuis

I. Pierre de Sauzet, de Thueyts en Vivarais, eut pour fils :

II. François de Sauzet, ép. le 28 oct. 1557 Clauda de Chanaleilles, dont il eut : 1. Jean qui suit; 2. Jacques; 3. Françoise, alliée le 4 mai 1575 à Thibaud d'Alesti, Sgr de Saint-Julien.

III. Jean de Sauzet, ép. Anne de Loches, *alias* de Lauches, dont il eut : 1. Scipion qui suit; 2. Guillaume, chanoine à Viviers en 1620.

IV. Scipion de Sauzet, ép. Suzanne d'Ayzac, et mourut en mai 1679; il fut père de : 1. Charles qui suit; 2. Joseph, religieux, syndic de l'abbaye de Mazan; 3. Guillaume, ép. Françoise de Rocher, et mourut en 1702, laissant des enfants.

V. Charles de Sauzet, ép. le 6 juill. 1664 Anne de Fages, veuve et héritière de Jean de Vincens, qui lui apporta les seigneuries de Fabrias, Ailhou, les Plans, etc. ; il en eut :

VI. Claude de Sauzet de Fabrias, Sgr de Fabrias, Ailhou, les Plans, etc., conseiller-auditeur en la cour des comptes, aides et finances de Montpellier, ép. le 28 mai 1692 Marguerite Michel; il en eut six enfants, entre autres : 1. Christophe qui suit; 2. Guy, attaché à la paroisse de Saint-Sulpice à Paris; 3. Louis, curé de Vinezac.

VII. Christophe de Sauzet de Fabrias, Sgr de Fabrias, Ailhou, les Plans, Craux, Entraigues, Génestelle et autres lieux, conseiller du roi, conseiller en la cour des comptes, aides et finances de Montpellier, ép. le 1er fév. 1735 Françoise de Monteil ; il en eut huit enfants, entre autres : 1. Charles qui suit; 2. Louis ; 3. Étienne-Joseph, Sgr de Rochegude, mort en 1786, avait ép. Marie-Éléonore de Roux, dont il eut : Charles, marié à Michelle Pitrat, de Givors, père de Joséphine-Adèle, mariée le 2 mai 1850 à Charles-Louis Combier, ingénieur des ponts et chaussées; 4. Antoine, qui fut tué à Saint-Domingue.

VIII. Charles de Sauzet de Fabrias, Sgr de Fabrias, Ailhou, les

Plans, Craux, Entraigues, Génestelle et autres lieux, conseiller en la cour des comptes, aides et finances de Montpellier, ép. le 15 janv. 1769 Antoinette Bourlier, de Saint-Cyr; il en eut : Jean-Antoine qui suit. Charles prit part à l'assemblée de la noblesse tenue en 1789 à Villeneuve-de-Berg.

IX. Jean-Antoine de Sauzet de Fabrias, ép. le 24 juin 1802 Bonne Dugas, fille de messire Étienne Dugas, qui était lieutenant général criminel, président en la sénéchaussée, siége et présidial de Lyon; il eut de son mariage : 1. Georges qui suit; 2. Antoinette; 3. Alphonse, ép. Lucie de Mornay; 4. Auguste, président du tribunal civil de Villefranche-sur-Rhône, ép. Marie de Rosière, dont : a. Valentine; b. Marie; 5. Octavie, ép. N. de Robelot de Salgret; 6. Alix, ép. Ernest de Rosière, officier supérieur de la marine, son cousin germain.

X. Georges de Sauzet de Fabrias, ép. le 11 avril 1831 Anne de Rosière sa cousine, dont il a eu huit enfants : 1. Paule; 2. Blanche, mariée à Charles de Récourt; 3. Isabelle; 4. Raoul; 5. Claire; 6. Alban; 7. Thérèse; 8. Jane.

744. SERRES DE MESPLÈS.

D'argent au chevron d'azur chargé de trois étoiles d'or, 1 et 2, accompagné de trois trèfles de sinople, 2 et 1.

Ces armes, enregistrées par d'Hozier sur l'*Armorial* de 1696, p. 10, à la requête de Henri de Serres, conseiller à la cour des comptes de Montpellier, et de son frère André, sont exactement pareilles aux armes de la maison de Serres de Pradel, de Just-Louis de Serres, conseiller du roi, lieutenant général au bailliage d'Annonay, de Just-François de Serres, prieur d'Éclassan, et d'Aimar de Serre de Roche-Colombe, anobli en 1720.

« Étienne de Serres, natif du lieu de Molard, de la paroisse d'Aleyras en Velay, vint s'établir à Montpellier en 1576, où il ép. Anne Noyse, dont il eut : Vidal, marié le 10 juill. 1606 à Raymonde de Planque. Vidal eut de son mariage : 1. Antoine, qui se fixa au D. de Toulouse et fut l'aïeul de Claude, chanoine à Montpellier; 2. et Claude, marié avec mademoiselle de Martin, d'où sont descendus : André, Jean, Henri, et Anne. » (*Expéd. en forme authentique d'une lettre écrite de Toulouse le 27 oct. 1735 par N... de Serres à son cousin, le président de Serres, à Montpellier, délivrée à Paris le 14 mai 1859 par Me Lefort, notaire.*) Ces indications sont conformes aux actes authentiques mis sous nos yeux qui permettent d'établir une filiation depuis Étienne, marié à Montpellier, sans indication d'origine.

On trouve encore Pierre de Serres consul de la ville de Montpellier en 1602. Autre Pierre de Serres, capitaine général garde-côtes au département d'Agde, habitant de Florensac, se pourvut en 1708 devant les états de Languedoc pour obtenir payement d'une somme à lui due par la communauté de Florensac, en qualité d'héritier de feu François de Serres, son oncle. Jeanne de Serres ép. à Montpellier, le 11 fév. 1631, Salomon de Rey.

I. Étienne Serres ép. en 1576 Anne Noyse, dont il eut :

II. Vidal Serres ép. le 10 juill. 1606 Raymonde de Planque.

dont il eut : 1. Antoine qui se fixa au D. de Toulouse, aïeul de Claude, chanoine à Montpellier ; 2. et

III. Claude de Serres, ép. vers 1647 Jeanne Martin, *alias* de Martin, et il en eut : 1. André qui suit ; 2. Jean, conseiller auditeur en la cour des comptes ; 3. Henri, baron de Savignac, Sgr de Saint-Nazaire, conseiller en la cour des comptes. Il eut de son mariage une fille, Anne-Françoise, mariée au marquis de Lort-Sérignan ; 4. Anne, mariée à N... de Grasset, conseiller à la cour des aides.

IV. André de Serres, procureur du roi au bureau des finances de la généralité de Montpellier 1690, intendant des gabelles en Languedoc, chevalier, conseiller président à la cour des aides, en remplacement de Noël Fages d'Auzières de Saint-Martial, par lettres de provision du 8 octobre 1724, contenant entre autres dispenses celle des degrés de parenté avec Jean et Henri, ses frères, et N... de Grasset, son beau-frère ; il ép. le 7 mars 1696 Antoinette de Massauve de Mesplès, dont il eut :

V. Jean-André de Serres de Mesplès, chevalier, succède à son père en la charge de président de la cour des comptes, aides et finances, par lettres de provision du 4 oct. 1731, contenant dispense d'âge et des degrés de parenté avec N... de Ratte, et ses beaux-frères, conseillers. Il avait ép. le 23 déc. 1718 Marie de Flaugergues, dont il eut : 1. Jean-François-Antoine qui suit ; 2. Jeanne-Marie-Gilette, mariée à N... Mouton de la Clotte, conseiller du roi, Sgr d'Assas.

VI. Jean-François-Antoine de Serres de Mesplès, lieutenant des maréchaux de France à Montpellier 1773, chev. de Saint-Louis, conseiller président en la cour des aides après son père, capit. au régt de Touraine, ép. 1° le 27 oct. 1775 Louise-Gilette Barnier de Saint-Sauveur ; 2° le 14 octobre 1776 Marie-Josèphe Aurès, dont il eut : 1. Jean-Joseph qui suit ; 2. Toussaint-Marcel, conseiller honoraire à la cour impériale de Montpellier, professeur à la Faculté des sciences de cette ville, chev. de la Lég. d'honn., marié à Élisa Vézian, dont : a. Clémence ; b. Eugénie ; c. Marie ; 3. Marie-Joséphine, mariée en 1798 au marquis Henri de Roquefeuil ; 4. Marie-Clotilde, mariée en 1801 à Henri du Lac.

VII. Jean-André-Joseph de Serres de Mesplès, garde du corps du roi Louis XVI après avoir fait ses preuves de noblesse devant Chérin ; il fut receveur général à Lintz sous l'Empire, capit. provisoire dans la légion de l'Hérault 1814, qualifié *marquis* dans sa nomination de lieutenant dans la légion de Tarn-et-Garonne le 4 sept. 1816, et dans son acte de décès du 4 janvier 1841 à Saint-Cyr-

Mont-d'Or (Rhône). Il avait ép. le 25 juillet 1795 Marie-Catherine-Philippine de Melon, dont il eut : 1. Jean-Marie-Joseph-Amédée qui suit; 2. Jean-Henri-Olivier, qui a fait la Br. B.; 3. Constance, mariée au marquis Louis d'Alphonse, chevalier de Malte et de la Légion d'honneur.

VIII. Jean-Joseph-Amédée de Serres, ép. le 31 janv. 1843 Marie David Passerat de la Chapelle, dont il a : 1. Gabriel-Marie-Joseph; 2. Marie-Claire; 3. Louise-Marie. — Résid. Lyon (Rhône).

Br. B. VIII. Jean-Henri-Olivier de Serres, ex-officier d'infanterie légère, ép. le 12 janv. 1836 Augusta de Belin de la Réal, des Sgrs du Pousin, en Vivarais, dont il a : 1. Marie-Joseph-Emmanuel de Serres de Mesplès; 2. Marie-Jean-Alfred; 3. Marie-Amédée-Paul. — Résid. Paris.

745. TEISSIER DE MARGUERITTES.

D'or au porc-épic de sable sur une terrasse de même, au chef de gueule chargé d'un croissant d'argent accosté de deux étoiles de même.

La maison de Teissier, qui possédait en Languedoc la terre-baronie de Margueritles, est originaire de Nice, et a pris part aux assemblées de la noblesse de la sénéchaussée de Nîmes en 1789. Elle a fait plusieurs branches en Languedoc, en Angleterre et en Hollande. (LACH. DESD., XII, 591.) Le baron de Margueritles fut député de la noblesse de Nîmes aux états généraux de 1789.

I. Honoré Teissieri, écuyer, vivant à Nice vers la fin du XVe siècle, eut pour enfants : 1. Giovan qui suit; 2. Louis, premier juge à Nice.

II. Giovan Teissieri, écuyer, ép. Jeanne de Grivaudi, et il en eut : 1. Hugues qui suit; 2. Jacques.

III. Hugues Teissieri, écuyer, premier juge à Nice après son oncle Louis 1537, ép. Gabrielle de Morthier, dont il eut : 1. Étienne qui suit; 2. Robert qui s'établit à Rome.

IV. Étienne de Teissier, écuyer, vint s'établir en France, dans les Cévennes; il ép. Anne Robert, dont il eut : 1. Pierre qui suit; 2. Antoine, qui passa en Suisse; 3. Guillaume, qui fit une branche fixée à Paris à la fin du XVIIe siècle; 4. Jean, mort à Genève; 5. Philippe, dont la branche s'établit en Angleterre et en Hollande; 6. Léonard, dont la fille unique ép. N... de Bozène, baron de Boucoiran; 7. Jacques, marié à N... de Pierredon.

V. Pierre de Teissier, écuyer, se retira à Anduze; il ép. Isabeau de Soubeiran, dont il eut : 1. Antoine qui suit; 2. Jean, qui laissa deux filles.

VI. Antoine de Teissier, écuyer, baron de Marguerittes, Sgr de Rocquecourbe, Bagarne, Couloures, ép. Rosalie Faranda, de Palerme, dont il eut : 1. Jean-Joseph-Marie-Augustin-Christophe qui suit ; 2.-5. et quatre filles, dont l'aînée ép. en 1723 Raimond de Novy, Sgr de Caveirac.

VII. Jean-Joseph-Marie-Augustin-Christophe de Teissier, écuyer, baron de Marguerittes, Sgr de Rocquecourbe, Bagarne, Couloures, ép. Marie de Salles, fille de Jean, Sgr de Salinelles, dont il eut :

VIII. Jean-Antoine de Teissier, écuyer, baron de Marguerittes, Sgr de Bagarne, Rocquecourbe, Couloures, ép. le 20 avril 1768 Thérèse-Gabrielle d'Amielh, dont il eut : 1. Augustine-Gabrielle-Sophie ; 2. Marie-Émilie ; 3. Angélique-Victoire ; 4. Joséphine-Eugénie. (1778.)

Sophronie de Villardi de Quinson de Montlaur, épouse de Louis de Teissier, baron de Marguerittes, est décédée à Paris en 1842.

746. VICHET.

De gueule au lion d'or accompagné de trois grenades d'argent, deux en fasce et une en pointe ; au chef cousu d'azur chargé d'un cor d'argent.

Alexandre Vichet, conseiller du roi, contrôleur général du domaine de la généralité de Montpellier et pays de Roussillon, demeurant à Nîmes, présenta ses armoiries pour être enregistrées à l'Armorial général de France le 8 avril 1697. (*Armorial Mss. de la bibliothèque de la ville de Montpellier*, n° 119. — TOURTOULON, 179.) Il ép. en 1687 Marie Delon, et il en eut :

Jacques de Vichet, chevalier, conseiller du roi, président trésorier général de France en 1715, fut premier consul de la ville de Montpellier de 1737 à 1742. Il ép. le 12 juin 1730 Antoinette d'Arnaud de la Cassagne, tante de François de Pierre de Bernis, archevêque de Rouen et pair de France ; de son mariage, plusieurs enfants, entre autres : 1. Alexandre-Grégoire qui suit ; 2. Anne, mariée à Jean-Casimir d'Isarn de Freycinet de Roquefeuil, baron de la Guémie.

Alexandre-Grégoire de Vichet, président-trésorier de France, prit part à l'assemblée de la noblesse de Montpellier, convoquée en 1789 pour l'élection des députés aux états généraux ; il avait ép. le 16 fév. 1767, à Bollène, Marie-Rose-Suzanne de Ribère de Clermont d'Antremont, fille aînée du marquis de Clermont d'Antremont ; sa postérité subsiste à Boulogne-sur-Mer, à Montpellier, et à Pernes (Vaucluse).

9° Familles anoblies ou titrées sous l'Empire.

747. ADHÉMAR, *alias* AZÉMAR.

D'azur à la bande d'argent chargée de trois croissants de sable et senestrée d'un lion contre rampant d'or ; franc-quartier de baron-préfet, brochant au neuvième de l'écu.

D'Azémar, préfet du département du Var, baron de l'Empire. (SIMON, *Armor. de l'Empire*, I, 62.)

Le souvenir de l'administration féconde et paternelle de M. d'Adhémar est toujours vivant dans ce département, et après plus de trente ans, la reconnaissance publique, qui avait donné son nom à une promenade, a voulu perpétuer encore sa mémoire par l'inauguration du buste de son ancien préfet sur une fontaine monumentale érigée en 1844 sur la place principale du chef-lieu à Draguignan (*Voy.* la notice sur sa famille, t. I, p. 28.)

748. AYMARD.

D'azur fuselé d'or à la bordure componée de sable et d'argent ; au franc-quartier des barons-militaires.

Antoine Aymard, né le 13 octobre 1773 à Lézignan (Aude), pair de France, lieutenant général des armées, grand-croix de la Légion d'honneur, chevalier de Saint-Louis, reçut le titre héréditaire de baron avec dotation en Westphalie, par lettres patentes de l'empereur Napoléon du 20 juillet 1808, renouvelées par Louis XVIII le 28 mars 1818, en récompense des services militaires rendus à l'État depuis 1792. (*Archiv. de la cour de Montpellier.* — BOREL D'HAUTERIVE, 1843, 259.)

I. Antoine Aymard, baron Aymard, lieut. gén., pair de France, grand-croix de la Lég. d'honn., chev. de Saint-Louis, ép. le 13 fév. 1817 Rosalie-Thérèse-Françoise Milhaud, fille du lieut. gén. comte Milhaud, dont il eut : 1. Édouard-Antoine-Alphonse qui suit ; 2. Antoinette-Rosalie-Anna-Vincentine.

II. Édouard-Antoine-Alphonse Aymard, baron Aymard, lieut.-col. du 97e régt de ligne.

749. BARTHEZ DE MONTFORT.

D'or au faucon essorant soutenu d'un roc à cinq copeaux de sable et fixant un soleil rayonnant de gueule en chef à dextre, le tout soutenu d'une rivière de sinople; au franc-quartier des
barons-propriétaires.

Jacques Barthez, ancien magistrat, né à Narbonne le 26 fév. 1741,
fut fait baron de l'empire, au nom de baron de Montfort, par lett.
pat. du 17 mars 1811, publiées à la cour de Montpellier le 22 avril
1811. (*Archiv. de la cour de Montpellier.* — Simon, *Armor. de l'Empire*, II, 75.)

750. BERTHEZÈNE..

De sable au lion d'argent, tenant de la patte dextre une épée, et de la senestre un bouclier du
même; au franc-quartier senestre des barons-militaires de l'Empire, qui est de gueule à l'épée
haute en pal d'argent.

I. Pierre Berthezène, né en 1774, mort au château de Vendargues le 9 oct. 1847, lieut. gén. 1813, pair de France du 11 oct.
1832, grand-croix de la Lég. d'honn., chev. de Saint-Louis, avait
été nommé baron de l'Empire sur le champ de bataille, avec dotation en Westphalie, par décret du 2 juillet 1808, alors qu'il n'était
que colonel du 10e régiment d'infanterie légère. Il prit une part
brillante au siége d'Eckmülh, qui lui valut une mention particulière
du maréchal Davoust, prince d'Eckmülh.

Il avait ép. en 1818 Zulima-Jenny Aurès, fille d'un des présidents à la cour des comptes de Montpellier, dont il eut :

II. Émile-Charles-Frédéric Berthezène, baron Berthezène, ép. le
26 mars 1848 Marie-Joséphine-Valérie Visseq, dont : 1. Ambroi-
sine-Marie-Thérèse, née le 24 déc. 1848; 2. Pierre-Eugène-Jules-
Henri, né le 24 fév. 1852; 3. Albert-Joseph-Ludovic, né le 24 mars
1858. — Résidence, Montpellier et Vendargues (Hérault).

751. BLOU.

D'argent au cyprès de sinople, écartelé au 2 et 3 de gueule à trois bandes d'or, parti d'azur à trois roses d'or mises en pal.

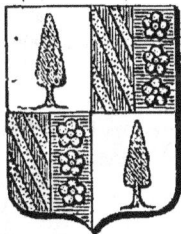

Jean-Nicolas-Bruno de Blou, fut fait comte de l'Empire avec dotation impériale. (BOREL D'HAUTERIVE, *Ann. de la noblesse*, 1859, 357.)

752. BOISSY D'ANGLAS.

De sable au chevron d'or abaissé, au chef d'argent chargé à senestre de deux étoiles d'azur, franc quartier de comte-sénateur.

François-Antoine de Boissy d'Anglas, sénateur, commandeur de la Lég. d'honn., membre de l'Institut, comte de l'empire (SIMON, *Armor. de l'Empire*, I, 8), né à Saint-Jean-Chambre (Ardèche) le 8 déc. 1756, ancien maître d'hôtel de Monsieur, comte d'Artois, 1786; il fut député du tiers état de la sénéchaussée d'Annonay aux états généraux de 1789, et du départ. de l'Ardèche à la Convention, pair de France sous la Restauration.

Il eut de son mariage avec N... Michel, deux fils et deux filles : 1. N..., pair de France, mort sans postérité; 2. Théophile, député de l'Ardèche au Corps législatif 1860, ép. 1° N... Lebeuf; 2° N...

Ravel, d'Annonay, dont un fils, et une fille mariée en 1859 à Gaston Blanchon, de Saint-Julien en Saint-Alban (Ardèche).

753. BOUSSAIROLLES.

Écartelé au 1 et 4 d'argent à trois tourteaux de gueule posés 1 et 2 ; au comble d'azur chargé d'un renard passant d'or ; au 2 et 3 d'azur à la campanule d'argent tigée et feuillée d'or ; au franc-quartier des barons-présidents des cours impériales.

Jacques-Joseph de Boussairolles, président à la cour imp. de Montpellier, né à Montpellier le 20 janv. 1741, fut fait baron de l'Empire par lett. pat. du 19 juin 1813, signées par Marie-Louise, en vertu des pouvoirs confiés par l'Empereur, publiées à l'audience de la cour de Montpellier le 20 août 1813. (*Archiv. de la cour de Montpellier.*)

754. CABANES-PUYMISSON.

D'azur à une licorne furieuse rampante et contournée d'argent, au quartier des barons-militaires brochant sur le tout.

Marc Cabanes-Puymisson, colonel du 17ᵉ régt d'infanterie, fut fait baron de l'Empire par lett. pat. du 2 juill. 1808, enregistrées au sénat le 28 juill. 1808, et publiées à l'audience de la cour de Montpellier le 11 déc. 1809. (*Archiv. de la cour de Montpellier.* — SIMON, *Armor. de l'Empire*, II, 22.)

755. CAMBACÉRÈS.

D'or au dextrochère au naturel, paré de gueule, rebrassé d'hermine, mouvant de senestre, chargé des tables de la loi de sable, le tout accompagné de trois losanges de même. Chef de grand dignitaire.

Cambacérès, archichancelier de l'Empire, grand-aigle de la Lég. d'honn., duc de Parme. (SIMON, *Armor. de l'Empire*, I, 1.)

D'or au chevron de gueule accompagné de trois roses de même, deux en chef, une en pointe; franc-quartier de comte-sénateur.

Cambacérès, sénateur, cardinal de la sainte Église romaine, archevêque de Rouen, grand-aigle de la Lég. d'honn., comte de l'Empire. (SIMON, *ibid.*, I, 9.)

D'or, au dextrochère au naturel, paré de gueule, rebrassé d'hermine, mouvant de senestre, tenant les tables de la loi de sable, accompagné de trois lozanges de même; cantonné à senestre en chef du quartier de baron de l'armée, et à dextre d'un chevron de gueule accompagné de trois rosettes de même.

Cambacérès, général de brigade, off. de la Lég. d'honn., baron de l'Empire. (SIMON, *ibid.*, I, 37.)

756. CARRION-NISAS.

Parti d'un trait coupé de deux; au 1er d'azur à la croix d'or; au 2e des barons de l'armée; au 3e d'azur à trois tours 2 et 1 d'argent, ouvertes, ajourées et maçonnées de sable; au 4e d'azur à la bande d'or senestrée d'un lion du même; au 5e d'azur à la comète d'or; au 6e d'azur à la tour d'argent ouverte, ajourée et maçonnée de sable; au comble de gueule chargé de trois casques au profil d'argent; sur le tout d'azur à la tour d'argent, donjonnée de trois tourelles du même, ouvertes, ajourées et maçonnées de sable.

De Carrion-Nisas, adjudant-commandant, officier et chancelier de la 9e cohorte de la Lég. d'honn., baron de l'Empire. (SIMON, *Armor. de l'Empire*, II, 29.)

757. CHABAUD-LATOUR.

D'argent à la fasce de gueule chargée de l'étoile de la Légion d'honneur, et accompagnée en chef d'une tour de sable à trois créneaux, maçonnée et ouverte d'or, en pointe, d'un chabot-d'azur, le tout soutenu d'une champagne de sable.

Chabaud-Latour, député au Corps législatif, chev. de l'Empire. (SIMON, *Armor. de l'Empire*, I, 67.)

François-Henri-Ernest de Chabaud-Latour fut fait baron par lett. pat. du mois d'août 1841. (BOREL D'HAUTERIVE, *Ann. de la noblesse*, 1859, 368.)

758. CHAMBARLHAC.

D'azur au chevron d'or, accompagné de trois colombes d'argent; franc-quartier des barons tirés de l'armée.

Chambarlhac, général de brigade, inspecteur au corps impérial du génie, l'un des commandants de la Lég. d'honn., baron de l'Empire. (SIMON, *Armor. de l'Empire*, II, 24.)

759. CHAMBARLHAC DE L'AUBÉPIN.

Écartelé au 1 d'azur au chevron d'or accompagné de trois colombes du même , becquées et membrées de gueule, deux en chef, une en pointe; au 2 des barons tirés de l'armée; au 3 d'or à l'aubépine de sinople, terrassée du même; au 4 de sinople chargé d'un camp composé de tentes d'argent, la plus grande posée en abîme.

De Chambarlhac de l'Aubépin, général de division, l'un des comm. de la Lég. d'honn., baron de l'Empire. (Simon, *Armor. de l'Empire,* II, 21.)

760. CHANALEILLES.

D'or à trois lévriers de sable, accolés d'argent, courant l'un sur l'autre; franc-quartier de baron membre de collége électoral.

De Chanaleilles , membre du collége électoral du département de l'Ardèche, baron de l'Empire. (Simon, *Arm. de l'Empire,* II, 71.)

761. CHAPTAL.

De gueule à la tour d'or maçonnée de sable accompagnée de quatre étoiles d'argent posées en pal, deux à dextre, deux à senestre, et surmontée en chef à senestre d'une vigne de sinople fruitée d'or ; franc-quartier de comte-sénateur.

Chaptal, sénateur, officier du sénat, grand off. de la Légion d'honneur, membre de la première classe de l'Institut de France, comte de l'Empire. (Simon, *Armor. de l'Empire,* I, 9.)

762. CHARBONNEL.

D'azur au casque taré de front et grillé d'or, panaché de six plumes d'autruche de sable, accompagné à dextre d'une épée en pal d'argent, et à senestre d'un bouclier incliné d'argent, chargé d'une tête de lion au naturel, surmontée de deux tourterelles affrontées aussi au naturel; franc-quartier de baron-militaire.

Charbonnel, colonel d'artillerie, commandant de la Légion d'honneur, baron de l'Empire. (Simon, *Armor. de l'Empire,* II, 21.)

763. CLAPARÈDE.

Parti d'azur et de gueule, coupé d'or ; l'azur au signe de comte militaire ; le gueules à trois étoiles d'argent posées en pal ; l'or au casque de sable rehaussé d'or, panaché et garni de gueules, soutenu par deux branches de laurier de sinople croisées en sautoir par les tiges.

Michel Claparède, général de division, fut fait comte de l'Empire par lettres patentes des 19 mars-24 nov. 1808, publiées à l'audience de la cour d'appel de Montpellier le 21 déc. 1808. (*Archiv. de la cour de Montpellier.* — SIMON, *Armor. de l'Empire*, I, 22.)

Le général comte Claparède, pair de France le 5 mars 1819, est mort le 23 oct. 1842, sans postérité.

764. COSTON.

D'azur à trois fers de lance d'or posés 2 et 1.

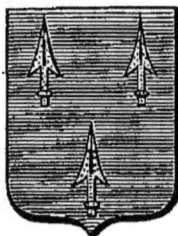

Le baron de Coston, Sgr de Durtail, prit part à l'assemblée de la noblesse de Vivarais en 1788. (*Proc.-verb. imp. au Bourg Saint-Andéol en* 1788, 105.)

François-Gilibert de Coston, major d'artillerie, baron le 5 juill. 1813 (BOREL D'HAUTERIVE, *Ann. de la noblesse,* 1859, 369), ép. Clémentine Morier, dont il eut : 1. Adolphe, notaire à Montélimart, marié à Coralie Arnal, dont : *a.* Adhémar, né en 1849 ; *b.* Camélia-Marguerite, née en 1851 ; 2. Clara, mariée à Gustave Rigaud.

765. DARU.

Écartelé au 1er de comte-conseiller d'État; au 2e d'azur au rocher d'argent mouvant de la pointe et surmonté d'une colombe de gueule à trois étoiles en fasce d'or; au 3e d'argent au chêne de sinople terrassé du même; au 4e d'azur au chevron d'or accompagné en chef de deux étoiles, et en pointe d'une ancre bouclée, le tout d'argent.

Daru, ministre secrétaire d'État, conseiller d'État, intendant général de la maison de S. M. l'Empereur, grand officier de la Lég. d'honn., grand-croix de l'ordre royal de l'Aigle blanc du duché de Varsovie, et commandeur de celui de Saint-Henri de Saxe, comte de l'Empire. (SIMON, *Armor. de l'Empire*, II, 2. — Voy. plus haut, p. 168, la notice sur sa famille.)

Aline Daru, fille du comte Napoléon Daru et de Charlotte-Camille Lebrun de Plaisance, ép. le 17 août 1859 le second fils du comte Benoist d'Azy, anc. vice-président de l'Assemblée législative, 1849-1851.

M. le comte de Chambord écrivait au sujet de cette union à M. le comte Benoist d'Azy :

« Votre fils trouve dans cette union toutes les garanties du bon-
« heur que je lui souhaite du fond de mon âme. Soyez donc dans
« cette circonstance l'interprète de mes félicitations auprès de lui
« et de tous les vôtres. Je suis charmé aussi de le voir s'allier à une
« famille dont le chef sait relever encore par son caractère et sa
« noble conduite un nom justement honoré. Recevez vous-même,
« avec mes compliments bien sincères, la nouvelle assurance de ma
« constante affection. — HENRI. »

766. DUBREIL DE FRÉGOSE.

Coupé au 1 d'argent à la croix de gueule, au 2 de sable coupé, enté d'argent, au franc-quartier des barons tirés de l'armée.

Marie-Anne-Jean-Alexandre-Pascal Dubreil, général de brigade, inspecteur aux revues, membre de la Lég. d'honn., chevalier de l'Empire, né à Montauban le 25 oct. 1763, fut fait baron de l'Empire, au titre de baron de Frégose, avec institution de majorat, par lett. pat. du 3 mai 1810, enregistrées au tribunal civil de Narbonne le 6 juin 1810, et publiées à l'audience de la cour de Montpellier le 13 juin 1810. (*Archiv. de la cour de Montpellier.* — SIMON, *Armorial de l'Empire*, II, 27.)

767. DUMAS.

Coupé, le 1ᵉʳ parti de comte tiré de l'armée, et de sable au fer de cheval d'argent clouté du champ, au 2 d'azur à deux massues en sautoir d'or.

Mathieu Dumas, conseiller d'État, général de division, commandant de la Lég. d'honn., grand dignitaire de l'ordre des Deux-Siciles, grand-croix de l'ordre du Mérite militaire de Maximilien-Joseph de Bavière, comte de l'Empire. (SIMON, *Armor. de l'Empire*, I, 25.)

768. DUPRÉ.

Tiercé en fasce d'azur, de gueule et d'or; l'azur au lion rampant adextré d'une tour et senestré d'une épée haute, le tout aussi d'or; le gueule au signe des chevaliers légionnaires; l'or au coq de sable crêté et barbé de gueule, soutenu d'un pré de sinople.

Jacques-Romain Dupré, capitaine en retraite, commandant la compagnie de réserve à Parme, né à Loriol (Drôme) le 24 déc. 1771, chevalier de la Lég. d'honn., dont la postérité subsiste à Montpellier, obtint des lettres patentes de Napoléon, données à Kœnigsberg le 15 juin 1812, transcrites sur les registres du sénat le 3 juill. 1812, qui autorisaient la transmission du titre de *chevalier* à sa descendance masculine, directe, légitime et naturelle, avec concession des armoiries décrites et figurées ci-dessus.

769. DU ROC.

Au 1 et 4 d'or au château de trois tours donjonnées de gueule, fermées, ajourées et girouet-tées de sable; au 2 et 3 d'azur au cavalier armé de toutes pièces, tenant de la dextre un sabre nu, le tout d'argent; sur le tout de sinople au rocher d'or mouvant de la pointe, surmonté en chef d'une étoile d'argent. Chef de duc.

Duroc, grand maréchal du palais, grand-aigle de la Lég. d'honn., président du collége électoral du département de la Meurthe, grand-croix de l'ordre de la Fidélité de Bade et de l'Aigle noir de Prusse, duc de Frioul. (SIMON, *Armor. de l'Empire*, I, 2, 3.)

770. ESTÈVE.

Écartelé au 1 de comte pris parmi les officiers de la maison de l'Empereur; au 2 de gueule à l'étoile d'argent; au 3 de gueule à la levrette passant contournée et colletée d'argent; au 4 d'azur à la tête d'Isis posée en fasce d'or.

Estève, trésorier général de la couronne, off. de la Lég. d'honn., comte de l'Empire. (SIMON, *Armor. de l'Empire*, I, 30.)

771. FABRE.

D'hermine coupé d'or à deux têtes de cheval de sable allumées et lampassées de gueule, sur-montée chacune d'une étoile d'azur; quartier de baron militaire.

Fabre, général de brigade, off. de la Lég. d'honn., chev. de l'or-dre de la Couronne de fer, baron de l'Empire. (SIMON, *Armor. de l'Empire*, I, 42.)

772. FABRE DE L'AUDE.

De gueule à la bande d'or, deux besants en haut et un en bas du même; franc-quartier de comte-sénateur.

Fabre, de l'Aude, sénateur, commandant de la Légion d'hon-neur, comte de l'Empire (SIMON, *Armor. de l'Empire*, I, 12), pair de France en 1814 et en 1819.

773. FABRE DE ROUSSAC.

De gueule au chevron d'or accompagné en chef de deux quintefeuilles d'argent et en pointe d'un lion rampant de même.

Jean-Marie-Noël Fabre, procureur général en la cour impériale de Montpellier, membre de la Légion d'honneur, né à Florensac, fut nommé chevalier par l'empereur Napoléon Ier le 1er nov. 1809, et baron de l'Empire le 6 oct. 1810.

Il reçut le 13 avril 1816 du roi Louis XVIII de nouvelles lettres patentes de baron, enregistrées à la commission du sceau, R. f° 139, et à la cour de Montpellier le 31 mai 1816. (TOURTOULON, *Suppl.* 5.)

Eugénie Fabre, fille du baron Fabre, ép. le 15 fév. 1813 Sylvain-Louis-François Brondel, baron de Roquevaire, conseiller à la cour de Montpellier, chev. de la Lég. d'honn., dont la postérité a été rapportée plus haut, p. 191.

774. FAY DE LA TOUR-MAUBOURG.

De gueule à la cotice d'or chargée en abîme d'une fouine d'azur; franc-quartier de comte-sénateur.

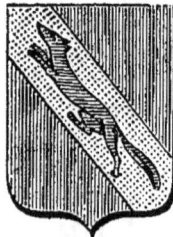

De Fay de la Tour-Maubourg, sénateur, général de brigade, commandant de la Légion d'honneur, comte de l'Empire.

De Fay de la Tour-Maubourg, général de division, commandant de la Légion d'honneur, baron de l'Empire. (SIMON, *Armor. de l'Empire,* I, 15, 40.)

775. FOURNIER,

ÉVÊQUE DE MONTPELLIER.

D'azur au croissant d'argent montant d'où sortent cinq épis de blé de même, au comble de gueule chargé de trois étoiles en fasce d'argent.

Marie-Nicolas Fournier, évêque de Montpellier, aumônier de l'empire, né à Gex, départ. du Léman, le 27 déc. 1760, fut fait baron de l'empire par lett. pat. du 18 mars 1809, enreg. au sénat le 14 avril 1809, publiées à l'audience de la cour de Montpellier le 9 mai 1809. (*Archiv. de la cour de Montpellier.*)

776. FROMENT DE CASTILLE.

D'azur à trois épis d'or posés 2 et 1; au franc-quartier de baron membre de collége électoral.

De Froment-Castille, membre du collége électoral du départ. du Gard, président du canton de Remoulins, lieutenant de la louveterie et maire d'Argilliers, baron de Castille. (SIMON, *Armor. de l'empire*, II, 74.) Il obtint l'autorisation d'ajouter à son nom celui de *Fromentes*, par ordonn. royale du 19 août 1818, et l'érection

d'un majorat au titre.de baron par ordonn. royale du 15 oct. 1825.
(*Bullet. des lois*, 1818, 343 ; 1825, 270.)

777. GILLY.

D'or à la bande de gueule accompagnée de deux lions rampants armés et lampassés de gueule ; au franc-quartier de baron-militaire.

Gilly, général de brigade, commandant de la Lég. d'honn., baron de l'empire. (SIMON, *Armor. de l'empire*, II, 35.)

778. GRENIER.

D'or au chevron de gueule du tiers de l'écu, au signe des chevaliers, accompagné en chef de deux gerbes de sinople, et en pointe d'un coq de sable crêté et barbé de gueule, allumé, becqué, et membré d'argent.

Pierre Grenier, membre du collége électoral du département de l'Hérault, né à Pézénas le 9 nov. 1756, fut fait *chevalier* de l'empire par lett. pat. du 11 juill. 1810, contenant attribution des armoiries décrites ci-dessus.

Pierre Grenier fut président du Corps législatif en 1813 ; il ép. N... Gaillac, dont il eut deux filles : 1. Victorine ; 2. Edma.

779. HAUTPOUL.

Coupé au 1 de gueule parti d'un trait de sable, chargé à dextre d'une cuirasse d'argent, à senestre du signe des barons tirés de l'armée ; au 2 d'or à deux fasces de gueule, accompagnées de six coqs de sable, crêtés et barbés de gueule, trois en chef, deux au milieu, un en pointe.

D'Hautpoul, baron de l'empire. (SIMON, *Armor. de l'emp.*, II, 30.)

780. HOSTALIER SAINT-JEAN.

De sable à la tour crénelée de cinq pièces d'or; franc-quartier de baron-sous-préfet.

Hostalier Saint-Jean, sous-préfet de l'arrondiss. de Narbonne, département de l'Aude, baron de l'empire. (SIMON, *Armór. de l'empire*, I, 61.)

781. LACROIX.

D'azur à la croix d'or; au quartier des barons-militaires brochant sur le tout.

François-Joseph-Pamphile Lacroix, général de brigade, commandeur de la Lég. d'honn., né à Aymargues (Hérault) le 1er juin 1774, fut fait baron de l'empire par lett. pat. du 2 juillet 1808, enregistrées au sénat le 28 juill. 1808, et à Montpellier le 6 juin 1809. (*Archiv. de la cour de Montpellier*.)

782. LAGARDE.

Écartelé au 1 de sinople à la sphère d'argent terrassé de même, accompagné à senestre d'un livre ouvert de même posé sur un rouleau de papier aussi d'argent, et adextré d'un compas entr'ouvert de même posé en fasce; au 2 des barons-militaires de l'empire; au 3 de sable au chevron d'or accompagné en pointe de deux tourelles crénelées aussi d'or; au 4 d'azur au sauvage au naturel, couché dans l'eau au naturel, parmi des roseaux de même et appuyé sur une urne renversée d'or.

Marie-Jacques-Martin Lagarde, colonel d'infanterie, officier de la Lég. d'honn., né à Lodève le 15 mai 1770, fut fait baron de l'empire par lett. pat. du 26 oct. 1808, enregistrées au sénat le 12 nov. 1808, et publiées à l'audience de la cour de Montpellier le 24 sept. 1810. (*Archiv. de la cour de Montpellier*.)

783. LA RIVOIRE LA TOURRETTE.

Écartelé au 1 et 4 de gueule au lion d'argent; au 2 et 3 d'or au lion de gueule; au franc-quartier de baron-préfet brochant sur le tout.

De la Rivoire de la Tourrette, ancien préfet de Gênes, chevalier et baron de l'empire. (SIMON, *Armor. de l'empire*, I, 60.)

784. LASCOURS.

Écartelé au 1 d'azur au soleil rayonnant d'or; au 2 de baron membre de collége électoral; au 3 de sable à trois merlettes d'argent, celle à dextre en chef contournée; au 4 d'azur au lion rampant d'or.

Lascours, député au Corps législatif, et l'un de ses questeurs, membre du collége électoral du département du Gard, chevalier et baron de l'empire. (SIMON, *Armor. de l'empire*, I, 63.)

785. LA TOUR DU PIN.

Écartelé au 1 et 4 d'azur à la tour d'argent crénelée à cinq pièces, maçonnée, ouverte et ajourée de sable, surmontée de trois casques tarés de profil d'argent; au 2 et 3 d'or au dauphin vif d'azur; franc-quartier de baron-préfet.

De la Tour du Pin, préfet du département de la Dyle, baron de l'empire. (SIMON, *Armor. de l'empire*, I, 61.)

786. MASCLARY.

D'azur au chevron d'argent accompagné en chef d'un soleil rayonnant d'or et en pointe d'un héliotrope aussi d'or ; au franc-quartier des barons du corps électoral.

Thomas-Marie-Catherine de Masclary, membre du corps électoral, né à Montpellier le 22 mai 1755, fut fait baron de l'empire par lett. pat. du 19 juin 1813, signées par Marie-Louise, publiées à l'audience de la cour de Montpellier le 20 avril 1813. (*Archiv. de la cour de Montpellier.*)

787. MÉJEAN.

Écartelé au 1 de sinople à la tour crénelée de trois pièces d'or maçonnée, ouverte et ajourée de sable ; au 2 des barons-militaires ; au 3 de gueule à trois pattes de chevreuil d'argent posées en fasce l'une sur l'autre ; au 4 de sinople au cor de chasse d'or virolé d'argent.

Louis-Joseph Méjean, colonel d'infanterie légère, off. de la Lég. d'honn., né à Montpellier (Hérault) le 1er mars 1764, fut fait baron de l'empire par lett. pat. du 22 nov. 1808, enreg. au sénat le 14 déc. 1808, et publiées à l'audience de la cour de Montpellier le 3 nov. 1809. (*Archiv. de la cour de Montpellier.*)

788. MONTBRUN.

Écartelé au 1 de sable au lévrier assis et contourné d'or ; au 2 des barons tirés de l'armée ; au 3 d'azur au couple de tourterelles d'argent ; au 4 de sable à la cuirasse antique surmontée d'un casque d'or, et un pal d'or brochant sur les quatre quartiers.

Louis-Pierre de Montbrun, général de brigade, officier de la Lég. d'honn., grand-croix du Mérite militaire de Wurtemberg, né à Florensac (Hérault) le 1er mai 1770, fut fait baron de l'empire par lett. pat. du 19 mars-27 nov. 1808, transcrites sur le rég. du sénat le 14 déc. 1808, publiées à l'audience de la cour de Montpellier le 21 fév. 1809. (*Archiv. de la cour de Montpellier.*)

789. MOREL.

De gueule à la bande vivrée d'or et une épée d'argent la pointe en haut posée en barre, brochant sur la bande ; au quartier des barons-militaires ; à la filière d'argent brochant sur le tout.

Jean-Pierre-Dominique-Guillaume Morel, ex-colonel d'infanterie, commandeur de la Lég. d'honn., né à Lansargues le 15 mars 1763, membre du corps électoral du dépt. de l'Hérault, fut fait baron de l'empire par lett. pat. du 12 avril 1808, enreg. au conseil du sceau et titres, f° 145, sur les reg. du sénat le 13 août 1808, et publiées à l'audience de la cour d'appel de Montpellier le 14 nov. 1808. (*Archiv. de la cour imp. de Montpellier.*)

790. MORETON DE CHABRILLAN.

D'azur au château crénelé de cinq pièces d'argent ouvert et maçonné de sable, sommé de trois tours crénelées, chacune de trois pièces aussi d'argent ajourées et maçonnées de sable, celle du milieu plus élevée, à la patte d'ours mouvante du côté senestre de la pointe et brochant sur la porte de la tour ; franc-quartier de comte-officier de la maison de S. M. l'empereur.

De Moreton de Chabrillan, chambellan de S. M. l'empereur, comte de l'empire. (Simon, *Armor. de l'empire,* I, 28.)

791. NICOLAÏ.

D'azur au lévrier courant d'argent accolé de gueule et bouclé d'or, franc-quartier de comte-officier de la maison de S. M. l'empereur.

De Nicolaï, chambellan de S. M. l'empereur, maire de la commune de Goussainville, et membre du collége électoral du département de Seine-et-Oise, comte de l'empire. (SIMON, *Armor. de l'empire*, I, 28.)

792. NOUGARÈDE DE FAYET.

Au 1 parti d'azur et de gueule, l'azur aux trois étoiles en fasce d'argent surmonté d'un croissant contourné de même, le gueule au signe des barons de l'empire tirés des corps savants et littéraires ; au 2 d'argent chargé à dextre d'un chêne terrassé de sinople, senestré d'un hérisson de sable, allumé du champ.

André-Jean-Simon Nougarède de Fayet, né à Saint-Affrique (Aveyron), fut fait baron de l'empire par lettres patentes du 1er avril 1809, publiées à l'audience de la cour de Paris le 22 avril 1809, et à celle de la cour de Montpellier le 22 mai 1809. (*Archiv. de la cour de Montpellier.*)

793. PAGÈS.

Coupé le 1 parti de sinople au casque d'argent, et de gueule au signe de baron-militaire ; le 2 d'azur à la tour d'argent sommée d'un cheval issant d'or, et adextrée et senestrée d'une branche d'olivier en pal d'argent.

Pagès, général de brigade, officier de la Lég. d'honn., membre du collége électoral du département du Gard, baron de l'empire. SIMON, *Armor. de l'empire*, II, 54.)

794. PELET DE LA LOZÈRE.

D'azur à trois bandes d'or au lion d'argent lampassé de même, rampant sur la bande infé-
rieure, bordure de sinople ; franc-quartier de comte-conseiller d'État.

Pelet de la Lozère, conseiller d'État à vie, chargé du second arrondissement de la police générale de l'empire, commandant de
la Légion d'honneur, comte de l'empire (SIMON, *Armor. de l'empire,*
I, 21), pair de France en 1819.

795. PIEYRE.

D'argent au palmier de sinople terrassé de sable, adextré d'un lion contre-rampant de gueule,
surmonté de deux étoiles en fasce d'azur, et senestré de deux étoiles aussi d'azur posées en pal.

Jean Pieyre, préfet du Loiret, chevalier de la Légion d'honneur,
fut fait baron de l'empire en 1810. (TOURTOULON, 155.)

796. POITEVIN DE MAUREILLAN.

De gueule au chevron d'or accompagné en chef d'un quintefeuille d'argent tigé de sinople, et
en pointe d'un lion rampant d'argent, le tout surmonté d'un comble parti de deux traits, le 1er
de sinople à la cuirasse d'argent frangée de gueule, le 2e d'argent à la tour maçonnée et ouverte de sable, le 3e des barons de l'empire.

Jean-Étienne-Casimir Poitevin, général de brigade du génie, off.

de la Légion d'honn., né à Montpellier le 14 juill. 1772, fut fait baron de Maureillan par lett. pat. du 21 déc. 1808, enregistrées au sénat le 13 janv. 1809, et publiées à l'audience de la cour de Montpellier le 12 juin 1809. (*Archiv. de la cour de Montpellier.*)

797. POUGET.

D'azur à la barre d'argent chargée de trois grenades de sable enflammées de gueule et accompagnée de deux étoiles d'or, une en chef et une en pointe ; au franc-quartier senestre des barons-militaires.

Jean-Pierre Pouget, général de brigade, commandeur de la Légion d'honneur du 18 mars 1818, chevalier de Saint-Louis le 5 oct. 1814, fut nommé baron de l'empire par décret du 30 juin 1811, et par lett. pat. données à Paris le 12 nov. 1811 (TOURTOULON, 161); il ép. N... Cathala, dont deux filles : Pauline, mariée à Jules de Melon ; Marie-Louise-Hortense, mariée à Amédée Estor.

798. REYNAUD.

De sable au dextrochère brassardé d'or, armé d'un cimeterre d'argent, quartier des barons-militaires.

Benoît-Hilaire Reynaud, général de brigade, commandeur de la Légion d'honneur, chevalier de l'ordre du Mérite militaire de Wurtemberg et de la Couronne de fer d'Italie, fut nommé baron de l'empire par l'empereur Napoléon Ier. (TOURTOULON, 163. — SIMON, *Armor. de l'empire*, II, 54.)

On trouve dans l'*Armorial de l'empire* deux généraux de brigade, commandants de la Légion d'honneur et barons de l'empire, du même nom, avec des armes différentes. (II, 53, 54.)

799. ROCHEFORT D'AILLY.

De gueule à la bande ondée d'argent accompagnée de six merlettes de sable rangées en orle ; franc-quartier de baron-propriétaire.

De Rochefort d'Ailly, baron de l'empire. (SIMON, *Armor. de l'empire,* I, 64.)

800. ROMEUF.

André-Barthélemy-Jules Romeuf, fut nommé baron de l'empire avec dotation impériale. (BOREL D'HAUTERIVE, *Ann. de la Noblesse,* 1859, 362.)

801. SÉGUIER.

Coupé le 1 parti d'argent à une coquille de gueule surmontée d'une croisette de même, et du quartier de baron pris dans le conseil d'État ; le 2 d'azur au chevron d'or accompagné en chef de deux étoiles de même, et en pointe d'un mouton passant d'argent.

Séguier, maître des requêtes au conseil d'État, commandant de la Légion d'honn., premier président de la cour d'appel de Paris, baron de l'empire. (SIMON, *Armor. de l'empire,* II, 61.)

802. SOLIGNAC.

Jean-Baptiste Solignac, général de division, chevalier de Saint-Louis, grand officier de la Légion d'honneur, commandeur de l'ordre de la Couronne de fer d'Italie, grand-croix de l'ordre de la Tour et de l'Épée de Portugal, fut nommé baron par l'empereur Napoléon Ier. (TOURTOULON, 174.)

803. SOULT DE DALMATIE.

D'or chargé d'un écusson de gueule, aux trois têtes de léopard d'or en rencontre posées deux et une. Chef de duc.

Soult, maréchal de l'empire, colonel général de la garde impériale, grand aigle de la Lég. d'honn., chev. de la Couronne de fer, grand cordon de l'ordre de Saint-Hubert de Bavière, commandant en chef le 4e corps de la grande armée, duc de Dalmatie. (SIMON, *Armor. de l'empire*, I, 5.)

D'or au comble de gueule chargé de deux étoiles d'argent, en cœur un écusson de gueule aux deux têtes de lion léopardées d'or ; quartier des barons-militaires.

Soult, général de brigade, off. de la Lég. d'honn., baron de l'empire. (SIMON, *Armor. de l'empire*, II, 57.)

804. TARDY DE MONTRAVEL.

Écartelé au 1 et 4 contre-écartelé d'or et d'azur, qui est de Montravel ; au 2 et 3 d'argent à trois cyprès de sinople arrachés et rangés en pal, au chef de gueule chargé de trois besants d'or, qui est de Tardy.

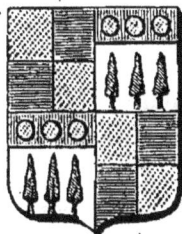

Auguste-Marie-Alexandre de Tardy de Montravel fut fait baron de l'empire avec dotation impériale. (BOREL D'HAUTERIVE, *Ann. de la Noblesse*, 1859, 363.)

805. TOURNON.

D'azur semé de fleurs de lis d'or sans nombre, parti de gueule au lion d'or; franc-quartier de baron pris dans le conseil d'État. Sous l'empire les fleurs de lis furent remplacées par des fers de lance.

Tournon, auditeur au conseil d'État, préfet du département du Tibre, baron de l'empire. (SIMON, *Armor. de l'empire*, II, 61.)

806. VIGNOLLE.

De sable au chevron d'or sur la pointe duquel broche une épée haute en pal d'argent garde d'or, accompagnée en chef de deux ceps de vigne, tigés et feuillés de sinople, fruités d'or franc-quartier de comte tiré de l'armée.

De Vignolle, général de division, commandant de la Lég. d'honn., commandeur de l'ordre royal de la Couronne de fer, baron et comte de l'empire. (SIMON, *Armor. de l'empire*, II, 5.)

807. VIVIÈS DE LA PRADE.

Coupé, le 1er parti d'argent à une foi de sable et de gueule, au signe des barons-militaires; le 2e d'azur chappé d'or et chargé d'un fer de lance d'argent.

Guillaume-Raymond-Amans Viviès, général de brigade, off. de la Lég. d'honn., chev. de la Couronne de fer, né à Sainte-Colombe-sur-Lhers (Aude) le 3 nov. 1763, fut fait baron de la Prade par lett.-pat. du 11 août 1808, registrées au Sénat le 10 sept. 1808, publiées à la cour de Montpellier le 8 mai 1809. (*Archives de la cour de Montpellier.*)

10° Familles anoblies ou titrées sous la Restauration.

808. ARMAGNAC.

Écartelé au 1 d'azur à trois étoiles d'or ; au 2 de gueule à l'épée d'argent ; au 3 de gueule à la pyramide d'argent surmontée de deux sabres en sautoir d'or ; au 4 d'azur au palmier terrassé d'or.

Jean-Charles-Toussaint-Barthélemy d'Armagnac, baron d'Armagnac, lieutenant général commandant la deuxième division militaire, obtint le 11 janv. 1823 des lettres patentes qui lui conféraient le titre de vicomte, et qui furent publiées à l'audience de la cour de Montpellier le 7 fév. 1823. (*Archiv. de la cour de Montpellier.*)

809. BARRÈS DU MOLARD.

François-Scipion-Laurent de Barrès du Molard, né au Pouzin le 17 oct. 1740, maréchal de camp par ordonnance de Louis XVIII du 15 mai 1796, mourut à Chomerac en 1809. Son fils aîné, Jean-Scipion-Fleury de Barrès du Molard, chef de bataillon au régt d'artillerie à pied de Valence le 8 avril 1815, fut fait vicomte héréditaire le 6 déc. 1814. (COURCELLES, *Dictionn. des généraux français*, I, 342, 1820.)

810. BROCHAND D'AUFERVILLE.

Edme-Julien-Léon Brochand d'Auferville, né le 22 août 1804 à Chartres, inspecteur des postes à Narbonne, prête serment devant la cour de Montpellier le 24 mars 1831, comme successeur au majorat créé par lett. pat. du 14 mai 1822, au titre de baron, en faveur de son père Edme-Marie-François Brochand d'Auferville. (*Archiv. de la cour de Montpellier. — Bullet. des lois*, 1822, 536.)

811. CASSAN.

Écartelé au 1 d'azur à la croix fleuronnée d'or ; au 2 de sinople à deux épées croisées en sautoir d'argent ; au 3 de sinople à la tour crénelée de trois pièces d'argent, ouverte, ajourée, maçonnée de sable, mouvante du bas de l'écu ; au 4 d'azur au vol ouvert d'or.

Louis-Pierre-Jean-Aphrodise Cassan, né à Lézignan (Aude) le 13 avril 1771, maréchal de camp, chev. de Saint-Louis, off. de la Lég. d'honn., fut fait baron par lett. pat. du 11 nov. 1814, publiées à l'audience de la cour de Montpellier le 13 mars 1845. (*Archiv. de la cour de Montpellier.*)

812. CHABAUD-LATOUR.

François-Henri-Ernest Chabaud-Latour, fut fait baron au mois d'août 1841. (BOREL D'HAUTERIVE, *Ann. de la Noblesse*, 1859, 368.)

813. DUMOULIN.

De gueule à l'épée d'argent montée d'or, parti d'or et de gueule au chevron de l'un en l'autre.

Charles Dumoulin, maréchal de camp, né à Limoges le 16 janv. 1768, fut fait comte par lettres patentes du 4 mai 1823, publiées à l'audience de la cour de Montpellier le 19 juin 1823. (*Archiv. de la cour de Montpellier.*)

814. DURAND.

Parti : au 1er d'azur à un vaisseau habillé d'argent, voguant sur des ondes de même et portant au couronnement de la poupe cette inscription : *Scandinavia fausta;* au 2e d'or à une montagne de sinople mouvant du flanc senestre, surmontée à dextre d'une étoile de gueule ; au chef brochant sur le parti d'argent chargé d'une ancre de sable entourée d'un câble de gueule.

Cette famille, qui est une branche puînée de celle du même nom qui préserva de la famine la province du Languedoc sous le règne de Louis XV, et dont il est parlé plus haut, p. 145, fut également anoblie en raison d'un généreux et signalé service rendu par l'un des siens, le sieur Marie-Jacques Durand, membre de la chambre des députés, qui fut créé baron par ordonnance royale du 3 janvier 1816. Les lettres patentes qui lui furent octroyées, en date du 9 mars suivant, et furent enregistrées à la commission du sceau, registre T, f° 57, et à la cour royale de Montpellier, en exécution de l'arrêt rendu par la chambre civile du 23 mai 1816, disent textuellement : *A ces causes Nous avons, de notre grâce spéciale, pleine puissance et autorité royale, conféré, et par ces présentes signées de notre main, conférons audit sieur Durand le titre de baron, lequel sera transmissible à sa descendance directe et légitime, de mâle en mâle par ordre de primogéniture.*

I. Marie-Jacques Durand, chev. de la Légion d'honneur, membre de la chambre des députés et du conseil supérieur de commerce du royaume, av. ép. Catherine-Marie-Marguerite Fajon, dont il eut : 1. Auguste, marié à Héloïse Durand, sa cousine germaine, dont : *a.* Coralie, mariée au comte de Gramont d'Aster, pair de France ; *b.* Félicie, mariée à Frédéric Sabatier, d'Espeyran, chev. de la Lég. d'honn. ; 2. Frédéric, qui suit ; 3. Achille, qui a fait la Br. B. ; 4. Zélia, mariée au comte Isidore de Forton.

II. Frédéric Durand, baron Durand, chevalier de la Lég. d'honn., capit. adjud.-major au 20° régt de ligne, ép. Clémence de Dax, dont il eut : 1. Gaston, qui suit ; 2. Alfred ; 3. Jacques, marié à Caroline Broussonnet, dont une fille ; 4. Mathilde, mariée à N... Roger de Villers ; 5. Ida, mariée ; 6. Louise, sœur de Saint-Vincent de Paul.

III. Gaston Durand, baron Durand, chevalier de l'ordre de Saint-Grégoire le Grand, épousa Louisa Guimet, dont : 1. François ; 2. Berthilde ; 3. Louis ; 4. Marie.

Br. B. II. Achille Durand, épousa Amélie Durand, sa cousine germaine, dont : 1. Léopold ; 2. Élie ; 3. Valérie, mariée à Auguste Despous ; 4. Laure.

815. ESTÈVE.

Le baron Étienne Estève, maréchal de camp, né à Castelnaudary le 11 oct. 1771, baron de l'empire par lett. pat. du 13 juill. 1811, obtint de nouvelles lettres patentes du 27 nov. 1843, qui l'autorisaient à transmettre son titre à son neveu, Pierre-Sylvestre Estève, né à Castelnaudary le 31 déc. 1804, capitaine du génie de première classe en 1844. Ces secondes lettres patentes furent publiées à l'audience de la cour de Montpellier le 3 janv. 1844.

Le baron Étienne Estève mourut à Villepinte (Aude) le 25 avril 1844. Des lettres patentes du 26 fév. 1845 autorisèrent la transmission stipulée après le décès constaté; elles furent publiées à l'audience de la cour de Montpellier le 19 mai 1845. (*Archiv. de la cour de Montpellier.*)

816. FABRE DE L'AUDE.

De gueule à la bande d'or accompagnée de deux besants de même.

Le comte Jean-Pierre Fabre, de l'Aude, né à Carcassonne le 8 déc. 1755, commandeur de la Lég. d'honn., pair de France le 21 nov. 1819, obtint l'institution d'un majorat au titre héréditaire de baron par lett. pat. du 13 mars 1820, publiées à l'audience de la cour du 25 avril 1820. (*Archiv. de la cour de Montpellier.*)

817. GENTIL.

D'azur à un Saint André de carnation, vêtu d'argent, appuyé de la main dextre sur sa croix de sable, tenant de la senestre une palme de sinople et soutenu du même; parti d'or au château de sable soutenu de sinople, surmonté d'une étoile de gueule.

Vital Gentil, maire de Limoux, né à Limoux le 3 mai 1756, obtint des lettres d'anoblissement, au titre d'écuyer, le 24 mai 1823, qui furent publiées à l'audience de la cour de Montpellier le 25 juin 1823. (*Archiv. de la cour de Montpellier.*)

818. GIRARD.

Gironné d'azur et d'argent de six pièces; au chef du premier chargé d'un soleil d'or.

François-Frédéric Girard, maire de Fabrègues, né à Agde le

2 avril 1776, fut anobli par lettres patentes du 13 mars 1820, enregistrées en vertu de l'arrêt de la cour royale de Montpellier le 24 avril 1820 (TOURTOULON, 118); il ép. N... Brondel de Roquevaire, dont il eut : 1. Frédéric, marié à N... Ronzier, dont postérité ; 2. Gustave, anc. représentant de l'Hérault à l'Assemblée législative, 1849-1851, marié à N... Fabre, dont postérité.

819. D'HOMBRES.

Louis-Auguste d'Hombres, écuyer, maire de la ville d'Alais (Gard), fut fait baron le 6 avril 1826 par lettres patentes portant érection de majorat. (BOREL D'HAUTERIVE, *Ann. de la Noblesse*, 1858, 400 — *Bullet. des lois*, 1826, 220.)

820. LA CROIX DE CASTRIES.

D'azur à la croix d'or. DEVISE : *Fidèle à son roi et à l'honneur*.

Eugène-Gabriel-Hercule de la Croix de Castries, obtint l'institution d'un majorat au titre de comte, par ordonnance royale du 31 juill. 1821. (BOREL D'HAUTERIVE, *Ann. de la Noblesse*, 1858, 395. — Voy. le tome Ier de l'*Armorial de Languedoc*, p. 275.)

821. LAJARD.

D'argent à un chevron d'azur accompagné en pointe d'un lézard de sinople montant, armé et lampassé de gueule ; au chef d'azur chargé de trois étoiles d'or.

Claude-Hilaire Lajard, né à Lyon le 30 déc. 1785, intendant militaire de la 9e division militaire, chev. de Saint-Louis et de la Lég. d'honn., fut fait baron par lett. pat. du 7 juill. 1825, publiées à l'audience de la cour de Montpellier le 17 août 1825. (*Archiv. de la cour de Montpellier.*)

822. MAINIER.

Coupé au 1 d'or à deux tours crénelées de sable girouettées d'argent; au 2 d'azur à une tige de lis au naturel terrassé de sable, senextré d'une levrette assise d'argent accolée de gueule.

Joseph Mainier, procureur du roi, chev. de la Lég. d'honn., né à Rodez le 10 sept. 1759, fut anobli, au titre d'écuyer, par lettres patentes du 27 sept. 1823, publiées à l'audience de la cour de Montpellier le 19 nov. 1823. (*Archiv. de la cour de Montpellier.*)

823. MARTIN DE CAMPREDON.

D'argent au cavalier de gueule chevauchant sur une terrasse de sinople.

Jacques-David de Martin de Campredon, lieutenant général, grand officier de la Légion d'honneur, grand-croix de l'ordre du Mérite militaire, fut nommé baron le 24 sept. 1814, et pair de France le 11 sept. 1835. (TOURTOULON, 138. — Voyez plus haut, p. 182.)

824. MARTIN.

D'azur à une branche d'olivier fruitée d'or posée en bande.

Dominique-François-Guillaume Martin, médecin honoraire des hospices civils de Narbonne, né à Narbonne le 29 janv. 1774, fut anobli par ordonnance royale du 6 août 1824, confirmée par lett. pat. du 22 janv. 1825, publiées à l'audience de la cour de Montpellier le 22 fév. 1825. (*Archiv. de la cour de Montpellier.*)

825. PRADIER D'AGRAIN.

D'azur à trois lions d'or couronnés de même, deux en chef, un en pointe.

Claude-Marc-Armand-Élisabeth de Pradier d'Agrain, anc. chef de bataillon d'artillerie, fut confirmé dans la possession du titre de marquis le 28 octobre 1826, avec institution de majorat. Il ép. Claudine-Charlotte Lemulier. (BOREL D'HAUTERIVE, *Ann. de la Noblesse*, 1858, 393. — *Bull. des Lois*, 1826, 333. — Voyez le tome Ier de l'*Armorial de Languedoc*, p. 410.)

826. ROLLAND.

D'azur à un chevron d'or surmonté de trois étoiles de même rangées en chef et accompagné en pointe d'une levrette courante d'or accolée d'argent et bouclée de sable.

Jean-Baptiste-Jacques Rolland, né à Carcassonne le 25 juillet 1744, fut fait baron par lett. pat. du 7 mars 1818, publiées à l'audience de la cour de Montpellier le 28 avril 1818. (*Archiv. de la cour de Montpellier.*)

827. ROUX DE PUIVERT.

D'argent à six mouchetures d'hermine de sable posées 3 , 2 et 1.

Bernard-Emmanuel-Jacques de Roux, marquis de Puivert, né à Toulouse le 24 oct. 1755, maréchal de camp, gouverneur de Vincennes, autorisé par ordonnance royale du 20 sept. 1828 à fonder un majorat au titre de marquis, obtint des lettres patentes d'érection le 16 juin 1829, publiées à l'audience de la cour de Montpellier le 24 août 1829. (*Archiv. de la cour de Montpellier.*)

828. SAUVAN D'ARAMON.

Écartelé au 1 et 4 de gueule au lion d'or qui est de Sauvan; au 2 et 3 d'argent à six fusées de gueule qui est de Barbezières-Chémerault.

Pierre-Philippe-Antoine de Sauvan d'Aramon, marquis d'Aramon, pair de France en 1819, obtint l'institution d'un majorat en 1822 au titre de baron-pair. (BOREL D'HAUTERIVE, *Ann. de la Noblesse*, 1858, 363. — Voyez le tome Ier de l'*Armorial de Languedoc*, p. 477.)

829. TRINQUELAGUE.

D'or à trois fasces ondées d'azur au chef d'hermine.

Charles-François Trinquelague, né à Nîmes le 29 déc. 1747, obtint, par ordonnance royale du 20 fév. 1824, le titre personnel de baron, avec autorisation d'établir un majorat pour le rendre héréditaire. Des lettres patentes du 11 janv. 1830 rendirent ce titre héréditaire en faveur de Charles-François Trinquelague, écuyer, conseiller d'État, premier président à la cour de Montpellier, officier de la Légion d'honn. ; elles furent publiées à l'audience de la cour de Montpellier le 29 juin 1830. (*Archiv. de la cour de Montpellier.*)

830. VALAT.

D'or à un cafier de sinople garni de son fruit de gueule, soutenu d'une terrasse de sable ; au chef d'azur chargé de trois étoiles d'argent posées en fasce.

Charles-Étienne Valat, capitaine d'infanterie, chevalier de Saint-Louis, fut anobli par lettres patentes du 13 décembre 1816, enregistrées à la comm. du sceau, reg. IV, fol. 271, et publiées à l'audience de la cour de Montpellier.le 20 fév. 1817. (TOURTOULON, 177.)

831. VASSEROT.

D'azur au globe d'argent sommé à senextre d'une pointe de lance de même accompagné de six étoiles d'argent posées en orle, coupé d'argent à un arbre au naturel terrassé de sinople.

Le baron Louis Vasserot, maréchal de camp, obtint des lettres patentes le 11 janvier 1823 qui lui conféraient le titre de vicomte, et qui furent enregistrées au tribunal de Perpignan le 14 avril 1823, et publiées à l'audience de la cour de Montpellier le 21 avril 1823. (*Archiv. de la cour de Montpellier.*)

832. VOGUÉ.

D'azur au coq d'or, crêté et barbé de gueule. DEVISE : *Sola vel voce icones terreo.*

Charles-Florimond de Vogué, comte de Vogué, pair de France, obtint l'institution d'un majorat au titre de baron-pair, par ordonnance royale du 24 mai 1824. (BOREL D'HAUTERIVE, *Ann. de la Noblesse,* 1858, 408.—V. le T. Ier de l'*Armorial de Languedoc,* p. 516.)

SUPPLÉMENT.

833. ABRIAL.

De gueule coupé d'argent; sur le gueule un soleil d'or dardant de senestre, sur l'argent un arbre de sinople terrassé de même.

André-Joseph Abrial, comte de l'Empire, né à Annonay le 19 mars 1750, mort à Paris en 1828, fut chargé par Bonaparte d'organiser à Naples la république parthénopéenne ; il prit part à la rédaction du *Code Napoléon;* ministre de la justice, sénateur sous l'Empire, pair de France sous la Restauration.

Son fils, né en 1783, préfet du Gers et Finistère, pair de France après son père, est mort le 26 déc. 1840. (*Biogr. Didot*, I, 154 ; Simon, *Armorial de l'Empire*, I, 7.)

834. AUDIGIER.

D'azur au rocher d'or en pointe, accosté de deux merlettes de même ; au chef d'argent chargé d'un croissant d'azur accosté de deux étoiles de gueule, qui est de Descours. Devise : *Avorum non moritura virtus.*

La famille d'Audigier, qui a pris part à l'assemblée de la noblesse de Villeneuve de Berg, en 1789, était anciennement fixée au mandement de Vogué, paroisse de Saint-Germain, dans le bas Vivarais. Elle était originaire de Saint-Paul-Trois-Châteaux en Dauphiné, et venue peut-être plus anciennement du Comtat Venaissin. On trouve en 1195 Isnard d'Audigier (Aldegarius), juge de la ville d'Avignon (*Mém. de la Soc. archéol. du Midi*, IV, 134) ; Giraud d'Audigier, mort chanoine de Saint-Ruf, paroisse du bourg Saint-Andéol en Vivarais, 1257 (*Biblioth. de l'École des chartes*, 1853) ; Arnaud d'Audigier (Audegers) se présente à la tête de la noblesse d'Avignon en 1216, lors du passage de Raimond VI (FAURIEL, *Croisade des Albigeois*, 264-265) ; Adhémar d'Audigier, du bourg Saint-Andéol, acheva le monastère de Valsauve de Bagnols en 1319 (*Gallia christiana*, VI, 657). Les généalogies des maisons de Moreton et de Nicolaï indiquent plusieurs alliances avec des sujets du nom fixés en Dauphiné ou dans le bas Vivarais en 1372, 1394, 1460, 1492. Les actes authentiques conservés dans cette famille et reçus, le 4 avril 1653, le 23 oct. 1680, le 28 mai 1696, e 26 nov. 1700, le 3 fév. 1789, par Crumières, Reymondon et Retournat, notaires à Saint-Fortunat ; Sonier, not. à Marcols ; Milhol, not. à Vernoux, permettent d'en établir la filiation suivie depuis

I. Antoine d'Audigier fut père de

II. Jacques d'Audigier, écuyer, du lieu et paroisse de Saint-Germain,. au mandement de Vogué, au bas Vivarais, ép. le 15 juin 1580 Gabrielle de Lacheysserie, fille de noble Simon de Lacheysserie et de Louise de Vogué, dont il eut :

III. Simon d'Audigier, ép. le 10 fév. 1610 Claude de Ville, fille de noble Pierre de Ville, Sgr du Sauzet en Dauphiné et de Claudine de Barjac, dont il eut :

IV. Alexandre d'Audigier, bachelier en droit, capitaine châtelain de Saint-Fortunat, ép. Judith de Sauzet, dont il eut : 1. Henri qui suit ; 2. Antoine.

V. Henri d'Audigier, docteur et avocat, juge de Gluyras, Saint-Fortunat, Bavas, Saint-Quentin et Durfort , assista en cette qualité aux États particuliers du Vivarais tenus en 1679 à Tournon ; il avait ép. le 15 août 1676 Marguerite de Chalamon d'Arlendes, fille de Jean de Chalamon et de Louise de Balazuc, et il en eut plusieurs enfants, entre autres :

VI. Alexandre d'Audigier, ép. 1° le 26 nov. 1700 Marguerite Champz du Boys ; 2° le 25 janvier 1711, au Cheylard, Geneviève Ferratier, dont il eut : 1. Jacques-Charles qui suit ; 2. Isabeau, mariée à N. du Bessey, de la Mastre.

VII. Jacques-Charles d'Audigier, ép. 1° Jeanne-Élisabeth de Meyssonnier de Chateauvieux, dont il n'eut pas d'enfants ; 2° Marie-Élisabeth Descours de Beaulieu, dont il eut : 1. Charles-Henri ; 2. Alexandre-André qui suit ; 3. Louis-Marc ; 4. Jean-Pierre-François, mort à Paris en 1856, anc. directeur du service des vivres dans l'expédition de Russie en 1812 ; 5. Marie-Louise-Hélène ; 6. Jeanne-Isabeau.

VIII. Alexandre-André d'Audigier, écuyer, prit part à l'assemblée de la noblesse tenue à Villeneuve-de-Berg en 1789, fut un des chefs organisateurs de l'*Agence royale du Midi*, présenté au roi en 1814 avec le comte de la Roche-Aymon, le vicomte de Mauroy, le marquis de Puivert, et autres membres des sociétés royalistes du Midi ; anc. maire de Saint-Fortunat et juge de paix du canton de la Voulte; mort en 1838; avait .ép. le 3 fév. 1789 Anne-Antonie-Félicité de Meyssonnier de Châteauvieux, dont il eut : 1. Louis-Marc-Henri, mort jeune; 2. Louis-Marc-Frédéric-Marie, né le 6 juin 1792, servit" dans les gardes du corps de Louis XVIII, offic. du 18ᵉₗléger et du 28ᵉ de ligne, fit les campagnes d'Espagne et d'Alger, retraité chef de bataillon et chev. de la Légion d'honneur; 3. Jean-Pierre-Florentin, né en 1794; 4. Auguste-Marc-Henri qui suit; 5. Henri, élève de· la Flèche et de Saint-Cyr, mort sous-lieut. à Cadix en 1823; 6. Sophie.

IX. François-Auguste-Marc-Henri d'Audigier, ép. le 27 déc. 1827 à Paris Anne-Clémentine-Julie Gerbier, dont il eut : 1. Henri qui suit ; 2. Frédéric-François-Marie, né à Paris le 10 août 1833, élève de l'École militaire de Saint-Cyr, offic. au 19ᵉ régt de ligne.

X. Charles-Louis-Alexandre-Henri d'Audigier, né à Paris le 27 déc. 1828, anc. élève de l'École normale supérieure, chev. de l'ordre royal des Saints Maurice et Lazare.

835. AVITY.

De gueule à une tour d'argent donjonnée de même, maçonnée de sable, terrassée de sinople.

La famille d'Avity est originaire de Tournon, et doit son illustration à Pierre d'Avity, littérateur fameux du commencement du XVIIᵉ siècle. Il naquit à Tournon en 1573 et mourut à Paris en 1635 ; il avait été anobli par lettres patentes de 1610 vérifiées en 1618. De son mariage avec Magdeleine de Fassion-Sainte-Jalle, d'une illustre et ancienne famille du Dauphiné, il eut : Claude d'Avity, conseiller du roi, maître ordinaire en la chambre des comptes du Dauphiné, qui ép. Marie de Murinais. (CHORIER, III, 67.)

Méraud de Boulieu, bailli de Tournon en 1565, ép. Suzanne d'Avity.

836. BESSUÉJOULS DE ROQUELAURE.

Écartelé au 1 et 4 d'argent à un arbre de sinople sur une terrasse de même soutenu par deux lions de gueule affrontés, qui est de Bessuéjouls; au 2 et 3 d'azur à trois rocs d'échiquier d'argent, qui est de Roquelaure.

Messire Emmanuel de Bessuéjouls, marquis de Roquelaure, acquéreur en 1712 de la terre-baronie d'Apchier, qui donnait entrée annuelle aux états particuliers de Gévaudan, et entrée de tour aux états généraux de Languedoc comme baron d'Apchier, prouva sa noblesse depuis 1314. Il fut en outre produit devant les états de Gévaudan en 1719 d'autres actes de mariage, testaments, hommages aux comtes de Rodez, qui justifiaient d'une plus haute antiquité de cette maison, et que toutes les femmes qui contractèrent des alliances avec elle depuis le commencement du XIIIe siècle jusqu'au dit Emmanuel, appartenaient aux plus nobles familles de la Guienne, de l'Auvergne, du Languedoc et du Lyonnais. (G. DE BURDIN, II, 82. — G. DE LA TOUR, 145. — BARRAU, II, 459.) Cette maison fut substituée le 4 déc. 1585 par testament de Guion de Roquelaure aux biens, nom et armes d'une branche de la maison de Bonnefous de Roquelaure établie en Rouergue et connue depuis le commencement du XVe siècle. (BARRAU, II, 479.)

I. Nic de Bessuéjouls, fils de Guion et d'Aigline de Balaguier, testa le 14 mars 1314 ; il avait ép. Jude de Combret de Broquiez, dont il eut :

II. Guion de Bessuéjouls, ép. Méralde de Sénegra, dont il eut :

III. Nic de Bessuéjouls, Sgr de Bessuéjouls, ép. le 2 fév. 1396 Aigline de Chambon, dont il eut : 1. Pons qui suit; 2. Indie, mariée à Arnaud de Caylus et de Faugères, Sgr de Lunas et d'Avesnes, D. de Béziers.

IV. Pons de Bessuéjouls, Sgr de Bessuéjouls, ép. le 10 janv. 1459 Marguerite de Soulatges, dont il eut : 1. Antoine qui suit; 2. Rose, mariée à Pierre de Voisins.

V. Antoine de Bessuéjouls, Sgr de Bessuéjouls, ép. dame Jeanne de Roquelauré, dont il eut :

VI. Gaspard de Bessuéjouls, Sgr de Bessuéjouls, ép. le 9 fév. 1528 Marguerite de Roquemaurel *alias* Roquelaure, dont il eut :

VII. Pierre de Bessuéjouls, Sgr de Bessuéjouls et Gabriac, ép. le 25 avril 1573 Barbe de la Valette, dont il eut :

VIII. Bernardin de Bessuéjouls de Roquelaure, gentilhomme ordinaire de la chambre du roi 1611, Sgr de Roquelaure, Bessuéjouls et Montchausson, ép. 1° le 3 fév. 1592 Isabeau de Roquelaure, fille de Guion de Roquelaure et de Catherine de Combret de Broquiez, qui lui substitua tous ses biens, à condition de prendre le nom et les armes de Roquelaure ; 2° le 23 novembre 1637 Claudine de Grégoire de Montpeyroux; il eut pour fils

IX. Louis de Bessuéjouls de Roquelaure, ép. le 23 nov. 1637 Claudine de Grégoire des Gardies, dont il eut : 1. Jean-François qui suit; 2. Claudine, mariée le 26 janv. 1654 à Jean-Jacques de Lastic de Saint-Jal; 3. Françoise, mariée le 17 fév. 1662 à Jean-François de Garceval de Pelegri.

X. Jean-François de Bessuéjouls de Roquelaure, ép. le 10 nov. 1671 Anne-Henriette de Crussol de Saint-Sulpice, dont il eut : 1. Emmanuel qui suit; 2. Jacques, mort sans enfants.

XI. Emmanuel de Bessuéjouls, marquis de Roquelaure, Sgr de Ceyrac, Gabriac, Lassous, Montchausson, Bacon, Tholet, capit. d'infanterie, ancien guidon des gendarmes de la reine 1709, chevalier de Saint-Louis, acquéreur en 1712 de la terre-baronie d'Apchier, de Pierre de Bonniol, baron de Saint-Chély, qui donnait entrée aux états de Languedoc, ép. le 24 fév. 1714 Marie-Anne de Baglion de la Salle, nièce de l'évêque de Mende, dont il eut : 1. Mathieu-Ignace qui suit ; 2. Jean-Armand, évêque de Senlis, conseiller d'État, commandeur de l'ordre du Saint-Esprit, membre de l'Académie française, archevêque de Malines, mort en 1818 ; et deux filles.

XII. Mathieu-Ignace-Alexandre-Félix de Bessuéjouls, comte de Roquelaure, baron des états de Languedoc et des baronies d'Apchier et de Lanta, ép. le 30 juin 1746 Marie-Victoire-Jeanne-Mathiase de Barthélemy de Gramond, dame de Lanta, dont il eut : 1. François-Rose-Barthélemy, marquis de Roquelaure, colonel du régt d'Artois, mort sur l'échafaud révolutionnaire le 7 thermidor an II ; 2. et

XIII. Étienne de Bessuéjouls de Roquelaure, comte de Roquelaure, ép. pendant l'émigration N:..., de la maison de Bavière-Grosberg, mort à Toulouse en 1828 sans enfants.

837. BOYS D'HAUTUSSAC DE PRAVIEUX.

Parti au 1 d'or au bois de sinople en pointe, au chef d'azur chargé d'un cerf naissant d'argent, qui est d'Hautussac ; au 2 de gueule à la bande d'or accostée de deux lis de jardin d'argent, qui est de Pravieux.

L'office de conseiller du roi et maire de la ville de Bourg-Saint-Andéol en Vivarais, qui donnait droit d'entrée aux états généraux de Languedoc, a été rempli, depuis le 4 juin 1745 jusqu'à sa suppression le 18 mai 1775, par l'aïeul et le père de

Guy-Charles-Antoine Boys d'Hautussac, maire de Saint-Laurent du Pape (Ardèche), fut anobli par lett. pat. du roi Louis XVIII, en date du 3 fév. 1819, et prêta serment devant la cour imp. de Nîmes le 2 avril 1819. (*Archives de la cour imp. de Nîmes.*) Il avait ép.

Geneviève-Amélie Gandy, dont il eut : Louis-Antoine-Lambert, né à Saint-Laurent du Pape (Ardèche).

Par ordonnance royale du 7 nov. 1821, Louis-Antoine-Lambert Boys d'Hautussac fut autorisé à joindre à son nom celui de *Pravieux*, et à s'appeler Boys d'Hautussac de Pravieux. (*Jugement du trib. civil de Privas du 17 déc.* 1827.)

Claude-Louis Blanchet de Pravieux, aïeul maternel de Louis-Antoine-Lambert, était conseiller et procureur du roi en l'élection de Lyon.

838. CRUSSOL D'UZÈS.

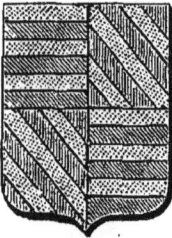

Fascé d'or et de sinople qui est de Crussol, écartelé de gueule à trois bandes d'or qui est d'Uzès. Cette maison écartèle encore de Lévis, de Gourdon et de Genouillac.

La maison de Crussol, dont les premiers auteurs ont porté le nom de Bastet, est connue par filiation suivie depuis Géraud Bastet, vivant en 1215. Elle a fait plusieurs branches dites des comtes d'Uzès, marquis de Florensac, marquis de Saint-Sulpice, comtes d'Amboise et d'Aubijoux, marquis de Monsalez, éteintes depuis peu d'années; la branche aînée, titrée duc d'Uzès par lettres patentes du mois de mai 1565, enregistrées, est seule représentée aujourd'hui. Ses armes sont à la salle des Croisades.

La terre de Crussol et le château, dont il ne reste plus que des ruines, étaient situés en Vivarais, sur le bord du Rhône, en face de Valence. Jacques de Crussol, Sgr de Beaudiné, de Levis et de Florensac, sénéchal de Beaucaire et de Nîmes, grand pannetier de France, épousa en 1486 Simonne d'Uzès, fille unique et héritière de Jean, vicomte d'Uzès, et d'Anne de Brancas. Elle apporta en dot à son mari la vicomté d'Uzès, à condition qu'il relèverait le nom et les armes d'Uzès qui sont : de gueule à trois bandes d'or. Les terres de Florensac et d'Uzès donnaient droit d'entrée annuelle aux états généraux de Languedoc. Elles sont restées dans la maison de Crussol jusqu'à la révolution française.

Le duché d'Uzès fut érigé en pairie par lettres patentes du mois de février 1572, enregistrées c'était en 1789, le plus ancien duché-pairie, laïque et non princier, du royaume.

Le 6 août 1570, Antoine de Crussol, vicomte d'Uzès, acheta de Jean de Montluc, évêque de Valence, la principauté de Soyons, et les Sgrs de Crussol ont porté le titre de princes de Soyons jusqu'à la révolution française.

Cette maison était une des plus considérables du Languedoc par ses possessions et ses alliances. Jacques de Crussol, baron d'Acier, embrassa le culte réformé et devint bientôt un des chefs les plus célèbres et les plus redoutés parmi les calvinistes. On trouve des lieutenants généraux et des chevaliers des ordres du roi presque à chaque génération dans les différentes branches de la maison de Crussol. Elle a été admise plusieurs fois aux honneurs de la cour. (P. ANSELME, III, 762; — D. VAISSETTE, II, 641; — LACH. DESB., V, 390; — l'abbé GARNODIER, *Recherches archéologiques,* 57-93. Valence, 1852.)

I. Jacques de Crussol, qui descendait de Géraud Bastet au neuvième degré, sénéchal de Beaucaire et de Nîmes, ép. en 1486 Simone d'Uzès dont il eut quinze enfants, entre autres :

II. Charles de Crussol, vicomte d'Uzès, chev. de l'ordre du roi, sénéchal de Beaucaire et de Nîmes, gouverneur de Languedoc, etc., ép. le 29 juillet 1523 Jeanne de Genouillac, dont il eut treize enfants, entre autres :

III. Jacques de Crussol, duc d'Uzès, pair de France, baron d'Acier, prince de Soyons, chev. des ordres du roi, commandant pour le roi en Languedoc 1574, ép. le 28 août 1568 Françoise de Clermont-Tallard, dont il eut plusieurs enfants, entre autres :

IV. Emmanuel de Crussol, duc d'Uzès, pair de France, prince de Soyons, chev. des ordres du roi, capit. de 200 hommes d'armes, ép. 1° le 28 juin 1601 Claude d'Ébrard, dame de Saint-Sulpice; 2° le 24 février 1632 Marguerite de Flagheac; il eut de sa première femme : 1. François qui suit; 2. Jacques-Christophe, auteur des branches des marquis de Saint-Sulpice et des comtes d'Amboise, éteintes; le dernier comte d'Amboise, lieutenant général et cordon rouge, fut guillotiné le 8 thermidor an II (26 juill. 1794); 3. Alexandre-Galliot, auteur de la branche des marquis de Montsalez, éteinte en la personne de Charles-Amable de Crussol, mort célibataire à Paris le 24 août 1743.

V. François de Crussol, duc d'Uzès, pair de France, prince de Soyons, lieutenant général, chev. des ordres du roi, gouverneur de Saintonge et d'Angoumois, ép. 1° le 7 janv. 1625 Louise-Henriette de la Chastre, fille du maréchal de France; 2° le 28 sept. 1636 Marguerite d'Apchier, dont il eut : 1. Emmanuel qui suit; 2. Louis, marquis de Florensac, dont la postérité s'est éteinte en 1814, en la personne du bailli de Crussol, pair de France, lieutenant général, cordon bleu, grand bailli de Malte, et capitaine des gardes du corps de Monsieur, qui fut depuis Charles X.

VI. Emmanuel de Crussol, duc d'Uzès, pair de France, prince de Soyons, colonel d'un régt de son nom, gouverneur de Saintonge et d'Angoumois, chev. des ordres du roi, ép. le 16 août 1664 Marguerite-Julie de Sainte-Maure, fille unique et héritière du duc de Montausier et de Julie-Lucie d'Angennes, marquise de Rambouillet, dont il eut : 1. Louis, tué à Nervinde 1693; 2. Jean-Charles qui suit; 3. François, comte d'Uzès, dont la postérité est éteinte.

VII. Jean-Charles de Crussol, duc d'Uzès, pair de France, prince de Soyons, chev. des ordres du roi, gouverneur de Saintonge et d'Angoumois, colonel d'un régt de son nom; il ép. 1° le 17 janv. 1696 Anne-Hippolyte de Grimaldi; 2° le 13 mars 1706 Anne-Marie-Marguerite de Bullion, morte en 1757, léguant à son arrière-petit-fils la terre de Bonnelles (Seine-et-Oise), résidence ordinaire des ducs d'Uzès. Il eut de son second mariage, entre autres enfants : 1. Charles-Emmanuel qui suit; 2. Anne-Julie-Françoise, mariée en

1732 à Louis-César de la Beaume-le-Blanc de la Vallière, duc de Vaujours , pair de France, célèbre bibliophile.

VIII. Charles-Emmanuel de Crussol, duc d'Uzès, pair de France, prince de Soyons, colonel du régt de Médoc, gouverneur de Saintonge et d'Angoumois, blessé à la tête de son régt à la bataille de Parme 1734, avait ép. le 3 janv. 1725 Émilie de la Rochefoucault, dont il eut : 1. François-Emmanuel qui suit ; 2. Émilie, mariée le 25 mars à Louis-Dominique, duc de Rohan-Chabot.

IX. François-Emmanuel de Crussol, duc d'Uzès, pair de France, prince de Soyons, gouverneur de Saintonge et d'Angoumois, chev. des ordres du roi, maréchal de camp, colonel d'un régt de son nom, émigra en 1792, fit la campagne des princes et mourut en 1820; il avait ép. le 8 janv. 1753 Magdeleine-Julie de Pardaillan-d'Antin , dont il eut :

X. Marie-François-Emmanuel de Crussol, duc d'Uzès , pair de France, chev. des ordres du roi, lieutenant général, remplit les fonctions de grand-maître de France aux funérailles de Louis XVIII et au sacre de Charles X; il se démit de la pairie en 1830, et mourut le 8 août 1842 ; il avait ép. Amable-Émilie de Châtillon, héritière de sa maison, dont il eut : 1. Adrien-Emmanuel qui suit : 2. Alexandrine-Célestine-Zoé-Emmanuelle-Thimarette , mariée le 17 avril 1804 au marquis de Rougé, pair de France ; veuve en 1835.

XI. Adrien-Emmanuel de Crussol, mort en 1837, du vivant de son père, aide du camp du roi Charles X, puis député du Gard ; il ép. Victoire-Victurnienne de Rochechouart de Mortemart, dont il eut : 1. Armand-Emmanuel qui suit ; 2. N..., mariée au duc de Tourzel, morte en 1837.

XII. Armand-Gérard-Victurnien-Jacques-Emmanuel de Crussol, duc d'Uzès, anc. député de la Haute-Marne et du Gard, anc. membre du Corps législatif, ép. Françoise-Élisabeth-Antoinette-Sophie de Talhouet, dont : 1. Amable-Antoine-Jacques-Emmanuel, reçu à l'École de Saint-Cyr en 1857 ; 2. Jacques-Frédéric, reçu à l'École navale en 1858, mort en 1859 ; 3. Laure-Françoise-Victorine, mariée en 1857 au vicomte d'Hunolstein ; 4. Élisabeth-Emmanuelle, née le 4 sept. 1843 ; 5. Mathilde-Honorée-Emmanuelle, née le 8 août 1850. — Résid. Paris et le château de Bonnelles (Seine-et-Oise).

839. DARVIEU.

D'azur à une tige de lis de jardin au naturel, surmontée d'un soleil mouvant du chef d'or.

Jean-Baptiste-Annibal Darvieu, adjoint à la mairie de Ganges (Hérault), né à Ganges le 19 mai 1772, fut anobli avec sa postérité née et à naître, par ordonnance royale du 14 mai 1816, confirmée par lett. pat. du 6 juillet 1816. (*Enreg. à la commission du sceau*, *reg. N , fol.* 202, *et à la cour royale de Montpellier le 14 avril* 1817.)

I. Jean-Baptiste Annibal de Darvieu, ép. Françoise-Henriette Pourtalès, dont il eut : 1. Jean-Baptiste-Annibal-Jules qui suit ; 2. Louis-François, ép. Marie-Thérèse-Charlotte Bourrié, dont : Marie-Suzanne-Brigitte-Henriette.

II. Jean-Baptiste-Annibal-Jules de Darvieu, ép. Henriette-Eulalie Serre, dont : 1. Henriette-Emma ; 2. Jean-Baptiste-Annibal-Louis-Albert.

840. DEJEAN, *alias* DE JEAN.

Antoine Dejean de Caderousse, co-Sgr de Saint-Marcel d'Ardèche, conseiller secrétaire du roi, maison et couronne de France au parlement de Grenoble, mort à Saint-Marcel le 13 août 1772, âgé de quatre-vingt-dix ans, avait ép. Jeanne de Toulouse, dont il eut plusieurs enfants, entre autres : 1. Antoine, Sgr de Saint-Marcel, qui a fait branche ; 2. Jean, Sgr de Montval, conseiller du roi et son lieutenant particulier en la sénéchaussée et siége présidial de Nîmes, ép. à Nîmes le 20 sept. 1751 Gabrielle-Magdeleine de Deydier, et a fait branche.

Jean-Honoré de Jean de Saint-Marcel, ancien capit. d'infant. au régt de Beauce, et Élisabeth-Mathieu de Jean de Montval, ont

pris part à l'assemblée de la noblesse de Nîmes convoquée pour l'é-
.ection des députés aux états généraux de 1789. (*Archives du département du Gard, à Nîmes.*)

841. FABRE.

D'azur à l'enclume d'argent sommé d'un cœur enflammé de gueule, surmonté d'un soleil rayonnant d'or, mouvant du chef de l'écu.

François-Xavier Fabre, né à Montpellier le 1er avril 1766, peintre
d'un mérite distingué, a doté sa ville natale d'un Musée qui porte
son nom, d'une Bibliothèque et d'une École des beaux-arts. Pour
récompenser tant d'actes de patriotisme le roi Charles X nomma
Fabre off. de la Lég. d'honn., et baron par lett. pat. du 15 sept. 1828.
(MICHAUD, *Biogr. univ.*, LXIII, 489.) Mort sans enfants à Montpellier le 16 mars 1837.

842. GRASSET.

D'azur à une colombe d'argent tenant en son bec un rameau d'olivier
de même, au chef cousu de gueule chargé de trois étoiles d'or. (*Armor.*
1696.)

La famille de Grasset, connue à Montpellier depuis la fin du XVIe siècle,
a tenu jusqu'en 1789 un rang considérable dans la province, et donné à
nos cours souveraines des conseillers, des présidents et des procureurs
généraux d'un mérite fort distingué. (D'AIGREFEUILLE, *Hist. de Montpellier.*) Deux membres de cette famille ont pris part à l'assemblée de
la noblesse de Montpellier en 1789.

Le premier auteur connu de cette famille est Jean de Grasset, syndic général des états de
Languedoc en 1599 et 1612, qui épousa vers 1568 Pierrette de Ratte, sœur de Guitard de
Ratte, évêque de Montpellier. (GARIEL, *Series præsulum*, p. 622, — ALBISSON, *Lois de
Languedoc*, I, 465 ; IV, 116.) De ce mariage, deux fils : 1° Charles, président à la cour des aides
et des comptes de Montpellier ; 2° Jean, procureur général à la même cour, marié le 3 février
1594 à Jeanne de Raffelin, de Pézénas. (*Contrat reçu par Ant. Comte, not. à Montpellier.*)

Gabriel de Grasset, fils de Jean, ép. le 5 avril 1626 Constance de Rouch d'Arnoye. (*Contrat reçu par Bousquet, not. à Narbonne.*) Jean de Grasset et Gabriel son fils furent inhumés dans l'ancienne église collégiale et paroissiale de la ville de Pézénas, où leur tombeau, possédé aujourd'hui par la famille de Grasset, à Pézénas, se voyait encore en 1733 avec les armes données en tête de cette notice, suivant un acte de notoriété reproduit dans nos *Pièces justificatives.*

Gabriel de Grasset, conseiller à la cour des comptes, aides et finances de Montpellier, et Jean de Grasset, capitaine au régt de Navarre, demeurant à Pézénas, firent enregistrer ces mêmes armes dans l'*Armorial* de 1696.

Les correspondances de famille, qui remontent à la seconde période du dernier siècle et qui ont passé sous nos yeux, indiquent des relations de parenté entre les branches de Montpellier et de Pézénas sans donner leur jonction.

La branche de Pézénas établit sa filiation authentique depuis

I. Raimond de Grasset fut père de : 1. Jean qui suit ; 2. Raimond, docteur en Sorbonne, prieur de Sigean, doyen du chap. de Pézénas.

II. Jean de Grasset, mousquetaire dans la première compagnie en déc. 1685, capit. au régt de Navarre le 28 mai 1689, puis conseiller du roi et maire perpétuel de Pézénas, fit enregistrer ses armes dans l'*Armorial* de 1696 ; il ép. Élisabeth de Venel, dont il eut :

III. Jean-François de Grasset, conseiller du roi, capit. châtelain de la ville et comté de Pézénas, prit part à l'assemblée de l'assiette du dioc. d'Agde le 23 mai 1785 ; il ép. Jeanne Milhau, dont il eut :

IV. Jean-Pierre de Grasset, membre et président du conseil général de l'Hérault depuis sa création ; démissionnaire en 1830 par refus de serment ; ép. N... de Bonnet de Maureilhan, dont il eut :

V. Jean-Eugène de Grasset, ancien député de l'Hérault, ancien membre du conseil général, ép. Pulchérie de Ginestous, dont : 1. Jean-Marie-Henri qui suit ; 2. Jean-Marie-Charles ; 3. Marie-Gabrielle, mariée le 10 sept. 1838 à Amédée de Ginestous.

VI. Jean-Marie-Henri de Grasset, ép. Félicie de Sahuguet d'Amarzit d'Espagnac, dont : 1. Henriette ; 2. Jean ; 3. Marie.

843. GUIGNARD DE SAINT-PRIEST.

Écartelé au 1 et 4 d'argent à trois merlettes de sable, qui est de Guignard ; au 2 et 3 d'azur au chevron d'argent accompagné en chef de deux tours d'or, qui est de Saint-Priest. (G. DE LA OUR, *Armor. des états de Lang.*, 1767.) La branche ducale d'Almazan ajoute sur le tout : D'argent au chêne de sinople et une bordure de gueule chargée de sept feuilles d'or. (*Concession du roi Ferdinand VII du 24 janv. 1831.*) DEVISES : *Fort et ferme*, qui est adoptée par les comtes de Saint-Priest ; *Esse quam videri*, par la branche d'Almazan.

La maison de Guignard de Saint-Priest a donné à la province de Languedoc deux intendants, 1751-1784 ; elle s'est en quelque sorte naturalisée dans la province par les bienfaits d'une administration progressive et paternelle, qui inspirèrent aux états la pensée de tenir sur les fonts de baptême le fils de leur intendant, et d'ajouter à ses noms celui de *Languedoc* comme un témoignage de vénération pour le nom de Saint-Priest.

La terre de Saint-Priest, située entre Lyon et Vienne en Dauphiné, fut érigée en vicomté par lettres patentes de Louis XIV du mois de nov. 1646, registrées au parlement de Grenoble et à la chambre des comptes les 23 et 24 mai 1647 en faveur de Jacques de Guignard, président en la cour des aides de Vienne, et plus tard au parlement de Metz. (CHORIER, III, 29. — *Archive de Grenoble.*)

Cette maison a donné des militaires, des ambassadeurs et des magistrats distingués, et parmi eux un ministre de la maison du roi sous Louis XVI, le comte de Saint-Priest, pair de France sous la Restauration. Son fils, Louis-Marie-Emmanuel, a été créé grand d'Espagne de la première classe et duc d'Almazan par diplôme du roi Ferdinand VII, du 30 sept. 1830.

Les preuves pour l'ordre de Malte faites en 1752 par François-Emmanuel de Guignard de Saint-Priest établissent une filiation authentique et suivie depuis

I. Jean de Guignard, Sgr d'Arbonne et d'Oncy, en Gâtinais, dénombra en 1543 ; il ép. 1° Michelle de Bethemont ; 2° Françoise de Meun, dame de Saint-Martin. Il eut de son premier mariage : Pierre, Sgr d'Arbonne, qui a continué la branche aînée éteinte en 1680 ; et du second :

II. Jean de Guignard, Sgr de Saint-Martin en Bierre, près de Melun, puis de Bellegarde-sur-Saône, vint s'établir à Lyon, où il ép. le 14 juill. 1602 Suzanne du-Pin. Il fut conseiller du roi, commissaire et contrôleur général de la répartition des tailles et capitation du Lyonnais en 1620, échevin de la ville de Lyon en 1621. De son mariage il avait eu : 1. Jacques qui suit ; 2. Philippe, qui eut une grande réputation dans les armes sous le nom de Laleu ; fut maréchal de camp, gouverneur de Turin, puis de Courtray ; 3. Denis, prieur d'Ennemont en Bugey, conseiller, aumônier et prédicateur du roi ; 4. Marie, alliée à Pierre Loubat, chevalier, conseiller du roi, trésorier général de France en Dauphiné, prévôt des marchands de Lyon.

III. Jacques de Guignard, chevalier, vicomte de Saint-Priest par lett. pat. de nov. 1646, Sgr de Bellevue-sur-Saône, conseiller du roi, trésorier général de France en Dauphiné 1634, président à la cour des aides et finances 1643, conseiller d'État 1647, prévôt des marchands de la ville de Lyon 1654-1657, président à mortier en la souveraine cour de Bourg en Bresse 1659, puis au parlement de Metz 1661. Il avait ép. le 17 juin 1641 à Lyon Françoise de Maridat, et il en eut six enfants, entre autres

IV. Pierre-Emmanuel de Guignard, chevalier, vicomte de Saint-Priest, Sgr de Coleymieu, etc., conseiller au parlement du Dauphiné, ép. à Grenoble le 21 fév. 1678 Jeanne-Angélique de Rabot de Veyssilieu, dont il eut : 1. Denis-Emmanuel qui suit ; 2. François ; 3. Pierre-Emmanuel ; 4. Françoise, mariée à Nicolas de Briançon, conseiller au parlement de Grenoble.

V. Denis-Emmanuel de Guignard, chevalier, vicomte de Saint-Priest, marquis de Péraut, conseiller à la cour des aides, puis président à mortier au parlement de Grenoble 1715; avait ép. : 1° le 6 janv. 1703 Catherine de Lescot de Chasselay; 2 le 1er nov. 1719 Jeanne-Marie de Fay-Péraut, fille et héritière du marquis de Péraut; il eut de son premier mariage : 1. Jean-Emmanuel qui suit; 2. Marie-Jeanne-Angélique, mariée à Pierre-Emmanuel de Guignard, baron de Jons, son oncle à la mod de Bretagne.

VI. Jean-Emmanuel de Guignard, chevalier, vicomte de Saint-Priest, conseiller au parlement de Grenoble 1732, maître des requêtes, président au grand conseil 1747, commissaire du roi à la compagnie des Indes 1749, intendant de Languedoc 1751-1784, conseiller d'État 1764; il avait ép. le 11 mai 1731 Sophie de Barral de Monferrat, dont il eut : 1. Marie-Joseph qui suit; 2. François-Emmanuel, qui a fait la Br. B.; 3. Charles-Antoine-Emmanuel-Languedoc, tenu sur les fonts de baptême par les états de Languedoc, commandeur de Malte, chev. de Saint-Louis, off. sup. de dragons, émigré, chambellan de l'empereur d'Autriche; 4. Jeanne-Marie-Émilie, mariée en 1755 à Thomas-Marie de Bocaud, président en la cour des comptes de Montpellier; 5. Marie-Jeanne-Sophie, mariée à Jules-Alexandre de Launay, comte d'Entraigues; 6. Mathurine-Julie, mariée au marquis Ange de Dax d'Axat; 7. Marie-Xavier, mariée au marquis François-Hippolyte du Vivier, en Dauphiné.

VII. Marie-Joseph-Emmanuel de Guignard, vicomte de Saint-Priest, comte de Ferrières, conseiller à la cour des comptes du Dauphiné, maître des requêtes en 1757, associé à son père depuis 1764 dans l'intendance de Languedoc, premier écuyer tranchant du roi, porte-cornette blanche de la couronne; il avait ép. Marie-Julie de Manissy, comtesse de Ferrières, héritière de l'une des plus anciennes maisons du Dauphiné, dont il eut : 1. Marie-Sophie-Christine-Émilie-Xavier, mariée au marquis Gabriel-Jean-Guillaume de Paschal de Saint-Juéry, capit. de cavalerie; 2. Marie-Joséphine-Louise-Xavier-Émilie, comtesse de Manissy, chanoinesse; 3. Marie-Pauline-Chantal, mariée au comte Aymard de Saint-Ferréol; 4. Marie-Thérèse-Antoinette-Charlotte, mariée au baron de Masclary.

Br. B. VII. François-Emmanuel de Guignard, connu d'abord sous le titre de chevalier de Saint-Priest, et plus tard sous celui de comte de Saint-Priest, chev. de Malte de minorité 1739 par bref du pape Clément XII du 20 février 1739; ses preuves furent faites en 1751-1752; il servit dans la maison du roi; colonel de cavalerie en 1761 ambassadeur à Lisbonne 1763, en Turquie 1768, où il ép. en octobre 1774 Constance-Guillelmine de Ludolph, fille du comte de Ludolph, envoyé extraordinaire de la cour de Naples près la Porte Ottomane; maréchal de camp 1780, ambassadeur à la Haye.1787, ministre d'État 1788, et de la maison du roi 1789-1791, lieutenant général 1791, ambassadeur nommé en Suède 1791, chargé de missions importantes par Louis XVIII en émigration, pair de France 1815, décoré des ordres militaires de Saint-Louis, de Saint-Alexandre et Saint-André de Russie. Il eut de son mariage : 1. Guillaume-Emmanuel, servit dans l'armée de Condé, mort général-major au service de la Russie 1814 ; 2. Armand-Emmanuel-Charles qui suit ; 3. Louis-Emmanuel-Marie qui a fait la branche ducale d'Almazan, rapportée ci-après; 4. Marie-Caroline, mariée au marquis Claude-Louis de Castillon-Saint-Victor; 5. Anastasie-Émilie, mariée au marquis Ange-Bonaventure de Dax|d'Axat; 6.'Pulchérie-Cécile, mariée au marquis Jacques-Alexis de Calvière, pair de France.

VIII. Armand-Emmanuel-Charles de Guignard, comte de Saint-Priest, entra au service de Russie, gentilhomme de la chambre, gouverneur d'Odessa et de Podolie, grand-croix de l'ordre de Sainte-Anne, conseiller d'État de Russie, grand-croix de Saint-Janvier de Naples; pair de France après son père 1821 ; avait ép. à Pétersbourg en 1804 la princesse Sophie Galitzin, dont il eut : 1. Alexis qui suit; 2. Emmanuel, mort sans être marié; 3. Olga, mariée en 1827 au prince Basile Dolgorouki, général-major et aide de camp de l'empereur de Russie.

IX. Alexis de Guignard, comte de Saint-Priest, gentilhomme de la chambre de Charles X, anc. ambassadeur au Brésil, en Portugal, en Danemark, à Naples, commandeur de la Lég. d'honn., grand-croix d'Isabelle la Catholique, etc., pair de France 1841 membre de l'Académie française 1849, mort à Moscou en 1851 avait ép. le 7 mai 1827 Antoinette-Marie-Henriette de la Guiche, dont il eut : 1.'Georges-Charles-Alexandre qui suit; 2. Armandine-Marie-Sophie, mariée en juin 1845 à Gaspard, comte de Clermont-Tonnerre, veuve le 11 juin 1849 ; 3. Élisabeth-Marie-Casimire, mariée à Bernard, comte d'Harcourt, ancien ministre plénipotentiaire.

X. Georges-Charles-Alexandre de Guignard, comte de Saint-Priest, né le 9 déc. 1835.

BRANCHE DUCALE D'ALMAZAN.

VIII. Louis-Emmanuel-Marie de Guignard, vicomte de Saint-Priest, filleul de Louis XVI et de la reine Marie-Antoinette, duc d'Almazan, grand d'Espagne de première classe du 30 sept. 1830, lieutenant général 1823, ambassadeur à Madrid 1827, grand-croix des ordres de Charles III et de Saint-Ferdinand d'Espagne, commandeur des ordres de Saint-Louis et de la Lég. d'honn. ; anc. représentant du départ. de l'Hérault à l'assemblée législative 1849 ; il avait ép. le 30 octobre 1817 Auguste-Charlotte-Louise de Riquet de Caraman, dont : 1. François-Marie-Joseph, héritier du titre de duc d'Almazan et de la grandesse d'Espagne, marié le 27 mai 1841 à Louise de Saint-Albin; 2. Charles-Marie-Ferdinand, marié le 30 juill. 1859 à Marguerite-Louise-Éléonore de Lavergne de Cerval; 3. Marie-Amanda, mariée à Édouard de la Salle.

844. LEMOINE DE MARGON.

D'or à trois pals de gueule, au chef d'azur chargé de trois étoiles d'argent.

La terre de Margon, qui a été possédée successivement par les familles d'Autignac, barons de Margon, de 1270 à 1514, de Plantavit et Lemoine, était située au D. de Béziers. Cette terre avait la haute et basse seigneurie, le mère et mixte empire, qui caractérisaient les anciennes baronies. René Lemoine est qualifié Sgr de Margon dans son testament du 10 oct. 1719, reçu à Montpellier par Antoine Bellonet, notaire royal.

Joseph-Michel Lemoine, son fils, rendit hommage pour la Sgrie de Margon devant la cour des comptes, aides et finances de Montpellier en 1776, et prit part à l'assemblée de la noblesse tenue à Béziers en 1788. Ses descendants possèdent encore le château et la terre de Margon. Les titres de cette famille furent brûlés en 1793 par ordre de la municipalité de Margon, ainsi que le constate le procès-verbal des délibérations qui sera donné aux *Pièces justificatives*. Les actes authentiques conservés par cette famille en remontent la filiation à

I. René Lemoine, Sgr de Margon, ép. en 1698 Élisabeth de Surirey de Saint-Remy, fille de N... de Surirey, Sgr de Saint-Remy, lieutenant du grand maître de l'artillerie (le duc du Maine) gouverneur de l'arsenal de Paris, et de N... Hénault, sœur du président; il eut de son mariage : 1. Joseph-Michel qui suit; 2. René, mort sans alliance à Margon en 1743; 3. Paul-Camille, capit. au régt de Vivarais, mort sans alliance; 4. Auguste, Sgr de Montblanc, off. au régt de Vivarais, ép. Marie-Anne Malafosse, dont : Auguste, mort de ses blessures à Oberndorf, anc. off. aux grenadiers royaux de Languedoc.

II. Joseph-Michel Lemoine de Margon, Sgr de Margon, dont il fit hommage au roi le 29 oct. 1776, conseiller auditeur en la cour des comptes de Montpellier; ép. à Béziers Anne-Françoise-Maurice de Lavit, dont il eut : 1. Louis-Michel-René qui suit ; 2. Anne-Thérèse-Josèphe ; 3. Gabrielle-Françoise-Sophie ; 4. Joseph-Camille, mort sans alliance ; 5. autre Joseph-Camille, qui a fait la campagne de 1807 comme gendarme d'ordonnance, puis lieut. au 8ᵉ régt de chasseurs à cheval en 1815 ; off. au régt royal des chasseurs d'Angoulême en 1816, ép. Constance de Bedos de Celles.

III. Louis-Michel-René Lemoine de Margon, appelé le baron de Margon, ancien off. d'état-major, commissaire du roi en 1814, chef du troisième bataillon des chasseurs d'Angoulême, chev. de la Lég. d'honn.; ép. Hélène-Françoise de Vinas, dont il eut : 1. Joseph-René-Camille qui suit; 2. Michel-Jules-Gaston-Marie, né en 1802, abbé de Margon ; 3. Jean-Marie-Hippolyte-Auguste, né en 1807, non marié; 4. Joséphine-Lucrèce-Pulchérie, mariée en 1826 à Ferdinand de Bonnavent de Beaumevielle, anc. garde du corps du roi.

IV. Joseph-René-Camille Lemoine de Margon, lieutenant de vaisseau en retraite, chev. de la Lég. d'honn., a pris part au combat de Navarin et à l'expédition d'Alger; il ép. en 1841 Augusta Le Coat de Kervéguen, fille du contre-amiral de ce nom, dont il a sept enfants. — Résidence, château de Margon (Hérault).

845. MADIER DE MONTJAU.

N... Madier de Montjau a été anobli par ordonnance royale du 6 sept. 1814, qui conférait la noblesse à divers députés aux états généraux de 1789. (*Bulletin des lois*, 1814, n° 307.)

846. MAURIN DE BRIGNAC.

D'azur au lion d'or armé et lampassé de même, à la bande de gueule chargée de trois croisettes d'or brochant sur le tout.

Ces armes ont été enregistrées en 1697 et 1700, à la requête de Louis François Maurin, conseiller du roi, auditeur à la cour des comptes de Paris, et d'Étienne Maurin, conseiller du roi, auditeur en la même cour, dont la jonction avec les Maurin de Brignac, en Languedoc, fut faite par l'arrêt de la cour des aides de Montpellier du 21 juillet 1770. (*Expéd. délivrée le 10 mars 1860 par Me Péridier, notaire à Montpellier*.) Brignac, ancienne Sgrie de la maison de Larcare, faisait partie du fief de Conas, situé dans la commune de Pézénas. L'arrêt précité établit la filiation authentique de cette famille depuis

I. **Nicolas de Maurin**, lieut. en la justice de Nézignan-l'Évêque, ép. Jeanne Dalmas, et il en eut : 1. Pierre qui suit ; 2. Guillaume, capit. au régt de Provence, ép. Yolande de Guide, et n'eut qu'une fille morte sans postérité ; 3. Étienne, conseiller auditeur à la chambre des comptes de Paris, ép. le 16 fév. 1659 Louise Dalmas, sa cousine, dont : *a*. Louis-François, sieur du Coudray, auditeur à la chambre des comptes de Paris le 13 février 1682 ; *b*. Étienne, chev. de Saint-Lazare et de Notre-Dame du Mont-Carmel. Louis-Nicolas-Guillaume, fils de Louis-François, conseiller à la cour des aides de Paris le 16 sept. 1712, eut trois filles, dont l'aînée fut mariée à N... de Montholon, premier président au parlement de Metz.

II. **Pierre de Maurin**, écuyer, lieutenant en la justice de Nézignan-l'Évêque, ép. Magdeleine d'Hondrat, dont il eut : 1. Nicolas qui suit ; 2. Jean, archiprêtre et prieur du Pouget.

III. **Nicolas de Maurin**, sieur de Brignac, écuyer, né en avril 1656, viguier et maire perpétuel de Nézignan, ép. en 1679 Marie d'Alphonse, dont il eut :

IV. **Nicolas de Maurin de Brignac**, écuyer, capit. d'infant., ép. Charlotte Bernard, dont il eut :

V. **Nicolas-Vincent-Ferrier de Maurin de Brignac**, écuyer, né en 1730, mousquetaire de la première compagnie de la garde du roi ; fut maintenu dans sa noblesse par arrêt de la cour des aides de Montpellier du 21 juillet 1770 ; il avait ép. le 20 juin 1757 Antoinette Gaussel, dont il eut : 1. Guillaume qui suit ; 2. Antoinette, mariée à N... de Nattes ; 3. Joséphine.

VI. **Guillaume-Nicolas de Maurin de Brignac**, écuyer, off. au régt de Bourgogne, ép. le 10 thermidor an IV Julie de Grave, dont il eut : 1. Ernest qui suit ; 2. Adelphe, lieut. d'inf., chev. de Saint-Ferdinand d'Espagne, marié à Anaïs Bauthéac; 3. Félix, capit. de frégate, chev. de la Lég. d'honn., ép. Henriette Amyot; 4. Clémentine, mariée le 26 juin 1826 à Auguste de Barral, marquis de Barral d'Arènes, lieut. d'inf., chev. de Saint-Ferdinand d'Espagne; 5. Charlotte, mariée à Cyprien de Plantavit de la Pause.

VII. Ernest de Maurin de Brignac, anc. capit. de dragons, ép. le 29 avril 1829 Olympie Caizergûes, fille de N... Caizergues, anc. député de l'Hérault, et anc. conseiller à la cour royale de Montpellier, dont plusieurs enfants. — Résid. Montpellier (Hérault).

847. MEL.

Écartelé au 1 et 4 d'or à trois burelles de sinople; au 2 et 3 d'argent à la croix d'azur.

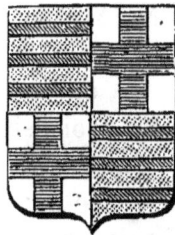

Louis-François Mel, né à Saint-Domingue en 1747, s'établit vers 1760 à Pézénas; conseiller du roi, secrétaire et greffier du roi aux états généraux de Languedoc, par lett. pat. du roi Louis XVI, données à Versailles le 11 nov. 1781, enreg. à Montpellier le 28 nov. 1781 au reg. des greffes du roi; il fut reçu en ladite charge par les états tenus le 2 déc. 1781. (*Arch. de l'hôtel de ville de Montpellier.*)

848. POLIGNAC.

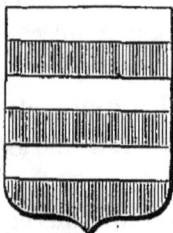

Fascé d'argent et de gueule. DEVISE : *Sacer custos pacis.*

La première maison de Polignac voulait remonter sa filiation jusqu'aux anciens Apollinaires ou Sgrs de Polignac en Velay, préfets du prétoire des Gaules au troisième siècle de l'ère chrétienne, qui ont donné plusieurs évêques au pays d'Auvergne et de Velay, et le grand historien Sidoine-Apollinaire. Cette maison, connue par titres depuis 870, s'éteignit en 1355 dans la maison de Chalancon, par le mariage de Walpurge de Polignac avec Guillaume, baron de Chalancon, dont le fils Pierre-Armand fut appelé à la vicomté de Polignac par le grand Armand et Randon-Armand, ses oncles maternels, morts sans enfants. (*Bibl. imp. Mss. Lang.*, IV, 107.)

La maison de Chalancon, *alias* Chalençon, originaire du Velay, était connue depuis 1095, et par filiation suivie depuis 1205.

Les vicomtes de Polignac étaient grands feudataires de la couronne, et jouissaient en Velay de droits régaliens ; leur importance politique et territoriale les avait fait surnommer *rois des montagnes* par les historiens de la croisade contre les Albigeois. Leurs armes sont à la salle des Croisades. Héracle de Polignac, qui portait le grand étendard des Croisés, fut tué devant Antioche en 1098. Le vicomte de Polignac avait la seconde place fixe aux états généraux de Languedoc et y représentait la noblesse du Velay. Cette maison fut admise plusieurs fois aux honneurs de la cour. (P. ANSELME, IX, 169, 201, 300 ; — MORÉRI, VIII, 429 ; — LACH. DESB., XI, 388 ; — BOREL D'HAUTERIVE, 1843, 185 ; 1844, 345.) La maison de Polignac a le titre de *duc* en France par lett. pat. de 1780, et celui de *prince* en Bavière depuis 1838.

I. Guillaume, sire de Chalancon, ép. 1° en 1355 Walpurge de Polignac ; 2° le 27 août 1378 Catherine, dame de la Motte ; il eut de sa première femme : 1. Pierre qui suit ; et de la seconde : 2. Guillaume, évêque du Puy ; 3. Isabeau, mariée à Armand de la Roue.

II. Pierre-Armand, sire de Chalancon, vicomte de Polignac, ép. en 1378 Marguerite de Saligny, fille de Jean dit Lourdin, Sgr de Saligny et de Catherine de la Motte, dont il eut : 1. Louis *dit* Armand qui suit ; 2. Isabeau, mariée à Louis de Montlaur ; 3. Marguerite, mariée à Urbain, comte de la Chambre, vicomte de Maurienne, en Savoie.

III. Louis *dit* Armand de Polignac, vicomte de Polignac, sire de Chalancon, ép. Isabeau de la Tour-d'Auvergne, dont il eut : 1. Guillaume-Armand qui suit ; 2. Louis, marié à l'héritière de Rochebaron, en Auvergne.

IV. Guillaume-Armand de Polignac, vicomte de Polignac, Sgr des baronies de Chalancon, de Solignac et de Randon, ép. Amédée de Saluces, dame de Caramagne, en Piémont, dont il eut : 1. Claude-Armand, marié à Jacqueline de Chabannes, mort en 1509 sans postérité ; 2. Guillaume qui suit ; 3. Bertrand, évêque de Rodez ; 4. Jean, Sgr de Randan et de Beaumont, gouverneur de Livourne, marié à Jeanne de Chambes, dont une fille unique Anne, dame de Randan et de Beaumont, mariée 1° à Charles de Bueil, comte de Sancerre ; 2° à François, comte de la Rochefoucault, d'où sont descendus les comtes de Randan ; 5. Isabeau, mariée à Jacques de Tournon ; 6. autre Isabeau, mariée à Charles de la Fayette ; 7. Antoinette, mariée 1° à Claude de Montbel, comte d'Entremont ; 2° à Béraud Dauphin, Sgr de Combronde ; 3° à Hugues de la Palu ; 8. Catherine, mariée 1° à Jean de la Tour, Sgr de Montgascon ; 2° à Pierre d'Urfé, grand écuyer de France ; 9. Antoinette, mariée à Godefroy de la Tour, Sgr de Montgascon ; 10. Gabrielle, abbesse d'Avesne.

V. Guillaume de Polignac, vicomte de Polignac, maître des requêtes de l'hôtel du roi, ép. en 1510 Marguerite de Pompadour, dont il eut : 1. François-Armand qui suit ; 2. Françoise, mariée 1° à Jean de Grandmont ; 2° à Jean d'Albaron ; 3° à Jean de Poitiers, Sgr de Saint-Vallier ; 4° à Jean de la Baume-Montrevel, prévôt de Paris ; 5° à Jean, baron de Lagny ; 3. Catherine, mariée à François, Sgr de Langeac.

VI. François-Armand de Polignac, vicomte de Polignac, dit le Grand-Justicier, ép. 1° Anne de Beaufort ; 2° en 1534 Philiberte de Clermont ; il eut de sa première femme : 1. Claude-Armand, mort sans alliance ; et de la seconde : 2. Louis-Armand qui suit ; 3. Christophe, marié à Diane de Senneterre ; 4. Catherine, mariée à Aymar de Saint-Priest ; 5. Jeanne, mariée à Marc Ithier de Géoran.

VII. Louis-Armand de Polignac, vicomte de Polignac, baron de Chalancon, ép. Françoise de Montmorin, dont il eut : 1. Gaspard-Armand qui suit ; 2. Louise, mariée à François de Saint-Martial ; 3. François, Sgr d'Ozon, ép. Anne de Chazeron, dont Claude-Françoise, mariée à Henry de la Rochefoucauld.

VIII. Gaspard-Armand de Polignac, vicomte de Polignac, marquis de Chalancon, Sgr de Randon, capit. de cent hommes d'armes, gouverneur du Puy, chev. du Saint-Esprit 1633, ép. Claudine-Françoise de Tournon, dont il eut : 1. Louis-Armand qui suit ; 2. Melchior, Sgr de Beaumont, abbé de Montebourg ; 3. Philiberte, mariée à Christophe-Melchior de Beaufremont, comte de Crusilles ; 4. Isabeau, mariée 1° à Gaspard d'Espinchal ; 2° à Jean de Pesteils de Levis, comte de Caylus.

IX. Louis-Armand de Polignac, vicomte de Polignac, marquis de Chalancon, baron de Chateauneuf, etc., gouv. du Puy, chev. du Saint-Esprit 1662, ép. 1° le 14 fév. 1638 Suzanne des Serpents ; 2° le 17 fév. 1648 Isabelle-Esprite de la Baume-Montrevel ; 3° Jacqueline de Beauvoir de Grimoard du Roure, dont il eut : 1. Scipion-Sidoine-Apollinaire qui suit ; 2. Melchior, cardinal de Polignac, commandeur de l'ordre du Saint-Esprit, membre de l'Académie française, archevêque d'Auch, ambassadeur extraordinaire à Rome, grand maître de l'ordre du Saint-Esprit de Montpellier.

X. Scipion-Sidoine-Appollinaire-Gaspard de Polignac, marquis de Polignac, gouverneur du Puy, lieutenant général des armées du roi, ép. 1° le 24 avril 1686 Marie-Armande de Rambures ; 2° en juill. 1709 Françoise de Mailly ; du premier mariage : 1. Louis-Armand, mort jeune ; et du second : 2. Melchior-Armand qui suit ; 3. François-Camille, anc. lieut. de gendarmes, ép. le 9 déc. 1742 Marie-Louise de la Garde ; 4. Louis-Denis-Auguste, chev. de Malte, prieur de Nantua, colonel du régt. de Brie, mort brigadier en 1759.

XI. Melchior-Armand de Polignac, marquis de Polignac, colonel du régiment Dauphin-cavalerie, chev. des ordres du roi 1777, premier écuyer de S. A. R. le comte d'Artois, ép. le 16 déc. 1738 Diane-Adélaïde-Zéphyrine Mancini-Mazarini, dont il eut : 1. Jules-François-Armand qui suit ; 2. Philippe-Jules-François, émigré en Russie ; 3. Diane-Françoise-Zéphyrine ; 4. Diane-Louise-Augustine ; il eut d'un second mariage : 5. Louis-Armand, écuyer cavalcadour du roi Charles X ; 6. Héraclius-Auguste-Gabriel qui a fait la Br. C.

XII. Jules-François-Armand de Polignac, connu sous le nom du comte Jules de Polignac, puis duc de Polignac par lettres patentes du roi Louis XVI en 1780, baron de Fenestrange, maréchal de camp 1788, avait ép. le 7 juill. 1767 Gabrielle-Yolande de Polastron, gouvernante des enfants de France. Il fut créé pair de France en 1814 et mourut en Russie le 24 sept. 1817 ; il avait eu de son mariage : 1. Armand, maréchal de camp 1814, premier écuyer de Charles X, anc. député, pair de France 1817, off. de la Lég. d'honn., chev. du Saint-Esprit, ép. le 6 sep. 1790 Lina, baronne de Newkirchen de Nivenheim ; 2. Jules qui suit ; 3. Melchior, qui a fait la Br. B. ; 4. Louise-Gabrielle-Aglaé, mariée le 11 juill. 1780 au duc de Guiche, pair de France, lieutenant général.

XIII. Jules de Polignac, prince de Polignac, ministre de Charles X, maréchal de camp, pair de France 1815, prince du Saint-Empire romain, autorisé par ordonnance royale du 30 juill. 1822, ambassadeur de France à Londres 1823, chev. des ordres du roi, etc., prince en Bavière, avec transmission à tous ses descendants le 17 août 1838 ; il ép. 1° le 6 juill. 1816 Barbara Campbell, dont il eut : 1. Jules-Armand-Jean-Melchior qui suit ; 2. et une fille ; 2° en 1824 Marie-Charlotte Parkins, veuve du marquis de Choiseul-Beaupré, dont il eut : 3. Alphonse-Armand-Charles-Marie, né le 27 mars 1826, anc. élève de Sainte-Barbe et de l'École polytechnique, marié au mois de mai 1860 à N... Mirès ; 4. Ludovic, capit. d'état-major; 5. Camille, né en 1832, off. de chasseurs; 6. Édouard, né en 1834.

XIV. Jules-Armand-Jean-Melchior, duc de Polignac, prince de Polignac, capit. au service de Bavière, ép. le 14 juin 1842 Marie-Louise-Amélie de Crillon, fille du marquis de Crillon, pair de France, dont : 1. Armand-Héraclius-Marie, né en 1843; 2. Louis, né en 1846; 3. Yolande, née en 1845.

Br. B. XIII. Melchior de Polignac, comte de Polignac, maréchal

de camp, anc. gouv. du château de Fontainebleau, ép. le 1ᵉʳ oct.
1810 Charlotte-Calixte-Alphonsine, des comtes de Levassor de la
Touche, dont il eut : 1. Jules qui suit; 2. Armand-Calixte-Agénor,
anc. lieut. au service d'Autriche; 3. Henri-Marie-Armand, marié
le 14 juin 1846 à Louise de Wolframm, dont : Georges-Melchior-
Louis; 4. Charles-Marie-Thomas-Étienne-Georges, marié le 27 mars
1851 à Caroline-Joséphine de Morando, dont : Melchior-Jules-Ma-
rie-Guy; 5. Gabrielle-Émilie-Geneviève-Georgine, née en 1822.

XIV. Jules-Antoine-Calixte-Melchior, marquis de Polignac, anc.
capit. au service d'Autriche, ép. le 14 juin 1847 Clotilde-Éléonore-
Joséphine-Marie de Choiseul-Praslin, dont : 1. Marie-Camille, née
en 1848; 2. Isabelle-Césarine-Calixte, née en 1851.

Br. C. XII. Héraclius-Auguste-Gabriel de Polignac, comte de Polignac, général de brigade, ép. au Mans Betsy Petit, dont : 1. Jules-
Alexandre-Constantin, capit. au 4ᵉ régt des chasseurs d'Afrique;
2. Alexandre-Louis-Charles, capit. au 1ᵉʳ chasseurs; 3. Louise, mariée à Albert des Francs, ancien chef d'escadron de hussards.

849. RAMPON.

De gueule à trois pyramides d'or en pointe, à la redoute d'argent surmontée d'une M d'or
en chef. (SIMON, *Armorial de l'Empire*, II, 16.)

N... Rampon, lieutenant général, sénateur et pair de France,
comte de l'Empire, né à Saint-Fortunat (Ardèche) en 1759, ép.
N... Riffard de Saint-Martin, dont il eut un fils et une fille.

850. RASCAS DE CHATEAU-REDON.

Joseph-Paul-Hyacinthe-Raimond, baron de Rascas, colonel de la lég. du Finistère, chev. de Saint-Louis, off. de la Lég. d'honn., né à Béziers (Hérault) le 22 mars 1776, a obtenu par ordonn. royale du 21 octobre 1818 l'autorisation d'ajouter à son nom celui de *Chateau-Redon. (Bulletin des lois*, 1818, 570.) Il avait ép. le 12 mai 1818 Marie de Chabot, dont le contrat de mariage fut signé par le Roi et les princes de la famille royale. Un arrêt de la cour impériale de Rennes, en date du 12 janvier 1859, a autorisé le baron de Rascas-Chateau-Redon à adopter son neveu Joseph-Philippe-Augustin de Rascas, anc. off. d'état-major.

851. RICARD.

Isidore et Maurice Ricard, de Nimes, fils de N... Ricard, député aux états généraux de [1789, furent anoblis par ordonnance royale du 6 sept. 1814. (*Bulletin des lois*, 1814, n° 307.)

852. RIVIÈRE.

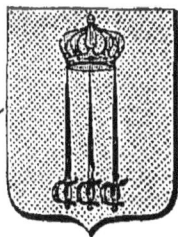

D'or à trois épées de gueule en pal, les pointes en haut soutenant une couronne fermée de même. DEVISE : *Deo, Regi, mihi*, composée par Louis XVIII, à Hartwel, pour le chevalier depuis baron de Rivière.

La famille de Rivière, fixée dans le Vivarais, et de nos jours dans le bas Languedoc, paraît être originaire du comté de Bigorre, où une branche, celle des vicomtes de Rivière, est encore représentée, et porte les mêmes armes.

Un certificat signé par Jacques Latour, maire de la commune de Saint-Cirgues, et Jean Estienne Gleizal, procureur de la commune de Jaujac, ancien représentant du peuple, déclare que « les terriers, parchemins et titres concernant les « droits ci-devant seigneuriaux furent remis à la municipalité de Saint-Cirgues par le citoyen « Jean-Pierre Rivière, pour être brûlés conformément à la loi. » Ce certificat, délivré le 8 frimaire de l'an II de la république, fut visé en 1824 par MM. Plauchut, maire de Saint-Cirgues, et G. de Clamouse, maire de Jaujac. Les actes authentiques conservés par la famille permettent d'établir une filiation suivie depuis Jean-Pierre de Rivière, chevalier, Sgr du Rane, de Veyrières, etc., qui fut père du chevalier de Rivière, maréchal de camp, honoré de lettres patentes de *baron* par Louis XVIII, le 2 avril 1822, reversibles sur la tête de son neveu, Louis de Rivière, enregistrées au conseil du Sceau, registre T, 2, fol. 86, lues et enregistrées en la cour royale de Paris le 22 avril 1822.

I. Jean-Pierre de Rivière, chevalier, Sgr de Veyrières, du Rane

en Vivarais, ép. vers 1745 Marie-Thérèse de Laval, dont il eut :
1. Jean-Pierre qui suit; 2. Jacques-Philippe, auteur d'une branche
représentée aujourd'hui par Ulfrein de Rivière, sous-off. au 56ᵉ régt
de ligne ; 3. et Claude-Léonard, né en 1748, off. dans les gardes
du corps, comp. de Grammont 1789, chargé pendant l'émigration
de plusieurs missions importantes par le roi Louis XVIII, écuyer cavalcadour du roi, chevalier de Saint-Louis 1796, maréchal de camp
1816; commandeur de Saint-Louis 1825, baron par lett. pat. du
2 avril 1822; mort à Paris en déc. 1828. —Charles X voulut prendre
à sa charge les frais des funérailles de ce vieil et fidèle ami de sa
famille.

II. Jean-Pierre de Rivière, ép. le 14 avril 1777 Jeanne de Sénilhac,
dont il eut plusieurs enfants, entre autres :

III. Louis de Rivière, baron de Rivière depuis la mort de son
oncle, titre reversible en vertu des lett. pat. de 1822, gentilhomme
honoraire de la chambre du roi Charles X le 12 avril 1829, ancien
maire de Saint-Gilles (Gard) de 1823 à 1830, démissionnaire par refus
de serment; économiste dévoué aux intérêts de l'agriculture, correspondant, pour le Gard, depuis 1825, de la Société centrale d'agriculture de France ; ép. en 1818 Athénie Coppin de Miribel (du Dauphiné), dont : Claude-Léon-Antoine-Alexandre, marié le 9 mai 1848
à Gabrielle de Forton, dont : 1. Henri-Dieudonné-Marie, né le 3 mai
1851, filleul de M. le comte et de madame la comtesse de Chambord, mort jeune ; 2. Jeanne-Marie, née le 3 sept. 1852; 3. Louis,
né le 18 mai 1854; 4. Élisabeth, née le 15 mai 1855; 5. Paul, né le
13 avril 1857; 6. Thérèse, née le 13 avril 1859. — Résid. Saint-Gilles
(Gard).

853. SOLMES DE VÉRAC.

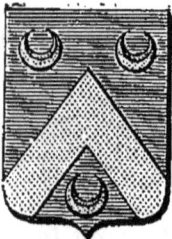

D'azur au chevron d'or accompagné de trois croissants de même, deux
en chef, un en pointe.

N... de Solmes du Chambon prit part à l'élection des députés de la noblesse du Vivarais aux états généraux de 1789.

Pierre et Jean de Solmes, gentilshommes du Velay, obtinrent du roi
Louis XIII et du roi Louis XIV des priviléges spéciaux par lettres du
26 déc. 1629 et du 30 juin 1646, qui sont rapportées dans nos *Pièces justificatives*. Cette famille établit sa filiation authentique depuis

1. Denis de Solmes, fils d'Étienne, ép. le 8 janv. 1558 Catherine
Dufour, dont il eut : 1. Jean qui suit; 2. Antoine, qui a fait la
Br. B.

ÍI. Jean de Solmes du Chambon, se fixa en Vivarais vers 1598, et y fit branche. Un de ses membres figure sur la liste des assemblées de la noblesse du Vivarais en 1789.

Br. B. II. Antoine de Solmes, ép. en 1587 Marguerite de la Franchière, dont il eut :

III. Jean de Solmes, ép. le 16 janv. 1628 Florie de Lagrevol, dont il eut :

IV. Antoine de Solmes, ép. le 26 juill. 1659 Marguerite-Gilberte de Chazotte, dont il eut :

V. Vital de Solmes, ép. le 27 nov. 1698 Marguerite de Véron, dont il eut :

VI. Joseph de Solmes, ép. le 12 juill. 1742 Marguerite Michaud, dont il eut :

VII. Jacques de Solmes de Vérac, ép. le 28 janv. 1769 Rose de Chambarlhac et il en eut :

VIII. Pierre-Guillaume de Solmes de Vérac, ép. le 25 juill. 1809 Gabrielle-Julie de Barbon du Cluzel, dont il eut :

IX. Marie-Florimond-Odilon de Solmes de Vérac, ép. le 23 fév. 1843 Louise-Amélie Pissis.

854. VÉROT.

D'azur à trois roues d'or, au chef d'argent chargé de trois étoiles de gueule.

Jean Veroti ou Vérot, originaire du Puy en Velay, s'établit dans la ville de Carpentras en 1509, et y exerça l'office de notaire et de greffier en chef de la cour suprême de la rectorerie, à une époque où le notariat ne dérogeait pas.

Jean Vérot avait un frère qui forma une branche dans la ville de Nîmes et y subsiste encore. Ses descendants ont été conseillers au présidial de Nîmes. (PITHON-CURT, III, 536.)

Henri de Vérot, écuyer, prit part à l'assemblée de la noblesse de Nîmes en 1789.

DOCUMENTS HISTORIQUES

ET

PIÈCES JUSTIFICATIVES.

DOCUMENTS HISTORIQUES

PIÈCES JUSTIFICATIVES.

———

I

Tableau chronologique des évéques de Maguelone et de Montpellier.

La ville de Maguelone, s'il faut en croire quelques historiens, existait même du temps de N. S. Jésus-Christ. Une tradition rapporte que Simon le Lépreux, chez lequel, à Béthanie, le Sauveur prit un repas six jours avant sa passion, a été le premier évèque de Maguelone. D'après cette tradition (1), Simon aurait abordé à nos rivages avec les premiers apôtres de la Provence, et aurait fondé l'Église de Maguelone. Les vestales qui étaient établies dans cette ville, irritées et furieuses de voir les habitants de cette ville abandonner les autels de leurs faux dieux par suite des prédications et des miracles de Simon, le précipitèrent dans l'étang des Volsques qui entourait Maguelone.

Cette tradition, si glorieuse pour l'église de Maguelone, se tait sur les successeurs immédiats de Simon le Lépreux. C'est seulement vers le milieu du Ve siècle que l'histoire parle pour la première fois des évêques de Maguelone, dont le siége épiscopal était alors suffragant de Narbonne.

Après que Charles Martel eut enlevé Maguelone aux Sarrasins, qui en avaient fait leur place de refuge, et l'eut ruinée de fond en comble en 737, les évêques se retirèrent à Substantion, ville fort peuplée du temps des Romains, et qui était située sur une colline voisine de la rivière du Lez, au delà de Castelnau. Ils y résidèrent pendant trois siècles ; mais, au milieu du XIe siècle, l'évêque Arnaud Ier releva Maguelone de ses ruines, l'entoura de fortifications, et y rétablit le siége épiscopal.

(1) Voir Gariel : *Series præsulum Magalonensium*, et M. l'abbé Faillon : *Monuments inédits sur les Apôtres de la Provence.*

Toutefois, l'insalubrité de l'air et les guerres fréquentes dont cette partie du Languedoc fut le théâtre, empêchèrent la ville de reprendre son ancienne importance : elle alla toujours en déclinant pendant tout le moyen âge, et au XVIᵉ siècle ce n'était plus qu'un bourg misérable et presque désert. Ces circonstances amenèrent la translation du siége épiscopal à Montpellier, en 1536. La bulle de Paul III, qui consacre ce déplacement, est datée du VI des calendes d'avril (27 mars) de la même année.

Supprimé par la constitution de 1790, et réuni en même temps au diocèse de Béziers, l'évêché de Montpellier fut rétabli par le concordat de 1802, comme suffragant de Toulouse. Il a passé en 1822 dans la province ecclésiastique d'Avignon, à laquelle il appartient aujourd'hui.

ÉVÊQUES DE MAGUELONE.

451.	Ætherius.	1256.	Guillaume Christophore.
550.	Vincent Iᵉʳ.	1262.	Bérenger de Frédol.
572.	Viator.	1296.	Gaucelin de la Garde.
589.	Boetius.	1304.	Pierre de Levis.
601.	Genesius.	1309.	Jean de Cominges (1).
672.	Guimilus.	1317.	Gaillard de Saumate.
683.	Vincent II.	1318.	André de Frédol.
788.	Jean Iᵉʳ.	1328.	Jean de Vissec.
804.	Stabellus.	1334.	Pictavin de Montesquiou.
812.	Ricuin Iᵉʳ.	1339.	Arnaud de Verdale.
818.	Argémire.	1352.	Le cardinal Audouin Aubert.
878.	Abbon.	1354.	Durand des Chapelles.
894.	Gontier.	1361.	Déodat.
937.	Wibal.	1366.	Gaucelin de Deaux.
979.	Ricuin II.	1373.	Pierre de Vernobs.
995.	Pierre Iᵉʳ.	1389.	Antoine de Louvier.
1048.	Arnaud Iᵉʳ.	1405.	Pierre Ademar.
1078.	Bertrand Iᵉʳ.	1421.	Louis Alleman.
1080.	Godefroi.	1424.	Guillaume le Roy.
1110.	Gautier.	1429.	Léger Saporis.
1129.	Raymond.	1431.	Bertrand II.
1190.	Guillaume Raymond.	1433.	Robert de Rouvres.
1197.	Guillaume de Fleix.	1450.	Maur de Valeville.
1203.	Guillaume d'Autignac.	1471.	Jean Bonail.
1216.	Bernard de Mezoa.	1488.	Isarn de Barrière.
1234.	Jean de Montlaur.	1497.	Guillaume Iᵉʳ Pélissier.
1247.	Raynier.	1527.	Guillaume II Pélissier.
1248.	Pierre de Conchis.		

(1) Jean de Cominges ayant été transféré à l'archevêché de Toulouse en 1317, son frère, Simon de Cominges, fut nommé évêque de Maguelone par le pape Jean XXII; mais il mourut avant qu'il fût sacré.

ÉVÊQUES DE MONTPELLIER DEPUIS 1536.

1573. Antoine Subjet.
1597. Guitard de Ratte.
1602. Jean Granier.
1608. Pierre de Fenouillet.
1657. François Bosquet (1).
1677. Charles de Pradel.
1696. Charles-Joachim Colbert de Croissy.
1738. Georges-Lazare Berger de Charency.

1748. François-Joseph Morel de Villeneuve de Mons.
1766. Raymond de Durfort.
1774. Joseph-François de Malide.
1802. Jean-Louis-Simon Rollet.
1806. Marie-Nicolas Fournier.
1835. Charles-Thomas Thibault.

(1) Renaud, cardinal d'Este, était évêque de Reggio lorsqu'il fut nommé évêque de Montpellier, après la mort de Pierre de Fenouillet. Il n'obtint jamais ses bulles d'institution. Pendant les deux ans et demi qui s'écoulèrent depuis sa nomination jusqu'à sa démission, le diocèse de Montpellier fut administré par Hercule de Maizières.

II

Catalogue des gentilshommes de Languedoc.

1675.

(Mss. déposé aux archives de la Préfecture du dépt de l'Hérault.)

DIOCÈSE DE MONTPELLIER.

Auseran (Jules de), Sgr del Fesc, demeurant à Aniane.

Beauxhostes (Jean de), Sgr d'Aigne Suzon; Jean-Jules, Antoine; cousins germains de Jean, à Narbonne; Jean, Sgr de Navitaux; Antoine, Henri, François: fils de feu Henri; et Jean-Antoine, Sgr de Sainte-Colombe.

Beauxhostes (Louis de), Sgr d'Agel et Pardaillan, frère de Jean-Antoine de Sainte-Colombe.

Bragelonne (Nicolas de), Sgr de Pignan et Gardies.

Boirargues (Charles Pélissier de), président et trésorier de France; Étienne; Henri; Charles; Pierre: ses enfants.

Bossuges (Philippe et Guillaume de), Sgrs de Pomessargues.

Bousquet (Étienne du), Sgr et baron de Montlaur; Jacques, Hercule, président et trésorier général de France.

Brignac (de), Sgr et baron de Montarnaud; François, Sgr de Beauregard.

Belcastel (Daniel de), Sgr de Mazel, à Mauguio.

Beauxhostes (Louis de), Sgr d'Agel et Pardaillan, conseiller au présidial de Valence.

Bucelly (Jean-François de Trémoulet de), marquis de Montpezat; Jean-Louis; Pierre, Sgr de Roubiac; Jean-Louis, Sgr de Lunel-Vieil, fils de Pierre; Gaspard, René et Henri.

Bornier (Pierre), Sgr de Teillan, vicomte d'Héran; Charles; René; Jean: frères.

Bertin (Fr. de), Sgr de la Plane, et Claude, Sgr de Peyrou, demeurant au mas d'Agrès, juridiction de la Boissière.

Barrière (Jean de), Sgr de Poussan, et Pierre-Antoine, Sgr de Fresquelin, père et fils.

Bonnail (Marie de), fille de François de Bonnail, femme de Pierre de Sarret; et François de Bonnail, Sgr de la Baume.

Bompart (Étienne de).

Chaume (Phélice de), Sgr de Poussan.

Castelviel (Louis de), de la maison de la Salle, paroisse de Cazillac.

Coursac de Pellet (de), Sgr de Gremian, et Guillaume, Sgr de Jalargues.

Clausel (Guillaume et Louis de), frères; et Jean, Sgr de la Lauze.

Cadoule (Charles-Marc-Antoine et François de), frères; François-Jean-Charles; Jean-François, fils de Marc-Antoine.

Combes Montagut (de), Sgr de Combas, chev. de Saint-Michel.

Cambous (Anne de), Sgr de Cazalis.

Clauzel (Jean, Louis et Guillaume de), frères.

Hébrard de Mirevaux (Guillaume d').

Despierres (Antoine, Abel, Jean et Charles), Sgrs des Ports, frères; Jean-Louis, Sgr de Bernis.

Disle (Gabriel de Galiot), Sgr de las Ribes.

Duranc (Marc-Antoine), Sgr de Vibrac; Jean, Sgr de Coussargues; Hercule Sgr de Ferrières; Jean, Sgr de Valgrand: ses frères; Charles de Vibrac, Sgr de Saint-Sériès; Louis, à Pézénas.

Dezandrieux (Antoine); Jacques; Étienne; Georges: ses frères.

Dampmartin (Pierre), Sgr de la Salade; Louis, son frère.

D'Hébrard (Guillaume), Sgr de Mirevaux.

David (Charles), Sgr du Villa.

Dampmartin (Jean), conseiller à la cour des comptes.

Broussonne (Fr. de), Sgr du Puget.

Farges (Jean de), Sgr et baron de Témelac.

Fontanon (Philippe de).

Fornas (André de), Sgr de la Brosse et de Terre-Neuve; François, son fils aîné, à Aigues-Mortes; André et Louis, ses autres enfants; Claude, André et Guillaume, à Narbonne.

Girard (Marie de Valat de l'Espignan, aïeule paternelle de Jean-Paul de), fils unique de Joseph, président trésorier de France, et de dame Marie de Mirmand; Jean-Paul, Jean-Paul-Barthélemy, Sgrs de Colondres, frères.

Griffy (François-Antoine de), Sgr de Saint-George et de Juvignac; Jacques, Jean-Gilibert, et Henri, enfants de François.

Girard (Claude, François, Sébastien de), frères, de la maison d'Agrès, juridiction de la Boissière.

Gouson (Claude de), Sgr de Montmaur, Boutonnet, Pradels et autres places; François de Gouson, Sgr de Pradels, son frère.

Guilleminet (Pierre de), secrétaire et greffier des états de la province.

Jougla (François), baron de Lauzières.

La Vergne (Jean et Louis de), Sgrs de Montbazen.

La Grave (Jean de Pujol, baron de).

La Roque (Sébastien de), Sgr de Faistis (Fraisses), habitant de la maison d'Agrès, terroir de la Boissière.

La Croix (de), Sgr de Candillargues.

Sueilles (Louis de), de la maison de la Croix.

La Roque (Jérôme de), du mas de Bonniol, paroisse de la Boissière; Jacques de la Roque, Sgr de la Souquette, diocèse de Montpellier.

La Roque (Antoine de), de la maison d'Agrès; Pierre de la Roque, Sgr de Tavexe? et Sébastien de la Roque, Sgr del Bousquet.

Madières (Paul de), de la maison d'Aubaigne; Barthélemy et Jean, frères.

Montlaur (François de), Sgr et baron de Murles; Charles, Gaspard, René, Philippe, Joseph: ses enfants.

Montaignac (Pierre et Louis de).

Montaigne (Estienne de), Sgr de Puech-Villa, à Béziers; Jean, son frère, conseiller du roi.

Massanes (Étienne de), maréchal de camp.

Manny (Antoine de), Sgr de la Tour.

Marthe de la Roche, veuve d'Antoine de Calvière; Claude, Charles, Claude-Louis: ses fils.

Mirman (Fr. de), baron de Florac; Jean-François, Sgr d'Adissan.

Martin (Fr.), Sgr de la Plane.

Pascal (Jacques), capit. au régt de Picardie, fils et petit-fils de conseiller, et général à la cour des comptes : Louis, Antoine ; ses frères.

Pujol (Guillaume de), conseiller et secrétaire du roi.

Perdier (François et Barthélemy), écuyers.

Pessemesses (Pierre de), conseiller du roi, audiencier, notaire et secrétaire en la chancellerie.

Rochemaure (Ch. de), Sgr de Saint-Laurens la Bruguière, la Devèze, etc.

Rosel (Fr. de), Sgr de la Clotte ; Louis, Charles, Henri : frères.

Roquefeuil (Henri de), marquis de la Roquette, baron de Brissac et de la Liquisse ; et Pierre, son frère.

Roquefeuil (Henri de), vicomte de Rouet ; Sgr et baron de Londres, Lauret, etc.; François, Pierre, Étienne, Joseph; fils de feu Blaise-Pierre, Sgr de Gabriac; Henri, Sgr de Cournonsec, frère de Blaise.

Robin (Étienne de), Sgr de Beaulieu ; Henri, chevalier, conseiller du roi.

Ranchin (François de); Daniel, Étienne, Charles : ses enfants.

Ratte (Marc-Antoine de), Sgr de Cambous; François, Pierre : frères.

Ricard (François de), Sgr de Saussan, conseiller du roi en la cour des comptes, aides et finances.

Sarret (Antoine de); Jacques, Gabriel, Hector, Jean, Louis, Pierre, François-Vincent.

Sengla (François de).

Rochemore de Solorgues (Louis-Hercule de), Sgr de Villetelle.

Saint-Étienne (Jeanne de), baronne de Ganges.

Sandres (François de), Sgr de Saint-Just.

Teillan (Pierre Bornier, Sgr de); Charles-René, Jean : frères.

Toiras (Louis de Bermond du Caylar de); Simon-François, François-Jacques et Charles, chev. de Malte : enfants de Louis ; Simon, oncle de Louis ; Jacques de Saint-Bonnet de Bermond du Caylar, au château de Toiras; Pierre, Henri, Jean, Auguste, François, Pierre, Louis, Marc, et Hugues: ses enfants.

Trinquère (Jean-André de); Jean, André, Claude.

Témelac (Jean de Farges, Sgr et baron de).

DIOCÈSE DE NÎMES.

Aleman (Fulcrand d'), Sgr de Mirabel, y demeurant.

Buade (Louis de), demeurant à Aymargues.

Barjac (Jean de), Sgr de Castelbouc et de Monlezat, D. de Mende; Annibal de Barjac, Sgr de Cadenous et Saint-Sauveur, D. de Nimes.

Bringuier (Jacques de), Sgr des Barbuts; Jean-Antoine, Sgr de la Roque; Henri, Sgr de la Pabolle, D. de Nimes.

Borelly (Guillaume de), Sgr de Roque Serrières; Abraham, Pierre, habitant Alais.

Bony (Robert de), Sgr de Bagarne, près d'Alais.

Brues (Jean-Félix de); Henri, Joseph, François, Louis : ses enfants; Jacques, Sgr de Bourdier; Félix, Sgr de Flaux; Louis, François : ses cousins. (Brueys.)

Barral (Théodore).

Bérard de Bernis (Louis de); François-Louis, baron de Fontarèches, son fils; Jacques de Bérard de Montalet; Charles, frère de Montalet; Jean, demeurant à Bessan, D. d'Agde; Hercule et Louis, frères du précédent.

Buade (Louis de), et Augustin, son fils, juge de Galargues-le-Montoux.

Bony (Charles-Jacques de), Sgr de Larnac, demeurant à Alais.

Bachi d'Aubaïs (Louis de); Henri, Charles, François : ses frères; Louis, Daniel : frères.

Bonnal (François), Sgr de la Baume.

Barnier (Charles), conseiller au présidial de Nimes.

Boileau (Jean), Sgr de Castelnau.

Bonnail (Isaac de), habitant de Sommières; Jean, Sgr de Vias, D. d'Agde; Jean-Antoine, Jacques et Rostan : frères.

Cursulle, Georges et Henri (baron de Saint-Remy), demeurant à Aimargues.

Calvière (Gaspard de); Nicolas, Charles : ses frères.

Claux (Louis du), Sgr de la Baume, habitant Alzon.

Caladon (Pierre de); Jean, Pierre, Étienne Louis : ses enfants; Jean, Jacques: ses frères; Jean, Jacques, François, Gabriel, Pierre : petits-fils de Jacques.

Cailar de Lascours (Pierre du), fils de Guidon du Cailar.

Cassole (Charles-Antoine de), de Beaucaire.

Conseil (Louis, Julie, et Jean du), Sgr de la Condamine, demeurant à Aigues-Mortes.

Cannes (François de), de la maison de Pellet.

Caylar (Louis du), Sgr d'Anglas.

Couttelier (Balthazar de), Sgr de Dieusses.

Delong (Louis, Pierre, et Antoine), frères, habitant Beaucaire.

Dassas (Jean), à Nimes.

Arnaud (Claude d'), Sgr de la Cassagne.

Albrenethée (Daniel d'), ministre, habitant du Caylar.

Albenas (Jean d'), Sgr de Gazanes; Jacques d'Albenas de Pruneron, son frère.

Ayrebaudouse (Urbain d'), marquis d'Anduze.

Dassas (Guillaume), Sgr de Michaut.

Genas (François de), Sgr de Puech-Redon; Jacob, Sgr de Beauvoisin.

De Roys (Jacques), Sgr de la Roche-Saint-Angel; Marc-Antoine, Sgr de Ledignan, père de Jacques; Pons et Jacques, oncles de Jacques; Pierre, conseiller du roi et juge à Beaucaire; François-Joseph, fils de Pierre; André et François, cousins de François-Joseph.

De Pont (Hérail), Sgr d'Espinasson.

Auberge (Antoine d'), Sgr de Cassagnolle.

Deleuze (Jacques), co-seigneur de Lionne (Liouc).

La Roque (Pierre de), Sgr del Bouisset et Lionne (Liouc), demeurant à son château de Lieng (Liouc), et Antoine de La Roque.

Fay (Henri de), Sgr de Peraut, marquis de Vesenobres; Gédéon, Jules : ses frères.

Amalric (Antoine d'), Sgr de Durfort, habitant de Sommières.

Albignac (Jean d'), Sgr d'Aire; Gabriel, Philippe, et Joseph : ses frères, tous fils de Charles; Fulcrand, oncle de Charles.

Albenas (Claude d'), conseiller du roi, viguier de Nimes.

ARMORIAL DE LANGUEDOC.

Arnaud de Dapremond (Honoré d'), de Beaucaire.

Arlempde (Jacques d'), Sgr de Mirabel.

Dassas (Louis), Sgr de Marmourie (Mourmoirac).

Assas (Antoine d'), Sgr de Chanfort; François, son frère; et Claude, sieur de la Roque, fils aîné d'Antoine.

Fujol (Jean), Sgr de Lanejol; Jean Fujol, son oncle, demeurant à Lanejol.

Ginestous de Montdardier (François et Simon de), frères.

Guilbert (Honoré de), à Beaucaire.

Grégoire de Tareau (François de), baron de Lédenon; Gaspard, Jacques, et François: ses frères.

Gévaudan (Charles de); Henri.

Gabriac (Éléonore de), veuve de noble Jean du Pont, aïeule maternelle et tutrice de Jean Caladon.

Assas (Guillaume d'), Sgr del Mas, habitant Saint-Brès.

Delon (Jean), Sgr de Bussas.

Dupont de la Rode (Jacques): Jean, Lévi.

Assas-Marcassargues (Jean et François d').

Ginestous (Simon et François de), frères, au Vigan; Jacques et Louis, Sgr de la Tour, frères.

Jossaud (Jean de), conseiller au présidial de Nimes; Jean-Simon, son frère, viguier d'Aramon.

La Farelle (Jean de); Claude, Fulcrand: ses frères; Jacques et Annibal, au Vigan; Claude, docteur et avocat à Nimes.

Larche (Ayme de), ... de la Rochette, à Beaucaire.

La Valette de Boulanger (Jean-Jacques de), Sgr de Lascours, et Jean-François.

Langlade (Antoine de), Sgr de Clarensac: et Jean de Langlade, y demeurant.

Langlade (Jean de), Sgr du Trescol.

Leblanc (Pierre), Sgr de la Rouvière.

La Fare (Antoine de), vicomte de Montclar; Jacques, son fils; Christophe, Jean-François, Henri: frères d'Antoine; Charles-Auguste, Scipion: neveux d'Antoine; Louis, cousin.

La Gorce (Paul de).

La Valette (Jean-François de).

La Baume (Joseph de), et Olivier, pour son fils, Claude-Henri.

L'Auberge (Antoine de), Sgr de Cassagnoles.

Mandagout (Pierre de).

Meilet de Masel (François de), Sgr de Malbosc; Antoine, Jean-Jacob: ses frères.

Nogarède (Jean de la), Sgr de la Garde.

Pavés (Raymond), Sgr de Villevieille de Montredon; François, François-Joseph: ses enfants; Jean-François, Annibal, Abdias: frères de Raymond.

Porcelets de Maillane (Antoine de).

Pont (Jacques du); Louis, Jean.

Rosel Daunac (Guillaume de); Levy, Sgr de Gua, son frère.

Rosel de Bossuges (Édouard de).

Rosel (Jean-François de).

Rosel (Jacques de), Sgr de Valobscure.

Rosel (François de), Sgr de Servas; Charles, Henri, Louis, Jean: ses fils.

Rosel de Brigna (Jean-Jacques de), Sgr de Campans; François, Sgr du Bosc.

Rouvière (Jean, Claude, Louis, et François de), père et fils; Jean, Sgr de Cabrières — (Rouverié).

Roque-Clausonne (Guillaume de).

Rochemaure (François de), Sgr de Nages; Louis, Hercule, Jean : ses cousins.

Rozel (Henri de), et Jean.

Rozel d'Auriac (Guillaume de), Sgr de L'Hom; Louis, Sgr du Gua, son frère.

Saint-Julien de la Nef (Jacques de); Antoine, Jean.

Seigla (Jean-Louis de), baron de Ribaute.

Saint-Gilles (Jean de), demeurant à Beaucaire.

Thieuloy (Jacques de); Pierre, son fils, à Beaucaire.

Barral (Théodore de), Sgr d'Avenel (Arènes); Barral d'Isartines, habitant le Vigan.

Thieuloy (Paul de); Antoine, son fils.

Teste (François de), Sgr de la Motte; Louis, son frère, à Nîmes.

Tourtoulon (Jean de).

Trémolet de Montmeirac Saint-Christol (Henri de); Jean, François, Henri, et Bernardin : ses enfants.

Tourtoulon (Jacques de), Sgr de Bannières; Pierre, Sgr de Valescure; Jean, Sgr de la Blaquière; Jean, Sgr de Serres; Antoine, Sgr de Lunes; Michel, Sgr de Cabannes.

Vareilles (Pierre de), Sgr de la Bastide, à Beaucaire.

Vignoles (Jacques de); Louis, Charles, Alphonse, Édouard : ses enfants; Louis, Sgr de Campel; François, Sgr de Montredon et Monvaillan; Jacques, Sgr de la Valette; Charles, Sgr de la Pauparelle.

Valette (Louis de), Sgr de Cardet.

Valette (Pierre de).

Valette (Annibal de la); Étienne, son frère.

Ventaillac (Moïse de).

DIOCÈSE DE NARBONNE.

Aymeric de Mages, Sgr de Salsans.

Arse (Guillaume d'), Sgr de Castelmaure; François d'Arse, père et fils.

Aisar (François de), Sgr de Beaufort (Isar de Beaufort).

Bunis (François de), et Claude, son fils; Marc et Louis : ses cousins.

Boyer (Pierre de), Sgr et baron de Sorgues et du Clapier; Henri et Joseph; Gabriel, frère de Pierre.

Bernon (Pierre de).

Bénavent (Jean-Pierre de), Sgr de Salles.

Baudière (François de), Sgr de Saint-Esteffe.

Du Lac (Louis-Dominique), Sgr de Boutenac.

Castillon (Antoine-Marie de), Sgr de Saint-Martin de Torques.

Chefdebien (Henri de), vicomte d'Armissan; Étienne, César, Gibery.

Chambert (Anne de), Sgr de Bizanet; Gabriel, son fils.

Casemajou (Hercule de), Sgr de Motonnet; Balthazar, Sgr de Roufliac; Bernard.

Couderc (Jean-François), Sgr de la Prade; Louis, son fils.

Casemajou (Hercule de).

Castillon (Jacques de), Sgr de Jonquières.

Grave (Claude de), demeurant à Saint-Laurent; Jacques, Barthélemy, Jean, Blaise : ses frères.

D'Authemar (Henri et François), frères; Jean-François, père et fils; Pierre, son frère.

Gléon (Jean de), Sgr d'Urban; Henri, François, Ange : ses frères; François, leur oncle; Paul et Guillaume : cousins.

Daban (François), baron de Mous; François, son fils; Pierre, frère du baron de Mous; Charles, son fils.

Juer (Paul de); Pons, son frère.

Arragon (Pierre d'), Sgr de Fitou.

Gondal (Sébastien de).

Gondail (César de), Sgr du Bousquet.

Daudric (François), Sgr de Lastours.

Aldebert (Jean-Pierre d'), Sgr de Cazevieille; Barthélemy, Paul : ses frères; Guillaume et Bertrand, père et fils.

Darse (Guillaume), Sgr de Castelmaure.

La Rossière (Marcelin de).

Foulaquier (Jean), Sgr de Clix, co-Sgr de Bisan.

Frigoury (Jean-Pierre de), baron de Montbrun.

Guival (Suzanne de), veuve de Jean-François-Antoine d'Hautpoul, Sgr de Cassagnole, pour François, Étienne, Charles, Joseph, ses enfants.

Gondal (César de), Sgr du Bousquet.

Gléon (Paul de), Sgr de Jonquières; et Guillaume.

La Garde (François de), Sgr de Bizan.

Loubens (Pierre), Sgr de Marcheillas.

Montredon (Martin-Melchior de); Henri.

Montredon (François de), Sgr de Gasparet.

Montredon (Joseph de), Sgr de Montrabech; Charles, Sgr de Saint-Marsal, son frère.

Montels (Charles de), et Melchior, frères, habitants de Lésignan.

Martin (Gabriel de), Sgr de Nos; Gabriel, Sgr d'Esperget.

Montredon (Gabriel de), Sgr d'Escalles; Jacques, Sgr de la Bastide.

Niort (François de), Sgr de Belesta; Jean-Hector de Niort, son frère; Jean, Pierre-Ignace.

Pompadour (Pierre de), chevalier de Montpezat; Jean, François, Pierre, Bernard : fils de Pierre.

Reboul (Beaulieu Roulin de); Antoine, son fils.

Séguier de la Coste (Raulin); Paul et Pons, ses enfants.

Renouard (Jean-Pierre de), Sgr de Sallèles.

Seigneuret (Jean de), Sgr et baron de Fabresan; Charles, Sgr de Cesseras; Claude, Sgr de Mongranier.

Saix de Citon (Jean de), Sgr de Campan; Philippe, Sgr de Parlignan, son frère; Jacques, Sgr de la Bastide.

Tregoin de Seguin (Jean-Pierre de), baron de Monthrun; Hercule, Jean : ses frères; Antoine.

Vernon de Villerambert (François de).

Bonneville (Claude et Jean), frères, Sgrs de Camillac-le-Bois et Poujols.

Baille (Toussaint de), Sgr du Claux à Bauzac.

Bonlieu (François de), Sgr de Saint-Maze; Claude et autre Claude, enfants de François.

Bastide (Jacques de la), Sgr de Molanchères; André, Sgr de la Sainette, frères.

Bertolaye (Godefroy de), Sgr de Seneujol, Auteirac. (Vertolaye.)

Bejet (Jacques-Marcelin de), Sgr de Flachas, à Monistrol.

Belvèze (François de), Sgr de Jonchères, à Pradelles; Guion, son oncle, prieur et Sgr de Langogne.

Bailles (Pierre, Jacques, Antoine, François, Jean, et Joseph), frères, Sgrs des Hormeshautes.

Besson (Jean de), Sgr du Bouchet.

Boucherolles (Jean de).

Brueis (François de), Sgr de Saint-Chaptes.

Borssier (Jacques de), Sgr de Chambonnet.

Boucheirolles (Jean de).

Bejet (Marcelin), Sgr de Flachas.

Brun (Hugues), Sgr de Lantonas, conseiller honoraire en la sénéchaussée du Puy; François, Charles, Pierre : ses frères.

Chamaroux (Charles de), Sgr de Borie; Hugues, dit de Beaux.

Charbonnel (Pierre et Jacques de), frères, Sgrs de Betz.

Cenat (Jacques de), Sgr de Flossac et Mercuret; Jacques, Adrien : ses enfants.

Combladour (Just de), Sgr et baron de Montréal; Jean de Combladour, docteur et avocat, son cousin.

Cusson (Jean de), Sgr et baron de Bauzac.

Chameroux (Louis de), Sgr de Roure.

Chapat (Christophe), Sgr des Aulanettes.

Chasaux (Louis de), Sgr de Montjuin.

Chambarihac (Claude de), Sgr de Fontmorette, habitant de Larzalier.

Charbonnel (Jacques et Pierre de).

Clavières (Jean de).

Chambarlhac (Jacques, Alexandre, et Antoine de), Sgrs de l'Herm, Bacharnier, de la Varenne.

Curienne (Jacques de).

Combies (Éléonor), Sgr de Chusol.

Costevel (Hugues de), Sgr de la Valette.

Chazevel (Louis de), Sgr de Mondiny.

Chabanolles (François de).

Cluzel de Roubiac (Éléonore de), veuve d'Hector de Combies, mère et tutrice de François de Combies et de ses autres enfants.

Daurelle (Pierre de), Sgr de Terreney, prêtre; Pons, écuyer, Sgr de Terre Meite et le Crouzet.

La Motte (Pierre-Jean, Sgr de); François et Christophe de Solas, habitants du lieu de la Roche, et Miraut de Solas, Sgr de la Motte, oncle.

Mourgue (Claude de), Sgr et baron de Saint-Germain; Joseph-Scipion, Sgr de Saint-Pierre, son fils.

Combes de Bressoles (François et Jean de), frères.

Drossanges (Antoine-Alexandre de), père et fils, Sgrs du Fieu; Alexandre, écuyer; François, Antoine et Jean : fils d'Alexandre.

Devèze (Étienne), demeurant à Artites, paroisse de Retournac.

Despierres (Jacques) ; Pierre, Balthazar : frères.

La Rode (Jean de); Jean, Louis, et Jean-Louis : ses enfants.

Baux (Pierre de) ; Balthazar, Pierre, François, Jean-Antoine : ses fils; Balthazar et Charles, frères de Pierre, demeurant à Yssengeaux.

Dapchon (André-Dominique).

Pradier d'Agrain (Hugues de) ; Jean, Amable : ses enfants.

Alestrol (François d'), Sgr et baron de Ligonnès.

Desprez (Jean); Jean-Antoine, Claude-Thomas, Pierre : ses fils.

Dachon (Guillaume), Sgr de Saint-Germain — (d'Apchon).

Hérail (Charles d'), Sgr et vicomte de Bressis — (Brisis).

Drossanges.

Doyde (Claude), Sgr dudit lieu.

Du Bosc (Jean), Sgr de Baure de Maisons, D. de Lavaur.

Jacques (Marie de), veuve de Paul d'Achoun (d'Apchon), Sgr et baron de Quinac.

Faure (de), Sgr de Massebrac.

Goys (Louis des), Jean-Louis, son fils, Sgrs de Saussac.

Jacquet (Marie de), veuve de Pierre Dapeson (d'Apchon), Sgr et baron de Vaumières; André-Dominique, son fils.

La Bastide (Jacques de), Sgr de Molanchères; et André, Sgr de la Sainette.

Le Blanc de Chantemulle (Just), et François, Sgr de Solleguet.

Leuzy (Jean de), marquis de Pélizac; Imbert, Jean : ses fils; Jean, cousin germain de Jean.

Leyssac (Balthazar de) ; Jacques, Claude, Jacques : ses enfants.

La Colombe (Charles de), Sgr d'Artis, habitant de Retournac.

La Fay (Jean de), comte de la Tour-Maubourg, Sgr de la Garde; Jacques et Jean-Hector : ses enfants; Antoine-Jacques, Sgr de la Bastide, et Jean-Jacques, son frère.

Laissac (Barthélemy de), Sgr dudit lieu.

Myet (Amable de), Sgr de Bonneville.

Molettes (Charles de), Sgr de Planiol de Moranger ; Antoine, Sgr de Péranchères, demeurant à la Garde-Guérin, D. de Mende; Hugues et François , frères de Charles.

Mathias (Guillaume), Sgr dudit lieu et de Mortallès.

Maritons (François de), Sgr de Villeneuve.

Monigou (Pierre de), Sgr de Bernores.

N...., Sgr de Malines.

Montaleau (Pierre de), Sgr de Saint-Hippolyte.

Puilac (Claude de), Sgr des Fours et de la Tour des Sauvages; Florimond, Claude, Antoine : ses enfants. — (Pinhac.)

Polalion (Claude de), Sgr de Clavenas; Dominique, Claude, François : ses fils; Jean-Baptiste, frère de Claude.

Paulet (Pierre de), Sgr de la Bastide.

Pinhac (Claude de), Sgr des Fours et de la Tour des Sauvages.

Rochebonne (Nicolas de), Sgr de la Bourange ; Jacques, Jean, Jean, Sgr de Chazeaux : ses enfants ; Jacques, pour son fils, Nicolas de Rochebrune (*sic*).

Rochette (François de la).

Reinaud (Jacques de), Sgr et baron de Villard ; Antoine de Reinaud du Faret, son neveu.

Rochenegli (Antoine de) ; Jean, Hector, Jacques, Louis, Antoine, Amable, Joseph, Gabriel : ses enfants ; Charles, Sgr de Monplo, son fils aîné ; Hector, son frère.

Rocheneli (N... de).

Reboulet (Jean de).

Roquefort (François de), D. de Lavaur,

Saignard (Antoine de), Sgr de Maumeirac ; François, son fils ; Jean et Gabriel-Élie, père et fils ; Jean-Baptiste ; César et Christophe, frères d'Antoine.

Sauvage du Noyer (Charles de), Sgr du Roure.

Saint-Paul (Gaspard de), Sgr de Chazales ; François.

Sernier (Antoine de), Sgr de Vernes.

Saint-Paul de Graillac (Gaspard de), D. d'Alby.

Ferrapie (Marie), veuve et héritière de Jacques de Solas, Sgr de la Motte ; Pierre, Jean-François, Jean. Christophe : ses fils ; Meraud de Solas, oncle.

Tremolette (Scipion de).

Colomb (Henri de), Sgr de Trèches.

Veyreines (Claude de), Sgr dudit lieu.

Visgois (Louis et Jean-Louis de), père et fils.

Vertolaye (Godefroy de).

Vernet (N..., Sgr du).

DIOCÈSE DE BÉZIERS.

Arnaud de Jessé (Jacques), Sgr de Carlencas et Levas ; Guillaume, Tristan, Gabriel : ses frères.

Baladon (Pierre de), Sgr de Maussac en Rouergue ; Pierre, habitant Béziers. (Baderon.)

Bonnet de Maureillan (François de), Sgr dudit lieu ; Joseph, son fils ; Guillaume, baron de Poilhes ; Charles, Sgr de Montandy ; Henri : frères de François.

Bedos (Hector de), Sgr de Celles ; Charles, son fils, à Caux.

Boide (Jacques de).

Bousquat (Sebastien de), Sgr de Réals, demeurant à Merviel.

Pradines (Charles de), Sgr dudit lieu ; Clément, son frère.

Causser (Jean de), Sgr de Cabreirolles, Vallat, Poussan, Villepassant ; Joseph-Marie.

Clapiès (Pierre de) ; Clément, prieur de Vendres ; Jean, François, Sgr de Montagnac, D. d'Agde.

Graves (Henri de), marquis de Villefargeaux, sous-gouverneur de Monsieur, frère unique du roi.

D'Arnaud (François), Sgr de Poujac.

Dauriac de Cassan (Pierre) ; Jean, son frère.

D'Alphonse (Reynaud), Sgr de Clairac et Montroux.

Ferrouil de Fousillon (Jean de), Sgr de Laurens et Fousillon; Henri, son fils; de Montgaillard, se tenant à Villeneuve, est de la même maison.

Gep (Jacques de), Sgr de Fos et Sauvian; Gabriel, Sgr de Fontanès; Pierre et Gabriel, Sgrs de Ginestet, ses frères; Marquis de Gep, chevalier de Malte.

Jougla du Frène (Jean), Sgr et baron de Saint-Rome du Tarn.

Latude (François de), Sgr et baron de Fontès, l'Estang; François-Louis, Sgr de Saint-Martin; Henri : ses frères; François, Sgr de la Valette, à Lodève, et les enfants de Jean Pons; et dame Jeanne de Ganges de Saint-Étienne.

Lagasse (Josué et Antoine), Sgr de Somatre et de Serpagnac.

Latenai (Pierre de), Sgr de Lissac, Simon Sgr de la Coste, à Pouzols.

Le Noir (François), Sgr de Ribaute; François, Sgr de Sarragnan et des Isles; Guillaume : frères.

Montaigne (Étienne de), Sgr de Puech-Villa; Jean, conseiller du roi, lieutenant principal civil et criminel en la sénéchaussée, gouvernement, siége et présidial de Montpellier, issu des ancêtres qui ont eu des emplois très-considérables pendant plusieurs règnes, tant dans les armées que dans l'administration de la justice, et de la même famille de Michel de Montaigne, illustre par ses beaux écrits.

Bonnet (François de), Sgr de Maureillan; Joseph, son fils; Guillaume; Charles, Sgr de Montaury.

Madière de Gabian (Jean et Pierre de), frères.

Maussac (Jacques et Paul de), Sgrs dudit lieu, à Corneillan.

Margon (Félice de), veuve d'Henri d'Espinaud, mère de deux filles; Jean d'Espinaud, à Roujan.

Merviel (Gaspard de), Sgr dudit lieu, baron de Pégairolles; S. J. de Bioges, Sgr de Gorjan, Veiran, Cazouls; Gabriel, Charles, Jean-Louis, chev. de Malte, Anne : ses enfants.

Sartre (Isabeau de), veuve de Jacques Bonnet de Maureillan; Aymar, Louis François, Henri, Jacques, Guillaume : ses enfants.

Narbonne de Caylus (Pierre de), Sgr et baron de Fauzières; Jacques, Sgr de Valjoyeuse.

Plantavit de la Pauze de Betcirac (François de), Sgr de Margon, demeurant à Margon; Jean, Joseph, chev. de Malte, François : ses enfants.

Pataud (Denis), Sgr de la Voulte.

Pascal (Jean de), Sgr de Saint-Jeury et Montagnol en Rouergue; François, Sgr de Rochegude, son frère, D. de Béziers et Alby, y demeurant.

De Lasset, Sgr de Poupian.

Rouch (Gabriel de), Sgr d'Arnoye et Perdiguier; Thomas à Béziers.

Lort (Henri de), Sgr de Sérignan; Jean, Sgr de Valros; et les enfants de Gabriel, Sgr de la Doumergue, Barthélemy, Sgr de Taraillan.

Soustre (Pierre de), Sgr de Mus et Réalte; Marc-Antoine, père et fils; Charles, Gabriel.

Tuffes de Tareaux, Sgr de Poupian; François, son frère.

Thézan (Pierre de), Sgr et baron de Saint-Genieys; Pierre-François de Saint-Genieys, Sgr et baron de Luc, son cousin, remué de germain; Hercule de Thézan, Sgr d'Aspiran; Jean-Gabriel : frères.

Thézan (Thomas de), vicomte de Pujol; Gabriel, François-Gabriel : frères;

Olivier, Guillaume et François : frères; demeurant à Villeneuve-les-Avignon.

Villemeur (Louis de), Sgr de Rieutord.

Veyrac (Jean de), baron de Paulhan; Jacques-Alphonse, frères; Jean-Jacques, Sgr de Saint-Sauveur, leur oncle ; François, Sgr de Vallosière, à Aspiran.

Vergne (Hiérémie de la), Sgr et baron de Tressan ; Alphonse de la Vergne, Sgr d'Agnac et Polidère; Jean, Sgr de Marcougne, demeurant à Montpellier.

DIOCÈSE D'UZÈS.

Adabert (Jean et Alphonse), frères, de Valabrègues.

Adalbert (Jean et Alphonse), frères, de Valabrègues.

Brueis (Daniel de), Sgr de Fontcouverte ; Jacques, Sgr de Besne.

Boilleau (Jacques de), Sgr de Castelnau et Sainte-Croix, habitant de Nimes; François-Henri, Jean-Louis : ses enfants; Charles, frère de Jacques.

Banc (Jean-Jacques de), Sgr et comte d'Avéjan, baron de Fénciroles; Denis son fils; Pierre, Sgr de Cavènes ; Pierre, Sgr de Mongros; Jacques, Sgr de Terris ; Charles et Henri, Sgrs de Chateauvieux; Jacques, Sgr de Méjanès, à Candiac, D. de Nimes; Pierre, Sgr de Cabiac ; Jacques, Sgr de Révergueis, à Alais.

Brueis (Alexandre de), Sgr de Gatigues, Bourdié, Tareaux; Benoit-Benjamin, Nicolas, René.

Barjac (Charles de), Sgr de Rochegude, la Baume, Saint-Ginieys, Fons sur Lussan, à Rochegude, D. d'Usez.

Bertrand (Charles de), de la ville d'Aramon; Accurse et François, frères, cousins de Charles.

Bonnet (Jean de), Sgr de Saint-Jean.

Benoit (Simon de), co-Sgr de Saint-Michel.

Brignon (Henri Raimond de).

Brueys (Jean-Félix de), Sgr de Saint-Chapte; Henri, Joseph, François, Louis : ses enfants ; Jacques, Sgr de Puech-Ferrier ; Jacques, Sgr de Bourdié : cousins.

Castelviel (Pierre de), à Euzet.

Castelviel (Louis de), de la maison de la Salle.

Clauzel (Paul de), gentilhomme verrier.

Cubières (Pierre de), Sgr de Pousillac, à Bagnols; Daniel, son fils; Jean-Jacques, frère de Pierre, pour ses enfants François et Jean-Baptiste.

Casenove d'Anthomarie (Pierre de); Antoine, Alexis : ses enfants.

Cambis (Théodore de); Hercule et Jean : ses enfants ; Hercule, Sgr d'Ortous ; Jean, Sgr de Montels.

Castillon (Antoine-Hercule de), Sgr dudit lieu, baron de Saint-Victor; Antoine, son fils.

Cel (René du), Sgr de Rochegude.

Cambis (Louis de), Sgr d'Orsan; Charles, Sgr de Montilet.

Cavaillon (Henri de), Sgr de Rochegune.

Col (Claude du), Sgr de Ners.

Cailar (Guidon du), Sgr d'Anglas; et Pierre, Sgr de la Cour, père et fils.

Cailar (Louis de), fils de Louis, de Gaujac.

D'Arnaud d'Apremont (Honoré-Louis).

Du Roure (François), baron d'Aiguèse.

D'Anselme (André-Paul-Esprit), père et fils; Pierre, cousin germain, habi tant Villeneuve-d'Avignon.

D'Azemard (Guérin). — Adhémar.

D'Audibert (Jean et Alphonse), frères de Valabrègues.

D'Hérail (Jacques). Sgr et vicomte de Bressis; Antoine et Henri, Sgrs de la Blancherie, père et fils: Jacques, Sgr de Chabottes.

D'Airebaudouse (Jean-Guy), Sgr de Clairan et Massanes; Louis-Guy, Sgr de Saturargues, son frère; François-Guy, Sgr de la Salle; et Louis.

Ferre (Charles de), Sgr de la Verrière; Charles, Sgr de la Calmette.

D'Agulhac (Jacques-François), Sgr de Beaumefort, baron de Rousson; Charles, Henri.

Issard (Jacques d'), Sgr de Coussourle et de Chassaigne; Antoine, Scipion, François : ses fils; Baptiste et Jean.

Dassas (Antoine), Sgr de Chanfort; François, son frère; Claude, Sgr de la Roque, fils aîné d'Antoine : François, Sgr de Lavit.

Oolon (Claude), Sgr de Ners.

D'Audibert (Jacques), comte de Lussan, baron de Valros; Jean-Nicolas-Just, Charles, François, Joseph : ses enfants; Charles, Sgr de la Pize; Jacques, Sgr d'Aleyrac, son fils; Louis, Sgr de Massillan, la Roche-Chérie; Charles, Alexandre, Jacques : ses enfants.

D'Azémar (Guérin). — Adhémar.

Du Parc (Isaac), Sgr d'Ivergnes.

D'Aigalières (Pierre).

Fiennes (Antoine et Jean de), de Villeneuve-les-Avignon.

Faret (Alexandre de), marquis de Saint-Privat; Charles, Sgr de Monfrin.

Jardin (Denis du), demeurant à Valabrègues.

Foullaquier (Georges), habitant de Roquemaure.

Faucon (Pierre de), Sgr de la Dévèze; Jean-François, son cousin.

Gazelles (Joachim de), Sgr de la Combe.

Gast de Bagnols (Louis de), Sgr de Saint-Gervais.

Vidal (Étienne de), Sgr de Génerargues.

Jossaud (Jean de); Jean-Simon, son frère.

Joyeuse (Adam de), Sgr de la Ribal.

La Baume (Paul-Joseph de), Sgr de Casteljau; Paul, des Vans.

La Roche (Daniel de), co-Sgr de Blauzac.

La Croix (Jean de), baron de Meirargues; Jean, son frère, professeur à l'université des lois, à Montpellier; Louis, Sgr de Sueilles, son frère, trésorier de France.

La Gorce (Melchior de), Sgr de la Roque-Saint-Laurent; Jean, Sgr de Saint-Laurent, son frère; Jean-Pierre, et Jean, son fils.

Le Royer (César-Auguste), demeurant à Bagnols.

La Garde (Jacques de), Sgr de Malbosc; Jean-Jacques, Sgr de Montjeu; Claude, Sgr de la Bessède; Jean, Sgr de Sales, son cousin.

Laudun (Étienne de), de la ville d'Aramon.

Meiras (Pierre de), Sgr de la Roquette.

La Garde (Louis-François de), marquis de Chambonas; Charles, son frère, Sgr de Cornillon.

Le Sgr de Gondrin et Bouisseron, D. d'Uzès.

Montolieu (Pierre de), Sgr de Saint-Hippolyte de Catton; Louis, Sgr de la Coste; Jacques, Sgr de Montredon; Aymard, Sgr de Montesargues : frères.

Montolieu de Montmirac (Louis de), père; Annibal et Antoine, ses enfants; Pierre et Jacques, ses frères; Jean, demeurant à Castries, D. de Montpellier; Hercule, Sgr de la Mure; Jean, fils d'Antoine.

Montolieu (David de), Sgr de la Coste.

Mirmand (Jacques de), Sgr du Fau, à Saint-Ambroix; Charles, Sgr de la Tour : frères; Jean, baron de Florac, Sgr de Lavagnac, Belarga, Plaissan, Abeillan, D. de Béziers; François, juge-mage de Montpellier, Sgr d'Adissan; Jean-Pons-Pierre : frères; Henri et Charles, leurs cousins.

Martinon (Michel), demeurant à Paris; André et Jean : frères; et Accurse, leur cousin, à Montfrin, D. d'Uzès.

Montenard (Hector de), marquis de Montfrin, sénéchal de Beaucaire; Jean, Sgr de Lussan.

Monrond (Scipion de), Sgr de la Rode.

Nicolay (Jacques de), baron de Sabran; Jacques, Sgr de Cavillargues; Paul-Antoine, Sgr de Vallonière : frères; Philibert, petit-fils de Jacques.

Pousquières (Louis de), co-Sgr d'Aramon.

Pelet (Claude-François de), chevalier, comte de Fontaines; Louis, Sgr et baron de Combas, son frère; Jean, Henri, Hercule, Claude.

Piolenc (Charles de), Sgr de Gaujac; François, Sgr de Montagut : frères; Henri, Sgr de Saint-Julien de Peirolas; Raymond : frères; Alphonse, leur oncle; Antoine, Sgr de la Sabranenc, demeurant au Saint-Esprit.

Pluviès (Pierre de), Sgr de Saint-Michel, à Bagnols.

Plaize (Jean de), Sgr de Lambardes.

Paradez (Pierre de), Sgr de Sauzet.

Plantade (Marie de), veuve de Jean de la Baume.

Pelegrin de la Bastide (Louis); Hector, Sgr de Cadiniac; Charles, Sgr de l'Isle; Louis, Sgr du Cel.

Quinsac (Charles et Jacques de), frères, à Bessèges; Gaspard, fils de Charles:

Raymond de Brignon (Henri), Sgr dudit lieu et de Savillac.

Ribeirol (Jean-François de), Sgr d'Antreneaux et le Pont, co-Sgr de Rochegude.

Rozel (François de).

Roure de Beauvoir (Claude de), Sgr de Pasenay; Hercule, son frère; Jacques et Claude, enfants de feu Claude, Sgr de Saint-Florans; Claude, prieur.

Robin (Guy et Jacques de), père et fils, Sgrs de Gravezon.

Rossel (Jacob de), baron de la Brugeirette; Gabriel, Sgr d'Aubarne : frères.

Roux (Hector de), écuyer, demeurant à Villeneuve-d'Avignon; Marguerite de Martinon, veuve de Gaspard de Roux; Hector, Mathieu, Joseph, Charles : fils de Gaspard.

Rand (François du), Sgr de Crussoles.

Roche (Daniel de), co-Sgr de Blauzac.

Royer (César-Auguste le).

Roure (François de), baron d'Aiguèse; Joseph, père et fils, de la famille de Claude de Roure de Beauvoir.

Sarrazin (Jean de), Sgr de Chambonnet; Jacques, Sgr d'Entraigues; Gabriel de Sarrazin, Sgr de Plaignol : frères; François, Sgr de la Plane, cousin.

Thiéry (Jean-Antoine de), habitant de Villeneuve-d'Avignon.

Toulouse (François de), Sgr de Foissac; Jean-Louis de Toulouse et Charles, ses enfants.

Tervelly (Guillaume et François de), Sgrs de Sagnon; et Jacques-Ignace, son fils, demeurant à Roquemaure. — Tertulli.

Sauvan (Jacques de), Sgr d'Aramont; et Claude, Sgr de Lenoncourt : frères, fils de feu Jacques de Sauvan, secrétaire du roi.

Vergille (Louis), Sgr de Lirande et Gaujac.

Vergèses (Jean de), Sgr d'Aubussargues; Jacques, père et fils.

DIOCÈSE DE VIVIERS.

Arbalestier (Jean), Sgr de la Gardette.

Blou (Claude-Charles de), Sgr de Précis et Serrecourt.

Beauberger (Pierre de), écuyer, Sgr de Vernières et Vedrines.

Boissière (Joseph de la), Sgr de Chadenat; Charles de la Boissière, son oncle.

Badel (Simon-Pierre), demeurant à Gentes, paroisse de Saint-Chaumerac.

Benefficy de Caylus (François de), Sgr de Fraissinet; Alexandre, Jean, fils de Claude, son frère; René, Sgr d'Entreneaux; Alexandre et René, enfants dudit Alexandre.

Balazuc de Montréal (Jean de), Sgr de Lanas; Balthazar, Sgr de Veras.

Barjac (Claude de), Sgr dudit lieu, D. de Valence; François et Jacques, ses enfants; Anne, Sgr de Recoules.

Blanchart (Anne), Sgr de Sene.

Baronnat (François et Antoine), frères.

Bologne (Claude de), Sgr de Chauveiroux.

Barjac (Jean-Anne de), marquis de Pierregourde; Claude, François, Jean, Jacques : ses enfants; Antoine-Anne, Sgr de Recoules; Marcelin, Sgr du Pont.

Brenas (Alexandre), Sgr de Carrés, co-Sgr d'Auriol.

Buzas (François de), Sgr de Chirols; Jean, Sgr du Cros; Jacques, Sgr de Révolet; Christophe, Sgr de Peirols. — (Bozas.)

Bonot (Simon de), au bourg Saint-Andéol; Jean-François de Bonniot, conseiller du roi, lieutenant particulier au bailliage du bas Vivarais; Louis de Bonniot, son frère.

Bénéfice de Montargues (Louis de), bailli de Privas.

Blanc de Molines, Sgr dudit lieu à Vorsse; Henri Blanc de Molines, Sgr de Legiret; Jacques, Sgr de Tudos.

Beaumont (Rostaing de), chevalier et marquis de Brison.

Blanc de Molines (Antoine); Jean, Sgr de Vailles; Louis, Sgr de Badious; Pierre, Sgr des Champs : frères.

Boniot (Pierre de), Sgr de Rochemaure et Cheylus.

Baille (Pierre-André), Sgr de Fontblanche, à Annonay.

Bonlieu (Louis de), Sgr de Charlieu, à Annonay.

Barjac (Hérail de), Sgr de Vals, à Villeneuve de Berg.

Borne (Pierre de), Sgr de Ligonnières et Beaumefort.

Arsis (Antoine des), Sgr de Pignons.

Boucaran (Jacques de).

Boujac (Jean de), Sgr de Chirols. — (Bozas.)

Blache (Jean de la), Sgr de Besset; et Antoine : frères; à Besset, D. de Valence.

Chambarlhac (Alexandre et Antoine de), Sgrs de Lherm-Bas et de la Varenne; Louis et Pierre; Louis, de la paroisse de Saint-Clamens.

Chailar (François du), Sgr d'Aubignac; Alexandre, Sgr de Colombière, son frère.

Colonna (Sébastien de), Sgr d'Ornano, à Aubenas.

Clavières (Claude de), Sgr dudit lieu; Just-Gabriel : frères.

Cluzet (Jacques de), à Duzanoux; Pierre, Sgr de Vermel.

Chanaleilles (Claude de), Sgr de Villa; François, Sgr du Buisson; Guillaume, Sgr de la Saumès; Joseph-Benjamin, Sgr de la Saigne; Anne-François, Sgr de la Croze : frères.

Conte de l'Argentière (Louis), docteur et avocat.

Chambaud (Jean de), Sgr de Bavas, mousquetaire; Gaspard, Sgr de la Baume; Jacques, Sgr de la Combe; Alexandre, Sgr de là Charrée, capitaine-châtelain des baronies du Pouzin; Charles, Sgr de la Fontblanche, et Scipion, son fils; David et René, fils d'Alexandre.

Chauvelier (Olivier de), Sgr du lieu.

Chalendar (Jean de), Sgr de la Combe, demeurant à Chassies.

Caudine (... de), Sgr de Saint-Paulet de Gabriac. — (Cadouène.)

Castelane (Georges de).

Chambran (de).

Combes (Jean de), Sgr de Montels.

Couftins (François de), Sgr de Souplapons.

Chalandar (Anne), Sgr de la Motte; Louis de la Motte, son fils, prieur; Jean de Chalandar de la Motte, Sgr de Saint-Laurent-des-Bains, frère d'Anne.

Clermont de la Chaste (Louis-Joseph de), Sgr de la Bretonnière, et Charles, son père.

Chambaud (Jean de), Sgr de Bavas.

Blou (François de), Sgr de Laval.

Hautefort (Gabriel d'), baron de Lestrange, Sgr de Jonas.

Dagrin (Nicolas), Sgr des Ubas, et Louis, son frère. — d'Agrain.

Du Pont de Munas (Isaac), co-Sgr d'Oriol.

De Fay-Gerlande (François-Just), Sgr de la Motte; Gabriel, Alexandre, Louis-Just : ses fils.

Duchier (Jean); Antoine, Sgr de la Poumarède, son frère.

Des Champs (Just), Sgr de Pierregrosse; César, prêtre et prieur, son fils.

Dangerès (Jean-Baptiste), à Serrières.

Darlempde (Jacques), Sgr de Mirabel; Antoine, Sgr de Vendrias, son frère.

D'Arbeaud (Henri), Sgr du lieu; Scipion, Sgr de Saint-Geniès, près Tournon.

Dacher (Jean), Sgr et baron de Vabres, à Hautvillar. — (d'Apchier.)

De Fay (Anne), Sgr de Solignac et de Dol.

Du Sel (René), Sgr de Craux, co-Sgr d'Entraigues.

D'Alesty (David), Sgr d'Airargues, à Alais.

De la Tour (Antoine), Sgr de la Cros.

D'Autefort (Gabriel), baron de Lestrange, Sgr de Jonas.

De Moulin du Pont (François), Sgr de Vallon.

Faure (Jean de), Sgr de Fegairolles et de Brunarie, à Linières, D. d'Uzès.

Fages, (Guillaume de), co-Sgr de Tauries; Alain, Sgr de Bertis; Jean, Sgr de Bessas; Anne, prêtre; Antoine, Sgr de la Combe; Claude, Sgr de Chasaux : ses fils; Jean, Sgr de Chaune; Henri-Simon, son fils; Guillaume, Sgr de Sevérac.

Flandrin (Guillaume), Sgr de Poucherolles.

Fournier (André de), Sgr de Matre; Jean-Antoine Fournier de Losme : frères, à Annonay.

Flottes de Montauban (Jean-Baptiste de), baron de la Roche, Sgr majeur de Mirabel; Henry, Sgr de Montelhet; Guillaume, Sgr de Senegras.

Fraisse (Joachim Jullien, Sgr de).

Faure (Jean de), Sgr de Fégairolles.

Fournier (Claude), Sgr d'Auzène.

Fayn (François-Paule de), Sgr de Rochepierre, au bourg Saint-Andéol; Charles-François, Charles-Joseph : ses enfants.

Guissons (Pierre et Antoine de), père et fils.

Gabriat (François-Joseph de), Sgr de Saint-Paulet; Joachim de Gabriat, Sgr de Saul, co Sgr de Bourg-Saint-Andéol, père et fils. — (Gabriac.)

Guyon de Geys (Jacques de), Sgr de Pampelonne; Gabriel, Sgr de Payrolles.

Grazelles (Aymares et Jacques de), père, Sgr du Souchet; Aymard et Jacques, ses enfants; Joachim, son oncle — (Gaselles.)

Geys de Saint-Peray (Antoine de), au comté de Crussol.

Gardon de Bologne (Maurice et Claude).

Ginestous (Guillaume de), Sgr de la Bastide; Just et Henri, marquis de la Tourette; Just-Henri, marquis de Durfort, fils du marquis de la Tourette; Anne, Sgr de Vernon de Castenet.

Galière (Raymond de la), Sgr dudit lieu.

Guerdon de Bologne (Claude).

Hautvillar (Olivier du), Sgr du lieu.

Harenc (Pierre), Sgr de la Condamine, au Bourg-Argental.

Justet (Jean et César de), Sgrs de Dardiges, père et fils.

Just de Serres, écuyer, Sgr de Thoran.

Jubas (Daquin, Sgr de). — Agrain des Ubas.

Joleur (Jean de).

Julliens (Louis de), Sgr de Rochenive, Vinassac.

Largier (Louis), à Largentière, D. de Viviers.

La Garde (Loys-François de), marquis de Chambonnas; Charles, Sgr de Cornillon, son frère.

La Motte (René de), comte de Brion, baron de Vachières.

La Tour de Gouvernet (Pierre de), marquis de la Charce; René, Sgr de Malelargues, son frère; François, Sgr du Bousquet, son fils ainé; César, Charles, Alexandre : ses autres enfants, René, César, enfants de François.

L'Armuzière (Bernardin de).

Lestrange (César de), Sgr de Grosons et Guinot, à Guinot.

La Garde (Jérôme de), Sgr de Villard.

La Faye (Jean de), Sgr de Chambaron; Gaspard, Jacques.

Launay (Théophile de), Sgr d'Entraigues.

La Blanche (Marguerite), fille héritière de Jacques de la Blanche.

Laurens (Vincent de).

Lauze (... de la).

La Gorce (Jean de), Sgr du lieu.

Lorgues (Louis de).

La Pinpie (N... de).

La Tour (Charles de), Sgr de la Garde, demeurant à Chaumeirac.

Listra (Étienne de), Sgr de Saint-Cierge.

La Fare (Jean de).

La Galière (Pierre de).

Lombard de Barberon (Claude de), Sgr de Fontanes, à Annonay ; Jean, son père, secrétaire du roi.

La Roche (Charles de), Sgr d'Encane, et François, Sgr de Saint-Martin : frères.

La Rossière (Baptiste de), Sgr de Fraisse, à Saint-Martin de Manes.

La Planche (Jean de), Sgr dudit lieu ; et Jacques, Sgr de la Bavoles, son frère.

Meyras (Pierre de), Sgr de la Roquette.

Montagne (Nicolas de), Sgr de Montinet ; Claude, François, Pierre, Florimond, Gaspard, Jean, Nicolas, Antoine, à Rieutort-Forez : frères de Nicolas.

Mars de Livières (François de), à Privas ; Jean-François de Mars, moine profès.

Montaud (Jean de), chanoine à Viviers.

Montels (Balthazar et Louis de), frères, Sgrs de la Font et Beaulent.

Montrond (Charles de), Sgr du lieu ; Vilarnaud, Alexandre et Pierre-Isaac : frères.

Monteils (François de), Sgr de Coursas ; François, son fils.

Montagut (Joachim de), marquis de Bouzols, vicomte de Beaune ; Antoine Henri, Sgr de la Franigère.

Maillan (Gratian de), Sgr de la Champ ; François, Sgr de la Combe, son frère ; François, Sgr de la Champ, leur oncle, à Chevillac.

Marcoux (Timothée de), Sgr du Bay, au Cheylar.

Montmeran (de).

Montels (François de), Sgr de Coursas.

Montiner et Villeneuve (Nicolas de).

Mets (Jacques de).

Maisonseule (Jean-François-Marie de la).

Montels (Melchior de).

Moreton (Gabriel et Laurent de), Sgr de la Mothe-Chabrillan : frères.

Narbonne (Jacques de), Sgr de Larque ; Charles, Sgr de Pomares ; Henri, son fils, à Vielvic.

Pratrond (Jean et Joachim de), Sgrs de Pratrond de la Gruterie.

Pelet (Baptiste de), Sgr de Granges, à Villeneuve-de-Berg.

Pouzols (Baptiste de), Sgr de Gondoulet ; François-Antoine-César, à Burset.

Payan (Jean et Jacques de), Sgrs de la Garde, à Viviers.

Roubiac (Judith de), veuve de Pierre de Ternidon (Tardivon) ; Jacques, Jean, Esprit : ses enfants.

De la Gruterie de Maisonseule (Jean-Marie-François-Roch) ; Antoine-Marie, et René, leurs oncles.

Reynaud de la Bastide (Claude-Just), Sgr d'Estables.

Ruolz (Pierre de), Sgr de Trois-Fourneaux, capitaine et châtelain, à Serrières.

Rivière (Charles de la), Sgr de Chadenat ; Nicolas et Joseph, oncle et neveu.

Romanet-Chaylar (Charles de), Sgr et baron de Baudinet.

Reboulet de Galbert (René de), Sgr de Fonds; Antoine, Sgr de Boissac; Antoine, Sgr d'Urbilliart.

Saint-Priest de la Fouillouse (Pierre de), de la maison et baronie de Saint-Priest en Forez, à Sarras.

Solier (Daniel du); Étienne : frères; Jean, Sgr de Monnaironne; Delmas, Philibert, François : fils de Jean.

Surville (François de). Sgr de Malaval.

Soubeiran (Antoine de), Sgr de Montgiraud; Charles, Antoine, Sgrs de Châteauneuf; Hugues, Sgr Dalart.

Sylbeyras (Jean de), Sgr dudit lieu.

Saint-Priest (Pierre de), Sgr de la Fouillouse.

Sienne (Étienne de).

Tournon (François-Christophe de), Sgr de Meyres, baron de Retourtour.

Truchet (François de), Jacques de Truchet, son fils.

Tremoulet (Scipion de), à Villeneuve-de-Berg: Jacques de Tremoulet, Sgr de Craux, son frère.

Vocance (Antoine de), Sgr de la Tour; François, Sgr de Mourier; Charles-Jacques, Sgr de Bloc; Antoine-David : frères, fils d'Antoine.

Vergèses (Jean-Jacques de), Sgr d'Aubussargues.

Vernoux (Balthazar de), Sgr de Monestié.

Vogué (Georges de), Sgr du lieu; Melchior, son fils, capitaine d'une compagnie; Louis, chev. de Malte, Sgr de Gourdan; Pierre, Sgr du Peloux, son frère.

Vernon (Jean de).

Vincens (Laurens et Antoine), Sgrs de Mélines; Alphonse, Sgr de Bidoux.

DIOCÈSE DE MENDE.

Auzerant (Anne), Sgr de Benistant; Claude, son frère; Claude de Beaupré, autre frère.

Bouchet (Antoine du), Sgr de Broussoux.

Borel (Robert de), Sgr de la Grange; Tristan, Sgr de Chanouillet, son frère.

Belvèze (François de), Sgr de Jonchères, à Pradelles; Guion de Belvèze, prieur, oncle de François.

Brun (François de), Sgr de Montesquieu, la Malène; Jean, Sgr de Plagnol, père et fils.

Brunenc (Claude), Sgr de Montauran.

Barjac (Jean de), Sgr de Castelbouc et Monlezon.

Coulombet (Jean de), Sgr de Malmont, à Langogne.

Cadoine de Gabriac (Pierre de), Sgr de Sainte-Croix, père; Marc-Antoine; Rostaing, enfants; François, Sgr de la Fabrègue, frère de Pierre.

Chapelain (Jean), Sgr d'Issenges; Charles, Sgr de Soulageiroles; Claude, Sgr du Crées.

Chastel (Jean de), Sgr de Servières.

Charsel de Pontaud (Claude-Gabriel de), Sgr de Saint-Didier-le-Fort.

Cuichet (Antoine de), Sgr de Colas, à Florac.

De Sales (Étienne), Sgr de la Vessière; Louis, Urbain et Jean-Baptiste, Sgrs de la Prade.

D'Agulhac (Louis), Sgr de Malmont et Soulages ; Pierre, Sgr de Villaret, son frère.

Daltier (Antoine), Sgr de Serres, de Cham.

D'Arnail de la Devèze (Jean) ; Antoine, Hercule, Charles : ses enfants.

Dapchier (Philibert), Sgr de Tibleron.

Dassas (Jean et François), Sgrs de Marcassargues, frères ; Sgrs de Saint-Jean de la Gardonenque, au château de la Rouvière ; Jacques, Sgr de la Bastide.

Dauthun (Jacques), Sgr de Sauveplane-la-Rouvière.

De Lastiq (Joseph-Zacinte), au château de Fournels ; Louis, Sgr et prieur d'Albaret. — Nobles par lettres d'anoblissement.

Danticamereta (Philippe), Sgr de Saint-Martin.

Dantier (Jacques).

De Guichet (Antoine), Sgr de Colas, à Florac.

Du Mazel (Antoine), Sgr de Sainte-Colombe.

D'Arnail (Jean), Sgr de Douche.

Fontunié (Pierre-Honoré de), Sgr de Salettes.

Framond (Georges et François de), père et fils, Sgr de la Framandie.

Florit (Guion de), Sgr de Chailaquet ; Jean de Florit, son frère. — Nobles par lettres d'anoblissement.

Florit (Jean-Louis de), Sgr de Clamouze.

Fulcrand (François de), Sgr de Pradal.

Grégoire (Antoine de), Sgr de Lambrandes.

Gueiftier (François de), Sgr de la Caze ; Jean, Sgr de la Rochette ; Antoine-Maurin : frères.

Guérin de Chateauneuf de Randon (Silvestre), Sgr et marquis de Tournel ; Alexandre, son frère.

Gibillin (François de), Sgr de Vilar.

Guérin de Chavaniac (Jacques).

Gabriac (Claude de), Sgr Detres ; Pierre, Sgr de Tinac ; Jacques, Sgr d'Uzer, Jean-Antoine, Sgr de Montjoie : frères et neveux de Claude.

Jurquet (Jean-Jacques de), Sgr de Salebrusses ; Antoine, son frère, prieur de Saint-Germain-du-Teil.

Le Mercier le Molet (Jean-Louis), Sgr du Mus, Malaval et Silvestre.

Loubeirac (Louis de), Sgr dudit lieu.

Launay (Trophime de), comte d'Entraigues, Sgr de Lachamp.

La Salle d'Albignac (Marc de), à Saint-Etienne.

La Bastide (Jacques de la), Sgr de Molanchères.

Le Devant (François de).

La Tour de Bains Saint-Vital (François de), Sgr de Choisinet.

Maillan (David de), Sgr de Grand-Lac ; François, Sgr de la Caze ; Jean-Baptiste, Sgr de Malaville : fils de David ; Gilibert, Sgr de Penade, frère de David ; Jean de Solages de Thols, Sgr de Saint-Sernin, frère de David et de Gillibert, demeurant à Saint-Sernin, D. d'Alby.

Montcalm (Jean-Louis de), baron de Saint-Victor, au château de Gabriac ; Pierre, Sgr de Melac et Candiac, D. de Nimes, conseiller en la cour de parlement de Toulouse et chambre de l'édit de Castres.

Damansé (Antoine), demeurant à Tirascous, paroisse de Javouls ; Marc, Félix, Jean-Claude, Marc, Sgr de la Font : frères.

Molette de Morangès (Charles de), marquis de Saint-Auban, bailli en Gévaudan, gouverneur de Marvéjols; Charles, Scipion, Jacques, Louis, Anne, Joseph, Hyacinthe : ses enfants.

Malbosc (Pierre de), Sgr de Miral; Pierre, Sgr de la Vernède, père et fils.

Michel de Malbosc-Colas (Antoine), à Florac.

Mazel (Antoine du), Sgr de Sainte-Colombe.

Maury (N... del), Sgr de Ligaroux.

Mazel (Charles du), Sgr de Quintillac.

Mercier de Malaval (Jean-Louis de), Sgr de Chaudirac.

Michel (Antoine), Sgr de Colas.

Molette de Morangès (Louis de), Sgr du Fraisse; François, Sgr du Buisson.

Mazel (Alban), et Charles du Mazel, Sgrs du Sel, père et fils; Claude, Sgr de Pierrebesse; François, Jacques, Sgrs de Pierrebesse.

Palamourgues (Adam et François de), frères, Sgr de Malavielle.

Pineton de Chambrun (Charles de), Sgr de Lampéry; Aldebert.

Pellet (Claude), Sgr d'Arbousses, au château de Salgas; François, Sgr de Salgas; Jacques, Sgr de Recoules; Antoine, Sgr d'Arbousses; Hector, Sgr de Montcamp : fils de Claude.

Pradines (Charles de), Sgr dudit lieu; Clément, son frère, habitant Béziers.

Rets (André de), Sgr de Bressoles et de Cheminade; Guillaume et Hyacinthe, ses enfants; Guillaume, son frère, demeurant au Puy; Urbain, baron de Servières; Jean de Rets, prieur du lieu : frères; Jean-Godefroy; Louis, Sgr de Crousset et Besse, en Auvergne.

Raymond (Jacques de), Sgr de Saint-Étienne de Valfrancesque.

Reynard (Robert de), Sgr de la Salle; Antoine.

Rochenegli (Hector de), à la Gette, paroisse de Ventaje.

Seguin (Trophime de), Sgr de Prades Rochevalier : Étienne, son fils; César, comte de la Tour, son frère; Étienne, capitaine-châtelain et gouverneur pour le roi de la ville et vicomté de Villeneuve, D. de Montauban; Étienne, Sgr de la Pinède, à Marvéjols.

Sauvage (Arnaud de), Sgr de Malbosc, demeurant à la Canourgue; Jacques, écuyer, Sgr de Servillange.

Sincelles (François), Sgr du Mas; Jacques et Jean, frères de François.

De Fontaines, Sgr de Salles.

Sabatier (Anne de), veuve de noble Antoine de Bouchet, Sgr de Brousson; Antoine, son fils.

Salles (Marc de), Sgr d'Albignac.

Tardieu (Jean de), Sgr de Pradels, maréchal des armées du roi, demeurant à Marvéjols.

Dumas (Marie), veuve de Philibert de Lastiq, au château de Fournel; Joseph et Hyacinthe, ses enfants; Louis, Sgr et prieur d'Albaret. (Lettres d'anoblissement de mai 1618, et confirmées en mai 1658.)

DIOCÈSE DE SAINT-PONS.

Brugairoux (Francelin de), Sgr de Pardaillan; Jean, Sgr de Saint-Massal, Marquis de Brugairoux; François, Sgr de Fontsèque : ses enfants; Henri, Sgr du Brouset, son neveu.

Cabrol (Azémard), Sgr d'Arifat de la Salvetat, Marquis de Cabrol.

D'Issar (Louis), Sgr de Beaufort et de Jovares, D. de Narbonne.

D'Azilhanet (François, Sgr), et Bernard, son frère, à Olonzac.

Dhuc (Pierre), Sgr de Monsegond ; Marquis de Huc, Sgr de Besselves, son cousin.

Dumas (Jacques), Sgr de Cantaussel et Ferrols ; Paul, Sgr d'Orsière ; Marquis du Mas, Sgr de Cabanes.

Dauzion (Jacques), Sgr d'Havar.

Fraissinet (Guillaume), Sgr de Vessas, capitaine-châtelain et bailli de la ville et château de Cessenon.

Grenier (Jean de), Sgr du Raisin des Vernières.

Guibal (Suzanne de), veuve héritière fiduciaire de Antoine d'Hautpoul, Sgr de Cassagnoles ; François, Étienne, Charles, Jean-Antoine : ses enfants ; Jean-Antoine, Sgr de Caumont ; Pierre, Sgr d'Allière, son fils, D. de Narbonne.

Riols (Samuel de), Sgr de Moussan.

Robert (Paul de), Sgr de Terme ; Jean-François.

Roque (Jacques de la), Sgr du Bosc, habitant de Cesseras.

Saix (Jean de), Sgr de Campan.

DIOCÈSE D'AGDE.

Bandinel (Jacques de), Sgr de Figaret, et Joseph : frères, à Agde.

Bérard (Jean de), Sgr de Vestric ; Hercule et Louis Bérard de Vestric, frères dudit Jean, à Bessan.

Bompart (Gaspard de), Sgr du Pont, à Mèze.

Bonnail (Jean), Sgr d'Uzet, à Vias.

Graves (Henri de), marquis de Villefarjaux, Sgr de Saint-Martin, maréchal de camp, gouverneur de Monseigneur, frère unique du roi ; Jean-Louis, Sgr de Saint-Martin Daumes-les-Pézénas ; Pierre et Nicolas, frères de Jean-Louis.

Dalphonse (Louis), Sgr de Clairac, à Bessan.

De Flottes (Alexandre), Sgr de Sabazant, à Pézénas ; et les enfants de Jean, à Saint-Pons de Thomières.

D'Agde (Pierre), Sgr de Fondousse, à Pézénas.

Geoffroy (Thimothée de), Sgr et baron de Bouzigues.

Clappier (François de), à Montagnac. — Arrêt du conseil d'État, 19 janv. 1674, enreg. à la cour des aides de Montpellier le 12 janv. 1675.

Larcarre (Henri de), Sgr de Brignac, à Pézénas.

Louet de Nogaret de Calvisson (Henri de), Sgr d'Orneson, à Saint-Pons.

La Baïe (Pierre de), à Florensac.

La Farelle (Antoine de), docteur ès droits, bailli et juge à Montagnac ; Félix, Gabriel, Philippe, Guillaume, Claude : ses fils ; Pierre, frère d'Antoine.

Mourcairols (Jean de), Sgr de Loubatières ; Gabriel, Sgr de la Viguère et Loubatières, fils de feu Jean, à Pézénas.

Martres du Plan (Jean-Louis de), Sgr et baron de Loupian.

Montagut (François de), Sgr et baron de la Coste, à Pézénas.

Mourcairols (Étienne-Joseph de), Sgr de Felines ; Jacques, frère d'Étienne.

Nattes de la Croix (Jean de), à Saint-Thibéry ; Dominique, Henri, Germain : ses frères, à Rodez en Rouergue.

Pujol (Jean de), conseiller et maitre d'hôtel ordinaire du roi, conseiller et secrétaire du roi aux états généraux de la province.

Roquefeuil (Henri et Joseph de), Sgr de Converti, à Pézénas.

DIOCÈSE DE LODÈVE.

Bonnail (Alexandre de), Sgr d'Aubaigne; Joseph, son fils.

Benoit (Henri de), Sgr de la Prunarède et la Cisternette; Balthazar, prêtre; Jean-François, Sgr de la Veirarie : frères, à Saint-Jean de Fos.

Carcassonne (Anne de), vicomte de Cabannes, Sgr de Parlages.

Clermont de Lodève (Gaspard de), vicomte du Bosc; François, son fils, Jean-Arnaud de Clermont, son neveu.

Darre (Alignac), Sgr de Madières.

Forests (Philippe-André de), Sgr de Tregnies.

Fabre (Jean-François de), Sgr de Pégayrolles; Henri-Étienne, Sgr de Madières.

Grégoire de Gardies (Marc-Antoine), comte de Canaules et de Cabanes, vicomte de Montpeyroux, baron du Pouget; Henri, son fils; Pierre, baron de Saint-Félix; Louis-Jean-François : frères de Marc-Antoine.

Ginestous (Pierre de), Sgr de Saint-Maurice; Jean-Joseph, chev. de Malte Henri, Sgr del Ranc.

La Treilhe (Gabriel et Pons de), père et fils, Sgrs de Fouzières; Joseph, son autre fils; Louis et Charles.

Lauzières (Jean, Gaspard, Pierre de), frères, co-Sgrs de Soubès.

Lauzières (François de), Sgr de Saint-Guiraud; Jean, Jacques, Claude, Louis, Arnaud, Charles, Gaspard, Philippe, André : fils de François.

Saint-Julien (Charles de), Sgr de la Devèze; Antoine, Sgr de la Boissonade; Fulcrand, Sgr de la Vaquière.

Peyrau (Jacques de), Sgr de Castelet, à Saint-Maurice.

Peyrottes (Henri de), Sgr de Soubès; Gabriel, Sgr de Cazillac; Joseph : frères.

Rosset de Rocozel (Jean de), Sgr de Ceilles, Rocozel, Gourgas, etc.

Tude (François de la), Sgr de la Valette.

N. B. Nous avons suivi, dans la reproduction de ce document, l'ordre et l'orthographe du registre manuscrit.

Erratum. Page 274, D. de Béziers, ajoutez à la fin :

D'Arnaud (François), Sgr de Neffiés.
D'Amalric (Pierre), Sgr de la Loubière, à Gignac.
D'Olive (Jean), Sgr d'Abeillan; Henri, Sgr du Bousquet d'Abeillan, son frère.

III

Extrait de l'inventaire des titres de la chambre des comptes de Mont-
pellier fait par dom Vaissette, et emprunté à ses manuscrits déposés
à la Bibliothèque impériale.

Sénéchaussée de Nîmes.

HOMMAGES DEPUIS 1210 JUSQU'EN 1273.

Bermond de Sauve, fils de Raimond d'Anduze.
Guillaume de Naves, pour Naves.
Pons de Montaur, pour Posquières, Marguerittes, Aymargues, etc.
Bernard d'Anduze, pour Calberte, Bellegarde, etc.
Guillaume Amouroux, damoiseau.
Odon de Pouzillac, damoiseau, pour Pouzillac.
Guillaume d'Aramon, pour Aramon.
Raimond de Lévejan, chevalier.
Vezian de Beauvoisin, pour Bernis et Beauvoisin.
Raimond de Castries, pour Montaur, etc.
Guillaume Arnaud, Sgr de Montpezat, pour Gajan.
Guiraud d'Anduze, pour la baronie d'Hierles et ses dépendances.
Guillaume Arnaud de Naves, chevalier.
Raimond de Mandagout, chevalier, pour Meyrueis.
Annet de la Roque, chevalier, pour la Roque-Ganges, etc.
Raimond Bérenger, damoiseau, pour Mandagout.
Pierre de Saint-Étienne, chevalier.
Bernard de Barre, chevalier.
Guillaume d'Aigrefeuille, damoiseau, pour Folhaquier.
Raimond de Folhaquier, damoiseau.
Étienne de Mandajors, damoiseau.
Raimond Durfort, damoiseau.
Guillaume de Cadouene, chevalier, pour Folhaquier.
Guillaume de Folhaquier, damoiseau.
Raimond de Montussargues, chevalier.
Guillaume Geoffre de Saint-Bonnet, damoiseau, pour Saint-Bonnet.
Arnaud d'Anduze, damoiseau, pour Anduze.
Raymond de Meyrueis, damoiseau.
Guillaume d'Espinassou, chevalier.
Bernard Aribal, damoiseau.
Guillaume de Fontanille, chevalier.
Gervais d'Escanas, damoiseau.
Marquis de Canillac, pour Canillac, la Canourgue, etc.
Bertrand de la Balme, damoiseau.
Guillaume de Socanton, chevalier, pour Socanton.

Seguin de Tetin, chevalier.

Bremond de Soucanton, damoiseau, pour Soucanton. etc.

Guillaume de la Tour, pour le château de la Tour, Arpaillargues.

Pierre d'Aviniac, damoiseau.

Guillaume de Randon, pour Calberte, Randon, etc.

Guillaume de Mandajors, damoiseau.

Guillaume de Vrefeuil, chevalier.

Bremond de Gardose, damoiseau.

Pierre de Montredon, damoiseau.

HOMMAGES DE 1349.

Viguerie de Sommières.

Hugues de Mandagout.

Guillaume de Montlaur, pour Montlaur.

Pons d'Alairac, damoiseau.

Bertrand de Montpezat, pour Montpezat.

Raimond de Laudun, pour Orsan, Jonquières.

Raimond de Piolenc, damoiseau.

Alisian de Sabran, damoiseau.

Guillaume de Laudun, damoiseau, pour Gajan et Laudun.

Guillaume de Saint-Julian, damoiseau.

Bertrand de Mirabel, pour Saint-Julian de Campaynas.

Jacques de Carsan.

Raimond de Laudun, pour Laudun.

Guillaume Audiguier, damoiseau.

Bertrand de Béziers, damoiseau.

Charles de Laudun, pour Gajan, Laudun, etc.

Astorg de Tournel, damoiseau.

Bérenger d'Uzès, pour Boucoiran, Feneyroles, etc.

Gaucelin de Naves, pour Naves.

Le vicomte d'Uzès, pour Aimargues, Masmolein, etc.

Pierre de Deaux, damoiseau, pour Blauzac.

Alazéis de Montpezat, damoiseau, pour Serinbac.

Bertrand de Montpezat, chevalier, pour Fons, etc.

Pons Raimond, chevalier, pour Brignon.

Bertrand de Saint-Médard, damoiseau, pour la Roche près Aps.

Raimond de Nogaret, chevalier, pour Massillargues.

Raimond de Mandagout, pour Meyrueis.

Guillaume d'Uzès, chevalier, pour Boucoiran, Feneyroles et Vezenobres.

Pons Haybrard, damoiseau.

Jean de Pierre, damoiseau, pour un quart de Londres.

Guillaume de Fredol, chevalier.

Geoffre de Venasque, damoiseau.

Guillaume de Laudun, pour Montfaucon.

Bernard Bourgon, damoiseau.

Guillaume du Puy, chevalier, pour Rochefort.

Doulce de Laudun et Jean d'Uzès, son fils.

Rostang de Vanassac.

Jean Calcinel, chevalier.

Jeanne de Bosiacis, dame de Montbazen, pour Ledenon et Cabrières.

Jean d'Aramon, damoiseau.

Raimond de Pierre, chevalier, fils de Gilbert, pour Naves, Vaus, etc.

Guillaume, comte de Montfort, marquis de Canillac, pour Canillac, la Canourgue, Nogaret, Chirac, etc.

Bernard de Sommières, chevalier, pour le Cailar, Dumay, Montmiral, etc.

Guion de la Roche, dit de Servières, de Lautrec, pour Posquières, Marguerittes, Candiac.

Picteonis Foule, damoiseau.

Guillaume Fredol, Sgr de la Vérune, pour Saint-Just, baronie de Lunel.

Mathieu de Verdale, damoiseau, pour Saint-Jean de Védas, Murviel, etc.

Arnaud de Roquefeuil, chevalier, pour Montarnaud.

Sénéchaussée de Beaucaire.

HOMMAGES DE 1321 JUSQU'A 1322.

Viguerie de Nîmes.

Ermengaud de Mauguio.

Raimond de Nogaret, damoiseau, pour Calvisson, Arpaillargues.

Guillaume de Nogaret, damoiseau, pour Manduel, Jonquières, etc.

Raimond Buade, damoiseau.

Guigon de la Roque, pour Posquières, Marguerittes, etc.

Bernard d'Angussel, chevalier.

Viguerie d'Aigues-Mortes.

Pons Raimond, chevalier, pour le Cailar, Montmirat, etc.

Viguerie de Lunel.

Bertrand de Boisseron et Honoré, chevaliers, pour fief à Lunel.

Viguerie de Montpellier.

Raimond de Castries, pour Castries.

Simone, dame de Castries.

Raimond Pierre, Sgr de Ganges.

Guillaume de Courtion, pour Cournonterral.

Guillaume de Fabrègues, pour Fabrègues.

Pierre Frédol, pour La Vérune.

Viguerie de Sommières.

Pierre de Lèques, damoiseau, pour Lèques.
Pierre de Montlaur, pour Montlaur.
Pons de Montlaur.
Gaucelin de Mandagout, chevalier, pour Fontanès.
Raimond de Vissec, damoiseau, pour Vissec qu'il tient du Sgr d'Hierle.
Simon de Lèques, pour un sixième de Montredon.
Guillaume Arnaud, chevalier, Sgr de Montpezat, pour Gajan.
Arnaud de Sauve et autres, nobles, de Sauve.
Bernard....., damoiseau, pour Londres.

Viguerie d'Anduze.

Raimond de Bagard, damoiseau, pour Bagard.
Pons d'Anduze, chevalier, pour Anduze.
Gui de Falguières; damoiseau.
Bernard de la Fare, damoiseau, pour plusieurs fiefs.
Guillaume Geoffre de Saint-Bonnet, damoiseau.
Jean de Lahondés, damoiseau.

Viguerie de Meyrucis et du Vigan.

Raimond de Roquefeuil, chevalier, pour Valcarnède, Aumessas, etc.
Hugues Bringuier, chevalier, pour Mandajors.
Guillaume de Mondardier, Sgr de Campestre.
Bertrand de Pierrefort, chevalier, pour la baronie d'Hierles, située dans le
D. de Nimes, Lodève et Maguelonne.
Bernard Exsouac (?), damoiseau.
Astorg et Raimond de Montferrand, pour Montferrand.
Lambert de Pierre, damoiseau.
Gaucelin de Chiron, chevalier.
Olivier de Malevieille, damoiseau.
Bernard de Montferrand.
Hugues de Nogaret, damoiseau, pour Nogaret, la Canourgue et Trelans.
Raimond de la Salle, damoiseau.
Hugues Herrandy, damoiseau.
Guillaume de Saint-Étienne, damoiseau.
Jean de la Tour, damoiseau.
Bernard Pierre, damoiseau.
Pons de la Roque, damoiseau.
Bernard de Mamarcel, damoiseau.
Pierre Puel, damoiseau.
Raimond Galafré, damoiseau.
Marquis de Mandagout, damoiseau, pour Meyrueis.
Bertrand de Rocadun, damoiseau.
Guillaume de Monségur, damoiseau, pour Monségur.

Guillaume Estienne, damoiseau.

Mandagout de Mandagout, damoiseau, pour Mandagout.

Raimond de Saint-Marcel, damoiseau.

Raimond Azemar, damoiseau.

Viguerie de Montpellier.

1260. Boniface de Capdepore, chevalier.

1095. Guillaume de Montpellier, fils d'Ermengarde.

1166. Guy, fils de Guillaume de Montpellier.

1179. Guillaume, Sgr de Montpellier, fils de Malthide.

1269. Raimond Pierre, fils de Pons de Ganges, fait hommage au roi de Mayorque, pour Popian.

1312. Guidon, Sgr de la Roque, neveu de Pons de Montlaur, fait hommage au roi de Mayorque.

Doulce, fille d'Aigline de Castres, fait hommage pour la baronie de Castries.

1314. Simone, dame de Castres, femme de Bertrand de Saint-Just.

1310. Marie, femme de Bertrand de Pierrefort, chevalier, fille de ladite Simone, fait hommage pour ladite baronie.

1412. Raymond de Roquefeuil, hommage pour Gremian.

1309. Pierre Frédol, Sgr de la Vérune, frère du cardinal Frédol.

1331. Hommage de Philibert de Pierrefort, damoiseau, fils de Bertrand et de Marie, fille de Simone de Castries, pour la baronie de Castries. Philibert était baron de Castries, en 1348.

1330. Jacques, roi d'Aragon, donne à l'infant Ferrand, son frère, le vicomté d'Omelas avec ses dépendances pour sa légitime; quinze lieux en dépendaient, Poujet, Poujols, Saint-Bauzille, Vendémian, Saint-Paul, Pleissan, Cruyssan, Popian, Montbazen, Montarnaud, Saint-Georges, Valmalle, Saint-Amans, Juvignac, Cornonsec.

1347. L'infant Ferrand était vicomte d'Omelas sur l'hommage du roi de Mayorque, son frère.

1372. Arnaud de Roquefeuil fait hommage pour le Pouget, Vendémian, Saint-Bauzille, Tressan, et plusieurs autres biens de la baronie d'Omelas.

1372. Aimeric de Narbonne, chevalier, Sgr de Montbasen.

1378. Flos de Landorre, veuve de Raimond Pierre fait hommage à la reine de Navarre pour la baronie de Castries.

1382. Hugues d'Arpajon, vicomte de Lautrec, Sgr de Pleissan, Bélarga.

1396. Guillaume de Roquefeuil avait plusieurs fiefs dans les baronies d'Omelas et de Montpellier.

1396. Jourdaine de la Roque, veuve de Bertrand de Lévis, Sgr de Florensac.

1406. Philippe de Lévis, Sgr de Florensac.

Cette liste sera continuée et complétée dans l'*Annuaire historique et généalogique de la province de Languedoc* en 1861.

IV

Liste des seigneurs de la sénéchaussée de Beaucaire qui se trouvèrent dans l'assemblée convoquée à Montpellier dans le couvent des frères mineurs, le 25 février 1305, au sujet de l'affaire du différent du pape Boniface VIII avec Philippe le Bel. (Marquis D'AUBAÏS, *Pièces) fugitives*, II, Mélanges, 52.)

Guillaume de Châteauneuf, Sgr de Châteauneuf de Randon, D. de Mende.

Dragonet, Sgr de Joyeuse, D. de Viviers.

Marquis, Sgr de Canillac, D. de Mende.

Raimond de Roquefeuil, Sgr de Roquefeuil, D. d'Alais.

Raimond Pelet, Sgr d'Alais et de Caumont d'Olt, D. de Rodez.

Odilon Guérin, Sgr de Tournel, D. de Mende.

Raimon Decan, Sgr de Bellegarde, D. de Nimes.

Pons de Goudet, Sgr d'Ancho.

Gui de Sénaret, fils de Guillabert de Senaret, comte de Montferrand, D. de Mende.

Bernard de Langussel, Sgr d'Aubaïs, D. de Nimes.

Guillaume de Brignon, Sgr de Brignon, D. d'Uzès.

Armand de Retourtour, Sgr de Beauchastel, D. de Viviers.

Armand de Polignac, D. du Puy.

Guillaume de Châteauneuf de Randon, Sgrd e Saint-Remési, D. de Viviers.

Raimond et Bernard de Barre, Sgr de Barre, et

Bernard de Barre, fils et procureur de Pierre, Sgr de Barre, D. de Mende.

Astorg, Sgr de Peyre, D. de Mende.

Guérin, Sgr d'Apchier, D. de Mende.

Raimond d'Anduze, Sgr de Florac, D. de Mende.

Pons Bermond, Sgr du Caila, D. de Nimes.

Raimond et Guichard de Peyre, Sgrs de Servières et de Mende.

Bertrand de Pierrefort, Sgr d'Hierles, D. d'Alais, et de Saussan, D. de Montpellier.

Gontrand Ami, Sgr de Rochefort, D. d'Uzès.

Guiot, Sgr de Tournon, D. de Viviers.

Gilbert, Sgr de Solignac, D. du Puy.

Raimond Guigon, procureur de Brulhon, Sgr de Serrières, D. de Viviers.

Guigon, Sgr de la Roche en Renier, D. du Puy, et de Posquières, aujourd'hui Vauvert, D. de Nimes.

Rostang de Sabran, Sgr de Sabran, D. d'Uzès.

Albert, Sgr de la Gorce, D. de Viviers.

Pierre et Raimond de Vogué, Sgrs de Vogué, D. de Viviers.

Raimond de la Crote, Sgr de Bidages, D. du Puy.

Pons de Mirabel, Sgr de Mirabel, D. de Viviers.

Guillaume de Montrodat, Sgr de Montrodat, D. de Mende.

Armand de Montaren, Sgr de Montaren, D. d'Uzès.

Guillaume de Balazuc, Sgr de Balazuc, D. de Viviers.
Pierre de Montlaur, co-Sgr de Montlaur, D. de Montpellier.
Guillaume de Rochemore.
Pierre Hugon, chevalier.
Rostang de Malsang, procureur de tous les nobles de Beaucaire.
Frédol de la Valette, procureur de Jean de Sauve.

V

Députation de la noblesse des diocèses de Nîmes, Maguelone et Uzès, réunie à Nîmes en l'année 1529, dans la maison épiscopale, pour voter le don gratuit et l'argent de la décime à offrir au roi avec les remontrances nécessaires. (Marquis D'AUBAïs, *Pièces fugitives*, II, Mélanges, 62.)

DIOCÈSE DE NIMES.

Le baron de Calvisson.
De Miral, pour le comte d'Alais.
Le juge-mage.
Le baron d'Alais.
Le lieutenant.
D'Aubaïs.
De Bernis.
De Veyran.
De Montabaillant.
De Baulhon.
De Valfons.
De Saint-Sébastien.
De Bourg.

DIOCÈSE DE MAGUELONE.

Le baron de Ganges.
De Saussan.
Le baron de Castries.
De la Roque.
De Murles.
De la Vérune.

De Bozigues.
Le juge de Lunel.
De la Mosson.
De Pluviès.
De Montlaur.
De Saint-Roman.
De Boutonnet.

DIOCÈSE D'UZÈS.

De Lers.
D'Aramon.
D'Aigremont.
De Lisaces.
De Tresques.
De Saint-Chaptes.
Du Bousquet.
De Jaujac.
De Combas.
De Rochegude.
De Fons.
De Taraux.
De Chusclan.

VI

Sénéchaux de Beaucaire et de Nimes.

Peregrin Latinier de	1226 à 1234
Jaconimus, frère de Peregrin.	
Pierre de Nonnecourt, *alias* de Archiis.	1239
Pierre de Faber ou Fabri.	
Oudard de Villars, de	1243 à 1251
Guillaume d'Auton.	1255 à 1257
Geofroi de Roncheirolles.	1259
Gaufrid de Rochette.	
Gaufrid de Curia-Forrandi.	1261
Guy de Rochefort	1262
Arnoux de Curia-Forrandi.	1264
Philippe de Salice-Bernardi.	1266
Philippe de Saluto.	1270
Rainald de Rainier.	1274
Jean de Garel.	1277 à 1279
Guillaume de Pontchavron.	1279 à 1284
Garin d'Amplepuys	1284 à 1287
Adam de Montceliard.	1288 à 1292
Philippe du Bois l'Archambaud.	1292
Alfonse de Rouvroi.	1293 à 1296
Jean d'Arrablaye.	1301
Jean de Varenne.	1303
Jean Jourdain de Lille.	1304
Bertrand de Lille Jourdain.	1305 à 1308
Guill. de Plusian.	
Pierre de Broco.	1310
Robert d'Ocrea.	1312
Pierre de Macherin.	1314
Milon de Noyer.	1320
Jean d'Arrablaye.	
Gui Chevrier.	1321
Philippe de Prie.	1333
Guillaume d'Espériac.	1335
Pierre de la Palud.	1343
Guillaume Rolland de Montfaucon.	1345
Gaudemard de Fayn.	1349
Jean de Beaumont.	1351
Guill. Rolland de Montfaucon.	1353
Pierre de Caseton.	1355
Hugues Ademar.	1357
Jean de Bernier.	1359
Jean Souvain.	1360 à 1361
Pierre Raymond de Rabastens.	1361 à 1363

Gui de Prohins.	1365 à 1366
Amédée de Baux.	1367 à 1369
Jean de Bueil.	1377
Armand, Sgr de Largiac.	1380
Enguerran d'Eudin.	1380 à 1384
Hugues de Froideville.	1386
Charles d'Angest.	1391
Guillaume de Neillac.	1394
Jean de Russay.	1408
Elzéas de Sinillac.	
L'Hermite de la Faye.	1410
Guillaume de Saquet ou Signet.	1416 à 1418
Guillaume de Mouillon.	1418 à 1425
Jean Leroux.	1429
Gilbert de la Fayette.	1439
Tanneguy du Chastel.	
Raymond de Villa ou Villars.	1442 à 1453
Jean d'Olon.	1456
Joachim Rohault.	1458
Bernard de Donis.	1462
Rauffec de Balzac.	1465 à 1473
Antoine de Châteauneuf.	1475 à 1483
Pierre d'Urfé ou Urphé.	1486
Étienne de Vesc.	1494 à 1500
Huet d'Amboise.	1501
René Pot, Sgr de la Roche.	1501
Jacques, Sgr de Crussol et de Beaudiné.	1510 à 1517
Charles de Crussol, vicomte d'Usez.	1540 à 1545
Jean de Senectère ou Senneterre.	1558
Jean de Senectère, baron de Pontastier, fils du précédent.	1561
Honoré de Martin de Grille.	1566
Jacques de Boche.	1583
Jean de Fayn, Sgr de Peraut.	1590
Henri de Fayn, fils du précédent.	1630
Pierre de Joannis, Sgr de la Roche-Saint-Angel.	1632
Henri de Faret, Sgr de Saint-Privat.	1639
Hector de Monteynard, baron de la Pierre, marq. de Montfrin.	1651
François de Monteynard, fils d'Hector.	1700

VII

Lieutenants du roi en Languedoc.

Charles de Valois, fils de Philippe le Hardi, nommé en	1324
Alfonse d'Espagne.	1326
Robert Bertrand, maréchal de Briquebec.	1327

Le connétable Raoul de Brienne, en	1337
De Provigni d'Ergueri.	1337
Le Galois de la Baume.	1337
Gaston, comte de Foix.	1338
Jean, comte d'Armagnac.	1338
Jean, roi de Bohême.	1338
Jean de Marigni, évêque de Beauvais.	1339
De la Palu de Varambon.	1339
Les archevêques de Sens et d'Auch, et l'évêque de Noyon.	1340
Louis, comte de Valentinois.	1340
Agout de Baux.	1342
Jean, duc de Normandie.	1344
Pierre, duc de Bourbon.	1345
Le comte de Valentinois.	1347
De Flavacourt, archevêque.	1347
Gaston, comte de Foix.	1347
Bertrand de Lille-Jourdain.	1347
Le Galois de la Baume.	1348
Jacques de Bourbon.	1349
Charles, roi de Navarre.	1351
Gerard de Montfaucon.	1351
Amauri de Craon.	1352
Le connétable Charles d'Espagne.	1352
Jean, comte de Lille.	1352
Aymeri de Rochechouart.	1352
Jean, comte d'Armagnac.	1352 à 1357
Le comte de Poitiers, ensuite duc de Berry, de	1357 à 1360
Le connétable Robert de Fiennes.	1361
Le maréchal Arnoul d'Audeneham.	1361 à 1364
Louis, duc d'Anjou, frère de Charles V, de	1364 à 1380

VIII

Gouverneurs de Languedoc.

Gaston Phœbus, comte de Foix, en	1380
Jean, duc de Berri, oncle de Charles VI, de	1380 à 1390
Des commissaires gouvernent de	1390 à 1401
Jean de Grailli, comte de Foix.	1412
Jean le Meingre, dit Boucicaut.	1413
Jean, duc de Berri.	1413 à 1416
Jean, comte d'Armagnac, fils du connétable, en	1417
Renaud de Chartres, archevêque de Reims, de	1418 à 1419
Philippe de Lévis, Sgr de la Roche en Regnier.	1419

Jean de Grailli, comte de Foix.	1419
Charles de Bourbon, comte de Clermont, en	1420
Jacques de Bourbon, roi de Jérusalem et de Hongrie, en	1424
Jean de Grailli, comte de Foix.	1425 à 1436
Le dauphin, fils de Charles VII.	1439
Charles, comte du Maine.	1440 à 1466
Jean II, duc de Bourbonnais, de	1466 à 1488
Il nomme l'évêque du Puy, Jean, frère naturel de Charles, son père, son lieutenant général en Languedoc, le 7 juillet.	1466
Pierre II, frère de Jean II, duc de Bourbonnais et sire de Beaujeu.	1488 à 1503
Le roi, à la demande des états de Languedoc, laisse la charge de gouverneur vacante pendant plusieurs années.	
Charles, duc de Bourbon et d'Auvergne, Sgr d'Annonay et de la Roche-en-Regnier, comte de Forez.	1512 à 1523
Anne de Montmorency, maréchal de France, et ensuite connétable en 1538, de	1526 à 1563
Le gouvernement de Languedoc lui est ôté en 1542 jusqu'en 1547, qu'il lui est rendu. Dans cet intervalle, furent successivement nommés :	
Henri d'Albert, roi de Navarre, de	1542 à 1544
François de Bourbon, de	1544 à 1546
Jacques de Ginouillac.	1546
François, petit-fils du roi, de	1546 à 1547
Henri de Montmorency, fils puîné d'Anne, Sgr de Damville.	1563 à 1614
Il eut pour lieutenants généraux :	
1° Guillaume, vicomte de Joyeuse, de	1563 à 1592
2° Anne de Lévis, duc de Ventadour.	1593 à 1622
3° Henri, comte de Bouchage, duc de Joyeuse.	1596 à 1599
Henri II, duc de Montmorency, fils de Henri I, de	1614 à 1632
Il eut pour lieutenant général Anne de Lévis, duc de Ventadour, jusqu'en 1622, et Henri de Lévis, son fils, de	1622 à 1632
Henri de Schomberg, maréchal de France, en	1632
Charles de Schomberg, duc d'Halwin, son fils.	1632 à 1643
Le roi partage la lieutenance de Languedoc en trois départements, en 1633, et y nomme le comte de Tournon, le vicomte d'Arpajon et le marquis d'Ambres.	
Jean-Baptiste-Gaston, duc d'Orléans, oncle du roi, de	1644 à 1660
Il eut pour lieutenant général le duc d'Halwin, qui s'était démis du gouvernement, de	1643 à 1656
Armand de Bourbon, prince de Conti.	1661 à 1666
Henri, duc de Verneuil, fils naturel du roi Henri IV, de	1675 à 1682
Louis-Auguste de Bourbon, duc du Maine, de	1682 à 1736
Il eut pour lieutenant général Anne-Jules, duc de Noailles, de	1681 à 1706
Antoine-Gaston-Jean-Baptiste, duc de Roquelaure, est commandant en chef en Languedoc, de	1706 à 1738
Louis-Auguste de Bourbon, prince de Dombes, fils du duc du Maine, de	1736 à 1755

Louis-François-Armand, duc de Richelieu, commandant en
chef en Languedoc, de .... 1738 à 1755
Louis-Charles de Bourbon, comte d'Eu. .... 1755 à 1775
Sont commandants en chef, sous le comte d'Eu :
Gaston-Charles-Pierre de Lévis, duc de Mirepoix, de .... 1755 à 1757
Charles O'Brien, maréchal, comte de Thomond. .... 1757 à 1761
Charles, duc de Fitz-James. .... 1762 à 1765
Charles-Juste de Beauvau, prince du Saint-Empire. .... 1765 à 1771
Le maréchal duc de Biron. .... 1772 à 1784
Gabriel-Marie de Talleyrand-Périgord, comte de Périgord. .. 1785 à 1789

IX

Intendants de Languedoc.

De Bellièvre. 1571
Jean de Sade. 1577
Masparaulte. 1578
Jean Philippi. .... 1579 à 1580
Marion, trésorier de France, de .... 1595 à 1597
Claude de Convers. .... 1597 à 1612
François Faure. .... 1613 à 1628
François de Vitaulx ou de Bitault. 1620
Louis le Fèvre de Caumartin, en 1620
Nesmond 1628
Charles Machault, de .... 1628 à 1639
Robert Miron. .... 1632 à 1639
Antoine le Camus. .... 1633 à 1636
Barthélemi du Pré. .... 1636 à 1639
André de Ranse de la Perche, en 1640
Hercule de Vauquellin, sieur des Yvetaux. .... 1640 à 1642
François Bosquet. 1642
De Grimonville. 1642
Louis le Tonnelier de Breteuil, de .... 1646 à 1653
Claude Bazin, Sgr de Bezons, de .... 1654 à 1674
Henri Daguesseau, maître des requêtes. .... 1675 à 1686
Nicolas de Lamoignon de Basville, de .... 1687 à 1715
Louis de Bernage, conseiller d'État, de .... 1718 à 1728
Louis-Basile de Bernage, le fils, conseiller d'État. .... 1726 à 1743
Jean le Nain, conseiller d'État, de .... 1745 à 1750
Jean-Emmanuel de Guignard, vicomte de Saint-Priest, de ... 1751 à 1764
Marie-Joseph-Emmanuel de Guignard de Saint-Priest, fils du
précédent. .... 1764 à 1786
Charles-Bernard de Ballainvilliers. .... 1786 à 1789

X

Consulat et mairie de Montpellier. — 1500-1860.

1500. Jacques Merven.
1501. Perrin de Vaux.
1502. Étienne Manny.
1503. Jacques Bucelly.
1504. Jean Trinquaire.
1505. Jean Tinturier.
1506. François de Faucon.
1507. Jean de Morgues.
1508. Pierre de Leuze.
1509. Fredigue de Craxone.
1510. Jean Bucelly.
1511. Étienne Manny.
1512. François de Faucon.
1513. Guichard Bastier.
1514. Jacques Morgues.
1515. Fredigue de Craxone.
1516. Jean Gaudete, Sgr de Castelnau.
1517. N...
1518. N...
1519. Jean Tinturier.
1520. Guillaume de Saint-Ravy.
1521. Pierre Bennier.
1522. Jacques Bocaud.
1523. Guillaume Quarante.
1524. Antoine de Sala.
1525. Jean Casset.
1526. Jean de Bouques.
1527. François Bastier.
1528. Adam Mallyel.
1529. Honorat Loubert.
1530. Barthélemy Monfaucon.
1531. Jacques Bocaud.
1532. Pierre Dumas.
1533. Guillaume de Saint-Ravy.
1534. Claude de Cezelli.
1535. Guillaume de Combes.
1536. Jean Cognomb.
1537. Guichard de Sandre.
1538. Jean de Combes.
1539. Jean de Bouques, Sgr du Poux.
1540. Pierre Christophori.
1541. Pierre Focard.

1542. Pierre Dumas.
1543. François Rozier.
1544. Hugues Beguin.
1545. Jean de Vivrac.
1546. François de Andrea.
1547. Guillaume de Boirargues.
1548. Nicolas de Bouques, sieur du Bueil.
1549. Pierre Focard.
1550. Pierre Christophori ou Cristol.
1551. Eustache Philippy.
1552. Jean de Sarrat.
1553. François Durant.
1554. Jean de la Volhe.
1555. Bertrand Manny.
1556. Étienne Ranchin.
1557. Jean de Sarret.
1558. Jean de Combes.
1559. Simon de Sandre, Sgr de Saint-Georges.
1560. Guillaume de la Chaume, Sgr de Poussan.
1561. Jacques David, co-Sgr de Montferrier.
1562. Jean Martini.
1563. Pierre Combes, Sgr de Combas.
1564. Pierre Convers.
1565. Jean de Lauselergues, Sgr de Candillargues.
1566. Michel de Pluviers, Sgr de Paulian.
1567. Antoine de Robin.
1568. Jean de Lasset.
1569. Pierre Convers.
1570. Jacques de Monfaucon.
1571. Jacques des Guillens, Sgr de Figaret.
1572. Jean de Clair.
1573. Louis de Bucelly, Sgr de la Mousson.
1574. Jean des Ursières, Sgr de Castelnau.

1575. Pierre Chalon.
1576. Arnaud de Rignac.
1577. Raulin Dumois, sieur de Fer-
     rières.
1578. Simon de Sandre, Sgr de Saint-
     Georges.
1579. Jean Ortholan.
1580. Guillaume Duplex, sieur de la
     Tour.
1581. Jacques David, sieur de Mont-
     ferrier.
1582. Raulin Dumois, sieur de Fer-
     rières.
1583. Jean des Ursières.
1584. Simon de Sandre, sieur de
     Saint-Just.
1585. Guillaume Duplex.
1586. Guillaume de Bouques, Sgr du
     Poux.
1587. Jean Rudavel.
1588. Philippe de Sarret.
1589. Guillaume Duplex.
1590. Pierre Cabassut.
1591. Paul-Antoine Massilian.
1592. Philippe de Bossuges.
1593. Jean de Fontanon.
1594. François de Sandre.
1595. Guillaume de Ranchin.
1596. Pierre Cabassut.
1597. Antoine Massane.
1598. Daniel Pascal.
1599. Guillaume d'Hébrard, sieur de
     la Lauze.
1600. Mathurin de Tremolet de Buc-
     celly.
1601. Pierre de Clauzel.
1602. Pierre de Serres.
1603. François de Sandre, sieur de
     Saint-Just.
1604. Pierre de Combes de Montagut,
     sieur de Combas.
1605. Guill. de Bouques, sieur du
     Poux et de Londres.
1606. Jean d'Étiene de Carlincas.
1607. Pierre de Massane.
1608. François de Sandre.
1609. Philippe de Bossuges, sieur du
     Triadou.

1610. Joachim de Mazerand.
1611. Jean d'Étiene, sieur de Car-
     lincas.
1612. Jean de Focard.
1613. François de Clauzel.
1614. Daniel de Galière.
1615. Simon de Plantavit.
1616. Jean d'Hébrard, sieur de la
     Lauze.
1617. Pierre de Combes de Montagut,
     sieur de Combas.
1618. Claude de Saint Ravy.
1619. Pierre de Fons.
1620. Pierre de Massane.
1621. Jean d'Alard.
1622. Pierre Americ.
1623. Jean de la Croix, Sgr et baron
     de Castries.
1624. Gabriel de Grasset.
1625. Henri de la Croix, Sgr de Sueil-
     les et de Figaret.
1626. Gilbert de Griffy.
1627. François de Rosel de la Clotte.
1628. Antoine Dupont, sieur du Gout.
     Pierre de Grefeuille.
1629. François de Ranchin.
1630. Raulin de Girard.
1631. Jacques de Bossuges.
1632. Jean-Baptiste de Girard.
1633. Raulin de Gueiraud.
1634. Jean de Grasset.
1635. Henri de la Croix, sieur de
     Sueilles et de Figaret.
1636. Pierre de Rignac.
1637. François de Rozel.
1638. Charles de Combes.
1639. Pierre de Guilleminet.
1640. François de Beaulac.
1641. Henri de Ranchin.
1642. Les mêmes consuls.
1643. Henri de Clair.
1644. Raulin de Girard.
1645. Richer de Belleval.
1646. Pierre de Ratte.
1647. Pierre Ducher.
1648. Raulin de Rozel.
1649. François de Monlaur, Sgr de
     Murles.

1650. Les mêmes consuls.

1651. Pierre de Sengla, sieur de Secelly.

1657. Jacques de Baudan.

1658. Fr.-Ant. de Griffy.

1659. Jean-Louis de Tremolet.

1660. Jérôme Dupont.

1661. Jean de la Croix, Sgr de Candillargues.

1662. Charles de Combes.

1663. Charles de Rochemore, sieur de la Dévèze.

1664. Charles Pélissier.

1665. Polydore-Jean de la Vergne.

1666. François de Bounal, sieur de la Baume.

1667. George Desandrieux.

1668. Pierre Valat, sieur de Saint-Romans.

1669. Henri de la Croix.

1670. Charles de Varanda.

1671. Jean-Louis de Tremolet, Sgr de Lunelviel.

1672. François de Rozel.

1673. Jean de la Croix, Sgr de Candillargues.

1674. Gabriel de Bocaud, Sgr de Teyran.

1675. Charles Bon, Sgr de Villevert.

1676. Étienne de Pélissier.

1677. Henri de Grefeuille.

1678. George Desandrieux.

1679. Abdias Pavée.

1680. René-Gaspard de Tremolet, Sgr de Lunelviel.

1681. Jacques-François de Clerac.

1682. Étienne de Trinquère.

1683. Gilbert de Griffy.

1684. Alexandre le Robert, sieur de Villars.

1685. Pierre de Crouset, sieur du Villa.

1686. Philippe Fontanon.

1687. Jean-Antoine du Vidal, Sgr de Montferrier.

1688. René du Gain, sieur d'Availles.

1689. Pierre de Brignac, Sgr de Montarnaud.

1690. Charles Capon, sieur du Bosc.

1691. Étienne de Pélissier.

1692. Jean de Manny.

1694. Établis. des mairies perpétuelles dans toutes les villes du Languedoc. 17 mars, Georges de Belleval ; Henri de Ranchin premier consul.

1694. Gaspard de Belleval, succède à son père.

1700. Prix de la mairie remb. par la ville. Pierre de Maine.

1700. Étienne de Seguin.

1702. Gilbert de Griffy.

1703. Jean de Manny.

1717. Marc-Antoine de Beaulac.

1718. Joseph-Dominique Pélissier de Boirargues.

1719. Jos. de la Croix de Candillargues.

1720. Pierre de Ranchin.

1721. Jean-Polydore Desandrieux.

1722. Louis-François de Beaulac.

1723. Daniel de Grefeuille.

1724. Jean-Joseph de Vallat Saint-Romans.

1725. François de Focard, sieur de Sapte.

1726. Joseph-Henri de Combettes.

1727. Claude-François Jougla, baron de l'Ozière.

1728. Antoine Desandrieux.

1729. Pierre Durand Peytieux.

1730. Henri-Pascal de Saint-Félix.

1731. Jacques-Gabriel Eustache.

1732. Henri-Joseph de Nigry.

1733. Joseph-Dom. Pelissier de Boirargues.

Mairies rétablies :

1734. Louis de Manse.

1737. Jacques de Vichet.

1742. De Massilian.

1754. De Cambacérès.

1756. Jean Faure.

1763. De Cambacérès.

1768. Le chevalier de Ratte.

1779. Le chevalier de Girard.

1783. Le chevalier Deydé.

1788. De Sanilhac-Massilian.

1790. Louis de Durand

1793. Gas.

1795. Montels.

1795. Dupuy.

1795. Fargeon.

Les commissaires du gouvernement ou les présidents ont fonctionné de 1795 à 1800.

1801. Louis Granier.

1814. Le marquis de Dax d'Axat.

1815. Louis Granier.

1815. Le marquis de Dax d'Axat.

1830. Louis Castelnau.

1830. Louis-Michel Granier.

1831. Guinard.

1832. Paulin des Hours-Farel.

1833. Possel-Dessale.

1833. Zoé Granier.

1844. Albin Parlier.

1846. Raymond Broussonnet.

1848. Hoche Saint-Pierre.

1848. Lafon.

1848. Vergnes.

1848. Lenthéric.

1849. Léon Chivaud.

1849. Louis Parmentier.

1852. Victor de Bonald.

1852. Jules Pagézy.

XI

Etat des gentilshommes du Languedoc commandés pour l'arrière-ban de l'année 1691.

TROUPE DE M. LE COMTE D'AMBOISE EN QUARTIER A CHASTELLERAULT.

Commandant.

Le comte d'Amboise, sénéchal et gouverneur de Toulouse, résidant ordinairement dans sa terre d'Aurival, diocèse de Castres.

Cornette.

Le baron d'Aurival, résidant dans sa terre d'Aurival, diocèse de Rieux.

Maréchal des logis.

De Beaumont, résid. dans sa terre de Beaumont, près de Saint-Sulpice de Lezet, diocèse de Toulouse.

Gentilshommes.

Sénéchaussée de Toulouse.

DIOCÈSE DE TOULOUSE.

De Villenéuve de Gous, résidant à Paulinc, près de Buzet.
De Raoul, résidant à Toulouse.

DIOCÈSE D'ALBY.

De la Gautairié, résidant à la Gautairié, près d'Alby.
D'Escarraudié, résidant à Saint-Bauzille, près de Coroles.

De Montredon, résidant à Valence.

De la Jonquière, du Cayla, résidant au Cayla, près de Gaillac.

De Verliac, résid. à Cahuzac de Vere, près de Gaillac.

De Fontez-Verdun, résid. à Cahuzac, près de.Gaillac.

De la Tour Meiragues, résidant à Villeneuve, près de Gaillac.

De Durfort Linardié, résidant à Linardié, près d'Alby.

De Monsegu, résidant à Casteirols, près d'Alby.

De Sainte-Colombe, résidant à Parisot, près de Gaillac.

De Mauriez, résidant à Réalmont.

DIOCÈSE DE·RIEUX.

De Saint-Machens de Sers, résidant à Montesquiou de Bolvestue.

De Richac d'Escat, résidant à Montesquiou de Bolvestne.

De la Tour Cazeneuve, résidant à la Tour, près du Carla.

De Bruniac, résidant à Marquesabe, près de Rieux.

De Lardos, résidant à Artigat, près du Carla.

D'Aulix de Sers, résidant à Aulix, près de Montesquiou de Bolvestne

De Maléchart Baluze, résidant à Maléchart, près du Carla.

De Villemur, résidant à la Pommarède, près du Carla.

De Giscaro, résidant à Valentine, près de Saint-Gaudens.

De Baudian, résidant à Baudian, près de Muret.

DIOCÈSE DE MONTAUBAN.

De Bonloc, résidant à Montech, près de Montauban.

DIOCÈSE DE CASTRES.

De Las-Vaultes, résidant à Las-Vaultes, près de Grauillet.

De Flamarens, résidant à la Capelle, près de Briteste.

DIOCÈSE DE LAVAUR.

De Terson, résidant à Puy-Laurens.

De Padiez, résidant à Padiez, près de Puy-Laurens.

Du Pech, résidant au Pech, près de Lavaur.

De Seran Maury, résidant à Séran, près de Lavaur.

De Coucourens Villiers, résidant à Saint-Germier, près de Lavaur.

De Roüais Viruent, résidant à Roüais, près de Puy-Laurens.

D'Algans de Roüais, résidant à Roüais, près de Puy-Laurens.

Du Travet Pagez, résidant à Lavaur.

De Gachepel Richôme, résidant à Lavaur.

De Saint-Padou Puybusque, résidant à Cambou, près de Lavaur.

De Veilles Puybusque, résidant à Veilles, près de Lavaur.

DIOCÈSE DE SAINT-PAPOUL.

De Paulin, résidant à Vignonnet.

DIOCÈSE DE SAINT-PONS.

De Ferrals, résidant à Angles.

DIOCÈSE DE CAHORS EN QUERCY.

De Villettes, résidant à Moissac.

DIOCÈSE DE RODEZ EN ROUERGUE.

Du Cruzel, résidant à Rodez, près de Vares en Rouergue.
De la Roque d'Albusquier, résidant à Alsonne, près de Varon en Rouergue.

Sénéchaussée de Nîmes.

DIOCÈSE DE NÎMES.

De Valette, résidant au Gibertin, près d'Anduze.
Du Marcou, résidant au Marcou, près du Vigan.
De la Paillole, résidant à Saint-André de Valborgne.

DIOCÈSE D'USEZ.

De la Bastide, résidant à la Bastide, près de Bagnols.

DIOCÈSE DE MENDE.

De Pommiers Chambrun, résidant à Marvejols.

Sénéchaussée de Carcassonne.

DIOCÈSE DE NARBONNE.

De Villerambert, résidant à Villerambert, près de Carcassonne.
De Salles, résidant à Narbonne.
D'Assignan, résidant à Saint-Nazaire, près de Narbonne.

DIOCÈSE D'ALBY.

De Villefranche, résidant à Villefranche.
De la Tour d'Escabrins Glassac, résidant à la Tour, près d'Alby.
Du Puy Poulan, résidant à Poulan, près d'Alby.
Du Puy Saint-Géri, résidant à Poulan, près d'Alby.
D'Artus la Tourenne, résidant à Marsac, près d'Alby.
De Rouyré, résidant à Rouyré, près de Gaillac.
De Massuguiez Carlot, résidant Massuguiez, près de Castres.
De Comte de la Salvarié, résidant à Réalmont.

DIOCÈSE DE CARCASSONNE.

De Fontiez, résidant à Fontiez, près de Carcassonne.
De Caillarel, résidant à Carcassonne.
Du Fay, résidant à Carcassonne.

DIOCÈSE DE CASTRES.

Du Buisson, résidant à Castres.
Le chevalier du Buisson, résidant à Castres.
De Lautrec Saint-Germier, résidant à Saint-Germier, près de Castres.
De la Vallette Montvaillant, résidant au Cayla, près de Réalmont.
Du Puget Maury, résidant à Pellisarié, près de Briteste.

DIOCÈSE DE SAINT-PONS.

De Cesseras, résidant à Cesseras, près de Carcassonne.

Sénéchaussée de Béziers.

DIOCÈSE DE NARBONNE.

De Lescure, résidant à Narbonne.

DIOCÈSE DE BÉZIERS.

De Montagnac, résidant à Béziers.
De Cassan, résidant à Béziers.

DIOCÈSE D'AGDE.

De Leinadier, résidant à Montagnac.

DIOCÈSE DE LODÈVE.

De Soubez, résidant à Soubez, près de Lodève.
De Mazeran, résidant au Cayla, près de Lodève.
De Malmont, résidant à Clermont.
De Labarte Bezombes, résidant à Lodève.
De Saint-Julien du Puech, résidant au Puech, près de Lodève.

Sénéchaussée de Limoux.

DIOCÈSE DE NARBONNE.

De Lauzil Marion, résidant à Brez, près de Fangeaux.
De Boüysse, résidant à Boüysse, près de Limoux.

DIOCÈSE DE PAMIERS.

De Fiches, résidant à Fiches, près de Pamiers.

DIOCÈSE D'ALET.

De Feste, résidant à Limoux.
De Ponts, résidant à Prats, près de Quilla.
De Nouals, résidant à Nouals, près de Quilla.
De Cazelles Couderc, résidant à Cazelles, près de Quilla.

Sénéchaussée de Montpellier.

DIOCÈSE DE NÎMES.

De Souvignargues, résidant à Souvignargues, près de Sommières.

DIOCÈSE DE MONTPELLIER.

De Gaut, résidant à Montpellier.
De Beaux-Hostes, résidant à Montpellier.
De Grefeuïlle, résidant à Montpellier.

DIOCÈSE DE LODÈVE.

De Montpeiroux, résidant à Montpeiroux.

Sénéchaussée de Lauragois.

DIOCÈSE DE TOULOUSE.

D'Issus, résidant à Issus, près d'Hauterive.
De la Line, résidant à la Line, près d'Auriac.
De la Boulbène, résidant à Saint-Félix de Caraman.
De Mausencals la Bouriasse, résidant à..., près d'Hauterive.

DIOCÈSE DE LAVAUR.

De Saint-Étienne, résidant à Revel.
De Bonfontan, résidant à Cuq, près de Puy-Laurens.
De Cuq Bataille, résidant à Cuq, près de Puy-Laurens.
De Castelgaillard, résidant à Cuq, près de Puy-Laurens.
De Paleville, résidant à Paleville, près de Revel.

DIOCÈSE DE SAINT-PAPOUL.

De Saint-Sernin, résidant à Castelnaudary.

De Roubignol, résidant à Castelnaudary.
De Maurice, résidant à Castelnaudary.

TROUPE DE M. LE MARQUIS DE MONFRIN, EN QUARTIER A LUSIGNAN.

Commandant :

Le marquis de Monfrin, sénéchal de Nimes et de Beaucaire, résidant à Monfrin, diocèse d'Uzès.

Cornette :

Le marquis de Saint-Victor, à Saint-Victor de Malcap, près de Saint-Ambroise, diocèse d'Uzès.

Maréchal des logis :

De Portes de Beaux, aux Beaux, près d'Issingeaux, diocèse du Puy.

Gentilshommes :

Sénéchaussée de Nimes.

De Saint-Jean d'Aigremont, résidant à Nimes.
De Mérière Malerargues, à Vaquière, près d'Uzès.
De Cavilhargues, à Cavilhargues, près de Bagnols.
De Fontarèches, à Fontarèches, près d'Uzès.
De Salgas, à Salgas, près de Florac.
De Cardet, à Cardet, près d'Anduze.
De Saint-Julien de la Nef, à Saint-Julien, près du Vigan.
De Belvèze d'Aumessas, à Aumessas, près du Vigan.
De l'Olivier Saint-Julien, à Saint-Hippolyte de la Planquette.
De la Baume Saint-Julien, au Vigan.
D'Espinasson, à Espinasson, près du Vigan.
De Saint-André de Valborgne, à Saint-André, près de Saint-Jean de Gardon.
De Suëilles, à Suëilles, près de Saint-Jean de Gardon.
De Fabre, à Aramont, près d'Avignon.
Du Portal.

Sénéchaussée du Puy.

De Cussac, à Cussac, près du Puy.
De Chambonnas, à Saint-Martin de Valamas, près de Sainte-Greve.
De Sagnard, au Vernet, près d'Issingeaux.
De Beaupré, à Costechaude, près du Fui.
De Fonclaire, à Sanhar, près d'Issingeaux.
De Rossauge, au Fieu, près de Craponne.
De Vinols, à Craponne.
Du Bez, au Bez, près de Monistrol.

Du Figon, au Figon, près de Montfaucon.

Du Fraisse de Vaux, à Chabanols, près d'Issingeaux.

De Séreis, à Séreis, près de Craponne.

De Lugeac, au Frais, près de Saint-Chely.

De Mercuret, au Mercuret, près d'Issingeaux.

De la Bastide de Lugeac, au Frais, près de Saint-Chely.

De Farges, à Farges, près de Saint-Chely.

Du Bar, à Cheyrac, près du Puy.

Du Mas, au Mas, près du Puy.

Du Chambon du Pin, au Monastré, près du Puy.

De la Cha... (peut-être, *de la Chaise*), au Bois, près de Roche.

Du Croiset, au Croiset, près de Mende.

De Combettes, à Combettes, près de Mende.

De Saint-Maurice, à Saint-Maurice, près de Saugues.

D'Aumezon, à Saugues.

De Salians, à Parreiroles, près de Chaudes-Aigues.

De Costorós, à Bossette, près de Langogne.

De Banc, à Montregard, près de Montfaucon.

Sénéchaussée de Béziers.

De Bosouls, à Boussagues, près de Béziers.

D'Arberi, à Pézénas.

De Montbrun, à Pézénas.

D'Aubaigues de Bonneil, à Aubaigues, près de Lodève.

De Rentières, à Agde.

De Villenouvette, à Villenouvette, près de Béziers.

De la Roque Roquefeuille, à Saint-Étienne, près de Lodève.

Sénéchaussée de Montpellier.

De Causse, résidant à Montpellier.

De Madières, résidant à Montpellier.

(Imprimé à Chastellerault, par Jean-Baptiste Maréchal, imprimeur du roi, et de S. A. R. Mademoiselle. 1691.)

Note. Une main contemporaine a ajouté au dos : Il y eut une seconde convocation de l'arrière-ban, l'année 1697, commandé par M. de Paulo, comte de Calmont, sénéchal et gouverneur du pays de Lauragais, sous les ordres de M. le maréchal de Tourville.

(*L'original de cette pièce appartient à M. l'abbé de la Roque, chanoine d'Autun.*)

XII

État des chevaliers, écuyers, nobles et gens vivant noblement et faisant profession d'armes, vassaux et autres personnes tenant des fiefs et arrière-fiefs, convoqués aux ban et arrière-ban en la sénéchaussée du Puy, au mois de mars 1689.

Louis Dulac.
Louis de la Roche, Sgr de Chamblas.
J.-B. du Fournel, Sgr du Roure.
Ant.-Marie de Maisonseule, baron du Villard.
Gabriel de Veyrac, Sgr de la Valette.
Pierre de Beaux.
De Chambarlhac, sieur de Fontmourettes.
Claude Ferrapie, sieur de la Vernée.
Noel Jourda, sieur de Veaux.
Charles de Bronac, Sgr de Montfaucon.
Ant. de Soubeyran, Sgr de Montgiraud.
De Glavenas.

Le 2 mai suivant, il fut procédé à la taxe des fiefs, arrière-fiefs et biens nobles qui y étaient sujets, à l'occasion du ban et arrière-ban, par François Alphonse de Clermont de Chaste, comte de Roussillon et Charpey, sénéchal du Puy, Velay et ressort; Hugues de Pradier d'Agrain, lieutenant criminel; Claude Ferrebeuf, lieutenant principal; Geoffroy Brunel; Joseph de Pons; Claude de Pollalion, baron de Glavenas; Jean Denis et Ignace Montbrac, conseillers; Jean Pinot, procureur du roi.
Parmi ceux portés sur le rôle de taxe furent:

Jacques de Fay, Sgr et baron de Sigolène.
Jean de Pradier d'Agrain, Sgr et baron d'Agrain, Séjallières et Mont-le-Bez.
Vidal de la Tour de Saint-Vidal de Rochefort d'Ally.
Achille, marquis de Nérestan, jadis grand-maitre de l'ordre de N.-D. du Mont-Carmel et Saint-Lazare.
De Bouchard, baron de Saint-Privat.
Christophe de Belvezer, sieur de Jonchères.
Claude Vidal de Rochefort d'Ally, Sgr du Thiolenc.
Le marquis de Colombine.
Jean-Antoine de Colin, Sgr de Roys.
Claude de Licieux de Parand, sieur d'Oyde.
Claude Esbrayat de Pralas.
Marcellin de Beget, sieur de Flachas.
Jérome de la Colombe, sieur d'Artites.
Antoine de Drossanges, sieur du Roure.

Philibert d'Apchier, Sgr d'Apchier et d'Ebde.

Charles de Choumouroux, sieur de la Borie.

Amable de Miet de Chapteuil, Sgr de Bonneville.

Jacques Chambon, sieur du Pin.

Balthazar de Pieyres, sieur de Planèzes.

Jean de Luzy de Pélissac.

Louis du Bouchet, sieur de Sallecru.

Christophe de Sauvages du Roure.

Antoine Odde, sieur du Villard.

Claude de Poinsac, sieur de Poinsac.

Gabriel de Fay de Gerlande, baron de Saussac et Vertamise.

Just le Blanc de Chantemule.

Claude de Pauche, sieur de Cordes.

Antoine Martel, sieur de Beaurepaire.

François de Colomb, sieur de la Tour.

(ARNAUD, *Hist. du Velay*, II, 219.)

État des nobles et autres possédant fief soumis à la taxe pour les ban et arrière-ban de la sénéchaussée du Puy, 1691.

Sidoine Apollinaire Gaspard Scipion Armand, vicomte de Polignac pour la vicomté de Polignac, baronie de Loudes, marquisat de Chalençon, Craponne, la Voute et Solignac.

Joachim de Montaigu, vicomte de Beaune, pour la baronie de Bouzols, co-Sgrie de Barges, et domaine noble d'Adiac.

Charles de Lorraine, comte d'Harcourt pour la comté de Montlaur et la baronie de Montbonnet.

François-Alphonse de Clermont, marquis de Chaste, sénéchal du Puy, pour les baronies de la Brosse, Fay et Lapte de Chaste.

Jacques de Fay, chevalier, comte de la Tour-Maubourg, Sainte-Sigolène, Chabrespine, Lignon, Saint-Maurice et Labatie.

Just-Gabriel de Fay, comte de Gerlande, baron de Saussac et Vertamise.

Jean de la Rodde, baron de Saint-Haon.

François de Colomb, Sgr de la Tour, second président de la sénéchaussée et présidial du Puy.

René de la Motte, comte de Brion, Sgr du Chaylard en Vivarais, baron de Vachères.

Claude de Romanet, Sgr de Beaudiné.

Dominique de Polallion, Sgr de Glavenas, le Pertuis et Mortesagne.

Louis Dulac, Sgr de Gratuze et de Fugères.

Louis de la Rochenégly, Sgr de Chamblas.

Louis Milhet, Sgr de Donaze.

Jacques de Leyssac, Sgr de Leyssac.

Gabriel de Veyrac, Sgr de la Valette.

Anne du Peloux, Sgr de Saint-Romain.

Jacques de Charbonnel, Sgr du Bets.

Gabriel de Jourda, Sgr de Vaux, co-Sgr de Retournac.

Hugues de Pradier d'Agrain, lieutenant-criminel pour la baronie de Mons, Volhac, Jalasset, Lantriac.

Jean Torilhon, Sgr de Vacherolles.

Pierre Mailhet de Vachères.

Claude Esbrayat, sieur de Pralas, Sgr de Rosières.

Marc-Antoine Sigaud, sieur de Loudes.

Guillaume Berthon, sieur de Vourze et Fromenthal.

Gabriel Bergonhon.

(ARNAUD, II, 30.)

XIII

Composition des états généraux de la province de Languedoc en 1654.
(Armor. de Béjard, 1654.)

Armand de Bourbon, prince de Conty, prince du sang, pair de France, gouverneur et lieutenant général pour le roi en Languedoc.

Louis de Cardaillac et Levy, comte de Bioule, marquis de Cardaillac, vicomte de Lautrec, Sgr et baron de la Pene, de Montrodon, de la Brugière, de Gay, de Castelnaud, de Montmiral, etc., conseiller du roi en ses conseils, lieutenant pour Sa Majesté en ses armées et province de Languedoc.

Jacques d'Amboise, comte d'Aubijoux, lieutenant général pour le roi en Languedoc, gouverneur particulier de la citadelle de Montpellier.

Scipion Grimoard de Beauvoir, comte du Roure, marquis de Grisac, bailli du Vivarais, lieutenant général du roi en Languedoc.

Louis de Boucherat, commissaire du roi aux états de Languedoc, ci-devant intendant de justice, police et finances en ladite province.

Claude de Bazin de Bezons, intendant de la province, commissaire du roi aux états de Languedoc.

François de Beaulac, président trésorier de France, commissaire du roi aux états de Languedoc.

Bernard de Nolet, conseiller du roi, trésorier et grand voyer de France, en la généralité de Toulouse, commissaire du roi aux états de Languedoc.

ARCHEVÊQUES ET ÉVÊQUES SIÉGEANT AUX ÉTATS.

Narbonne. Claude de Rebé, archevêque, président-né.

Toulouse. Pierre de Marca, archevêque.

Rieux. Jean-Louis de Bertier, évêque.

Viviers. Louis de la Baume de Suze, évêque.

Mirepoix. Louis de Nogaret de la Valette, évêque.

Béziers. Clément de Bonzy, évêque.

Mende. Sylvestre de Marcillac de Creusy, évêque.

Nimes. Hector d'Ouvrier, évêque.

Uzès. Nicolas Grillet, évêque.

Alby. Gaspard de Daillon du Lude, évêque.

Montauban. Pierre de Bertier, évêque.

Le Puy. Henri de Maupas du Tour, évêque.

Lavaur. Jean-Vincent de Tulles, évêque. .

Saint-Papoul. Bernard d'Espruès, évêque.

Agde. François Fouquet, évêque.

Alet. Nicolas de Pavillon, évêque.

Comminges. Gilbert de Choiseul-du-Plessis-Praslin, évêque.

Lodève. François Bosquet, évêque.

Saint-Pons. Michel Tubeuf, évêque.

Montpellier. Guillemain, vicaire général.

Carcassonne. De Lasset, vicaire général.

Castres. De Rességuier, vicaire général (1).

De ces vingt-deux prélats, sept avaient le titre de comte en vertu d'une prérogative de leur siége épiscopal.

L'évêque de Viviers était comte de Viviers.

L'évêque de Mende, comte de Gévaudan.

L'évêque d'Uzès, comte d'Uzès.

L'évêque d'Agde, comte d'Agde.

L'évêque de Lodève, comte de Montbrun.

L'évêque de Montpellier, comte de Melgueil et de Montferrand.

L'évêque du Puy, comte de Velay.

BARONS DES ÉTATS GÉNÉRAUX DE LANGUEDOC.

Alais. Henriette de la Guiche, duchesse douairière d'Angoulême.

Polignac. Gaspard-Armand, vicomte de Polignac, marquis de Chalancon, Sgr et baron des baronies de Randon et Randonnat, Solignac, la Voulte, Ozon, Saint-Paulien, Crampone, Daumont, Seyssac.

Tournon. Marguerite de Montmorency, duchesse de Ventadour, comtesse de Tournon, femme d'Anne de Levy, duc de Ventadour, pair de France, comte de la Voulte, baron de Donzenac, de Boussac, de la Roche-en-Reynier, d'Annonay, de Cornillon, etc.

Tournel. Anne de Chateauneuf, marquis de Tournel, baron de Sénaret et d'Alenc de Randon, etc.

Clermont-Lodève. Gabriel-Aldonce de Guillem de Castelnau, de Clermont, de Caraman et de Foix, comte de Clermont, marquis de Sayssac vicomte de Lautrec et de Néhouzon, Sgr et baron des baronies de Castelnau, de Caumon, de Venez, de Boussagues, Queilliac, Beaulieu, etc.

Arques. Claude de Rebé, baron de Rebé, marquis d'Arques, Sgr de Connissan, Esparazan, Ferols, Terols, Cassagne, Misegre, etc.

(1) Ces trois derniers vicaires généraux siégeaient à la place des évêques morts au moment de la tenue des états.

Calvisson. Jean-Louis de Louet de Murat et de Nogaret, marquis de Calvisson, baron de Manduel, Sgr de Massillargues, etc.

Ganges. Ponce de la Tude, baron de Ganges, Sgr de Saint-Marsal, de Soûberas, de Casillac, de Molesse, etc.

Castries. René-Gaspard de la Croix, marquis de Castries, Galargues, etc.

Castelnau-de-Bonnefons. Jacques d'Amboise, comte d'Aubijoux, baron des baronies de Castelnau de Bonnefons, de Graouillet, de Belesta, de Sauveterre, Sgr de la Bastide d'Audou et de Lévy, de Castelnet, de Sainte-Croix, etc.

Ambres. François de Gelas, de Leberan et de Voisins, marquis d'Éleron et d'Ambres, vicomte de Lautrec.

Saint-Félix. Charles d'Escoubleau, marquis de Sourdis, d'Alluye, prince de Chabannais, comte de Carmaing et de Jouy en Josas, baron d'Auneau Montdoubleau, Saint-Félix, Montesquiou et Gauyac, etc.

Villeneuve. François de Cardaillac et Lévy, baron de Villeneuve, Sgr de Manses, etc.

La Gardiolle. Roger de Foix, vicomte de Cante, baron de la Gardiolle, etc.

Lanta. Amans de Barthélemy de Gramon, baron de Lanta.

Vauvert. Pierre d'Auteville, baron de Vauvert, Sgr de Montferrier.

Castelnau-d'Estrettefonds. François de Vabres, baron de Castelnau d'Estrettefonds, Sgr de Caumon, de Gaizannes, de Sainte-Romec, de Valon, etc.

Campendu. Scipion de Bassabat, marquis de Pourdiac, baron de Campendu, de Fenteille, de Merville, etc.

Confoulens. Charlotte de Calvière, baronne des baronies de Confoulens et d'Auterive, héritière de son père Marc de Calvière.

Rieux. François Desmontiers, comte de Mérinville, de Rieux et d'Azillen, baron de la Livinière, Ferrals, Saint-Julien, etc.

Mirepoix. Gaston-Jean-Baptiste de Levy-Lomagne, marquis de Mirepoix, maréchal de la foi, sénéchal de Carcassonne.

Florensac. Emmanuel, comte de Crussol, premier pair de France, baron de Levy et de Florensac, etc.; fils de Jacques, duc d'Uzès.

BARONS DE TOUR DU VIVARAIS.

Joyeuse. Joseph-Louis de Lorraine, duc de Joyeuse et d'Angoulême, prince de Joinville, etc.

Saint-Rémézy. François de Lorraine, comte de Rieux, de Rochefort, de Montlor et de Saint-Rémézy, marquis de Maubec, baron d'Aubenas, de Montbonnet, d'Aiguse, Sgr de Montpesat, etc.

Montlor. Alphonse de Lorraine, comte de Montlor et de Saint-Rémézy, marquis de Maubec, etc.; fils du précédent et de la princesse d'Ornano.

Crussol. Emmanuel, comte de Crussol, premier pair de France, prince de Soyon, baron de Levy et de Florensac, Sgr d'Assier et Cadenat, etc., fils de Jacques, duc d'Uzès.

La Voulte. Marguerite de Montmorency, duchesse de Ventadour, comtesse de la Voulte, de Tournon et du Roussillon, etc., femme d'Anne de Lévy, duc de Ventadour.

Annonay. Louis de Levy, duc de Ventadour, pair de France, marquis d'Annonay, etc.

Largentière. Louis de la Baume de Suze, évêque et comte de Viviers, prince de Donzère et de Chateauneuf du Rhône, baron de Largentière, Sgr du Bourg-Saint-Andéol, etc.

Tournon. Marguerite de Montmorency, duchesse douairière de Ventadour, comtesse de la Voulte, de Tournon, de Roussillon en Dauphiné, etc.

Boulogne. Charles de Senneterre, marquis de Chateauneuf, vicomte de Lestrange et de Cheylane, baron de Boulogne et de Privas, Sgr de Saint-Marsal, etc.

Aps. Charles de la Baume de Suze, comte d'Aps, et de la Baume de Trans, abbé de Mazan, etc.

Brion. René de la Motte, comte de Brion, baron du Cheylar, de Vachiers, de la Fare, des Aries et du Béage, etc.

Chalancon et Privas. Marguerite de Montmorency, duchesse douairière de Ventadour, baronne de Chalancon, partageait le droit d'entrée conféré par cette baronie avec Charles de Senneterre, marquis de Chateauneuf, baron de Privas.

BARONS DE TOUR DU GÉVAUDAN.

Mercœur. Louis de Vendôme, duc de Mercœur, d'Estampes et de Penthièvre, pair de France.

Apchier. François, comte de Crussol, d'Apchier et de Saint-Chély, baron de Bellegarde, de Remoulins, d'Aymargues, de Saint-Geniès, fils d'Emmanuel, comte de Crussol, duc d'Uzès, premier pair de France.

Chateauneuf-Randon. Gaspard-Armand, vicomte de Polignac, marquis de Chalancon, baron de Chateauneuf-Randon et Randonnat, de Solignac, d'Ozon, etc.

Canillac. Jacques-Timoléon de Beaufort et de Montboissier, marquis de Canillac et d'Anduze, premier vicomte de Provence, etc.

Tournel. Anne de Chateauneuf, marquis de Tournel, baron de Sénaret et d'Alenc de Randon, etc.

Sénaret. Claude de Rochefort d'Ailly, comte de Montferrand et de Saint-Point, baron de Sénaret, premier baron du Maconnais.

Peyre. Antoine de Grolée, comte de Peyre, baron de Marchastel, de Montbreton et de Brusset, etc.

Florac. François de Mirmand, baron de Florac, Sgr de Bélarga, de Lavagnac, d'Abelian, de Pleissan, d'Adissan, etc.

OFFICIERS DES ÉTATS.

Pierre de la Mamye, Sgr de Clairac, de Villeneuve et de Lesbartes, syndic général des états de la province de Languedoc en la sénéchaussée de Toulouse.

Pierre de Joubert, syndic général de la province de Languedoc en la sénéchaussée de Beaucaire et de Nimes.

Pierre de Roux, Sgr de Montbel, syndic général des états de la province de Languedoc en la sénéchaussée de Carcassonne.

Étienne de Guilleminet, greffier, pour Sa Majesté, aux états généraux de la province de Languedoc.

Jean-Jacques de Roguier, secrétaire et greffier des états de la province de Languedoc.

Pierre de Guilleminet, le cadet, secrétaire et greffier des états généraux de la province de Languedoc.

François Le Secq, Sgr de la Porte, d'Autruy, d'Interville, de Panecier et de Léoville, secrétaire du roi, trésorier de la bourse des états généraux de la province de Languedoc.

Pierre-Louis de Reich de Penautier, trésorier, receveur général de la bourse des états de Languedoc.

· *Composition des états généraux de la province de Languedoc en* 1686.

(*Armor*. de Beaudeau, 1686.)

Louis-Auguste de Bourbon, duc de Maine, gouverneur général de Languedoc.

Anne-Jules, duc de Noailles, pair de France, commandant en chef en Languedoc.

Louis-Pierre-Scipion de Grimoard de Beauvoir de Montlor, comte du Roure, marquis de Grisac, lieutenant général pour le roi en Languedoc.

Jean-Louis de Louet de Nogaret, marquis de Calvisson, lieutenant général pour le roi en Languedoc.

Jean-Baptiste d'Eurre de Broutin de Paris (Urre de Brotin de Paris), marquis de Montanègues et de Vézenobres, lieutenant général pour le roi en Languedoc.

Nicolas de Lamoignon, comte de Launay-Courson, intendant de la province, commissaire du roi aux états de Languedoc.

Charles de Pélissier, sieur de Boirargues, conseiller du roi, président, trésorier général de France, commissaire du roi aux états de Languedoc.

Marc-Antoine d'Olivier, conseiller du roi, président, trésorier général de France en la généralité de Toulouse, commissaire du roi aux états de Languedoc.

Daniel Pujol, conseiller du roi, secrétaire et greffier des états de Languedoc.

ARCHEVÊQUES ET ÉVÊQUES.

Narbonne. Pierre de Bonzy, cardinal-archevêque, Président-né.
Toulouse. Joseph de Montpezat de Carbon, archevêque.
Alby. Hyacinthe Serrony, archevêque.
Viviers. Louis de la Baume de Suze, évêque.
Comminges. Louis de Richinevoisin de Guron, évêque.
Agde. Louis Fouquet, évêque.
Rieux. François de Bertier, évêque.
Nîmes. Jacques Séguier, évêque.
Saint-Pons. Pierre-Jean-François de Persin de Montgaillard, évêque.
Le Puy. Armand de Béthune, évêque.
Béziers. Armand de Rotondy de Biscaras, évêque.
Lodève. Charles-Antoine de Lagarde de Chambonas, évêque.
Montauban. Jean-Baptiste-Michel Colbert, évêque.
Montpellier. Charles de Pradel, évêque.

Saint-Papoul. François-Barthélemy de Gramond, évêque.

Mende. François-Placide de Baudry de Piencourt, évêque.

Uzès. Michel Poncet de la Rivière, évêque.

Alet. Victor Meliand, évêque.

Mirepoix. Pierre de la Broue, évêque.

Carcassonne. Louis-Joseph Adhémar de Monteil de Grignau, évêque.

Castres. Augustin de Maupeou, évêque.

Lavaur. Esprit Fléchier, évêque.

BARONS DES ÉTATS DE LANGUEDOC.

Alais. Louis de Bourbon, prince de Condé, premier prince du sang, premier pair de France.

Polignac. Louis-Armand, vicomte de Polignac, marquis de Chalancon.

Le Cheylar. René de Lamothe, comte de Brion.

Tournel. Alexandre Guérin de Chateauneuf de Randon, marquis de Tournel, baron d'Alenc.

Florensac. Emmanuel de Crussol, duc d'Uzès, premier pair de France, comte de Crussol, prince de Soyon.

Barjac. Louis-Pierre-Scipion de Grimoard de Beauvoir de Montlor, comte du Roure, marquis de Grisac.

Calvisson. Jean-Louis de Louet de Nogaret, marquis de Calvisson.

Ambres. François de Gelas, marquis d'Ambres, de Leberon et de Vignoles, vicomte de Lautrec.

Castriès. Joseph-François de la Croix, marquis de Castries, baron de Gourdièges.

Mirepoix. Gaston-Jean-Baptiste de Lévy de Lomagne, marquis de Mirepoix, prince de Pechesul.

Villeneuve. Louis-Joseph de Brunet-Castelpers et Levy, vicomte de Lautrec, Sgr et baron de Villeneuve-Sauvian.

Arques. Claude-Hyacinthe, marquis de Rebé et d'Arques, Sgr de Montrenard.

Clermont-Lodève. Louis de Guillem, comte de Clermont, marquis de Saissac, vicomte de Lautrec, baron de Castelnau, Caumont, etc.

Rouairoux. Jean, marquis de Cailus, baron de Rouairoux, vicomte de Vaillan.

La Gardiolle. Jean-Roger de Foix, marquis de Foix, baron de la Gardiolle et d'Urban.

Castelnau de Bonnefonds. Emmanuel-Charles de Crussol-Saint-Sulpice d'Amboise, marquis de Saint-Sulpice.

Lanta. Jacques de Barthélemy de Grammont, Sgr et baron de Lanta et pays de Lantanais.

Castelnau d'Estrettefonds. Jean de Vabres, marquis de Castelnau d'Estrettefonds, baron de Caumont.

Ganges. Alexandre de Vissec, marquis de Ganges, Sgr de Soubeyras, etc.

Confoulens. Gabriel-Charles de Murviel, marquis de Murviel, baron de Roujan, Veyran, Cazouls, d'Hérault, etc,

Rieux. Charles de Montiers de la Jugie, comte de Rieux et de Mérinville, baron de la Livinière et Férals.

Saint-Félix. N....

BARONS DE TOUR DU VIVARAIS.

Le Cheylar. René de Lamothe-Brion, comte de Brion, baron du Cheylar.

Crussol. Emmanuel de Crussol, duc d'Uzès, premier pair de France, prince de Soyon.

La Voulte. Louis-Charles de Levy, duc de Ventadour et d'Ampville, pair de France, prince de Maubuisson, marquis d'Annonay, comte de la Voulte, Tournon, etc.

Tournon. Louis-Charles de Levy, duc de Ventadour, etc.

Montlor. François de Lorraine, comte d'Harcourt, de Montlor, de Saint-Rémézy, marquis de Maubec, etc., baron d'Aubenas.

L'Argentière. Louis de la Baume de Suze, prince de Donzère, baron de l'Argentière, évêque et comte de Viviers.

Boulogne. Anne de Senneterre, marquise de Chateauneuf, vicomtesse de l'Estrange et Cheylane, baronne de Boulogne et Privas, dame de Saint-Marsal, etc.

Joyeuse. Marie de Lorraine, duchesse de Guise et de Lorraine, pair de France, princesse de Joinville.

Privas. Anne de Senneterre, marquise de Chateauneuf, etc.

Chalancon. Just-Henri de Ginestous, marquis de la Tourette, baron de Chalancon, Sgr de Saint-Fortunat, etc.

Aps. Joachim de Montaigu-Fromigères de Baune, vicomte de Baune, marquis de Bouzols, comte d'Aps, Sgr de Pradelles, etc.

Annonay. Louis-Charles de Levy, duc de Ventadour et d'Ampville, pair de France, prince de Maubuisson, marquis d'Annonay, comte de la Voulte, Tournon, etc.

Saint-Rémézy. François de Lorraine, comte d'Harcourt, de Montlor, de Saint-Rémézy, marquis de Maubec, etc.

BARONS DE TOUR DU GÉVAUDAN.

Tournel. Alexandre-Guérin de Châteauneuf de Randon, marquis de Tournel, baron d'Allenc, etc.

Randon. Louis-Armand, vicomte de Polignac, marquis de Chalancon, comte de Randon et baron de la Voulte.

Florac. Louis-Pierre-Scipion de Grimoard de Beauvoir de Montlor, comte du Roure, marquis de Grisac, etc.

Mercœur. Louis-Joseph, duc de Vendôme, de Mercœur, de Beaufort, de Penthièvre et d'Étampes, prince d'Anet et de Martigues, pair de France.

Canillac. Philippe de Beaufort de Montboissier, baron-marquis de Canillac, comte de Saint-Cirgues, etc.

Apcher. Emmanuel de Crussol, duc d'Uzès, premier pair de France, comte de Crussol, prince de Soyon.

Peyre. Lezard de Grolée-Viriville, comte de Peyre, marquis de Montbreton, etc.

Cénaret. Jean-Amédée de Rochefort d'Ailly, comte de Saint-Point et de Montferrand, marquis de Cénaret, etc.

Pierre de Roux Montbel, syndic général de la province.

André de Joubert, syndic général de la province.

Jean de Boyer, Sgr d'Odars et de Saint-Germier, syndic général de la province.

François-Anne de Roux Potier, Sgr de la Terrasse, syndic général reçu en survivance.

Pierre de Guilleminet, secrétaire et greffier des états.

Christophe de Mariotte, secrétaire et greffier des états.

Joseph de Guilleminet, secrétaire et greffier des états.

Jean de Mariotte, secrétaire et greffier des états.

Jean Pujol, conseiller du roi, agent des états de la province.

Pierre-Louis de Reich de Pennautier, conseiller du roi, receveur général du clergé de France, trésorier de la bourse des états de la province de Languedoc.

Composition des états généraux de la province de Languedoc en 1768.

(*Armor*. de G. de la Tour, 1767.)

Louis-Charles de Bourbon, comte d'Eu, gouverneur et lieutenant général pour le roi en Languedoc, depuis 1755, a tenu les états en 1764.

Charles-Juste de Beauveau, prince du saint empire romain, chevalier des ordres du roi, grand d'Espagne, capitaine des gardes du corps, lieutenant général, commandant en chef.

Maries-Yves Desmaretz, comte de Maillebois, lieutenant général, chevalier des ordres du roi, lieutenant général pour le roi dans le haut Languedoc.

Louis-Philogène Brulart, marquis de Puisieux, comte de Sillery, maréchal de camp, ancien ministre secrétaire d'État des affaires étrangères en 1747, chevalier des ordres du roi, lieutenant général pour le roi dans le bas Languedoc.

Charles-Antoine-Armand de Gontaut de Biron, nommé le duc de Gontaut, lieutenant général pour le roi dans les Cévennes.

Jean-Emmanuel Guignard, vicomte de Saint-Priest, conseiller honoraire au parlement de Grenoble, maître des requêtes, président au grand conseil, commissaire du roi à la compagnie des Indes, intendant de Languedoc, conseiller d'état, commissaire du roi aux états de Languedoc.

Marie-Joseph-Emmanuel Guignard de Saint-Priest, Sgr d'Alivet, Renage, Beaucroissant, etc., maître des requêtes, intendant de Languedoc en 1764, commissaire du roi.

Jean-Pierre de Guy Villeneuve, président, trésorier de France, général des finances, grand voyer en la généralité de Toulouse, commissaire du roi.

Jean Benezet, président, trésorier de France, général des finances, grand voyer, intendant des gabelles, commissaire du roi.

Genest Pujol de Beaufort, conseiller du roi, secrétaire et greffier alternatif et mitriennal des commissaires.

Joseph-François Coster, secrétaire et greffier en chef de la cour souveraine de

Lorraine et Barrois, secrétaire du commandement de Languedoc, greffier des commissaires du roi.

ARCHEVÊQUES ET ÉVÊQUES.

Narbonne. Arthur-Richard Dillon, président-né.

Toulouse. Étienne-Charles de Loménie de Brienne.

Alby. François-Joachim de Pierre, cardinal de Bernis.

Saint-Pons. Paul-Alexandre de Guenet.

Carcassonne. Armand Bazin de Bezons.

Uzès. Bonaventure Bauyn.

Nîmes. Charles-Prudent de Becdelièvre.

Mirepoix. Jean-Baptiste de Chamflour.

Saint-Papoul. Daniel-Bertrand de Langle.

Le Puy. Jean-Georges le Franc de Pompignan.

Béziers. Joseph-Bruno de Bausset de Roquefort.

Rieux. Jean-Marie de Catellan.

Viviers. Joseph-Rolin de Morel de Mons.

Lodève. Jean-Félix-Henri de Fumel.

Castres. Jean-Sébastien de Barral.

Alais. Jean-Louis Buisson de Beauteville.

Agde. Charles-François-Siméon de Rouvroy de Saint-Simon de Sandricourt.

Montauban. Anne-François-Victor Letonnelier de Breteuil.

Aleth. Charles de Lacropte de Chanteirac.

Comminges. Charles-Antoine-Gabriel d'Osmond.

Montpellier. Raimond de Durfort.

Lavaur. Jean de Dieu Raimond de Boisgelin.

Mende. Gabriel-Florent de Choiseul de Beaupré, mort doyen des évêques de France, le 7 juillet 1767.

L'abbé de Castellane, aumônier du roi et vicaire général de l'archevêché de Reims, fut nommé évêque de Mende en 1767.

BARONS DES ÉTATS.

Alais. Louis-François de Bourbon, prince de Conty.

Polignac. Louis-Héracle-Melchior-Armand, vicomte de Polignac, baron de Solignac.

Avéjan. Catherine-Auguste de Banne d'Avéjan, marquis d'Avéjan.

Ambres. Philippe de Noailles, comte de Noailles, duc de Mouchy, prince de Poix, marquis d'Arpajon, grand d'Espagne, lieutenant général.

Aureville. François-Charles de Rochechouart, comte de Faudoas, baron d'Aureville, lieutenant général.

Barjac. Denis-Auguste de Beauvoir de Grimoard de Montlaur, comte et baron du Roure, marquis de Grisac, baron de Barjac et de Florac, colonel lieutenant du régt dauphin-infanterie.

Bram. Marie-Paul-Jacques de Lordat, marquis de Lordat, baron de Bram.

Cailus. Joseph-François de Cailus, marquis de Cailus.

Calvisson. Anne-Joseph de Louet de Nogaret de Murat, marquis de Calvisson.

Castelnau de Bonnefons. Charles-Marie-Emmanuel de Crussol, marquis de Crussol, Sgr de Saint-Sulpice.

Le droit d'entrée de cette baronie fut vendu le 4 avril 1766 à Philippe-Charles-François de Pierre de Blou, marquis de Pierre-Bernis, frère du cardinal.

Castelnau d'Estrettefonds. Antoine de Bar, Sgr de Montcalon, dit le marquis de Castelnau.

Castries. Charles-Eugène-Gabriel de la Croix, marquis de Castries, lieutenant général.

Florensac. François-Emmanuel de Crussol, duc d'Uzès et de Crussol, premier pair de France.

Ganges. Philippe-Maurice-Charles de Vissec de La Tude, marquis de Ganges.

Lanta. Mathieu-Ignace-Alexandre-Félix de Bessuéjouls de Roquelaure, baron de Lanta et d'Apchier, dit le comte de Roquelaure.

Mérinville. François-Armand Desmontiers, comte de Mérinville, mestre de camp de cavalerie.

Mirepoix. Louis-Marie-François-Gaston de Lévis, comte de Léran, marquis e Mirepoix.

Murviel. Henri-François Carrion, marquis de Nizas, baron de Murviel et de Paulin.

Saint-Félix. Scipion-Charles-Victor-Auguste de la Garde, marquis de Chambonas, baron de Saint-Félix.

Tornac. François-Denis-Auguste de Beauvoir de Beaumont, comte et baron de Brison, baron de Tornac et de Largentière.

Villeneuve. Marc-Antoine Brunet de Pujols, de Castelpers, de Lévis, baron de Villeneuve.

BARONS DE TOUR DU VIVARAIS.

Annonay. — Lavoulte. — Tournon, Charles de Rohan, duc de Rohan-Rohan, prince de Soubise, maréchal de France, possesseur de trois baronies.

Joyeuse. Marie-Louise de Rohan-Soubise, comtesse de Marsan, gouvernante des enfants de France.

Vogué. — Aubenas. — Montlor. Charles-François-Elzéar de Vogué, baron de trois baronies, nommé le marquis de Vogué, lieutenant général.

Largentière. François-Denis-Auguste de Beauvoir de Beaumont, comte de Brison, baron de Tornac et de Largentière.

Boulogne. Claude-Florimond de Fay, Sgr de Coisse, comte de la Tour-Maubourg.

Crussol. François-Emmanuel de Crussol, duc d'Uzès et de Crussol, premier pair de France.

La Tourette. — Chalancon. François-Antoine-Alphonse de la Rivoire, marquis de la Tourette, baron de Chalancon et de la Tourette.

Saint-Remèse. Anne-Joachim-Annibal de Rochemore de Grille, comte de Saint-Remèse.

BARONS DE TOUR DU GÉVAUDAN.

Apchier. Mathieu-Ignace-Alexandre-Félix de Bessuéjouls de Roquelaure, baron de Lanta et d'Apchier, nommé le comte de Roquelaure.

Le Tournel.—*Saint-Alban*. Pierre-Charles de Molette, marquis de Morangiès et de Saint-Alban, baron de la Garde-Guérin, lieutenant général.

Le Roure. — *Florac*. Denis-Auguste de Beauvoir de Grimoard, marquis de Grisac, comte du Roure, baron de Florac.

Mercœur. Louis-François de Bourbon, prince de Conty, duc de Mercœur, marquis de Pézénas et de Portes.

Peyre. Jean-Henri de Moret de Grolée, comte de Pagas, baron de Peyre, grand bailli du Gévaudan, nommé le comte de Peyre.

Sénaret. Charles-Louis Testu de Balaincourt, comte de Balaincourt et de Saint-Point.

OFFICIERS DES ÉTATS.

Jean-Antoine Duvidal, marquis de Montferrier, Sgr de Baillarguet et de Saint-Clément de Rivière, syndic général de la province après son père.

René-Gaspard de Joubert, syndic général de la province après la démission de son frère.

Henri-Joseph de la Fage, baron de Pailhés, syndic général de la province après son père.

Joseph de la Fage, Sgr de Saint-Martin, syndic général honoraire de la province, démissionnaire en faveur de son fils.

Claude de Carrière, Sgr de Masmolène et de Saint-Quentin, secrétaire et greffier des états.

Jean-Baptiste de Rome, écuyer, secrétaire-greffier des états.

Guillaume de Mazade, trésorier de la bourse.

XIV

Députation annuelle des états généraux de Languedoc à la cour, pour offrir au roi le don gratuit et le cahier des doléances. (Bibl. imp., proc. verb. mss.)

1700-1788.

1700. Mgr l'évêque de Montpellier.
      Le baron de Lanta.
      De Montbel.
      De Rideu.
      Combes, maire de Rieux.

1701. Mgr l'évêque d'Alais.
    Le marquis de Saissac.
    De Coudereau, capitoul de Toulouse.
    De Lamée, consul de Carcassonne.
1702. Mgr l'évêque d'Aleth.
    Le marquis de Tornac.
    Didier, consul de Nîmes.
    De la Valete, maire de Pézénas.
    De Boyer, syndic.
1703. (Rien.)
1704. Mgr l'archevêque de Narbonne.
    Le vicomte de Polignac.
    De Campistron, capitoul de Toulouse.
    Bacot, diocésain de Toulouse.
    De Joubert, syndic général.
1705. Mgr l'évêque de Mirepoix.
    Le marquis de Murviel.
    Manny, consul de Montpellier.
    Chastan.
    De Boyer, syndic.
1706. Mgr l'évêque de Lodève.
    Le marquis de Ganges.
    Mourres.
    De la Combe de Fages.
    De Montferrier, syndic.
1707. Mgr l'évêque d'Agde.
    Le marquis de Caylus, baron de Rouairoux.
    De Mandajors, maire d'Alais.
    De Rieunègre, diocésain de Narbonne.
    De Joubert, syndic général.
1708. Mgr l'archevêque d'Alby.
    Le comte de Mérinville, baron de Rieux.
    Coudereau, capitoul de Toulouse.
    De Lescure, syndic du diocèse de Narbonne.
    De Boyer, syndic général.
1709. Mgr l'évêque de Béziers.
    Le comte de la Fare, baron de Tornac.
    De la Loubère, diocésain de Toulouse.
    Le Clerc, diocésain de Rieux.
1710. Mgr l'évêque de Montauban.
    Le vicomte de Polignac.
    Bonafoux, lieut. du maire de Lodève.
    Vermale, diocésain de Viviers.
    De Joubert, syndic général.
1711. Mgr l'évêque de Castres.
    Le baron de Castelnau d'Estrettefonds.
    Combes, maire de Rieux.
    Daillencourt, maire de Revel.

De Joubert, syndic général.

1712. Mgr l'évêque de Rieux.
Le marquis de Lanta.
De Roubiac, consul de Nimes.
Chabotton, diocésain d'Uzès.
De Montferrier, syndic général.

1713. Mgr l'évêque de Mende.
Le marquis de Villeneuve.
Dumolard, maire du Puy.
Seurat, maire de Clermont.
De Joubert, syndic général.

1714. Mgr l'évêque d'Aleth.
Le comte de Chambonas, baron de Saint-Félix.
Despierre, consul de Nimes.
Morel, lieut. du maire de Narbonne.
Dodars, syndic général de la province.

1715. Mgr l'évêque de Nimes.
Le marquis de Caylus, baron de Rouairoux.
Blanquet, maire de Mende.
Madié, consul du Bourg-Saint-Andéol.
De Montferrier, syndic général.

1716. Mgr l'archevêque de Toulouse.
Le comte de Merinville, baron de Rieux.
Manny, premier consul de Montpellier.
Larade, syndic du diocèse d'Aleth.
De Joubert, syndic général de la province.

1717. Mgr l'évêque de Comminges.
Le marquis de Saint-Sulpice, baron de Castelnau de Bonnefonds.
Revel, consul de Rieux.
Du Roc, maire de Marvéjols.
Dodars, syndic général de la province.

1718. Mgr l'évêque de Viviers.
Le vicomte de Polignac.
Jerphanion, syndic du Velay.
Bargeton, député de Saint-Papoul.
De Joubert, syndic général de la province.

1719. Mgr l'évêque d'Alais.
Le comte de la Fare, baron de Tornac.
De la Ribaudière, lieut. du maire d'Alais.
Azemar, maire de Gignac.
De Joubert, syndic général de la province.

1720. Mgr l'évêque de Saint-Pons.
Le marquis du Roure, baron de Barjac.
De Candillargues, premier consul de Montpellier.
Rivals, consul de Carcassonne.
Dodars, syndic général de la province.

1721. Mgr l'évêque de Lavaur.
Le marquis de Calvisson, baron de Calvisson.

Mathieu, premier consul de Nimes.

Vasserot, syndic du pays de Razès.

De Montferrier, syndic général de la province,

1722. Mgr l'évêque de Saint-Papoul.

Le baron de Lanta.

Guy
Astruc } anciens capitouls de Toulouse.

De Joubert, syndic général de la province.

1723. Mgr l'évêque de Rieux.

Le baron de Mirepoix.

Irailh, consul du Puy.

Mazards, député de Mirepoix.

De Montferrier, syndic général de la province.

1724. Mgr l'évêque de Carcassonne.

Le marquis de Cailus, baron de Rouairoux.

Favier, capitoul de Toulouse.

Prat, maire du Saint-Esprit.

De Montferrier, syndic général de la province.

1725. Mgr l'archevêque d'Alby.

Le baron de Castelnau d'Estrettefonds.

Bauduer, premier consul de Lavaur.

Beaulac de Pezenes, anc. consul de Montpellier.

De Joubert, syndic général de la province.

1726. Mgr l'évêque d'Alais.

Le marquis de Chambonas, baron de Saint-Félix.

De Ladevèze, consul de Saint-Pons.

Sanche, syndic du diocèse de Saint-Papoul.

Favier syndic général de la province.

1727. Mgr l'évêque de Mirepoix.

Le marquis de Sorgues, baron de Murviel,

De Boussac, anc. capitoul de Toulouse.

De Labrosse, premier consul de Narbonne.

De Montferrier, syndic général de la province.

1728. Mgr l'évêque d'Aleth.

Le comte de Lordat, baron de Bram,

De Lauzière, premier consul de Montpellier.

Vérot, diocésain de Nimes.

De Joubert, syndic général de la province.

1729. Mgr l'archevêque de Toulouse.

Le duc de Crussol, baron de Florensac.

Guérin, maire d'Alby.

Voigny, diocésain de Montpellier.

Favier, syndic général de la province.

1730. Mgr l'évêque de Viviers,

Le baron d'Ambres.

De Bains, consul du Puy.

De Gailhac, consul de Béziers.

De Montferrier, syndic général.

1731. Mgr l'évêque de Saint-Papoul.
Le baron de Lanta.
De Lavedan, maire d'Alby.
De la Caze, diocésain de Mirepoix.
De Joubert, syndic général.

1732. Mgr l'évêque du Puy.
Le comte de Mérinville, baron de Rieux.
De Lescure, syndic du diocèse de Narbonne.
Novy, syndic du diocèse de Mende.
De Montferrier, syndic général.

1733. Mgr l'évêque d'Agde.
Le vicomte de Polignac.
Brigaud, assesseur de Castres.
Saint-Sébastien, député d'Alais.
De Montferrier, syndic général.

1734. Mgr l'évêque de Saint-Pons.
Le baron de Villeneuve.
De Clamouse, consul du Puy.
De Merés, consul de Valabrègues.
De Joubert, syndic général.

1735. Mgr l'évêque d'Uzès.
Le marquis de Cailus, baron de Rouairoux.
De Brézillac, maire de Fanjaux.
Marcha, maire de Valentine.
De Joubert, syndic général.

1736. Mgr l'évêque de Montauban.
Le comte du Roure.
De Lamouroux, maire de Saint-Papoul.
De Saint-Maximin, maire d'Alais.
De Montferrier, syndic général.

1737. Mgr l'évêque de Carcassonne.
Le comte de la Fare, baron de Tornac.
Gilly, diocésain de Limoux.
Daudé, maire du Vigan.
De Joubert, syndic général.

1738. Mgr l'évêque de Lodève.
Le marquis de Calvisson.
De Lombrail, syndic du diocèse de Toulouse.
Plauchu-Saint-Laurent, maire de Fousseret.
De Montferrier, syndic général.

1739. Mgr l'évêque de Montpellier.
Le vicomte de Polignac.
Goudard, lieut. du maire d'Alby.
De Saint-Laurens-Capieu, député de Verfeil, diocésain de Toulouse.
De Montferrier, syndic général.

1740. Mgr l'archevêque de Narbonne.
Le comte de Lordat, baron de Bram.
Chrétien, lieut. de maire d'Agde.

De Roquebrune, député d'Alais.
De Joubert, syndic général.
De Mariotte, secrét. et greffier des états.

1741. Mgr l'archevêque de Toulouse.
Le marquis de Nizas, baron de Murviel.
Lamouroux, lieut. de maire de Castres.
Delpuech, assesseur d'Alais.
De la Fage, syndic général.

1742. Mgr l'évêque d'Uzès.
Le marquis de Ganges.
De Serviès, député de Rieux.
Pigneu, diocésain de Viviers.
De Montferrier, syndic général.

1743. Mgr l'évêque de Nimes.
Le marquis d'Ambres.
De Baillarguet, maire de Toulouse.
Doremieulx, maire de Gruissan.
De Joubert, syndic général.

1744. Mgr l'évêque de Mirepoix.
Le marquis de Lanta.
Chaboton, maire d'Alais.
Bechon, maire d'Anduze.
De la Fage, syndic général.

1745. Mgr l'évêque de Saint-Papoul.
Le vicomte de Polignac.
Ferran, lieut. de maire de Lavaur.
D'Aillan, maire du Vigan.
De Montferrier, syndic général.

1746. Mgr l'évêque de Comminges.
Le marquis de Brison, baron de Tornac.
Desprat, député de Rieux.
Forestier, maire de Saint-Paul de Fenouillède.
De Joubert, syndic général.

1747. Mgr l'évêque d'Agde.
Le comte de Rochechouart, baron de la Gardiolle.
Delfau, lieut. de maire de Saint-Pons.
Le Moinier, député de Rieux.
De la Fage, syndic général.

1748. Mgr l'archevêque d'Alby.
Le marquis de Villeneuve.
D'Héliot, lieutenant de maire de Toulouse.
De Belliol, maire de Lodève.
De Montferrier, syndic général.

1749. Mgr l'évêque du Puy.
Le marquis de Cailus, baron de Rouairoux.
Monneron, lieut. de maire du Puy.
Ramond, diocésain de Rieux.
De Joubert, syndic général.

1750. . . . . ⎫
1751. . . . . ⎬ Point de députations.
1752. . . . . ⎭
1753. Mgr l'archevêque de Narbonne.
Le marquis de Lanta.
De Baillarguet, maire de Saint-Pons.
De Voisin de Bael, maire de Fanjeau.
De Montferrier, syndic général.
De Guilleminet, secrétaire et greffier des états.
1754. Mgr l'archevêque de Toulouse.
Le comte de Lordat, baron de Bram.
Estève, maire de Gignac.
Périllier, député de Rabastens.
De Joubert, syndic général.
1755. Mgr l'évêque de Rieux.
Le comte de Mérinville, baron de Mérinville.
Richard, maire de Gaillac.
De Boisserolles, maire du Vigan.
De la Fage, syndic général.
1756. Mgr l'évêque de Viviers.
Le vicomte de Polignac.
De Montcabrier, syndic du diocèse de Toulouse.
Valet, député de Saint-Pons.
De Montferrier, syndic général.
1757. Mgr l'évêque de Lavaur.
Le marquis de Villeneuve, baron de Villeneuve.
De Roquesol, député de Beaucaire, diocésain de Nimes.
De Peprat, député de Marvéjols, diocésain de Mende.
De Joubert, syndic général.
1758. Mgr l'évêque de Lodève.
Le marquis de Chambonas, baron de Saint-Félix.
Rome, syndic du diocèse de Narbonne.
Gentil d'Artifel, député du Saint-Esprit, diocésain d'Uzès.
De la Fage, syndic général.
1759. Mgr l'archevêque de Toulouse.
Le marquis de Roquelaure, baron de Lanta.
Roudil de Berriac, maire de Carcassonne.
De Querelle, député diocésain de Clermont-Lodève.
De Montferrier, syndic général.
1760. Mgr l'archevêque d'Alby.
Le marquis de Calvisson, baron de Calvisson.
Journet, diocésain d'Alais.
Guérin, syndic du diocèse d'Alby.
De Joubert, syndic général.
1761. Mgr l'évêque de Castres.
Le marquis de Castelnau d'Estrettefonds, baron dudit lieu.
Fabre, maire de Lavaur.
De Montcabrier, syndic du diocèse de Toulouse.

De la Fage, syndic général.

1762. Mgr l'évèque d'Alais.
Le marquis de Chambonas, baron de Saint-Félix.
Chambon, lieut. de maire d'Uzès.
De la Barthe, député de Marvéjols.
De Montferrier, syndic général.

1763. Mgr l'évêque d'Agde.
Le marquis de Cailus, baron de Cailus.
Embry, lieut. de maire d'Agde.
De la Fage, député de Rieux.
De Joubert, syndic général.

1764. Mgr l'archevêque de Toulouse.
Le vicomte de Polignac.
Alizon, lieut. de maire de Nimes.
Goulard, maire d'Aleth.
Dé la Fage, syndic général.

1765. Mgr l'évêque de Montauban.
Le marquis de Calvisson, baron dudit lieu.
De Bezaucelle, lieut. de maire de Carcassonne.
Dampmartin, député de la ville d'Uzès.
De Montferrier, syndic général.

1766. Mgr l'évêque d'Aleth.
Le duc d'Uzès, baron de Florensac.
De Guilleminet, député de Montpellier.
De Boisset, député d'Uzès.
De Joubert, syndic général.

1767. Mgr l'évêque de Comminges.
Le comte de Roquelaure, baron de Lanta.
Alison, premier consul de Nimes.
Brigaud, député de Pézénas.
De la Fage, syndic général.

1768. Mgr l'évêque de Montpellier.
Le comte de Rochechouart, baron d'Aureville.
De Garipuy, député de Toulouse.
Franc, député de Béziers.
De Montferrier, syndic général.

1769. Mgr l'évêque de Lavaur.
Le comte du Roure, baron de Barjac.
De Gary, député de Toulouse.
Monnier, député d'Aimargues.
De Joubert, syndic général.

1770. Mgr l'évêque de Mende.
Le marquis de Cailus, baron de Cailus.
De Bargeton, député d'Uzès.
Deroche de Laubaret, député d'Uzès.
De la Fage, syndic général.

1771. Mgr l'évêque de Mirepoix.
Le baron de Mérinville.

Perié.

Querelle.

De Montferrier, syndic général.

1772. Mgr l'évêque de Saint-Pons.

Le marquis de Banne d'Avéjan.

Daru, ancien capitoul de Toulouse.

Venel, diocésain d'Agde.

De Joubert, syndic général.

1773. Mgr l'évêque de Lavaur.

Le vicomte de Polignac.

Raynal, ancien capitoul de Toulouse.

Alizon, maire de Nimes.

De la Fage, syndic général.

1774. Mgr l'évêque de Rieux.

Le comte de Roquelaure, baron de Lanta.

Brassalières, ancien capitoul et chef du consistoire de Toulouse.

La Brousse, diocésain d'Uzès.

De la Fage, syndic général.

1775. Mgr l'évêque de Montpellier.

Le marquis de Cailus, baron de Cailus.

De Ratte, député de Montpellier.

Belliol, député de Castelnaudary.

De Joubert, syndic général.

1776. Mgr l'évêque de Béziers.

Le comte du Roure, baron de Barjac.

Alizon, député de la ville de Nimes.

Dampmartin, député d'Uzès.

De la Fage, syndic général.

1777. Mgr l'évêque d'Alais.

Le vicomte de Bernis, baron de Pierrebourg.

Benezech, député de la ville de Saint-Pons.

De Querelles, député de Clermont-Lodève.

De Rome, syndic général, en survivance.

1778. Mgr l'évêque du Puy.

Le marquis de Bram, baron de Lordat.

Le chevalier de la Fage, député de Rieux.

Bezaucèle, syndic de Toulouse.

De Rome, syndic général, en survivance.

1779. Mgr l'évêque de Saint-Papoul.

Le marquis de Brison, baron de Tornac.

Fornier, diocésain de Carcassonne.

La Serre, syndic de Narbonne.

De la Fage, syndic général.

1780. Mgr l'évêque de Castres.

Le marquis de Banne, baron d'Avéjan.

De la Chadenède, syndic du Vivarais.

Salabert, syndic du pays d'Albigeois.

De Montferrier, syndic général.

1781. (Absent.)
1782. Mgr l'évêque de Viviers.
    Le marquis de Lordat, baron de Bram.
    De Querelles, député de Clermont-Lodève.
    Thomas, député de Rieux.
    Le marquis de Montferrier, syndic général.
1783. Mgr l'évêque d'Uzès.
    Le comte du Roure, baron de Barjac.
    De Gary, capitoul de Toulouse.
    Chevalier de l'Espinasse, député d'Uzès.
    Le marquis de Montferrier, syndic général.
1784. Mgr l'évêque de Lodève.
    Le vicomte de Bernis, baron de Pierrebourg.
    Le chevalier de la Coste, député du Puy.
    De Bonnemain, député de Rieux.
    De Rome, syndic général.
1785. Mgr l'évêque de Saint-Papoul.
    Le vicomte du Roure, baron de Tornac.
    D'Hanri, chev. de Saint-Louis, député de Gignac.
    De Farconnet, commissaire des guerres, député de Largentière.
    Le baron de Puymaurin, syndic général.
1786. Mgr l'évêque d'Alais.
    Le comte du Roure.
    De Thoulouse de la Roche, consul-maire de Saint-Ambroix, diocésain d'Uzès.
    De Pérouse, député de Clermont-Lodève.
    Le marquis de Montferrier, syndic général.
1787. (Absent.)
1788. Mgr l'évêque de Comminges.
    Le comte de Banne, baron d'Avéjan.
    Trinquelague, député d'Uzès.
    Deschadenèdes, député des Vans.
    Le baron de Puymaurin, syndic général.

XV

ASSEMBLÉES DE LA NOBLESSE EN 1789.

SÉNÉCHAUSSÉE DE MONTPELLIER.

*État général des nobles présents ou représentés à l'assemblée de la séné-
chaussée de Montpellier, convoqués le 16 mars 1789 pour la députation aux états généraux du royaume.*

Le comte de Julien de Vinezac.
La marquise de Montarnaud.
D'Aigrefeuille.
De Gévaudan.
De Gévaudan.
Delpuech, marquis de Comeiras.
La marquise de Calvisson.
Le comte de Cadolle, marq. de Durfort.
De Girard.
Benezech de Saint-Honoré.
De Solas.
La marquise de Grave.
De Cambacérès.
Le marquis de Baschi.
D'Aubussargues.
De Serres.
Le marq. de Castillon de Saint-Victor.
De Pellet.
Astruc.
De Ginestous, baron de la Liquisse.
Le marquis de Montlaur.
La baronne de Ginestous.
De Paul.
De Paul fils.
De Melon.
Mesdemoiselles de Roquefeuil.
De Perdrix.
De Belleval.
Le marquis de Portalès.
De Pascal, baron de Faugères.
Le duc de Castries.
Mademoiselle de Candillargues.
De Masclary.
De Masclary fils.
Madame de Bocaud.
Le marquis de Cambis.

De Campan.
Garnier de Laval.
De Boussairolles.
De Boussairolles fils.
De Balestrier.
De Balestrier.
De Claris.
La marquise de Ganges-Sarret.
De Ratte.
La marquise de Murs.
La marquise de Bernis.
De Ratte.
De Joubert.
Le comte d'Urre d'Aubaïs.
De Poitevin.
D'Ortoman.
De Poitevin.
De Galière, marquis de Fontés.
De la Roque fils.
De Bousquet.
Bousquet de Florian.
Fesquet.
Madame de Soubeyran.
De Calmels de Gazel.
De Plantade.
De Campan.
De Bosquat.
De Bosquat fils.
De Guilleminet.
Le président de Souvignargues.
La vicomtesse de Lostanges.
De Marguerit.
De Gros de Besplas.
De Gros de Besplas.
Duvidal, marquis de Montferrier.
La marq. de Montferrier, douairière.

Banal.

Banal fils.

Pas, baron de Beaulieu.

Pas de Beaulieu.

Pas de Beaulieu.

Madame de Pàs.

Vassal.

De Grasset.

De Tourtoulon.

Le marquis de Fournès.

Le vicomte de Narbonne.

De Pepin.

D'Algues.

D'Aunant de Sérignan.

De Vichet.

De Girard d'Olivet.

De Girard-Rouquet.

De Girard.

De Girard-Lauret.

De Girard.

De Girard-Dulac.

Mouton de la Clotte.

De la Clotte père.

Delpuech de Comeiras.

Deydé.

De Barbeyrac de Saint-Maurice.

Le marquis de Saint-Maurice.

Le marquis de Montbazin.

De Barbeyrac de Saint-Maurice.

La marquise de Saint-Maurice.

De Bornier de Ribalte.

D'Azémar.

De Borniér de Ribalte.

De Sage d'Hauteroche, comte d'Hulst.

Aurés.

De Lisle.

De Chazelles.

De Vissec, comte de la Tude.

La marquise de Ganges.

Le marquis de Ginestous.

Le comte de Lansade.

Domergue, neveu.

Domergue, oncle.

De Castelviel.

De Castelviel.

Daudé, vicomte d'Alzon, baron du Pouget.

De la Meunière de la Monie.

La marquise de Villevieille.

De Latis, marquis d'Entraigues.

De Ballainvilliers.

La marquise d'Axát.

De Lauvergnac.

Le comte de Ganges.

De Caladon.

Ranchin de Massia.

Ranchin de Massia.

De Bauni.

Dumerlet.

Durranc de Vézenobre.

Deydier.

Delpuech de la Nible.

De Gumpertz.

De Roux.

Daru.

Le Blanc de Saint-Clément.

De la Neuville.

De Mirman d'Adissan.

D'Albenas.

Durranc de Vibrac.

De Maury de la Peyrouse.

De la Condamine.

Duchol de Signac.

Lemonnier de Sombremard.

De Montlaur de Murles.

De Murles, père.

De Montlaur de Murles.

De Montlaur de Murles.

De Montlaur de Saugras.

De Massilian.

Durranc de Vibrac.

Martin de Choisy.

De Grasset.

De Malbois.

De Malbois.

De Juges.

De Girard.

Brondel de Roquevaire, baron de Fabrègues.

De Payen.

De Loys.

De Loys, fils.

Brun.

Mouton de Buzarin.

De Vignolles de la Farelle.

Hostalier.

De Mazade, marquis d'Avèze.

De Julien, comte de Vinezac, marquis de la Roquette, baron de Péguerolles.

De Girard.

De Girard de Costemale.

De Girard d'Olivet.

De Payen.

(Procès verbal de l'assemblée de la Noblesse tenue à Montpellier du 16 mars au 2 avril 1789. — Imp. à Montpellier chez Jean Martel, imprimeur de l'ordre de la Noblesse, 1789.)

SÉNÉCHAUSSÉE DE BÉZIERS.

Le marquis de Thézan.

Le marquis de Fontès.

Le marquis de Gayon.

Le marquis Delort.

Le marquis d'Alphonse.

Le baron de Senegra.

Le marquis de Saint-Juéry.

Le comte de la Prunarède.

Le baron de Laurens.

Le marquis de Fozières.

Le baron de Coussergues.

Le comte Dupuy-Montbrun.

Le baron de Jessé, père.

Le vicomte de Saint-Gervais.

Le marquis d'Arènes.

De Juvenel.

Le baron de Polhes.

Le comte de Brettes.

De Rives de Ribaute.

De Lasteules.

De Bouzigues.

De Lajeard.

Le baron de Loupian.

D'Hemeric.

De Saint-Julien.

La baron de Soubès.

Le chevalier d'Hauterive.

Le comte de la Serre.

Le chevalier de Jacomel.

De Jacquet de Brey.

De Mainy.

De Seriès de Campredon.

De Vagnères de Lalande.

De la Blanque, père.

Le comte de Manse.

Le marquis de Nattes.

Le comte de la Pauze.

De Lavit.

Le chevalier de Saint-Juéry.

De Mirmand.

De Bunis.

De Saint-Men.

De Forès.

De la Banquière.

De Lavit Montégut.

Le vicomte de Nattes.

Le baron de Nattes.

De Barbier.

De Ferrouil de Montgaillard, père.

De Ferrouil de Montgaillard, fils.

De Christol.

De Boudoul.

De Lescure.

De Martin.

Du Cup d'Homps.

De Roquessol.

De Vanière.

De Ricard.

De Comerac.

Mainy de Madale.

De Laurès.

De la Serre, père.

De Cassan.

De Maussac.

De Bonnefoux.

De Leudrier.

De Saint-Victor.

Le comte de Lort.

De Moyria.

Le chevalier de Moyria.

De Jessé, fils.

D'Hauteroche.

Du Lac.

D'Embry.

De Milbié.

De Basset.

Le baron de Sarret.

Le comte de Montalet.

Le marquis de Montalet.

Roch de Geoffroy.

Le marquis de Vissec Latude, père.

Le chevalier de Mathieu.

Le marquis de Vissec Latude, fils.

Monsieur frère du roi.

Le duc d'Uzès.

Le comte de Caraman.

De Fleury de Caux.

Le marquis de Bermond.

Le comte de Polastron.

Le vicomte de Thezan.

La comtesse de Paulin.

La marquise de Poulpri.

Le marquis de Grave de Saint-Martin.

Le chevalier de Grave.

M. de Celles.

Le marquis de Ginestous.

Lavit de Clairac.

Madame de Solinhiac.

Madame de Solencié.

De Claris.

La marquise d'Axat.

De Matthieu.

Le marquis de Saint-Maurice.

Le baron de la Valtière.

Le marquis de Portalès.

De Villeraze.

Le chev. de Saint-Maurice.

De Lansade.

De Maureillan.

De Nizas.

La comtesse de Bausset.

De Combettes.

De Nayrac.

De Ribes.

Le vicomte de Vissec.

Le baron de la Tude.

De Moutlebrous.

De Jacquet de Brey.

De Plauque.

De Montarnaud.

D'Abbes de Cabrerolles.

De Bedos de Caux.

De Bedos de Celles.

(*Fuzier, impr. du roi. Béziers*, 1789.)

SÉNÉCHAUSSÉE DE GÉVAUDAN.

État des membres de la noblesse de la sénéchaussée de Gévaudan qui se sont rendus à l'assemblée tant pour eux personnellement que par les procurations. — Pour être admis à cette assemblée, il ne fallut d'autres conditions de noblesse que d'avoir été réputé noble *depuis vingt ans.* (*G.* DE BURDIN, *Documents historiques sur la province de Gévaudan,* t. II, p. 163.)

Le comte de Capellis.

Le comte de Briges.

Aimex de Noyant.

Le vicomte de Morangiès.

Le baron de Pages.

Le vicomte de Chambrun.

De Malaval.

Le marquis de Retz de Malaviélle.

Le vicomte de Framond.

Le baron de Framond.

Le chevalier de la Barthe.
La Barthe de Limouse.
Grollée de Virville.
Madame de la Rochenégly.
Charles d'Apchier.
Comte de Vabres.
Montjoc de Briges.
Faret de Fournès.
De Paraza.
Boucharin de Fabréges de Cantoinet.
Le comte du Roure.
De Narbonne.
Fabre de Montvaillant.
Casimir de Borrelly.
Madame du Mialet de Bessettes.
De Condres.
Alexis de Valette des Hermeaux.
Le marquis de Monstuéjouls.
De Jurquet de Montjésieu.
Fraissinet de Valady.
Madame de Launay.
Veuve de Chateauneuf Randon.
Tardieu de la Barthe, prêtre.
De Falcon Longevialle.
Grollée de Saint-Étienne.
Blanquet de Rouville d'Altès.
De Montcamps de Lairolle.
Le chevalier de Marnhiac.
Le chevalier de Vébron.
Fabrien d'Imbert de Montruffet, père.
D'Imbert de Montruffet, fils.
Lozeran de Fressac.
Le comte de Corsac.
Du Pui Montbrun.
Dumas de Cultures, père.
Urbain de Cultures, fils.
Charles de Seguin de la Tour.
Brun.
Baron de Montesquieu.
Dantil de Ligonnès.
Brun.
Le comte de Montesquieu.
De Rets de Servières.
Randon de Mirandol.
D'Agulhac de Soulages.
Le baron de Servières.
Le marquis de Chateauneuf-Randon.
Randon de la Roche.

De Miremont, fils.
De Saint-Frézal de la Vernède.
Le chevalier de Borrel.
Randon de Giraldès.
Sauvage de Servilange.
De Montbreton.
De Fustier de Laubies.
Blanquet de Rouville.
De Gransaignes.
Ignace-Augustin Valette des Hermeaux.
Madame Louise d'Eimar.
Madame de Landos.
Veuve de Galimard.
D'Imbert de Blavigniac.
L'Évêque de Couseran.
Jacquemon du Mouchet.
De Regnard de Montgros.
Du Cros Papon.
De Volonzac Malespina.
Sarazin de Ladevèze.
Deguin de la Roche.
D'Albière de la Champ.
De Seguin.
Madame la veuve de Salles.
Madame de Chambonas.
Veuve de Lastic.
De Montcalm Gozon.
De Moré de la Fage.
Madame de Ligonnès.
Le comte d'Altier.
Le comte de Retz.
Le comte d'Entraigues.
De la Roquette.
De Fontanes de Logères.
Fayet de Chabannes.
Le marquis de Roquelaure.
De Borrel.
Madame de Chapelain.
Le comte de Rochefort.
De Trouillas.
De Chastel de Servières.
De Miremont.
Des Molles de Saint-Germain.
De Sauveplane.
Mademoiselle de Borrel.
Mademoiselle Treille de Saint-Roman.
Roquier de la Valette.
Serrières de Clarensac.

Parlier de la Roque du Mazel.

De Fages de Chaulnes.

Le marquis d'Apchier.

De Moriès.

De Lescure Saint-Denis.

Le chevalier de Malavieille.

Perré de la Villestreux, fils.

Le chevalier de Lairolle.

De la Colombesche.

Du Mazel.

Du Villard.

De la Barthe.

De Laubies, père.

Le chevalier de Laubies, fils.

Chataignier de Puigrenier.

Le chevalier de la Grange.

De Marnhac ainé.

De Ligeac.

De Fages de Chaulnes.

Eymar.

Langlade de Montgros.

Moré de Charaix.

Le vicomte de Brion.

D'Estremiac.

Bleile de Marnhac.

De Marnhac,

De Vergesses.

SÉNÉCHAUSSÉE DE NIMES.

Le marquis de Fournès, sénéchal.

Le comte de Forbin.

De Courtois.

Le marquis de Caladon de Mialet.

Le baron d'Albignac.

De la Bonne.

De Possac-Genas.

De la Baulme.

Le baron de la Reiranglade.

Le marquis de Sumène.

De Bargeton.

Le comte Charles d'Agoult.

Le marquis de Fontanille.

Le vicomte de Suffren Saint-Tropez.

De Gévaudan.

Le comte d'Igoine.

De Ville-Perdrix.

De Gonet.

De Tessier de Meirières.

Le chevalier de Catelan.

De Cabrières, neveu.

Le marquis de la Fare-Alais.

Le marquis de Baudan-la-Boissière.

De Favantine de Montredon.

Descombiès.

Ferry de la Combe.

La baron d'Aigalliers.

Allut.

Le marquis de Piolenc.

De Biarges.

Le vicomte d'Alais-Montalet.

Le marquis de Mandajors.

Dejean de Saint-Marcel.

De Firmas de Périès.

Duclaux.

Randon de Grolier.

Dortet de Tessan.

De Caveirac.

Le comte du Long.

Le marquis de Gaste.

De Carrière.

De Mesnard.

De Lagardiolle.

Delpuech de Beaulieu.

De Solier, chevalier de Saint-Louis.

De Solier, officier dans Bassigny.

Le baron de Sahune.

De Gilles de Ribas.

De Thomassy.

De la Melouse.

D'Azémard.

D'Aigalliers de Brouzet.

Le baron de Calvières.

Le duc de Melfort.

Le chevalier de la Fare-Alais.

Le marquis de Ginestous.

Le marquis d'Assas.
Le chevalier de Valaurie.
Dampmartin.
De Croy.
Le comte de la Linière.
Le chevalier Despériès.
Le comte de Caladon de la Nuége.
Le marquis de Clauzonnette.
Rouverié de Cabrières.
De Forton.
De Montfort.
De Merez.
De Roche-Salel.
De Vergèzes d'Aubussargues.
De Lenoir.
Roussel, père.
Roussel, fils.
Le chevalier d'Igoine.
De la Roque.
Delpuech de Laumède.
La Cour de Montcam.
De Salveyre, baron d'Aleyrac.
De Thémines.
De Sauzet du Mialet.
De Salveyre de Montfort.
Dupuy d'Aubignac.
Gasque de la Motte.
De Langlade-Charenton.
De Roubins.
Ducluseau de Chabreuil.
De Montval.
De Boislève.
Le comte de la Tour-du-Pin-Gouvernet.
De Langlade, neveu.
De Lascour.
De Besson.
De Pascal.
De Broche-Descombes.
De la Cour.
De Langlade.
De Broche, chevalier de Saint-André.
Le marquis de Guibert de la Rostide.
Le comte de Vaulx.
Le marquis de Cornillon.
De Roche Saint-Amand.
Le marquis de Porcelet.
De Brueys.
Le chevalier de Brueys.

Daunant de Sérignac.
Le chevalier de la Gorce.
Le comte de Gabriac.
De la Bruyère.
De la Roquette.
De Saint-Florent.
De Saint-Michel-Saint-Florent.
Le baron de Fontarèches.
Le comte de Vanel de l'Isle-Roi.
De Vérot.
Drome.
De Castelnau de Montredon.
D'Autun de Masandriou.
Le chevalier Aubry.
De Brunel de la Bruyère.
Le comte de la Tour-du-Pin.
De Roys de Saint-Michel.
Damphoux.
Le vicomte d'Audé d'Alzon.
Le baron d'Olivier-Merlet, père.
Le baron d'Olivier-Merlet, fils.
De Pelet.
Le baron de Verfeuil.
D'Entraigues de Cabanes.
D'Izarn.
Le chevalier Dalgues.
De Broche de Cruviers.
Hostalier, baron de Saint-Jean.
De Rochemore, baron d'Aigremont.
Le baron d'Agrain.
Le chevalier de Tourtoulon.
Le comte de Villevieille.
De Saumanes.
De Raffin.
De Genas.
D'Alizon.
De Clausonne, baron de Lédenon.
De Roys-Desports.
Le vicomte de Rochemore.
Fornier de Mayrard.
De Pouzillac.
Le comte d'Assas-Montdardier.
Le comte de Ginestous de Gravière.
Le chevalier de la Grange.
Des Roches de Genouillac.
De la Rochette.
Le baron de Lédenon.
De Saint-Hippolyte.

D'Aigalliers de Jovy.

De Novy.

De Beaumont de Barras.

Des Ours de Calviac.

De Gueydon.

Barbier, comte de Rochefort.

Dayrolles de Pommier.

Le baron de Marguerittes, secrétaire de l'ordre.

(Nîmes, chez C. Belle, imprimeur du roi et de la ville, rue des Fourbisseurs, 1789.)

État des gentilshommes qui ont assisté par procuration à l'assemblée de la Noblesse de la Sénéchaussée de Nîmes, en 1789.

Monsieur, frère du roi.

Le maréchal de Castries.

Gabriel de Brueys.

Le duc d'Uzès

Le comte de Ganges, marquis de Ginestous.

Le duc de Luynes.

D'Izarn de Cornus.

De Fayet de Gabriac.

Le marquis de Nicolaï.

De Giraudy de Grey.

De Carmes de Labruguière.

Le marquis de Graveson-Castelet.

Le comte de Laudun.

De Bertrand, veuve de Jean de la Valette.

De Saint-Julien.

Dupont de Bossuges, baron de Pourcarès.

De Castelnau.

D'Arnaud de Valabris.

De Crey.

Le comte du Roure.

Le chevalier de la Fare-Montclar.

De Sauvan, marquis d'Aramon.

Le marquis de Coetlogon.

Le comte de Lacroix-Vagnas.

La marquise de Vogué.

Le comte de Banne d'Avéjan.

De Massilian de Sanilhac.

De la Place de Saint-Maximin.

De Thomas.

Le marquis de la Chapelle.

De Baudan de la Boissière.

De Chapelain.

De Sarrazin du Chambonnet.

De Rebotier de Montusargues.

De Pluvier de Bagnols.

De Montcalm de Castellet.

De Lafont d'Aiguebelle.

De Carrière de Masmolène.

Desponchés.

De Boileau de Castelnau.

De Narbonne-Lara.

Deleuze.

Le comte de Calvières,

Le marquis d'Entremaux.

De Gros.

Le marquis de Grigny.

De Faucon du Brouzet.

Le Maitre de la Boissonnade.

De Montolieu, baron de Méjane.

Le comte de Chazelles-Chusclan.

Le marquis de la Fare-Vénejan.

De la Fare, baron de la Tour.

De Restaurand de Lirac.

Le marquis de Saint-Victor.

Despeisses de la Plane.

Dalbon.

De Béringuier de la Fayolle.

Roussi de Casenove.

Le comte de Cambis.

De Maillan de Lasplane.

Le comte de Vogué.

De Froment, baron de Castille.

De Causse de Vallongue.

Du Chayla.

De Thieulloy.

De Fornier d'Albe.

De Tremolet, marquis de Montmoirac.

De Saint-Martin.

De Plauchut de la Cassagne.

Darlhac.

Le comte d'Urre, marquis d'Aubaïs.

Dulau-Lusignan.

Bernard de Boutonnet.

Le comte de Montcalm-Gozon.

Le marquis de Rochemore.

De Tourtoulon, baron de Lassalle.

Dupuy-Montbrun.

De Gervais de Rouville.

De Tourtoulon de Serres.

Delpuech.

Daudé, vicomte d'Alzon.

De Manoel.

De Tourtoulon.

Plantier de Vallesanne.

De Pages de Pourcairès.

De Bardy, baronne d'Anduze.

Le baron d'Assas.

De Thomas-Lagarde.

De Leyris d'Esponchés.

De Thomassy.

De Manoel de Nogaret.

De Gautier.

De Manoel de Toiras-Claret.

De Manoel de Marcassargues.

Randon de Grolier.

Legras de Montsobre.

Fage d'Ozière de Saint-Martial.

De Bragouse Saint-Sauveur.

D'Albignac, baron d'Arre.

De Béranger de Caladon.

De Favantine du Salze.

Boisson de Bagard.

Le vicomte de Cambis-Orsan.

Dortet de Tessan.

(*Archives de la préfecture du Gard, à Nîmes.*)

SÉNÉCHAUSSÉE DE VILLENEUVE-DE-BERG.

De la Garde de Poujols.

De Digoine.

De Faret de Fournès.

De Baratier de Saint-Auban.

Sabatier de la Chadenède.

Clerg d'Alizon.

D'Arnaud de Pierre-Bernis.

De Tavernol de Barrès.

Pavin de Fontenay-Lafarge.

D'Agrain des Hubas.

De Tavernol.

De Chapuis de Tourville.

De Julien de Vinezac.

De Julien de Vinezac.

De Blou-Chadenac.

De Launay d'Antraigues.

De Piolenc de Loyre.

Martin d'Amirat.

De Saint-Ferréol.

De Lagorce.

De Beauvoir du Roure de Beaumont-Brison.

De Serre.

Dupont de Ligonnès.

De Blou.

D'Albon de la Roussière.

De Blou de Chadenac.

De Saint-Pierreville.

De Merle de la Gorce.

De Conte de Tauriers d'Aubusson.

De Mallian.

De Mallian.

De Gigord.

De Marquet.

De Vocance.

Dubessé.

Dussault de Saint-Montant.

Dussault de Saint-Montant.

Malmazet de Saint-Andéol.

Malmazet de Saint-Andéol.

Malmazet de Saint-Andéol.

Vincenti de Monséveny.

De Florit de la Tour de Clamouse-Corsac.

De Fages de Chaulnes.

De Valleton.

De Fages de Rochemure.

De Fages de Chaulnes.

De la Pimpie de Granoux.

De Gout de Vissac.

De Gout de Vissac.

De Laulanhier.

De Chanaleilles du Villard.

De Chalendar de la Motte.

De Banne.

De la Rivoire de la Tourette.

De Guyon de Pampellonne.

Doret.

De Guyon de Geys de Pampellonne.

De Vogué.

De Moreton de Chabrillan.

De Rohan de Guéménée.

De Rohan Soubise.

Ruelle.

De Portalès de la Chèze.

De la Rochette.

Fages de Rochemure.

De Sauzet de Fabrias.

Bernard de Saint-Arcon.

Bernard de Saint-Nazaire.

De Mercoyrol de Beaulieu.

De Roqueplane de Montbrun.

Du Bourg de Saint-Polgue.

La Forest de Chassagne.

La Forest.

De Saint-Étienne de Borne de Saint-Sernin.

Blanc de Molines de la Blache.

D'Agulhac de Soulages.

De Fontaine de Laugères.

De la Motte Chalendar de Saint-Laurent.

De Grimoard de Beauvoir du Roure.

De la Salve de Faim.

Ladreyt de la Charrière.

Richard de Beaumefort de Saint-Albañ.

De Sampigny d'Issoncourt.

De Sautel du Besset.

D'Allamel-de-Bournet.

Rabaniol de Laboissière.

De Chanaleilles de la Saumès.

Meissonnier de Chateauvieux.

De la Valette-Chabriol.

De Burine de Tournais.

De Mercure de Rochessauve.

D'Arlempde de Mirabel.

De Bazalgette du Charnève.

Des Arcis.

De Bonnaud.

Labro-du-Pin.

De Piolenc.

De Bénéfice de Cheylus.

Des Micheaux

D'Hillaire de Toulon de Sainte-Jaille de Joviac.

De Montagut de Beaune de Bouzols.

De la Croix de Suarès d'Aulan.

D'Hillaire de Joviac.

Du Sollier.

De Serre de Saunier de Gras.

D'Hillaire de Joviac.

De Rochefort.

Ebrard du Cheylard.

D'Hillaire de Joviac.

Le Blanc de Rochemaure.

D'Hillaire de Joviac.

Du Trémolet de Lacheisserie.

De Saint-Priest de Chateauneuf.

De Fage de Vaumale.

De Barruel.

D'Aleyrac.

De Barruel.

De Barras de la Penne.

Tardy de la Brossy.

Tardy de la Beaume.

D'Auteville de Ponsère.

De Tardy de la Brossy.

De Vergèse du Mazel.

Delpuech de Chamonte.

De Chazeaux.

De Fages de la Champ.

D'Agrain des Hubas.

De Merle de Lagorce-Larnas.

D'Ithier d'Entrevaux.

De Balazuc.

De Fay de la Tour-Maubourg.

De Barrès.

De Colonne.

De Chanaleilles de la Saumes.

Bernardi.

De Rochemaure de Grille.

De Pagèse de la Vernède.

De Bernard de Montbrison.

Rochier.

D'Alméras de Brès.

D'Alméras de Brès, père.

De Lagarde.

De Rostaing.

De L'Hermuzières.

D'Alayrac.

Descours.

De Saignard de Choumouroux.

Ruelle, fils.

Rochier de la Baume.

Du Trémolet de Lacheisserie.

(*Archives de la préfecture de l'Ardèche à Privas. — Proc.-verbal des 26 et 27 mars 1789.*)

Assemblée générale des trois ordres du Vivarais, tenue à Privas les 17, 18, 19 déc. 1788.

Le comte de Balazuc de Montréal, président des trois ordres.

D'Ayme, maréchal de camp, commissaire des trois ordres.

Saladin, curé de Privas, commissaire.

D'Apchier, comte de Vabres.

Flossac, avocat en parlement, juge de Montréal, député de la ville de Saint-Agrève.

Le chevalier de Conte d'Aubusson, lieutenant-colonel d'infanterie.

Rouvière, Sgr du Colombier de Montreillac et du Mas du Bosc, député de la ville et baronie de Largentière.

Madier de Montjau, premier consul-maire et député de la ville de Bourg-Saint-Andéol, propriétaire foncier, Sgr de Méas et de Montjau.

Vacher de Vesseaux, propriétaire foncier.

Le marquis de la Tourette, colonel d'infanterie, baron des états du Vivarais.

Le comte de Saint-Polgue, marquis du Bourg.

Le marquis de Sattilieu, commissaire.

Espic, avocat, commissaire du tiers état et secrétaire des trois ordres du Vivarais.

Tracol, juge de la baronie et comté de Crussol, commissaire.

De Guilhin, prieur, curé de Saint-Symphorien.

Le comte de Jovyac, maréchal de camp, commissaire.

Besson, consul de Flaviac.

Prinsac, avocat en parlement, propriétaire foncier.

Julien de Baumes, Sgr de Bourlatier et de Saint-Martial, député de la ville de Saint-Agrève et autres communautés.

Chouvet, curé de Beage.

Le baron de Guyon-Pampelonne, commissaire.

Le comte de Serres, commissaire.

Du Fay, docteur médecin, député de la ville du Chaylard.

De Baumes.

De France, avocat.

Le comte de Bosas.

Michel, avocat.

Le chevalier de Piolenc.

Chauvet, prieur-curé de Vilprat.

Choisin, consul et député de Saint-Agrève.

De Flossac.

Durand, député de Vals.

Mélarès, bourgeois, député de Coux-Tubilhac.

Regard, consul politique de Privas.

Saint-Pierre-Ville, baron de Jaunas, député de la noblesse de la ville et baronie de Largentière, commissaire.

Chouvet, curé de Chomérac.

Meyssonnier, député de Vals.

Vacher, fils, conseiller à la sénéchaussée de Villeneuve-de-Berg, commissaire.

Champanhet, avocat, député de Bayx.

Le baron de Chazaux.

Faure de L'Hubac, juge de Borée.

Le vicomte de Malian.

Contagnet-les-Chambarlhac, député de Saint-Martin de Valamas.

Le comte de Julien-Vinezac, député de la noblesse de Largentière.

Chalamond, conseiller politique de Privas.

Desplan, député de Vals.

Tourrasse, député des Nonnières et de Saint-Julien-la-Brousse.

Le vicomte de Digoine.

Penel, propriétaire foncier.

De Barras.

Le comte Hyacinthe de Jovyac.

Boucher, propriétaire foncier.

Le baron de Granoux.

Belin de la Réal, Sgr et gouverneur de la ville du Pousin.

De Barrès, écuyer, député pour la noblesse de la ville du Pousin.

Boucher, conseiller et député de Juvinas.

Biousse, châtelain et juge de Saint-Lager et Granoux.

Le baron de Coston, Sgr de Durtail.

Fonneuve, avocat, député de la ville de la Voute.

Le baron de la Champ, de Chazeaux.

Le chevalier de la Chaux.

Belin de la Réal, chevalier de Saint-Louis.

Belin du Pousin, écuyer.

Le baron de Montrond.

Bravaix, juge de la baronie de Durtail.

Tardy de la Brossy, chevalier de Saint-Louis, capitaine d'artillerie, député de la noblesse de la ville de la Voute.

Lextrait, prieur-curé de Saint-Vincent de Durfort.

Le chevalier de Rostaing.

De la Garde, premier consul-maire de la ville de Privas.

Roqueplane, baron de Montbrun.

Guillon, député de la communauté de Saint-Vincent de Barrès.

Faure.

Vignasse.

De Rostaing.

Le Jeune, avocat.

Des François de Lolme, baron de Thorenc et d'Andance, lieutenant général en la sénéchaussée d'Annonay.

Porte, négociant à Aubenas.

Le vicomte de Julien Vinezac.

Beaufort, avocat.

Beautheat, propriétaire foncier.

Bruguières, négociant à Privas.

Destret, lieutenant du premier chirurgien du roi.

Boursarie la Róche, négociant.

Le baron de Lestrange.

Faure, avocat et propriétaire.

Pinet, avocat.

Clavel de Veyran.

D'Anthon.

Girard, négociant.

Le marquis de Surville, capitaine de cavalerie.

Roubaud, premier consul et député de Saint-Just-d'Ardèche.

Plat, deuxième consul et député de Saint-Just-d'Ardèche.

Saladin, greffier et député de Saint-Just-d'Ardèche.

Blachière, propriétaire foncier.

Robert, propriétaire foncier.

Le marquis de Lestrange, capitaine de cavalerie.

De Barruel, lieutenant général en la sénéchaussée de Villeneuve-de-Berg.

De Combe, prieur d'Ucel.

Colange, propriétaire foncier.

Vincent, propriétaire foncier.

La Font, propriétaire foncier.

Le marquis de Saint-Cernin, maréchal de camp.

Le baron de la Saumés.

Faure, conseiller de Privas.

Massol de Monteil, député du Theil.

L'abbé Colonjon, chanoine capiscol d'Annonay; prieur de Saint-André de Fourchade, commissaire des trois ordres.

Durand, député de Creissac.

Guinabert, juge de la ville de Privas.

Roussel, bailli d'épée de Montlor, baronie des états.

Bouvier, docteur en médecine.

Barthélemi, avocat, commissaire des trois ordres.

Saboul, curé d'Ucel.

De Michaud, écuyer, député de Creissac.

Baron de Canson, commissaire des trois ordres.

Dubois, père, négociant à Privas.

Dejoux, père, négociant de Privas.

Le comte Sébastien de Bosas.

Durand, propriétaire foncier.

Champanhet, prieur-curé de Saint-Pierre-la-Roche.

Le comte de Dienne du Puy.

Ville, consul et député de la communauté de Mézillac.

Chazau, consul et député de Saint-Genest-la-Champ.

Le comte de Fay-Solignac.

De Gasque, avocat, premier consul, maire de Joyeuse.

Cornet du Sillac.

De Sauveplane.

Mose, bailli d'épée de Boulogne, baronie des états.

Teyssonnier des Cros, avocat.

De Bernardy.

Faure des Chaberts, capitaine de cavalerie, chevalier de Saint-Louis.

L'abbé Deschabert.

Seroulhet, négociant d'Aubenas.

Champanhet-Fargès, député de Vals.

Le chevalier de Saint-Cernin-de-Bornes.

La Forest de Chassagne, écuyer.

Espeits, propriétaire foncier.

De Saint-Cernin de Bornes, officier au régiment de Normandie.

Charon, négociant, conseiller politique de Privas.

Chabaud, avocat.

Labro, curé de Sabras.

Le marquis de Suarès d'Aulan, Sgr de Bayx.

Torasse, propriétaire foncier.

Le chevalier de Saint-Andéol, garde du corps du roi.

La Forest de Chassagne, garde du roi.

Bouchon, curé de Prades.

De Missols-Lapra, chevalier de Saint-Louis, lieutenant-colonel d'artillerie.

Doize, l'aîné, négociant de Privas.

Roure, négociant, conseiller politique de Privas.

De Chapuis, Sgr de Tourville.

Boissin, prieur de Saint-Didier-sous-Aubenas.

De Massis-Cuchet, propriétaire foncier.

Teissère, propriétaire foncier.

Deboz, conseiller politique de Privas.

Baufils, curé d'Antraigues.

Gamon, député de la communauté d'Ayzac.

Defaul, conseiller de la paroisse de Vayras.

Le baron de Rochefort.

Blachère, curé de Saint-Étienne-de Fontbelon.

Le comte de Vanel, Sgr de Saint-Vincent, officier au régiment de la Sarre.

Lafont-Gerland, avocat en parlement, député de la communauté de Saint-Julien-Marcol.

De Combe, Sgr des Combes.

Dauteville, prieur-curé et député de Pierre-Gourde.

Reymondon, député de la commune de Saint-Fortunat.

De Salleyes-la-Pize, député de la commune de Saint-Vincent-de-Durfort.

Delpuech, écuyer, Sgr de Chamonte, ancien auditeur à la cour des comptes de Montpellier, député de la commune de Saint-Lager.

Le comte de Clavière.

Gaudemard, avocat et député de la communauté de Saint-Michel-de-Chabrillanoux.

Laville, député de la communauté de Saint-Michel-de-Chabrillanoux.

Aurenche, propriétaire foncier.

Tinland, député de la communauté de Saint-Maurice.

Viallet, député de la communauté de Saint-Maurice.

Bonnet, curé de Thueyts.

Le baron d'Urre, Sg. de Chanelost.

Reboul, foncier.

Galland, consul et député de la commune de Genestelle.

Ladreist, consul et député de la communauté de Genestelle.

De Launay, comte d'Entraigues.

Le vicomte de Jovyac.

Coing, propriétaire foncier.

Faure, propriétaire foncier.

Engelras-la-Prade, député de la baronie et commune de Montlor.

Gimond, député pour le tiers état de la ville de Largentière.

Roux, curé de Freyssinet.

Genton, maître des eaux et forêts à Villeneuve de Berg.

Pascal, prieur, curé de Colombier.

Béraud, consul de Montpezat.

Le baron de Malmazet-Saint-Andéol, lieutenant de la grande vénerie de France.

Roux, prieur-curé de Coux.

Giraud, député de la ville de Bourg-Saint-Andéol.

Tardy de la Baume, écuyer.

Desbosc, prieur-curé et député de Saint-Félix-les-Chateauneuf.

D'Autsegure, négociant d'Aubenas.

Le chevalier de Guyon-Pampelonne.

Méallarès, négociant d'Aubenas.

Le baron de Cheylus.

Molière de Vienne, député de la ville de la Voute.

Bois-Dautussac, député de la communauté de Pierre-Gourde.

Garnier, député de Beauchastel, Sgr, baron direct de la Roque.

Croze, avocat en parlement.

Le chevalier de la Roque.

De Saint-Martin, avocat, propriétaire foncier.

Arnaud, curé de Vernoux, député de Vernoux.

Blachères de Rancourbier, avocat.

Le baron de Fay-Solignac.

L'abbé de Pampelonne, archidiacre de Viviers, commissaire.

Blache, avocat.

Roux, avocat, maire de Thueyts.

Combier, curé du Pousin.

Villedieu, négociant.

Le comte de Blou.

Ladreit de la Charrière.

Le comte de Sattilieu.

Teissonnier, juge de Durfort.

Monneron, chanoine d'Annonay.

L'abbé de Rochemeure, député du clergé de la ville de Largentière.

Gleize, consul député de la commune d'Entraigues.

Vigne, notaire député de la commune d'Entraigues.

Filliat, député de la commune d'Entraigues.

Gleizal, avocat, député de la commune d'Entraigues.

Juge, député de la commune d'Entraigues.

Cornut, député de la commune d'Entraigues.

J.-P. Borie, député de la commune d'Entraigues.

Baratier, député de la commune d'Entraigues.

Le baron du Pont de la Roque.

Le chevalier du Chailar.

Le baron de la Blache.

Le marquis de Monteil-Corsas, commissaire.

Bonnet, consul de la commune d'Usclades.

Coing, député de Pourchères.

De Villeneuve, lieutenant-colonel de cavalerie.

Pourret, avocat, juge de Vernoux et autres terres.

Brunel, avocat en parlement.

Rey, foncier.

Marze, foncier.

Le marquis de Blou.

Le chevalier de Jovyac.

Morel du Lendel, propriétaire foncier.

Louis Bouvier, négociant à Chomérac.

Le More de Pigneux, bailli d'épée d'Annonay, baronie des états.

Julien, avocat en parlement.

Dubois, père et fils, négociants.

Toulouse curé de Bayx.

D'Ayzac, écuyer.

Dueros-Lafont, fils, propriétaire foncier.

Cachon, chirurgien.

D'Entrevaux, chevalier de Saint-Louis, ancien capitaine de grenadiers au régiment Dauphin.

Dejoux, négociant.

Bernard du Lieu, Sgr de Saint-Arcons.

Laroche de la Motte, avocat.

Duclaux, avocat.

De Fay, marquis de la Tour-Maubourg, baron de tour des états du Vivarais.

De Villeneuve, capitaine au régiment d'Auxerrois.

Montgolfier, chanoine et conseiller clerc en la sénéchaussée d'Annonay, commissaire.

Roussin, député de la commune du Gua.

L'abbé Boutthoux.

Le Blanc de Pradelles, Sgr de Miliouzelles.

Le baron de Moreton-du-Main, colonel de cavalerie.

L'abbé de Surville, précenteur de l'église de Viviers.

Grel de la Molière, juge châtelain de Chomérac.

La Roche, tenancier.

D'Anastasy, écuyer.

De Sonnier-Bonneton, député de Saint-Fortunat.

Beyrot de Lorme, docteur médecin, député de Silhac.

Teul, député de Saint-Symphorien.

Besse, consul, député de Saint-Symphorien.

Dalmas, avocat à Aubenas.

Grel, fils, négociant et foncier.

Descours, député d'Issamoulenc.

Deydier, propriétaire de la manufacture royale de soie d'Aubenas.

Ladam de Villefort, député de Rochemaure.

Le marquis de Peyraut, colonel de cavalerie.

Le comte du Peloux-Praron.

Montgolfier de Saint-Étienne, chevalier de l'ordre du roi.

Veray, négociant à Aubenas.

Rouchon, avocat, député du tiers état de la ville et baronie de Largentière.

Le vicomte de Blou.

Bouvet, curé de Chomérac.

Jallade, curé de Gourdon.

Chomel, avocat du roi en la sénéchaussée d'Annonay, commissaire.

Duret, docteur-médecin, commissaire.

Roux, avocat, maire, député de la commune du Thueyts.

Ruelle, fils, écuyer.

Bermondès, prieur-curé de Saint-Martin.

Roure, avocat, député de la ville de Largentière, commissaire des trois ordres.

Chaumat, propriétaire foncier.

Deshière, propriétaire foncier.

Flacher, propriétaire foncier.

De Bay, Sgr de Saint-Ciergue.

De Banne, capitaine au régiment de Royal-Vaisseaux.

Boutaud, avocat, commissaire, à Tournon.

Roux, curé de Saint-Maurice.

Le baron de la Garde-Chambonnas-des-Poujols.

Narcier, député de la commune de Gluyras.

De Lassaigne, lieutenant-colonel d'infanterie.

Joseph Montgolfier.

D'Audigier, écuyer, député de Saint-Fortunat.

Le comte du Pont.

Rozier, propriétaire foncier.

Fontbonne, député de Saint-Apollinaire-de-Rias.

De Boissy d'Anglas, des académies de Nimes, Lyon, la Rochelle, commissaire-secrétaire des trois ordres du Vivarais, à Annonay.

Le comte de Colonne, commissaire.

De Lombard de Mars, chevalier de Saint-Louis.

Sabarot, juge de la Mastre.

Meyssonier, avocat.

Duclaux, médecin.

Fournat de Brézenaud.

Massaux, juge et député de Macheville.

Le chevalier de la Fare-Sautel.

Le baron de Molines, capitaine d'artillerie.

De Veyre de Soras, capitaine de cavalerie, chevalier de Saint-Louis.

Soubeyran de Beauvoir, ancien bailli d'épée de la baronie de Chalancon.

De la Garde, ancien brigadier des gardes du corps du roi.

Jouannel, premier consul de Saint-Martin-de-Valamas.

Guérin, procureur fondé du marquis de la Tour-Maubourg, baron du Vivarais.

Gaillard des Tourettes, conseiller en la sénéchaussée d'Annonay.

La Bastide, capitaine d'infanterie, chevalier de Saint-Louis.

Moreau de la Belive.

Le marquis de Grollier.

De Beaurepaire, député de Saint-Bazile.

Ranc des Sauvages, député de Desaignes.

Le chevalier de L'Isle-Charlieu.

Choveton, député de la ville de Boulieu.

Seigle, député de la ville de Boulieu.

L'abbé Ollivier, chanoine de Viviers.

Frachon, avocat, juge des terres de la Rivoire, Gerlande, Andance, etc.

Rocoules, prieur-curé de Saint-Baudille.

Le comte de Sampigny.

Chateauneuf de Saint-Priest.

D'Audibert.

De Sainte-Colombe.

Calvet, négociant d'Aubenas.

Vincent, avocat de Bayx.

Rasclas, prieur-curé de Royas.

Daldire, avocat, député de la noblesse de Saint-Martin-de-Valamas.

Regard, négociant.

Sauzet de Fabrias, ancien conseiller de la cour des aides de Montpellier, Sgr de Craux, Ginestelles, etc.

De Valleton, chevalier de Saint-Louis, ancien major d'infanterie.

Barruel de Montrillet.

De Faure de Valmont, député de Viviers et de Saint-Just-d'Ardèche.

Bourras, avocat.

Le vicomte de Maillan, capitaine d'infanterie.

De Roucoule-Brouas, écuyer.

De Combes, garde du corps.

Cacou, consul-maire, député d'Annonay.

Malgontier, consul politique, député d'Annonay.

Abrias, curé de Saint-Julien en Saint-Alban.

D'Alméras, écuyer, Sgr de Brès.

Milhet, consul de Saint-Fortunat.

Bolhioud, Sgr de Brogieux.

Desfrançois de Fontachard, prieur de Félines.

Duret, négociant d'Annonay, commissaire.

Le Blanc, prieur-curé de Vals.

Le baron de la Gorce-Larnas.

Le comte Dupont, de Soyons.

Monneron, chanoine de Tournon.

Abrial, chanoine de Tournon.

Delhomme, chanoine de Tournon.

Pilhet.

Farconnet.

D'Allard.

Constant, propriétaire foncier.

Crouzet, avocat.

Saunier-la-Boissière, député de Saint-Julien-le-Roux.

Deglos de Besse.

Lombard de Quincieux, procureur du roi en la sénéchaussée d'Annonay.

De Beaud, prieur-curé d'Alissas.

Le marquis de Mirabel.

Le vicomte du Peloux-Praron.

Louis Jalates, député de la commune de Pranles.

Vermale, curé de Saint-Lager.

Le comte de Peyrault, lieutenant-colonel du régiment de Penthièvre-Dragons.

Blachères, Sgr de Saint-Jean-le-Centenier.

La Chavas, baron d'Ay.

De Champagné.

De Joux, négociant.

Faure-Pontanier, avocat.

Cornuscle, avocat.

De Fontaine, prieur-curé de la Fare.

De la Véze-Montjou, écuyer, député de la communauté de Silhac.

Rozier, Sgr de Liviers.

Guilhon, député de Saint-Martin-l'Inférieur.

Serusclat, propriétaire foncier.

Bauthéac.

Gamonet, député d'Alissas.

Benoît, aîné.

Guérin, greffier.

Le marquis de Veynes, Sgr du Pape.

Le baron d'Hilaire de Jovyac.

Barruel de Saint-Vincent.

De Marquet, ancien capitaine de cavalerie, Sgr de Latour.

Niels, consul-maire, député du Pousin.

Marcon, avocat, député de la ville du Pousin.

De Cellier, officier d'infanterie.

Reynier, consul, député de Gourdon.

Faugier, consul, député de Gourdon.

Monnier, greffier, député de Gourdon.

De la Cheisserie, écuyer.

D'Alayrac, chevalier de Saint-Louis.

De la Valette de Chabriol, officier de cavalerie.

Talancieu, consul de Boulieu.

De l'Isle de Charlieu.

Clusel, consul-maire de Viviers.

Le baron de Rochesauve.

Julien de Viviers.

Le chevalier de Fay-Solignac.

Favet, propriétaire foncier.

Dubois de Séverac.

Agreil, curé de Saint-Julien-Chateauneuf en Boutières.

De Toron.

Bernardy, Sgr des Éperviers.

Le marquis du Solier-Griottier.

De Barruel.

De la Salve du Fayn, officier au régiment de Lyonnais.

Darnaud, avocat.

Bouvié, ainé, négociant.

Richer, notaire.

Bernard de Saint-Nazaire, officier au régiment de Barrois.

J.-A. Mouline, négociant.

Pujolas, avocat.

Comte de Chauliac, consul de Vesseaux.

Reinier, consul de Vesseaux.

Sargeas-Champanhet, avocat.

Tourette, consul et député de Saint-Martin le Supérieur.

La Pize, consul de la commune de Saint-Ciergue.

Ranc, consul de la commune de Saint-Ciergue.

Dardet, greffier de la commune de Saint-Ciergue.

De Sautel, député de la commune de Saint-Étienne de Serres.

Guilhon, député de la paroisse de Saint-Pierre de la Roche.

Mognier, consul et député de la paroisse d'Ajoux.

Roger, officier d'infanterie.

Grel-Paret, propriétaire foncier.

Moreau de Bonrepos.

Le chevalier de la Valette-Chabriol.

Meyssonnier de Chateauvieux.

Moreau de Brugnières.

De Tallard.

Le chevalier d'Hilaire de Jovyac.

Monneron, ainé, ancien intendant de l'Inde.

Chanel, avocat du roi, en la sénéchaussée d'Annonay.

Chapuys, greffier en chef de la sénéchaussée d'Annonay.

De Lombard, procureur du roi en la sénéchaussée d'Annonay.

Bollioud de Brogieux.

Bollioud de Tartura.

Chanial-Lachava, propriétaire foncier, avocat en parlement et juge général du mandement de la Chièze.

(Bourg Saint-Andéol, de l'imprimerie de Pierre Guillet, imprimeur du roi, des états particulièrs du Vivarais, etc., 1789.)

———————

Extrait du procès-verbal manuscrit de l'assemblée des trois ordres de la sénéchaussée de Montpellier, le 16 mars 1789, remis par le citoyen Jean-Louis Marre, et déposé aux archives du département d'après un arrêté du 16 brumaire an VIII, couché au procès-verbal des séances de l'administration centrale.

L'assemblée fut tenue dans l'église du collége royal de Montpellier, par-devant noble Jacques de Barthés, lieutenant général né, en la sénéchaussée, gouvernement et siége présidial de Montpellier.

Ont été présents pour l'ordre de la noblesse :

De Marguerit, président.

D'Aigrefeuille, procureur général près la cour des aides de Montpellier.

De Gévaudan, major de la ville.

De Gévaudan, neveu.

De Campan, avocat du roi en la sénéchaussée.

De Solas, conseiller à la cour des aides.

Le baron de Vibrac.

Le marquis d'Entraigues.

Le chevalier d'Albenas.

Banal, conseiller auditeur.

Banal, fils.

De Bonni.

Le marquis de Commairas, lieutenant général des armées du roi, commandant de Saint-Hippolyte.

Le comte de Cadolle, co-Sgr de Lunel.

Le chevalier de Girard, chevalier de Saint-Louis.

De Cambacérès, conseiller à la cour des aides.

Poitevin, Sgr de Mezouls et autres places.

Le comte d'Hults, Sgr de Boisseron.

Le marquis Deydié, Sgr de Gremian.

Le marquis de Montferrier.

De Melon, Sgr de Saint-Aunès.

De Juge, Sgr de Fresquely.

De Perdrix, conseiller à la cour des aides.

De Lansade.

De Paul.

De Paul, fils.

De Ratte, conseiller à la cour des aides.

Le chevalier de Ratte.

Le comte de Ginestous.

De Domergue.

De Bornier.

Le chevalier de Bornier.

Le Blanc de Saint-Clément.

De Lamonie.

De Gumpertz.

Le marquis de Gallière, conseiller à la cour des aides.

Fesquet, conseiller à la cour des aides.

Boussairolles, Sgr de la Mougeire, conseiller à la cour des aides.

Boussairolles, fils.

De Lauvergnac.

De la Roque.

De Claris, président à la cour des aides.

Le chevalier de Massilian.

Le comte de Chazelles, conseiller à la cour des aides.

Le chevalier de Grasset.

De Serres, Sgr de Mesplés, président à la cour des aides.

Le chevalier de Saint-Maurice.

Le chevalier de Saint-Maurice de Saint-Aunès.

De Masclary, conseiller à la cour des aides.

De Masclary, fils.

De Bosquat, conseiller à la cour des aides.

De Bosquat, fils.

De Girard, Sgr de Rouquet.

De Girard, Sgr de Lauret.

De Girard d'Olivet.

De Girard, garde du roi.

De Girard du Lac.

De Girard.

De Comairas de Puech du Mas.

De Castelviel.

Le chevalier de Castelviel.

Daru.

De Grasset, conseiller au sénéchal.

Tourtoulon, baron de la Salle.

De Vissec de Saint-Martin.

Le chevalier de Vinezac.

Pepin de Manoblet.

Delpuech de la Nible.

De Gros, président de la cour des aides

Le chevalier Gros de Besplas.

De Loys.

Pas de Beaulieu.

Le chevalier de Beaulieu.

Pas de Beaulieu, fils.

Le comte de Vinezac.

De Roquevaire, Sgr de Fabrègues.

Le baron de Sauve.

De Payen.

Le chevalier de Payen.

De Massia.

Martin de Choisy.

De Maury de la Peyrouse.

Bousquet.

Bousquet de Florian.

Le baron de Faugères.

Vassal.

De Vichet.

Le chevalier de Gazelles.

Le chevalier de Campan.

Aurès, président à la cour des aides.

Astruc.

Lemonnier de Sombremard.

De la Clotte, président de la cour des aides.

Le marquis Deydé.

Le vicomte d'Alzon.

De Garnier de Laval.

De Montlord.

De Murles de Saugras.

De Murles, fils.

De Monlord, fils.

Poitevin.

De Malbois de Caussonnel.

Du Chol.

De Roux.

De Plantade, conseiller à la cour des aides.

De Balestrier.

Le chevalier de Balestrier.

(Archives de la préfecture de l'Hérault à Montpellier.)

Lettre écrite au roi, le 30 janvier 1789, par les membres composant les états de Languedoc.

SIRE,

Tous les membres des deux ordres du clergé et de la noblesse qui sont présents aux états de la province de Languedoc, convoqués par votre ordre à Montpellier, prennent la liberté de déposer dans le sein paternel de Votre Majesté le vœu qu'ils ont formé de contribuer aux impositions de la province, tant royales que locales, sans aucune différence dans la quotité de l'imposition proportionnelle des biens nobles, ecclésiastiques et laïques, avec la quotité de l'imposition proportionnelle des biens ruraux. Ils ont pris en même temps la résolution de parler aux chambres du clergé et de la noblesse des prochains états généraux du royaume, le vœu qu'ils viennent de former, pour y être sanctionné, par l'adhésion et le vœu commun de leur ordre respectif. Ils ont eu la satisfaction, lorsqu'ils ont annoncé leurs résolutions à l'assemblée des états, d'être témoins de l'empressement de tous ceux du tiers-état qui possèdent des biens nobles à y concourir et à partager le zèle et le patriotisme dont ils venaient de donner l'exemple.

Nous sommes avec le plus profond respect, Sire, etc.

Les signatures dont cette lettre est revêtue nous ont paru devoir être conservées pour la fidélité historique.

Ordre du Clergé.

† Dillon, archevêque de Narbonne, président.
† F. de Fontanges, archevêque de Toulouse.
† De Bernis, archevêque de Damas, coadjuteur d'Alby.
† J.-F.-N. de Fumel, év. de Lodève.
† Ch.-F. de Saint-Simon, év. d'Agde.
† De Breteuil, év. de Montauban.
† J.-F. de Malide, év. de Montpellier.
† L. de Bruyère-Chalabre, év. de Saint-Pons.
† J.-A. de Castellane, év. de Lavaur.
† Aym. de Nicolay, év. de Béziers.
† P.-M.-Magd. Cerdois de Balore, év. de Nimes
† J.-B.-M. de Maillé, év. de Saint-Papoul.
† H.-B.-J. de Béthisy, év. d'Uzès.
† L.-F. de Bausset, év. d'Alais.
† A.-E. d'Osmond, év. de Comminge.
L'abbé Monnet, vicaire général d'Aleth.
L'abbé de Bonne, vicaire général de Castres.
L'abbé de Siran, vicaire général de Mende.
L'abbé de Pointis, vicaire général de Mirepoix.
L'abbé de Besses, vicaire général de Viviers.

L'abbé de Boyer, vicaire général de Carcassonne.

Ordre de la noblesse.

Le vicomte de Polignac.
Levis-Mirepoix.
Le comte du Roure, baron de Barjac.
Le marquis de Villeneuve.
Le marquis d'Hautpoul.
Le comte de Mérinville.
Le duc de Castries, baron de Castries.
Le comte de Lacroix-Vagnas, pour lui et le maréch. de Castries, comte d'Alais.
Le chevalier de Roquelaure, pour lui et le comte de Roquelaure, baron de Lanta.
Le vicomte de Morangiès-Saint-Alban.
Châteauneuf-du-Molard, envoyé de Ganges.
Le marquis de Fontès, pour le duc d'Uzès.
Le comte de Julien de Vinezac, pour la baronie de Tornac.
Le marquis de Grave.
Morlas de Ricalens, envoyé d'Ambres.
Le chevalier de Fujol de Vebron, envoyé de Calvisson.
Le baron de Thezan, envoyé de Castelnau.

Le marquis de Vissec de Latude, envoyé de Murviel.

Le chevalier de Seigneuret, envoyé de Saint-Félix.

Le baron de Soubès, envoyé de Caylus.

De Fournas, baron de Fabresan, envoyé de Bram.

Le baron de Montolieu, envoyé de Ganges (1).

Ordre du tiers possédant des biens nobles.

Le chevalier de Saint-Félix de Mauremont.

Gounon-Loubens.

De Massilian, citoyen de Montpellier.

Le chevalier de Ratte.

Le baron de Marguerittes, citoyen de Nimes.

Thoron de Fontiès, citoyen de Carcassonne.

Julien, citoyen de Nimes.

Firmas de Périès.

Bouzat de Ricaud, citoyen de Castelnaudary.

Sainte-Vallière.

De Caune.

Gorsse, syndic du pays d'Albigeois.

Dufraisse, maire de Mende.

La Chadenède, syndic du Vivarais.

Rossignol, maire de Graulhet, diocésain de Castres.

Le chevalier de Rouville, Sgr du Chayla.

Madiér de Montjau, pour lui et pour son père.

Officiers de la province.

Le marquis de Montferrier, syndic général.

Rome, syndic général.

De Puymaurin, syndic général.

Joubert, trésorier de la bourse.

Carrière, secrétaire et greffier des états, pour lui et son père.

Besaucèle, secrétaire et greffier des états.

On voit que jusqu'au dernier moment de leur existence, les états de Languedoc ne démentent point leur conduite passée, et que ni les calculs de l'égoïsme, ni le ressentiment de l'honneur blessé, ni l'opiniâtreté de l'esprit d'opposition n'arrètent leurs mouvements généreux, lorsqu'il s'agit de sacrifices dictés par la justice et par la raison, inspirés par l'amour du prince et de la patrie.

(Baron TROUVÉ. — *États de Languedoc*, t. I, p. 292-294.)

(1) Chateauneuf du Molard était envoyé de tour du Vivarais.

DÉPUTES DE LA NOBLESSE DE LANGUEDOC

AUX ÉTATS GÉNÉRAUX DE 1789.

Sénéchaussée d'Annonay.

Le marquis de Satillieu.

Sénéchaussée de Béziers.

Le marquis de Goyas, baron de Jessé.
M. Gleyzes de la Blanque.

Sénéchaussée de Carcassonne.

Le comte de Montcalm-Gozon.
Le marquis de Badens.

Sénéchaussée de Castelnaudary.

Le marquis de Vaudreuil.

Sénéchaussée de Castres.

Le comte de Toulouse-Lautrec.

Sénéchaussée de Limoux.

Le baron de Lhuillier-Rouvenhac.

Sénéchaussée de Mende.

Le marquis d'Apchier.

Sénéchaussée de Montpellier.

Le marquis de Saint-Maurice.

Sénéchaussée de Nîmes.

Le marquis de Fournès.
Le comte de la Linière.
Le baron de Marguerittes.
Brueys, baron d'Aigalliers.

Sénéchaussée du Puy-en-Velay.

Le marquis de la Tour-Maubourg.

Sénéchaussée de Toulouse.

Le marquis de Panat.
Le marquis d'Avessens.
De Maurens.
Le marquis d'Escouloubre.

Sénéchaussée de Villeneuve-de-Berg.

Le comte de Vogué.
Le comte d'Entraigues.

PIÈCES JUSTIFICATIVES.

ADHÉMAR.

Anglès d'Adhémar ép. le 15 juin 1477 Isabeau de la Roque, de Couloubrines. (T. I, p. 29.)

Contrat de mariage de noble Anglès d'Adhémar avec noble Isabeau de la Roque, du 15 juin 1477, produit en 1668 par noble Guérin d'Adhémar, contre M. Alexandre Belleguise, commissaire du roi lors de la vérification des titres de noblesse faite par M. de Bezons.

Anno Domini millesimo quadringentesimo septuagesimo septimo et die decima quinta mensis junii, inclitissimo principe Domino Ludovico, Dei gratia Francorum Rege, noverint universi et singuli quod cumtractatum fuerit de matrimonio in Dei nomine feliciter contrahendo, inter nobilem Anglicum Adhemarii, filium nobilis Petri Adhemarii, mansi de Suelhas, parrochiæ beate Marie de Lundinis, Magalonensis diœcesis, ex una parte ; et nobilem Isabellem de Roca, filiam condam nobilis Fermini de Roca, mansi Colōbrinis, ex altera parte. Igitur cum sic legalis ordo et antiqua consuetudo ut dotis ex parte mulierum in die matrimonii, ut viri, etc............, hinc vero fuit et est quod existens et personaliter constitutus nobilis Arnaudus Adhemarii, filius dicti nobilis Petri Adhemarii frater prænominati nobilis Anglicum bona fide, etc..................... per se et suos, etc..., cum hoc, etc................, constituit et assignavit in doctem, pro docte et nomine et ex causa doctis, eidem Anglico Adhemarii fratri suo presenti stipulanti, etc...... Ob contemplationem dicti futuri matrimonii favorisque liberorum ex dicto futuro matrimonio procreandorum et hoc tam de bonis paternis, maternis, fraternis, quam sorrorinis, videlicet centum libras turonenses, monete currentis, solvendas per solutiones sequentes : Et primo in die qua dictum futurum matrimonium solempnavit, in sancta matre ecclesia, inter ipsum nobilem Anglicum et nobilem Isabellem de Roca, triginta libras turonenses, et die sancti Michaelis archangeli proxime futuris in anno quinque libras, donec tota dicta docte fuerint eidem nobili Anglico soluta una cum expensis, etc. Et fuit actum inter dictas partes quod solutiones non possint dupplicari, triplicari, nec alias accumulari; item plus·fuit actum inter dictas partes quod cum dictis centum libris turonensis et illis mediantibus idem nobilis Anglicus Adhemarii teneatur et debeat omnia bona paterna, materna et fraterna dicto nobili Arnaudi Adhemarii quictare et remitere cum instrumento et clausis juris; pro quibus sic tenendi dictus nobilis Arnaudus Adhemarii constituens obligavit firmiter et ipothecavit, promitens eundem nobilem Anglicum fratrem suum presentem et ut supra stipulantem, omnia bona sua mobilia et immobilia presentia et futura, viribus curiarum dominorum episcoporum Uziensis et Magalonensis et cujus libet alterius curiæ, etc... Et ita tenere actendere et observare, etc..., promisit et juravit sub quo quidem juramento renonciavit; dictus nobilis Anglicus peciit instrumentum.

Actum ubi supra in loco de Vaqueriis, et ante portam domus nobilis Bertrandi de Barjaco; testibus presentibus venerabile viro Dᵒ Johanne Thoffani, presbiteri priore de Vaqueriis, magistro Johanne Larmande, sartore Alesii.

J'ai lu l'original dont le présent a été tiré, le huit octobre 1668.

Signé : ALEX. LELOUP.

Par nous notaires royaux sous-signés, le présent extrait a été tiré d'un livre côté des notes de feu Jacques Verdelhan, notaire royal tenant des années mil quatre cent septante et septante sept fᵒ 102, étant au pouvoir de Marie Veyrune, veuve de Jean Favède, et par elle exhibé et retiré, après due collation faite d'icelui. Au dit Alais, le 3ᵉ août 1668.

Signés : DE GAUJAC, not. royal.
GUIRAUDET, notaire.

En présence des soussignés ladite Vérune a retiré ledit livre.

Signé : TROUPEL,
GUIRAUD, nᵉ r-al.

Extrait à l'original étant dans un petit livre à la douzieme du dit original; page premiere a quatre mots effacés, où il y avoit existens et personaliter constitutus; à la 7. ligne de la d. page autre mot effacé où il y avoit Ysabellem et à la 25 de la d. page deux mots effacés, où il y avoit matris ecclesiæ. Dans lequel livre il n'y a nulle signature. Ayant fait les guidons et effaçures où nous avons interligné de notre main, et pour la dernière effaçure nous n'avons rien interligné.

Collationné par nous, de Fontfroide, commissaire subdélégué, en présence du sieur Jeoffre.

par mon di sieur signé : VINCENS. à Nismes le 8 octobre 1668.

signés : DE FONTFROIDE; JEOFFRE.

Je soussigné, chef de la section historique aux archives du royaume, ancien premier commis du cabinet des ordres du roi, commissaire du conseil d'État pour le contentieux de la noblesse;

Certifie que j'ai examiné avec une attention scrupuleuse un acte du 15 juin 1477, qui est le traité de mariage de noble Anglés d'Adhémar, fils de noble Pierre d'Adhémar, du Mas de Suelhas, avec noble Isabelle de la Roque, où le futur époux est assisté de noble Arnaud d'Adhémar, son frère, aussi fils dudit Pierre, et qualifié tel;

2° Que cet acte sur papier, en copie collationnée le 13 août 1668 par des notaires, a été produit devant M. de Fontfroide, commissaire subdélégué de l'intendant de Languedoc, chargé par le roi de la recherche de la noblesse de cette province;

3° Que ce commissaire se fit représenter l'original étant *dans un petit livre*, d'après lequel il corrigea lui-même les erreurs échappées à celui qui avait fait la copie, et en dressa son procès-verbal le 8 octobre 1668, à la suite de ladite copie;

4° Qu'il résulte des etc., etc., placés à la fin des clauses, que ce petit livre est le *primum-sumptum*, ou première minute du notaire qui recevait l'acte, et qui, suivant l'usage général des notaires de ces temps, ne plaçaient les formules de style après les clauses que dans ce qu'ils appelaient l'*extensoir* d'après lequel ils grossoyaient les actes;

5° Que celui-ci a tous les caractères d'authenticité qu'on peut désirer, et doit par conséquent être admis en preuve tant devant les tribunaux qu'ailleurs.

6° Et enfin que les signatures Joffre et Vincens suffiraient seules pour constater celle de M. de Fontfroide, dont Vincens était le greffier.

A Paris, le vingt-cinq juin mil huit cent dix-huit. *Signé :* PAVILLET.

Nous chevalier de la Rue, garde général des archives du royaume, chevalier des ordres royaux et militaires de Saint-Louis et de la Légion d'honneur, certifions que M. Pavillet, qui a signé le certificat ci-dessus, et de l'autre part, est chef du bureau de la section historique des archives du royaume, et que foi doit être ajoutée au présent certificat.

Paris, le onze août mil huit cent dix-neuf. *Signé :* Le Chevalier DE LARUE.

Traduction de l'acte de mariage d'Anglès d'Adhémar avec Isabelle de la Roque, 1477.

L'an du Seigneur mil quatre cent soixante-dix-sept, et le quinzième jour du mois de juin, régnant très-illustre prince et seigneur Louis, par la grâce de Dieu roi des Français, sachent tous et chacun qu'il a été convenu de conclure, au nom de Dieu et pour leur bonheur réciproque, mariage entre noble Anglés d'Adhémar, fils de noble Pierre d'Adhémar du manoir de Suélhes, paroisse de Notre-Dame de Londres, diocèse de Maguelone, d'une part; et noble Isabelle de la Roque, fille de noble Firmin de la Roque, du manoir de Couloubrines, d'autre part. C'est pourquoi, conformément à la loi et à l'ancienne coutume touchant la dot des femmes, au moment du mariage, comme entre vifs, etc..., il est de fait et de vérité que, agissant personnellement et comme tel constitué, noble Arnaud d'Adhémar, fils de noble Pierre d'Adhémar et frère du sus-nommé noble Anglés, de bonne foi, etc..., pour lui et les siens, etc., a constitué et assigné en dot, nominativement et pour cause de dot, au même Anglés d'Adhémar, son frere acceptant et stipulant, etc..., en considération dudit prochain mariage et par suite des enfans qui en pourront provenir, soit des biens paternels, maternels et fraternels, soit des biens venant des sœurs, savoir : cent livres tournois de monnaie courante à acquitter, en payemens divers, de la manière suivante : Premièrement, le jour que ledit prochain mariage sera célébré dans la sainte mère Église, entre noble Anglés et noble Isabelle de la Roque, trente livres tournois, et à partir du jour de saint Michel archange prochain à un an cinq livres, et successivement chaque année, à la fête de saint Michel, cinq livres, jusqu'à ce que toute la dot ait été payée audit noble Anglés, avec frais, etc... Il a été convenu entre lesdites parties que les payemens ne pourront se doubler, ni tripler, ni en aucune manière s'accumuler; en outre il a aussi été convenu entre lesdites parties que, moyennant lesdites cent livres tournois, ledit noble Anglés d'Adhémar sera et devra être tenu de quitter et faire remise audit noble Arnaud d'Adhémar de tous biens paternels, maternels et fraternels, par le présent contrat et les clauses de droit; pour l'accomplissement desquelles conditions ledit noble Arnaud d'Adhémar contractant a réellement obligé et hypothéqué ses biens, promettant ledit noble Anglés, son frère présent et stipulant comme dessus, soumettre tous ses biens meubles et immeubles, présens et futurs, aux rigueurs des cours des seigneurs évèques d'Uzès et de Maguelone et de quelque autre cour que ce soit, etc... Et chacun a promis et juré de tenir, garder et observer lesdites conventions, etc..., et a renoncé à toutes exceptions, sur la foi du serment.

De tout quoi ledit noble Anglés a donné acte.

Passé, comme dessus, au lieu de Vaquières, devant la porte de la maison dudit noble Bertrand de Barjac, en présence des témoins : vénérable seigneur Jean Thoffani, curé prieur de Vaquières, et maître Jean Larmande, tailleur d'Alais. (Trad. *par Emile Thomas, archiviste de la préfecture de l'Hérault.*)

DEYDIER.

Jean Deydier fut élu consul de nobles à Nîmes, suivant le désir et la recommandation de Mgr le dauphin. (T. II, p. 62.)

« Monsieur de Basville, sçachant que c'est cette année le tour des gentilshommes d'entrer dans le consulat de Nîmes, j'ai voulu vous recommander le sieur Deydier, viguier de Bellegarde, afin que vous fassiez ce qui dépendra de vous pour le faire nommer premier consul. Mon intention n'est pas de contraindre personne pour cette élection, mais je suis bien aise qu'on fasse ce plaisir à un gentilhomme d'ancienne famille de ce pays-là, que je connais il y a long-temps et à qui je suis bien aise de faire plaisir.

« Je m'assure que c'est assez que vous sçachiez ma volonté pour faire tout ce qu'il faut là dessus afin que les choses réussissent comme je le souhaite.

« Je prie Dieu, monsieur de Basville, qu'il vous ait en sa sainte et digne garde. Votre bon ami : Louis. Écrit à Versailles le 22 octobre 1699. » (MÉNARD, *Hist. de Nîmes*, VII, 711.)

DURAND.

Pendant l'hiver de 1773 à 1774, et sous le règne de Louis XV, le sieur Raymond Durand sauva son pays des horreurs de la famine avec le plus généreux dévouement (*V.* t. II, p. 145), ainsi que le constatent les lettres patentes qui suivent et qui sont extraites des registres du ci-devant parlement de Toulouse. (*Arrêt du* 30 *avril* 1789.)

« Louis, par la grâce de Dieu, roi de France et de Navarre, à tous présents et à venir, Salut.

« Dans le nombre de ceux de nos sujets à qui leur zèle et les services importants peuvent donner le droit de prétendre à des récompenses, nous croyons devoir distinguer notre cher et bien aimé le sieur Raymond Durand, négociant à Montpellier. Nous sommes informé qu'en mil sept cent soixante-quatorze, notre province de Languedoc se trouvant menacée des horreurs de la famine, il s'empressa de voler à son secours et de faire disparaître les craintes dont elle était agitée, et par ses soins elle fut préservée de ce fléau. Il fit d'abord distribuer les provisions considérables que renfermaient ses magasins avec profusion, et cependant avec une sagesse qui lui donna le temps de faire arriver de nouveaux secours. Pendant tout le temps que régna la disette, le prix du blé fut toujours et partout le même qu'auparavant, et le sieur Durand se refusa constamment à une augmentation qu'on lui proposait d'établir pour le dédommager d'une partie de la perte qu'il éprouvait; mais ce qui ajoute beaucoup aux sacrifices qu'il fit dans cette circonstance, c'est que les grains qui étaient envoyés aux communautés des campagnes, étaient distribués aux habitants à crédit, et sur de simples billets des consuls et des curés. Une grande partie de ces billets est restée entre ses mains, sans qu'il ait jamais cherché à en faire le recouvrement. Le feu roi, notre très-honoré seigneur et aïeul, instruit d'une conduite et d'un désintéressement aussi rares, chargea le sieur abbé Terray, alors contrôleur général, de témoigner au sieur Durand toute la satisfaction de l'acte de patriotisme dont il avait donné l'exemple. Des services aussi signalés nous ont paru mériter que le citoyen vertueux qui les a rendus fût élevé aux honneurs de la noblesse, et nous nous portons d'autant plus volontiers à lui donner cette marque flatteuse de notre estime, qu'elle sera un motif d'émulation pour ceux qui marcheront sur ses traces. A ces causes, nous avons, de notre grâce spéciale, pleine puissance et autorité royale, anobli par ces présentes signées de notre main, et anoblissons ledit sieur Durand, et du titre de Noble et d'Écuyer l'avons décoré et décorons, voulons et nous plaît qu'il soit censé et réputé noble tant en jugement que dehors, ensemble ses enfants, postérité et descendants mâles et femelles nés et à naître en légitime mariage; que comme tels ils puissent prendre en tous actes et en tous lieux la qualité d'écuyer, parvenir à tous degrés de chevalerie et autres dignités titres et qualités réservés à notre dite noblesse, qu'ils soient inscrits au catalogue des nobles, qu'ils jouissent de tous les droits, priviléges, prérogatives, prééminences, franchises, libertés, exemptions et immunités dont jouissent et ont accoutumé de jouir les autres nobles de notre royaume, tant qu'ils vivront noblement et ne faisant acte de dérogeance, comme aussi qu'ils puissent acquérir, tenir et posséder tous fiefs, terres et seigneuries, de quelque terre et qualité qu'elles soient; permettons au dit sieur Durand, ses enfants, postérité et descendants de porter des armoiries timbrées, telles qu'elles seront réglées et blasonnées par le sieur d'Hozier, juge d'armes de France, et ainsi qu'elles seront peintes et figurées en ces présentes auxquelles son acte de règlement sera attaché sous notre contre-scel, avec pouvoir de les faire graver et inculquer, si elles ne le sont déjà, dans tels endroits de leurs maisons, terres et seigneuries que bon leur semblera, sans que pour raison de ce que dessus ledit sieur Durand, ses enfants, postérité et descendants soient tenus de nous payer et à nos successeurs rois, aucune finance ni indemnité dont, à quelque somme, qu'elles puissent, nous leur avons fait et faisons don par cesdites présentes, et sans qu'ils puissent être troublés ni recherchés pour quelque cause et prétexte que ce soit, à la charge par eux de vivre noblement et sans déroger. Si donnons en mandement à nos amés et féaux les gens tenant notre cour de parlement à Toulouse et à tous nos autres officiers et justiciers qu'il appartiendra, que ces présentes ils aient à faire registrer, et du contenu en icelles jouir et user ledit sieur Durand, ensemble ses enfants, postérité et descendants, nés et à naître en légitime mariage, pleinement, paisiblement et perpétuellement, cessant et faisant cesser tous troubles et empêchements quelconques nonobstant tous édits, déclarations et autres choses à ce contraires, auxquelles et aux dérogatoires des dérogatoires y contenus nous avons dérogé et dérogeons pour ce regard seulement, et sans tirer à conséquence, car tel est notre plaisir, et pour que ce soit chose ferme et stable à toujours, nous avons fait mettre notre scel à ces dites présentes, sauf en autres choses notre droit et d'autrui. Donné à Versailles au mois de mars 1789, etc., etc., *signé* Louis, et plus bas : Par le roi, Laurent de Villedeuil. Scellées du grand sceau de cire verte à lacs de soie rouge et verte.

« A ces lettres patentes se trouve annexé le règlement d'armoiries qui dit :

« Antoine-Marie d'Hozier de Sérigny, etc., etc.

« Vu les lettres patentes en forme de charte données par le roi, etc. ;

« Nous, en vertu de la clause énoncée dans lesdites lettres qui permet audit sieur Durand et à ses enfants, postérité et descendants de porter des armoiries timbrées, telles qu'elles seront réglées par nous comme juge d'armes de la noblesse de France, etc., etc., avons réglé pour ses armoiries : un écu de sinople à un navire équipé et habillé d'argent, surmonté de deux étoiles d'or. Ledit écu timbré d'un casque de profil orné de ses lambrequins d'or, de sinople et d'argent. Devise : *Fert patriæ facilem annonam,* et afin que le présent, etc., etc., d'Hozier de Sérigny, *signé* avec cachet et armes auxquelles est inscrit : *Habet sua sidera tellus.* Par Monsieur le juge d'armes de la noblesse de France, Duplessis, *signé.* »

Extrait du registre des délibérations du Conseil municipal de la ville de Montpellier.

Séance du 6 septembre 1849 : présidence de M. Parmentier, maire.

Présents : MM. Lenthéric, de Massilian, Estor, Poujol, Anduze, Parmentier, Dupin, Maxime, Duffours, Grégoire, Auzillion, Rey, Kuhnholtz, Lafosse, Brousse, Blavy, Péridier, Dessalles, Grenier, de Vichet, Chrestien, Keittinger.....

M. Lafosse, au nom d'une commission spéciale, lit le rapport suivant sur les noms à donner à certaines rues.

« Messieurs,

« La rue dite Durand commence à la place de la Croix de Fer, et finit à la rue du chemin de fer de Cette. Votre commission a pensé que ce nom devrait être conservé : il rappelle de beaux et de douloureux souvenirs ; il a toujours été justement honoré, et ceux qui en ont hérité sont encore au milieu de nous l'objet de l'estime et de la considération publique.

« Le nom de *Durand* sera conservé à la rue parallèle à la rue Saint-Roch. C'était à l'entrée de cette rue que se trouvait la maison où naquit le maire de ce nom, qui périt victime de la Terreur, et objet des regrets les plus légitimes et les plus universels. »

Nous croyons faire plaisir à nos lecteurs, en citant en entier le passage que M. le rapporteur a consacré à cet homme de bien, à cet excellent citoyen :

« Jean-Jacques-Louis Durand, qui fut maire de Montpellier, était né dans cette ville en 1760. Raymond Durand, son père, était connu par sa bienfaisante libéralité, plus encore que par une immense fortune, honorablement acquise dans le commerce. Aussi, voyons-nous encore aujourd'hui, dans un de nos hôpitaux, son portrait avec cette inscription : *Il soutint cet établissement dans les moments les plus difficiles.* Dans une année de disette, ses vaisseaux ramenèrent l'abondance au milieu de nos populations. Loin de profiter de la détresse générale, les grains qu'il faisait importer étaient vendus à un prix inférieur à leur valeur réelle. Ce noble désintéressement fut récompensé par des lettres de noblesse.

« Louis Durand, son fils, avait suivi la carrière de la magistrature. Laborieux et pénétré de ses devoirs, il se faisait remarquer, bien jeune encore, à la cour des aides qui le comptait parmi ses présidents. Avec la fortune de son père, il avait aussi recueilli ses habitudes charitables. Pendant le rigoureux hiver de 89, la population pauvre se trouvant sans ouvrage, Louis Durand fit exécuter à ses frais un travail important d'assainissement dans le quartier de la Saunerie.

« La Révolution française était alors dans ses premières phases; Louis Durand salue avec joie l'ère nouvelle qui semblait se lever pour le bonheur de l'humanité. Le souvenir de son père, la bienfaisance dont il faisait preuve lui-même, l'affabilité de ses manières, tout le désignait aux suffrages de ses concitoyens. Sa nomination aux fonctions de Maire fut plutôt une acclamation que le résultat d'un vote.

« On sait le noble usage que Louis Durand fit du pouvoir et de l'ascendant que lui donnait une immense popularité. Nous ne déroulerons pas cet enchaînement de circonstances fatales, dont le dénouement fut une sanglante catastrophe. Chez Louis Durand se trouvait une de ces âmes viriles qui ne laissent aucun accès à la crainte. Dans un de ses écrits il avait osé appeler le pouvoir de la Convention : *la pire des tyrannies, la tyrannie du crime.*

« Il avait dit au peuple qu'il devait secouer une intolérable oppression.

« Bientôt la ville de Montpellier apprend que son maire est mandé à la barre de la Convention. A cette nouvelle, la population se lève tout entière. Les autorités chargées d'exécuter le décret s'y refusent. La garde nationale veille jour et nuit autour du maire pour le protéger.

« Mais la Convention puisait une force irrésistible dans l'audacieuse énergie de ses résolutions, autant que dans l'irritation que produisaient les manœuvres de l'étranger. Louis Durand reconnaît la profondeur de l'abîme creusé sous ses pas. Il frémit, surtout, des malheurs qui tomberaient sur la ville si elle résistait plus longtemps au décret rendu contre lui. C'est alors qu'il prend une de ces résolutions qui rappellent les plus beaux traits des âges antiques, celle de dévouer sa tête en appelant sur elle toutes les vengeances, toutes les expiations. Dès lors, il apaisa les résistances et régla lui-même son arrestation. En vain on le supplie de fuir, il refuse tout moyen de salut. Le tribunal révolutionnaire le vit bientôt, et bientôt après la place de la Révolution !........ Le 23 nivôse an II de la République (12 janvier 1794) fut la date funèbre où le maire de Montpellier, âgé de trente-quatre ans, périt victime de son noble courage.

« La veuve de Louis Durand vivait encore, il y a peu d'années. Le peuple de Montpellier avait spontanément décerné à ses vertus et à son malheur un témoignage touchant de sympathique vénération. Le pauvre et l'artisan ne l'appelaient jamais que la *mairesse*. Ainsi, après cinquante ans écoulés, ces tristes honneurs décernés jadis à Louis Durand, ces honneurs que la hache révolutionnaire avait brisés, le peuple de Montpellier semblait les relever pour les placer sur la tête d'une femme qui portait le nom d'un magistrat qu'il avait élu : noble protestation où se révèle l'âme de ce peuple et dont aucune de nos paroles, aucun de nos actes officiels ne saurait égaler l'éloquente simplicité.

« Louis Durand a été le seul maire nommé directement par le suffrage universel du peuple de Montpellier ; nous sommes les élus de ce même peuple. Aussi, conservons-nous religieusement les souvenirs qui se rattachent à la fin tragique de ce digne magistrat. Que ces souvenirs soient présents à notre pensée pour nous guider dans la voie du devoir et s'il le fallait dans celle du dévouement et du sacrifice. »

La proposition contenue dans le rapport de M. Lescellière-Lafosse fut mise aux voix et adoptée à l'unanimité.

GRASSET.

Le tombeau de la famille de Grasset, avec les armes, se voyait encore dans l'église de Pézénas en 1733. (T. II, p. 240.)

L'an mil sept cent quatre vingt quatre et le douzième janvier dans Pézénas, avant midi, pardevant nous notaire royal de ladite ville et les témoins bas nommés, ont été présents Mres Pierre Étienne Delaserre, ex doyen, âgé de soixante dix ans; Pierre François Maigret, âgé de soixante sept ans, ancien des chanoines ; Jacques Gilbert Villebrun, âgé de soixante six ans, chanoine; Pierre Garrigues, âgé de soixante ans, chanoine : tous du chapitre de l'église collégiale de cette ville, citoyens du dit Pézénas ; Mre Louis César Delaserre Darrous, chevalier de l'ordre royal et militaire de Saint-Louis, capitaine d'infanterie, âgé de soixante six ans; M. Antoine Denjalvin, écuyer âgé de soixante quinze ans, et Me Nicolas Villebrun, avocat en parlement, âgé de soixante quatre ans, citoyens dud. Pézénas, lesquels, sur la réquisition à eux faite par Mre Jean François de Grasset, âgé de soixante deux ans, capitaine chatelain de la châtelainie de cette ville, juge conservateur des priviléges royaux des foires et marchés dud. Pézénas, capitaine châtelain honoraire pour le roi du dit Pézénas, citoyen dud. Pézénas, fils de fu noble Jean de Grasset, mousquetaire de la première compagnie, et ensuite capitaine au régiment de Navarre ; celuy-ci fils de fu M. Raimond de Grasset, citoyen dud. Pézénas; ont dit et déclaré à nous dit notaire et auxd. témoins qu'ils ont vu dans l'ancienne églize collégialle et paroissialle de cette ville un tombeau de marbre blanc statuaire d'environ six pieds de long sur deux pieds et demy de large de la famille de Grasset sur le haut duquel étaient gravées leurs armes, et sur le pillier au dessus duquel était le tombeau une épitaphe y relative, et qu'au bas était écrit : Tombeau de Messieurs de Grasset 1640. Qu'après la chutte de l'ancienne églize qui arriva en mil sept cent trente trois fu Mre Raimond de Grasset alors doyen du dit chapitre, oncle paternel dudit Mre Jean-François de Grasset comparant, fit retirer en mil sept cens quarante quatre le dit tombeau et épitaphe appartenant à ses ancètres, et le dit Mre de Grasset, capitaine chatelain présent ayant exhibé aux S^rs comparants un tombeau de marbre blanc statuaire et le débris d'une épitaphe où on lit encore

EPITAP....	EPITAPHIUM (1).
Hic Grassetorum tumulus......	« Hic Grassetorum tumulus duo lumina condit,
Hic patris et nati corpora j......	« Hic patris et nati corpora juncta jacent,
Ambo monspelii claro luxere......	« Ambo Monspelii claro luxere senatu,
Ambo pacificæ jura tulere......	« Ambo pacificæ jura tulere deæ,
Ambo senatoris partes regisque....	« Ambo senatoris partes regisque patroni
Causam voce animo sustinuere.....	« Causam voce animo sustinuere pari ;
Ut fuit amborum si.... sociata la...	« Ut fuit amborum simili sociata labore
Vita fuit tumulo sic societa qui.....	« Vita, fuit tumulo sic sociata quies. »

Au dessus de laquelle épitaphe sont en relief les armes de la maison de Grasset qui sont, au fond d'azur portant une pigeonne d'argent qui tient en son bec un rameau d'ollivier d'argent, au chef de gueulles chargé de trois étoilles d'or ; et les d. S^rs comparants ayant vu examiné et vériffié le tout avec attention, ils ont dit et rapporté qu'ils reconnaissent le dit tombeau et la d. épitaphe pour être ceux qui étoient placés dans l'ancienne églize collegialle et paroissialle de cette ville et qni furent retirés par le d. fu Mre de Grasset, doyen. De quoi le dit Mre de Grasset, capitaine châtelain nous a requis acte que nous luy avons concédé, fait et lu dans la maison d'habitation du dit Mre de Grasset au dit Pézénas, présents les Srs Pierre Louvier et Mathieu Simon Brouillet, praticiens habitans au dit Pézénas témoins signés avec les dits S^rs comparants le d. Mre de Grasset et nous notaire. Laserre ex doyen, Maigret, ancien des chanoines, Villebrun, ch^ne Garrigues, chñe Laserre Daroux, Denjalvin, Villebrun, Grasset, Louvier, Brouillet, Aurias, N^re, signés à l'original. Contrôlé à Pézénas le 20e janvier 1784, reçu quinze sols. Barthélemy signé. *Signé :* AURIAS, Not. royal.

Le vingt un mai mil huit cent soixante collation des présentes a été faite d'une manière figurative par nous André Paulhan, notaire à la résidence de la ville de Pézénas (Hérault), sur la requête de M. Jean-Eugène de Grasset, propriétaire, ancien député, domicilié à Pézénas, petit fils de M. Jean-François de Grasset, dénommé dans l'acte, et sur l'expédition par lui représentée et retirée, délivrée par Me Aurias, notaire recevant. Paulhan, notaire, *signé.*

(1) Nous rétablissons ici l'épitaphe détruite. L'inscription première nous est communiquée par M. Eugène de Grasset, ancien député de l'Hérault.

LACHEYSSERIE.

*Note généalogique sur la famille de Lacheysserie, du lieu de Lacheys-
serie, paroisse de Saint-Sauveur de Montagut, au bas Vivarais, éteinte
en la personne de Suzanne de Lacheysserie, qui ép. le 20 décembre
1596 noble Charles du Trémolet. (T. 1, p. 506.)*

De sinople à trois pals d'or, au chef d'azur chargé de trois étoiles d'argent.

I. Jean de Lacheysserie, ép. Aigline de la Blache et fut père de

II. Claude de Lacheysserie, écuyer, marié à Artaude Fabri (1456); de ce
mariage

III. Gérenthon de Lacheysserie, écuyer, marié à Hélix de Corsas, dont
il eut :

IV. Amyeu de Lacheysserie, écuyer, marié à Jacqueline du Gast, qui le
rendit père de

V. Simon de Lacheysserie, écuyer, marié le 9 juin 1555 à Louise de Vogué,
fille de Jean de Vogué, Sgr de Rochecolombe, et de Gabrielle de
Cayres d'Entraïgues, de ce mariage : 1. Claude qui suit; 2. Gabrielle,
qui ép. le 15 juin 1580 Jacques d'Audigier, écuyer, fils d'Antoine, du
lieu et paroisse de Saint-Germain, mandement de Vogué.

VI. Claude de Lacheysserie, écuyer, ép. Isabeau de Burine, de laquelle
il eut :

VII. Suzanne de Lacheysserie, fille unique, laquelle ép. Charles du Trémolet, Sgr dudit lieu.

Simon de Lacheysserie, par son testament du 15 juin 1590, fit héritière
sa petite-fille Suzanne, à la condition que, lors de son mariage, son mari
joindrait à son nom celui de Lacheysserie. Cette clause a été exécutée.
V. le t. 1, p. 506. (*Note communiquée en 1859 par M. Eugène du Trémolet de Lacheysserie.*)

M. Eugène de Lacheysserie est mort à Tournon au commencement de cette année. Nous nous associons de tout notre cœur aux
regrets si bien exprimés dans les lignes qui suivent :

12 février 1860.

La mort vient de frapper dans toute la force de l'âge et dans la pleine
possession, sa modestie nous empêche de dire dans l'exercice des plus belles
facultés, un des hommes les plus justement honorés et estimés du département de l'Ardèche.

Sa vie a toujours été pour ses concitoyens et pour ses amis un exemple
de fidélité au devoir, de dévouement au bien, de sympathie pour le malheur, et peut se résumer dans ces mots : *transiit bene faciendo.*

Eugène du Trémolet de Lacheysserie appartenait à une ancienne famille du Vivarais vouée de tout temps à la profession des armes, et associée en quelque façon à la gloire des Bourbons et de la France.

A l'âge de dix-sept ans il entra premier à l'école militaire de Saint-Cyr. Deux ans après il en sortait avec le brevet d'officier d'état-major, et faisait partie de cette promotion dont l'école garde encore le souvenir, et qui a donné à notre armée tant d'officiers généraux.

Des événements de famille ne lui permirent pas de suivre longtemps la carrière militaire, et ce fut la plus grande douleur de sa jeunesse, qui s'augmenta beaucoup du regret de ne pas obtenir la faveur, malgré des dé-marches nombreuses, de suivre en Espagne ses compagnons d'armes lorsque la guerre fut décidée.

Il se livra dès cette époque, avec l'ardeur et l'aptitude qui le caractérisaient pour les études sérieuses, à l'étude du droit, et, quelques années après, le brillant élève de Saint-Cyr était nommé juge-auditeur à Grenoble, puis substitut à Briançon.

C'est là que la révolution de juillet le surprit, et malgré les espérances que tant d'heureuses facultés autorisaient, Eugène de Lacheysserie, fidèle aux traditions de ses pères et au culte de ses jeunes années, refusa le ser-ment à l'usurpation et rentra dans la vie privée.

En 1831, il épousa mademoiselle de Dienne, fille du comte de Dienne, ancien capitaine de vaisseau, d'une des plus anciennes familles de l'Au-vergne, aussi distinguée par ses services que par la noble fidélité dont M. de Lacheysserie venait de donner un si généreux exemple.

Dès ce moment la vie de M. de Lacheysserie fut consacrée tout entière aux devoirs et aux affections de la famille, aux pratiques de la piété la plus douce et la plus élevée, aux œuvres de charité la plus active, sans renoncer aux studieuses occupations de sa jeunesse, qu'il avait dirigées particulière-ment en ces dernières années vers l'histoire des anciennes familles du pays, de nos anciennes libertés et franchises vivaraises.

Ses amis regretteront toujours qu'une modestie exagérée l'ait empêché de livrer à la publicité les trésors d'érudition qu'un petit nombre d'intimes avaient le privilége de consulter, et qui leur révélaient un ardent esprit d'in-vestigation, un jugement sûr, une critique sévère mais impartiale et lumi-neuse, attributs de l'écrivain et de l'homme de bien.

Baron GABRIEL DE LA ROQUE,
ancien sous-préfet de Tournon.

LA ROQUE.

Jean Isaac, Pierre et Jean de la Roque furent maintenus dans leur noblesse par jugement de M. de Lamoignon du 4 juill. 1697 sur la production du jugement de M. de Bezons qui prouvait leur communauté d'origine avec Pierre et Antoine, Sgrs de Liouc et de Couloubrines, *alias* Colombrines, maintenus le 8 juillet 1669. (T. I, p. 298 ; II, 81.)

A Monseigneur de Lamoignon, chevalier, conseiller d'État, intendant en Languedoc.

Supplient humblement nobles Jean Isaac et Pierre de la Roque frères, résidans à Baumes, et noble Jean de la Roque, résidant à Ferrières, leur cousin germain, et vous remontrent, Monseigneur, que quoique les supplians soient nobles, qu'en telle qualité ils aient été annuellement compris à la taxe du ban et arrière-ban, et que feu noble Pierre de la Roque, seigneur de Liouc, leur cousin-germain descendant directement de la même ligne et comme enfans de frères, aient obtenu jugement de M. de Bezons, ci-devant intendant en cette province, qui les déclare nobles, néanmoins M. Charles de la Cour de Beauval, chargé par Sa Majesté du recouvrement des taxes qui proviendroient de la recherche des usurpateurs des titres de noblesse, les a fait assigner devant vous pour représenter leurs titres, et à défaut, de se voir condamner aux amendes et autres peines portées à la déclaration du roi et arrêt du conseil, et d'autant que les supplians n'ont pris la qualité de nobles que à juste titre, comme il a été reconnu par jugement de noblesse obtenu de M. de Bezons, ci-devant intendant, par ledit feu noble de la Roque, seigneur de Liouc, leur cousin germain, et qu'il paroît des contrats de mariage de nobles François et Isaac de la Roque, père des supplians, des 23 avril 1643 et 31 décembre 1663, dans lesquels leur dit feu père se disoit enfant de noble Jean de la Roque, lequel étoit fils de noble Louis de la Roque, comme il appert par son testament du 14 septembre 1687, contenant un profit à l'égard dudit Jean, lequel Louis de la Roque étoit auteur des supplians, dudit feu sieur de la Roque (Pierre), seigneur de Liouc, qui a poursuivi et obtenu ledit jugement, ainsi qu'il est prouvé par les actes énoncés audit jugement, outre lesquels lesdits supplians rapportent les testaments de leur défunt père des 13 février 1662 et 10 mars 1687, qui justifient leur filiation, de même que la transaction passée entre leur père au sujet de la succession dudit Jean de la Roque, aïeul des supplians, au moyen de quoi il demeure suffisamment établi qu'ils sont nobles et de race, et qu'ils n'ont par conséquent pas usurpé cette qualité qui vient de leurs prédécesseurs et qu'ils ont eux-mêmes conservée en professant l'art et science de verrerie, à cause de quoi ils ont été mal assignés.

Ils ont recours à votre justice, Monseigneur, à ce qu'il vous plaise, vu le jugement de noblesse obtenu par ledit Pierre de la Roque qui est cousin aux supplians comme étant d'une même ligne, les mariages et testamens des pères des supplians, le mariage dudit Jean de la Roque le grand-père, et le testament dudit Louis de la Roque, leur aïeul, ensemble le partage fait entre les pères desdits supplians de la succession et héritage dudit noble Jean de la Roque, leur grand-père, le tout ci-attaché, décharger, etc.

Vu le testament de noble François de la Roque du 13 février 1662; le testament d'Isaac de la Roque du 10 mars 1687; la transaction du 17 février 1660; le mariage de noble François de la Roque du 23 avril 1643; le mariage de noble Isaac de la Roque du 31 décembre 1663; le mariage de Jean de la Roque du 16 mars 1602; le testament de noble Louis de la Roque du 14 septembre 1687 et le jugement de nobles Pierre et Antoine de la Roque du 8 juillet 1669, desquels il est suffisamment prouvé que les supplians sont fils de François et d'Isaac de la Roque; que lesdits François et Isaac de la Roque sont enfans de Jean de la Roque, et que ledit Jean est fils de Louis duquel ledit Pierre et Antoine de la Roque qui ont obtenu le jugement de M. de Bezons sont descendants, et ainsi qu'il n'y a pas de difficulté qu'ils ne soient de la même race... Nous avons déchargé, etc.

Montpellier, 4 juillet 1697.   Signé : LAMOIGNON.

(*Bibl. imp., Mss., Nobil. de Montpellier, Alais et Lodève*, 732.)

Jugement du tribunal civil de Montpellier qui rectifie les actes de naissance de Jean-Louis et d'Élisabeth de la Roque. (T. I, p. 299.)

NAPOLÉON, par la grâce de Dieu et la volonté nationale, empereur des Français;

A tous présents et à venir, salut.

Le tribunal civil de première instance de l'arrondissement de Montpellier, département de l'Hérault, séant audit Montpellier, a rendu ce jour-d'hui en audience publique de la chambre des vacations, le jugement à suite de requête, dont du tout la teneur suit :

A Monsieur le président du tribunal civil de l'arrondissement de Montpellier, chevalier de la Légion d'honneur.

Premièrement, M. François de la Roque, propriétaire, domicilié à Montpellier;

Deuxièmement, M. Louis de la Roque fils, avocat à la cour impériale de Paris, y domicilié;

Troisièmement, et la demoiselle Élisabeth de la Roque, majeure, sans profession, aussi domiciliée à Montpellier,

Ont l'honneur de vous exposer que de tout temps ils ont été connus et ont signé du nom de *de la Roque,* avec la particule *de,* constituant pour eux un titre de noblesse, auquel ils ont droit ;

Que néanmoins leurs actes de naissance, ou ne portent pas cette particule, ou bien la mentionnent comme ne formant qu'un seul mot avec *La Roque ;*

Qu'ainsi celui du sieur François de la Roque père, à la date du 19 ventôse an XII, porte le nom de *La Roque ;*

Celui du sieur Louis de la Roque fils, à la date du 1er janvier 1830, porte le nom de *Delaroque,* ainsi que celui de la demoiselle Élisabeth Delaroque, à la date du 22 avril 1832 ;

Que la suppression du *de* nobiliaire dans le premier de ces actes de naissance s'explique par sa date même, à laquelle les titres nobiliaires étaient abolis ;

Que l'irrégularité des deux autres actes ne peut s'expliquer que par une erreur matérielle de l'officier de l'état civil qui les reçut ;

Qu'en effet, l'acte de naissance du père et du grand-père des exposants, à la date du 7 avril 1783, porte la mention suivante : *Fils de noble Louis de la Roque,* etc. ;

Que l'acte constatant la célébration du mariage de Louis de la Roque, à la date du 22 août 1780, porte la mention suivante : *Après la publication des bans de mariage entre sieur noble Louis de la Roque, fils de noble Louis de la Roque, Sgr de Colombrines ;*

Qu'enfin, l'acte de mariage de ce même Louis de la Roque, Sgr de Colombrines, porte aussi la mention de *noble Louis de la Roque, Sgr de Colombrines, fils légitime de feu noble Jean de la Roque et de madame Marianne de Girard ;*

Que de la lecture de ces actes ressort la preuve que c'est à bon droit, et en vertu d'une possession constante et séculaire que les exposants font précéder leur nom de la particule *de,* formant pour eux un titre de noblesse ;

Que les actes de naissance des exposants doivent donc être rectifiés, et la particule *de* ajoutée à celui du sieur François de la Roque, et le mot Delaroque décomposé dans celui du sieur Louis et de la demoiselle Élisabeth.

C'est pourquoi ils requièrent qu'il vous plaise, monsieur le Président,

Vu les actes sus-nommés, vu l'erreur contenue dans les trois actes de naissance des exposants,

Ordonner la communication de la présente requête à M. le procureur impérial, et nommer un juge rapporteur pour être, par le jugement qui sera rendu par le tribunal, ordonné que lesdits actes de naissance seront rectifiés en ce sens que les exposants auraient dû y être désignés sous le nom de *de la Roque ;* que ledit jugement sera transcrit sur les registres de la commune de Saint-Drézéry, conformément à la loi ; et faire défense à tous dépositaires de délivrer aucun extrait ou expédition desdits actes sans transcrire littéralement lesdites mentions ou rectifications, à peine de tous dépens ou dommages-intérêts. — C. PÉRIER, avoué, *signé.*

Soit communiqué à M. le procureur impérial, pour le rapport en être ensuite fait par nous.

Montpellier, le 9 octobre 1858. Auguste Duffours, *signé.*

Vu la requête qui précède et les pièces y jointes;

Ouï M. Duffours, président, en son rapport;

Et M. Sauvajol, substitut de M. le procureur impérial en ses conclusions;

Attendu qu'il résulte des documents mis sous les yeux du tribunal, et notamment des actes de l'état civil, du 30 septembre 1749, constatant l'acte de mariage de noble Louis de la Roque, seigneur de Colombrines, de celui du 22 août 1780, constatant le mariage de noble Louis de la Roque, que le nom patronymique des impétrans est *Roque* précédé des deux articles *de* et *la;* que c'est par erreur que, dans leurs actes de naissance des 1er janvier 1830 et 22 avril 1832, leur nom patronymique a été écrit *uno contextu* Delaroque; qu'il y a donc lieu d'ordonner la rectification des deux actes;

Attendu que les mêmes motifs n'existent pas en ce qui touche le sieur François la Roque (1),

Par ces motifs,

Le tribunal déclare qu'il y a lieu de rectifier l'acte de naissance du 1er janvier 1830 de Jean-Louis de la Roque, ainsi que l'acte de naissance du 22 avril 1832 de Élisabeth-Pascale de la Roque;

Ordonne, en conséquence, que les expéditions des deux actes de naissance ci-dessus énoncés ne seront plus délivrées à l'avenir qu'avec les rectifications ci-dessus mentionnées;

Ordonne que le présent jugement sera transcrit sur les registres courants de l'état civil de la commune de Saint-Drézéry, et qu'il en sera fait mention d'une manière conforme en marge des actes rectifiés, tant sur les registres conservés aux archives de la commune de Saint-Drézéry, que sur ceux déposés au greffe du tribunal civil de céans;

Dit qu'il n'y a lieu de statuer sur la demande formée par le sieur François la Roque père.

(1) Le tribunal civil de Montpellier adoptait ici la jurisprudence de la chambre du conseil du tribunal de la Seine qui avait décidé que lorsque, en vertu des lois révolutionnaires, les dénominations nobiliaires ne figuraient pas dans les actes de l'état civil, l'erreur ou l'omission étaient volontaires et ne pouvaient donner lieu à aucune rectification. (BERTIN, *Jurisprudence de la chambre du conseil*, I, 230.) C'était la consécration d'une violence légale si l'on veut, mais plutôt subie qu'acceptée.

Les décisions nombreuses des cours souveraines et des tribunaux inférieurs sont heureusement venues réformer cette jurisprudence, dans laquelle d'ailleurs le tribunal de Montpellier ne persiste pas.

(V. Cour impériale de Pau, 15 nov. 1858. — Trib. civil de Lunéville, 3 déc. 1858; — Cour impériale de Paris, 7 mars 1859. — Trib. civil de Versailles, 3 juin 1859; — Trib. civil de Bourges, 17 juin 1859. — Trib. civil d'Angers, 5 juillet 1859. — Cour impériale de Bordeaux, 22 août 1859. Et trois arrêts récents de la cour impériale de Limoges.)

Ainsi fait et prononcé en la chambre du conseil par la chambre des vacations du tribunal de première instance de l'arrondissement de Montpellier, département de l'Hérault, au palais de justice dudit Montpellier, le 11 octobre 1858.

Présents et opinants MM. Duffours, chevalier de la Légion d'honneur, président; Abric, chevalier de la Légion d'honneur, juge; et Caysergues, juge suppléant, appelé au siége en remplacement de M. Rouquairol, juge malade;

Présents M. Sauvajol, substitut de M. le procureur impérial, et Duverdier, commis greffier. Aug. Duffours, président, et Duverdier, greffier, *signés*. Enregistré à Montpellier sur la minute, le 23 octobre 1858, f° 65, c. 3. Gouirand, *signé*.

Le 21 mai 1860, Élisabeth-Pascale de la Roque a ép. à Montpellier Jean-Pierre-Marie-Gabriel-Frédéric Martel, né à Lodève (Hérault) le 16 mars 1818, y domicilié, fils de Pierre-Frédéric Martel et de Marie-Sophie-Alexandrine Ménard. Les témoins de l'époux étaient : Pierre-Eugène Ménard et Isidore Coulet, ses oncles maternels; et ceux de l'épouse : Auguste Duffours, président du tribunal civil, et Pierre-Élisabeth-Roger, vicomte d'Adhémar, ses alliés à divers degrés. Ont signé avec les témoins : Frédéric Martel — Élisabeth de la Roque — Frédéric Martel père — Martel née Ménard — Isidore Coulet — François de la Roque père — Aug. Duffours — Eugène Ménard — Vicomte Roger d'Adhémar — Eugène Soudan — L. Ménard — Baron de la Roque — Alexandre Martel — Louise Coulet — Emmanuel Coulet — Éléonore de la Roque — Gabrielle Ménard — Louis de la Roque — Vitalis Martel — H. Vernazobres — Jules de la Roque — Joseph de la Roque — Gustave Ferrier, adjoint au maire de la ville de Montpellier.

Sébastien et Jacques de la Roque furent maintenus dans leur noblesse par jugement souverain de M. de Bezons du 6 décembre 1668. (T. I, p. 300.)

CLAUDE BAZIN, chevalier, Sgr de Bezons, conseiller du roi en ses conseils, intendant de justice, police et finances de la province de Languedoc, etc.;

Entre le Procureur du Roi en la commission diligence de Me Alexandre Belleguise, chargé par S. M. de la poursuite et vérification des titres de noblesse et recherche des usurpateurs d'icelle en Languedoc, demandeur en exécution de la déclaration du 8 février 1664 et arrêt du conseil du 24 déc. 1667, d'une part;

Et nobles Sébastian de la Roque, sieur des Faïsses, habitant de la maison d'Agrès, terroir de la Boissière, diocèse de Montpellier, et François de la Roque son cousin, assignés et défendeurs d'autre part;

Vu lad. déclaration et arrêt du conseil, les exploits d'assignation donnés aux défendeurs en remise des titres en vertu desquels ils ont prins la qualité de nobles du... dernier; la procuration par eux faite à M⁰ Marsal, leur procureur pour se présenter à lad. assignation et pour soutenir leurs titres bons et valables, le 27 juillet dernier ;

Généalogie et armes du défendeur. Le contrat de mariage de noble Sébastian de la Roque, seigneur des Faïsses, fils de feu noble Raymond de la Roque et de demoiselle Catherine de Clemens, avec demoiselle Jeanne Caysergues, reçu par Vincens, notaire, le 18 septembre 1667. Le contrat de mariage dud. noble Raymond de la Roque avec la demoiselle Catherine de Clemens, dans lequel il se dit fils de François de la Roque et de demoiselle Thonette de Bertin, reçu par Azemar, notaire, le 16 août 1620, collationné par le sieur Héricourt, commissaire. Testament dud. noble Raymond de la Roque par lequel il institue son héritier noble Sébastian de la Roque son fils, reçu par Azemar, notaire, le 1er avril 1635. Le contrat de partage des biens de feu noble François de la Roque et de feu demoiselle Antoinette de Bertin, fait par nobles Sébast. de la Roque et Raymond de la Roque, ses enfants, le 15 février 1617, reçu par Delmas, notaire. Le contrat de mariage dud. noble François de la Roque avec lad. demoiselle Thonette de Bertin, dans lequel il se dit fils à feu noble Mathieu de la Roque et demoiselle Françoise Barandonne, reçu par Assessat, notaire, le 24 avril 1581. — Le contrat de mariage de noble Sebastian de la Roque, l'un des fils dud. François avec Magdelaine Agrette, auquel led. François son père, assistant, lui fit donation de la moitié de tous ses biens, reçu Couderc, notaire, le 11 juillet 1611. —Le contrat de mariage de noble Mathieu de la Roque avec demoiselle Françoise Barandonne, dans lequel il se dit fils de noble Raymond de la Roque, reçu par Barnier, notaire, le 27 mai 1543. — Le contrat de mariage de noble Raymond de la Roque, seigneur du Mazel, avec noble Olivière de Barjac, reçu par Relhanis, notaire, le 17 février 1498. — Donation faite led. jour par noble Pierre de la Roque à Raymond de la Roque, son frère, de la quatrième partie du Mazel. — Quittance de reconnaissance faite par lesd. nobles Pierre et Raymond de la Roque à noble Gabriel de Barjac, frère de lad. demoiselle de Barjac, femme dud. Raymond de la Roque. —Requette en rejection d'actes présentée par led. Belléguise avec l'ordonnance mise au pied d'icelle du... — Continuation d'inventaire dud. défendeur dans lequel il rapporte l'original du contrat de mariage de Raymond de la Roque, de l'année 1620, et du contrat de mariage de Mathieu de la Roque de l'année 1543. — Autres contredits dud. Belleguise avec la réponse dud. défendeur à iceux. — Sept contrats en parchemin qui sont des acquisitions faites par Sebastian et François de la Roque frères, des 12 août, 28 octobre et 24 décembre 1581, 12 mai 1582, 15 mars 1586, 14 février et 12 décembre 1587. — Trois contrats d'acquisitions faites par noble Mathieu de la Roque, ès années 1559, 1565 et 1570. — Contrat de vente de certain champ, fait par Michel et autre Michel Boyer père et fils, à nobles François et Sebastian de la Roque, au bas duquel est la quittance dans laquelle ils sont appelés la Ro-

che, reçu par Beaulaguet, notaire, le 28 décembre 1582. — Autre contrat de
vente fait par Fulcran de Lavene aud. François et Sebastian de la Roque
frères, dans lequel ils sont appelés la Roque et la Roche, receu par led.
Beaulaguet, notaire d'Aniane, le 12 mai 1583. — Inventaire dud. noble
François de la Roque. — Le contrat de mariage dud. noble Sebastian de la
Roque et de demoiselle Magdel. d'Agret auquel il est assisté de noble François de la Roque son père, reçu par Couderc, notaire, le 26 février 1612. —
Testament de noble Sebastian de la Roque et de la demoiselle Magdeleine
d'Agret, par lequel ils instituent leur héritier noble François de la Roque,
leur fils, reçu par Nougarède, notaire, le 27 novembre 1645, employant
pour le surplus de la filiation la production et actes de noble Sebastian de la
Roque ci-devant énoncés, dires et réquisitions des parties, et tout ce que
par elles a été dit et produit;

Conclusions du procureur du roy;

Ouy le rapport du sieur de Héricourt, commissaire à ce député, tout considéré,

Nous, intendant susdit, par jugement souverain et en dernier ressort de
l'avis des officiers par nous prins au désir de l'ordonnance, avons déclaré
lesdits Sebastian et François de la Roque, avoir justifié de leurs qualités de
nobles, conformément à la déclaration du roi et arrêt de son conseil et ordonné que tant eux que leur postérité née et à naître de légitime mariage,
jouiront des priviléges, immunités et exemptions des nobles de la province
de Languedoc tant et si longuement qu'ils vivront noblement et ne feront
actes dérogeant à noblesse, et qu'il en sera fait mention dans le catalogue.

Fait à Montpellier, le 6 décembre 1668.

Signé : BAZIN.

Par Monseigneur,
Signé : TOURNIER.

Collationné par nous Michel Bedos, conseiller du roi, juge en la ville et
viguerie de Gignac, le 21 juillet 1763. Bedos, juge, *signé.*

Pierre de la Roque, écuyer, Sgr de Saint-Bauzille de Putois, ép.
en 1684 Suzanne Du Pont de Munas en Vivarais. (T. I, p. 301.)

Extrait des registres de la mairie d'Ardoix, département de l'Ardèche.

Le vingt-huitième mai mil six cent huitante quatre, j'ai donné la béné-
diction nuptiale à M. Pierre de la Roque, écuyer, fils légitime de feu Jacques,
écuyer, Sgr de Saint-Bauzille, et de dame Suzanne de Combes, dudit lieu
de Saint-Bauzille de Putois, diocèse de Montpellier, habitant à présent au
lieu d'Aubagnac, paroisse de Frugère, diocèse de Saint-Flour d'Auvergne,
et demoiselle Suzanne du Pont, fille légitime de feu messire Jean du Pont,

Sgr de Munas, Oriol, la Tour du Chier et Mortesaigne, et demoiselle Suzanne de Saignard, dame de la Tour de Mortesaigne; administré de présence des témoins soussignés. De la Roque — Suzanne du Pont — du Pont de Munas — de Portes de Beaux — Vedel, curé.

Pour extrait certifié conforme aux registres de la mairie, à Ardoix, le trois mai mil huit cent cinquante-neuf. — Le maire : BATTANDIER.

Vu par nous, président du tribunal civil, séant à Tournon (Ardèche), pour légalisation de la signature de M. Battandier, en la qualité par lui prise. — Tournon, le 31 mai 1859. Signé : MOLIÈRE, président. — ROCHAS, greffier.

Jacques-Joseph de la Roque, baron de la Roque, ép. Anne-Pauline de Taillevis de Jupeaux, petite-fille de Jean et de Louis Racine (T. I, p. 301-302.)

I. Jean Racine, ép. en 1677 Catherine de Romanet, dont il eut six enfants, entre autres :

II. Louis Racine, ép. le 1er avril 1728 Marie Presle de l'Écluse, dont il eut trois enfants, entre autres :

III. Anne Racine, ép. le 13 janvier 1746 Louis-Grégoire Mirléau de Neuville, dont elle eut trois enfants, entre autres :

IV. Mademoiselle Mirleau de Neuville des Radrets, ép. le comte de Taillevis de Jupeaux, mort en 1816 contre-amiral en retraite ; de ce mariage plusieurs enfants, entre autres :

V. Anne-Pauline de Taillevis de Jupeaux, ép. le 13 juin 1796, à Londres, en émigration, Joseph de la Roque, baron de la Roque, chev. de Saint-Louis et de la Lég. d'honn., anc. sous-préfet de Tournon, dont elle eut : 1. Gabriel-Charles ; 2. Antoinette-Françoise-Joséphine ; 3. Adrien-Alexandre-Antoine ; 4. Hippolyte-Louis.

(*Poésies de Louis Racine*, etc. Paris, Didot, 1853, p. 92-94.)

Le baron Jacques-Joseph de la Roque naquit en 1759 au château des Prés, en Vivarais, et fut admis en 1773 dans les chevau-légers de la garde du roi. A la suppression de ce corps d'élite, il passa dans celui de la marine ; fit plusieurs campagnes comme garde de la marine, sous les ordres des comtes d'Hector, d'Orvilliers, et se trouva au combat naval d'Ouessant. Obligé de renoncer au service de mer pour cause de santé, il fut nommé officier au régiment de Vermandois, émigra au commencement de la révolution, et prit part à la campagne de 1792, avec le grade de capitaine d'infanterie. Après le licenciement de l'armée des princes, il passa en Angleterre, se fixa à Londres, où, quelques années plus tard, il épousa mademoiselle de Taillevis de Jupeaux, émigrée comme lui. Elle était arrière-petite-fille de Jean Racine et nièce du brave marin Taillevis de Perrigny. Lorsque parut le premier ouvrage de Jenner sur la vaccine, La Roque se mit en rapport avec cet homme célèbre, qui lui témoigna toujours une bienveillante confiance. Il traduisit sous ses yeux son ouvrage, et s'empressa d'en faire jouir la France, dont cependant les lois le condamnaient alors à l'exil. Sa traduction, confiée à un ami, fut imprimée à Lyon, par les soins du célèbre Marc-Antoine Petit, au commencement de 1800. Il traduisit également la deuxième et la troisième dissertation de Jenner, que l'auteur eut l'attention de lui envoyer au moment même où elles sortaient des presses de Londres. En 1801, l'illustre docteur anglais, ayant composé un quatrième ouvrage intitulé *Origine de l'inoculation de la vaccine*, voulut en faire hommage au président de l'Institut de France, et confia son manuscrit à La Roque, avec prière de le reproduire en français, ce qu'il fit sur-le-champ ; mais les événements politiques, qui rendaient alors les communications si difficiles, permettent de douter que Jenner ait pu réaliser son vœu à l'égard de l'Institut de France. Ces différentes traductions, suivies d'une correspondance sur la vaccine entre Jenner, établi à Cheltenham, et La Roque, ont été réunies et publiées, aux frais du gouvernement, en un vol. in-8°, Privas, 1804. La Roque a aussi contribué par ses travaux personnels à la propagation de la vaccine ; et c'est pour la populariser et en mettre la pratique à la portée de tout le monde qu'il composa le *Manuel du vaccinateur*, Privas, 1808. Ce petit ouvrage, fort apprécié dans le temps, était le fruit de son expérience ; car, joignant l'exemple au précepte, il vaccina lui-même un grand nombre d'enfants appartenant pour la plupart à la classe indigente. Il a encore publié, de 1799 à 1808, six Mémoires toujours sur la même matière ; et pour prix de son zèle, il obtint sous l'Empire et la Restauration plusieurs médailles d'argent. Indépendamment de ces utiles publications, il a laissé en manuscrit une traduction des voyages de Mungo-Park, ainsi qu'une *Statistique du département de l'Ardèche*, déposée aux archives du ministère de l'intérieur. Rentré dans sa patrie en 1802, La Roque y fut appelé, au commencement de 1807, à faire partie de l'administration de son département en qualité de conseiller de préfecture, et, peu d'années après, il fut nommé par l'empereur à la sous-préfecture de Tournon, poste qu'il occupa jusqu'en 1828, époque où il fut admis, sur sa demande, à la pension de retraite, avec la faveur d'avoir son fils pour successeur. Ses services militaires et civils avaient encore été récompensés par la croix de Saint-Louis en 1796, et par celle de la Légion d'honneur en 1814. Le baron de la Roque mourut à Tournon le 18 janvier 1842. — Hippolyte DE LA PORTE.

(*Biographie Michaud*, t. LXXIX, p. 407.)

Antoinette de la Roque ép. le 15 mai 1821 Cyr Guézille de la Suzenais, et mourut sans enfants. (T. I, p. 302.)

Cyr-Marie Guézille de la Suzenais était fils de messire Servais-Auguste Guézille, sieur de la Suzenais et de Anne-Renée Quitton, originaire de la paroisse de Saint-Dominenc, diocèse de Saint-Brieuc.

· Servais-Auguste Guézille, sieur de la Suzenais, était fils de Mathurin Guézille, sieur de la Rousselais, et de Anne-Rose Samson.

La famille Guézille, originaire de Bretagne, a été maintenue dans sa noblesse le 17 novembre 1668 par arrêt de la chambre établie par le roi pour
la réformation de la noblesse du pays et duché de Bretagne. Elle était alors
divisée en plusieurs branches dites du Rocher, de la Haye, de la Chesnaye
et des Préaux, qui ont fait plus tard celles de la Rousselais et de la Suzenais.
Elles prouvèrent une filiation authentique et suivie depuis Olivier Guézille,
sieur de la Haye, leur auteur commun vivant en 1300.' (*Expéd. authentique de l'arrêt de maintenue communiquée par M. de la Suzenais à
Tournon*, 1859.) Cette famille avait pour armes : D'argent à une haie de
sable.

*Copie d'une lettre écrite le 26 mars 1758 par M. le duc de Cossé à M. de
Montels (La Roque), prisonnier de guerre à Leipsik.* (T. I, 304, ligne 26.)

J'ay fait un mémoire, Monsieur, de tous les officiers qui ont été bles-
sés, par lequel j'ay détaillé la nature des blessures d'un chacquun,
vous imaginés bien que vous n'avés pas été oublié. J'ay dépeint la vôtre aussi grave quelle l'est en effet, et pour être des plus dangereuses.
J'ay ajouté que vous aviés passé pour mort, que comme vous n'aviés été
trouvé que plusieurs jours après, que, par cette raison, vous n'aviés pas été
compris dans le premier état, je demande pour vous une pension, sinon une
forte gratification, j'insisteray si fort sur la première et la solliciteray avec
tant de chaleur que je me flatte l'obtenir. Vous sçavés que l'hote qui prend
soin de vous, s'est pris d'affection pour vous au premier moment qu'il vous
a vû et sans vous connoître (1). Ainsi jugés depuis que je vous connois de
l'interest que vous m'inspirés ; qu'il vous soit un garant, je vous prie, de
l'occupation où je seray de vous faire obtenir une grace dont vous êtes rendu
digne au prix de votre sang. Je souhaite que vôtre guérison avance chacque
jour, que votre santé se rétablisse, il n'est pas nécessaire de vous recommander le regime, vous etes sage et retenu, sans conseil, je vous invite à
continuer. Ma santé est on ne peut meilleure, mes playes se consolident,
mais je seray du temps obligé de porter l'écharpe. Donnés moy quelque fois
de vos nouvelles ; si vous avés besoin d'argent mandés le moy, j'ecriray à
un banquier de Paris qui m'en a envoyé a Leipsik d'écrire à son correspondant en cette ville de vous remettre celuy qui vous sera necessaire. Profités
de cette offre si vous en avés besoin, parce qu'il faut bien du temps pour
écrire à vos parends et d'en avoir reponse, et qu'il est bien malheureux de
languir après l'argent. Je vais écrire à madame vôtre mère pour la prier de
m'envoyer l'extrait de baptistaire de celui de messieurs vos frères qu'elle
veut donner au régiment. Je sçais qu'elle y a pensé, ma joye fut extreme
lorsque je l'appris. Dans la réponse à la lettre qu'elle m'a fait l'honneur de

(1) Son nom était Henrici. Ses lettres sont encore conservées dans la famille.

m'écrire, je lui témoigne le désir que j'ay d'avoir les deux frères. On ne sçauroit trop en avoir lorsqu'ils sont comme vous. Je suis, monsieur, avec des sincères sentiments, votre très humble et très obéissant serviteur.

Signé : le duc DE COSSÉ.

LAUTREC.

Jean-Pierre de Lautrec fut maintenu dans sa noblesse par ordonnance de M. Le Nain du 1er septembre 1755. (T. II, p. 121. Add. marquis D'AUBAIS, III, n° 1035, pour le jugement de M. de Bezons, visé dans cette ordonnance.)

A Monseigneur Lenain, baron d'Asfeld, intendant en Languedoc,
Supplie humblement noble M. M⁰ Jean-Pierre de Lautrec, avocat du roy en la sénéchaussée et siége présidial de Béziers, et vous démontre que quoiqu'il soit isseu de noble race pour être fils légitime et natturel de feu noble Pierre de Lautrec, conseiller du roy, son baillif et magistrat ez lieux de Causse et Vairan, au diocèse dudit Béziers, et de dame Jeanne de Guibert, ainsy qu'il est justiffié par le contrat de mariage du supliant, du 10ᵉ novembre 1692, avec dame Françoise de Folquier ; ledit noble Pierre de Lautrec étant fils légitime et natturel de feu noble Jean de Lautrec et de dame Valance de Villebrun, suivant le contrat de mariage dudit feu noble Pierre de Lautrec et de dame Jeanne de Guibert du 25 avril 1663; ledit noble Jean de Lautrec étant fils de noble Pierre de Lautrec et de dame Marguerite de Cortes, suivant le mariage dudit noble Jean de Lautrec et de dame Valance de Villebrun, du dernier novembre 1615 ; ledit noble Pierre de Lautrec étant fils de noble Jean de Lautrec et de dame Brune de Lavit, suivant le contrat de mariage dudit noble Pierre de Lautrec et de dame Margueritte de Cortes du 9 juin 1575 ; ledit noble Jean de Lautrec étant fils de noble Antoine de Lautrec et petit-fils de noble Corboiran de Lautrec et de dame Élisabeth de Combes, suivant le contrat de mariage dudit noble Jean de Lautrec et de dame Jeanne de Lavit du 10 février 1539 ; cependant il luy a été fait commandement, à la requette de Mᵉ Adam, de payer 660 livres y compris les 2 sous pour livre, pour laquelle somme on prettend qu'il a été compris dans une constrainte du 6 décembre 1742, art. 24, pour franc-fief à raison d'un four banal qu'il jouit au lieu de Coursan, et ce pour 40 années de jouissance depuis 1720 jusques en 1760. Mais d'auttant que c'est mal à propos qu'il a été compris dans ladite constrainte, étant exempt du droit de franc-fief par sa qualité de noble établie par les titres ci-dessus ; que c'est sur le fondement desdits mêmes titres qu'il a été déchargé du droit de franc-fief par ordonnance de M. de Bernage du 4 novembre 1719, qui est rap-

portée, et déclaré noble et de noble race et lignée par arrest de la cour des comptes, aydes et finances de cette ville du 7 mars 1743, après une procédure de compulsoire des mêmes titres faite par un commissaire députté par ladite cour, il a recours à votre justice.

A ces causes, veû les titres cy-dessus énoncés, l'ordonnance de M. de Bernage du 4 novembre 1719 et l'arrest de la cour des aydes du 7 mars 1743, et attendeû que le supliant est noble de race, il vous plaira, Monseigneur, ordonner que le supliant demeurera déchargé du droit de franc-fief en question, avec déffance audit Mᵉ Adam et à tous autres de faire aucunes poursuites contre luy à ce sujet, à peine de 500 livres d'amende, et faire justice. — DELPONT, *signé*.

Le directeur des domaines du roy de la généralité de Montpellier, qui a pris communication de la présente requette, ensemble des titres y énoncés, ne peut que s'en remettre à ce qu'il vous plaira, Monseigneur, d'ordonner. Fait au bureau de la direction, le dernier août 1745. — DE MOCÉ DUCHASSIN, *signé*.

Veû l'article 241 de la contrainte décernée le 6 décembre 1742 par Mᵉ Charles Adam, ancien fermier des domaines de Languedoc contre sieur Jean-Pierre de Lautrec, avocat du roy en la sénéchaussée et siége présidial de Béziers, en paiement de la somme de 600 livres pour droit de franc-fief d'un four banal situé à Coursan, du revenu de 300 livres, et ce pour deux affranchissements commencés en 1720 et à échoir en 1760, — la requette à nous présentée par ledit sieur de Lautrec en décharge du paiement de ce droit sur le fondement de sa noblesse établie par les titres cy-après, sçavoir : l'extrait d'un contrat de mariage du 9 juin 1575 de noble Pierre de Lautrec, fils de noble Jean de Lautrec, et demoiselle Marguerite de Courtes ; autre extrait du contrat de mariage de noble Jean de Lautrec, du lieu de Pujols, fils légitime et naturel de deffunt noble Pierre de Lautrec et demoiselle Marguerite de Courtes, avec demoiselle de Villebrun, fille légitime et naturelle de feu Jacques de Villebrun, et demoiselle Marguerite de Golfin, du dernier novembre 1615 ; autre extrait du testament dudit noble Jean de Lautrec du 31 décembre 1618 ; autre extrait du contrat de mariage de M. Pierre de Lautrec, lieutenant et magistrat en la judicature du lieu de Vieussant, fils légitime et naturel du sieur Jean de Lautrec, écuyer, et de demoiselle Valance de Villebrun, avec demoiselle Jeanne de Guibert, fille légitime et naturelle de feu Mᵉ Jacques-François Guibert, baillif et magistrat de Causse et Vairan, et de demoiselle Marquise de Louis, du 25 avril 1663 ; autre extrait du contrat de mariage de Mᵉ Jean-Pierre de Lautrec, avocat en parlement, fils légitime et naturel de Mᵉ Pierre de Lautrec, conseiller et baillif aux lieux de Causse et Vairan, et de feue dame Jeanne de Guibert, avec demoiselle Françoise de Folquier, du 20 novembre 1692 : lesdits extraits collationnés par M. Pierre de Record, commissaire député par la cour des comptes, aydes et finances de Montpellier, suivant son ordonnance du 22 janvier 1743 ; ordonnance de M. de Bernage, cy-devant intendant de cette province, du 4 novembre 1719, qui décharge ledit sieur de Lautrec du droit de franc-fief, dans laquelle est visée une copie du jugement de noblesse rendu le 20 septembre 1669 par M. de Bezons, lors intendant de la province, en faveur de noble Louis de Lautrec; expédition de l'arrêt rendu par ladite cour des comptes, aydes et finances de Montpellier le 19 avril 1743, qui déclare noble ledit sieur de Lautrec, suppliant; veu aussy la réponse du fermier, par laquelle il s'en rapporte à ce qu'il nous plaira d'ordonner;

Nous, ayant égard à la requette dudit sieur Jean-Pierre de Lautrec, avocat du roy en la sénéchaussée et siège présidial de Béziers, l'avons déchargé du paiement de la taxe portée par l'article 241 de la contrainte du droit de franc-fief du 6 décembre 1742, avec déffances aux fermiers de faire pour raison de ce aucunes poursuites ny diligences.

Fait à Montpellier le premier septembre mil sept cent quarante-cinq. — Lenain, *signé*.

L'an mil sept cent quarante-cinq et le quatrième jour du mois de septembre, par nous Nicolas Davranche, huissier en la cour des comptes, aydes et finances de Montpellier, y résidant, soussigné, à la requette de noble Jean-Pierre de Lautrec, avocat du roy en la sénéchaussée et siège présidial de Béziers, la requette et ordonnance de Mgr l'intendant cy-dessus ont été signifiées et intimées à M. de Mogé du Chassin, directeur général du domaine du roy et franc-fief en la généralité de Montpellier, afin qu'il ne l'ignore, et ce parlant au sieur Boulet, commis, trouvé dans le bureau de la direction, et baillé copie tant de ladite requette et ordonnance que du présent exploit. — D'Avranche, *signé*.

Contrôlé à Montpellier le 4 septembre 1745. Reçu neuf sols six deniers. — Dardelié de Laval, *signé*. — Reçu copie le 15 oct. 1745. — Ferrier, *signé*.

(*Expéd. délivrée par M* Bort, not. à Montpellier, le 28 mars 1860.*)

LEMOINE DE MARGON.

Joseph-Michel Lemoine, Sgr de Margon, rendit hommage pour la terre de Margon le 29 oct. 1776; ses papiers de famille furent brûlés en 1793. (T. II, p. 245.)

Extrait des registres de la cour des comptes, aides et finances de Montpellier.

Entre Joseph-Michel Lemoine, Sgr de Margon, conseiller auditeur en la cour, demandeur par requette de ce jourd'huy où qu'il soit reçu en la personne de M⁰ Raymond Sauzet Claris, procureur en la cour, fondé de sa procuration reçue Puel, notaire, le sixième de ce mois, à rendre la foy, hommage et serment de fidélité qu'il doit au roy à cause de son joyeux avénement à la couronne, pour raison de la terre et seigneurie de Margon, située dans le diocèse et sénéchaussée de Béziers, relevant en plein fief de Sa Majesté, consistant en la justice haute, moyenne et basse dans toute l'étendue du terroir et juridiction du dit Margon d'une part; et le procureur général du roy, défendeur, d'autre. Claris pour le dit sieur, Lemoine, le procureur général du roy. La cour a ordonné et ordonne que ledit Claris, en la qualité qu'il procède, sera reçu à la foy, hommage et serment de fidélité qu'il doit au roy à cause de son heureux avénement à la couronne, pour raison de la terre et seigneurie de Margon, située dans le diocèse et sénéchaussée de Béziers, relevant én plein fief de Sa Majesté, consistant en la justice haute, moyenne et basse, dans toute l'étendue du terroir et juridiction du dit Margon, sauf les droits du roy et d'autruy; et à l'instant s'étant mis à genoux, les mains jointes entre celles de M. de Masclary, conseiller, il y a été reçu et promis de tenir de Sa Majesté la dite terre et seigneurie de Margon et dépendances ci-dessus exprimées; lui estre bon, loyal, fidèle sujet et vassal, défendre dans les occasions sa personne et son État, à la charge de remettre son aveû et dénombrement devers le greffe de la cour dans quarante jours, suivant l'ordonnance prononcée judiciellement à Montpellier, en ladite cour, le vingt-neuvième octobre mil sept cent soixante-seize. *Collationné.* PRALON, greffier, *signé.* — (*Expéd. délivrée par M*ᵉ *Bort, not. à Montpellier.*)

Extrait des registres des délibérations de la municipalité de Margon de 1793. (R. F.)

L'an mil sept cent quatre-vingt-treize et le dixième jour du mois de novembre, l'an II de la république une et indivisible, dans le lieu ordinaire des séances de la municipalité de Margon, le conseil général assemblé, le président, le citoyen Joseph Hugues, maire, présents et opinants : Jean Sabatier et Pierre Cahuzac, officiers municipaux; Pierre Delmas, procureur de la commune; Jacques Plauzolles, Joseph Théron, notables, et Jean Beauton, habitant dudit lieu;

Auxquels le citoyen procureur de la commune a dit : Qu'en exécution de l'article 6 du décret du 10 juillet dernier, qui porte que les cy-devant seigneurs seront tenus de porter aux municipalités des lieux les titres constitutifs ou recognitifs des droits supprimés par le susdit décret antérieur rendu par les assemblées précédentes, dans les trois mois de la publication dudit décret, pour y être brûlés à l'expiration desdits trois mois, en présence du conseil général de la commune et des citoyens : le citoyen Joseph-Michel Lemoine, cy-devant seigneur de Margon, a remis, le conseil tenant de la municipalité, cinq cayers de reconnaissances : le premier, de l'année 1478; le second, 1515, 1525, 1535, 1708; un pateau contenant la transaction passée pour le four en 1510; vingt-quatre pièces dans le même pateau relatives aux honorifiques des seigneurs; neuf autres pièces contenant les droits du four;

dix pièces d'instruction pour les biens abandonnés; seize pièces au procès de non-valeur; neuf pièces au dictum de sentence sur la distribution des biens des héritiers de Simon Beauton et de Jeanne Castan, du sieur Nors, résidant à Saint-Laurents; cent vingt-neuf pièces au procès contre Firmat; trente-sept pièces pour le droit de censives contre les consuls du lieu; douze pièces du procès contre le sieur Lavit; huit pièces du procès contre Jean Beauton; les pièces contre le procès de Mirande; septante-une pièces de différents procès contre Firmat, Sauvy et autres particuliers; les registres de la commune des années 1756, 1759, et neuf pièces relatives; huit pièces contre la communauté avec deux arrêts contre le sieur Sauvy; un vieux levois de 1625; douze quittances de lods; plusieurs papiers inutiles; vingt vieux parchemins des années 1452, 1528, 1586, 1585, 1579, 1581, 1410, 1515, 1585, 1338, 1505; autre mangé des rats, sans date; autres de même; autres de 1557, 1403, 1588, 1530; autre parchemin d'une délibération de 1720; autre contre Sauvy, contenant les susdites pièces; les anciens titres de ladite terre de Margon et différents procès que ledit Lemoine ou ses auteurs avaient eus, tant contre la commune que contre différents particuliers dudit lieu, desquels titres et papiers ledit Lemoine demande qu'ils soient insérés dans le procès-verbal pour lui tenir lieu de décharge.

Le conseil général a délibéré que lesdits titres et papiers seront brûlés de suite, et lors de la signature le Conseil n'a pas voulu signer.

Nous, secrétaire en chef de l'administration municipale du canton de Roujan, département de l'Hérault, certifions avoir extrait mot à mot le présent du registre de la municipalité de Margon, recouvert d'un parchemin, fol. 32 et 33, déposé au secrétariat de ladite administration. En foy de ce, à Roujan, le treize floréal an VIII de la république française une et indivisible. PUEL, secrétaire, *signé*.

MATHÉI DE VALFONS.

Extrait des lettres-patentes de marquisat, données à la famille de Mathéi, au mois de septembre 1764. (T. II, p. 125.)

Louis, par la grâce de Dieu, roy de France et de Navarre, à tous présents et à venir, salut.....

La famille de Mathéi ou de Mathieu de la Calmette de Valfons a réuni le double avantage de se rendre aussi célèbre dans la robe que recommandable dans la profession des armes; elle a fourni des magistrats pleins d'honneur, d'intégrité, et dont la réputation leur a mérité des grâces et des pensions des rois nos prédécesseurs. Commissaires départis dans nos provinces, ils ont fait respecter l'autorité et contribué au bonheur de nos peuples; chargés des commissions les plus importantes de notre conseil, ils ont maintenu l'ordre et procuré la tranquillité publique; ils ont été encore honorés de députations de la noblesse, de députations aux états généraux de la province de Languedoc, et de ces mêmes états généraux pour nous porter les cahiers de ladite province. Dans nos armées, ils nous ont servi avec le même zèle et une valeur reconnue; colonels de différents régiments, ils ont rempli leurs places avec la même distinction. Aujourd'hui, quatre frères et les fils de l'aîné suivent les traces de leurs auteurs. Le sieur Louis de la Calmette de Valfons, l'aîné, notre conseiller en nos conseils, président à mortier en notre cour de parlement à Metz, remplit sa place depuis près de quarante années; nous lui en avons déjà donné des marques de notre satisfaction par les pensions et autres grâces que nous lui avons accordées. Le sieur Charles de Valfons de Sebourg, chevalier de l'ordre militaire de Saint-Louis, gouverneur pour nous du fort de l'Écluse, major général et maréchal de nos camps et armées, nous sert avec la plus grande distinction. Présent à vingt-six siéges et six batailles, nous avons été témoin de ses actions à Fontenoi, à Lawfeldt où il eut d'abord deux chevaux tués sous lui. Nous ordonnâmes qu'on lui en donnât un des nôtres, qui fut également tué; ce que voyant notre très-amé cousin le maréchal de Saxe, il lui en fit donner un quatrième, sur lequel il finit l'action. A la bataille de Raucoux, il reçut de ce général les témoignages les plus authentiques de sa valeur et de sa conduite, et fut chargé de nous en apporter le détail. La conduite de Marc-Antoine de Massilian, commissaire général de notre marine, ses talents et son zèle sont attestés ainsi que ses services par les lettres de nos amiraux et de nos secrétaires d'État. Le même esprit les anime tous. Charles-Marie de Fontanille, capitaine de cavalerie dans notre régiment royal Pologne, a signalé sa valeur et son zèle dans un grand nombre de batailles, et surtout dans l'incursion que les troupes ennemies firent en Provence, où il fut envoyé pour faire les fonctions d'aide de camp de notre cher et amé cousin le maréchal de Belle-Isle. De tels exemples sont suivis par le sieur de Valfons, fils du précédent, capitaine dans Piedmont, où il sert depuis son enfance: il a mérité l'estime et réuni les suffrages par sa conduite, par son courage; il a servi les sept années de la guerre d'Allemagne.

Cette famille a le rare avantage de voir que les sujets qui la composent (tous dans des postes honorables) se distinguent à l'envi par leur valeur et leur fidélité. Désirant donc leur donner en général et à chacun en particulier des marques de notre satisfaction, transmettre à la postérité des exemples aussi utiles, nous avons résolu de décorer du titre et dignité de marquisat les terres de la Calmette et de Massilian, leurs circonstances et dépendances dont le sieur président de la Calmette est propriétaire, tant en faveur du dit sieur président, ses enfants nés ou à naître en légitime mariage, qu'en faveur des trois frères dénommés ès dites présentes.....

A ces causes, etc....

Voulons et nous plaît qu'ils puissent se qualifier du titre de marquis en tous actes, tant en jugement que dehors, et qu'ils jouissent des honneurs, droits d'armes et de blason, autorités et prérogatives, rang et prééminence en fait de guerre, assemblées d'état et de noblesse, tout ainsi et de même que les autres marquis de notre royaume et de notre province de Languedoc, encore qu'ils ne soient ici particulièrement exprimés......

Donné à Versailles au mois de septembre, l'an de grâce mil sept cent soixante-quatre, et de notre règne le cinquantième. *Signé*, Louis.

Par le roy, PHELIPPEAUX, *signé*.

Les présentes ont été registrées ès registres de la cour du parlement de Toulouse par nous, greffier soussigné, en conséquence de son arrêt du six décembre mil sept cent soixante-quatre. CARIGNAC, *signé*.

Les présentes ont été registrées ès registres de la cour des comptes, aides et finances de Montpellier...... suivant l'arrêt de ce jourd'hui six mars mil sept cent soixante-cinq. BASALGETTE, greffier, *signé*. Reçu sept livres dix-neuf sols pour les droits réservés, le sept mars mil sept cent soixante-cinq. ALBISSON, *signé*.

Suit l'enregistrement au bureau des finances et domaines de la généralité de Montpellier du huitième mars mil sept cent soixante-cinq. GUILLEMINET, *signé*. Reçu douze livres dix sols pour les droits réservés, le 8 mars 1765. ALBISSON, *signé*.

Vu l'acte de prestation de foy et hommage donné à Fontainebleau le premier novembre mil sept cent soixante-dix-sept. Hue de Miromesnil, signé et scellé de ses armes. Par Monseigneur, Étienne, *signé*. Vu encore les lettres patentes données à Paris le onzième du jour du mois de février dix-sept cent soixante-dix-huit et le douzième mai dix-sept cent soixante-dix-neuf, signées par le roi en son conseil, ROUX, *signé*, scellées du grand sceau de cire jaune, par lesquelles Sa Majesté a reçu et investit en personne le sieur Louis Matheï de Valfons, comme chef de ce nom, aux dits foy et hommage, sauf son droit et l'autrui, quoique dans différents actes anciens et modernes il ait été indistinctement dénommé de Matheï ou de Mathieu, qui est le même, et sous lequel nom *de Matheï, Sa Majesté veut et ordonne qu'il soit dénommé à l'avenir*. Vu aussi la requête et ordonnance de soit montré du septième juin présent mois, aux fins du registre des dites lettres patentes et acte de prestation de foy et hommage et les conclusions du procureur général du roy, la cour ordonne que le dit acte de prestation de foy et hommage, en date du premier novembre dix-sept cent soixante-dix-sept et les lettres patentes du douzième may dix-sept cent soixante-dix-neuf, seront registrées ès registres de la dite cour, pour le dit Louis de Matheï de Valfons, chevalier, marquis de la Calmette, président à mortier honoraire au parlement de Metz, jouir des effets du contenu en ycelles suivant leur forme et teneur. Prononcé à Toulouse en parlement, le quinzième jour du mois de juin dix-sept cent soixante-dix-neuf. Collationné. ROUGAUT, *signé*. M. de DRUDAS, *rapporteur*. — (*Expéd. délivrée, le 24 janv. 1859, par Mᵉ Carrière, not. à Sainte-Anastasie, Gard.*)

MAUSSAC.

Charles de Baderon, baron de Maussac, capit. de cent hommes de guerre, auteur de la branche encore existante, et dont la filiation est rapportée t. I, p. 342, se fit un nom au siége de Villemur, d'où il repoussa le duc de Joyeuse, qui, pressé par les troupes de la garnison, perdit presque tout son monde et alla se noyer dans le Tarn.

On lit dans l'*Histoire de France,* par le P. Daniel, t. XI, p. 733 :

Année 1592. — « Les armes de la Ligue ne furent pas plus heureuses en Languedoc qu'aux environs de Meuse. Le duc de Joyeuse les commandait dans ces quartiers-là.... Il s'était rendu maître de la campagne dès le commencement de mai, et était à la tête d'une petite armée de cinq mille hommes de pied et de sept à huit cents chevaux..... Il voulut ajouter à ses conquêtes Villemur, sur la rivière du Tarn. Le sieur de Reniers commandait dans cette place, dont il était seigneur..... A l'approche du duc d'Épernon, le duc de Joyeuse leva le siége ; mais dès qu'il fut parti, il se rapprocha de Villemur et donna une camisade aux royalistes..... Après cette expédition, il mit ses troupes en quartier de rafraichissement..... Il alla, le 10 de septembre, investir de nouveau Villemur. Le baron de Maussac y commandait au lieu du sieur de Reniers, à qui ses infirmités ne permettaient pas de se donner les mouvements nécessaires pour la défense d'une place. Il avait avec lui le sieur de Chambert, etc..... Le duc de Joyeuse, en moins de neuf jours, poussa les tranchées jusqu'à la contrescarpe et commença à battre en brèche..... Il donne un assaut où il est repoussé vigoureusement..... Les royaux viennent l'attaquer dans ses retranchements où il est forcé. Il se noie au passage du Tarn..... Deux mille hommes de la Ligue furent tués..... Il n'y eut que dix hommes de tués du côté des royaux..... »

On lit dans le *Théâtre du Monde*, par Richer, édition 1788, Paris, T. IV, p. 129, et le *Dictionnaire généalogique* de La Chesnaye-Desbois, T. Iᵉʳ, p. 757 et suivantes, édition in-4° :

Charles de Baderon de Maussac fut chargé, pendant les troubles de Languedoc, de la garde de la citadelle de Corneillan, et donna, sous le nom de baron de Maussac, des preuves de sa valeur et de son zèle pour son prince au siége de Villemur, où il se distingua à la tête de ses vassaux et d'un grand nombre de ses amis qu'il avait rassemblés pour faire lever le siége, ce dont il vint à bout en effet; il eut des lettres de concession de Louis XIII pour faire relever et conserver les tours et créneaux de son château de Corneillan; il obtint aussi du même prince une sauve-garde pour ses seigneuries de Maussac, de Corneillan et domaine de Montagnac.

Louis XIII, dans ces lettres de sauve garde, s'exprime ainsi :

« Désirant bien et favorablement traiter en tout ce qui nous sera possible
« notre cher et bien-amé Charles de Baderon de Maussac, en considération
« de ses services et de ceux que notre bien-amé Jacques, son fils, nous a
« rendus, tant dans notre régiment des gardes, qu'aux autres occasions qui
« se sont offertes depuis les troubles, les exemptons des logemens et fou-
« ragemens de nos gens de guerre, etc. »

Jacques son fils, dont il est question dans cette lettre, reçut du maréchal de Schomberg une lettre qui lui fait infiniment d'honneur. En voici la copie :

« Monsieur, il importe si fort à la réputation des armes du roi, au bien
« de la patrie, à mon honneur et à ma propre satisfaction, que je sois assisté
« de personnes de cœur et pleines d'affection comme vous, qu'il m'est im-
« possible de vous prier avec assez d'instance de vous rendre le 4 de juillet
« prochain au plus tard. L'occasion est aussi pressante qu'importante au
« service de Sa Majesté, et vous n'en sauriez rencontrer une où, en lui
« rendant ce qu'elle doit attendre de tous les gens d'honneur, vous puissiez
« mieux vous signaler, ni m'obliger davantage à demeurer, comme j'ai tou-
« jours été, Monsieur, votre affectionné serviteur. *Signé :* DE SCHOMBERG,
« au camp de Clairac, le 20 juin 1659. »

RIVIÈRE.

Notice sur le chevalier de Rivière. (T. II, p. 254.)

Claude-Léonard de Rivière, né à Saint-Cirgues-de-Jaujac, en Vivarais, le 19 décembre 1748, entra aux gardes du corps du roi, compagnie de Villeroi, le 26 avril 1769. — Capitaine de cavalerie 26 avril 1784. — Était de service à Versailles en qualité de fourrier des gardes du corps les 5 et 6 octobre 1789. — Après ces deux journées, où il se distingua, il fut chargé, avec M. de Bouton, sous-fourrier de sa compagnie, de ramener à Châlons-sur-Marne les chevaux et les bagages de sa compagnie. — Resta dans cette ville, continuant son service, jusqu'à son émigration en 1791. — Fit la campagne de 1792 à l'armée des princes, frères du roi. — Fit les campagnes de 1793, 94, 95, 96 et 97 à l'armée du prince de Condé. — Fut reçu chevalier de Saint-Louis au camp de Villingen le 4 juin 1796. — Fut détaché de cette armée après la campagne de 1797 pour aller servir auprès de la personne du roi à Mittau où il reprit, peu de temps après, ses anciennes fonctions de fourrier des gardes du corps. — Lieutenant-colonel en 1797. — Colonel le 1er janvier

1806. —Fut accrédité avec ce grade, pendant les campagnes de 1806 et de 1807, auprès de l'empereur de Russie et du roi de Prusse, comme chargé d'affaires de Louis XVIII, et resta auprès de ces deux souverains, mangeant tous les jours à leur table, jusqu'à la paix de Tilsitt. — Fut rejoindre le roi, qui le mit à la tête de sa maison et l'administra jusqu'en 1809. — A cette époque il remit cette administration à M. le comte, depuis duc, de Blacas, et resta attaché à Louis XVIII en qualité d'écuyer cavalcadour, position qu'il a gardée sous Charles X et a occupé jusqu'au jour de sa mort. — En cette dernière qualité il a accompagné le roi en Suède, en Angleterre, en France, à Gand (où il a fait seul le service), et à son retour à Paris. — Maréchal de camp le 14 août 1816. — Commandeur de Saint-Louis le 8 août 1825. — A été désigné pour assister aux funérailles de Louis XVIII en qualité d'écuyer cavalcadour, il y portait l'écu du roi. — Mort aux petites écuries du roi, à Paris, laissant son neveu, le baron de Rivière, pour légataire universel, en décembre 1828. — Charles X voulut que les frais de funérailles de ce vieil et fidèle ami de sa famille fussent à sa charge.

RODEZ-BÉNAVENT.

Le cadre que nous nous étions tracé dans notre premier volume ne nous ayant pas permis de donner à certaines notices toute l'extension que nous aurions désirée, nous mettons ici sous les yeux des lecteurs les principales pièces justificatives qui prouvent la descendance masculine de la maison de Bénavent de celle des comtes de Rodez de la première race. (T. I, p. 65.)

1271. — On trouve aux archives du bureau des finances de Montauban, l'original du testament de Hugues IV, comte de Rodez, fait au château de Montrozier, le 9 des calendes de septembre (24 août 1271), par lequel ce comte substitue, à défaut de ses enfants, le comté de Rodez à Henry de Bénavent, son cousin consanguin (*consanguineum meum,* du même sang).

1297. — Accord passé le samedi le lendemain de la fête de Saint-Luc, évangéliste, 1297, entre noble homme messire Henry seigneur de Bénavent, chevalier, et Pons de Bermond, seigneur du Caylar, par lequel Henry promet d'instituer Bernard, son fils aîné, son héritier universel, comme il s'y était engagé en traitant le mariage de son dit fils avec Philippe, fille dudit Seigneur du Caylar. (Bibliothèque impériale, expédition du bureau des finances de Montauban.)

1353. — Hommage rendu par Bernard de Benavento, chevalier, fils de feu messire Henry de Benavento, le 18 novembre 1353. (Bibliothèque impériale, expéd. du bureau des finances de Montauban.)

1299. — Acte de donation de Mirbal de Bénavent à Gaspard, son frère, dans lequel ils se disent fils de Guilhaume de Bénavent, seigneur de Mels (mort la même année). (Bibl. imp.)

1307. — Transaction entre Mirbal et Gaspard de Benavento de Mels, fils de feu messire Guilhaume de Benavento, chevalier, seigneur de Mels, passée le jeudi après l'Assomption, 1307, par la médiation de Bernard de Benavento, chevalier, fils de Henry, leur oncle paternel *patrui sui*. (Original, Bibl. impériale.)

1784. — Acte de jonction de la maison de Bénavent à la maison de Rodez, par le testament de 1271, et filiation continuée, par actes authentiques, jusqu'à messire le vicomte Marc-Antoine-Joseph de Bénavent-Rodez. (Preuves de cour, 15 mai 1784.)

ANNALISTES, HISTORIENS, GÉNÉALOGISTES.

BONAL. — *Mémoires concernant le coumté de Roudez, l'établissement des coumtes en y celui par maistre Antoine de Bonal, juge des montagnes du Rouergue. (MSS. du XVIᵉ siècle déposé à la Bibliothèque de la société des lettres, arts et sciences de l'Aveyron.)*

« Hugues I (*alias* Hugues II) comte de Roudez, tint pour un fort long « tems ce comté, et eut trois enfants mâles, savoir : Hugues, Guillaume et « Henry, tous trois couronnés comtes de Rodez du vivant de leur père, l'un « après la mort de l'autre ; mais les deux premiers décédèrent avant le « père. . . . .

. . . . « Le nouveau comte Hugues, que nous pouvons nommer second « (*alias* Hugues III), fut couronné et prit possession du comté ; il ne vequit « pas longuement. . . . . mais il fut toute- « fois marié, et laissa quatre enfants mâles desquels aucun ne succéda au « comté de Rodez bien qu'ils fussent fils du fils ayné de Hugues I (*alias* Hu- « gues II) parce que le dit Hugues I (*alias* Hugues II), voyant Hugues II (*alias* « Hugues III) son ayné fils décédé et que ses enfants étaient jeunes et « faibles pour résister à ceux qui après sa mort eussent voulu empiéter sur le « comté. . . . . aima mieux avancer son au- « tre fils Guilhaume à lui bailler ce comté. . . . . pour « le voir déjà en âge et homme fait. . . . . . .

« Il leur laissa cependant des apanages comme il résulte d'un titre qui « se voit aux archifs du comté de Rodez. . . . . . .

« L'an 1227, le 14 des kalendes de février. . . . . je Jean de Rodez, « fils de fù monsieur le comte de Rodez. . . . . fais cette carte de « donation pure dite entre les vifs, de l'avis, conseil et volonté de Bernard « de Rodez, mon frère. . . . . donne, cède et transporte « la dite carte de donation sans espoir de la révoquer jamais à vous Hugues « et Richard de Rodez, mes frères germains. . . . . . . ne « retenant rien sur les dits biens que le seul usufruit d'iceux, vie durant

« et voulant qu'après ma mort, ils vous appartiennent entièrement ou à
« vos successeurs, comme les tenoient monsieur le comte de Rodez, mon
« père, quand vivoit et ses devanciers les avoient tenus auparavant. . . . . »

« Il se trouve aux *Archifs* un titre de l'an 1242 portant donation de la
« place del Pojet faite par Hugues troisième (*alias* Hugues IV) à Hugues de Rou-
« dez, un desdits quatre frères, où il est appelé cousin dudit Hugues comte,
« ce qui ne pourrait être si ledit Hugues de Roudez eût été fils de Hugues Ier
« (*alias* Hugues II), car, en ce cas, il eût été oncle dudit Hugues III (*alias*
« Hugues IV) et non cousin. . . . .

. . . . « Le commencement de ce titre est tel : *Nos Hug per*
« *la gratia de Dieu coms de Roudez, ab cosseils et ab volontat deu Ha-*
« *layssete ma maïre, doné à te Hug de Roudez mon cousi l'affar del*
« *Pojet.* . . . .

. . . . « Ce qui montre évidemment que ces quatre frères n'é-
« taient pas fils de Hugues I (*alias* Hugues II) ; il faut bien donc nécessaire-
« ment qu'ils fussent fils de quelqu'un des enfants d'ycelui. . . . . .

« Hugues III, (*alias* Hugues IV) succéda à son père Henry Ier. Le comte
« Hugues mourut en l'année 1274. . . . .

. . . . Monsieur
« Beloy, en son discours sur l'édit de réunion, dit que cet Hugues III (*alias*
« Hugues IV) récompensa Hugues son cousin germain, fils de Hugues II
« (*alias* Hugues III) et lui donna quelques terres en considération de ce qu'il
« s'était saisi de la comté de Rodez. . . . .

. . . . . . « Trois ans auparavant il avait fait son testament dans
« lequel il substitue à son fils, à ses filles et aux enfants mâles ou femelles
« d'iceux, Henry de Béneven, son cousin. . . . .

« Messire Raymond Pelet, sieur de Caumont, chevalier, messire Amaulry
« de Narbonne, messire Henry de Beneven se portent cautions pour le
« comte Henry II de Rodez. » (Pages 83-87-90-153-171-176-187.)

GÉNÉALOGIE. — *Généalogie des comtes de Rodez, déposée à la bibliothèque impériale, cotée* L, nº 962 (imprimée en 1682, se trouve aussi à
la bibl. des sciences et arts de Rodez).

. . . .

« Hugues III (*alias* Hugues II) succéda à son père à la comté de Rodez
« avant l'an 1159. . . . . Il eut d'Agnès, sa pre-
« mière femme, fille de Guillaume VIII du nom, comte d'Auvergne, et d'Anne
« de Nevers :
« 1º Hugues, installé comte du vivant de son père (1195), mort avant lui
« (1196), ayant laissé quatre fils qui ne succédèrent pas (1) ;
« 2º Gilbert, mort avant son père ;

_____

(1) Origine de la maison de Bénavent, dont l'aîné fut Henri, Sgr de Bénavent.
(*Note mss sur les deux exemplaires.*)

« 3° Reynal, voué à la religion, mort du vivant de son père ;

« 4° Guillaume, qui devint comte de Rodez préférablement aux enfants
« du jeune comte Hugues, son aîné ;

« Et de Bertrande d'Amalon, sa seconde femme :

« 5° Henry, qui devint comte de Rodez et qui eut d'Algayette de Sco-
« railles : .

« Hugues IV du nom, qui lui succéda fort jeune à la comté de Rodez sous
« la tutelle d'Algayette de Scorailles. . . . . . dédommagea en terres
« Hugues de Rodez, son cousin germain, du tort qui lui avait été fait par Hu-
« gues III (alias Hugues II), son aïeul, lui ayant préféré Guilhaume, son oncle,
« pour son successeur à la comté de Rodez, usurpée sur lui ensuite par le
« comte Henry. . . . .

« Il testa à Montrosier le 9 des kalendes de septembre 1271, institua
« Henry, son fils, son héritier, à qui il substitua ses filles et à leur défaut
« Henry de Benavent, son cousin germain (fils à Hugues, aîné de Guilhaume
« et d'Henry son père, mari d'Algayette.) » (Pages 13-20-23).

P. Anselme. — *Histoire des grands officiers de la couronne, par le
père Anselme* (1726-1733).

« Hugues III (*alias* Hugues II) eut pour enfants, d'Agnès d'Auvergne,
« Hugues, installé comte du vivant de son père et nommé en cette qualité
« dans la transaction de 1195, mort avant lui, ayant laissé quatre fils qui
« ne succédèrent pas et dont l'aîné, Henry, fut seigneur de Bénavent. . .

« Hugues IV. . . . . dédommagea en terres Henry de
« Rodez, son cousin germain, du tort qui lui avait été fait par .Hugues III
« (*alias* Hugues II), leur aïeul, pour la succession. . . . .

« . . . . « Il testa à Montrosier le 24 août 1271,
« substituant ses filles à Henry, son fils, et à leur défaut, Henry de Béna-
« vent, son cousin germain, mourut après l'an 1274 ; qu'il s'était croisé
« pour la terre sainte. » (Tome II, page 698.) . . . .

Waroquier. — *Tableau généalogique, historique de la noblesse, par le
comte de Waroquier de Combles* (1787).

« *Mels*, terre avec le titre de baronie en Rouergue. . . . .
« était possédée dès le XIIe siècle par la maison de Bénavent, l'une des plus
« anciennes du pays et que l'on croit issue de celle des comtes de Rodez,
« ainsi qu'on va le voir.

« Bernard, seigneur de Bénavent, était fils de Henry de Rodez, seigneur de
« Bénavent, petit-fils de Hugues III, comte de Rodez. (*Histoire des grands
« officiers de la couronne.*)

« Hugues IV, par la grâce de Dieu, comte de Rodez, substitua ses états, en
« cas que ses enfants mourussent sans postérité, à Henry de Bénavent *con-
« sanguineum suum,* par son testament de l'an 1271.

« Guilhaume de Bénavent, chevalier, seigneur de *Mels,* en 1278, est rap-
« porté dans un accord de l'an 1307 entre Mirbal et Gaspard, qui se disent
« fils de Guillaume ; et dans cet acte Bernard de Bénavent qui se dit fils de
« Henry de Rodez, seigneur de Bénavent, paraît comme médiateur et se
« dit *patruus* de Mirbal et de Gaspard, ce qui signifie oncle paternel ; ce
« qui prouve évidemment que Guilhaume est frère de Bernard et par consé-
« quent que la maison de Bénavent est issue de celle des comtes de Rodez.
« Guilhaume de Bénavent, chevalier, seigneur de *Mels,* vivait en 1278 et
« 1288. Il reconnaît tenir en fief franc et libre, de Henry, comte de Rodez, les
« trois portions par indivis du château de Mels ; le mas de Vabres, dans la
« paroisse d'Orlhaguet ; le mas de Peyrargue dans ladite paroisse ; le masage
« de Saint-Yves, le mas de Chaulandes, le mas del Bousquet, le mas de Cro-
« siac. Ce dénombrement se trouve rapporté au long dans l'hommage rendu
« à Jean, comte de Rodez, par Gaspard de Bénavent, le 26 juin 1384. Il eut
« pour fils Mirbal et Gaspard de Bénavent, damoiseau, seigneur de *Mels,* qui
« reçut une donation de Mirbal son frère, en 1299, dans laquelle ils se disent
« fils de Guilhaume de Bénavent, chevalier, et transigea avec son frère par
« acte de l'an 1307 ; et c'est dans cet acte que Bernard de Bénavent paraît
« comme médiateur.

« Gaspard eut pour fils noble Gaspard de Bénavent, iie du nom, seigneur
« de Mels, damoiseau, » etc., etc. . . . .

Filiation continuée sans interruption depuis Henry de Rodez-Bénavent,
consanguin de Hugues IV, jusqu'à noble Marc-Antoine-Joseph, vicomte de
Bénavent-Rodez, chevalier, seigneur de Cabanes, de Cabrilles et de Roquenégade, qui monta dans les carrosses du roi en 1784 (1).

(Tome I, page 211 et suivantes.)

Bosc. — *Mémoires pour servir à l'histoire du Rouergue, par l'abbé
Bosc* (1797).

BÉNAVENT.

« Hugues III fut regardé de tout temps comme la souche de la maison de
« Bénavent-Rodez, qui a subsisté, dit-on, jusqu'ici. Il y avait du moins, peu de
« temps avant la révolution actuelle, des militaires qui portaient encore
« ce nom, entre autres le major du régiment Royal Infanterie. » (Tome III,
page 212) (2).

« Hugues III ne survécut pas longtemps à son couronnement ; il mourut à
« Milhau l'année suivante, comme on le voit dans un vieux registre de l'hôtel

---

(1) Dans cette filiation, est mentionné Jean de Bénavent, chevalier de l'ordre du
roi, qualifié de puissant seigneur dans deux actes, 1561 et 1545 ; et autre Jean de
Bénavent, gouverneur du château de Castelnaudary en 1591.

(2) Le grand-père de MM. de Rodez-Bénavent d'aujourd'hui.

« de ville de Montpellier qui porte : « L'an 1196 mourut Alphonse, roi
« d'Aragon, à Perpignan, et le comte de Rodez à Milhau. » Il laissa trois fils
« qui ne succédèrent pas, car Hugues II, leur grand-père, fit couronner
« comte à leur préjudice, son cinquième fils Guilhaume.

« Jean, l'un des fils de Hugues III, légua, en 1227, tous ses biens à ses
« frères ; cet acte mérite quelque attention, en ce que Jean y rapporte son
« origine, qu'il fait remonter au temps de Charlemagne. » (T. II, p. 87.)

« Hugues IV teste à Montrozier en 1271, nomme son fils Henry son héri-
« tier ; il substitua ses biens en faveur de ses filles, d'Henry de Bénavent, son
« cousin, et de ses autres parents. » (T. II, p. 107.)

« Jean d'Armagnac, en 1355, fit rentrer dans le domaine du comté de
« Rodez la baronie de Bénavent, qui en avait été démembrée cent cinquante
« ans auparavant en faveur d'Henry de Rodez, fils du comte Hugues III. »
(T. II, p. 151.)

« Henry de Rodez donne pour caution de la dot de ses filles Cécile et
« Walpurge (entre autres seigneurs) Henry de Bénavent. » (T. II, p. 111.)

Bosc cite encore Jean de Bonnebaud ou de Bennevent et de Condamine,
chambellan du roi en 1399, comme XXVI⁰ sénéchal du Rouergue. (T. III,
p. 223.)

GAUJAL. — *Études historiques sur le Rouergue, par M. le baron de
Gaujal* (1858).

COMTÉ DE RODEZ.

« Le comté de Rodez se composait dans l'origine de deux parties fort dis-
« tinctes : la partie du comté de Rodez située au nord du Lot, etc., etc.
« . . . . . l'autre partie comprenait *Cantoin* et la *baronie de Béna-
« vent*, baronie qui se composait, outre Bénavent, des paroisses de Sainte-
« Geneviève, Orlhaguet, Mels, etc. etc. . . . .
« La baronie de Bénavent, démembrée du comté de Rodez vers 1230, y
« revint par donation en 1355. . . . .
« Quand la baronie de Bénavent fut réunie au comté de Rodez, elle avait de
« moins la terre de *Mels*, qui en avait été démembrée, vers 1292, en faveur
« de Guilhaume de Bénavent ; à l'époque de la réunion, *Mels* reçut le nom
« de Gaspard de *Bénavent* parce que le fils aîné de Guilhaume de Bénavent
« s'appelait Gaspard, et que lui ou sa postérité voulurent, en mémoire de leur
« origine, conserver à une terre leur appartenant le nom de cette baronie
« de Bénavent qui allait se confondre dans le comté de Rodez. » (T. I, p. 215
et suivantes.)

« Le comte Hugues IV meurt le 10 janvier 1275. . . . .
« Par son testament, qu'il fit en 1271. . . . . il substitua
« le comté de Rodez à Henry de Bénavent, son parent, dont la postérité sub-
« siste. » (T. II, p. 126.)

« Le 4 de mars 1351, Bernard, fils de Henry, auquel le comte Hugues IV

« avait, en 1271 et 1274, substitué le comté de Rodez parce qu'il était son
« parent, institue pour son héritier, par son testament, le comte Jean Ier et
« réunit ainsi la baronie de Bénavent au comté de Rodez. . . . . .
« Bernard avait cependant, outre un frère, prieur d'Orlaguet, auquel il
« laissa l'usufruit de la baronie, deux neveux de son nom, fils de Guil-
« haume, son autre frère, lesquels se trouvaient ses héritiers naturels.» (T. II,
p. 185.). . . . .

« De cet acte et des trois autres que j'ai cités, il résulte :
« Que le comte Hugues III, mort en 1196, laissa quatre fils, au préjudice
« desquels le comté de Rodez passa d'abord à Guilhaume, leur oncle paternel,
« ensuite à Guy d'Auvergne, et enfin à Henri Ier, aussi leur oncle paternel,
« qui fut père de Hugues IV. . . . .
« . . . . . . qu'en 1242, Hugues de Rodez, frère de Jean, reçut du comte
« Hugues IV, son cousin germain, la terre du Poujet, sans doute en échange
« des droits qu'il avait lui-même sur le comté de Rodez. . . . .
« que Hugues de Rodez dut se prêter d'autant plus volontiers à cet échange
« qu'en 1229, il y avait eu un *pacte de famille* garanti par le comte de
« Rodez pour exclure les filles de leur succession. . . . .
. . . . . on ne peut guère douter que cet Hugues avait été marié. . . . .
« En 1208, le fief de Bénavent était une dépendance du comté de Rodez...
« de là, il pourrait résulter que si, après cette époque, ce fief appartint à
« d'autres qu'aux comtes de Rodez, ce ne put être que de leur gré et avec
« leur consentement. . . . .
« Pour Henri de Bénavent, si l'on ne peut pas révoquer en doute, d'après
« le testament de Hugues IV, qu'il ne fût parent paternel de ce comte, on
« peut encore moins établir autrement que par le testament de ce dernier,
« qu'il eût la même origine que lui ; la vraisemblance et la tradition vien-
« nent cependant à l'appui de la prétention qu'a la maison de Bénavent
« d'être issue de la première race des comtes de Rodez. » (T. III, p. 339 et
suiv.)

« *Familles historiques.* — *Bénavent.* — Il existait au nord du Rouergue,
« dans la partie jadis appelée la Montagne, une baronie de Bénavent qui
« comprenait les paroisses de Sainte-Geneviève, Orlhaguet, Saint-Sympho-
« rien, Saint-Laurent-des-Cots, Saint-Hilaire et la chatellenie de Raucases.
« Il paraît aussi que de cette baronie avait fait partie de la terre de *Mels*, qui
« en fut démembrée en 1292. Elle porta depuis le nom de Gaspard de Bé-
« navent. . . . .
« On lit dans les *Documents historiques sur les familles du Rouergue*
« (t. I, p. 226), qu'Algayette de Scoraille, femme du comte de Rodez,
« Henri Ier, lequel mourut en 1222, était dame de Bénavent, de Vic, de Mar-
« miesse et d'autres terres situées en Auvergne. . . . .
« Le comte de Rodez, Hugues IV, fils de Henri Ier, qui mourut en 1274,
« fit un testament et plusieurs codicilles par lesquels il substituait le comté
« de Rodez à Henry de Bénavent, son parent *consanguin*, *consanguineo*
« *nostro ;* et, en 1350, Bernard, baron de Bénavent, réunit par son tes-

«'tament sa baronie au comté de Rodez. . . . .

« Gaspard de Bénavent, chevalier, petit-fils de Henri, auquel le comté de
« Rodez fut substitué, est la *tige* de ceux qui se sont établis en Languedoc,
« et notamment à Montpellier , après avoir longtemps habité le Rouergue.»
(T. IV, p. 57.)

« *Hautes décorations militaires, chevaliers de l'ordre du roi au*
XVIᵉ siècle :

«Jean de Bénavent, Sgr de Mels, chevalier de l'ordre en 1583. » (T. IV,
p. 182.)

« *Livre d'or du Rouergue : vicomtes de Milhau, comtes de Rodez, an-*
cêtres de tous les rois de l'Europe :

« Des vicomtes de Milhau issus, comme je l'ai dit ailleurs, des vicomtes
« du Rouergue, viennent, par les femmes, tous les empereurs ou rois qui
« règnent en Europe en 1854. » (T. IV, p. 5.)

BOUILLET. — *Nobiliaire d'Auvergne, par Bouillet*, 1846.

« *De Bénavent.* — C'est une branche puînée de l'antique et puissante
« maison de Carlat-Rodez. Henri, Sgr de Bénavent, au diocèse de Rodez
« en l'an 1200, était fils de Hugues II, comte de Rodez, qui l'apanagea,
« partie en Rouergue, partie en Carladez. Hugues IV, par son testament
« de 1271, substitua autre Henri de Bénavent, son cousin, au lieu et place
« de ses enfants au cas où ceux-ci ne laisseraient pas de postérité; ce même
« Henri de Bénavent jouissait d'une grande confiance auprès du comte, son
« parent, qui l'employait dans les affaires les plus importantes.

« Il souscrivit avec plusieurs des principaux seigneurs de l'Auvergne et
« du Rouergue la quittance de dot donnée par Bernard VIII, sire de la Tour,
« époux de Béatrice de Rodez. . . . .

« Une branche restée en Rouergue, celle des barons de Mels et de Druels,
« seigneurs de Vinassan, de Savignac, de Salles et autres lieux, eut aussi des
« relations avec l'Auvergne où elle posséda Neuveglise, la Rochette, etc. . .

« Marc-Antoine-Joseph, vicomte de Bénavent-Rodez, fut admis aux hon-
« neurs de la cour le 15 mars 1784, sur preuves faites au cabinet des ordres
« du roi.

« Les armoiries ont varié dans les différentes branches; celle de Montamat
« portait, en 1450, les armes pleines de Carlat-Rodez qui sont : de gueule
« au lion léopardé d'or; celle de Bénavent de Mels : d'argent à trois bandes
« de gueule au chef d'azur chargé d'un lambel d'or; et, en dernier lieu :
« écartelées au 1 et 4 de Rodez, et au 2 et 3 de Bénavent. » (T. 1, p. 199.)

« *De Montamat.* — Seigneurs de Montamat, de Polminhac, de Murat-

« l'Agasse, de Folholles, de Messillac et autres lieux en Carladez. Cette mai-
« son paraît avoir été une branche apanagée de la maison de Bénavent ca-
« dette des vicomtes de Carlat, comtes de Rodez. . . . . »
(T. IV, p. 201.)

BARRAU. — *Documents historiques et généalogiques sur les familles et les
hommes remarquables du Rouergue, par M. de Barrau* (1853).

Baronie de Bénavent.

« La baronie de Bénavent fut apportée à Henri Ier, comte de Rodez, par
« Algayette de Scorailles, sa femme, à la fin du douzième siècle. Cette terre
« forma l'apanage d'un puîné de cette maison, qui devint la souche de la
« maison de Bénavent. Toutefois, elle ne tarda pas à rentrer dans la maison
« comtale. Le 4 mars 1351, Bernard, baron de Bénavent, fils de Henri, au-
« quel le comte Hugues IV avait, en 1271 et 1274, substitué le comté de
« Rodez parce qu'il était son parent, institua pour son héritier, au préju-
« dice de ses propres neveux, le comte Jean Ier d'Armagnac, et réunit ainsi
« la baronie de Bénavent au comté de Rodez avec cette clause qu'elle ne
« pourrait jamais en être séparée. . . . .
« La terre de Mels, sur la Truyère, canton de Sainte-Geneviève, avait
« fait partie de la baronie de Bénavent ; elle en fut démembrée, vers 1292,
« en faveur de Guilhaume de Bénavent, frère puîné de Bernard, dont la
« postérité s'est perpétuée jusqu'à nos jours. » (T. I, p. 320.)

DÉRIBIER DU CHATELET.— *Dictionnaire historique et statistique du Cantal,
par M. Déribier du Chatelet* (1854).

« Henri Ier, que les uns disent fils de Hugues II, mais qui très-probable-
« ment était né de Hugues III et de Bertrande d'Avalan, *alias* de Valon ou
« d'Amalon, ainsi que le font présumer Baluze et le père Anselme, fut d'abord
« exclu de la succession avec ses frères et relégué dans la terre de Bénavent...
« Le comte Henri prit la croix, à Clermont, des mains du cardinal Robert,
« légat du pape Honoré III, qui, par bulle du 28 avril 1217, mit ses terres
« sous la protection du saint-siége. . . . .
« . . . C'est du camp, devant Toulouse, qu'il date son testament au mois
« d'août 1219; par cet acte de dernières volontés fait de l'exprès consente-
« ment d'Algayette de Scorailles, son épouse bien-aimée, des biens de la-
« quelle il disposait, le comte Henri institua pour son héritier Hugues, son
« fils aîné. . . . .
« . . . . . . On a donné trois autres fils à Henri Ier ; c'était une erreur,
« car, outre qu'il n'en fait nulle mention dans son testament, on a reconnu
« que ces trois prétendus fils, nommés Bernard, Jean et Hugues, étaient ses
« frères, et l'un d'eux a été la *tige* de la branche de Bénavent qui subsistait
« encore en 1780. . . . .

« Hugues IV, comte de Rodez, dédommagea en terres Henri de Rodez-
« Bénavent, son cousin germain, du tort que lui avait fait éprouver Hugues II,
« leur aïeul. . . . . : . . . .

« Hugues testa au château de Montrosier le 24 août 1271, substituant à
« Henri son fils, Henri de Rodez-Bénavent, son cousin germain, et mourut
« en 1274. » — *De Sartiges d'Anglas.* (T. III, p. 22 et suiv.)

Mahul. — *Cartulaire et archives des communes de l'ancien diocèse de
Carcassonne, par M. Mahul, ancien député* (1859).

Maison de Bénavent-Rodez et de Rodez-Bénavent.

« Armes écartelées au 1 et 4 de gueules au lion d'or, qui est de Rodez;
« 2 et 3 d'argent à trois bandes de gueules au chef d'azur chargé d'un lambel
« d'or, qui est de Bénavent. — Timbré d'une couronne fermée, qui est celle
« des comtes souverains de Rodez.

« Par le décès de Charles-Joseph, comte de Nigri-Clermont-Lodève, seul
« représentant mâle de la maison de Le Noir, seigneur de Roquenégade, la
« terre de Roquenégade entra dans la maison de Bénavent-Rodez, en consé-
« quence du mariage de Marie-Anne de Nigri, fille unique de Charles-Joseph,
« avec Marc-Antoine de Bénavent-Rodez, grand-père paternel de MM. de
« Rodez-Bénavent d'aujourd'hui.

« La famille de Bénavent-Rodez (*alias* Bénevent), transplantée dans le
« diocèse de Narbonne vers le milieu du seizième siècle, plus tard à Car-
« cassonne et aujourd'hui à Montpellier, est originaire du Rouergue et
« descend en ligne directe et masculine des comtes souverains de Carlat-
« Rodez de la première race. Cette filiation est établie par de nombreux
« documents historiques visés dans le certificat délivré par Chérin, généa-
« logiste du roi, en 1784, au vicomte Marc-Antoine-Joseph de Bénavent-
« Rodez, sur le vu duquel ce dernier fut admis aux honneurs de la cour le
« 15 mai de cette année (*Gazette de France* du 18 mai 1784). C'est à cette
« époque et sur le fondement de l'extinction de tout autre représentant mâle
« de la maison de Rodez, que le vicomte de Bénavent prit possession des
« armes de Rodez écartelées de Bénavent et ajouta le nom de Rodez à celui
« de Bénavent; titres et qualités reconnues en la forme authentique usitée
« à la cour de France. »

« Filiation de mâle en mâle, continuée sans interruption depuis Richard I,
« comte de Rodez en l'an 1096, jusqu'à MM. de Rodez-Bénavent d'aujour-
« d'hui.

« *N. B.* On remarquera que, dans cette généalogie, le nom de Rodez suit
« d'abord celui de Bénavent, et qu'ensuite il le précède. Inscrit Bénavent
« sur les actes de l'état civil, Marc-Antoine de Bénavent, après avoir établi
« ses actes de jonction avec la maison des comtes de Rodez, ajouta ce
« dernier nom à celui qu'il tenait de son acte de naissance, et comme le
« nom de Rodez se trouvait désormais le nom patronymique de cette famille,

« il a précédé depuis le nom de Bénavent dans les actes de l'état civil de
« cette maison, notamment dans les actes de naissance de MM. de Rodez-
« Bénavent d'aujourd'hui. » (T. II, p. 580.)

ROQUEDOLS.

La maison Du Pont de Bossuges est en possession, depuis 1732,
de la baronie de Pourcairès qui avait été érigée par lettres patentes
du mois de décembre 1647 en faveur de Pierre de Pages, gentilhomme ordinaire de la chambre du roi. (T. I, p. 187.) Elle a pris le
nom du château de *Roquedols,* qui était dans la dépendance de la
baronie, pour laisser à la maison de Pages celui de *Pourcairès,*
qu'elle continue de porter.

Louis, par la grâce de Dieu roi de France et de Navarre, à tous présents et
à venir, salut.

Comme il n'y a rien de plus juste que de reconnaître et récompenser
ceux dont la valeur et fidélité nous sont connues par les services qu'eux et leurs
aïeux nous ont rendus, dûment informé que Pierre de Pages, *sieur de
Pourcarès et de Roquedols,* capitaine gouverneur de la ville viguerie de
Meyrueis en Languedoc, suivant les traces de leur père et aïeux, nous ont
servi en plusieurs occasions, ledit Pierre de Pages ayant été capitaine d'une
compagnie au régiment d'infanterie du sieur marquis de Fosse, et qu'il nous
a servi volontaire en Italie et dans le Roussillon près la personne du sieur
comte d'Arpajon ; et le sieur de Villaret, frère dudit de Pages, ayant encore
une compagnie dans le régiment de cavalerie du sieur comte de Merueille en
Italie, et que le sieur de *Pages, sieur de Pourcarès et de Roquedols,* leur
père, nous a aussi servi en ladite qualité de capitaine de ladite ville et viguerie de Meyrueis durant vingt années et en plusieurs rencontres, même lorsque
les ennemis de cet État s'efforçant d'entrer dans notre royaume en Languedoc, il s'y rendit en armes à la tête de six ou sept cents hommes, tous de
ses amis, lesquels il aurait conduit à notre cousin le maréchal de Schomberg. Comme aussi feu Hérail de Pages, son grand-père, *sieur de Pourcarès
et de Roquedols,* aurait encore fidèlement servi le défunt roi Henri le Grand,
notre très-honoré aïeul, et qu'il serait mort glorieusement à son service, et
sachant que la terre de Pourcarès est de grande étendue, ayant plus de dix
et douze lieues de circuit, avec justice haute, ou moyenne et basse, mouvant et
relevant de nous, qu'elle est composée du lieu de Roquedols où il y a un
château et les villages Ferussac, Coniliergues, Campis, Rousses, Croix-de-
Fer et Villaret, et ayant de grandes forêts, et qu'elle est suffisante pour porter le titre de baronie.

A ces causes et avec bonne considération à ce, nous nommons, avec l'avis de la reine régente, notre très-honorée dame et mère, et de notre certaine pleine puissance et autorité royale, créé et érigé, créons et érigeons par ces présentes signées de notre main, en dignité, titre et nom de baronie icelle terre et seigneurie de Pourcarès pour en jouir et en user pleinement, paisiblement et perpétuellement au titre de baron de ladite baronie de Pourcarès, et que tel il puisse se nommer, appeler, tant en jugement que dehors, en jouir et user en tous et pareils droits de noblesse; autorité, prérogatives, priviléges, prééminence, au fait de suivre assemblée de noblesse comme en jouissent et usent et ont accoutumé de jouir et user les autres barons de notre royaume. Voulons que les vassaux, arrière-vassaux de ladite seigneurie et baronie de Pourcarès soient tenus de répondre en toutes matières civiles et criminelles, tant en demandant qu'en défendant, par devant le juge de ladite baronie de Pourcarès, à la charge que les appelants des sentences et jugements de la baronie ressortiront où elles ont accoutumé auparavant la présente érection, sans que ledit sieur baron de Pourcarès puisse prétendre plus grands droits et devoirs que ceux qu'il a accoutumé d'avoir en la terre de Pourcarès ni que il en soit diminué.

Si donnons en mandement à nos amés conseillers tenant notre cour de parlement de Toulouse et à tous autres nos justiciers et officiers chacun en droit, soit que nos présentes lettres de création et érection les faire enregistrer de tout le contenu d'icelles, *jouir et user ledit Pourcarès, ses hoirs, successeurs et ayants-cause,* pleinement, paisiblement et perpétuelllement, cessant et faisant cesser tous troubles et empêchements contraires ; car tel est notre plaisir, nonobstant opposition ou application quelconques et tous édits, ordonnances et coutumes contraires auxquels nous avons dérogé et dérogeons par ces présentes, et aux dérogatoires des dérogatoires y contenues ; et afin que ce soit chose ferme, stable et à toujours, nous avons fait mettre scel à ces dites présentes.

Donné à Paris au mois de décembre, l'an de grace 1647 et de notre règne le cinquième. *Signé :* Louis. Par le roi, la reine régente sa mère, *Signé :* Annia. (*Original des lettres patentes communiqué par M. le baron de Roquedols, à Nîmes.*)

RUOLZ.

Jean-Pierre de Ruolz, Sgr de Brossain, du Vergier et des Trois Fourneaux, fut maintenu dans sa noblesse par jugement souverain du 5 juin 1669, et siégea aux états de Vivarais et de Languedoc en 1672. (V. t. I, p. 457-458.)

Claude Bazin, chevalier, conseiller du roi ordinaire en tous ses conseils, intendant de justice, police et finances de la province de Languedoc, commissaire député par Sa Majesté pour procéder à la vérification des titres de noblesse en icelle.

Entre le Procureur du Roi en la commission diligence de M. Alexandre Belleguise, chargé par Sa Majesté de la poursuite et vérification des titres de noblesse et recherche des usurpateurs d'icelle en Languedoc, demandeur, en exécution de la déclaration du huitième février mil six cent soixante-quatre, et avis du conseil du vingt-quatre mai mil six cent soixante-sept, d'une part;

Et noble Jean-Pierre de Ruolz, sieur du Verger, et Sgr des Trois Fourneaux, demeurant à Serrières, diocèse de Vienne, en Vivarais, province de Languedoc, assigné et défendeur, d'autre part;

Vu ladite déclaration et arrêt du conseil, exploit d'assignation donnée audit défendeur et remise des titres en vertu desquels il a pris la qualité de noble, procuration pour se présenter à ladite assignation et soutenir sa qualité de noble, lettres patentes du roi du vingt-cinquième juillet mil six cent cinquante-neuf, par laquelle Sa Majesté, en considération des services rendus par Jean-Pierre de Ruolz, gentilhomme du Languedoc, ses père et aïeul, et après avoir été informé qu'en l'année mil six cent cinquante-un, il était arrivé un débordement si extraordinaire du Rhône, que l'eau serait entrée de nuit par les fenêtres d'un appartement bas de la maison dudit sieur de Ruolz qui est située sur le bord du Rhône, où l'eau aurait demeuré huit jours, ayant laissé dans icelle du limon qui aurait entièrement pourri ses titres et documents, aurait maintenu et conservé ledit sieur de Ruolz au titre et qualité de noble et relevé de la perte des susdits titres, et déchargé lui et sa postérité de la représentation d'iceux et d'une plus ample preuve de sa noblesse; enregistrées à l'élection d'état, bureau des finances de Lyon, en l'année mil six cent soixante-sept, et en la cour des comptes de Montpellier en l'année mil six cent cinquante-neuf; certificat fait par Letellier, secrétaire d'État, commissaire du roi, accordé audit sieur de Ruolz; la confirmation des susdites lettres patentes du vingt-quatre novembre mil six cent soixante-cinq. Lettres patentes du roi, du mois de novembre mil six cent soixante-six, par lesquelles Sa Majesté confirme les susdites lettres patentes de l'année mil six cent cinquante-neuf, nonobstant la déclaration de l'année mil six cent soixante-quatre qui révoque toutes lettres d'anoblissement données depuis trente ans, enregistrées aux cours des comptes et aides à Paris, le quatrième janvier mil six cent soixante-sept, et au bureau des finances, au greffe de l'élection de Lyon, en la même année, enquête, procès-verbal, ordonnance et arrêt de la cour des aides faite par André Mival, conseiller du roi au bailliage de Vivarés, commissaire député par ladite cour des aides, du dernier octobre mil six cent cinquante-neuf, sur les faits contenus auxdites lettres patentes de ladite année mil six cent cinquante-neuf, de laquelle enquête résulte entre autres choses de la déposition de douze gentilshommes, qu'ils ont connu sieur Pierre de Ruolz, père dudit Jean-Pierre, et Mathieu de Ruolz, son aïeul, pour gentilshommes, qu'ils n'ont jamais fait acte dérogeant à noblesse, et qu'ils ont servi le roi dans ses armées pendant fort longtemps, et même en qualité de maître d'hôtel chez le roi, et qu'ils ont été de bonne vie et mœurs; mariage de noble Jean-Pierre de Ruolz, écuyer, sieur du Verger, capitaine au régiment de Féron, fils du feu noble Pierre de Ruolz, vivant aussi écuyer et maître d'hôtel ordinaire du roi, avec demoiselle Marguerite Perdrigeon, fille de Jean, Sgr des Trois-Fourneaux, du trente-unième octobre mil six cent cinquante-sept; testament de noble Pierre de Ruolz, écuyer et maître d'hôtel ordinaire du roi, par lequel il fait légat à noble Jean-Pierre de Ruolz, son fils, du cinquième décembre mil six cent cinquante-deux; mariage de noble Pierre de Ruolz, écuyer, sieur de Brossain, avec demoiselle Marie de Montchal, fille du feu noble Antoine de Montchal, du treizième juillet mil six cent vingt-trois; donation faite par noble Mathieu de Ruolz, écuyer, Sgr de Brossain, en faveur de noble Pierre de Ruolz, écuyer, son fils, en faveur du mariage par lui passé avec ladite demoiselle de Montchal, du douzième juin mil six cent vingt-sept; mariage de noble Mathieu de Ruolz, écuyer, Sgr de Brossain, capitaine au régiment de Jarnieux, fils de noble Jean de Ruolz, avec mademoiselle Suzanne Cornier, du huitième décembre mil cinq cent nonante-trois; ordonnance de la chambre souveraine des franchises, nouveaux acquéts et amortissement tenus à Paris, portant décharge de la taxe faite sur ledit Jean-Pierre de Ruolz, attendu sa qualité de noble; livre intitulé *César Armorial*, dans lequel sont les noms et armes de la famille dudit sieur de Ruolz; passe-port du roi, du vingtième septembre mil six cent cinquante-deux, où ledit Jean-Pierre de Ruolz est qualifié un des écuyers de Sa Majesté; commission de capitaine d'une compagnie dans le régiment de Féron, en faveur dudit Jean-Pierre de Ruolz, du vingtième juillet mil six cent cinquante-cinq; relevé de ladite compagnie, du vingtième septembre audit an; certificat de son service en qualité de capitaine dans les armées du roi, du dix-huitième décembre mil six cent cinquante-cinq, second novembre mil six cent cinquante-six, et dix-huit mars mil six cent cinquante-huit; acte par lequel apert que ledit de Ruolz a commandé ledit régiment de Féron, du sixième mars mil six cent cinquante-six; certificat du service rendu par Pierre de Ruolz dans les armées du roi, du quinzième décembre mil six cent vingt-deux; provision de la charge de maître d'hôtel du roi en faveur dudit Pierre de Ruolz, du sixième août mil six cent quarante-six, avec l'acte de prestation de serment, et l'état des officiers du roi, dans lequel ledit Pierre de Ruolz est couché; commission d'une compagnie dans le régiment de Jarnieux, en faveur de Mathieu de Ruolz, du dernier mars mil cinq cent nonante-trois, à lui accordée par M. le duc de Nemours.

Inventaire du défendeur, contredit dudit Belleguise, conclusions du Procureur du Roi et la commission;

Ouï le rapport du sieur Bernard, commissaire à ce député, et de l'avis des officiers au nombre de l'ordonnance, et tout considéré;

Nous, Intendant susdit, par jugement souverain et en dernier ressort, *avons déclaré ledit Jean-Pierre de Ruolz noble, et issu de noble race,* et ordonné que, tant lui que sa postérité née et à naître en légitime mariage, jouiront des priviléges des anciens nobles du royaume, tant et si longuement qu'ils vivront noblement et ne feront état dérogeant à noblesse, conformément aux lettres patentes de Sa Majesté du mois de juillet mil six cent cinquante-neuf, des arrêts susdits, et à ces fins, qu'il sera mis et inscrit au nom, surnoms et armes, au lieu de sa demeure dans le catalogue de véritable noblesse de la Province de Languedoc.

Fait à Montpellier, le septième jour du mois de décembre mil six cent soixante-huit. — *Signé :* Bazin.

Collationné par mon dit Sgr. — *Signé (griffe en marge).*

Enregistré au greffe de l'élection de Lyon, de l'ordonnance rendue le vingt-quatre décembre mil sept cent cinq, sur les conclusions du sieur Procureur du Roi, audit siége, lesdits jour et an. — Vu, *signé :* Chérin.

La copie ci-dessus a été faite et collationnée par Me Gilbert-Hippolyte Raffin, assisté de son collègue, tous deux notaires à Trévoux, département de l'Ain, sur la première expédition écrite sur parchemin qui leur a été présentée par M. Louis-Joseph-Camille, vicomte de Ruolz, propriétaire, demeurant au château de Talancé, commune de Denicé, département du Rhône.

Ce jourd'hui vingt-un novembre mil huit cent cinquante-cinq, à Trévoux, en l'étude de Me Raffin.

Et ont lesdits notaires signé après avoir rendu l'expédition originale à M. le vicomte Louis-Joseph-Camille de Ruolz. *Signé :* Beccat et Raffin.

Enregistré à Trévoux, le vingt-deux novembre mil huit cent cinquante-cinq, f° 16, r°, c° 6. Reçu deux francs quarante centimes pour deux dixièmes. — *Signé :* Barrière.

Vu par nous, président du tribunal civil de Trévoux (Ain), pour légalisation des signatures de MM. Beccat et Raffin, notaires audit lieu. Trévoux, le 6 décembre mil huit cent cinquante-cinq. — *Signé :* Aymé le Duc.

Pour expédition conforme à une expédition certifiée conforme et déposée aux archives de la préfecture de l'Ardèche, le conseiller de préfecture secrétaire général : Mallet. Collationné par l'archiviste : Mamarot.

Extrait des registres des états du pays de Languedoc, convoqués par mandement de Sa Majesté, en la ville de Montpellier, au mois de novembre mil six cent soixante-douze.

Du mercredi seizième dudit mois de novembre, président, monseigneur l'éminentissime cardinal de Bonzy, archevêque de Toulouse.

Messeigneurs les évêques d'Uzès et de Comminge, messieurs le vicomte de Polignac et Baron de Castres, les sieurs capitouls de Tolose, consuls de Montpellier, de Castres, et les dionsainiers de Narbonne, commissaires nommés pour examiner les actes des preuves de noblesse des sieurs envoyés qui n'ont plus entrée aux états depuis les règlements, ont rapporté qu'ils avoient vu les preuves des sieurs de Ruolz, envoyé du Vivarais, de Roglar-Montfaucon envoyé de Mirepoix, et de Teste de la Motte, envoyé de Saint-Félix, qui tous leur avoient fait voir l'ancienneté de leur noblesse venant au delà de *quatre générations* portée par les règlements, par des actes authentiques, comme contrats de mariage, testaments et hommages, et de telle sorte que messieurs les commissaires auroient tous unanimement demeuré d'accord, qu'ils étoient de la qualité requise pour entrer dans l'assemblée.

Sur quoi a été délibéré que suivant l'avis de mes dits sieurs les commissaires, lesdits sieurs de Ruolz, de Roglar et de la Motte, seroient reçus dans l'assemblée, lesquels étant ensuite entrés et pris leurs places, ont prêté le serment. — *Signé* : GUILLEMINET.

En marge est écrit : Vu : *Signé :* CHÉRIN.

La copie ci-dessus a été faite et collationnée par Me Gilbert-Hippolyte Raffin, assisté de son collègue, tous deux notaires à Trévoux, département de l'Ain, sur la première expédition écrite qui leur a été présentée par Monsieur Louis-Joseph-Camille vicomte de Ruolz, propriétaire, demeurant au château de Talancé, commune de Denicé, département du Rhône. Ce jourd'hui, vingt-un novembre mil huit cent cinquante-cinq, à Trévoux, en l'étude de Monsieur Raffin, et ont lesdits notaires signé après avoir rendu l'expédition originale à Monsieur le vicomte de Ruolz. — *Signé* : BECCAT et RAFFIN.

Suivent les mêmes formules mentionnées à la pièce précédente. (*Archives de l'Ardèche à Privas.*)

SAUVAN D'ARAMON.

Jean-Joseph de Sauvan, gentilhomme de la maison et état de notre saint père le pape, natif du comté de Venise, vint s'établir en France avec Jacques et Jean ses enfants, et obtint des lettres patentes de François Ier, au mois de juillet 1527, qui l'autorisaient à acquérir des biens en France et à recueillir la succession de Jeanne de Gérente, leur épouse et mère. (T. I, p. 476.)

FRANÇOIS, par la grace de Dieu, Roy de France; à tous ceulx qui ces présentes lettres verront, salut.

Sçavoir faisons nous avoir receu humble supplication et requeste à nous faicte par noz tres chers et bien amez Jehan Joseph de Sauvan, gentilhomme de la maison et estat de notre Saint Père le Pape, Jacques et Jehan de Sauvan, ses fils, natifz du conté de Venisse, demourans et résidans au d. conté, contenant que à eulx sont advenuz, escheuz et appartiennent et pourront cy-après advenir, eschoir et appartenir plusieurs biens meubles et immeubles en cestuy nostre royaulme de la succession de damoiselle Jehanne de Jarente, leur épouse et mère; touteffoiz pour ce qu'ils doubtent au moyen de ce qu'ilz sont estrangiers, qu'il ne leur fust loysible tenir et posséder aucuns biens en nostre d. royaulme ; et que noz officiers au moyen des ordonnances sur ce faictes voulsissent prétendre iceulx biens à nous appartenir par droit d'aulbeyne s'il n'estoient par nous habilletez et dispensez quant à ce, ils nous ont fait supplier et requérir sur ce leur octroyer et impartyr noz grace et libéralité. Pourquoy nous, ce considéré, inclinons liberallement à la d. supplication et requeste, avons ausdit Jehan-Joseph de Sauvan, et ses filz donné et octroyé, donnons et octroyons de grâce espécial plaine puissance et auctorité royal par ces présentes qu'ils puissent et leur loyse tenir et posséder en nostre dit royaume tous et chacuns les biens meubles qu'ilz y ont de présent et pourront licitement cy après, avoir et acquérir et pareillement qu'ilz puissent succéder à tous biens et héritaiges que en nostre d. royaulme et seigneuries leur pourront à bon et juste tiltre parvenir et appartenir et d'iceulz, ensemble de ceulx qu'ilz y ont de présent, ordonner et disposer par le testament et ordonnance de dernière volunté, donation faicte entre vifz et autrement à leur vie comme de leur propre chose et héritaige, et que les héritiers ou aultres à qui ilz en pourront disposer leur puissent succéder, prandre et apprehender la possession, saisine et jouissance de leurs d. biens et generallement qu'ilz puissent joyr et user entièrement de tous et chacuns les honneurs, privilleiges, prérogatives, franchises, libertez et droictz, dont ont acoustumé joyr et user les originaires de nostre d. royaulme. Et soient tenuz et repputez noz subjectz et en tous actes comme originaires de nostre d. royaulme, nonobstant qu'ilz ne soient résidens en icelluy. Et quant à ce les avons habillitez et dispensez habillitons et dispensons par ces d. présentes, sans aussi que les d. supplians soient tenuz composer à nous ne aux nostres à aucune finance ou indemnité ; et laquelle à quelque somme, valeur ou estimation qu'elle se puisse monter. Nous leur avons en faveur de notre Saint Père le Pape, donne, quicte et remise, donnons, quictons et remettons de nostre plus ample grace par ces d. présentes signées de nostre main. Si donnons par ces mesmes présentes licence et habillitation et de tout l'effet et contenu en ces d. présentes ils facent, seuffrent et laissent les d. supplians jouyr et user plainement et paisiblement sans leur mectre ou donner ne souffrir estre fait, mis ou donné aucun trouble, destourbies ou empêchement au contraire, lequel si fait, mis ou donné leur avait esté ou estoit, ilz mectent ou facent mectre incontinent et sans delay à plaine délivrance. Car tel est nostre plaisir, nonobstant les d. statuz et ordonnances que la valleur de la d. finance ne soit cy autrement déclarée ne spécifiée. Et quelzconques autres ordonnances restrinc, mandemens ou deffenses à ce contraires. Et affin que ce soit chose ferme et stable à tousjours, nous avons à ces présentes fait mectre nostre scel, sauf en autres choses nostre droict et l'autruy en touttes. Donné à Paris au mois de juillet, l'an de grace mil cinq cens vingt et sept et de nostre règne le XIIIᵉ. *Signé* FRANCOYS. De par le roy, ROBERTET. (*Expéd. authentique délivrée le 5 juillet 1860 par Mᵉ Roquebert, notaire à Paris.*)

SOLMES DE VÉRAC.

Pierre et Jean de Solmes, gentilshommes du Velay, obtinrent du roi Louis XIII et du roi Louis XIV des priviléges spéciaux par lettres du 16 déc. 1639 et du 30 juin 1646. (T. II, p. 254.)

Aujourd'hui vingt-six décembre seize cent vingt-neuf, le roi estant à Paris, désirant favorablement traiter Pierre et Jean de Solmes ses gentils hommes, leur a permis de chasser et tirer de l'harquebuse à toute sorte de gibiers non prohibés et défendus par ses ordonnances, comme aussi de porter pistolets pour la sureté de leurs personnes, sans que pour raison de ce ils puissent être molestés ni inquiétés par les maîtres des eaux et forêts, capitaines aux chasses, leur enjoignant au contraire qu'ils laissent et fassent jouir lesdits de Solmes plainement et paisiblement. En témoignage de quoi Sa Majesté m'a commandé d'expédier le présent signé de sa main, contresigné par moi son conseiller d'État de ses commandements et finances.

Signé : Louis.

De par le roi,   (*Signature illisible.*)

De par le roi,

A tous nos lieutenans généraux, gouverneurs de nos provinces et villes, maréchaux de France, maréchaux de camp, colonels, capitaines, chefs et conducteurs de nos gens de guerre tant de cheval que de pied de quelque qualité et nation qu'ils soient, maréchaux des logis de nos camps et armées, fourriers d'iceux commis et à commettre pour le département et logement de nos gens de guerre et à tous nos officiers et sujets qu'il appartiendra, salut; désirant favorablement traiter Pierre de Solmes notre gentilhomme de Velay, nous vous défendons très expressément de loger ni souffrir être logés aucun de nos gens de guerre dans les maisons du dit de Solmes dans les pays de Vivarais, de Vellay et Foret, ni prendre fourrage ni emporter aucune chose généralement quelconque, l'ayant pris avec tout ce qui lui appartiendra, en notre protection et sauvegarde spéciale par la présente signée de notre main, en signe de laquelle nous lui avons permis et permettons de faire mettre et apposer nos armes et panonceaux royaux aux lieux et endroits plus éminens de ses dites maisons afin que nul n'en prétende cause d'ignorance. Mandons au premier des prévôts de nos très chers cousins les maréchaux de France, ou à nos juges royaux sur le premier requis d'en faire telle et sy sévère justice que l'exemple serve à contenir les autres, sous peine d'en répondre en leurs propres et privés noms.

Car tel est notre plaisir. Donné à Paris le trentième jour de juin seize cent quarante-six.

Signé : Louis.

De par le roi, (*Signé illisiblement.*)

Nous Louis le Begue Duportail, maréchal de camp, ministre du département de la guerre,

Certifions a tous qu'il appartiendra que suivant les registres qui sont entre nos mains M. Jacques de Solmes de Vérac est entré dans la compagnie des gendarmes de la garde le 21 janvier 1771, qu'il y a fait en cette qualité le quartier d'octobre de la même année et qu'il a été compris dans la réforme de ce corps qui a eu lieu le 30 septembre 1787. En foi de quoi nous lui avons délivré le présent certificat pour lui servir et valoir ce que de raison.

Fait à Paris, le dix octobre 1791. *Signé* : DUPORTAIL. (*Les originaux de ces trois pièces sont entre les mains de M. de Solmes de Vérac, notaire au Puy en Velay.*

TRÉMOLET DE MONTPEZAT.

Table de M. le marquis d'Aubaïs pour prouver que le duc de Montpezat avait pour vingtième aïeul Louis le Gros, roi de France. (T. 1, 503.)

I. Louis le Gros ép. Adélaïde de Savoie.

II. Pierre de France, son fils, né en 1125, † avant 1181, ép. après 1150 Élisabeth, dame de Courtenay, † après 1206.

III. Pierre, Sgr de Courtenay, emp. de Constantinople, † en janv. 1218, ép. en mai 1193 Blanche de Hainault, † après juin 1219.

IV. Éléonor de Courtenay, † avant 1230, ép. Philippe de Montfort, Sgr de Castries et de la Ferté-Aleps en Beauce.

V. Philippe de Montfort, Sgr de Castries et de la Ferté-Aleps, † en 1234, ép. Jeanne de Lévis, fille de Gui et de Tiburge de Montfort.

VI. Éléonor de Montfort, dame de Castries et de la Ferté-Aleps, testa le 13 mai 1388, ép. Jean V, comte de Vendôme.

VII. Jeanne de Vendôme était mariée en 1313 avec Henri IV, sire de Sully, mort après 1334.

VIII. Jeanne de Sully, dame de Corbigny, ép., le jeudi après la Quasimodo, 1336, Jean, vicomte de Rochechouart.

X. Guillaume, vicomte de Rochechouart, gouverneur du Limousin, ép. Marie de Frignac.

X. Isabelle de Rochechouart ép. Guillaume Aubert, Sgr de Murat et de Moneulgelat, vivante en 1387.

XI. Étienne Aubert, Sgr de la Rochedagu, ép. Marie de Chaslon, fille de Robert de Chaslon, Sgr d'Entragues, et de Dauphine de Saint-Ugise.

XII. Catherine Aubert, dame de Botheou, ép. Randon, baron de Joyeuse, gouverneur de Dauphiné en 1424.

XIII. Louis, vicomte de Joyeuse, testa le 25 mars 1441, ép. le 29 mars 1419 Jeanne Couée.

XIV. Jeanne de Joyeuse ép. Guinot de l'Estrange, baron de Boulogne, qui testa le 14 sept. 1462.

XV. Antoine de l'Estrange, baron de Boulogne, chambellan de Louis, duc d'Orléans en 1487, testa en 1507, ép. Françoise de Montfaucon, fille de Claude, maréchal de camp, baron de Vesenobre; il se remaria avec Louise de Jonas.

XVI. Françoise de Jonas ép. Jean d'Albenas, Sgr de la baronie de Colias.

XVII. Diane d'Albenas ép. le 7 mars 1579 Jean, Sgr baron de Montpezat, tué devant Aix le 7 juill. 1593. C'était un officier de première distinction.

XVIII. Georges, capitaine de cent hommes d'armes, mourut en 1648, ép. le 17 déc. 1617 Lucrèce de Pontanel qui testa le 12 août 1667.

XIX. Pierre, sergent de bataille, ou maréchal de camp, après avoir eu long-temps un régiment de son nom avant 1652, testa le 7 oct. 1681, av. ép. le 4 oct. 1651 Catherine de Rignac.

XX. Jean-Louis, commandant un régt de son nom, testa le 26 mars 1686, ép. en 1683 Thérèse de Bost de Tertullis, dame de la ville de Leignen.

XXI. Pierre-Guillaume, marquis de Montpezat, lieut. de roi en Languedoc, mort au château de Montpezat en avril 1754, ép. le 11 janv. 1714 Marie-Françoise-Richarde de Carichon.

XXII. Jean-Joseph-Paul-Antoine, duc et marquis de Montpezat, ép. le 19 sept. 1738 Marie-Justine-Espérance d'Agoult de Montmaur, fille unique et héritière de la branche aînée de sa maison, dont :

XXIII. Henriette, mariée au duc de Galéan des Issarts; et Joséphine.

(*Bibl. imp., Mss. Languedoc,* 106.)

Joséphine de Trémolet de Montpezat ép. le 3 mai 1763 Jacques de Trémolet de Montpezat, son cousin, dont elle eut cinq filles : 1. Marie-Justine, mariée à Charles, comte de Rougeville ; 2. Marie-Gaspardine-Henriette, mariée 1° à Achille de Tonduti, comte de Malijac; 2° à Sigismond, comte de Redern ; 3. Marie-Gaspardine-Zéphyrine, mariée à Adrien, marquis de Taulignan ; 4. Marie-Antoinette-Hortense, mariée 1° au marquis de Porta-lès-la-Chièze ; 2° au comte de Lombriasque; 3° au marquis de Gras-Préville ; 5. Marie-Gaspardine-Justine-Clémentine, mariée à Alexandre Rousselin de Saint-Albin, dont : Hortensius, conseiller à la cour impériale de Paris, anc. député de la Sarthe, conseiller général, chev. de la Lég. d'honneur. (*Note communiquée par M. H. de Saint-Albin.*)

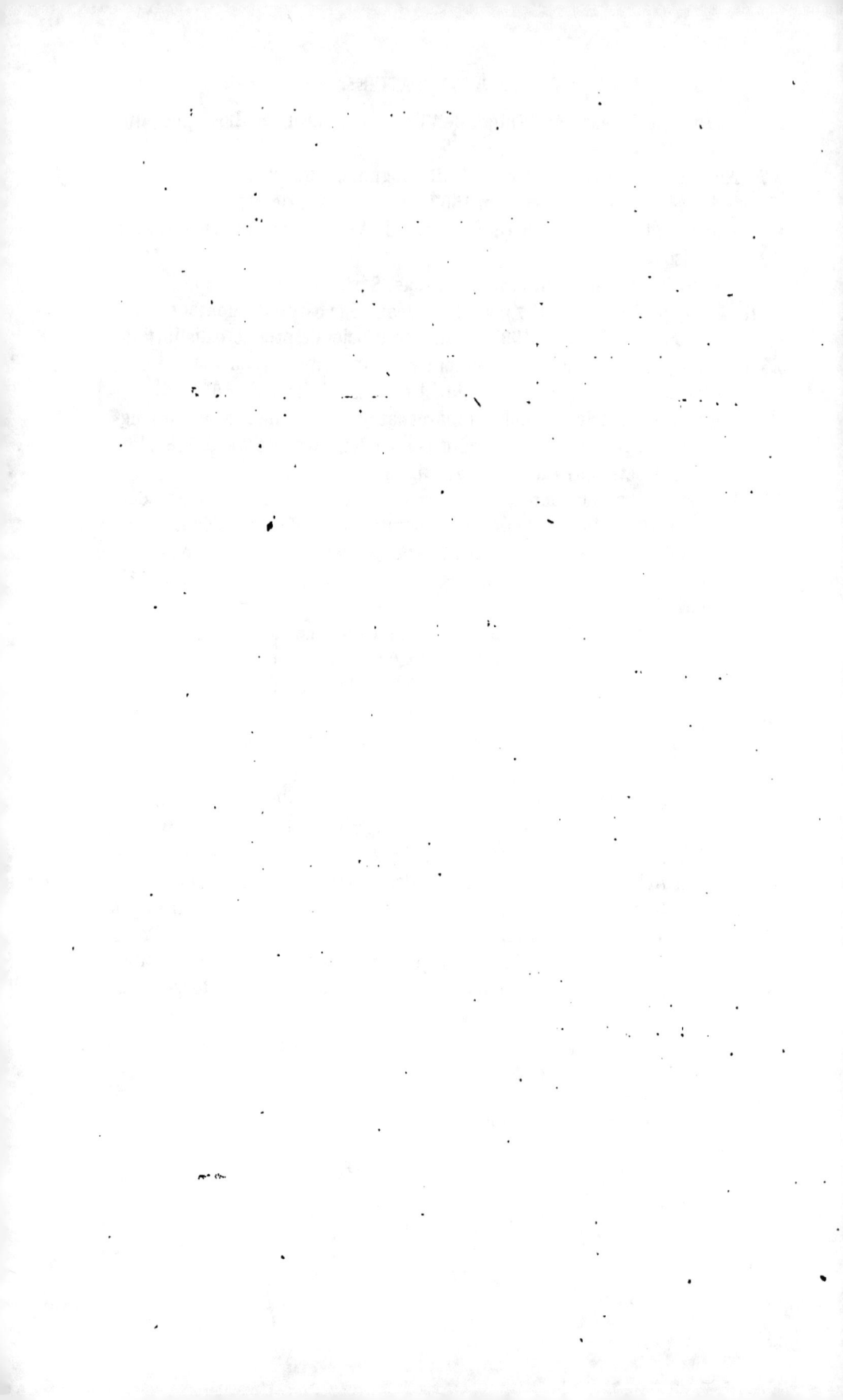

APPENDICE.

855. ALMÉRAS.

D'azur au lion d'or langué et onglé de gueule, et un chef d'or chargé de trois palmes de sinople rangées en fasce.

La généalogie de cette famille a été donnée par d'Hozier dans le premier registre de l'*Armorial général de France*, 1738, p. 11, depuis :

I. Guillaume d'Alméras, viguier de Bagnols, fut père de

II. Antoine-Hercule d'Alméras, conseiller du roi, viguier de la ville de Bagnols, ép. Françoise d'Alméras, dont il eut :

III. Antoine d'Alméras, Sgr de Mirevaux, fut père de

IV. Jean-Guillaume d'Alméras, Sgr de Mirevaux, de Goutte et de Bossuge, conseiller du roi en la cour des comptes, aides et finances de Montpellier 1718, ép. le 31 août 1718 noble Catherine Chicoineau, fille de François, conseiller en ladite cour, et de Catherine Fournier. Jean-Guillaume fut institué héritier universel de Guillaume, son oncle, Sgr de Mirevaux, lieut. général des armées navales, par testament du 11 janv. 1676.

856. ARNAULD DE PRANEUF.

D'azur au chevron d'or accosté en chef de deux palmes adossées, et en pointe d'un rocher de six copeaux de même.

La famille Arnauld de Praneuf, qui porte les armes des Arnauld d'Andilly et de Pomponne (V. LACH. DESB., I, 428), fixée en Vivarais depuis la fin du XVIe siècle, est originaire d'Auvergne, généralité de Riom. Elle établit sa filiation authentique et suivie depuis

I. Jacques Arnauld, natif d'Herment en Auvergne, écuyer de la reine Marguerite, exilée au château d'Usson, ép. en 1592, N..., de Fugères, près de Monastier Saint-Chaffre, dont il eut : 1. Benoît qui suit; 2. André, prieur d'Arlempde, près Pradelles.

II. Benoît Arnauld, ép. Anne-Vincente de Mazel, dont il eut :

III. Jacques Arnauld, Sgr du Prat-Neuf, notaire à Fugères, ép. Jeanne Barry, dont il eut plusieurs enfants entre autres : 1. Pierre, lieut. col. au régt de Mortemart; 2. et

IV. Claude Arnauld, Sgr de Praneuf, ép. le 29 juill. 1681 Anne Blanc de Molines, dont il eut : 1. Louise, religieuse au Puy; 2. Marie, alliée à Vital Odde de la Valette; 3. Jeanne, mariée à Pierre Boffy, notaire à Solignac ; 4. Jean-Pierre, marié à Marie Delabre; 5. Benoît, capit. au régt de Mortemart, tué au siége de Philisbourg 1734; 6. et

V. Jean Arnauld, Sgr de Praneuf, avocat au Puy, ép. Marie Exbrayat de Créaux, dont il eut : 1. Marianne, prieure de Bellecombe, près Yssengeaux; 2. Reine, mariée à Pierre-Xavier Peyret de Bessarieux, conseiller du roi au Puy; 3. Jacques, chartreux; 4. et

VI. Thomas-Claude Arnauld de Praneuf, avocat au Puy, ép. Françoise Maty d'Auluëyres, dont il eut : 1. Joseph-Alexandre qui suit ; 2. Reine-Françoise, morte jeune ; 3. Jean-Claude, gendarme de la reine. Cette branche est aujourd'hui représentée par Antoine-Aubin Arnauld de Praneuf, off. supérieur en retraite, anc. conseiller général de l'Ardèche.

VII. Joseph-Alexandre Arnauld de Praneuf, lieut. aux dragons de Schomberg, chev. de Saint-Louis, ép. en 1774 Anne-Élisabeth Hoffman, sœur du littérateur, et s'établit à Nancy; il eut de son mariage

VIII. François-Joseph-Alexandre Arnauld de Praneuf, émigra en 1791 et fut en 1809 lieut. au régt d'Isenbourg; il ép. en 1810 Louise Jordy, et il en eut :

IX. Louis-Maurice-Alexandre Arnauld de Praneuf, né en 1811 à Neuvillers, juge d'instruction au tribunal civil de Lunéville, ép. en 1845 Louise Thiébault, fille du maire de Montmédy, nièce du général du génie de ce nom et du lieut. général vicomte Jamin, anc. pair de France, dont trois enfants.

857. BOISSIER.

D'or au chevron de gueule, au chef d'azur semé de cinq étoiles d'argent posées 2 et 3.

Ancienne famille genevoise, connue par filiation suivie depuis noble égrége Antoine Boissier vivant en 1448, conseiller ducal, patrimonial et contrôleur des finances de Bresse, dont la généalogie est rapportée dans les *Notices généalogiques sur les familles genevoises*, par J. A. Galiffe, 275, T. I, 1829, *et Suppl.* de 1860. Un des membres de cette famille vint s'établir à Anduze, en 1565.

A la révocation de l'édit de Nantes, cette famille se divisa en deux branches. Gaspard retourna à Genève, où ses descendants occupent encore aujourd'hui un rang distingué, et François, resté en France, s'établit à Marvéjols.

François II, son petit-fils, abjura le protestantisme et ép. le 15 août 1717 Louise Vigan, dont il eut Jacques de Boissier, qui acheta la charge de conseiller-maître à la cour des comptes, aides et finances de Montpellier en 1766, de Guillaume marquis de Lépine.

I. Jacques de Boissier, conseiller-maître à la cour des comptes, aides et finances de Montpellier pendant vingt-trois ans, épousa le 13 janvier 1750 Marie-Pétronille Daudé de Tardieu de la Barthe, dont il eut :

II. Antoine-François-Jacques de Boissier, conseiller-maître en la cour des comptes, aides et finances de Montpellier, en remplacement de son père, le 13 mai 1789; il ép. le 3 nov. 1785 à Montpellier Marie-Anne-Jeanne de Martin de la Laurèze, dont il eut : 1. Jules, mort en bas âge; 2. Antoine-Louis-Émile, mort sans postérité à Marvéjols en 1820, dernier rejeton mâle de cette branche; 3. Élisabeth-Dorothée-Pauline, mariée le 3 mars 1810 à Antoine, marquis de la Mazelière; 4. Marie-Louise-Élisabeth, mariée à Marseille en 1812 à Philippe-Barthélemy de Marin de Carranrais; 5. Marie-Antoinette-Honorine, mariée à Marseille en 1816 à Pierre-Honoré de Roux, ancien député de Marseille.

858. CAUNES.

De gueule au chevron d'argent accompagné de trois rochers de même, deux en chef, un en pointe; au chef cousu d'azur chargé de trois cannettes d'argent posées en fasce.

Le nom de cette famille s'est écrit *Cosne*, *Caune* et *Caunes*.

On trouve dans l'*Histoire de Languedoc*, II, 427, 470; III, 356; V, 220, éd. de 1730, plusieurs sujets du nom de *Caunes*, depuis 1124 jusqu'en 1562, au D. de Narbonne, sans qu'il soit possible d'établir entre eux un lien généalogique.

N... Caunes, gentilhomme de Narbonne, capitaine de gendarmes, assista au combat de Toulouse, en 1562, avec Pierre de Saint-Lary, lieutenant de la compagnie du maréchal de Termes. (VAISSETTE, V, 220.) Noble Joseph de Caunes, fils de noble Jacques de

Caunes, ép. en 1776, à Narbonne, Marguerite Laporte. Sur une cloche de la commune de Ginestas on lit cette inscription : *Noli-me pulsare quando tonat. J. Joseph de Caunes, maire, mense Julio*, 1786.

Joseph de Caunes, maire de la commune de Ginestas, assista aux états généraux de Languedoc tenus à Montpellier en 1789. Cette famille établit sa filiation authentique par actes de l'état civil depuis

I. Jean de Caunes ép. vers 1660 Claire de Rouch., dont il eut : 1. Louis; 2. François qui suit; 3. Hyacinthe.

II. François Caunes, conseiller du roi, maire perpétuel de Ginestas, ép. Marguerite Gardelle, dont il eut : 1. Antoine, prieur de Granserve, né en 1694; 2. François; 3. Jean-Louis; 4. et

III. Jean-Jacques Caunes, né en 1706, capit. d'infanterie 1734, maire perpétuel de Ginestas, ép. Anne Barreau, dont il eut : 1. Joseph-Thomas, bénédictin, prieur de Villeneuve-les-Avignon; 2. Jacques-Joseph qui suit; 3. Antoine, brigadier d'infanterie, puis abbé de Saint-Just.

IV. Jacques-Joseph de Caunes, maire de Ginestas, ép. le 18 avril 1776, à Narbonne, Marguerite Laporte, dont il eut : 1. Paul qui suit; 2. Auguste; 3. Antoine, qui a fait la Br. B.

V. Jacques-Guillaume-Antoine-Paul de Caunes, aide de camp attaché à l'état major du général en chef Dugommier, puis élève et chef de brigade à l'École polytechnique, ingénieur hydrographe, professeur à l'Académie de Paris, inspecteur des eaux de Paris, décoré du Lis en 1815, avait ép. le 23 juill. 1806 Monique Mouret, dont il eut :

VI. Antoine de Caunes, ép. le 25 sept. 1844 Aricie Janot, dont : 1. Armand, né en 1845; 2. Adrienne, née en 1851.

Br. B. V. Antoine de Caunes, ancien juge de paix, 1830-1848, ép. en 1830 Rose Gouzot, dont : 1. Auguste, né en 1831; 2. Eugène, né en 1834.

859. ESTÈVE.

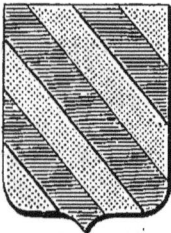

D'or à trois bandes d'azur.

Jean d'Estève, cons. du roi et maire de Saint-Geniès, fit enregistrer ces armes dans l'*Armorial* de 1696 (810).

La famille d'Estève est originaire du diocèse de Lavaur. En 1567 il est fait mention d'Antoine et Pierre d'Estève, héritiers de Philippe d'Estève, sur le cadastre qui existe encore aux archives de la commune d'Escousseins. Jacques d'Estève, sieur de Breisses; Jean-François, sieur de Jancely, et Mathieu d'Estève, conseiller du roi, juge de Verdale, habitant d'Escousseins, étaient fils de N... d'Estève vivant en 1630, et neveux de Gabriel dont la généalogie qui va suivre a été dressée à l'aide d'un contrat de mariage du 13 fév. 1662, reçu par Bournhonnet, notaire à Servian ; des actes de mariage plus bas mentionnés; de trois reconnaissances féodales des 15 juin 1738, 11 juin 1746, 3 déc. 1787 ; d'un rapport d'expert du 16 janv. 1780 ; d'un acte de vente du 24 août 1781, et d'un acte de notoriété publique dressé le 8 fév. 1848 à Servian dont M⁰ Potier, notaire à Paris, a délivré expédition le 12 mars, enregistré à Paris le 16 mars 1859.

I. Gabriel d'Estève, du lieu d'Escousseins, près Lavaur, ép. Marguerite de Messec, dont il eut :

II. Bertrand d'Estève, sieur de Féneirolles, docteur en droit, avocat au parlement de Toulouse, ép. le 13 fév. 1662, à Servian, Marie de Rivière, dont il eut :

III. Jean-François d'Estève, chev. de Saint-Louis, lieut. dans le régt de Poitou, maire de Servian, ép. le 22 avril 1720 Marie-Thérèse de Mas de Coussat, dame de la Valette, dont il eut : 1. Barthélemy qui suit ; 2. Guillaume, chev. de Saint-Louis 1776, capit. dans le régt provincial de Montpellier ; 3. et Marie, alliée le 22 mai 1706 à Simon Conneau, consul de Servian, trisaïeul de M. Conneau, premier médecin de l'empereur, commandeur de la Lég. d'honneur.

IV. Barthélemy d'Estève, tenant la Sgrie directe de Servian, lieut. des grenadiers royaux 1762, ép. le 25 nov. 1767 Marie-Anne-Magdeleine de Belleville, dame des Feuillants, qui lui apporta en dot le fief de Pradel, hommagé en 1774 au prince de Conti, Sgr de Servian ; il eut de son mariage : 1. Barthélemy, maire de Servian, démissionnaire en 1830, mort sans postérité ; 2. Catherine, mariée le 27 sept. 1790 à Jean-Gabriel Guinard, de Pomerols ; 3. Pierre-Aphrodise-Louis, chevalier d'Estève, capit. comm. le 6ᵉ chasseurs à cheval, chev. de la Lég. d'honn. et de plusieurs ordres, tué à Waterloo ; 4. Joseph-Thomas-Casimir qui suit ; 5. Paul-Étienne-Pierre, qui a fait la Br. B.

V. Joseph-Thomas-Casimir-Louis d'Estève de Pradel, ép. le 11 avril 1809 Marie-Joséphine-Élisabeth de Moyria, dont il eut : 1. Adelbert qui suit ; 2. Hector ; 3. Isabelle.

VI. Adelbert-François-Barthélemy d'Estève de Pradel, ancien officier au service du Piémont, membre adjoint de la commission de répartition de la ville de Paris.

« M. d'Estève de Pradel fit toute la campagne de 1848 et 1849 jusqu'à la capitulation de Novare. Il eut l'honneur de défendre Verceil au moment où les Autrichiens l'envahissaient le 23 mars 1849 ; ils n'y entrèrent pas et M. d'Estève de Pradel, seul officier, les en empêcha. » — Lettre du 15 avril 1849 du gouverneur de Verceil, général Bataillard, écrite du commandement militaire, n° 225. — V. le *Guide ami du soldat*, par l'abbé Raymond ; Paris, Dumaine, librairie militaire, 1860, p. 473.

Br. B. V. Pierre-Paul-Étienne d'Estève du Verger, décédé à Servian le 5 mai 1852, ép. le 21 oct. 1811 Anne Ponsonnailles, dont il eut : 1. Paul, abbé d'Estève, chanoine de l'Église de Montpellier, curé de Castries; 2. Alphonse, résidant à Servian.

860. ROSSEL DE CERCY ET DE TANNOY.

D'azur à trois tortues d'or. DEVISE : *Festina lente.*

Cette maison est connue dans le Languedoc depuis Géraud Rossel qui signa comme témoin, le 3 des ides d'octobre 1231, un accord fait par Raymond VII, comte de Toulouse, et Raymond, abbé de Gaillac; établie plus tard en Picardie, elle serait revenue en Vivarais, puis dans le bas Languedoc en 1440, et y aurait formé souche des Rossel de Fontarèches, maintenus, comme on l'a vu plus haut, par jugement de M. de Bezons, t. I. p. 447, et des Rossel de Cercy et de Tannoy, dont nous reproduisons la généalogie d'après Lachesnaye des Bois, XII, 331.

I. Adolphe de Rossel, écuyer, prit part en 1423 à la défense du fort Saint-Michel en Normandie contre les Anglais, où ses armoiries furent peintes, avec son nom, sur une des murailles de la chapelle de l'abbaye; il eut pour fils :

II. Philippe de Rossel, écuyer, que la guerre amena en Languedoc, où il servit sous les ordres des Sgrs de Tournon et de Joyeuse. Le vicomte de Joyeuse, voulant le fixer près de lui comme officier de distinction, lui fit donation le 11 avril 1445 d'une maison à Joyeuse, où il s'établit, et ép. le 23 janvier 1459 Louise de Serres, fille d'Antoine, écuyer, et de Marguerite d'Orne, dont il eut :

III. Jehan de Rossel, servit en Piémont sous les ordres du chevalier d'Ambres, commandant la légion de Languedoc; il ép. Françoise Besset, dont il eut, entre autres enfants : 1. Jacques qui suit : 2. et Michel, qui peut être l'auteur de la branche, maintenue par M. de Bezons en 1668.

IV. Jacques de Rossel, fit la guerre en Italie avec son père, testa dans la ville d'Uzès le 15 avril 1568; il avait ép. dans cette même ville le 12 juin 1547 Étiennette de Maméjan, dont il eut plusieurs enfants, entre autres : 1. Jacques, écuyer, bailli en la comté de Crussol, ép. Claude, petite-fille de Michel, auteur de la branche rapportée dans d'Aubaïs; 2. Pierre, Sgr de Cercy, qui alla se fixer en Bourgogne, où sa postérité s'est éteinte de nos jours dans la personne du chevalier de Rossel, contre-amiral, membre du bureau des longitudes, auteur de la relation du voyage de d'Entrecasteaux à la recherche de La Peyrouse, expédition dans laquelle il avait un commandement. Un frère du contre-amiral fut massacré à Quiberon, où il commandait un corps de gentilshommes royalistes.

861. SALOMON DE LACHAPELLE.

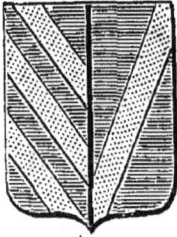

D'azur parti par un trait de sable, au 1 à trois bandes d'or, au 2 à une barre d'or.

Jean Salomon, maître rational, juge-mage de Provence sous Louis III d'Anjou, comte de Provence, est le premier, dit le président Maynier, dont j'ai vu les mémoires; Jean de Salomon, descendu de père en fils du maître rational, fut pourvu d'un office de conseiller au parlement, massacré à Aix par les factieux du parti de la Ligue pour son zèle à son roi Henri III. Sa maison pillée, sa veuve et ses enfants fuyant une ville infortunée pour eux se retirèrent à Marseille. Germain de Salomon, fils de Jean, ce malheureux massacré, fut grand jurisconsulte, disposé pour remplir l'office de son père, fut élu plusieurs fois assesseur de Marseille. Pierre de Salomon, fils de Germain, fut élu premier consul par diverses élections. Vincent et Pierre de Salomon, ses petits-fils et arrière-petits-fils, sont les chefs de leur maison. Ils portent : d'azur parti à un trait de sable, au premier à trois bandes d'or, au deuxième à une contre-bande de même. (MAYNIER, 2ᵉ p., 109.)

Vers le milieu du XVIIᵉ siècle, nous trouvons en Vivarais une famille de Salomon qualifiée noble dans une série d'actes et de commissions militaires qui ont passé sous nos yeux et dont l'inventaire dressé par Mᵉ Duchamp, notaire à Lyon, le 17 mai 1859, nous a servi à établir la filiation qui va suivre.

I. Lancelot de Salomon, né vers 1650, capitaine au régt de Louvigny, assista au siége de Mons, de Chivas, à la bataille de Fleurus 1690, et fut blessé au siége de Bonn; il se retira le 4 sept. 1709 après trente et un ans de services; il fut père de

II. Pierre-Antoine de Salomon de Lachapelle, capit. d'infanterie au régt de Bourbonnais, mort à Gluiras (Ardèche) le 5 fév. 1773, av. ép. vers 1729 Marie-Élisabeth de Lermet, dont il eut : 1. Jean-Pierre de Salomon, avocat au parlement, juge général des Boutières; 2. André, sieur du Vivier; 3. Matthieu qui suit; 4. Marie; 5. Magdeleine.

III. Matthieu de Salomon de Lachapelle, écuyer, ainsi nommé et qualifié dans toutes les commissions militaires et dans son contrat de mariage, aide de camp d'Alphonse de Portalès, comte de Lachèze, lieutenant général des armées du roi pendant les campagnes de 1759-60-61-62; sous-lieutenant au régt de Bretagne 1763; lieutenant en 1769; capitaine; capitaine-commandant le 24 juill. 1782, assista aux siéges de Mahon et de Gibraltar 1781-1782, chevalier de Saint-Louis 31 mai 1783, bailli d'épée et capitaine châtelain des baronies de Chalancon et la Tourrette le 12 déc. 1787; il avait ép. le 9 juill. 1784 Marie-Élisabeth-Jeanne de Perrin de Bonadona, dont il eut : 1. Louis-Frédéric qui suit; 2. Eugénie-Hélène-Rosalie, mariée le 11 mars 1811 à N... de Valleton.

IV. Louis-Frédéric Lancelot de Salomon de Lachapelle, né le

20janv. 1786, maire de la commune de Gluiras, ép. le 7 mars 1809 Éléonore Esclozas du Parquet, dont : 1. Léopold, prêtre ; 2. Amédée qui suit ; 3. Delphine ; 4. Alfred ; 5. Sarah.

V. Marie-Antoine-Amédée de Salomon de Lachapelle , juge de paix à Lyon, ép. le 29 août 1850 Marie Lenoble dont : 1. Marie-Alice-Bathilde ; 2. Marie-Joseph-Charles-Léopold.

ADDITIONS ET CORRECTIONS.

24. APCHIER.

(T. I, p. 21.)

Page 21, ligne 23. Françoise d'Apchier, alliée le |19 avril 1563 à Jacques de Jacquet, *ajoutez :* Sgr de Coppia, de Cord et d'Alleret, qui était mort le 2 juin 1587, lorsque sa veuve passa quittance de sa dot à son frère Jacques. Elle fit encore un autre acte comme veuve le 1er sept. 1613. (P. Anselme, III, 824.)

28. ARNAIL, *alias* ARNAL.

(T. I, p. 24-25.)

D'or au noyer de sinople, au chef d'azur chargé de trois étoiles d'argent. La famille d'Arnal, originaire du Gévaudan, fixée depuis dans le diocèse d'Alais, à Valleraugue, était représentée, à la fin du dernier siècle, par trois frères, Jean, Étienne et Maurice, qui avaient pour aïeul Jean d'Arnal, sieur de la Beaumelle, maintenu dans sa noblesse par arrêt du conseil d'État du 21 octobre 1730, enregistré à la cour des comptes, aides et finances de Montpellier le 5 juillet 1732. Jean était le représentant d'une branche séparée depuis 1527 de celle qui fut maintenue par M. de Bezons. (Waroquier, *Tableau généal.*, V, 25-31.)

I. Jean d'Arnal, sieur de la Beaumelle, ép. le 29 mai 1692 Judith Refreger et fut maintenu dans sa noblesse par arrêt du conseil d'État du 21 oct. 1730, enregistré à la cour des comptes, aides et finances de Montpellier le 5 juillet 1732; il eut de son mariage : 1. Jean qui suit; 2. Maurice, sieur de Saint-Maurice, lieut. au régt de dragons de la reine, marié à Marguerite Finiel, dont : Jean Étienne et Maurice, nés à Valleraugue (*Voy.* le t. I, p. 24 et 25); 3. Jacques; 4. François, dont la postérité s'établit dans le Lyonnais.

II. Jean d'Arnal, ép. Marguerite-Pétronille de Boucaumont,

dont il eut : 1. Louis-Charles, dont la postérité s'est éteinte à la deuxième génération ; 2. et

III. Jacques d'Arnal, ép. le 29 mai 1769 Élisabeth Salles, de Ganges, dont il eut :

IV. Barthélemy-Étienne d'Arnal, né à Ganges le 13 avril 1774, ép. Anne Bessède, et il en eut : 1. Charles qui suit ; 2. Pascal qui a fait la Br. B.

V. Charles d'Arnal, ép. Jeanne-Élise Daudé, des Pauzes, dont : 1. Louise-Élise-Thélasie, mariée le 26 juill. 1859 à Charles Martin ; 2. Anne-Adelina.

Br. B. V. Pascal d'Arnal, ép. Rosalie Valette, dont : 1. Dieudonné ; 2. Léonce ; 3. Honoré.

54. BANNE D'AVÉJAN.

(T. I, p. 46.)

La branche aînée de cette maison, qui eut des lettres patentes de marquisat en 1736, données en faveur de Louis de Banne, lieutenant général, s'est éteinte en 1767........ (T. I, p. 47, lignes 26-27-28.) ......La baronie d'Avéjan passa à Pierre de Banne, Sgr de Montgros, nommé le marquis de Banne... (*Id.*, lignes 37-38. *Ajoutez :*

« Les terres d'Avéjan et de Ferrayroles, unies et incorporées en une seule et même terre et seigneurie, au titre de baronie avec droit d'entrée aux états généraux de Languedoc, par lettres patentes du mois d'octobre 1732, furent érigées en marquisat sous la dénomination d'Avéjan, en faveur de Louis de Banne d'Avéjan et ses enfants, postérité et descendants mâles, seigneurs et propriétaires de ladite terre, par lettres patentes d'avril 1736, enregistrées en la cour des comptes, aides et finances de Montpellier le 8 avril 1737, au parlement de Toulouse le 30 avril 1736, au bureau des finances de Montpellier le 12 avril 1737. » (*Extr. des lettres patentes.*)

« Louis de Banne, marquis d'Avéjan, baron des états de Languedoc, capit.-lieut. de la première compagnie des mousquetaires de la garde de Sa Majesté en 1729, mourut lieutenant général des armées du roi en 1738, laissant deux enfants : 1. Philippe-Anne de Banne, marquis d'Avéjan, baron de Ferrayroles, Sgr de la Nuéjol, né le 14 mars 1719, fut fait enseigne de la première compagnie des mousquetaires de la garde du roi le 24 mai 1738, et mourut le 5 mai 1741 ; 2. Catherine-Auguste de Banne d'Avéjan, baronne des états de Languedoc et marquise de Sandricourt, modèle précieux de piété et de charité, était si attachée à l'État et à la gloire de son nom qu'elle légua tous ses biens à celui de MM. de Banne qui serait au service, et mourut en 1767 en son château de Sandricourt.

« Ce legs fut recueilli par Pierre de Banne, Sgr de Montgros et de Lignemaille, qui servait dans la première compagnie des mousquetaires, blessé au siége de Philisbourg, capitaine de cavalerie, depuis marquis d'Avéjan, baron des états de Languedoc. » (*Certificat délivré par d'Hozier de Sérigny le 6 août 1788.*)

P. 48, lig. 11 : X. Charles de Banne, Sgr de Montgros et de Lignemaille, ép. en secondes noces le 23 fév. 1707 Marie-Anne Fraissines, dont il eut plusieurs enfants, entre autres, *ajoutez :* Marguerite, mariée le 5 juin 1749 à Jean d'Anglas, écuyer, capit. au régt de l'Isle-de-France, chev. de Saint-Louis du 10 juillet 1751, fils de Antoine d'Anglas, capit. au régt de Touraine, et de Claudine Colombier.

P. 48, lig. 22 : 2. Marie de Banne, *lisez :* Marie-Françoise-Charlotte de Banne, mariée le 21 floréal de l'an II à Louis-Suzanne d'Anglas, né à Massillargues le 21 déc. 1754, sous-lieut. au régt. de Guienne 1772, chev. de Saint-Louis le 25 mai 1791, colonel le 8 mars 1793, fils de Jean d'Anglas et de Marguerite de Banne.

640. BARBEYRAC DE SAINT-MAURICE.

(T. II, p. 66.)

I. Jean de Barbeyrac, gouverneur de Viens, 1590, était capit. des gardes du maréchal Damville.

. . . .

V. Antoine de Barbeyrac, Sgr de Saint-Maurice, président-trésorier de France en la généralité de Montpellier, ép. le 10 fév. 1719 Gabrielle de Benoist de la Prunarède, et il en eut :

1. Antoine, qui a fait la branche des marquis de Saint-Maurice, à Montpellier;

2. Charles, Sgr de Sauvigné, en Angoumois, capit. au régt de Brissac, chev. de Saint-Louis, marié à Pauline de Beauchamp, dont la postérité subsiste;

3. François, Sgr de Terrefort et de Fougères, en Saintonge, capit. dans le régt de Brissac, marié à N... de Bonnemie, dont la postérité subsiste;

4. Antoine, capit. au régt de Flandres, chev. de Saint-Louis, mort sans alliance ;

5. Gabrielle, morte religieuse à Montpellier.

61. BARRAL D'ARÈNES.

(T. I, p. 56.)

Page 55, ligne 34. Le marquis de Barral d'Arènes épousa le 26 juin 1826 Jeanne-Clémentine Maurin, *lisez :* Maurin de Brignac. (V: la *Notice sur la famille Maurin de Brignac*, t. II, p. 247.)

65. BEAUXHOSTES.

(T. I, p. 59-61.)

La famille de Beauxhostes, d'après tous les anciens manuscrits Beaullxhostes (*Bellaxhostes*) a, comme son nom l'indique, une origine guerrière, dont l'histoire la plus reculée nous est inconnue. C'est par une erreur de rédaction que M. du Mége attribue l'origine de sa noblesse au fait glorieux qui ne fut que l'origine des armoiries héréditaires de cette maison. Les succès du roi Henri III d'Angleterre contre les barons réformistes, obligèrent Jean de Beauxhostes à s'expatrier, et nous avons dit qu'il reçut pour armes, du roi Philippe-le-Bel, *deux mains jointes surmontées d'une couronne royale.* Ces armes se trouvent reproduites sur une pierre tumulaire, avec inscription, trouvée sur les atterrissements de la rivière de l'Aude, dans une chapelle de la commune de Fleury, près Narbonne, où elle est conservée et porte le millésime de 1621. Pourquoi postérieurement ces armoiries furent-elles enregistrées avec la substitution d'une couronne de comte à la couronne royale antique ? Cette couronne royale causa-t-elle de l'ombrage, aux intendants ? ou bien la famille crut-elle que la couronne de comte fixait mieux la position de la maison ? La première hypothèse nous semble mieux fondée.

A la fin du XIIIe siècle Jean de Beauxhostes acheta la baronie de Pignan, près Montpellier, que ses descendants ont possédée en tout ou en partie jusqu'au commencement du XVIe siècle. Plusieurs de ses membres moururent sur les champs de bataille, et dans la branche d'Agel, puînée des barons de Pignan, on remarque :

1° Simon, qui cumulait les fonctions de président au présidial de Béziers et de président en la cour des aides. Il figure dans toutes les assemblées parmi les principaux citoyens de Montpellier qui cherchaient à terminer la guerre civile en 1562, 1573-1574. (D'Aigrefeuille et le Thalamus de Montpellier.)

2° Jean, premier président en la chambre des comptes, chevalier, conseiller d'État au conseil privé, membre de l'assemblée des notables à Rouen le 4 novembre 1596 (*Hist. de Lang.*), acquit la baronie de Fabrezan des commissaires du roi le 22 juin 1595. (*Voir* l'arrêt du conseil privé du roi le 26 août 1732 contre Marie d'Augier, dame de la Brosse). Son zèle fervent pour la religion catholique attira à ses dépouilles mortelles l'honneur d'être exhumées du tombeau et traînées dans les rues de Montpellier par les protestants. (D'Aigrefeuille., t. Ier, p. 364.)

3° Pierre Ier fut aussi premier président, chevalier, conseiller d'État au conseil privé. Il eut l'avantage, à la suite du siége de Montpellier en 1622, de recevoir le roi Louis XIII dans son hôtel de Montpellier, près la porte de Lattes. Il s'opposa constamment à la réunion de la chambre des comptes et cour des aides, et osa même lutter contre la volonté toute-puissante de Richelieu en 1629. (D'Aigref., p. 380, 605, 606, 607.)

4° Pierre II, qui, à raison du procès Fouquet, est signalé dans un document existant à la bibliothèque de Béziers comme un des magistrats les plus intègres et les plus incorruptibles de la province.

Dans la deuxième branche d'Aiguesvives, mentionnons Pierre de Beauxhostes, seigneur d'Aiguesvives, qui, en oct. 1583, défendit avec succès le château d'Aiguesvives contre les partisans de Joyeuse. (Marquis d'Aubaïs, t. II, *Journal de Charbonneau*, p. 4, lig. 5.)

Page 60, ligne 7, *au lieu de* : Louis de Beauxhostes, Sgr de Pardailhan (qui n'a jamais fait partie de la cour des aides, et qui n'était que le quatrième des cinq fils de Pierre Ier et de Françoise de Valernod), *mettez :* Pierre de Beauxhostes, Sgr d'Agel et de Cuczac, etc., différent de Pierre de Beauxhostes, Sgr de la Tour, mort sans postérité en 1663, et son frère puîné.

Page 61, ligne 3, *au lieu de dire :* Joseph-Hyacinthe-Eugène de Beauxhostes ép. le 12 nov. 1857, *il fallait dire :* épousa le 12 mai 1857.

73. BENOIST DE LA PRUNARÈDE.

(T. I, p. 68-70.)

Page 69. Br. B. VI, ligne 4: Henri de Benoist de la Prunarède, capit. de dragons, chev. de Saint-Louis, lieut. de roi en Languedoc, gouverneur de Lodève 1786, *fut depuis* lieutenant-colonel; il ép. Marie Évesque, dont il eut une fille, Marthe-Henriette, mariée le 18 janv. 1777 à Jean-François de Peyrot, baron de Brousse.

Henri de Benoist de la Prunarède est qualifié *marquis* dans plusieurs actes de la paroisse de Fozières et de Lavalette déposés au greffe du tribunal civil de Lodève, et notamment des 19 août 1782 et 26 janv. 1784; il avait pris antérieurement cette qualification dans deux actes personnels des 18 janv. 1777 et 6 nov. 1779.

668. BONNAVENT DE BEAUMEVIELLE.

(T. II, p. 93.)

La communication des preuves faites devant d'Hozier de Sérigny par trois membres de la famille de Beaumevielle en 1784, 1787 et 1788, nous permet de compléter les détails généalogiques donnés à la page 93 de ce second volume.

Écartelé au 1 et 4 de sable au lion rampant d'argent; au 2 et 3 de sinoplé au trèfle d'or.

Le nom patronymique de cette famille s'est écrit à différentes époques Bonnavenc, Bonnaveine, Bonnavent.

Pierre de Bonnaveine, *alias* de Bonnavent, premier auteur connu de cette famille, était originaire de Languedoc. Il avait été obligé d'abandonner ladite province pour s'aller habituer en celle d'Auvergne. Ses biens et papiers avaient été détruits par la puissance de ses ennemis; il s'était donné tout entier pendant cinquante ans au service de la couronne, pour laquelle il avait souvent exposé sa vie. Henri IV, qui l'honora de plusieurs lettres dans les termes dont il se servait pour les gentilshommes les plus qualifiés, lui confia le commandement de ses compagnies d'infanterie et de cavalerie, le nomma prévôt général d'Auvergne et plus tard prévôt par tout le royaume. (*Extr. de l'arrêt du conseil du* 10 *mai* 1667, *et des Preuves faites devant d'Hozier le* 13 *mai* 1784. *Bibl. impér. Mss.*)

I. Pierre de Bonnaveine, écuyer, Sgr de Beaumevielle, gouv. du château de Billy, 1597, capit. de volontaires pendant la guerre de la Ligue, grand prevôt d'Auvergne, et plus tard prévôt par tout le royaume, ép. à Issoire le 20 déc. 1596 Claude de Chaverlanges, dont il eut : 1. Jean, Sgr d'Ambur, de Chapdes, etc.; reçu en survivance de la charge de prévôt général d'Auvergne, maître d'hôtel du roi en 1651; 2. Gilbert, lieut. au régt de Normandie, tué au siége d'Alexandrie en 1657; 3. et

II. Pierre de Bonnaveine, *alias* de Bonnavent de Beaumevielle-d'Ambur, écuyer, Sgr de Barutet, de Villemouze de la Rochebriant, lieut. de robe courte en la Marche et Combrailles, ép. Jeanne de Monicat, et fut maintenu avec son frère en la qualité d'écuyer par arrêt du conseil d'État du roi du 10 mai 1667, où il est dit que «Sa Majesté ordonne qu'ils seroient inscrits dans l'état des gentilshommes qui seroit arrêté au conseil et envoyé dans la sénéchaussée et élection de Riom, nonobstant la révocation des lettres d'anoblissement du mois de mars 1638, portée par l'édit de 1664, dont Sa Majesté les a exceptés et excepte. » Il eut pour fils

III. Gaspard de Bonnavent de Beaumevielle-d'Ambur, premier avocat général au bureau des finances de Montpellier, intendant des gabelles du Languedoc, ép. le 17 août 1686 Marguerite de Solignac, alors veuve, dont il eut : 1. Christophe, connu en Espagne sous le nom de comte de Bonnavent, colonel de dragons, brigadier des armées de Sa Majesté catholique, vice-roi du royaume de Valence, ambassadeur du roi d'Espagne à la cour de Rome, mort sans enfants à Madrid en 1753; 2. Alexandre qui suit; 3. Henriette, mariée à François de Nattes ; 4. et Charles, qui a fait la Br. B.

IV. Alexandre de Bonnavent de Beaumevielle-d'Ambur, Sgr de Gourgas, de la Bellarie, et lieut. de cavalerie au régt de la reine, ép. le 17 avril 1736 Catherine d'Assié, dame de Gourgas, dont il eut : 1. Alexandre qui suit; 2. Pierre-François, écuyer, off. au régt Royal-Roussillon infanterie, général en chef de la force armée de Saint-Domingue 1790-1793, père de Frédéric, admis à l'école de Brienne en 1784; 3. Henriette, mariée à Henri Mazel, de la Bégude.

V. Alexandre de Bonnavent de Beaumevielle-d'Ambur, Sgr de Gourgas et de la Bellarie, fillœul du comte de Bonnavent, capit. d'inf., chev. de Saint-Louis, ép. le 13 mai 1776 Antoinette de Feneyroux, des Sgrs de Saint-Saturnin, dont il eut : 1. Alexandre qui suit ; 2. Marie-Antoine-Henri-Auguste, admis à l'École militaire en 1787.

VI. Alexandre de Bonnavent de Beaumevielle, qualifié *comte* dans un brevet délivré par Louis XVIII, capit. de grenadiers dans la compagnie de Saint-André, prit part aux siéges de Toulon et de Perpignan, ép. en 1796 Aimée de Tauriac, dont il eut : 1. Ferdinand qui suit; 2. Edmond, capit.- command. des carabiniers, chev. de la Lég. d'bonn., ép. en 1855 Juliette Daudé d'Alzon; 3. Édouard, chev. de Malte, ép. en 1840 Anne-Gibert; 4. Octavie, mariée en 1823 à Paulin Jouvent, à Toulouse; 5. Sophie, mariée en 1843 à Amédée Descuret, juge d'instruction à Millau (Aveyron).

VII. Ferdinand de Bonnavent de Beaumevielle, garde du corps du roi 1814, ép. en 1826 Pulchérie Lemoine de Margon, dont il eut : 1. Gaston qui suit; 2. Marie-Pauline-Alexandrine, mariée le 25 sept. 1855 à Adolphe Rouquet; 3. Camille-Octavie-Alexandrine-Pulchérie.

VIII. Gaston de Bonnavent de Beaumevielle, ép. le 21 sept. 1857, à Orléans, Gabrielle Groult de la Planche, dont une fille : Jeanne. — Résid. Gourgas (Hérault).

Br. B. IV. Charles de Bonnavent de Beaumevielle-d'Ambur, ép. le 10 déc. 1734 Marie-Magdeleine de Belleville de Feuillan, dont il eut :

V. Étienne-Guillaume de Bonnavent de Beaumevielle, capit.-command. au régt Royal-Roussillon infanterie, ép. le 12 oct. 1779, à Paimbeuf, noble Anne-Claude-Sophie Baudrez, dont il eut :

VI. Étienne-Charles-Arthur de Bonnavent de Beaumevielle-d'Ambur, admis à l'École militaire le 25 sept. 1788.

98. BORNIER.

(T. I, p. 93.)

Philippe de Bornier, qui ne figuré pas dans la généalogie prouvée de cette famille, devait cependant lui appartenir, et la notoriété de sa noblesse le dispensa d'en faire la preuve devant M. de Bezons, dont il était commissaire, lors de la vérification de 1668. Voici ce qu'on lit dans Moréri :

« Bornier (Philippe), né à Montpellier, en Languedoc, le 13 janv. 1634, où il mourut le 22 juillet 1711, âgé de soixante-dix-huit ans, était lieutenant particulier au présidial de cette ville, et d'une des plus anciennes familles de la robe de cette province, ayant eu parmi ses aïeux des présidents et des conseillers en cour supérieure....... Il fut encore employé par MM. de Bezons et Daguesseau dans toutes les affaires les plus importantes qui se traitèrent en Languedoc pendant qu'ils en furent intendants. » (MORÉRI, II, 89, éd. 1759.)

P. 93, l. 4, au lieu de : Louis de Bornier, lisez Simón de Bornier.

P. 93, ligne 20, Br. B. III, *au lieu de :* Jean de Bornier, sieur de Ribalte, vicomte d'Héran, *lisez :* Jean de Bornier, sieur de Ribalte, maintenu dans sa noblesse, etc.

P. 94, lig. 14 : 3. et Charles, *ajoutez :* ép. Joséphine de la Tour.

717. BOSC.
(T. II, p. 157.)

Page 159, lignes 6 et 7 : Henri-Claude-Louis de Bosc et Clément-Henri-Casimir de Bosc, son frère, firent devant d'Hozier de Sérigny, le 13 déc. 1780, des preuves de noblesse de quatre degrés pour entrer à l'École militaire. (*Expéd. délivrée par d'Hozier de Sérigny, contre-signée par Duplessis.*)

Henri-Claude-Louis de Bosc est mort sans alliance capit. de cavalerie.

122. CADOLLE.
(T. I, p. 112.)

Page 113, ligne 1. La branche établie en Languedoc quitta le Rouergue vers 1520, *lisez :* vers 1250.

Guibert de Cadolle, établi à Lunel, ép. en 1280 Marguerite de Langlade et continua la postérité encore représentée de nos jours. (BARRAU, III, 118.)

123. CAILAR, *alias* QUEILAR
ET CAILAR D'ANGLAS.
(T. I, p. 114.)

I. Pierre du Cailar des Baux ép. le 5 août 1380 Guillelme Cambone, dont il eut : 1. Hugues qui suit : 2. Jean, qui a fait les branches rapportées.

II. Hugues du Cailar, ép. le 14 janv. 1408 Guillaumette d'Anglas, dont il eut : 1. Bertrand qui suit ; 2. Raimond.

III. Bertrand du Cailar, Sgr d'Anglas, ép. le 31 mars 1436 Guillelme de Sanguinède, *alias* Sanguin, dont il eut :

IV. Bertrand du Cailar, Sgr d'Anglas, ép. le 15 fév. 1506 Cécile d'Assas de Mourmoirac, dont il eut :

V. Pierre du Cailar, Sgr d'Anglas, ép. Antoinette Serre d'Anglas, qui testa le 6 déc. 1567, dont il eut :

VI. Guidon du Cailar, de la maison d'Anglas, demeurant à Brissac, ép. le 25 sept. 1570 Catherine de Voisin, dont il eut : 1. Pierre qui suit ; 2. Jean ; 3. Guidon ; 4. Louise, mariée à Jacques Lèques ; 5. Françoise, mariée à Antoine Cournus, de Coupiac ; 6. Anne, mariée à Pierre Finiels de la Bruguière ; 7. Jeanne. (*Testament de Guidon du Cailar, reçu le 29 sept. 1605 par Redier, notaire à Ganges ; expédition délivrée le 7 mars 1860 par Louis Mauche, notaire à Tarascon.*)

VII. Pierre du Cailar, de la maison d'Anglas, ép. 1° le 24 mai 1609 Thomasse de la Valette ; 2° en juin 1618 Françoise de Talamandier. Il eut entre autres enfants :

VIII. Guidon du Cailar, Sgr d'Anglas, qui fut maintenu dans sa noblesse, avec son fils Pierre, Sgr de Lascours, par jugement souverain du 20 déc. 1668, ép. le 4 fév. 1633 Marie de Combes, dont il eut Pierre.

(*Additions communiquées par M. Louis d'Anglas de Malherbe, à Beaucaire, et conformes aux actes originaux de la maison du Cailar d'Anglas qui sont en sa possession.*).

161. CLAVIÈRES.

(T. I, p. 151.)

Page 152, ligne 30. Louise-Renée-Jeanne-Andrée de Clavières, ép. le 14 mai 1827 Fernand de Farconnet, *lisez :* ép. le 14 mai 1857.

187. DE LORT DE SÉRIGNAN.

(T. I, p. 170.)

D'azur au lion d'or soutenant de la patte dextre une étoile d'argent. DEVISE : *Fortitudo vir-tute superatur.*

Page 171, lignes 38-40, *ajoutez :*

IX. Jacques-Joseph-François-Aphrodise-Maurice de Lort-Séri-gnan, né le 5 mai 1752 à Pézénas, marquis de Lort-Sérignan, fils de Pierre, marquis de Lort-Sérignan, Sgr de Farlet, chev. de Saint-Louis, ancien off. des galères du roi, admis aux honneurs de la cour en 1773, et de Catherine d'Icard, *alias* Dechear, capit. des vais-seaux du roi, chev. de Saint-Louis, ép. 1° Louise Bonnardo Mangardo de Roburento, dont il eut : 1. Amédée qui suit ; 2. Arthur, qui a fait la Br. B. ; 3. Adolphe ; 2° Marie-Jeanne-Claudine Prevert, dont il eut : 4. Prosper, marié à Bourbon, père de Rose, de Pros-per et de Louise ; 5. Émile, marié à Bourbon, père d'un fils, Émile, et d'une fille, Émilie ; 6. Céleste, mariée à Louis Hibon, dont deux fils ; 7. Augustin-Amédée-Camille, qui a fait la Br. C. ; 8. Camille, mariée en Angleterre à N... Grimn, dont un fils, N..., Louise, Marie, et Édouard.

X. Amédée de Lort-Sérignan, marquis de Lort-Sérignan, né le 23 janvier 1790 à la Réunion, ép. Élisabeth Ricquebourg-Dupla-cier, dont il eut :

XI. Joseph-Amédée de Lort-Sérignan, marquis de Lort-Sérignan, ép. le 22 sept. 1857 à Orléans Marie-Thérèse-Amicie Groult de la Planche ; dont : Caroline-Albine-Marie-Antoinette. — Résid. Or-léans (Loiret).

Br. B. X. Arthur de Lort-Sérignan, comte de Lort-Sérignan, né à l'île Bourbon, anc. capit. de hussards de la garde royale, chev. de Saint-Louis, off. de la Lég. d'honn., ép. Joséphine de Chaulnes, dont il n'eut pas d'enfants. — Résid. Paris et le château de Bouville (Seine-Inférieure).

Br. C. X. Augustin-Amédée-Camille de Lort-Sérignan, né à Bourbon le 28 avril 1813, mort à Montpellier, ép. le 14 mai 1838, à Montpellier, Marie-Joseph-Eugénie Bouché, dont il eut: 1. Marie-Eugénie-Augustine-Clotilde, née le 13 janv. 1840, mariée le 8 sept. 1858 à Pierre-François-Henri-Adhémar d'Orient de Bellegarde, dont une fille, Marie-Jeanne-Eugénie-Germaine, née le 26 déc. 1859; 2. Marie-Auguste-Célestin-Guillaume, né le 3 fév. 1850. — Résid., Montpellier (Hérault).

677. FARCONNET.
(T. II, p. 106.)

Page 106, avant-dernière ligne : Fernand de Farconnet, ép. Andrée de Clavières, dont : 1. Henri; 2. Marie-Rodolphe, *lisez :* dont : 1. Henri-Marie-Rodolphe.

727. FORTON.
(T. II, p. 170.)

Un état de pièces, titres et actes dressé le 1er juin 1860 par Me Bort, notaire à Montpellier, nous permet de compléter la généalogie de cette famille donnée plus haut, p. 170.

D'azur à deux colonnes d'argent. DEVISE : *Fidelitas et justitia.* La famille de Forton, qui a pris part aux assemblées de la noblesse convoquées à Nimes en 1788 et 1789, a été honorée de lettres patentes de *marquis*, le 8 mars 1817, enregistrées à la cour royale de Montpellier le 20 mars 1817, conférées par Louis XVIII à Jean-Antoine de Forton, premier président à ladite cour. Ce titre était transmissible « à sa descendance directe de mâle en mâle par ordre de primogéniture.... en considération de sa fidélité, de son dévouement et en récompense de ses honorables services et de ceux de ses ancêtres, étant issu d'une ancienne famille noble. »

Le premier auteur connu de cette famille est noble Jean de Forton, commissaire député par le roi pour faire reconnaître les emphythéotes de Sa Majesté à Beaucaire le 10 mai 1476. Sa filiation authentique et suivie est établie depuis

I. Gérard de Forton, écuyer, ép. le 21 sept. 1495 à Beaucaire, Jeanne de las Albénes (de Albenis), avec le consentement de vénérable et religieux homme messire Jean de Forton, oncle du futur; il eut de son mariage : 1. Pierre qui suit; 2. Jeanne, mariée à Jean Revergier.

II. Pierre de Forton, ép. Jeanne de Rocquesi, *alias* Roque de Clausonnette, dont il eut :

III. Jean de Forton, ép. Magdeleine de Juilhen, dont il eut :

IV. Antoine de Forton, ép. le 13 oct. 1619 Anne de Roys de Lédignan, fille de Pierre et de Louise de Léotaud, dont il eut : 1. Pierre qui suit. — Jean-Louis de Forton, juge mage en la séné-chaussée de Beaucaire et de Nîmes en 1697, devait être fils ou petit-fils d'Antoine.

V. Pierre de Forton, ép. Louise de Rouveyrié de Cabrières, dont il eut :

VI. Claude de Forton, ép. le 19 nov. 1726 Marie de Virgile, veuve de Jean de Narbonne-Pelet, dont il eut :

VII. Jean-Louis de Forton, ép. Marie de Virgile, dont il eut :

VIII. Jean-Antoine de Forton, chevalier, président à la cour des comptes de Montpellier, chev. de Saint-Louis et de la Lég. d'honn., président à la cour royale de Montpellier, honoré de lettres patentes de *marquis* le 8 mars 1817, avait ép. le 24 oct. 1786 Henriette de Fabre de Montvaillant, dont il eut : 1. Maurice-Marie qui suit; 2. Agathe-Isidore, qui a fait la Br. B.; 3. Clémentine, mariée au marquis de Guibert de la Rostide; 4. Henriette, mariée le 24 nov. 1818 à Sébastien-Prosper de Fesquet, fils de Sébastien de Fesquet, ancien mousquetaire du roi, et de Marie-Joséphine de Maurin de Brignac.

IX. Maurice-Marie de Forton, marquis de Forton, ép. Césarie de Mayran de Lagoy, dont il eut : 1. Henri qui suit; 2. Albertine, mariée à N... de Fontmichel; 3. Clémentine, mariée à N... de Rocher; 4. Louis, marié à Mathilde de Guibert, sa cousine.

X. Henri de Forton, marquis de Forton, maréchal de camp, 1853, commandeur de la Légion d'honneur.

Br. B. IX. Agathe-Isidore de Forton, comte de Forton, ép. Zélia Durand, dont il a : 1. Gabrielle, marié à Léon de Rivière; 2. René; 3. Amélie, décédée, mariée à Adrien de Miribel; 4. Marguerite; 5. Thérèse, mariée à Léon Claret-de Fleurieu. — Résidence, Montpellier (Hérault).

246. GABRIAC (CADOINE DE).

(T. I, p. 226.)

Guillaume de Cadouene ou de Cadoine, suivit en 1269 saint Louis dans sa seconde croisade; ses armes sont à Versailles dans la salle des Croisades. — DEVISE : *Nescit pericula virtus.*

257. GINESTOUS.

(T. I, p. 227.)

Des documents nouveaux communiqués par les chefs des deux branches de la famille de Ginestous, de Montpellier et du Vigan, nous permettent de compléter la notice généalogique publiée au t. I, p. 227-231.

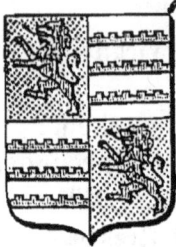

Écartelé au 1 et 4 d'or au lion rampant de gueule armé et lampassé de sable, qui est de Ginestous; au 2 et 3 d'argent à trois fasces crénelées de cinq pièces de gueule, qui est de Montdardier. DEVISES : *Nec vi nec metu; Stabit atque florebit.*

La maison de Ginestous est originaire du château de Galand, entre Sumène et Saint-Roman, dans les basses Cévennes, où elle a possédé très-anciennement la seigneurie du château de Galand et d'autres seigneuries importantes. Hugues de Ginestous fit, avec d'autres seigneurs, une reconnaissance à Roger, vicomte de Béziers, le 11 des calendes de septembre 1181, avec serment de fidélité et promesse de le suivre dans toutes les guerres qu'il aurait à soutenir contre le comte de Toulouse. (*Hist. de Lang.*, III, 151.) Les preuves faites devant M. de Bezons donnent à cette maison une filiation suivie depuis 1215; les preuves des états de Languedoc faites par François-Armand, baron de la Liquisse, et les preuves de cour faites par Jean-François, comte de Ginestous, du Vigan, en remontent la filiation non interrompue à 1181. (*Proc. verb. des états de Languedoc*, 1780. — *Preuves de cour*, 1781, *Bibl. imp. mss.*)

Deux branches de cette maison, celle du Vigan et de Montolieu, ont été honorées de lettres patentes de marquisat au nom de Ginestous, qui seront mentionnées au degré qu'elles concernent. Il est dit dans ces lettres que l'érection en marquisat a eu lieu « en considération de l'an- « cienneté de la famille, une des plus qualifiées de la province de Languedoc, dont quelques- « uns ont été barons des états, et des services qu'elles nous a rendus et aux rois nos prédéces- « seurs. »

Le *marquis* et le *comte* de Ginestous prirent part aux assemblées de la noblesse de la séné- chaussée de Montpellier en 1789.

258. GINESTOUS.

(T. I, p. 228.)

P. 229, lig. 20 : Marie de Ginestous, marquise de Ginestous, avait institué héritier de ses biens et de son titre le comte de Gan- ges, mort sans descendants mâles. Cette succession passa dans la branche du marquis de Ginestous de Gravières, son plus proche parent; *ajoutez :* par une donation de Mesdames les abbesses de Ganges, sœurs du comte de Ganges, et par le mariage d'Amélie- Marie-Louise-Josèphe-Dorothée de Ginestous, fille du comte Jean- François de Ginestous, qui ép. le 1er prairial an XII (21 mai 1804), au Vigan, le comte Charles-Marie-Auguste de Vissec de Latude de Ganges. Il était cousin du marquis de Ganges, époux de Bernarde-Jeanne-Marie de Gontaut-Biron, mort sans enfants. (V. t. I, p. 314.)

259. GINESTOUS.

(T. I, p. 229.)

XII. *Au lieu de :* Pierre de Ginestous, Sgr de Saint-Maurice, terre acquise par son père de l'évêque de Lodève, le 13 oct. 1601, ép. le 10 sept. 1600 Marie de Roquefeuil, dont il eut : 1. Henri qui suit ; 2. François, qui a fait la Br. B., *lisez :*

Pierre de Ginestous, Sgr de Saint-Maurice, terre acquise par son père Pons et son oncle Jacques, frères, le 24 avril 1599, de noble Pierre d'Alby, du lieu de Ceilles près Lodève ; il ép. le 10 sept. 1600 Marie de Roquefeuil, dont il eut : 1. Henri qui suit ; 2. François, qui a fait la branche des marquis de Ginestous, du Vigan, qui sera rapportée sous le nº 259 *bis.*

. . . .

XIV. Henri de Ginestous, Sgr du Castellet, capit. au rég. de Castries 1681, maintenu dans sa noblesse, avec ses frères, par jugement souverain du 5 nov. 1668, ép. le 29 déc. 1688 Marie de Clausel, dont il eut : 1. Jean-Joseph qui suit ; 2. Marc-Antoine, off. au rég. de Condé, tué à Suffenheim en 1736.

XV. Jean-Joseph de Ginestous, Sgr de Marou et de Saint-Jean de Fos, ép. le 11 août 1722 Marianne de Jougla de Lauzière dont il eut :

XVI. François-Armand de Ginestous, baron de la Liquisse, Sgr de Marou, fit partie, en 1780, des états de Languedoc comme envoyé de la baronie de Lanta ; qualifié *comte* dans le contrat de mariage de son fils le 23 fév. 1789, avait ép. 1º le 8 sept. 1749 Marie-Henriette de Benoist de la Prunarède ; 2º le 14 fév. 1762 Françoise de Villardi de Quinson-Montlaur, dont il eut : 1. Anne-Eugène-François-Louis qui suit ; 2. Laurent-Flavie, off. de la marine royale, mort sans postérité 1787 ; 3. Pierre-Joseph-Guillaume, qui a fait la branche représentée aujourd'hui à Cavaillon (Vaucluse) par M. César de Ginestous.

XVII. Anne-Eugène-François-Louis de Ginestous, comte de Ginestous, ainsi qualifié dans le contrat et l'acte de célébration de son mariage le 23 fév. 1789 et dans les assemblées de la noblesse de Montpellier, baron de la Liquisse ; Sgr du Causse de la Selle, le Villaret, Bertrand les Claparèdes, page de Mesdames de France, sœurs de Louis XVI, capit. au régt Royal-Piémont 1785 ; chev. de

Saint-Louis 1814, avait ép. le 23 fév. 1789 1° Marie-Jeanne-Henriette
de Julien de Vinezac ; 2° Rose de Girard ; il eut du premier mariage :
1. Eugène-François-Joseph qui suit ; 2. Pulchérie, mariée à Jean-
Eugène de Grasset, de Pézénas.

XVIII. Eugène-François-Joseph de Ginestous, comte de Ginestous, baron de la Liquisse, capit.-brigadier des mousquetaires de la
garde du roi 1814 ; chev. de la Lég. d'honneur 1815, et de l'ordre
de Saint-Ferdinand 1823 ; attaché à l'état-major de S. A. R. Mgr le
duc d'Angoulême en 1815, a fait en cette qualité la campagne d'Espagne ; chef d'escadron du 12ᵉ régt de chasseurs à cheval, pendant
les campagnes de 1823-1824 ; chef d'escadron de chasseurs de la
garde en 1827, a été licencié ainsi que son régt en 1830, avec le
grade de lieutenant-colonel, et rayé des contrôles en 1833 pour refus de serment. Il av. ép. le 13 fév. 1813 Laurence de Najac, dont :
1. Marie-Amédée, né à Paris, le 10 janv. 1815, marié le 10 sept.
1838 à Marie-Gabrielle de Grasset ; 2. Marie-Fernand, né à Montpellier le 12 juin 1823, marié en juin 1847 à Amynthe-Félicie de Guy
de Ferrières ; 3. Mathilde, mariée à Henri Couzin de la Vallière.
— Résidence, Montpellier (Hérault).

259 *bis*. GINESTOUS.

(T. I, p. 230, lig. 37.)

Mêmes armes.

Voy. la notice précédente au xııᵉ degré.

Cette branche de la maison de Ginestous, admise aux honneurs de la cour en 1781, a donné
deux maréchaux de camp, lieutenants des gardes du corps, deux commandeurs, l'un de
Malte et l'autre de Saint-Louis, etc. Elle fut honorée de lettres patentes de marquisat en
janvier 1753 au nom de Ginestous, enregistrées au parlement de Toulouse le 28 novembre suivant, où il est dit :

« Le roi mettant en considération l'ancienneté de la famille de l'exposant (Jean-André-César
de Ginestous), une des plus qualifiées de notre province de Languedoc, dont quelques-uns ont
été barons des états de ladite province, et les services qu'elle nous a rendus et aux rois nos
prédécesseurs sans interruption pendant plusieurs siècles, l'exposant actuellement capitaine de
cavalerie dans le Colonel-Général étant entré au service dès que son âge le lui a permis, a
aussi un frère capitaine dans le même régiment et un autre qui nous sert actuellement en qualité de page, en attendant qu'il soit en état de servir dans nos troupes ; il a eu deux de ses
oncles qui sont morts au service à Prague, l'un mestre de camp et lieutenant-colonel, et l'autre capitaine au même régiment du Colonel-Général de la cavalerie, et voulant lui donner des
marques honorables de la satisfaction que nous en avons, et le gratifier de quelques nouveaux
titres d'honneurs qui puissent passer à ses successeurs ; à ces causes............. avons..........
de notre grâce spéciale, pleine puissance et autorité royale, créé, érigé, élevé et décoré..... en
nom, titre, dignité et prééminence de marquisat, sous la dénomination de marquisat de Ginestous, pour en jouir, par ledit Sʳ de Ginestous, ses enfants, postérité et descendants nés et à
naître en légitime mariage.... » (*Extr. des lett. patentes.*)

XIII. François de Ginestous, Sgr de Bosgros, la Rouvière, Ar-

gentières, Madières et de Gravières, viguier d'épée de la viguerie du
Vigan, maintenu dans sa noblesse par jugement souverain du 5 nov.
1668, avait ép. le 30 juillet 1626 Marie de Martins, dont il eut :
1. Jean, Sgr de Gravières, capit. de dragons au régt de Languedoc,
mort sans enfants ; 2. et

XIV. Henri de Ginestous, Sgr de Bosgros, d'Argentières, etc.;
capit. au régt de Dragons-Languedoc 1678, gouv. et viguier d'épée
de la ville du Vigan, ép. le 11 mars 1680 Marie de Malbosc de Miral, dont il eut : 1. Pierre qui suit ; 2. Charles, Sgr de Gravières,
page du roi, chev. de Saint-Louis, lieut.-colonel du régt Colonel-
Général, mestre de camp de caval. 1735, tué en Bohême à l'affaire
de Troya, 1742 ; 3. François, chev. d'Argentières, capit. au régt
Colonel-Général cavalerie 1720, chev. de Saint-Louis, mort à Égra
en Bohême 1742 ; 4. Jean, Sgr de Nages, capit. au régt de Rouergue-
Infanterie, 1710, chev. de Saint-Louis, anc. major de la ville d'Angoulême ; lieut. des maréchaux de France 1746 ; 5. Marie, alliée à
Pierre de Caladon, Sgr de Lanuéjols, morte sans enfants.

XV. Pierre de Ginestous, Sgr d'Argentières, Rogues, Madières,
Gravières, le Ranc, la Sauvie, etc., page à la cour de Louis XIV,
mousquetaire de la première compagnie en 1700, gouv. et viguier
d'épée du Vigan, ép. en 1716 Françoise Daudé, et il en eut : 1. Jean-
André-César qui suit ; 2. Joseph-Louis, comte de Ginestous de Gravières, chev. de Saint-Louis, capit. au régt de Colonel-Général 1745;
mestre de camp 1772, ép. N... de Bérenger, dame de Lasfons; mort
sans enfants en 1819 ; 3. Henri-Fulcrand, vicomte de Ginestous,
page du roi en 1750 ; chev. de Saint-Louis, capit. de cavalerie, ép.
Flore- de Marescot, dame de Chalay en Vendomois, mort en 1797 ;
4. Françoise-Christine-Victoire, mariée à Étienne de Maillebois, Sgr
du Caussonnel ; 5. Jeanne, mariée à Guillaume de Villars, Sgr de
Roubiac, Rochedadoul, Coularou, Bouliech et Espériés ; 6. Marie-
Anne-Charlotte, mariée au baron, puis marquis d'Assas, Sgr du
Marcou, Roquedur, Gaujac, chev. de Saint-Louis, frère aîné de l'illustre chevalier d'Assas.

XVI. Jean-André-César de Ginestous, marquis de Ginestous par
lettres patentes de janvier 1753, enregistrées au parlement de Toulouse le 28 nov., Sgr d'Argentières, Rogues, Madières, le Ranc,
la Sauvie, etc., capit. au régt Colonel-Général cavalerie 1743, chev.
de Saint-Louis, gouverneur du Vigan et de Sumène, commandant
pour le roi et viguier d'épée du Vigan 1769, lieutenant des maréchaux de France 1764, mort en 1810 au Vigan, avait ép. le 4 fév.
1749 Marie-Louise de Bonnail, dont il eut : 1. Jean-François qui

suit ; 2. Jean-Marie-Louis de Ginestous de Gravières, commandeur de l'ordre de Malte, cap. de cavalerie au régt du roi, colonel, maréchal de camp, lieutenant des gardes du corps, compagnie de Grammont ; 3. Jean-Marie-François, vicomte de Ginestous, lieut.-colonel de cavalerie, chev. de Malte et de Saint-Louis ; 4. Marie-Françoise, chanoinesse du chapitre noble de Poulangy (Haute-Marne).

XVII. Jean-François de Ginestous, comte de Ginestous, fit ses preuves de cour et eut l'honneur de monter dans les carrosses du roi le 27 nov. 1781 ; il fut successivement sous-lieutenant, capit.-commandant aux dragons de Belzunce, lieut.-colonel, colonel, maréchal de camp, sous-lieut. et lieutenant des gardes du corps du roi 1789, compagnie de Noailles, commandeur ou cordon rouge de l'ordre de Saint-Louis; président du conseil général du Gard; mort en 1834; il avait ép. le 2 déc. 1781 Marie-Jérôme-Louise de Célésia, fille de noble de Célésia, ministre de la république de Gênes à Londres et à Madrid, sœur aînée de la marquise de Gabriac, en présence du roi Louis XVI et de tous les princes et princesses de la famille royale, du baron d'Assas, du comte d'Esthérazi, du comte d'Adhémar, du marquis de Belzunce, du vicomte de la Tour du Pin, parents et amis du futur; de dame de Brignole, princesse de Monaco, du marquis de Spinola, ministre de Gênes à Paris, de Mgr de Clermont-Tonnerre, de Mgr de Grimaldi, évêque de Noyon, du prince Doria Pamphili, archevêque de Séleucie, nonce du pape, qui bénit le mariage, parents et amis de la future. Le comte de Ginestous, alors officier des gardes du corps, escorta Louis XVI pour revenir à Versailles lors des funestes journées d'octobre; la comtesse de Ginestous s'est rendue célèbre par son dévouement héroïque à madame la duchesse de Lamballe, dont elle était dame d'honneur; de ce mariage : 1. Paul-Joseph-Marie-Roger qui suit ; 2. Amélie-Marie-Louise-Josèphe-Dorothée, ép. le 21 mai 1804 Charles-Marie-Auguste, comte de Vissec de Latude, avec l'agrément et l'intervention comme donatrices des sœurs du comte de Ganges, lequel avait été le légataire de Marie de Ginestous, héritière de la branche dite de Montolieu ou de Baucels. Le comte et la comtesse de Vissec de Latude sont morts sans enfants.

XVIII. Paul-Joseph-Marie-Roger de Ginestous, marquis de Ginestous, né à Gênes le 23 sept. 1797, surnuméraire privilégié des Douze aux gardes du corps du roi, comp. de Noailles 1814 ; lieut. au 5ᵉ dragons 1815, chev. de la Lég. d'honneur 1821; président du comice agricole du Vigan ; conseiller général du Gard, ép. le 14 déc.

1834 Marie-Catherine-Valérie de Podenas, fille du baron de Podenas, anc. membre de la Chambre des députés, anc. président à la
cour royale de Montpellier, et de Marie-Antoinette-Thérèse-Paule de
Laporte, dont : 1. Marie-Paul-Joseph-Raymond, comte de Ginestous ; 2. Marie-Pauline-Joséphine-Amélie , née en 1835, décédée
en 1849 ; 3. Paul-Marie-Jean-François-Sauveur, mort jeune ; 4. Ma-
rie-Louise-Émilie-Charlotte-Pauline , morte jeune ; 5. Joseph-Fran-
çois-Marie-Sauveur, mort jeune. — Résidence , le Vigan (Gard).

262. GIRARD.

(T. I, p. 233-239.)

Page 235, lignes 7 et 23, *au lieu de :* Tannequin de Girard, baron de Soucanton, *lisez :* Seigneur de Soucanton.

Page 238 , ligne 17 et 18, *au lieu de :* Martin , Sgr de Rouquet, dont une fille , Félicité de Girard, mariée à son cousin Gui-
mer de Girard, *il faut dire :* Martin, Sgr de Rouquet, dont une fille,
Rose , mariée 1° à Charles de Boscas ; 2° à Louis de Ginestous, veuf
de Marie-Jeanne-Henriette de Julien de Vinezac. Il n'y eut pas d'enfants de cette seconde union.

Félicité de Girard était l'héritière d'un rameau de cette branche
qui ne figure pas dans l'*Armorial.*

P. 239, lig. 13, *au lieu de :* Louise de Girard du Lac, mariée à
Henri Picard, *il faut dire :* Louise de Girard du Lac, mariée à
Henri Sicard, fils du président.

267. GRAVE.

(T. I, p. 245.)

Page 245, ligne 12 : Louis de Grave, Sgr de Saint-Martin d'Aumes-
les-Pézénas, ép. le 3 fév. 1703 Gabrielle-Magdeleine de Moissac,
lisez : Gabrielle-Magdeleine de Baderon de Maussac.

Page 245, ligne 22 : Julie-Antoinette de Grave ép. Guillaume-
Nicolas Maurin, *lisez :* de Maurin de Brignac. (V. t. II, p. 247.)

290. ISARN DE VILLEFORT.

(T. I, p. 265.)

Le premier auteur connu de cette famille est Pierre Isarn, damoiseau, vivant en 1323. (BAR-
RAU, III, 655. — D'HOZIER.)

Page 266, ligne 20 : III. Jean d'Isarn , avocat, épousa le 29 oct.
1571 Jeanne d'Ouvrier, et en eut un troisième fils : Pierre, qui
eut pour enfants de Jeanne de Balaran : 1. Jean, Sgr de Causanes,
avocat en la chambre de l'édit de Castres, marié le 3 sept. 1650
à Louise de Lautrec de Saint-Germier, fille du baron de Cesteyrols,
sénéchal de Castres; 2. Benoît, capit. au régiment de Saint-Luc ;
3. Pierre.

P. 266, lig. 23 : Jean d'Isarn , greffier en chef·de la chambre de
l'édit de Castres , premier Sgr de Capdeville, eut de son mariage
avec Isabeau de Vignes, Samuel, Sgr de Grèzes , poëte et littérateur, né en 1637.

P. 266, lig. 28 : V. Jean d'Isarn, Sgr de Capdeville, ép. en deuxièmes
noces Marthe Leclerc, dont il eut entre autres enfants : Jean, sieur
de Montclair, capit. de vaisseau et chev. de Saint-Louis en 1712 ;
Marie d'Isarn. Marie d'Isarn épousa Paul de la Baume , Sgr
d'Arifat.

P. 266, lig. 31 : VI. Michel d'Isarn, écuyer, Sgr de Cornus , etc.,
eut entre autres enfants, de Françoise de Gaujal : 1. Michel, lieut.-
colonel du régt de la Roche-Aymon, chev. de Saint-Louis; 2. Jean,
chef des fortifications de la ville d'Avesnes en Hainaut, eut de son
mariage avec Thérèse Arnaud Jeanty : a. Jean-Michel , capit. au
régt de Montmorency, chev. de Saint-Louis, marié à N... d'Arbaud
de Blausac; b. Pierre-Jean-Charles, capit. de grenadiers au régt de
Hainaut, chev. de Saint-Louis, marié le 8 janv. 1766 avec Magdeleine de Mortagne ; 3. Isabeau, mariée à Jacques des Mazels, baron
de Miez.

VII. Pierre d'Isarn, Sgr de Cornus, etc., ép. le 11 sept. 1719
Éléonore de Bonald, dont il eut entre autres enfants : Jean-Joseph-
Henri, officier major dans le régt de Tainville, chev. de Saint-
Louis ;. Pierre-Antoine , grand vicaire du diocèse de Vabres; Ga-
brielle-Louise, ép. N... de Salles de la Baumelle; Marguerite-Jac-
quette, reçue à Saint-Cyr, ép. N... de Sambucy, Sgr de Sorgues.

VIII. Michel-Étienne d'Isarn, Sgr de Cornus, etc., eut de son mariage entre autres enfants : Antoine-Félix, lieut. au régt d'Angoulême, chev. de Saint-Louis.

317. LANGLADE.

(T. I, p. 290.)

Page 291, ligne 9 : IX. Antoine de Langlade, capitaine de grenadiers au régt de Bourgogne infanterie, chev. de Saint-Louis, ép. le 1er déc. 1760 Jeanne de Boissière, dont il eut : 1. Antoine, né le 3 nov. 1770; *ajoutez* : 2. N..., mariée à son cousin N... de Langlade; 3. Anne, mariée à Amédée de Rouverié de Cabrières; 4. Françoise-Adélaïde, mariée le 2 avril 1793 à Étienne d'Anglas, ancien officier, nommé par le roi colonel de la garde nationale de Nîmes en 1814-1815, fils de noble Jacques-Pierre d'Anglas, Sgr de Pratviel, anc. capit. du régt de Limousin, chev. de Saint-Louis, maire d'Aimargues et de Julie de Baguet.

324. LA RIVOIRE DE LA TOURRETTE.

(T. I, p. 294-296.)

Page 295, ligne 21 : VII. François-Antoine-Alphonse de la Rivoire, marquis de la Tourrette, eut de son mariage avec Marie-Louise-Thérèse du Roure, deux autres enfants : Marie-Louis-Antoine-Hercule, commandeur de Malte; Marie-Françoise-Louise, titrée comtesse de la Tourrette, non mariée.

P. 296, lig. 10, *au lieu de :* Victoire, *lisez :* Marie.

327. LA ROQUE.

(T. I, p. 298.)

Page 299, *in fine :* XIII. François de la Roque, né le 10 mars 1804, ép. le 19 mars 1829 Fulcrande Galibert, dont : 1. Jean-Louis, avocat à la cour impériale de Paris; 2. Pascale-Élisabeth, *ajoutez :* mariée le 21 mai 1860 à Jean-Pierre-Marie-Gabriel-Frédéric Martel, de Lodève.

328. LA ROQUE.

(T. I, p. 300.)

I. Raimond de la Roque, ép. 1° vers 1480 N... d'Adhémar, dont il n'eut pas d'enfants; 2° le 17 fév. 1498 Almicie, *alias* Olivière de Barjac, dont il eut : 1. Mathieu, qui continua la descendance rapportée au n° 328 ; 2. Sébastien, qui continua la descendance rapportée au n° 331.

345. LA VERGNE-MONTBAZIN.

(T. I, p. 318-319.)

Page 319, ligne 1 : Jean-Lambert de la Vergne, baron de Montbazin, ép. le 8 avril 1709 Constance de Moissac, *lisez* : Constance de Baderon de Maussac.

691. MATHÉI DE VALFONS.

(T. II, p. 125-127.)

Page 126, ligne 3. Étienne-Mathieu, *alias* de Mathéi, conseiller et lieutenant particulier en la sénéchaussée et siége présidial de Nîmes, fit enregistrer ses armes sur l'*Armorial général* de la grande maîtrise de Montpellier, qui étaient : D'azur au lion d'or armé et lampassé de gueule, au chef d'or chargé de trois étoiles de gueule. (*Armor. mss. de la bibliothèque de Montpellier.*) Depuis la concession des lettres patentes rapportées plus haut, p. 381, la famille de Mathéi a pris pour armes : De gueule à trois merlettes d'argent posées 2 et 1.

396. MONTAIGUT.

(T. I, p. 362.)

Page 362, ligne 26 : Joséphine de Montaigu, fut mariée le 23 nov. 1819 à Jean-François-Mathias-Guillaume-Marie de Guy-Villeneuve, maire de Narbonne de 1824 à 1830, dont la généalogie a été rapportée plus haut, p. 146-147. Mademoiselle de Montaigu appartenait à une famille noble habituée au diocèse d'Agde.

« Le plus ancien auteur connu, d'après les papiers conservés par la famille, est Antoine de Montaigu de la Pairille, ingénieur-directeur et brigadier des armées de S. M. catholique, grand-père de madame de Guy, marié à Catherine de Combet, fille de Timothée de Combet, baron de Bousigues. Cette famille avait pour armes : *D'azur à une pile de neuf boulets surmontés de deux étoiles d'argent*, et ne paraît pas se rattacher, comme l'*Armorial* pourrait le laisser croire, aux Montaigut, barons de la Coste, habitués au diocèse de Pézénas. » (*Lettre de M. de Guy-Villeneuve du 4 avril 1860.*)

402. MONTOLIEU.

(T. I, p. 368-369.)

Un sixième degré a été oublié dans la filiation de la branche aînée, et le cinquième est incomplet.

Ces articles doivent se lire comme il suit :

V. Théophile de Montolieu, Sgr de Saint-Jean de Ceirargues et de Saint-Hippolyte de Caton, capit. au régt de Normandie, chev. de Saint-Louis, ép. en 1695 Anne de Bornier, vicomtesse d'Héran, dame de Teillan, dont il eut :

VI. Philippe de Montolieu, chevalier, vicomte d'Héran, Sgr de Teillan, Saint-Jean de Ceirargues, Saint-Hippolyte de Caton, etc., ép. en 1727 Françoise-Henriette d'Albenas, dont il eut : 1. Charlotte, mariée à Pierre-Melchior d'Adhémar ; 2. Jeanne, mariée à Pierre-Gaspard de Pandin de Biarges.

417. PASCHAL DE SAINT-JUÉRY.

(T. I, p. 387-388.)

Page 387. VI. Guillaume de Paschal de Saint-Juéry était capit. de dragons, chev. de Saint-Louis, qualifié *baron* de Saint-Juéry dans plusieurs actes de famille qui nous ont été communiqués.

VII. Joseph-Guillaume de Paschal de Saint-Juéry, capit. d'infant., porta le titre de baron de Saint-Juéry après son père.

. . . .

IX. Emmanuel de Paschal de Saint-Juéry, qualifié marquis de Saint-Juéry, chev. de Saint-Louis et de l'ordre de Malte, capit. d'état-major, maire d'Alby, décédé sans enfants, avait été adopté par Henri de Paschal de Rochegude, son cousin, contre-amiral, chev.

de Saint-Louis, mort sans enfants , fils de François de Paschal, Sgr de Rochegude.

Une ordonnance royale du 10 mars 1819 autorisa Marie-*Emma-nuel*-Joseph-Xavier-Paul de Paschal de Saint-Juéry, capit. d'état-major, chev. de plusieurs ordres, à substituer le nom de *Rochegude* à celui de Saint-Juéry. (*Bull. des lois*, 1819, 277.)

462. ROBERT, *alias* DES ROBERTS.

(T. I, p. 427.)

Les armes de cette famille, que nous avions lues :

D'azur au chevron d'argent accompagné de deux étoiles de même en chef, une rose de gueule en pointe, et une fasce d'or sur le tout,

Doivent se blasonner :

D'azur à la fasce d'argent accompagnée en chef de deux étoiles de même, et de trois soucis d'argent en pointe posés 2 et 1 ; au chevron d'or posé sur le tout. (*Ancien cachet communiqué par la famille.*)

468. ROCHEMORE.

(T. I, p. 433.)

Page 435, ligne 7 : Louise-Joséphine de Rochemore , mariée le 16 mars 1778 à Jean-Pierre, marquis de Ruolz-Montchal, était fille d'Alexandre-Henri-Pierre, marquis de Rochemore, et de Charlotte-Louise des Hours de Mandajors.

Alexandre-Henri-Pierre , marquis de Rochemore , eut de son second mariage avec Barbe de Vogué : 1. Anne-Joachim , dont la postérité a été rapportée ; 2. Marie-Joséphine-Henriette , mariée en 1790 à Jean-François Du Ranc de Vibrac ; 3. Marie-Pauline, mariée en 1787 à Antoine-Hyacinthe, comte de Blou ; 4. Charlotte-Cécile , mariée à N... de Mailhet.

70. RODEZ-BÉNAVENT.

(T. I, p. 65-67.)

Page 67, ligne 1 : Jean-Joseph-Martin , *lisez : Jules*-Joseph-Martin de Rodez-Bénavent.

485. ROUVERIÉ DE CABRIÈRES.

(T. I, p. 455-456.)

D'azur au chêne d'or arraché et englanté de même.

Cette famille, dont le nom s'est écrit Rouvière, Rouverié, Rouveirié, Roverié, la Rouvière, la Rovière, pouvait appartenir à la maison de Rouvière que Nostradamus, dans son *Histoire de Provence*, part. IV, p. 450, compte parmi les nobles étrangères qui vinrent en différents temps habiter la ville d'Avignon et s'y sont plus ou moins illustrées (LACH. DESB., XIII, 506). Les Rouvière du comtat Venaissin et du Languedoc portaient les mêmes armes.

Nous donnons ici les derniers degrés de la filiation déjà rapportée (t. I, p. 455-456).

V. Jean-Claude de Rouverié, Sgr de Cabrières et de Pouls, maintenu dans sa noblesse avec ses enfants par jugement souverain du 19 nov. 1668, avait ép. le 21 avril 1652 Gabrielle de Brueys de Saint-Chaptes, qui apporta dans cette maison la Sgrie de Pouls, et il en eut : 1. Jean-Louis, chanoine; 2. François qui suit; 3. Louise, mariée à N... de Merez.

VI. François de Rouverié, Sgr de Cabrières et de Pouls, qui fit enregistrer ses armes dans l'*Armorial* de 1696, ép. Catherine Huguet, *alias* d'Huguet, dont il eut sept enfants, entre autres : 1. Jean-Louis, marié à Aimée des Gardies, dont Charles, mariée à Julie Surville; 2. et

VII. François de Rouverié de Cabrières, ép. Augustine le Royer de Châteauneuf, dont il eut : 1. François-Isidore qui suit; 2. Amédée, marié à Anne de Langlade, dont deux filles, Alix et Léonie.

VIII. François-Isidore de Rouverié de Cabrières, ép. Sophie de Genas, dont il eut :

IX. Eugène de Rouverié de Cabrières, ép. Yvonne du Vivier, dont : 1. Artus qui suit; 2. Humbert, marié à Gasparine de Vallier de By; 3. Raymond, marié à Clémentine de Boisseulh, dont une fille, Jeanne; 4. Anatole, prêtre.

X. Artus de Rouverié de Cabrières, ép. Olympe d'Agoult, dont il a : Antoine, né le 7 avril 1851. — Résid., Nîmes (Gard).

488. RUOLZ.

(T. I, p. 457.)

Page 457, IVᵉ degré : Jean-Pierre de Ruolz, présida les états de Vivarais en 1661, il était bailli d'Annonay la même année, et reçut commission en ladite qualité le 10 mars 1666 d'opérer le désarmement du Vivarais. (*Lettre du duc de Bourbon, Pézénas, le* 10 *mars* 1666.)

P. 458, lig. 7 : V. Jean-Pierre-Marie de Ruolz, fut héritier de son cousin Charles-Louis de Montchal, marquis de Montchal, avocat général à la cour des aides de Paris, et substitué à ses noms, titres et armes par testament reçu Buglot, notaire à Paris, le 4 mai 1686; dès cette époque la famille de Ruolz écartela de Montchal : De gueule au chef d'or chargé de trois molettes d'éperon d'azur. (LACH. DESB., XIV, 555-57.)

Le titre de *marquis* et le nom de *Montchal* furent relevés par François-Catherine-Jean-Pierre de Ruolz, qualifié marquis de Ruolz-Montchal, dans son acte de célébration de mariage le 16 mars 1778 à Nîmes, paroisse de Saint-Castor; dans son contrat civil reçu par Mercier, notaire à Nîmes; dans les actes de baptême de ses enfants; dans les preuves pour les pages en 1787; dans les preuves de Malte 1789; dans les assemblées de la noblesse du Lyonnais en 1789 pour la députation aux états généraux; repris depuis 1814 dans son brevet de la Légion d'honneur le 19 septembre 1814; et plus tard par François-Xavier, marquis de Ruolz, notamment dans l'acte de célébration du mariage de Charles-Marie-Alfred, son fils aîné, le 29 oct. 1828.

IX. Charles-Marie-Alfred de Ruolz, *marquis de Ruolz*, ancien off. de la marine royale et du corps royal d'état-major, est *chevalier de la Légion d'honneur*.

P. 459, lig. 5 : IX. Léopold-Marie-Philippe de Ruolz, ép. le 29 janv. 1829 Marie-Thérèse-Dauphine de Goursac., *lisez :* Léopold-Marie-Philippe de Ruolz, *comte de Ruolz*, ép. le 29 janv. 1829 Marie-Thérèse *Dauphin* de Goursac.

P. 459, lig. 14 : IX. Henri-Catherine-Camille de Ruolz, *comte de Ruolz*, inspecteur général des chemins de fer, etc.

505. SARRET DE COUSSERGUES.

(T. I, p. 471-474.)

Page 474, ligne 21 : XI. Jacques-Louis-Henri de Sarret, baron de Coussergues, servit dans la marine, *ajoutez :* et mourut contre-amiral honoraire de la marine.

540. VALETTE DE CARDET.

(T. I, p. 512.)

Page 512, ligne 23, *au lieu de :* N... Chapel, *lisez :* Jacques-Marie-Louis-Denis de Chapel. (Jugement de rectification, rendu le 22 février 1859 par le tribunal civil d'Alais, mentionnant entre autres actes : l'extrait mortuaire de messire Claude de Chapel, 1713 ; l'acte de naissance de Denis de Chapel, 1786 ; les lettres patentes de confirmation de noblesse du mois de sept. 1788.)

Denis de Chapel eut de son mariage avec Coralie de Bosanquet : 1. Maurice-Médard-Frédéric-Alfred, marié le 15 sept. 1839 à Marguerite-Antoinette-Isaure de Villardi de Montlaur ; 2. Marie-Thérèse-Inès, mariée le 20 mars 1838 à Louis-Jean-Paul-Albert d'Amboix ; 3. Anna-Lucie-Denise, mariée le 12 mai 1846 à Pierre-Élisabeth-Roger, vicomte d'Adhémar ; 4. Charles-Joseph-Casimir-Louis, mort sans être marié.

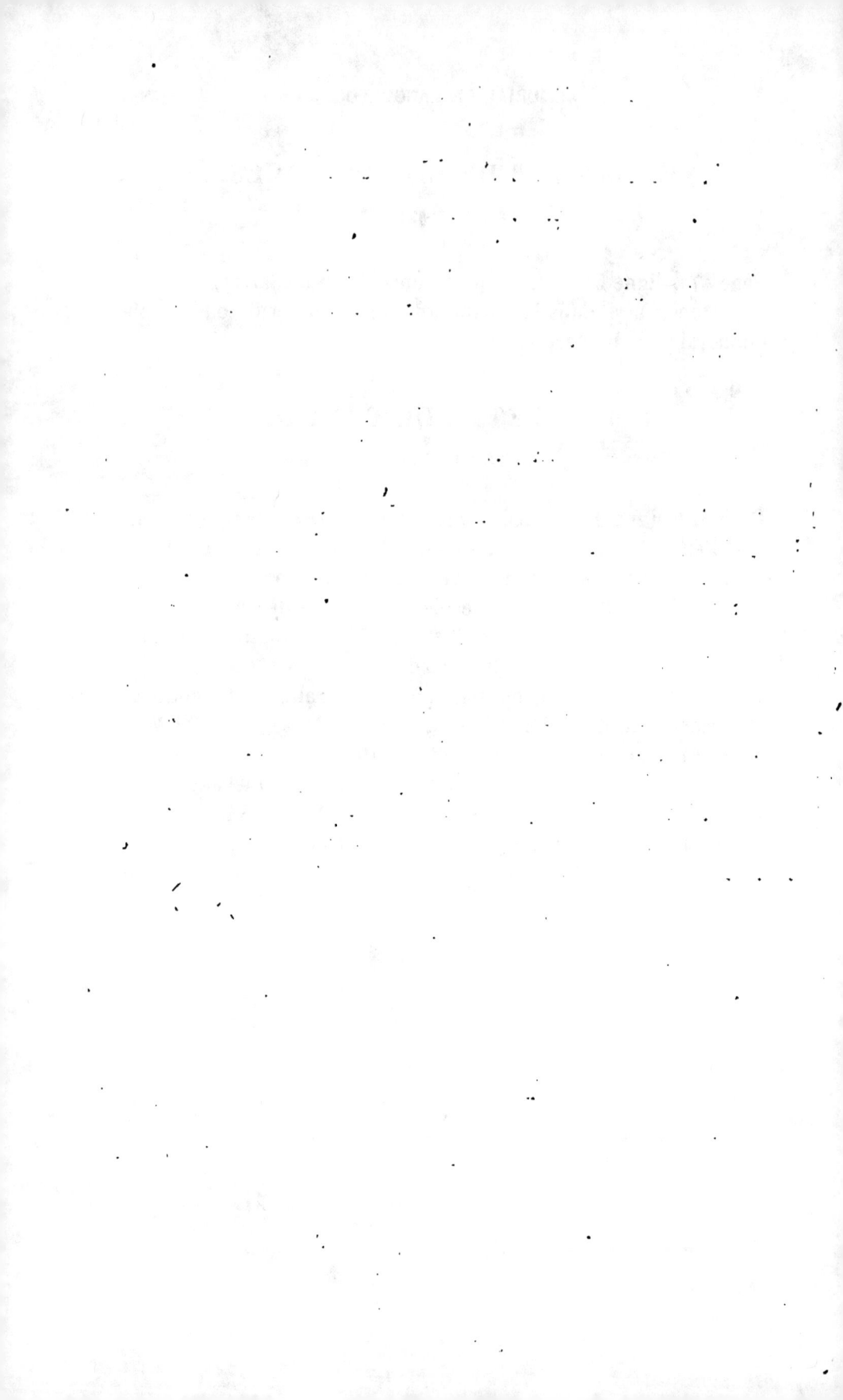

LÉGISLATION NOBILIAIRE.

Loi qui modifie l'article 259 *du Code pénal.*
(28 *mai* 1858.)

NAPOLÉON, par la grâce de Dieu et la volonté nationale, empereur des Français, à tous présents et à venir, salut.

Avons sanctionné et sanctionnons, promulgué et promulguons ce qui suit :

Extrait du procès-verbal du Corps législatif.

Le Corps législatif a adopté le projet de loi dont la teneur suit :

Article unique. L'article 259 du Code pénal est modifié ainsi qu'il suit :

Art. 259. Toute personne qui aura publiquement porté un costume, un uniforme ou une décoration qui ne lui appartiendrait pas, sera punie d'un emprisonnement de six mois à deux ans.

Sera puni d'une amende de cinq cents francs à dix mille francs quiconque, sans droit et en vue de s'attribuer une distinction honorifique, aura publiquement pris un titre, changé, altéré ou modifié le nom que lui assignent les actes de l'état civil (1).

Le tribunal ordonnera la mention du jugement en marge des actes authentiques ou des actes de l'état civil dans lesquels le titre aura été pris indûment, ou le nom altéré.

Dans tous les cas prévus par le présent article, le tribunal pourra ordonner l'insertion intégrale ou par extrait du jugement dans les journaux qu'il désignera.

Le tout aux frais du condamné.

Délibéré en séance publique, à Paris, le 7 mai 1858.

---

(1) L'ordonnance d'Amboise, du 26 mars 1555, porte : « Défenses sont faites à « toutes personnes de changer leurs noms et leurs armes, sans avoir obtenu des lettres « patentes de permission, à peine de mille livres tournois d'amende, d'être punies « comme faussaires et d'être privées de tout degré et privilége de noblesse. »

Rapport à l'Empereur sur le rétablissement du conseil du sceau des titres. — (8 janvier 1859.)

SIRE,

En rétablissant des dispositions pénales contre ceux qui usurpent des titres et qui s'attribuent sans droit des qualifications honorifiques, la loi du 28 mai 1858 a rendu aux titres légitimement acquis leur importance réelle et leurs droits au respect public.

Dans un pays et sous un régime où le plus humble citoyen peut arriver par sa valeur personnelle aux plus hautes situations, la loi doit protéger ouvertement tout ce qui représente le prix du mérite et l'honneur des familles. La véritable et intelligente égalité consiste non pas à proscrire les distinctions, mais à en permettre l'accès à tous ceux qui s'élèvent par le courage, par la dignité de la conduite ou par l'éclat des services.

La loi nouvelle doit recevoir une exécution sérieuse, mais éclairée.

Votre Majesté a voulu mettre un terme aux abus, atteindre la fraude ou le charlatanisme, ramener l'ordre dans l'état civil, rendre enfin aux distinctions publiques le caractère et le prestige qui n'appartiennent qu'à la vérité; mais elle n'a pas entendu porter atteinte à des droits acquis, ni inquiéter des possessions légitimes qui ne demandent que les moyens de se faire reconnaître et régulariser.

Les questions qui se rattachent à la transmission des titres dans les familles, à la vérification des qualifications contestées, à la confirmation où à la reconnaissance des titres anciens, à la collation, s'il y a lieu, de titres nouveaux, sont nombreuses et délicates. Il importe qu'aucune garantie d'examen et de lumière ne manque à leur solution. J'ai l'honneur de soumettre à l'approbation de Votre Majesté un projet de décret délibéré en conseil d'État et portant rétablissement du conseil du sceau des titres. Créé par le second statut du 1er mars 1808 (1), le conseil du sceau des titres se composait, sous la présidence de l'archichancelier de l'empire, de trois sénateurs, de deux conseillers d'État, d'un procureur général, d'un secrétaire général et d'un trésorier (2). Une ordonnance du 15 juillet 1814 (3) le remplaça par une commission présidée par le garde des sceaux, qui fut elle-même supprimée le 31 octobre 1830 (4).

Une partie des attributions du conseil et de la commission du sceau se référait à l'institution des majorats et au régime des biens affectés à leurs formations. Sous l'empire de la loi du 12 mai 1835, qui a interdit les ma-

(1) IVe Série, Bulletin 186, n° 3207.
(2) Décret du 17 mars 1808, art. 7.
(3) Ve Série, Bulletin 25, n° 190.
(4) IXe Série, 2e partie, Bulletin 21, n° 370.

jorats pour l'avenir, ces attributions ne peuvent aujourd'hui conserver d'application qu'en ce qui concerne les questions transitoires et les majorats encore existants.

Mais les variations qu'a subies la législation relative aux titres et aux noms ont créé des situations sur lesquelles les délibérations et les avis d'un conseil spécial seront utilement provoqués. Sous ce rapport, il a paru nécessaire d'étendre les attributions de l'ancien conseil du sceau et de les mettre en harmonie avec les lois actuelles, et de donner d'une manière générale au garde des sceaux le droit de soumettre à l'examen du nouveau conseil toutes les difficultés se rattachant à cet ordre de matières : c'est l'objet des articles 5, 6 et 7 du projet.

Quel sera, par exemple, en présence d'une loi qui n'autorise plus la constitution des majorats, le sort des titres qui ne devaient devenir héréditaires qu'à la condition de la formation d'un majorat? Quelles seront, dans l'avenir, les règles à suivre pour la collation des titres et leur transmission dans les familles?

Dans quel ordre, dans quelles limites, à quelles conditions le titre du père assurera-t-il un titre à ses fils? Convient-il de consacrer les règles posées par le décret du 4 juin 1809 (1) et par l'ordonnance du 25 août 1817 (2)?

Pour les temps antérieurs à 1789, à défaut d'un acte régulier de collation, de reconnaissance ou d'autorisation, dont la production n'est pas toujours possible, n'y aura-t-il pas lieu d'attribuer au conseil du sceau la faculté d'étendre le cercle des preuves et d'admettre, selon les circonstances, comme justification du droit au titre ou au nom soumis à sa vérification, une possession constatée par des actes de fonctionnaires publics ou par des documents historiques?

Une ordonnance du 31 janvier 1819, non insérée au *Bulletin des lois*, soumet, en France, à l'autorisation préalable de Votre Majesté le port des titres conférés par des souverains étrangers. Ces dispositions ne doivent-elles pas être rappelées et ramenées à une exécution sérieuse? Ce sont là des questions qui demeurent réservées, mais dont la solution ne saurait être longtemps différée en présence du nouveau texte de l'article 259 du Code pénal. En se livrant à un travail d'ensemble et à l'étude complète des faits, le conseil du sceau recueillera les éléments et concourra à préparer les bases des décisions de Votre Majesté.

Les demandes en changement ou en addition de nom restent soumises aux formes tracées par la loi du 11 germinal an XI. Les autorisations de cette nature sont accordées par Votre Majesté dans la forme des règlements d'administration publique (3). Le conseil du sceau des titres pourra toutefois être consulté sur les changements ou les additions qui auraient le caractère

(1) Article 5 (IV⁰ Série, Bulletin 238, n° 4431).
(2) Article 12 (VII⁰ Série, Bulletin 171, n° 2687).
(3) Article 5.

d'une qualification honorifique ou nobiliaire, et qui rentreraient ainsi dans l'ordre des faits qu'a voulu prévoir l'article 259 du Code pénal.

Aux termes de l'article 7 de la loi du 11 germinal an XI, toute personne y ayant droit peut, dans le délai d'une année, à partir de l'insertion au *Bulletin des lois*, poursuivre la révocation du décret qui a autorisé un changement ou une addition de nom. Pour sauvegarder plus efficacement ce droit des tiers, l'article 9 du projet de décret exige que la demande de changement ou d'addition de nom soit elle-même préalablement insérée par extrait au *Moniteur* et dans d'autres journaux qu'il désigne. Il ne peut être statué sur la demande que trois mois après la date des insertions.

Cette disposition ne fait que consacrer, en lui donnant une forme plus obligatoire et plus solennelle, une règle administrative créée par deux décisions du ministre de la justice des 26 octobre 1815 et 10 avril 1818 (1).

Mais s'il est nécessaire et juste d'appliquer sans exception cette règle à tous ceux qui demandent l'autorisation de prendre, à l'avenir, un nom qu'ils n'ont jamais porté, et sous lequel ils ne sont pas connus, cette nécessité peut paraître moins impérieuse lorsque le décret d'autorisation que l'on sollicite, et qui ne sera lui-même définitif qu'après le délai d'un an, ne doit intervenir que pour régulariser un nom honorablement porté depuis longtemps, accepté par le public, inscrit dans les actes officiels ou illustré par d'importants services. L'insertion de la demande, qui n'a d'autre but que d'avertir les tiers, n'a plus alors le même intérêt, et elle pourrait, dans certains cas, avoir plus d'inconvénients que d'avantages.

Ces considérations, jointes aux ménagements que commandent toujours les situations transitoires, ont dicté la disposition de l'article 10, en vertu de laquelle le garde des sceaux peut, sur l'avis du conseil du sceau, dispenser des insertions prescrites par l'article 9 les demandes fondées sur une possession ancienne ou notoire et consacrée par d'importants services. Toutefois, le conseil d'État a pensé que, quelque circonscrite que fût cette faculté, elle devait, en outre, avoir, comme les exigences auxquelles elle est appelée à répondre, un caractère essentiellement transitoire. Il en a limité la durée à une période de deux années, à partir de la promulgation du décret.

Trois sénateurs et deux conseillers d'État entreront, comme en 1808, dans la composition du conseil. Votre Majesté a, en outre, permis que deux membres de la cour de cassation fussent appelés à en faire partie. Votre haute magistrature, Sire, répondra dignement à ce nouvel appel fait à son dévouement et à ses lumières. Il a également paru convenable d'introduire dans le conseil du sceau trois maitres des requêtes, qui, suivant la loi de leur institution (2), auront voix délibérative dans les affaires dont ils feront le rapport et voix consultative dans les autres. Enfin, des auditeurs au conseil d'État peuvent être attachés au conseil du sceau.

---

(1) *Moniteur* des 26 octobre 1815 et 10 avril 1818.

(2) Décret organique du 23 janvier 1852, art. 12 et 17 (X° Série, Bulletin 487, n° 2613).

La loi du 29 janvier 1831, portant règlement définitif du budget de 1828, a supprimé la caisse du sceau. Les droits qui étaient versés dans cette caisse sont aujourd'hui perçus directement par le trésor public. Tant que cette disposition législative n'aura pas été modifiée, il n'y aura pas lieu de créer un trésorier du sceau.

Les demandes portées devant le conseil du sceau des titres seront instruites par le ministère des référendaires au sceau.

Le garde des sceaux, ministre secrétaire d'État au département
de la justice,   *Signé :* E. DE ROYER.

Décret impérial portant rétablissement du conseil du sceau des titres.
(*8 janvier* 1859.)

NAPOLÉON, par la grâce de Dieu, etc., etc.

Art. 1er. Le conseil du sceau des titres est rétabli. Il est composé de trois sénateurs, de deux conseillers d'État, de deux membres de la cour de cassation, de trois maîtres des requêtes, d'un commissaire impérial, d'un secrétaire. Des auditeurs au conseil d'État peuvent être attachés au conseil du sceau.

Art. 2. Les membres du conseil du sceau sont nommés par décret impérial.

Art. 3. Le conseil du sceau est convoqué et présidé par notre garde des sceaux, ministre de la justice. Il est présidé, en l'absence du garde des sceaux, par celui de ses membres que nous aurons désigné. Le commissaire impérial remplit les fonctions précédemment attribuées au procureur général du sceau des titres; le secrétaire tient le registre des délibérations, qui reste déposé au ministère de la justice.

Art. 4. Les avis du conseil du sceau sont rendus à la majorité des voix. La présence de cinq membres au moins est nécessaire pour la délibération. Les maîtres des requêtes ont voix délibérative dans les affaires dont le rapport leur est confié. En cas de partage, la voix du président est prépondérante.

Art. 5. Le conseil du sceau a, dans tout ce qui n'est pas contraire à la législation actuelle, les attributions qui appartenaient au conseil du sceau créé par le décret du 1er mars 1808, et à la commission du sceau établie par l'ordonnance du 15 juillet 1814.

Art. 6. Il délibère et donne son avis : 1º sur les demandes en collation, confirmation et reconnaissance de titres, que nous avons renvoyées à son examen; 2º sur les demandes en vérification de titres; 3º sur les demandes en remise totale ou partielle des droits du sceau, dans les cas prévus par les deux paragraphes précédents, et généralement sur toutes les questions qui lui sont soumises par notre garde des sceaux. Il peut être consulté sur les demandes en changement ou addition de noms ayant pour effet d'attribuer une distinction honorifique.

Art. 7. Toute personne peut se pourvoir auprès de notre garde des sceaux. pour provoquer la vérification de son titre par le conseil du sceau.

Art. 8. Les référendaires institués par les ordonnances des 15 juillet 1814, 11 décembre 1815 et 31 octobre 1830 sont chargés de l'instruction des demandes soumises au conseil du sceau. La forme de procéder est réglée par arrêté de notre garde des sceaux, le conseil du sceau entendu. Les règlements antérieurs sont, au surplus, maintenus en tout ce qui n'est pas contraire au présent décret.

Art. 9. Les demandes en addition ou changement de noms sont insérées au *Moniteur* et dans les journaux désignés pour l'insertion des annonces judiciaires de l'arrondissement où réside le pétitionnaire et de celui où il est né. Il ne peut être statué sur les demandes que trois mois après la date des insertions.

Art. 10. Pendant deux ans, à partir de la promulgation du présent décret, notre garde des sceaux pourra, sur l'avis du conseil du sceau des titres, dispenser des insertions prescrites par l'article précédent, lorsque les demandes seront fondées sur une possession ancienne ou notoire, ou consacrée par d'importants services.

Décret impérial portant nomination des membres du conseil du sceau des titres. — (8 *janvier* 1859.)

NAPOLÉON, par la grâce de Dieu et la volonté nationale, empereur des Français, à tous présents et à venir, salut.

Sur le rapport de notre ministre d'État et de notre garde des sceaux, ministre secrétaire d'État au département de la justice;

Vu le décret de ce jour portant rétablissement du conseil du sceau des titres,

Avons décrété et décrétons ce qui suit :

Art. 1er. Sont nommés membres du conseil du sceau des titres :

M. le baron Dombidau de Crouseilhes, sénateur, ancien ministre, qui présidera le conseil en cas d'absence ou d'empêchement de notre garde des sceaux, ministre de la justice;

M. le marquis de la Grange, sénateur;

M. le baron Boulay (de la Meurthe), sénateur;

M. Duvergier, conseiller d'État;

M. Langlais, conseiller d'État;

M. Lascoux, conseiller à la cour de cassation;

M. de Marnas, premier avocat général près la cour de cassation;

M. Jahan, maître des requêtes de première classe au conseil d'État;

M. le baron de Cardon de Sandrans, maître des requêtes de deuxième classe au conseil d'État;

M. Charles Robert, maître des requêtes de deuxième classe au conseil d'État.

Art. 2. M. le baron de Sibert de Cornillon, conseiller d'État, secrétaire général du ministère de la justice, est nommé commissaire impérial près le conseil du sceau des titres.

En cas d'absence ou d'empêchement, il sera remplacé par M. Jahan, maître des requêtes.

Art. 3. M. Édouard de Barthélemy, auditeur au conseil d'État, est nommé secrétaire du conseil du sceau des titres.

Art. 4. Sont attachés au conseil du sceau des titres : .

M. Edmond Taigny, auditeur de première classe au conseil d'État ;

M. Mégard de Bourjolly, auditeur de deuxième classe au conseil d'État;

M. le baron Mackau, *idem*;

M. le vicomte des Roys, *idem*.

Art. 5. Notre garde des sceaux, ministre secrétaire d'État au département de la justice, est chargé de l'exécution du présent décret.

Fait au palais des Tuileries, le 8 janvier 1859.

Signé : Napoléon.

Circulaire de S. E. le ministre de la justice pour la mise à exécution de la loi du 28 mai 1858.

Paris, le 22 novembre 1859.

Monsieur le Procureur général,

Le nouvel article 259 du Code pénal attache le caractère de délit au changement, à l'altération, à la modification du nom inscrit dans les actes de l'état civil.

La conséquence de cette disposition, c'est que, pour se soustraire aux peines qu'elle édicte, tous ceux qui portent ou des noms ou des titres que ne leur attribuent pas les actes de l'état civil, doivent obtenir de l'autorité compétente la faculté de les conserver. Mais quelle est cette autorité?

Deux cas peuvent se présenter :

1o Il se peut que des erreurs, des omissions, des irrégularités aient eu lieu dans la rédaction des actes de l'état civil, ou encore que, les circonstances politiques ne permettant pas au père de donner à ses enfants son nom tout entier, il en ait retranché les qualifications ou particules que condamnait la législation existante, et que, plus tard, encouragés par l'apaisement des passions, par le retour d'idées un instant proscrites, par les

tendances des lois nouvelles, les enfants aient, de leur chef, et sans s'assu-
jettir aux formalités légales, repris ce qu'ils considéraient comme leur propriété, le nom de leurs aïeux.

2° Il se peut aussi que l'altération des noms consignés en l'acte de naissance n'ait eu pour cause que la vanité, l'intérêt, un calcul coupable,
qu'elle n'ait d'autre explication que le désir de substituer à un état civil régulier une situation mensongère, et de conférer à l'auteur de la fraude une
apparence nobiliaire.

Dans le premier cas, la connaissance du fait est dévolue aux tribunaux
ordinaires. La loi leur confère expressément la mission de rechercher, de
constater ce qu'était, avant la naissance du réclamant, l'état légal de sa famille, de le reconstituer, de le lui rendre intact. Ils ne créent pas le droit
à son profit; en cette matière, comme en toute autre, ils déclarent le droit
existant. Ils proclament que, si ce droit antérieur à la naissance de l'enfant
a été compromis par des circonstances étrangères à celui-ci, il n'en peut
porter la responsabilité, et qu'en demandant que son état civil soit régula-
risé, il ne fait que revendiquer sa chose.

Dans le deuxième cas, la compétence n'est pas moins certaine. S'il s'agit
de changements ou d'additions de noms, c'est au gouvernement qu'il faut
s'adresser. Les usurpations de titres ou formules affectant une prétention à
la noblesse ressortissent à la commission du sceau. La sagesse de ces règles
est évidente. Qui peut admettre que, dans un État bien ordonné, un citoyen
change de nom, ajoute à celui qu'il porte ou s'attribue des titres sans en
avoir reçu l'autorisation de l'administration supérieure?

Cependant cette distinction si simple, entre la compétence des tribunaux
ordinaires et celle de l'administration, a été méconnue. Des individus qui ont
augmenté leur nom patronymique d'une appellation d'emprunt, ou qui,
pour dissimuler leur nature originelle, ont imaginé de séparer de l'ensemble d'un nom jusqu'alors écrit d'un seul mot la particule qui le précédait, désespérant de tromper la vigilance du conseil d'État ou de la commission du sceau, accoutumés à déjouer ces supercheries, ont eu recours aux
tribunaux. Ils ont demandé que leur acte de naissance fût rectifié, et des
juges surpris, accueillant cette réclamation, ont ordonné que tout ce bagage
de contrebande figurerait à l'avenir dans l'acte de l'état civil.

On ne peut faire une plus fausse application des lois de la matière. Une
procédure, à fin de rectification d'un acte de naissance, ne peut avoir d'autres
fondements que l'état civil officiel de la famille dont le réclamant est issu.
Tout se réduit à comparer son acte de naissance avec celui de ses auteurs,
et, s'il s'y rencontre des différences que le malheur des temps explique, ou
la négligence de l'officier de l'état civil, à les faire disparaître; il n'est besoin de rien de plus pour maintenir l'individualité des familles.

Mais quand il est reconnu que l'acte de naissance du réclamant contient
tout ce qu'il devait contenir, que sa filiation est régulièrement et sincère-
ment établie, qu'il n'y a eu, ni altération, ni erreur, ni omission; quand la
question est de savoir si le réclamant a pu s'arroger des distinctions que ne

lui conférait pas son origine; quelques raisons qu'il allègue pour justifier sa conduite, quelque possession qu'il invoque, ce ne peut être une action en rectification. Le sens grammatical du mot y répugne autant que la raison de droit. Rectifier, c'est redresser ce qui est défectueux, réparer ce qui n'est pas régulier, remettre, en un mot, les choses dans l'état où elles auraient dû être si l'on y eût apporté plus de soin. Or, ce n'est pas la régularité de l'acte qui est contestée ; le réclamant ne s'en plaint pas. Ce qu'il soutient, c'est que de son fait personnel, postérieur conséquemment à sa naissance, est né un droit qu'il entend conserver ; c'est qu'il a acquis ou le nom qu'il a ajouté au sien, ou le titre dont il s'est affublé, ou la particule qu'il considère comme un signe de noblesse... Or, évidemment, ce n'est plus une rectification, mais une modification de son état civil régulièrement établi qu'il poursuit, et, dès lors, la connaissance du litige ne peut appartenir qu'à l'administration chargée de prévenir toute confusion dans les familles et dans la société.

Vous comprenez, monsieur le Procureur général, combien il importe de ne pas laisser se former une jurisprudence dont l'effet inévitable serait de paralyser l'action de la loi. Ne souffrez pas que, par des procédures obscurément suivies, et qui, selon les lieux et les personnes, pourraient rencontrer un trop facile accueil, les compétences soient déplacées. Que vos substituts reçoivent l'ordre formel de surveiller toute instance paraissant avoir pour objet une rectification d'actes de l'état civil, et qu'ils s'assurent, d'après les distinctions ci-dessus exprimées, si ce n'est pas une enseigne trompeuse et le moyen d'éluder la loi. Le ministère public est, dans les questions de rectification, le contradicteur naturel des parties qui réclament. C'est une mission qu'il doit remplir avec autant de fermeté que de vigilance.

Le gouvernement n'entend pas que l'exécution de l'article 259 du Code pénal porte le trouble dans les familles ; mais il ne veut pas davantage que des ruses de procédure en détruisent l'effet.

Je vous prie de me tenir au courant de toutes les affaires de ce genre qui se présenteront, et de me faire connaître celles qui ont déjà reçu solution, afin que j'avise aux moyens de venger la loi des atteintes qu'elle a pu recevoir.

Signé : DELANGLE.

Décret impérial qui dispose que les titres conférés à des Français par des souverains étrangers ne peuvent être portés en France qu'avec l'autorisation de l'empereur. — (5 mars 1859.)

NAPOLÉON, etc.

Sur le rapport de notre garde des sceaux, ministre secrétaire d'État au département de la justice,

Vu l'avis délibéré en notre conseil du sceau des titres, le 26 février dernier;

Avons décrété et décrétons ce qui suit :

Art. 1er. Aucun Français ne peut porter en France un titre conféré par un souverain étranger, sans y avoir été autorisé par un décret impérial rendu après avis du conseil du sceau des titres.

Cette autorisation n'est accordée que pour des causes graves et exceptionnelles.

Art. 2. L'impétrant est assujetti au droit de sceau qui serait perçu en France pour la collation du même titre ou du titre correspondant.

Art. 3. L'ordonnance du 31 janvier 1819 est abrogée (1).

Art. 4. Notre garde des sceaux, ministre secrétaire d'État au département de la justice, est chargé de l'exécution du présent décret.

Fait au palais des Tuileries, le 5 mars 1859.

Signé : NAPOLÉON.

Décret sur les formes des lettres patentes du sceau, le tarif et la délivrance desdites lettres. — (17 mars 1808.)

NAPOLÉON, etc.

Nous avons décrété et décrétons ce qui suit :

Art. 1er. Il y aura un sceau particulier pour les lettres patentes conférant des titres, soit à vie, soit héréditaires.

Ce sceau sera déposé entre les mains de notre cousin le prince archichancelier de l'empire, à moins qu'il n'en soit par nous autrement ordonné.

Art. 2. Le type de ce sceau sera conforme à ce qui est prescrit par la loi du 16 pluviôse an XIII; il portera pour légende : *Sceau impérial des titres.*

Art. 3. Les frais d'expédition des lettres patentes délivrées à ceux de nos sujets auxquels des titres seront conférés de plein droit demeurent fixés ainsi qu'il suit :

Pour les ducs.	600 fr.
Pour les comtes.	400 fr.
Pour les barons.	200 fr.
Pour les chevaliers.	60 fr.

Art. 4. Au moyen du payement des fixations déterminées dans l'article précédent, il ne sera rien payé par les impétrants, soit pour frais des parchemins, soit pour le dessin des armoiries; le secrétaire général du conseil du

(1) Cette ordonnance royale assujettissait les sujets français à se pourvoir devant le garde des sceaux pour obtenir les lettres patentes d'autorisation à porter des titres étrangers, et fixait les droits du sceau au tiers du droit fixé pour la concession du titre français correspondant à celui qui était autorisé.

sceau des titres sera tenu de pourvoir à ces objets, il en sera remboursé sur les sommes accordées pour les dépenses du sceau.

Art. 5. Les lettres patentes ne seront remises à l'impétrant par le secrétaire général du conseil du sceau des titres que sur le vu de la quittance des frais d'expédition.

Ordonnance royale sur les droits de sceau.
(8 *octobre* 1814.)

Louis, par la grâce de Dieu, etc.

Nous étant fait rendre compte des tarifs adoptés précédemment pour es droits de sceau par le dernier conseil du sceau des titres,

Ensemble de ceux anciennement en vigueur à notre chancellerie, nous avons jugé convenable d'en modifier quelques articles, en proportionnant aux différentes grâces que uous jugerons à propos d'accorder, les sommes à payer par ceux qui les obtiendront, et en nous ménageant ainsi la possibilité de trouver dans la perception des droits de sceau, outre les moyens de fournir à sa dépense, ceux de remplir les intentions bienfaisantes annoncées par notre ordonnance du 15 juillet dernier :

Nous avons voulu régler en même temps les droits particuliers des référendaires établis auprès de notre commission du sceau.

A ces causes, sur le rapport de notre amé et féal chevalier, chancelier de France, le sieur Dambray, et conformément à l'avis de notre commission du sceau, nous avons ordonné et ordonnons que les droits à payer pour le sceau et l'expédition des lettres patentes qui seront délivrées à la chancellerie de France seront réglés ainsi qu'il suit :

Art. 1er. Les lettres patentes qui seront expédiées par suite d'un décret du dernier gouvernement sur une concession qu'il avait accordée, et qui en contiendront toutes les clauses, ne seront soumises qu'aux droits fixés par les statuts et décrets rendus par le conseil du sceau des titres.

Art. 2. Les lettres patentes portant confirmation du même titre et changement d'armoiries ne seront soumises qu'aux droits suivants :

Renouvellement de lettres patentes :	DROITS	
	du sceau.	des référendaires.
De comte	100 f.	25 f.
De baron.	50	20
De chevalier.	15	15

Art. 3. Les lettres patentes portant collation du titre héréditaire de marquis, comte, vicomte et baron seront soumises aux droits suivants :

	DROITS	
	du sceau.	des référendaires.
Lettres patentes de marquis et de comte.	6,000 f.	150 f.
Lettres patentes de vicomte.	4,000	150
Lettres patentes de baron.	3,000	150
Les lettres patentes de chevalier que nous jugerons à propos d'accorder aux membres de la Légion d'honneur, ne donnant ce titre héréditaire qu'à la troisième génération, ne seront soumises qu'au droit de. . .	60	50
Les lettres de noblesse seront soumises au droit de.	600	50

Une décision ministérielle du 15 mars 1819 arrête qu'en cas de remise totale du droit de sceau par Sa Majesté, les droits d'expédition seraient ainsi fixés :

Titre de duc. . . . . 200 fr.
Titre de marquis et comte 150
Titre de vicomte et baron. 100
Pour anoblissement. 50

Ordonnance royale sur les droits pour lettres confirmatives des titres nobiliaires. — (12 *mars* 1817.)

Art. 1er. Les lettres patentes portant confirmation et maintenue des titres de *marquis*, de *comte*, de *vicomte,* de *baron,* seront soumises à un droit de sceau égal au quart du droit établi pour la collation de ces mêmes titres.

Art. 2. Les lettres recognitives et confirmatives de noblesse payeront un droit de cent cinquante francs.

Art. 3. Les lettres patentes portant concession d'armoiries, ou bien autorisation d'y introduire un changement ou d'y faire une addition, payeront un droit de soixante francs.

Art. 4. Notre garde des sceaux est chargé de l'exécution de la présente ordonnance.

Toute délivrance de lettres patentes est soumise au droit proportionnel d'enregistrement et au dixième. (Art. 55 de la loi du 28 avril 1816.)

FIN.

TABLE DES MATIERES.

FIN DE LA TABLE DES MATIÈRES.

EXTRAIT DU CATALOGUE

DE LA

LIBRAIRIE E. DENTU

JUILLET 1860.

Abécédaire, ou Rudiment d'Archéologie, par M. DE CAUMONT, correspondant de l'Institut, etc.
I. L'Architecture civile et militaire. 1 vol. in-8º. 7 50
II. L'Architecture religieuse. 1 vol. in-8º. 7 50

L'Afrique du Nord. Histoire, administration, colonisation, chasses, etc., par JULES GÉRARD, le Tueur de lions. 1 beau vol. grand in-18 jésus, illustrations de J.-A. BEAUCÉ. 3 50

Almanach de la Cour, de la Ville et des Départements. Cet ouvrage paraît tous les ans depuis 1806 en un joli vol. in-32 jésus, format de poche; orné de figures.— Prix, broché : 2 »
Cart., doré sur tranche. 3 »

L'Ami de l'Éleveur. Réflexions pratiques sur l'espèce chevaline, A B C du métier, par le comte DE LASTIC-SAINT-JAL. 1 vol. grand in-8º, orné de 16 lithographies de VICTOR ADAM. 8 »

L'Amour. Renversement des propositions de M. Michelet, par C.-P. MARIE HAAS, 2º édit. 1 beau vol. grand in-18 jésus. 3 50

Un Amour du Midi, étude. 2º édit. 1 vol. grand in-18 jésus. 3 »

L'Amour, les Femmes et le Mariage. Historiettes, pensées et réflexions glanées à travers champs, par ADOLPHE RICARD, 3º édit., revue et augmentée. 1 fort vol. grand in-18 jésus. 3 »

L'Amour et la Femme, par madame la vicomtesse DE DAX. 1 vol. in-18. 2 »

Les Amours de Village, par madame VICTORINE ROSTAND. 1 vol. grand in-18 jésus. 3 »

Les Anglais, Londres et l'Angleterre, par L.-J. LARCHER, avec une préface par M. EMILE DE GIRARDIN. 1 vol. grand in-18 jésus. 3 »

Annuaire de la Noblesse de France et des maisons souveraines de l'Europe, publié par M. BOREL-D'HAUTERIVE, archiviste-paléographe. Cet ouvrage paraît tous les ans depuis 1843 ; chaque année forme 1 vol. grand in-18 jésus, de 400 pages, orné de figures, et se vend séparément. Planches noires. 5 »
— Coloriées. . 8 »

Antiquité des Patois. Antériorité de la langue française sur le latin, par M. A. GRANIER DE CASSAGNAC. Broch. in-8º. 1 »

Armorial de Flandre, du Hainaut et du Cambrésis. Recueil officiel dressé par les ordres de Louis XIV, publié par M. BOREL D'HAUTERIVE, 1 vol. grand in-8º. 10 »

Armorial de la noblesse de Languedoc. *Généralité de Montpellier,* par LOUIS DE LA ROQUE, 2 vol. grand in-8º ornés d'un grand nombre d'armoiries gravées intercalées dans le texte. 40 »
Sous presse : *La Généralité de Toulouse.* 2 vol. grand in-8º. 50 »

L'Art au XIXe siècle, études par MM. EDMOND et JULES DE GON-COURT, accompagnées de belles gravures à l'eau-forte. En vente : *les Saint-Aubin Watteau.* En préparation: Prudhon, Greuze, Boucher, Chardin, Latour, Clodion, Fragonard, etc. Chaque étude forme une livraison in-quarto imprimée à Lyon, chez Perrin, et tirée sur papier vergé à 200 exemplaires seulement.

    LES SAINT-AUBIN.   10 »

    WATTEAU.   5 »

L'Art dans la rue et l'Art au salon, par B. DE LESPINOIS, préface par A. HOUSSAYE. 1 vol. grand in-18 jésus.   2 »

L'Art de dompter les chevaux, par J.-S. RAREY, le dompteur. Traduit et précédé d'une Introduction par F. DE GUAITA. 10e édit. 1 vol. in-18.   1 »

L'Art de la correspondance. Nouveau manuel complet théorique et pratique du style épistolaire et des divers genres de correspondance; suivi de modèles de lettres familières pour tous les usages de la correspondance, par BESCHERELLE jeune. 2 vol. grand in-18 jésus.   6 »

Les Autrichiens et l'Italie, histoire anecdotique de l'occupation autrichienne depuis 1815, par CHARLES DE LA VARENNE, avec une Introduction par ANATOLE DE LA FORGE. 3e édition, 1 vol. grand in-18 jésus.   3 »

Ballades et Chants populaires de la Roumanie (Principautés Danubiennes), recueillis et traduits par V. ALEXANDRI, avec une Introduction par M. A. UBICINI, 1 vol. gr. in-18 jésus.   3 »

Les Beautés de la Pharsale, traduites en vers français par M. A. BIGNAN, 2e édition, 1 vol. grand in-18 jésus.   3 »

Beckwourth le Chasseur. Souvenirs d'un chef de tribu indienne, scènes de la vie sauvage en Amérique. 1 vol. grand in-18 jésus.   3 50

La Bourse, ses opérateurs et ses opérations, appréciés au point de vue de la loi, de la jurisprudence et de l'économie politique, par J. BOZÉRIAN, avocat. 2 vol. in-8°.   12 »

Les Cantatrices célèbres, précédées des musiciens de l'Empire et suivies de la vie anecdotique de PAGANINI, par MARIE et LÉON ESCUDIER. 1 vol. grand in-18 jésus.   3 »

Catherine II et son règne, par JAUFFRET, 2 vol. in-8°.   12 »

Catherine d'Overmeire, étude, par ERNEST FEYDEAU, 3e édition, 2 vol. gr. in-18 jésus.   6 »

Chansons de Gustave Nadaud. 3e édition, augmentée de quarante-cinq chansons nouvelles. 1 vol. grand in-18 jésus.   3 50

Le Cheval anglais, extrait du *Manuel du Sport* publié à Londres par STENEHENGE, avec tables généalogiques, traduit de l'anglais par le comte DE LAGONDIE, colonel d'état-major. 1 vol. in-8° orné de figures.   7 50

Clément d'Alexandrie, sa doctrine et sa polémique, par l'abbé J. COGNAT. 1 beau vol. in-8°.   6 »

Code de la Noblesse française, ou Précis de la législation sur les titres, les épithètes, les noms, les armoiries, la particule, etc., par le comte P. DE SÉMAINVILLE, ancien magistrat. 2ᵉ édition. 1 vol. in-8°. 10 »

Le Comte de Raousset-Boulbon et l'expédition de la Sonore. Correspondance, souvenirs et œuvres inédites, publiés par A. DE LACHAPELLE. 1 vol. grand in-18 jésus, avec portrait et carte. 3 50

Contes kosaks de MICHEL CZAYKOWSKI, aujourd'hui Sadyk-Pacha, traduits par W. M****. 1 vol. grand in-18 jésus. 3 »

Contes pour les jours de pluie, par EDOUARD PLOUVIER, précédés d'une préface de GEORGE SAND. 2ᵉ édition. 1 vol. grand in-18 jésus, orné d'une jolie vignette. 3 »

La Cour de Russie il y a cent ans (1727-1783). Extraits des dépêches des ambassadeurs anglais et français. 3ᵉ édition. 1 volume in-8°. 7 50

Les Cours galantes, l'hôtel de Bouillon, la Folie-Rambouillet, le château-d'Anet, le Temple, par GUSTAVE DESNOIRESTERRES. 1 joli vol. in-18. 3 »

La Création et ses mystères dévoilés, ouvrage où l'on expose clairement la nature de tous les êtres, les éléments dont ils sont composés et leurs rapports avec le globe et les astres, l'origine de l'Amérique et ses habitants primitifs, la formation forcée de nouvelles planètes, l'origine des langues et les causes de la variété des physionomies, etc., par A. SNIDER. 1 vol. in-8°, avec 10 grav. 8 »

Cris de guerre et devises des États de l'Europe, des provinces et villes de France, des familles nobles de France, d'Angleterre, des Pays-Bas, d'Italie, de Belgique, etc., des abbayes et des chapitres nobles, des ordres civils et militaires, etc., etc., par M. LE COMTE DE C..... 1 vol. in-18. 1 50

Le Cuisinier praticien, ou la cuisine simple et pratique, par C. RECULET, cuisinier. 1 vol. in-8°. 6 »

Derniers Souvenirs du comte Joseph d'Estourmel, 1 vol. grand in-18 jésus. 3 »

Des Délits et des peines en matière de Fraudes commerciales, denrées alimentaires et boissons. Guide du vendeur et de l'acheteur, par V. EMION, avocat. 1 vol. in-18. 1 50

Dictionnaire historique des Ordres de chevalerie créés chez les différents peuples, depuis les premiers siècles jusqu'à nos jours, par H. GOURDON DE GENOUILLAC, auteur de la Grammaire héraldique. 2ᵉ édition, revue, augmentée et ornée d'un grand nombre de figures. 1 vol. grand in-18 jésus. 3 »
Il y en a quelques exemplaires avec figures coloriées. 12 »

Dictionnaire raisonné d'équitation, par F. BAUCHER. 2ᵉ édit. 1 vol. in-8°. 4 »

Éducation physique et morale des nouveau-nés, suivie de l'importance de l'allaitement pour la mère, par le docteur J. GAUNEAU, médecin des crèches. 1 vol. grand in-18 jésus. 1 50

L'Empire de la femme, par HENRI BACQUÈS. 1 vol. in-18. 1 »

Énigmes des rues de Paris, par ÉD. FOURNIER. 1 v. in-18. 3 »

Enseignement universel. — Œuvres de J. Jacotot. — Langue maternelle, 6 fr.; Langue étrangère, 4 fr.; Musique, Dessin et Peinture, 4 fr.; Mathématiques, 4 fr.; Droit et Philosophie, 4 fr.; Mélanges posthumes, 4 fr; Manuel complet de la méthode.   4   »

L'Esprit dans l'histoire, recherches et curiosités sur les mots historiques, par Édouard Fournier. 2e édition, revue et très-augmentée. 1 charmant vol. in-18.   3   »

L'Esprit des autres, recueilli et raconté par Édouard Fournier. 3e édition, revue et très-augmentée. 1 charmant vol. in 18.   3   »

L'Esprit des bêtes, zoologie passionnelle, mammifères de France, par A. Toussenel. 3e édit., revue et corrigée. 1 vol. in-8°.   6   »

Études financières et d'économie sociale, par M. Pierre Clément, membre de l'Institut, auteur de *Jacques-Cœur et Charles VII,* de *l'Histoire de Colbert,* du *Gouvernement de Louis XIV,* des *Portraits historiques,* etc., etc. 1 fort vol. in-8°.   7   »

Études morales et littéraires, par M. A. V....: 1 vol. grand in-18 jésus.   3   »

Études sur la Propriété littéraire et artistique, par G. de Champagnac, chef du bureau de la propriété littéraire au ministère de l'Intérieur. 1 vol. grand in-18 jésus.   2   »

Une Existence orageuse, par Paul Chasteau, préface par Alfred Driou. 1 vol. grand in-18 jésus.   2   »

La Femme. Réfutation des propositions de M. Michelet, par C.-P. Marie Haas. 1 vol grand in-18 jésus.   3   50

La Femme adultère, par M. Vaucheret. 1 vol. grand in-18 jésus.   2   »

La Fin du monde par la science, par Eugène Huzar. 2e édition. 1 vol. grand in-18 jésus.   1   50

Flânerie littéraire à travers quelques œuvres récentes, par Alfred Feuillet. 1 vol. in-18.   2   »

France et Angleterre, étude sociale et politique, par Ch. Menche de Loisne. 2e édition. 1 vol. in-8°.   5   »

M. Gabriel Delessert, par J. Tripier Le Franc, anc. secrétaire de M. Delessert et de M. Rébillot, et anc. secrétaire particulier de M. Carlier, préfets de police. 1 fort vol. in-8°, avec portrait. 7   »

Les Gloires du Romantisme, appréciées par leurs contemporains et recueillies par un Bénédictin. 2 forts vol. grand in-18 jésus.   8   »

Grammaire héraldique, contenant la définition exacte de la science des armoiries, suivie d'un vocabulaire explicatif, par H. Gourdon de Genouillac. 2e édit., revue et augm. de 200 blasons gravés intercalés dans le texte. 1 joli v. gr. in-18 jésus. 2   »

La Grande Italienne (Mathilde de Toscane), par Amédée Renée, avec un portrait d'après une peinture ancienne, par S. A. I. la Princesse Mathilde. 1 vol. in-8°.   6   »

Guide du Joueur à la roulette et au trente-et-quarante, ou la chance vaincue par le calcul, étude basée sur dix ans d'expérience et plus de 20,000 coups recueillis à Bade et à Hombourg, par le comte DE X***. 1 vol. in-8°. 3 »

Histoire générale de la diplomatie européenne, par FRANÇOIS COMBES, professeur d'histoire, etc.
I. Histoire de la formation de l'équilibre européen. 1 vol. in-8°. 7 50
II. Histoire de la diplomatie slave et scandinave. 1 vol. in-8°. 7 50

Histoire des Girondins et des Massacres de Septembre, d'après les documents originaux et inédits, par M. A. GRANIER DE CASSAGNAC, député au Corps Législatif. 2 vol. in-8°, accompagnés de *fac-simile*. 14 »

Histoire morale des femmes, par ERNEST LEGOUVÉ, de l'Académie française. 3ᵉ édition. 1 vol. grand in-18 jésus. 3 »

Histoire de la Musique en France, depuis les temps les plus reculés jusqu'à nos jours, par CHARLES POISOT. 1 vol. in-18. 3 »

Histoire de l'Ordre royal et militaire de Saint-Louis, depuis son institution en 1693 jusqu'en 1830, par ALEXANDRE MAZAS, terminée par THÉODORE ANNE, ancien garde du corps du Roi. 2ᵉ édit., revue, corrigée et considérablement augmentée. 3 vol. grand in-8°. 22 50

Histoire du Pont-Neuf, par ÉDOUARD FOURNIER. (*Sous presse*). 1 vol. in-18. 3 »

Histoire des Révolutions d'Haïti (1789-1792), par M. SAINT-AMAND. 1 vol. in-8°. 5 »

Histoire secrète du gouvernement autrichien, première histoire d'Autriche écrite d'après des documents authentiques, par ALFRED MICHIELS. 2ᵉ édition. 1 vol. in-8°. 6 »

Histoire de la Société française pendant la Révolution et le Directoire, par MM. EDMOND et JULES DE GONCOURT. 2ᵉ édition. 2 vol. grand in-8°. Chaque vol. 5 »

Les Hommes d'État de l'Angleterre au XIXᵉ siècle, suivis d'un coup d'œil sur la Russie et sa politique, par le comte A. DE LA GUÉRONNIÈRE. 1 fort vol. grand in-18 jésus. 3 »

Les Hommes de Lettres, roman contemporain par MM. EDMOND et JULES DE GONCOURT. 1 vol. grand in-18 jésus. 3 »

Hypérion et Kavanagh, roman américain de HENRI W. LONGFELLOW, traduction française. 2 vol. grand in-18 jésus. 5 »

Iambes et Poëmes, par AUGUSTE BARBIER. 11ᵉ édition, revue et corrigée. 1 vol. grand in-18 jésus. 3 50

Indiscrétions et Confidences. Souvenirs du théâtre et de la littérature, par H. AUDIBERT. 1 joli vol. in-18. 2 »

De l'Influence des voyages sur l'homme et sur les maladies, par F. DANCEL, docteur en médecine. 1 vol. in-8°. 7 »

La Jeunesse de Catherine II, par CHARLES DU BOUZET. 1 vol. in-8°. 3 »

Jules César, tragédie de Shakspeare, traduite en vers français par Auguste Barbier. 2ᵉ édit. ornée de deux portraits gravés. 1 vol. grand in-18 jésus.   3 50

Le Langage des marins. Recherches historiques et critiques sur le vocabulaire maritime. Expressions figurées en usage parmi les marins. Recueil de locutions techniques ou pittoresques, suivi d'un index méthodique, par G. de la Landelle, ancien officier de marine. 1 vol. in-8°.   5 »

Légendes des Litanies de la Sainte-Vierge, par MM. Auguste et Léon Le Pas. 1 vol. grand in-8°.   5 »

Lettres fraternelles à Louis Veuillot, par Alexandre Weill, 1 vol. grand in-18 jésus.   2 »

Lettres de mademoiselle Aïssé à madame Calandrini. 5ᵉ édition, revue et annotée par M. Ravenel, conservateur de la Bibliothèque Impériale, avec une Notice par M. Sainte-Beuve, de l'Académie française. 1 vol. gr. in-18 jésus, orné de 2 beaux portraits.   3 »

Lettres russes, Alexandre II et l'émancipation, par A. Grandguillot. 1 vol. in-8°.   3 »

Lettres de Silvio Pellico, recueillies et mises en ordre par Guillaume Stefani, traduites et précédées d'une introduction (les dernières années de Silvio Pellico), par Antoine de Latour. 2ᵉ édit. 1 beau vol. gr. in-18 jésus, portrait et autographe.   4 »

De la Librairie française; son passé, son présent, son avenir; avec des Notices biographiques sur les libraires-éditeurs les plus distingués depuis 1789, par Edmond Werdet, ancien libraire-éditeur. 1 vol. grand in-18 jésus.   5 »

Les Lions de Paris, par madame la comtesse Dash. 1 vol. grand in-18 jésus.   3 »

Madame Hilaire, par madame Louise Vallory. 3ᵉ édition. 1 vol. grand in-18 jésus.   2 »

Les Maîtresses du Régent, Études d'histoire et de mœurs sur le commencement du xviiiᵉ siècle, par M. de Lescure. 1 fort vol. in-18.   4 »

Les Malheurs d'une Rose et la Mort d'un Papillon. In-18, 30 cent.—Le Camellia et le Volubilis. In-18, 30 cent.—Le Soleil Alexandre Dumas. In-8°, 50 cent., par madame Clémence Badère..

Manuel de bons secours, ou Guide des familles dans les soins à donner aux malades en l'absence du médecin, par le docteur Josat. 1 vol. grand in-18 jésus.   2 »

Manuel du chasseur au chien d'arrêt, par M. Léonce de Curel, suivie de la loi sur la chasse. 1 vol. in-8°, avec gravure.   5 »

Mémoires de madame la marquise de La Rochejaquelein, précédés de son Éloge funèbre prononcé par Mgr l'évêque de Poitiers. Nouvelle édition ornée d'un portrait, d'un *fac-simile* et de cartes. 2 vol. grand in-18 jésus, illustrés de jolies vignettes dessinées par Andrieux.   5 »

Mémoires du président Hénault, de l'Académie française, écrits par lui-même, recueillis et mis en ordre par son arrière-neveu M. le baron DE VIGAN. 1 vol. in-8°.   6 »

Mémoires secrets pour servir à l'histoire de la cour de Russie, sous le règne de Pierre le Grand et de Catherine Ire, rédigés et publiés pour la première fois d'après les manuscrits originaux du sieur VILLEBOIS, chef d'escadre et aide de camp de Pierre Ier, par THÉOPHILE HALLEZ. 1 vol. in-8°   6 »

Le Monde des Oiseaux, ornithologie passionnelle, par A. TOUS-SENEL. 2e édition, revue et corrigée. 3 vol. in-8°, avec le portrait de l'auteur.   18 »

Le Monde russe et la Révolution. Mémoires de A. HERTZEN, traduits par H. DELAVEAU, illustrations de A. SCHENK. I beau vol. grand in-18 jésus.   5 »

Mœurs et coutumes de la vieille France, par MARY-LAFON. 1 joli vol. in-18.   3 »

Les Mystères du désert, souvenirs de voyages en Asie et en Afrique, par HADJI-ABD'EL-HAMID-DEY (colonel du Couret), précé-dés d'une préface par M. STANISLAS DE LAPEYROUSE. 2 vol. grand in-18 jésus, avec cartes et vignettes.   7 »

Les Mystères du Palais. Mémoires d'un petit bossu, par GUS-TAVE CHADEUIL. 1 vol. in-18.   2 »

Noblesse, Blason, Ordres de chevalerie. Manuel héraldique, par A. DE TOULGOËT. 1 vol. in-8°, orné de figures.   5 »

Notices sur les principales familles de la Russie, par le prince PIERRE DOLGOROUKY. Nouvelle édition. 1 vol. in-8°.   3 »

Nouveaux souvenirs de Chasse et de Pêche, dans le Midi de la France, par le vicomte LOUIS DE DAX. 1 vol. grand in-18 jésus, illustré de jolies vignettes dessinées par l'auteur.   3 50

Nouvelles espagnoles, par C. HABENECK, avec une préface par L. JOURDAN. 1 vol. grand in-18 jésus.   3 »

Nouvelles stations poétiques. Récits familiers et séculaires, par SEBASTIEN RHEAL (de Céséna). 1 vol. gr. in-18 jésus.   2 50

Paris aventureux, avec une dédicace à MARGUERITE RIGOL-BOCHE, par MANÉ. 1 vol. grand in-18 jésus.   3 »

Le Pêcheur à la mouche artificielle et le Pêcheur à toutes lignes, par CHARLES DE MASSAS. 2e édition, revue et augmentée. 1 vol. grand in-18 jésus, avec gravures.   2 »

Perditta, par ****. 1 vol. in-8°.   5 »

Les Peuples du Caucase et leur guerre d'indépendance contre la Russie, pour servir à l'histoire la plus récente de l'Orient, par FRÉDÉRIC BODENSTEDT, traduit par le prince E. DE SALM-KYRBURG. 1 fort vol. in-8°.   8 »

Pie IX, par ALEXANDRE DE SAINT-ALBIN. 1 fort vol. grand in-18 jésus, orné d'un beau portrait et d'un *fac-simile.*   3 50

La Poésie devant la Bible. Étude critique des poésies inspirées par l'Écriture sainte, par M. J. BONNET. 1 vol. grand in-8°. 6 »

Poésies populaires serbes, traduites sur les originaux, avec une introduction et des notes, par AUGUSTE DOZON, chancelier du consulat général de France à Belgrade. 1 vol. gr. in-18 jésus. 3 »

Portraits historiques au dix-neuvième siècle, par HIPPOLYTE CASTILLE. Deuxième série, en vente : Le maréchal Pélissier.—Le Père Enfantin.—Le prince de Joinville et le duc d'Aumale.—Le prince Napoléon Bonaparte.—M. Berryer.—M. de Morny.— M. Villemain. —Le maréchal Bosquet. —Ferdinand II. — Le comte de Cavour.— Les chefs de corps de l'armée d'Italie.— Garibaldi.— Victor-Emmanuel.—Kossuth.—L'Impératrice Eugénie.— M. Mocquard. — Le prince Jérôme.—M. Baroche. — Mazzini.—François Joseph.—Léopold.—M. Dupanloup.— M. de La Guéronnière. — M. Achille Fould.— M. Rouland.
    Chaque volume, format in-32, orné d'un portrait et d'un autographe. (*Il paraît un volume tous les quinze jours.*)   » 50

Portrait intime de Balzac, sa vie, son humeur et son caractère, par EDMOND WERDET, son ancien libraire-éditeur. 1 vol. grand in-18 jésus.   3 50

Portraits intimes du dix-huitième siècle, études nouvelles d'après les lettres autographes et les documents inédits, par MM. EDMOND et JULES DE GONCOURT. 2 jolis vol. in-18.   6 »
Il en a été tiré 100 exemplaires sur papier vergé.   12 »

Les Princesses russes au Caucase. Souvenirs d'une captive de Chamyl, par Madame ANNA DRANCEY. 1 joli vol. grand in-18 jésus, orné de figures.   3 50

De la Propriété intellectuelle, étude par MM. FRÉDÉRIC PASSY, VICTOR MODESTE et PAILLOTTET. 1 vol. grand in-18 jésus.   3 »

Quelques pages de Vérités, par PIERRE LEROUX. 1 volume in-32.   » 50

Quelques vérités utiles, pensées, sentences et maximes sur divers sujets, recueillies par M. DE ***. 1 joli vol. in-18.   3 »

Le Rationalisme devant la Raison, par l'abbé DE CASSAN FLOYRAC, du clergé de Paris, chanoine honoraire de Chartres et de Troyes, docteur en théologie. 1 vol. in-8°.   3 50

Récits d'un Chasseur, par IVAN TOURGUÉNEF, traduits par H. DELAVEAU. 2e édition, 1 beau vol. grand in-18 jésus, illustré de jolies vignettes dessinées par GODEFROY DURAND.   4 »

Recueil d'Armoiries des maisons nobles de France (Ire série) contenant la description de plus de 1300 blasons, par H. GOURDON DE GENOUILLAC, auteur de la *Grammaire héraldique,* 1 vol. in-8°.   8 »

Rimes légères, chansons et odelettes, par AUGUSTE BARBIER. 2e édition (*Sous presse*). 1 vol. grand in-18 jésus.   3 50

Le Roitelet, verselets et dédicaces, par JULES DE GÈRES. 1 vol. grand in-18 jésus. 2 »

Rose des Alpes, Légendes, par JULES DE GÈRES, ornée de trois belles eaux-fortes dessinées par LÉO DROUYN. 1 vol. grand in-18 jésus. 3 »

Souvenirs intimes d'un vieux Chasseur d'Afrique. Récits du brigadier Flageolet, recueillis par ANTOINE GANDON, avec une préface par PAUL D'IVOI, illustrations de WORMS, gravure de Polac. 3º édit. 1 joli vol. grand in-18 jésus. 3 50

Souvenirs du marquis de Valfons, vicomte de Sebourg, comte de Blandèques, baron d'Hellesmes, lieutenant-général des armées du roi Louis XV, etc., publiés par son arrière-petit-neveu le marquis de VALFONS. 1 vol. grand in-18 jésus. 3 50

Les Strauss français, lettres critiques sur les doctrines anti-religieuses de MM. LITTRÉ et RENAN, membres de l'Institut, suivies du Musée philosophique tiré des œuvres de ces auteurs, et de la réfutation du système de Strauss sur la résurrection, par M. de PLASMAN, ancien magistrat. 1 vol. grand in-18 jésus. 3 »

Tablettes des révolutions de la France, de 1789 à 1848. Etudes sur leurs secrets, ou conflits des pouvoirs souverains dans les affaires d'Etat, par M. CADIOT. 4º édit. 1 vol. in-18. 2 »

Terentius, traduit en vers français par le major TAUNAY. 2 vol. grand in-18 jésus ornés de figures. 6 »

Thérèse, histoire d'hier, par ERNEST DAUDET, 1 vol. grand in-18 jésus. 2 »

La Turquie et ses différents peuples, par HENRI MATHIEU, histoire, géographie, statistique, mœurs, coutumes, gouvernement, commerce, littérature, sciences, beaux-arts, industrie, armée, etc. 2 vol. grand in-18 jésus. 7 »

Valdieu, par M. L. A. DUVAL. 1 vol. grand in-18 jésus. 3 »

La Vie à ciel ouvert, par MARC PESSONNEAUX. 2 vol. grand in-18 jésus. 5 »

La Vie de garçon, souvenirs anecdotiques d'un chroniqueur parisien, par HENRY D'AUDIGIER. 1 vol. grand in-18 jésus. 2 »

Le Vieux-Neuf, histoire ancienne des inventions et découvertes modernes, par EDOUARD FOURNIER. 2 jolis vol. in-18. 7 »
Il en a été tiré 50 exemplaires sur papier vergé. 14 »

Une Voiture de Masques. Légendes du XIXᵉ siècle, par MM. ÉD. et JULES DE GONCOURT. 1 vol. grand in-18 jésus. 3 »

Voyages en Perse, dans l'Afghanistan, le Béloutchistan et le Turkestan, par J.-P. FERRIER, ancien adjudant-général dans l'armée persane, chevalier de la Légion d'honneur, etc. 2 vol. in-8º, avec portrait et carte. 12 »

MAGNÉTISME ET SCIENCES OCCULTES

Chiromancie nouvelle, les mystères de la main révélés et expliqués; art de connaître la vie, le caractère, les aptitudes et la destinée de chacun, d'après la seule inspection des mains, par AD. DESBARROLLES. 1 très-fort vol. gr. in-18 jésus, avec fig.   4   »

Le grand Livre du destin. Répertoire général des sciences occultes, d'après Albert le Grand, N. Flamel, Paracelse, C. Agrippa, Eteilla, Gall, Lavater, etc.; contenant le dictionnaire explicatif des songes, — l'art de connaître l'avenir, — l'art de tirer les cartes et de dire la bonne aventure, — le langage des fleurs, — — l'art de la magie noire et blanche, etc., par A. FRÉDÉRIC DE LA GRANGE. 4ᵉ édition. 1 vol. in-8°.   5   »

La Magicienne. Manière d'apprendre en un instant à expliquer et tirer les cartes, et à faire des réussites, par Mˡˡᵉ HORTENSE ***. Nouvelle édition. 1 vol. in-16.   1   »

Magie du XIXᵉ siècle, Ténèbres, par A. MORIN. 1 vol. grand in-18 jésus, orné d'un grand nombre de figures.   3 50

Manuel élémentaire de l'aspirant Magnétiseur, par J.-A. GENTIL. 2ᵉ édition. 1 fort vol. grand in-18 jésus.   2 50

Le Monde spirituel, ou science chrétienne de communiquer intimement avec les puissances célestes et les âmes heureuses, par GIRARD DE CAUDEMBERG. 1 vol. grand in-18 jésus.   3   »

Le Monde occulte, ou Mystères du magnétisme, par HENRI DELAAGE, précédé d'une introduction par le Père LACORDAIRE, 3ᵉ édition, revue et augmentée. 1 vol. grand in-18 jésus.   1 50

Les Mondes habités, révélations d'un esprit développées et expliquées par WILLIAM SNAKE. 1 vol. grand in-18 jésus.   2   »

Nouveau manuel du Magnétiseur praticien, par ANT. REGAZZONI, précédé d'une introduction par un magnétiseur spiritualiste. 1 vol. grand in-18 jésus.   1   »

Orthodoxie Maçonnique, suivie de la *Maçonnerie occulte* et de l'*Initiation hermétique*, par J.-M. RAGON. 1 très-fort vol. in-8°   7 50

Philosophie magnétique des révolutions du temps, synthèse prophétique du XIXᵉ siècle, par A. MORIN, 1 vol. grand in-18 jésus.   3   »

Les Ressuscités au ciel et dans l'enfer, par HENRI DELAAGE. 2ₑ édition, 1 vol. in-8°.   5   »

Le Sommeil magnétique expliqué par le somnambule ALEXIS en état de lucidité. 2ᵉ édition. 1 vol. grand in-18 jésus, orné du portrait de l'auteur.   2   »

Des Tables tournantes, du surnaturel en général et des esprits, par le comte AGÉNOR DE GASPARIN. 2ᵉ édition. 2 forts vol. grand in-18 jésus.   8   »

OUVRAGES DE M. A. DEBAY.

Hygiène alimentaire. Histoire simplifiée de la digestion des aliments et des boissons, à l'usage des gens du monde. 1 vol. grand in-18 jésus. 3 »

Hygiène complète des cheveux et de la barbe. 3e édition. 1 vol. grand in-18 jésus. 2 50

Hygiène médicale du visage et de la peau. 3e édition. 1 vol. grand in-18 jésus. 2 50

Hygiène des pieds et des mains, de la poitrine et de la taille. —Corset hygiénique. 2e édit. 1 vol. grand in-18 jésus. 2 50

Hygiène et perfectionnement de la beauté humaine. Moyens de développer et de régulariser les formes. 3e édition. 1 vol. grand in-18 jésus. 2 50

Hygiène des Baigneurs. Histoire des bains en général chez les anciens et les modernes.—Conduite du baigneur avant, pendant et après le bain. 1 vol. grand in-18 jésus. 2 50

Hygiène et physiologie du Mariage. Histoire naturelle et médicale de l'homme et de la femme mariés. Nouvelle édition. 1 vol. grand in-18 jésus. 3 »

Hygiène vestimentaire. Les Modes et les parures chez les Français, depuis l'établissement de la monarchie jusqu'à nos jours, précédées d'un curieux parallèle des modes chez les anciennes dames grecques et romaines. 1 vol. gr. in-18 jésus. 3 »

Histoire naturelle de l'Homme et de la Femme depuis leur apparition sur le globe terrestre jusqu'à nos jours, suivie de l'histoire des monstruosités humaines, anomalies organiques, bizarreries, explication des phénomènes les plus extraordinaires qu'offre l'économie humaine depuis la naissance jusqu'à la mort. 3e édition. 1 fort vol. gr. in-18 jésus, orné de 10 gravures. 3 »

Laïs de Corinthe (d'après un manuscrit grec) **et Ninon de Lenclos,** biographies anecdotiques de ces deux femmes célèbres. 1 vol. grand in-18 jésus. 3 »

Les Mystères du Sommeil et du Magnétisme, ou physiologie anecdotique du somnambulisme naturel et magnétique.—Songes prophétiques.—Extases.—Visions.—Hallucinations, etc. —Fluide vital.—Phénomènes cérébraux.—Magie et Prodiges ramenés à leur cause naturelle. 5e édit. 1 vol. gr. in-18jésus. 3 »

Les Nuits corinthiennes, ou les soirées de Laïs. 1 vol. grand in-18 jésus. 3 »

Nouveau manuel du Parfumeur-Chimiste. Les parfums de la toilette et les cosmétiques les plus favorables à la beauté sans nuire à la santé. 1 vol. grand in-18 jésus. 2 »

Philosophie du Mariage, faisant suite à l'*Hygiène du mariage,* études sur l'amour, le bonheur, la fidélité, les sympathies et les antipathies conjugales,—jalousie,—adultère,—divorce,—célibat. 1 vol. grand in-18 jésus. 2 50

Physiologie descriptive des 30 beautés de la Femme. Analyse historique de ses perfections et de ses imperfections. 3e édit. 1 vol. grand in-18 jésus. 2 50

BUREAUX D'ABONNEMENT, 13, QUAI VOLTAIRE, A PARIS

ET A LA LIBRAIRIE E. DENTU, PALAIS-ROYAL

PARIS.......... Trois mois, **14** fr.—Six mois, **26** fr.—Un an, **50** fr.
DÉPARTEMENTS. Trois mois, **15** fr.—Six mois, **29** fr.—Un an, **56** fr.
ÉTRANGER..... Le port en sus, suivant le pays.
Un numéro, **3** fr.

REVUE EUROPÉENNE

RECUEIL

Littéraire, Politique, Scientifique et Philosophique

Paraissant DEUX FOIS PAR MOIS, le 1er et le 15,
Par livraison de 14 feuilles grand in-8º (224 pages d'impression).

Directeur : M. AUGUSTE LACAUSSADE.

La *Revue Européenne* a rapidement conquis une place importante dans la presse périodique, parmi les recueils les plus estimés ; elle doit la faveur qui l'a accueillie dès son origine au concours assidu, au talent consacré des hommes éminents qu'elle compte parmi ses collaborateurs, autant qu'à cette portion notable du public qu'intéressent les travaux de l'esprit et les hautes investigations de la science.

Confiée aux soins d'une direction libérale, éclairée par l'expérience du passé, la *Revue Européenne* a cherché son originalité à une égale distance des sentiers frayés et des innovations bruyantes ; elle a voulu tenir compte de tous les éléments, accueillir les hardiesses heureuses, tout en maintenant la tradition et la règle.

A côté des noms les plus autorisés, elle a groupé d'autres noms ou plus jeunes ou nouveaux, à qui n'avait manqué jusqu'ici que l'occasion de se produire.

Quelques-unes des études philosophiques, littéraires, politiques ou économiques qui ont paru dans la *Revue* sont devenues des livres recherchés.

Le mouvement des esprits, les besoins du temps présent, les événements contemporains constatés, suivis, expliqués par des voix dont nul ne conteste l'autorité : tels sont les éléments qui forment dans la *Revue Européenne* un ensemble de publications du plus haut intérêt.

La chronique politique de la quinzaine, soigneusement étudiée, présente aux lecteurs un avantage que chacun peut apprécier, celui de pouvoir résumer avec exactitude la situation, en puisant ses renseignements aux sources les plus directes et les plus authentiques.

Chacune des livraisons de la *Revue* contient :

Des travaux de littérature, d'histoire, de philosophie et de science ;

Un courrier politique et littéraire des principaux centres de l'étranger ;

Une chronique musicale, des théâtres et des salons;

Un bulletin financier ;

Des articles ou un bulletin de bibliographie.

Paris.—Imprimé par Bonaventure et Ducessois, 55, quai des Augustins.

www.ingramcontent.com/pod-product-compliance
Lightning Source LLC
Chambersburg PA
CBHW050549270326
41926CB00012B/1972